越时代的理想主义

巴金研究集刊卷十

陈思和 李存光 主编

上海三联书店

主　办：　　巴金研究会　巴金故居

主　编：　　陈思和　李存光

执行副主编：周立民

编　委　会：（以姓氏笔画为序）

　　　　　　山口守　　王安忆　　冯沛龄　　李存光　　李　辉

　　　　　　李国煣　　坂井洋史　陈思和　　陆正伟　　周立民

　　　　　　徐　钤　　栾梅健　　辜也平　　臧建民

执 行 编 辑：李秀芳

投 稿 信 箱：bajinyanjiujikan@163.com

目　录

第十一届巴金学术研讨会论文专辑

3　王安忆　对自己的期许

4　[日]山口守　从杂志《平等》看无政府主义思想
　　　　　　空间的越境性
　　　　　　　　——以巴金与刘忠士的书简为中心

44　[日]山口守　巴金与欧美无政府主义者之间的往
　　　　　　来书简研究

60　[韩]李喜卿　向革命圣地致敬
　　　　　　　　——简论巴金对西班牙革命的态度

70　孙　郁　略谈巴金对俄国资源的借用

73　汪应果　海外回眸看巴金
　　　　　　　　——为第十一届巴金学术研讨会而写

85　胡景敏　按照文本生活：巴金理想主义的一种实
　　　　　　践方式

97　张民权　也谈巴金的理想及其嬗变
　　　　　　　　——对建国以前翻译、理论著述以及
　　　　　　文学创作等的分析

115	周立民	除强权,争自由
		——巴金社会理想初探
146	李丹丹	历史危机中巴金的主体转换
159	[日]坂井洋史	动摇的虚实/叙事,或者"文学性"的源泉
		——在沙多—吉里(Château-Thierry)思考的事
172	[美]司昆仑	"激流"三部曲的历史背景:评述巴金对成都历史的再现
184	黄长华	"一种比艺术更有力的东西吸引着我"
		——巴金与小说写作
201	田悦芳	巴金小说的时间意象
220	乔世华	简论巴金童话
231	刘福泉 王新玲	觉慧出走之后
245	李 怡 张雨童	大文学视野下的巴金
		——重读《随想录》
261	陈丹晨	关于巴金著《没有神》的一点考释
267	[德]大 春	电影的原著
		——关于巴金的长篇小说《家》第一德译本出版的一些背景
275	杨剑龙	论巴金小说《家》的连环画改编
292	梁燕丽	理想主义的实践
		——从黎明高中到黎明大学
302	赖晗梅	以课程文化传承巴金精神
309	谢 辉	真情怀真教育

315　吴泰昌　记叶圣陶与巴金二三事
325　李　辉　巴金的伟大在于敢否定自己
　　　　　　　——读萧乾书简随感
339　李树德　两个理想主义者的友谊
　　　　　　　——记巴金与卢剑波
349　子　仪　巴金和钱君匋
361　谭景辉　从巴金萧珊通信看巴金的日常生活
370　陈喜儒　巴金与井上靖的友情
385　朱　恩　巴金与世界语
403　陈潄渝　展露巴金心灵的一扇窗
　　　　　　　——读《巴金书简——致王仰晨》

413　李秀芳　略谈巴金与平明书店
426　王伟歌　浅论巴金、马宗融和毕修勺与《萌芽》的关系
435　李存光　孜孜不倦求实求真求精
　　　　　　　——陈丹晨《巴金全传》修订版漫议
446　曾绍义　陈　羲　巴金的"理想主义"与巴金研究
　　　　　　　的理想
　　　　　　　——读李存光编《巴金研究
　　　　　　　文献题录》(1992—2009)

青年论坛征文选刊

453　吴明宗　在体制与理想之间：论《团圆》与《英雄
　　　　　　儿女》之创作思维
485　黄茗茗　巴金小说笔下的泉州风物
510　赵　静　"公馆"之家
　　　　　　　——论小说《家》的文学表达

526　徐钰豪　《随想录》与巴金的内心世界
543　刘灵昕　《寒夜》篇名符号的修辞解读
　　　　　　——从语篇命名到语篇修辞建构
556　崔亚琴　伦理叙事在巴金1940年代小说中的体现
570　詹雅洁　论巴金早期短篇小说中的艺术自觉
583　肖　汉　理想至上：巴金小说创作中的乌托邦想象
　　　　　　——以《家》为例

观点集萃

595　毕克鲁　革命家E·邵可侣对巴金的影响
598　秋　石　巴金和萧军：鲁迅精神的传承者
605　翁长松　巴金也是藏书家
610　[日]近藤光雄　论巴金"自传"的创作意义
615　陈丹蕾　《故园春梦》对《憩园》的二度阐释
619　刘　杨　理想主义的艰难持守
　　　　　　——试论巴金十七年时期的文学活动
624　张洋荣　论巴金儿童叙事的复调结构
628　王超然　性别操演·无政府主义家庭·受难的女性
　　　　　　——对《第二的母亲》三个版本的考察

资　讯

635　让更多人走进"巴金的世界"
637　第十一届巴金学术研讨会在沪举行
639　世界读书日："书之爱"巴金与书图片文献展开展

641　编后记

Contents

Florilegium of Theses of the Eleventh Academic Seminar on Ba Jin

Wang Anyi Exprectations for Myself 3

Yamaguchi Mamoru(**Japan**) the Border Crossing of
  the Thought Space of Anarchism from the Point of
  View of Magazine *Equality*
  ——Taking the letters of Ba Jin and Liu Zhongshi
  as the Center 4

Yamaguchi Mamoru(**Japan**) Research on the Letters
  between Ba Jin and European and American
  Anarchists 44

Li Xiqing(**Korea**) Salute to the Sacred Place of Revolution
  ——Brief Discussion on Ba Jin's Attitude towards
  Spanish Revolution 60

Sun Yu Brief Discussion on Ba Jin's Borrowing Russian
  Resources 70

Wang Yingguo Looking backward at Ba Jin Abroad
  ——Written for the Eleventh Academic
  Seminar on Ba Jin 73

Hu Jingmin Living according to the Text: A Practice Mode
  of Ba Jin's Idealism 85

Zhang Minquan On Ba Jin's Ideals and its Transition
  ——Analysis on his Thoughts, Literary Creation, and
  etc. before the Foundation of New China 97

Zhou Limin   Getting Rid of Power, Struggle for Freedom
　　　　　——First Exploration of Ba Jin's Social Ideals
　　　　　... *115*
Li Dandan   Conversion of Ba Jin's Subject during the
　　　　　Historical Crisis *146*
Sakai Hirobumi (Japan)   Shaky Fiction and Fact/ Narration, or the Fountain of Literariness
　　　　　——My Thoughts in Château-Thierry *159*
Kristin Stapleton (United States)   The Historical Background of the Trilogy of "Turbulent Torrent": Discussion on Ba Jin's Reproduction of the History of Chengdu
　　　　　... *172*
Huang Changhua   What Attracts Me is a Substance more Powerful than Art
　　　　　——Ba Jin and Novel Writing *184*
Tian Yuefang   The Time Intention of Ba Jin's Novels *201*
Qiao Shihua   Brief Discussion on Ba Jin's Fairy Tales *220*
Liu Fuquan Wang Xinling   After Juehui Ran away *231*
Li Yi Zhang Yutong   Ba Jin under the Visual Field of Generalized Literature
　　　　　——Rereading *Random Thoughts* *245*
Chen Danchen   Some Textual Criticisms and Explanations about Ba Jin's *No God* *261*
Alexander Saechtig (Germany)   "The Original Work of the Film": Some Background Information about the Publication of the First German Version of Ba Jin's Novel *Family* *267*
Yang Jianlong   On the Adaption of the Comic Book Version of Ba Jin's Novel *Family* *275*
Liang Yanli   The Practice of Idealism
　　　　　——From Limin High School to Limin University
　　　　　... *292*

Lai Hanmei The Inheritance of Ba Jin's Spirit by Means of
　　　　　　Curriculum Culture ················ 302
Xie Hui Sincere Feelings and Trustworthiness Education ··· 309
Wu Taichang Several Stories about Ye Shengtao and Ba
　　　　　　Jin ················ 315
Li Hui Ba Jin's Courage to Deny Himself Makes Him
　　　　Outstanding
　　　　　　——Reaction to Xiao Qian's Correspondences ······ 325
Li Shude The Friendship between Two Idealists
　　　　　　——Ba Jin and Lu Jianbo ················ 339
Zi Yi Ba Jin and Qian Juntao ················ 349
Tan Jinghui Ba Jin's Daily Life from the Perspective of the
　　　　　Correspondences between Ba Jin
　　　　　and Xiao Shan ················ 361
Chen Xiru The Friendship between Ba Jin and Inoue
　　　　　Yasushi ················ 370
Zhu En Ba Jin and Esperanto ················ 385
Chen Shuyu A Window that Shows Ba Jin's Spirit
　　　　　　——Reading *The Letters of Ba Jin-To
　　　　　　Wang Yangchen* ················ 403
Li Xiufang Brief Discussion on Ba Jin and Pingming
　　　　　Bookstore ················ 413
Wang Weige Brief Discussion on the Relationship among
　　　　　Ba Jin, Ma Zongrong, Bi Xiushao and
　　　　　Germination ················ 426
Li Cunguang Tireless Pursuit of Reality, Truth and Refinement
　　　　　　——Casual Discussion on Chen Danchen's
　　　　　　Biography of Ba Jin (Revised Edition) ········ 435
Zeng Shaoyi Chen Xi Ba Jin's "Idealism" and the Ideal of
　　the Research on Ba Jin
　　　　——Reading*Bibliographic References of the Research*

Works about Ba Jin (1992—2009) Compiled by Li Cunguang ·· *446*

Selected Theses of Youth Forum

Wu Mingzong　Between the System and the Ideal: On the Creation Thinking of *Reunion* and *Heroic Breed* ······························· *453*

Huang Mingming　The Scenery of Quanzhou in Ba Jin's Novels ······························· *485*

Zhao Jing　Family in the "Mansion"
——On theLiterary Expression of the Novel *Family* ······························· *510*

Xu Yuhao　*Random Thoughts* and Ba Jin's Inward World ··· *526*

Liu Lingxi　The Rhetorical Interpretation of the Title Symbol of *Cold Nights*
——From the Entitlement of Discourse to the Rhetorical Construction of Discourse ········ *543*

Cui Yaqin　The Embodiment of Ethical Narration in Ba Jin's Novels of the 1940s ······························· *556*

Zhan Yajie　On the Artistic Consciousness in Ba Jin's Early Short Stories ······························· *570*

Xiao Han　Ideal First: the Utopian Imagination on Ba Jin's Novel Creation
——Taking *Family* as Example ····················· *583*

Anthology of Viewpoints

Bi Kelu　The Revolutionist Elisée Reclus' Influence over Ba Jin ······························· *595*

Qiu Shi　Ba Jin and Xiao Jun: Successors of Lu Xun's Spirit ······························· *598*

Weng Changsong　Ba Jin is Also A Bibliophile ············· *605*

Kondo Mitsuo (Japan)　　On the Creation Significance of Ba Jin's "Autobiography" ············ *610*

Chen Danlei　　The Second-time Interpretation of *Garden of Repose* (*Film*) to *Garden of Repose* ············ *615*

Liu Yang　　The Tough Insistence on Idealism
——On Ba Jin's Literary Activities during the Period of Seventeen Years ···················· *619*

Zhang Yangrong　　On the Polyphonic Structure of the Children's Perspective Narration of Ba Jin ·············· *624*

Wang Chaoran　　Gender Performativity · Family of Anarchism · Suffering Women
——Investigation to the Three Versions of *Mother No. 2* ··························· *628*

Information

Memorial Exhibitionof the 110th Anniversary of the Birth of Mr. Ba Jin ·· *635*
The Eleventh Academic Seminar on Ba Jin ······················· *637*
"Love for Books" Photo Exhibition of Ba Jin and Books ······ *639*

Afterword

Translator of the Contents: Zhang Jingwen ···························· *641*

第十一届巴金学术研讨会论文专辑

王安忆
对自己的期许

时间过得很快，又到了纪念巴金先生的日子。巴金先生离我们又远了一年。这一年里，我们做了什么？是向巴金先生的期望接近了还是落后了，我们应当将这日子作为一个检讨的机会。这一年里，我不以为我们更令巴金先生满意，虽然写下和出版的文字更多，更多，扫扫又是一大堆。可其中的价值真不敢说。这个世界的物质是更多了，据说十一月十一日"光棍节"这一日，就创下了无数亿的营业额。多少物质在消费出去，从可贵的资源转化成排泄物。我希望其中不要有或者说少一点文学这样的制品。

在我个人，对下一年的期许，或者对我自己的要求，就是厉行节约，节约纸张，笔墨，文字和思想。在节制消耗中，安静下来，听一听静谧中的声音，也许能听见巴金先生在对我们说什么，以他的那一颗不颓唐的心，告诫我们如何与时代保持文学的关系，这关系一定不是从现实，而是从理想出发。

2014 年 11 月 13 日

（本文系作者2014 年 11 月 24 日在巴金先生诞辰110 周年暨第十一届巴金学术研讨会开幕式上的致辞）

[日]山口守

从杂志《平等》看无政府主义思想空间的越境性
——以巴金与刘忠士的书简为中心

一　作家巴金的诞生

（一）小说《灭亡》的成立

成为作家巴金出发点的小说《灭亡》，创作于巴金的法国留学时期(1927年2月—1928年10月)，作为创作的契机与背景，我们可以认为有着针对意大利裔美国无政府主义者的政治诬陷——萨珂·樊塞蒂事件[①]，以及蒋介石发动政变导致的紧迫、混乱的中国国内革命形势。前者与国际无政府主义运动的连带意识及无政府主义原理本质性地展现出的普遍性取向、世界性取向相关联，后者则反映出关涉中国无政府主义固有性的巴金自身的思想问题。在以这样一种政治、思想问题为核心的苦恼、焦躁和挫折之中，寓居法国的中国无政府主义者 Li Pei Kan，取用他所敬爱的俄罗斯无政府主义者克鲁泡特金名字的一部分作为笔名，开始以作家巴金的

[①]　关于巴金与萨珂·樊塞蒂事件，请参阅以下拙稿：《巴金与萨珂·樊塞蒂事件》(《研究纪要》第45号，日本大学人文科学研究所，1993年3月，第95—108页)，《关于巴金与樊塞蒂的往来书简》(《汉学研究》第33号，日本大学中国文学会，1995年3月，第237—254页)，《萨珂·樊塞蒂纪行(1)》(《日本无政府主义运动人名事典新闻28》，2003年2月21日，第6—11页)，《萨珂·樊塞蒂纪行(2)》(《日本无政府主义运动人名事典新闻29》，2003年5月16日，第5—13页)，《萨珂·樊塞蒂纪行(3)》(《日本无政府主义运动人名事典新闻30》，2003年7月18日，第4—14页)。

本文作者在第十一届巴金学术研讨会上发言

身份写小说。《灭亡》的主人公杜大心虽然出身于富裕家庭,却觉醒于无政府主义的革命思想,未念完大学之前便投身劳工运动,是一个身患肺病的忧郁青年。小说二项对立式地描写了这位青年的革命活动和恋爱问题,最终,杜大心倾倒于恐怖主义而命丧黄泉。关于这个人物形象,有一种看法认为"杜大心不是某种主义的图解,只是作家感情的产物,而且这种感情与当时整个时代气氛,社会心理都有一致的地方","杜大心,才是中国现代文学史上第一个以完整面貌出现的小资产阶级革命者的艺术形象,一个反抗专制恐怖制度的个人主义英雄"[1],还有一种看法则认为"故事的主人公、诗人杜大心与高觉慧(《激流》)、吴养清(《死去的太阳》)以及巴金本人有众多共通的特征"[2],试图在小说人物杜大心身上同时读取作家巴金和无政府主义者 Li Pei Kan 的身影。这里所说的"共通的特征",就社会语境而言大约不妨视为面对中国革命在自己的

---

[1] 陈思和、李辉:《巴金论稿》164 页,人民文学出版社 1986 年版。
[2] Olga Lang, *Pa Chin and His Writings*: *Chinese Youth Between the Two Revolutions*, Harvard University Press, 1967, p. 108.

思想立场与现实行动的夹缝中苦恼,而就个人语境而言则大约不妨视为为了与俄国民粹派也一脉相通的道德原罪意识和自我解放的相克而苦恼的,1920年代革命派知识分子,说得更准确些,也就是1920年代无政府主义知识分子的身影。将这样一个作家巴金与无政府主义者Li Pei Kan以及小说主人公杜大心这三者重叠起来加以论述的《灭亡》解读,揭示了思想与文学的往复运动,抑或如同一双对照镜子中的互相影像一般催生出来的巴金文学作品的特征。

巴金本人则写道:"自然杜大心不是我自己,我写其余的人也没有影射谁的心思。但是我确实在中国见过这一类的人。至于我呢,我爱张为群。"①针对断定杜大心就是巴金的观点进行了反驳,同时又表达了对自己创作的小说人物的眷爱,这更加证明了现实里的作家巴金与小说里的人物之间距离之近,也反过来证实了Li Pei Kan、巴金、杜大心三者的关系之深。假定作家的思想纠葛给了读者与作品人物的思想纠葛极其相近的印象,我以为其理由并不单单在于1920年代当时的时代语境,而且在于巴金其实就是一位以思想纠葛的结果而创作文学的作家,同时也是一位在文学创作彷徨的尽头寻觅思想营作的知识分子。尤其是巴金作为无政府主义者展开其最为活跃的著述活动的1925—1929年这段时间的末期,小说《灭亡》问世,同时在作为作家登上中国文坛的初期,其著述中与无政府主义相关的文章多于文学作品,这更加令人不得不去关注无政府主义者Li Pei Kan与作家巴金之间的相互关系。

(二) 巴金的思想苦恼

法国留学时期的巴金的思想苦恼,原因之一就在于中国国内的无政府主义运动以1927年4月蒋介石发动的政变为契机而产生了分裂,遭遇了挫折。实际上中国无政府主义运动在蒋介石的政变之前,围绕着应当对北伐采取何种态度,其内部对立就已经表面化了。巴金在其始于寓居法国期间的1925年与著名无政府主义者

---

① 巴金:《〈灭亡〉序》,《巴金全集》第4卷第4页,人民文学出版社1987年版。

爱玛·高德曼(Emma Goldman)的书信往来中如此写道:"许多中国无政府主义者的确如同您所说的,是'国民党无政府主义者'。其中也有一部分人是为了革命、为了民众而战斗,但多数人却是为了自己的生活,为了每天的食粮。至于那些1906年在巴黎发行中国无政府主义刊物、第一个把无政府主义介绍到中国,1911年辛亥革命后回到中国却脱离民众、摇身一变成了国民党人的'奇妙'人物,那就说来话长了。其中一个是吴稚晖,居然恬不知耻地主张所有的无政府主义者同时也应该是国民党员。他们一直声称'我们是国民党员,同时是无政府主义者'。这些家伙在中国声名大噪。我们并不把他们看作同志,然而绝大多数同志却与他们一起行动。"[1]感叹有太多的无政府主义者夹在国民党和共产党这两大势力之间,丧失了思想上的自立性。对此,爱玛·高德曼早前就曾写道:"关于中国,对于我们的同志所采取的褊狭态度,不必如此失望。你在这个运动中还很年轻,所以你不知道在我们的队伍中从一开始就有两个集团存在。一个是将无政府主义看作与伟大的斗争以及生活的重压无关的、在小集团中进行的理智型研究的人们;另一个就是像克鲁泡特金、巴枯宁、路易兹·米歇尔、马拉特斯塔、洛克那样伟大而普遍的精神。他们认为,假如希望无政府主义是社会的建设性因素,那就必须走近人民,成为人民斗争的一部分。"[2]指出了在现实社会运动中思考无政府主义的重要性[3]。

[1] Li Yao Tang' letter to Emma Goldman, July 5, 1927, Emma Goldman Archive, International Institute of Social History(IISH), Amsterdam, The Netherlands。Li Yao Tang 系巴金原名李尧棠的拉丁字母表记。

[2] Emma Goldman' letter to Li Yao Tang, May 26, 1927, Emma Goldman Archive, IISH。

[3] 关于巴金与爱玛·高德曼的思想交流,请参阅以下拙稿:《关于 IISH 和 CIRA 所藏之巴金英文法文书简》(《巴金的世界》第146—175页,东方出版社)、《巴金书简研究》(《研究纪要》第59号第65—74页,日本大学人文科学研究所,2000年)、《巴金与爱玛·高德曼(1)》(《to-su-ki-na-a(无政府主义者)》第3号,2006年4月,第1—10页)、《巴金与爱玛·高德曼(2)》(《to-su-ki-na-a》第5号,2007年4月,第50—60页)、《巴金与爱玛·高德曼(3)》(《to-su-ki-na-a》第7号,2008年4月,第44—49页)、《巴金与爱玛·高德曼(4)》(《to-su-ki-na-a》第8号,2008年10月,第45—51页)、《巴金与爱玛·高德曼(5)》(《to-su-ki-na-a》第11号,2010年4月,第58—65页)、《巴金与爱玛·高德曼(6)》(《to-su-ki-na-a》第12号,2010年10月,第19—25页)、《巴金与爱玛·高德曼(7)》(《to-su-ki-na-a》第14号,2011年10月,第8—15页)。

当时中国无政府主义者争论的论点,大约可以集约为四点,即在以国民党和共产党为中心推进的国民革命中无政府主义者的自立性、资本主义批判、对狭隘民族主义的戒备心以及对民众运动的态度。

其实巴金在蒋介石政变之前,就曾与客居巴黎时代的室友、同时也是无政府主义者的同志吴克刚[①]、卫惠林[②]在巴黎议论过这个问题,发表了《无政府主义与实际问题》[③]一文。将他们三人的主张做一整理,可知关于无政府主义的自立性、资本主义批判和对狭隘民族主义的戒备心,依卫惠林、巴金、吴克刚的顺序,其程度渐次减弱[④]。三者的共通之处,在于不是将无政府主义当作纸上谈兵,而是将它视为在民众自我解放的实际运动中得到验证的思想这一点。在这一点上,三个人的主张之间看不出太大的差异。问题在于如何参与怎样的运动,在于通过它能够赢得什么。

卫惠林认为"譬如讲到中国现在的运动,我们有些同志以为完全是国民党的运动,而与我们不相干的;另外有些同志以为现代的无政府主义者,应当参加国民革命的工作。但是这两者都

[①] 吴克刚(1903—1999),安徽省出身的无政府主义者。亦以君毅、吴养浩等名字发表文章。中国公学毕业后,1923年依从胡愈之的指示成为爱罗先珂的翻译,在北京鲁迅、周作人府邸暂住。1925年留学法国。1927年与来到巴黎的巴金同住。与卫惠林同为巴金关系最亲密的无政府主义者。1927年回国后任黎明中学、百泉乡师范校长。抗日战争期间在武汉及重庆参与国民党军事委员会发行的《扫荡报》编辑工作。战后,随陈仪、沈仲久赴台湾,在行政长官公署担任要职,并曾任台湾省图书馆长,后执教于台湾大学及中兴大学。自传有《一个自由主义者见闻录》(台北,中国合作出版社1999年版)。

[②] 卫惠林(1900—1992),山西省出身的无政府主义者。1919—1923留学日本,1927—1930留学法国。在巴黎与巴金及吴克刚同住。回国后,先后在立达学园、黎明中学、中央大学、金陵大学、复旦大学、中山大学执教,讲授社会人类学。战后赴台湾,作为人类学家在台湾大学、中央研究院从事研究。1973年移居美国。晚年回到中国大陆,在福建省泉州去世。

[③] 惠林、苇甘、君毅:《无政府主义与实际问题》,民钟社1927年4月版。

[④] 关于这一问题,请参阅拙稿《中国无政府主义的向心力与离心力——围绕着巴金与The Equality,〈平等〉》,《孙文与华侨——孙文诞生130周年纪念国际学术讨论会论文集》第437—453页,日本孙文研究会・神户华侨华人研究会编,汲古书院1999年3月版。

不是很正当的见解。因为现在中国的革命运动,并不单纯是国民党的运动。我们只要考察一下中国最近数十年来的现状、中国人民现在穷迫的生活,我们很明显地可以看见,此次运动的原动力还在人民中间,而不在某一个党派"①,他不把国民革命看成一场只归属于国民党的运动,同时提倡无政府主义者要面向民众的现实,推进自立的运动。对于民族解放运动,他认为"中国现在的问题、现在的运动,是中国人的解放运动,虽然表面上看去是国民党的运动,但实际这样的问题,绝不是单由国民党的政治方法、武装行动可以得其完全解决的。旧的军阀与国际帝国主义之蛮横、虽然可以用这样的方法得到表面上的解决,但我们知道绝对还不是根本的解决。在国外资本主义从中国退出后,一定有国内的资本主义或私人的资本主义起而占其位置,虽然是中国人的心理上,会感觉着较好些,但事实上不过是名义上及形式上的变迁"②,民族解放并不意味着打倒国内的资本主义,他对此敲响了警钟。

巴金则对此论述道:"国民党的主张是与我们相反对的,在原理上它是我们的敌人。它要建设一个好政府,我们要推翻一切的政府,这是谁都知道的。然而在某一个事业上,如打倒军阀、打倒帝国主义等,我们是不反对的,不过我们要更向前走,反对国民党所建立的政府,反对他的一切建设罢了"③,与重视国民革命的多样性、多层性的卫惠林不同,他承认这是国民党主导的革命,把军阀、帝国主义看作先于国民党的大敌,应当优先考虑打倒它们。他认为,为了在这场斗争中赢得无政府主义者的自主性,在国民革命中保持影响力才应是无政府主义者应取的战略,主张"在现在,国民党差不多是领导着群众,要是我们也跑到民众中间,投身于革命的漩涡里,引民众向较大的目标走去,那么,民众自然会离开国民党,跟着我们来,使这次革命运动多带一点无政府主义的色彩,使无政

---

① 惠林、芾甘、君毅:《无政府主义与实际问题》,《无政府主义思想资料选》(下册)第828—829页,北京大学出版社1984年版。
② 同上书,第829页。
③ 同上书,第836页。

府主义在中国民众的脑筋中留个很深的印象"①。关于民族解放,他认为"一个半殖民地的国家谋脱离列强而独立的战争,虽然不是无政府主义者的目的,但无政府主义者也不反对,不过主张更向前走一点罢了。同样,在我们不能消灭资本主义以前,对于打倒帝国主义的运动也不能反对。我恨苏俄,但更恨列强;我恨国民党,但我更恨北洋军阀。因为苏俄不比列强坏,国民党和北洋军阀并不是'一丘之貉'"②,采取了把当前的对敌斗争优先于无政府主义原理解释的立场。关于外国资本主义和国内资本主义的问题,他认为应当放在当时中国的物质条件下进行思考,从这一立场出发,他说:"譬如中国一旦起了社会革命,我们要使无政府主义的理想社会完全实现,在生产事业完全不发达、日用品都要靠外国供给,甚至食粮多少还仰给于外国这样的情形之下……我们便不得不退让一步,多少迁就一点"③,表明了不得不认可国内产业振兴的立场。只是在这种场合,由无政府主义者来积极推进农民自主管理土地、工人自主管理工厂的运动,成为了附加条件。

另一方面,吴克刚却说:"无政府党对于一切平民运动,对于一切革命运动,都该参加,使了解、相信我们底理想的人,渐渐地多起来,使我们底理想,对于社会全体底影响渐渐地大起来。站在平民外面空谈革命,是永远不会有好结果的"④,认为无政府主义者不应从原理出发,而应当从民众所处的悲惨现实出发,不要将焦点对准无政府主义的原理性解释、狭隘民族主义批判或资本主义批判,比卫惠林和巴金更为积极地主张无政府主义者应当参与国民革命。在战略上他主张"消极方面:在现在革命时期,无政府党应该用全力反对旧党;对于国民党,暂时认为是友党,予以同情,不加攻击。积极方面:在国民党外,(如果事实上不可能,则在国民

---

① 惠林、芾甘、君毅:《无政府主义与实际问题》,《无政府主义思想资料选》(下册)第837页,北京大学出版社1984年版。
② 同上书,第833页。
③ 同上书,第832—833页。
④ 同上书,第841页。

党内)积极参加这次的革命运动,使这次运动渐渐地平民化,无政府主义化"①,采取了容忍"国民党无政府主义者"的立场。

然而正当三人在巴黎展开这种议论时,蒋介石发动了"四·一二"政变,国民革命本身土崩瓦解,讨论《无政府主义与实际问题》的前提不复存在了。巴金在一年之后就三人当时的主张这样说明道:

> 那时我为了研究无政府主义运动史的缘故来法国,离开了正发生革命的中国,这时候我心里的苦痛在一个真无政府主义者是容易明白的。这种心情就引起了我的讨论实际问题的兴味,我和惠林、君毅长期讨论的结果,就产生了三篇文章。惠林的一篇和君毅的一篇,意见是正反对的:君毅赞成名义上加入国民党去做解放民众的工作(并不做国民党的工作),惠林极反对,他只主张加入中国革命运动去宣传无政府主义。我呢,我主张中国革命运动是民众的,而非国民党的,不过国民党是领袖着民众运动罢了,我们无政府主义者应该加入一切民众运动中,把它引到无政府主义的路上,不应该站在旁边乱骂,让国民党(这所谓国民党并包含着共产党在内)去包办民众运动。我又声明加入国民党的主张我不赞成,我并主张在理论上反对国民党。②

同时巴金在该文中还提到"君毅在国民党大杀共产党的时候也做了一篇文章,说中国无政府主义者加入国民党的,此时若不脱离便是罪恶"③,介绍在"无政府主义与现实问题"讨论中主张参加国民党的吴克刚,看到了政变发生后的情形,也撤回了原先的主张,呼吁脱离国民党。

总而言之,看到蒋介石发动政变等中国国内形势发生变化后,巴金开始摸索一个无政府主义者接下去应该走什么道路,然而当时中国国内的无政府主义杂志既缺乏余裕、也缺乏战略、更缺乏中

---

① 惠林、苇甘、君毅:《无政府主义与实际问题》,《无政府主义思想资料选》(下册)第848页,北京大学出版社1984年版。

② 巴金:《答诬我者书》第6—7页,《平等》第10期,美国旧金山平社1928年5月版。

③ 同上书,第7页。

立性,来接纳他的主张。取而代之,向巴金提供了发表意见的平台,以实际行动证明了中国无政府主义的问题就是国际无政府主义运动和世界革命一部分的,便是杂志《平等》。巴金据守这份杂志,连续写作有关无政府主义的文章,而这一时期与他执笔写作《灭亡》,在时期上又两相重叠。这样,我们就可以看到一个思想语言(谈论世界的语言)转化为文学语言(谈论自己的语言),或者说文学语言由思想语言生成的,珍贵的事件过程。

二 巴金与杂志《平等》

(一)《平等》的发行经纬

从以上这样的视点出发思考作家巴金的诞生时,由其寓居法国期间,特别是写作《灭亡》时巴金的无政府主义著述活动,可知他受到了中国国内无政府主义运动挫折以及内部对立的影响,向《民钟》[①]那样的中国国内无政府主义杂志寄稿已经不可能,取而代之,他的许多文章均发表在美国的无政府主义杂志《平等》上,这一点值得注意。当时向巴金提供无政府主义言论活动平台的,是美国旧金山华人无政府主义团体的中文杂志《平等》。这份杂志当初系由巴金与其同志在法国共同编辑,在中国上海印刷,在美国散发,保持了体现出无政府主义应有的世界性取向、普遍性取向的发行形态,而其内容也在让中文读者们放眼于世界的同时,还有把自己的声音传播向世界的意图。

《平等》(*The Equality*),是 1925 年在美国旧金山结成的华人无政府主义团体"平社"(The Equality Society)的中文机关刊物,在现阶段可以确认的范围内,可知它在 1927 年 7 月至 1931 年 10 月间总共发行了 23 期。编辑工作起初是在法国,后来是在上海,以巴金为中心进行。尤其是与巴金寓居法国期间相重叠的第 1 期至第 13 期(1927 年 7 月—1928 年 8 月),版面的相当大部分是由巴金自己执笔

---

① 《民钟》,1922 年创刊于广东新会,出版 23 期后,最后 3 期搬移至上海刊行,1927 年停刊。

的。这一时期的《平等》,除了编排萨珂·樊塞蒂事件(Sacco Vanzetti Affair)、芝加哥草市事件(Haymarket Affair)等特辑之外,还翻译介绍了克鲁泡特金、亚历山大·柏克曼的著作,报道各国无政府主义运动的话题等等,发挥了其作为面向世界无政府主义运动窗口的机能。可以认为,其基本立场不是从中国无政府主义运动被吸纳进世界运动里去这种共产主义式的想法出发的,而是后来也可以看到的,自觉地认识到在个别的运动本身之中内含着世界性,具有共时性。他们的这种立场在现实状况中成为可能,归功于由寓居法国的中国无政府主义者来编辑美国华人无政府主义者的杂志这一空间的、精神的扩展和视野的广大。而为了创造出这样的条件,平社的核心人物刘忠士①所发挥的作用十分巨大。即便说是他的存在与思想支撑了《平等》,亦不为过。身在巴黎的巴金是如何与刘忠士取得联系、着手编辑《平等》的,要究明这一点,在现阶段,相关资料极其有限,几乎等于没有线索可资具体了解当时的状况。不过,由后面将出示的巴金致刘忠士书翰以及《平等》的记载内容,编辑实态多少得以判明。例如巴金书简②(1929年4月)中,有下面这样一段记述。

> 我因赶译人生哲学之故,所以许久未寄你信。平等三期已寄上,想已收到,四五期合刊篇幅较平常加倍,日内就可出版,合刊的理由是因为印局耽误。六期稿已编好,不日就付印。总之平等我必继续维持下去。而且稿件方面只要仲九②克刚我三人继续做下去,成绩一定很好。从第二期我多留了

① 刘忠士(1892—1979),生于中国广东,1909年移民美国,1920—30年代从事无政府主义活动。1977年移居澳门,1979年去世。用过中时、钟时、钟鸣、忠庶、蔡贤、Ray Jones、Red Jones、Jonesie 等多个笔名、别名。晚年1974年6月12日采访录收录于 Paul Avrich, *Anarchist Voices : an oral history of anarchism in America*, Princeton University Press, 1995, pp. 409—410。还有美国华人史研究家 Him Mark Lai 于1974年1月14日作的简单采访记录。此外刘忠士的书简、遗稿、笔记等经 Him Mark Lai 整理后,捐赠给 Ethnic Studies Library, University of California, Berkeley。

② 沈仲九(1887—1968),浙江省绍兴人。笔名有信爱、天心、铭川等,中国第一代无政府主义者。1905—1907年间留学日本。曾执教于浙江第一师范、湖南第一师范、中国公学、上海大学、立达学园、劳动大学。曾为《平等》撰文,其本人还曾在上海担任过《自由人》《革命周报》等无政府主义杂志的主编。战后与陈仪同赴台湾担任过要职。

一百多份，因为国内常有人要。第七八合期出萨凡专号。我专做一本小册子。这期合刊多印五百份在国内散，你说好吗？

   国民革命问答六期登完。从九期我或写一篇（部）A 主义者的心理或译《我们怎样革命》一书，虽然是长篇，但每章独立不要紧。而且中国现在没有 A 的好杂志，平等登长文也可以的。印费希望再寄点来。我以后每月可还述尧款十元，若有钱或可多还。田园工厂这礼拜出，人生哲学下一月后出，人生哲学还有三章在译。译完即译自叙传。①

  最后一部分表明了这一时期巴金正在做将克鲁泡特金的著作翻译成中文的工作。阅读以上部分可以知道，《平等》的印刷费系由旧金山的平社提供，巴金是编辑负责人，把在上海完成印刷后的《平等》寄往美国。顺便附言，关于发行费用，根据《平等》第 6 期末页揭载的自第 1 期至第 6 期的收支报告②，这 6 期印刷费共 555.1 元，邮费为 57 元，即每期印刷费 92.52 元，邮费 9.5 元。《平等》的邮费每份 2 分钱，与当时一般杂志的国内邮费大抵相同，据此可以算出，倘如无视国外部分，每期个别邮寄件数约为 80 份。收入悉数依赖捐款，每期都刊登有捐款人姓名，至第 6 期止共 504.5 元，即从作为非卖品的第 1 期至第 6 期为赤字经营，第 7 期以降则以每份 5 分钱的价格销售，假若捐款额维持不变——当然与印刷 f 份数有关——恐怕不会出现太大的赤字。5 分这一定价看似已经足够便宜，然而其页数最少时 16 页，最多时 36 页，考虑到刊载了巴金小说《灭亡》( )的当时最具权威的文学杂志《小说月报》每期厚达一百数十页以上而定价也仅为 1 角 5 分，则可知与其说是为了填补赤字，毋宁只怕具有募捐性质。来自刘忠土方面的汇款额，以稍后将会出示的巴金书翰为线索，可知每次似乎为 50 至 100 元之间③，不过每次寄款

---

  ① 巴金致刘忠士翰，执笔日期未记载。Box 1-5, Ray Jones Archive, Him Mark Lai Collection, Ethnic Studies Library, University of California, Berkeley。原文作为巴金书简②收录于本文篇末。

  ② 《本刊第一期至第六期收支报告》第 22 页，《平等》第 6 期，1927 年 12 月。

  ③ 根据年 3 月 25 日以及同时期的巴金致刘忠士翰，Box 1-5, Ray Jones Archive, Him Mark Lai Collection。参阅巴金书简①—⑤。

间隔多久,则无从确定。只是考虑到每期揭载的最高捐款金额为10元,只怕刘忠士的寄款也不能说是极多。印刷份数不清楚为多少,不过以平社名义印刷的小册子是1500份①,就算不超过这个数字,杂志《平等》的发行份数与此差距不大的可能性亦高。

以上所引巴金书简②(年4月)的执笔时期,因为计划刊登《国民革命问答》、将第4期和第5期合为一期,而这些内容系依循《平等》第2卷的发行情形,可以推定当在第2卷第3期(1923年3月)发行之后,第4、5期(1929年4、5月)合刊发行之前。在这一时点,巴金已经从法兰西回国,居住在上海,恰逢小说《灭亡》在杂志《小说月报》上连载,引起巨大反响,然而这时尚未正式开始文学活动。这一时期的著作几乎都与无政府主义有关,此外就只有外国文学的翻译和评论。巴金在《灭亡》之后写作第二篇小说,是在被认为1929年下半年执笔的《房东太太》②以及此后的第二年即1929年上半年的《死去的太阳》③以降,也就是说在这一时期,无政府主义者Li Pei Kan(在中国国内为李芾甘)与作家巴金同时展开了著作活动,不过作为无政府主义者的文章数量远远为多。然而就《平等》的内容及其视点而言,这第2卷时期表现出了与留法期间相当明晰的差异。与巴金寓居法国时期相重叠的《平等》第1卷(1927年7月—1928年8月)总共发行了13期,创刊号(1927年7月)发行的翌月,成为巴金执笔写作小说《灭亡》一部分之契机的巴特罗梅奥·樊塞蒂(Bartolomeo Vanzetti,1888—1927)被强制执行死刑,在第4期(1927年10月)上组编了萨珂·樊塞蒂事件特辑。而自创刊号开始一以贯之,对世界无政府主义运动的介绍占去了相当篇幅,介绍了日本、奥地利、美国、俄罗斯、法国等各国的运动情况,对中国无政府主义运动也有所介绍,可见其编辑是在全面了解世界无政府主义运动这一视点之下进行的。

① 年6月26日巴金致刘忠士翰,Box 1-5,Ray Jones Archive,Him Mark Lai Collection。参阅巴金书简④。
② 巴金:《房东太太》,《小说月报》第21卷第1号,1930年1月10日,后收入《复仇》,上海新中国书局1931年8月版。
③ 巴金:《死去的太阳》,开明书店1931年1月版。

(二)《平等》(The Equality)的刊行时期与内容

在这里,对《平等》第 1 期至第 23 期的文章内容做一个确认。我们且把当时巴金用过的笔名芾甘、佩竿、黑浪、壬平、李冷、鸣希、春风、亦鸣、甘宁、赤波等放在心头,查阅每一期的执笔者,来确认巴金究竟写了多少篇文章。

卷·期·总期	发行年月	记 事 内 容
1·1(1)	1927/7	《我们的宣言!》·鸣虫《我们还要这不公平的社会吗?》·君毅《平等!》·山火《自由底掠取底呼声》·青涯《短评三则》·青涯《巴枯宁略传》·林蕙《日本无政府主义运动略史》·青涯《诗二首》·《今日之世界》·《小消息》·《社务》·《通信》·《祝词》
1·2(2)	1927/8	壬平《中国无政府主义与组织问题》·君毅《人》·林蕙《日本无政府主义运动略史(续)》·《短评八则》·《今日之世界》·《小消息》·《社务汇志》
1·3(3)	1927/9	青涯《痛!快!》·鸣冬《又一次伟大的工人革命》·黑浪《工人的血染红了维也纳》·李卓《维也纳的工人暴动》·鸣虫《空想与懦怯》·青涯《诗》·《今日之世界》
1·4(4)	1927/10	《萨珂与樊塞蒂专号》 黑浪《法律下的大谋杀》·芾甘《俄国革命的第十周年》·鸣虫《反对庆祝双十节》·《萨珂给他儿子但丁的信》·《樊塞蒂致本社黑浪同志的信》·《死者与生者》·《今日之世界》·《短评》
1·5(5)	1927/11	《芝加哥殉道者四十年祭专号(上)》 《芝加哥无政府主义殉道者像》·芾甘《芝加哥无政府主义者殉道后的四十年》·李卓《闹县》·李卓《巴黎通讯》·《小消息》

(续表)

卷·期·总期	发行年月	记事内容
1·6(6)	1927/12	《芝加哥殉道者四十年祭专号(下)》苇甘《芝加哥无政府主义者殉道后的四十年(续)》·《短评》
1·7(7)	1928/1	李冷《祖国》·鸣虫《三个工人的谈话》·司太恩堡著、苇甘译《俄国左派社会革命党运动略史》·《今日之世界》·《通信》
1·8(8)	1928/2	乐夫《厂主的利益就是工人的利益吗?》·米尔波著、李卓译《平民文学》·《今日之世界》·《〈黑光〉的致词》·黑浪《通信》
1·9(9)	1928/3	李冷《法律》·鸣希《工人的实力》·司太恩堡著、苇甘译《俄国左派社会革命党运动略史(续)》·《今日之世界》·米尔波著、苇甘译《平民文学》
1·10(10)	1928/5	《第四十三个五一节》·克鲁泡特金著、黑浪译《无政府主义与工团主义》·苇甘《答诬我者书》·苇甘《感谢国民党人铮铮君代登广告》·苇甘《左派国民党在那里?》·仲扶《被捕经过情形》·苇甘《勿为我们杞忧》·《今日之世界》·《小消息》
1·11(11)	1928/6	柏克曼著、壬平译《巴黎公社与克龙士达脱暴动纪念》·鸣希《工人,组织起来!》·克鲁泡特金著《无政府主义与工团主义(二)》·佩竿《死者与生者(二)》·卓《上海国立劳动大学校庆祝一九二八年的五一节的典礼和祝词》·《国民革命军后:遗散的兵》
1·12(12)	1928/7	黑浪《我们现在应该怎样做呢?》·克鲁泡特金著、黑浪译《工团主义与无政府主义(三)》·司太恩堡著、苇甘译《俄国左派社会革命党运动略史(续)》·佩竿《死者与生者(四)》·《法国无政府者对于济南案发生后之中国观》·《消息》

(续表)

卷·期·总期	发行年月	记　事　内　容
1·13(13)	1928/8	克人《萨珂和樊塞蒂的周年之回忆》·黑浪《巴枯宁底无政府主义》·克人《俄罗斯大革命中》·黑浪《怎样做法?》·克人《我们今日的中国见闻录》·《消息》
2·1(14)	1929/1	本社同人《卷土重来》·石川三四郎著、行知译《劳动团体》·月灰、春风、一平、平平《我们的闲话》·信爱《国民党员的国民党观》·梅子、月灰、平平、春风《三言两语》·《鬼话一则》
2·2(15)	1929/2	黑浪《无政府主义原理(为克鲁泡特金八年祭而作)》·式永《一个无政府主义者的宣言》·月灰《我们的闲话(二)》·天心《国民革命问答》·人人《鬼话一则(续)》·《我们的报告》
2·3(16)	1929/3	黑浪《萨珂与樊塞蒂是无罪的人》·月灰《改造社会的时机到了吗?》·一平、春风、月灰《我们的闲话(三)》·天心《国民革命问答(一续)》·《请大家熟读这一封信》
2·4—5(17—18)	1929/4—5	黑浪《五一运动史》·君毅译《克鲁泡特金的司法论(上)》·平平《我们的闲话(四)》·天心《国民革命问答(三)》·春顾、一平、月灰《旧事重提》
2·6—7(19—20)	1929/6	月灰《事实胜于雄辩》·S.T.译《克鲁泡特金的司法论(下)》·一本、月灰、同台《我们的闲话(五)》·天心《国民革命问答(续完)》·非人《人的话》
2·8—9(21—22)	1929/7—9	《启事》·鸣虫《复归于行动的无政府主义》·白叶《一个问题的问答》·月灰《我们的闲话》
2·10(23)	1931/10	黑囚《暴日侵略下之宁粤联欢》·Pierre Besnard著、天毁译《合理化与失业》·A. Dauphin-Maunier著、乐天译《匈牙利的无政府主义运动》·熊大《马拉特斯塔》·天毁、忠士、卑智《我们的闲话》·伤心人、王望《民意三则》

(三)《平等》的思想性

如前所述,第1期至第13期的特征所在,是其内容的核心乃是对世界无政府主义运动的介绍与翻译这一点,第4期的萨珂·樊塞蒂事件及第5期、第6期的草市场事件的特辑具有象征意义。就翻译而言,克鲁泡特金的著作居多,这反映了巴金与吴克刚的思想倾向,而经巴金之手还翻译了俄国左派社会革命党运动史,这与从巴黎返回上海的巴金精力充沛地介绍、翻译俄国民粹派、还着手翻译赫尔岑和高尔基等人的作品也有关联,证明了这一时期巴金的关心所在就是无政府主义和民意党人。限于篇幅,我们无法进入小说《灭亡》的内容分析,不过,能够将《灭亡》与左派社会革命党活动家罗普新的《灰色马》(1909)进行比较论述的理由之一,恐怕不妨认为便与此事有关。要之,从第1期到第13期,我们可以分析这一时期就是了解世界无政府主义运动,不管是中国还是美国,试图在这受容之中将自己的运动和世界串联起来的尝试过程。

从第13期到相当于第2卷第1期的第14期为止有着5个月空白,其中的理由在1928年10月住在上海的无政府主义者朱永邦①致刘忠士翰中有所透露,即"苇甘正在回国,多半与我合作,平等第十四期没有印,李卓②说,等苇甘回来再商量"③,主要理由在于主编巴金的回国,这一点没有问题,然而除此之外,出于政治理由,《平等》的发行在美国和中国都受到了迫害。第12期(1928年7月)的"消息"栏中,对平社的活动成了美国官方镇压的对象,如此说明道:"本社曾被查搜,许多书籍均被美国政府收没,现在呢,算是人已出狱,事已了结,只可惜我们许多很难收集的书籍均失落

---

① 朱永邦(生卒年未详),笔名乐夫,曾留学法国。出版巴金等译《克鲁泡特金全集》的上海自由书店负责人。

② 李卓(生卒年未详),又名李卓吾,李健吾(1906—1982)的哥哥,山西运城出身,赴法勤工俭学,1922年在巴黎参与陈延年(陈独秀之子)创刊的《工余》编辑工作。曾从法国向《平等》投稿。

③ 1928年10月4日朱永邦致刘忠士翰,Box 1-6,Ray Jones Archive,Him Mark Lai Collection.

了。我们虽然被压迫和监禁,受了这一次的挫折,但是我们仍是坚决的照常努力于我们的工作"①。在巴金归来后的上海也有相似的情况,据《平等》第11期(1928年6月)报道:"五月中忽来军警及警察持枪入自由书店。搜查一过,幸乐夫及革命周报社之毕修勺君②有事出外,未被逮捕"③,巴金等人翻译出版克鲁泡特金著作的自由书店也遭到了搜查、逮捕,受到镇压。此外在第2卷晚期,1930年下半年致刘忠士的巴金翰⑥中写道:"平等恢复事现在无望,因惠林在上海住不久,而且最近只办了三期团刊,开了一两次会,惠林住处就被检查几次。无法继续下去,而且答应负责发行的人做事也不可靠。总之平等在上海发行暂无希望。我的身体太弱,工作又多,所以不能负起平等的全部责任,很惭愧,只希望将来你们印局逐渐发展成功,我们才可以有长期出版平等之机会。"④只要从事无政府主义活动,每每便会成为官府的镇压对象,这种社会现象超越了国境彼此相通。第2卷出版了3期合刊,好歹得以继续发行,不过很快便迎来了终焉。

巴金回国后的第14期至23期(1929年1月—1931年10月)的第2卷这段时期,继续始自第1卷的世界无政府主义运动的介绍和翻译,然而在《我们的闲话》和《国民革命问答》这两个栏目中,立足于中国的国内形势,展开无政府主义革命论和运动论,在这一点上,与第1卷相比,方向性有所改变。第1卷时也在第10期中刊载过芾甘(巴金)的《答诬我者书》,有着针对中国无政府主义运动内部问题的主张,而在第2卷里则以《我们的闲话》和《国民革命问

---

① 《消息》,《平等》第12期第16页,1928年7月。

② 毕修勺(1902—1992),笔名有震天、碧波、郑铁等。1920年赴法勤工俭学,与李卓同样,曾参与《工余》编辑工作。1927—1929年在上海编辑《革命》周报和《民钟》,也曾执教于劳动大学和立达学园。在毕修勺向"国民党无政府主义者"倾斜时,巴金曾严加批判。其后虽然也有交往,但在思想上常常与巴金泾渭分明。对于这一问题,吴念圣的《毕修勺与巴金》(2011年度早稻田大学综合研究机构项目研究第7号,2012年3月)采取了与笔者相异的立场。

③ 《上海自由书店被封》,《平等》第11期第16页。

④ 1929年巴金致刘忠士翰,Box 1-5, Ray Jones Archive, Him Mark Lai Collection。中文原文见巴金书简⑥。

答》这种连载的形式连续展开议论,这一点是其特点。在第 1 卷发行的这一时期,表现出了一种方向性,即通过了解世界以确立确认无政府主义的普遍性的主体。而与之相比,第 2 卷虽然保持了从一开始就有的形式,面向美国华人发送信息,然而实质上则聚焦于中国无政府主义运动固有的问题,似乎意在自己的运动内部追求无政府主义的世界性和普遍性。可以说,不仅是了解世界的窗口,同时也是向世界发送信息的窗口,可不可以认为,杂志就是如此构想的呢?《平等》的这种方向性变化,似乎也是主编巴金的变化。实际上《平等》的终焉与巴金正式开始作家活动,在时期上几乎重叠。不妨认为,那意味着在无政府主义活动中苦恼、遭受了挫折 Li Pei Kan,不是在丧失了思想语言之后从文学语言中寻求拯救,而是谈论世界性和普遍性的思想语言越境进入个人的精神世界,作家巴金开始谈论起自己来。思想与文学的往复运动催生出文学活动和思想营作的巴金的原点,难道不就在那里么?

三 刘忠士的思想轨迹

移民与无政府主义

刘忠士既不是在中国和美国的现代史上名垂千古的思想家也不是政治家,只是一个名不见经传的华裔美国无政府主义者,然而恰恰就是这种无名状态,如实地表现了他的思想和人生历程与意义。可资了解他的生涯与人物形象的资料少之又少,然而 1974 年对他进行过直接采访的美国无政府主义研究者保尔·阿乌利奇记录下了他的经历。

      这位有着一个似乎不可能的名字 Red Jones(通称 Jonesie)的华裔无政府主义者,原名 Lau Chung-si(因此被叫做 Jonesie),1892 年生于广东 Lung-du。17 岁时渡海前来美国,成为移民劳工,在太平洋沿岸成了爱玛·高德曼所说的"野蛮而残酷的迫害"的牺牲者。不久 Jonesie 成为无政府主义者,在 1919—1920 年间的"红色恐怖"期间,好容易逃脱了被驱逐国外的厄运。1925 年在旧金山成为平社(The Equality Group)创设者,是其最为活跃的成员。从1927年至1929年,平社发行了一种叫做《平等》(Equality)的刊物,其中重要的撰稿人是Li Pei Kan,就是后来成为著名中国作家的巴金,他的笔名取自巴枯宁和克鲁泡特金的名字。1928年发行的《平等》上发表了意义深长的《钟时同志》①一文。

平社一面针锋相对地与政府的妨碍斗争,一面发行跟无政府主义有关的书籍和小册子,1934年还发行了7期《无政府共产月刊》。Jonesie从其做工挣来的微薄收入中向 The Road to Freedom,Man !,Spanish Revolution 等1920—1930年代的无政府主义刊物捐款,还参加旧金山周边的英语·意大利语团体主办的讲演和野外活动。平社在我采访Jonesie的1974年已经长期处于消亡状态。他独自一人生活在百老汇的中国式小屋子里。墙上贴着写有巴枯宁的名言"在所有人未获得自由之前,我不是自由的"的爱玛·高德曼的照片。在为我翻译了这句话之后,Jonesie给我看了刊登有巴枯宁、克鲁泡特金,以及草市场事件殉难者等著名无政府主义者的肖像照的中国无政府主义刊物的照片。Jonesie在巢穴般的小屋子里,看上去很哀伤,又很孤独。大概是不太会说英语的缘故,他沉默寡言。然而诚实的态度和安静的举止给人以强烈的印象。在我采访他的三年之后,他离开美国前往距离故乡很近的澳门,1979年在那里去世。②

刘忠士作为从中国移居美国的移民,属于相对较晚的一批。中国人向美国移民在1880年代一度迎来过最高潮(当时中国移民人数统计不准,幅度从十万到十几万)。1882年排华法(中国移民限制法案)(Chinese Exclusion Act)通过后,入境移民骤减(1887年官方统计仅为10名),到了19世纪末有了一定程度的回升(1892

---

① 黑浪:《钟时同志》,《平等》第8期,1928年2月,第11—16页。
② Paul Avrich, *Anarchist Voices:an oral history of anarchism in America*, Princeton University Press,1995,pp.409—410. 这段记述中关于《平等》的发行期间等有几处须修正。

年为 2728 名)①。刘忠士来到美国的 1909 年，当地的华人社会业已形成，不妨说他属于后发移民。他自己在回答保尔·阿乌利奇的采访时，这样谈起自己的人生。

> 我 82 岁了。1909 年来到美国后，做过各种各样的工作。铁路筑路工呀，萨克拉门托附近的农场农工之类。平社只有十到十二个人，是个很小的团体。我们发行刊物，免费散发。在中国，还有全美散发。巴金是伙伴中最重要的撰稿人。哎，我还见过到旧金山来的 Yat Tone②。他是最优秀的、最值得敬佩的中国无政府主义者之一。1930 年代回到中国去之后，不知道他怎么样了。
>
> 我们通过野外活动和演讲会之类的活动，跟旧金山的意大利语·英语团体有交流。我向旧金山公立图书馆赠送过《平等》，但是我没有保存资料和照片。我认为自己生来就是无政府主义者。那理想从一开始就在我心里。我现在仍然认为无政府主义是最美丽的理想，总有一天会实现的。③

与华裔移民的大多数情况相同，刘忠士也从事体力劳动，而同时又与其他多数华裔移民不同，他没有着力去构筑财产和稳定的地位，把一生奉献给了"美丽的理想"。比保尔·阿乌利奇早一年采访过刘忠士的、旧金山的华人史研究者麦礼谦 Him Mark Lai，曾记录下刘忠士干过缝纫工、农场农工，收入仅为日薪 1.25 美元④。就像保尔·阿乌利奇所说的，在贫困的生活中，他坚持向其他美国无政府主义团体捐款，这种诚实自不待言，而作为无政府主义者，其思想的一贯性也十分彻底。首先是与巴金一同致力于发行《平

---

① Shin-shan Henry Tsai, China and the Overseas Chinese in the United States, 1868—1911, University of Arkansas Press, 1983, p.98.
② 未详。
③ Paul Avrich, *Anarchist Voices*, p.410.
④ Him Mark Lai, Summary of Interview, January 14, 1973。该记录未公开，笔者从 Him Mark Lai 氏处获赠复印件。Him Mark Lai 也用中文表记"麦礼谦"发表著作。

等》的1928年,为了援救在纽约被捕的意大利无政府主义者阿尔曼德·博尔基(Armando Borghi),他在散发传单时被逮捕,住宅受到搜查,并被警察施暴,这段经历在《平等》第10期(1928年5月)上也有报道[1]。直到晚年为止,与意大利裔无政府主义者的同志之情都不曾间断,据好友安杰洛·卢卡(Angelo Luca)儿子证言,连他的邮件也是由卢卡家代收的[2]。另一位意大利裔无政府主义者多米尼克·萨里托(Dominick Sallitto)追忆阿曼德·博尔基演讲会时的情形,回想起刘忠士的诚实和献身精神:"Jonesie比谁来得都早,把椅子排好,热心地听博尔基演讲。尽管他连一句意大利文都听不懂。而且在结束后把椅子全部收拾好,最后一个离开会场。他每次都是走着来的。他虽然笑,却不怎么说话。我不知道他内心感情怎样,不过反正他是个舍身奉献的人。"[3]

进而在抗日战争爆发后,他当然作为无政府主义者参加反战活动,然而他的立场并不是基于爱国主义,而是在批判民族主义的同时,为了穷苦大众而呼吁反对战争。当时他在诗里写道:"两国人民/集资支援/借钱打仗/为国奉献/穷人做牺牲/富人赚大钱。"[4]指出了把战争看作国家之间的行为去思考问题的弊病,抗拒爱国主义。实际上他就有过因为拒绝美国华侨的互助组织"中华公所"(Chinese Consolidated Benevolent Association)的战争募捐而遭到殴打的体验[5]。继而在反对越南战争的反战运动蓬勃高涨的1960年代,他又积极参加反战活动,在1968年的个人手记中写道:"虽然我年老孤独,但也加入反战行列、参加游行,好多次走去参加公园的集会。"[6]正是这样一种思想与行动的一贯性,在刘忠士身上恰恰就是无政府主义的实践。

---

[1] 《小消息》,《平等》第10期第16页。
[2] Paul Avrich, *Anarchist Voices*, p. 168.
[3] Paul Avrich, *Anarchist Voices*, p. 167.
[4] 刘忠士《中日战争》,Box 1-2,Ray Jones Archive,Him Mark Lai Collection.
[5] Him Mark Lai, Summary of Interview, January 14, 1973.
[6] Ray Jones's short memo, Box 1-2, Ray Jones Archive, Him Mark Lai Collection.

与被国家民族主义革命的向心力吸收了去的吴稚晖、李石曾等中国第一代无政府主义者完全不同,这是把普遍性、世界性内涵在自己的生活思想之内的对理想的献身,也是超越了中国人身份、憧憬由"理想"将个人串联起来的新共同性的表现。作为其出发点,刘忠士有着中国人的固有性,事实上一直到死,他都以中文为其母语。他对中国的无政府主义运动寄予关心,委托身居法国的巴金等人编辑《平等》,使得当时在中国国内刊物上难以实现的、自由而尖锐的文战成为可能。另一方面,《平等》还超越了中国无政府主义的活动框架,成为了世界无政府主义运动的窗口。这份杂志尽管是中文杂志,却并不以在中国国内被人阅读为目的,而是面向华裔美国人的无政府主义杂志,试图通过中文连接起世界。这既是参与编辑的巴金及其伙伴们身上所具备的无政府主义者的普遍性、世界性趋向的表现,同时恐怕也是在法国、美国、中国之间构筑信息与思想网络的、刘忠士思想的具体表现。

四 刘忠士家书

作为解明这样一个刘忠士思想的重要资料,有以下揭载的写给广东老家的家书草稿。[①]在内容上值得注意的,首先是严厉批判父母亲的传统观念这一点。在1922年2月28日致父母的翰前半部分,刘忠士首先批判了父母所遵依的因袭信仰和风习是迷信,尤其在后半部分,强烈反对妹妹被强迫接受封建婚姻,将旧来的婚姻制度视为罪恶,予以全面否定。取而代之,他提倡的是男女基于自由意志而结合的现代婚姻观。这种以自由恋爱为前提的思想,虽然是1922年写于美国的书信,而其正因为如此,成为了跨越大洋与"五四"新文化运动遥相共鸣的主张。他还在1922年3月31日写给父亲的信中,站在批判资本主义的立场上,坚决支

---

① 这是在 Him Mark Lai Collection 长期保存而未曾公开发表的珍贵原资料,以下将试做记录,然而与巴金书简相同,系手书文件,故亦有一些部分无法解读。无法解读的文字以 * 表示。有待今后调查修正。另,该草稿是否作为书翰已然投寄,尚待确认,然而刘忠士在其中表达出的思想,值得关注。

持弟弟升学,表明了只有教育才是开拓未来的重要手段。这一点似乎也值得重视。作为批判父亲不允许弟弟升学的根据,他指出了资本主义私有制是万恶之源,这一点可以看成刘忠士作为无政府主义者接受了社会主义的标志。认为现代教育可以造就现代人这一看法本身,在今天看来也许显得原始,然而在刘忠士一家人所生活的 1920 年代初期的广东农村,却可能成为创设自由世界的巨大目标。从这些家书中显现出的当时家庭、婚姻、社会的构图,恰恰是与十年后巴金在小说《家》中所描绘、提出的问题相通的。

【刘忠士家书】

① 1922 年 2 月 28 日

父母亲:

你们一月一号和一月廿号寄给我的信都有收到了,一号答给我的信说(迷信木泥之神,已除弃八九。惟祖先之神牌存在)照这话看来都算是有些少觉悟了。惟是可惜不是真觉悟,仍是迷信罢。你们知道神牌是木和泥造成的,为什么还要把那一部份的神牌留存呢?是不是还是迷信偶像呢?你们想做人的生活呢?你们就要快快彻底觉悟向前去打破种种的偶像社会才有进步呀!

二十号的说(第二妹一月十七号承了亲。是年出阁,望你在外照料),"望我在外照料",这话我真是不懂。未必想我做些不合理的假人情,假礼仪么?或要我替你们办那旧坏风俗的所谓凤冠么?嫁妆么?若是这样说,我听着便是肉麻,见着便是心都要呕。为什么呢?因是我要破除人情、面子、体面、和婚姻制度的。(我们要破除的"人情""体面"和"偶像"的道理,前给你们的信说过了)现不再谈罢。

婚姻制度究竟是什么?养到子女十六七岁便要和他问年庚定亲事。那些三姑六婆(媒人)闻了风声,便一起一起,拿庚帖来游说,甚么男才女貌啦!甚么门登(当)户对啦!把一套一套水茫茫的大话,说一大顿,不独把子女欺骗,连他两家的父母都欺骗了。(媒人婆)做不正当的生活,以谋利益,他的说谎,和那买卖牛马猪的(中人)何以异呢?

还有很多最卑鄙、最恶劣的事,说出来实在令人可恨。女家要索男家的聘金、猪肉、饼等等。男家要索女家的妆奁等等。两造信使往来都是论价交易,好像卖猪买猪一样。两家把子女还当是个人么?不是把人当做猪马牛吗?价钱议妥,定价也交过了,也收过了。迟得一年或几个月,便是交易的时期了。时期一到,两家父母各自将他的子女装办起来。簪花啦,挂红啦,霞佩啦。拿子女办成神庙的菩萨一般,和古董一样。等到爆竹一声,那两个菩萨就出现于红烘烘的堂子上,随着那喜娘(足婆)堂倌(托脚)的指挥,一起一落,一起一落,乱拜乱拜,头也昏了,腰也酸了,膝也疼了。这才回房中休息。唉!做人这样,究竟婚嫁礼,有甚好处呢?

过了恐怖可怜的第一日,(出家迎亲)第二日是拜堂,第三日是请女婿,第几日是去外家。两家初次相见,面行相当的敬礼,还说得过去。惟是他们的礼,那里是敬的呢?简直是欺伪的罢了。

甚么堂上的偶像木牌神位,首先乱拜乱拜,甚么大人、太太、奶奶、安人、姨人、亚公、亚婆、舅父、舅母、叔公、叔婆、岳父、岳母、个个请出来受拜。不敢当,再请不敢当,三请四请不敢当,朝上拜,一迭连声,绝一停口,那"足婆"从里边呼出来,好像私塾里的教学老师叫儿童背书一样,企在椅边,唉!这叫敬,这叫礼,真真是混账了,真真是迷信了。

总之婚姻制度是恶劣的,是必要破除的,至于你们替第二妹承了亲的事,伊和那少年相识不相识,合议不合议,我都不知,我也不理。但我很愿望伊有的自由权、自己主张。

他若是和那少年相识、相爱、合意,愿两个共同互助的。你们做父母的就可任他们俩,自由去结合就够了。但现在伊是承了亲了,我又不赞成那不合理的婚嫁礼。这样又有怎么样办法呢?照我的意思,至好是预定一个日子,叫那少年和伊同齐行去。实行伊和他的自由结合、共同互助的生活就好了。但是要两个合意情愿的。照这样做法,两家都免了花费钱财,亦可是初级改良些少婚嫁礼的旧坏制度。

至于他的衣裳呢？伊自己所穿的衣裳可自由取用。伊若是现今都未得够来保暖身体，你们做父母就要帮助做些少，但实不可奢华。衣服能保护身体就够了。我很望你们照这样办法呀。

父亲！我看寄来的信，知道你前年曾染一回病。你老人家生病，实在是痛苦的。但你的病是已好了。这真是欢喜极了。我望你以后永远都无病。

祝你和母亲康健长寿享福！

幼弟必要给他们接续读书，求些学问才好。

今寄返八八重《园物》一个。请你们照重查收才是。
各人都好！

一九廿二，二月，廿八日
忠士

② 1922年3月21日

父亲

我昨接到逊尧三月十七日寄来的信，知道你今年没有给他去读书了。我想你不给他去求学问，实在是因私产制的资本主义的教育所迫。若打破了资本主义的私产制度，你们就可以免贫穷的苦楚，和子女也不必要你供给，他们也能受完满的教育。现在你实在不能供给他么？

他是有心去读书，和能自己勉力求学问的，请你使他接续去读多几年。学费要用几多，望你寄信给我知，定必寄返。

祝你和母亲康健！弟妹们都好！

一九廿二，三，廿一
忠士

劳转给父亲宇昆收入
　忠士

五　巴金致刘忠士翰

至此为止我们探讨了无政府主义者 Li Pei Kan 与作家巴金是如何一线相连的,在杂志《平等》中中国无政府主义者的思想纠葛是如何得到反映的,进而在平社的中心人物刘忠士赴美后的无政府主义生涯中可以看出怎样的思想轨迹。然而参考资料仍旧受限。所以在最后,我们尝试着再现旧金山与上海的书信往来中的巴金致刘忠士翰,作成基础资料,以供研究。光是阅读这些书简,便可如实地了解无政府主义思想空间的共同性是如何得以形成的。①—⑤写于刊行杂志《平等》第 2 卷的 1929 至 1930 年之间,⑥—⑮则写于抗日战争及国共内战末期至人民共和国体制发足之后不久的 1948 之至 1950 年之间,毋庸赘言,在研读时应当留意这样一种时代背景。

【巴金书简】[①]

① 1929 年 3 月 25 日

钟时

　　一百元收到。照你的意思办就是了。寄在李卓处的人名单未见,我已写信去问李卓去了。这次寄来的当然登出。述尧[②]已有信来答应把印人道的款来印平等及平社小册子。现在国民革命问答已在平等二卷二期发表。登完即印小册。我们近去信约惠林回来,因为现在人太少了,做事忙不过来。昨

[①]　以下巴金书简的原资料均系 Him Mark Lai Collection, Ethnic Studies Library, University of California, Berkeley 所藏的手书信简。关于这些信件,初步的校阅结果已经作为《HIM MARK LAI COLLECTION 所藏巴金书简——巴金与 RAY JONES(刘钟时)及〈平等〉》(《研究纪要》第 53 号,日本大学人文科学研究所,1997 年 3 月,第 15—30 页)公开发表。初期调查中有解读错误等,此次出示的,是其后经过再度调查、修正的结果。仍旧存疑的文字底下画线。因而此次发表之后仍有必要继续调查,直至确定文本。

[②]　可能是指以加拿大温哥华为中心组织觉社、仁社,并曾参与平社活动的华人无政府主义者陈述尧。

天寄你平等二卷二期（此期交稿甚早，因过旧年关系被印局耽搁了）十本（我们的财富二份如要还可寄），其余的从明天起陆续寄发。以后多载《我们的闲话》一类稿子。书店关系我们的宣传甚大，我们决努力做去，你们能帮忙甚好。克氏全集六、七、八三卷月内都可出版了①。以后各卷当努力进行。书店事我的意见和乐夫一样由他覆你好了。

余后谈。祝

健

芾甘

② 1929年4月或5月②

钟时：

我因赶译人生哲学之故，所以许久未寄你信。平等三期已寄上，想已收到，四五期合刊篇幅较平常加倍，日内就可出版，合刊的理由是因为印局耽搁。六期稿已编好，不日就付印。总之平等我必继续维持下去。而且稿件方面只要仲九克刚我三人继续做下去，成绩一定很好。从第二期我多留了一百多份，因为国内常有人要。第七八期合出萨凡专号。我专做一本小册子。这期合刊多印五百份在国内散，你说好么？

国民革命问答六期登完。从九期我或写一部A主义者的心理或译《我们怎样革命》一书，虽然是长篇，但每章独立不要紧。而且中国现在没有A的好杂志，平等登长文也可以的。印费希望再寄点来。我以后每月可还述尧款十元，若有钱或可多还。田园工厂这礼拜出，人生哲学下一月后出，人生哲学还有三章在译。译完即译自叙传。

余话后谈，因我忙。

芾甘

---

① 关于克鲁泡特金著作的中文翻译，李存光编选《克鲁泡特金在中国》（珠海出版社2008年版）可资参考。

② 日期未写，但书信内容言及《平等》第3,4,5期业已出版，第6期尚未出版，因此几乎可以断定为这一时期。

支出

二卷

第一期十九元

第二期十九元

第三期二十一元

第四五期三十九元

　　寄费

第一期(八包)六元

第二七包五元五角记不十分清楚了,不对请改正。

第三期五元

零份的寄费及杂费由我担任

收到

李卓交来二十八元

钟时兑来五十元

胡茵①捐款五角

苇甘还述尧款二十五元(共欠述尧一百八十元,除二十五元,尚欠一百五十五元。以后陆续还清。

此款在不在平等登出。盼告)

　　不足一元

第四五期平等寄费未算。第六期已交印局,印费若干尚不知道。

　　以后信请寄法界太平桥永安里十八号朱永邦转。兑款最好由邮局,因广东银行取款时需银行担保。很费手续。捐款簿李卓未见。

③ 1929年6月26日

钟时:

　　寄上信想已收到。小册与大书可以同时印好。小册本印一千五百册,因印局弄错只印了一千册。现在寄上八百册,书

---

① 　胡茵(生卒年未详),当时在四川广安做小学美术教员。

先寄上两百册,余存在自由书店,不够时请来函添寄。存在自由书店的书由乐夫经理,以后可结算。

述尧的一百元尚未到,不知他已否寄出。

你前说买铅字,现在我在启智交涉了,他们把实在价目开来,如要买,大概还可以便宜一点。在商务买,贵得多。平等在上海出版又成问题。一则惠林要离开上海,二则原定发行地方及计划已被国民党人知道,恐不稳。我们确实需要在外国设立一个印刷所,这在各国革命党人都有的。将来中国也许会有压迫极厉害的日子,所以留一点根基也是好。现将价目单寄上,如何请你斟酌。

现忙后再谈。

祝

健

芾甘六月廿六

乐夫附笔问好

④ 1930年5月7日①

钟时:

来信收到,《A的ABC》②已经在昨夜写完,排也排了一半,我想在六月初出版,钱请速寄。书作平社出版。江湾南京有一部分同志想加印一千本送人,但他们恐怕筹不到许多款。(加印排工不算,一千部也要一百元)现正进行。平社印一千本。二百五十元恐怕不够,但相差不过数十元,我也可以另想法。印好你们要若干本?请告我。馀交乐夫由自由书店发售,另立帐目计算。自由书店共出书十三本小册,月刊数本。现在并非停业,不过无钱再印新书。

---

① 此封书简仅写有西历月日,由克鲁泡特金著作的汉译及《俄国十女杰》(1930年4月上海太平洋书店)的出版时期来看,1930年的可能性高。

② 当指巴金受到 Alexander Berkman, *ABC of Anarchism*, Vanguard Press, 1929 的启迪与影响而写下的《从资本主义到安那其主义》(上海,自由书店,1930年7月)原稿。

启明书店印了自传后也无余钱,不过自传销路不坏,可望收点钱进来,现在第二本朱洗译,信爱校《互助论》又要付印了。我与乐夫打算如果在别处筹不到,就用你们的钱来印,筹到款时再还。

我现决定编一克氏杰作集凡六种,都可以公开发售,不会禁止的。(1)自传(已出)(2)田园工厂(另由我译,因旧译甚坏)(3)互助(将印)(4)俄国文学,我另译(5)法国革命,我另译(6)人生哲学(已有,将来另由启明出版)。这六部再合上自由书①的三部(自由书店再出一部论文集)。这工作只要你们可帮助,我一个人在几年内定能完成它。

我事忙,身体又弱,这是没有法的事。不过我至少总还有几年可活,总可以做点事出来。

平等我们现组织一团体来维持它。现决定八月内出版,经费仍望你们负责,南京方面答应每月捐十五元,如经济充裕可改出半月刊。印局大概不成问题。

非宗教小册已早交印局,因他们甚忙,至今尚未印出,最近又在赶排 A、B、C,所以要迟一向了。这是无法的事,请原谅。

现寄上灭亡五本,请查收。缓当寄上我的《俄国十女杰》十本,快出版。款我将来扣出就是了。不过前寄的《为了知识……故》八本是送人的。

平等,若上海不发生变故,就这样决定了。如不成功,那时再告你。买铅字我可以介绍在启智印局买,要便宜许多。

London 的 Iron Heel,中文译名《铁踵》,泰东书局出版,译者不知是谁。也许是个马克思主义者。

圃公②要的左拉的书,中文只有一本《左拉小说集》(北新有《一夜之爱》,左拉小说集内已有。我当去函叫出版合作社

---

① 此处可能漏"店"字。

② 大约与1950年5月13日的书简中言及的、新会的"圃伯"是同一人物。恐怕当是曾经营西江乡村师范学校(1932—1936)的广东无政府主义者陈洪有,或者其周边的人物。

寄他,款由我付,送圃公好了。因价很便宜。庞人铨戏剧集我处没有,当设法去找。

芾甘

5月7日

⑤ 1930年10月以后①

钟时:

　　来信收到。买铅字可在启智买,不过我想与其买铅字不如买铜模,一付铜模只要两千多字就够了,大概不到五百元。据说你能在美国铸字,也不过花四五百元。结果亦不过一千多元,但你买铅字也要花一千多元(或者还不止此)运费也很贵,铅字也不能用许久,如购铜模倒可以长期使用。你的意思怎样?在美国铸字是否方便?这一层我不知道,希望你注意一下。铜模当然只购<u>五号</u>或选购少数<u>三号</u>字。

　　平等恢复事现在无望,因惠林在上海住不久,而且最近只办了三期专刊,开了一两次会,惠林住处就被检查几次。无法继续下去,而且答应负责发行的人做事也不可靠。总之平等在上海发行暂无希望。我的身体太弱,工作又多,所以不能负起平等的全部责任,很惭愧,只希望将来你们印局逐渐发展成功,我们才可以有长期出版平等之机会。书已印好,至少半月内可以寄上(因现在装订)述尧钱尚未收到。大概不久可到罢。小册子八百册和书两百册将来一并寄上,请你分寄述尧。

　　圃公信收到。我们现在只要本着不屈不挠的精神继续不断地干下去,虽然附和者少,成绩很微,但总有效果的。我们不要因现状而灰心,尤其中国的运动更使人失望。但我们的理想是民众的理想,是人类的理想,民众以至于全人类要得着最完全的幸福生活,必然要靠了这理想的。这理想是民众生活之命脉,民众要求解放,必靠此成功。所以它会不管我们底

---

① 日期未写,但言及《平等》的停刊,因此《平等》第2卷第8—9期发行之后的1930年10月以后的可能性高。

无力,而自行发展的。这时候中国现状,实无组织A党的可能,但我们仍要努力做去,时样一旦成熟,潜伏的势力会显露出来,我们的运动便会突进的发展,等着罢,我相信着。

不知圉公以为如何?

芾甘

⑥ 1948年9月4日①

钟时:

廿三日来信收到,知道一切。但意文报等尚未收到。大概近来船少,所以到得慢点。寄你的画册应当收到了。你说Fresno埠意国友人寄我款和书并未收到过。我只收到Berkeley埠西班牙友人两次寄来的书。款子只有由Adunata社②转支加哥友人寄来的二十元,我已把这笔钱寄回美国,去购西文克氏书。我另外印了画册,送了Adunata社六十册。我去信说我不希望国外友人寄款,我有两个理由:第一,我们印书要是没有人看,卖不出钱回来,那是白白糟塌钱。捐款只能一次,多了等于"打秋风""敲竹杠"。我编印克氏全集就只募捐一次,并且算做股本。第二,国外友也穷,他们刊物更需要钱,钱对他们更有用处。所以以后请他们不要起捐款来的念头。我们目前需要的只是书报。你见着国外朋友,请把这意思告诉他们。要是他们有款交给你,可以退给他们或改捐西文刊物。我们虽不宽裕,但凑点小数目,也并不太难。

妃格念尔狱中记已译好。我开始译Rocker的The Six③和

---

① 这封信上附有刘忠士的笔记:"10月5日受到。"大约写于前一个月或再前一个月。1930年以降到这封信为止,巴金与刘忠士之间是否有过信件往来,现阶段不明。

② Adunata是1922—1979年间在纽约发行机关刊物L'Adunata dei Refrattari的意大利裔无政府主义团体。巴金为1948年1月31日、2月28日、6月12日给该刊寄过稿。

③ 巴金翻译、出版了出身于德国的著名无政府主义者鲁道夫·洛克(Rudolf Rocker,1873—1958)的著作《六人》(The Six)(上海文化生活出版社,1949年)。

续译克翁的狱中记了。克氏全集中《互助论》与《面包》又再版了。匆覆。祝

好

                 芾甘

                 四日

⑦ 1948 年？月 31 日①

钟时：

  信收到。你寄的书只有九月十四日寄的 *The Hudson Review*②一包没有收到。后来寄的都得到了。我寄 Jonchello③ 的一本书，他转给你甚好。我寄给他，也只是因为书中有插图，并有意大利文书名。现在克氏集已出四种，除伦理学外，都再版了。我最近印的西班牙画集第二种也已出版，并且寄了几本给你，想当收到。我最近在翻译 R. Rocker 的 *The Six* 一书，大约四个月后可以译完。克氏的《狱中记》也得在明年译完。妃格念尔的狱中记付排甚久，被印局耽误，至今只排出一半，希望能在明年二月印出。目前上海局势不甚安定（最近稍好），但我们无处可去，也只好不走了。将来怎样还难说，不过我想上海多半不会有战事。有信仍可寄原处。啸尘④一信请即转去。因航邮贵，附在这信内可省点钱。

                 芾甘

                 卅一日

⑧ 1948 年 12 月 13 日

中时：

  前几天寄你两册新编印的画册，想来不久当可收到。你寄我的几册意文书都收到了。现在就只有 Hudson Review 合

---

① 未写月份，但从内容判断，写于 10 月或 11 月的可能性高。
② The Hudson Review 系 1947 年创刊于纽约的文学艺术杂志。
③ 未详。
④ 未详。

订本(或季刊)未到。美国西岸罢工,邮包都耽误了。后寄的已到,先寄的反而未来。但现在工潮已解决,应该来了。我们还好。生活虽较苦,还可以过得去。只是物价高,印刷装订费更高,以后印书较困难了。上海印的画册中文本八百册,在限价期间,不到一个月就被抢购光了。但是卖的钱印较薄的第二册也已不够了。不过书印出来,有人看,也是好事。祝好

芾甘
十二月十三日

⑨ 1949 年 3 月 4 日

中时:

寄上小书二册,其一请转小尘①。这是我从前写的东西,未发表过,这次检出来修改了一遍,寄给那边友人付印出版了。我还在翻译 Rocker 的 *The Six*。Figner 自传②过两天即可出版,仍寄你二册,请转小尘一份。前次说的意文书 *Tolstoi, sua vita e sue opere*,不知已否寄出。又 Resistance 社③近出 *An appeal to the Young*④新版,望寄我一份。

祝

好

芾甘
三月四日

又寄 Hudson Review 的回执是多少号码?那两册刊物内有些什么重要文章?盼告。

---

① 未详,可能是与啸尘同一个人。

② 即俄国薇娜·妃格念尔作,巴金译《狱中二十年》,文化生活出版社,1949 年 2 月。

③ Resistance 系发行 Resistance(1943 年创刊的 Why?的后身)的纽约无政府主义团体。巴金曾向该刊 Vol.7 No.2(1948 年 7—8 月)寄稿,内容是 1927 年 6 月 9 日樊塞蒂致巴金翰及解说。

④ 即克鲁泡特金《告少年》。

⑩ 1949 年 6 月 3 日

啸尘,钟时:

　　现在上海已经"解放"了。我很安全,一切都好。在上海战事的最后几天里国民党的反动军人和党棍好像发了狂似的残杀良民,活埋,枪杀,酷刑,监禁,无所不用,弄到人人自危。要是他们在上海多守半个月,恐怕连我也无法活下去了。"解放军"上月二十五日开始进城,上海战事到廿八日完结。现在秩序恢复了,并且有了新的气象。我仍旧照常做我的工作,译书看稿。现在一切都很自由。要是这自由的空气能够长久保持,我们还可以做点事情。一切都得看将来。我前些时候(大约两星期前吧)曾给中时一信,说上次错投的邮包已经送到了,又给啸尘一信说我不会离开上海,这些信想均已收到。此后书报仍请照寄。并请把我安全的消息告诉朋友们。啸尘寄的药尚未收到,但我的手膀已经完全好了。那本 Legacy of Sacco and Vanzetti① 不知啸尘寄出否?寄出的邮包大概不会遗失的。

　　我的生活和工作都不会改变。《六人》快要译完了。仍将续译克氏的俄法狱中记。这信请中时看后交啸尘看。等到航信通时我再给你们寄航空信。剑波② 仍在成都,现在那边消息断绝了。听说他身体不好,在生病,不知道怎样,十多年来他的身体就是这样坏的,我有七年不看见他了。

　　祝

　好

芾甘

六月三日

---

　① 即 Louis Joughin, Edmund M. Morgan, *Legacy of Sacco and Vanzetti*, New York: Harcourt, Brace & co., 1948。

　② 卢剑波(1904—1990),四川省合江人,在北京、上海都曾从事无政府主义活动,但主要活跃于故乡四川省。中华人民共和国成立后仍执教于四川大学,主编无政府主义刊物《思想》,坚持无政府主义活动。与日本、欧美的无政府主义者交流亦多。

⑪ 1949 年 10 月 29 日

钟时：

　　信收到。你寄来的书也收到了。谢谢你。我很好。前些时候我去过一次北平，参加文艺界代表大会。现在仍埋头做翻译工作，《六人》已经出版了。能寄书包时当寄你一部。我目前生活较前稍苦，但仍能活下去。解放军入城后，一切比较国民党时代都好得多。国民党政府的腐败真是天下第一，他们五月中旬败退前还杀了不少的良民。我现在继续译妃格念尔的《自传》。什么时候能印出，还说不定，因现在书的销路较差，我的书的销路也少了。四川仍在国民党手中，剑波处无法通信，也不知道他的近况如何。另一信请加封转寄 Michigan 大学 A. Inglis①女士。别的话下次谈。

　　祝

好

芾甘

十月廿九日

⑫ 1949 年 12 月 3 日

钟时：

　　信收到。转来意友的一封信也收到了。同时我也收到了他直接寄来的信。你那位朋友的文章也读过了，写得还好。我只听说他的手有点不方便，却没想到他的眼睛也不成了。现在是否已经全瞎了，我很惦记他。我很好，仍旧在做我的编校翻译工

---

① Agnes Inglis(1870—1952)出生于密西根州富裕的家庭，因阅读爱玛·高德曼的著作而觉醒于无政府主义，为充实 1911 年由 Joseph A. Labadie 创设、收藏无政府主义相关资料的 Labadie Collection(University of Michigan, Ann Arbor)而尽力。巴金与 Agnes Inglis 在 1948 年 6 月至 1950 年 9 月间有过 30 多封书信往来。参阅拙稿《Labadie Collection 所藏巴金英文书简》(《研究纪要》第 55 号，日本大学人文科学研究所，1998 年 3 月，第 1—12 页)，《Labadie Collection 所藏 Agnes Inglis 致巴金英文书简》(《研究纪要》第 56 号，1998 年 10 月，第 39—56 页)。

作,生活稍苦,但是还可维持。我一家三口也许明年还要添一个小孩。我现在翻译屠格涅夫的小说。克氏狱中记尚未译完,因这书目前还无法出版。我寄了你一本《六人》,想已收到。这本书深一点,倒是好书。妃格念尔自传第一部在翻译中,半年内可以译完。我的《家》法文译本快要出版了,我已经见到了预告。英文本则无消息,恐怕找不到出版处。有新书仍望寄我几本。密支根大学 A.I. 小姐处,我也寄过《六人》去了。上次托你转的信想来已经转去。她已经七十多岁了,不知道身体怎样?

祝

好

芾甘
十二月三日

上次请买的 *Rebels of Individualism*, by Jack Schwartzman, The Exposition Press, New York, 不知已买到否。

⑬ 1949 年 12 月 29 日

钟时:

信收到。上海解放后,我已写过好几封信给你,想来不久会收到的。我还寄过你一本《六人》。你的信和书都收到。今天同时挂号寄上一包我最近出的书。另外附了一本《秧歌与腰鼓》,另外还有两张记载秧歌步法的报纸。不知道对你的朋友有无用处。我也不懂秧歌,故不能说这本书好不好。重庆已解放,成都大概快了,剑波一直无消息,不知道他怎样。因格里斯女士处我曾托你转过信去,我自己也有信去。我想她应该收到了。她今年七十几岁,但精神很好,对人也不错,希望她能长寿。克氏全集一时无法续出,无好译稿,也无印费。

你信上说要诗歌小品文,不知道是怎样性质的,请告诉我,即可寄上。

又 Retort[①]新诗是否续出,请告。

---

① Retort(1942—1951)与 *Resistance* 同为当时美国东部代表性的无政府主义刊物。

请你替我在意国友人处找一本在 Napoli 出版的 Volonta①月刊 Amo Ⅲ,11(1949 年 5 月 15 日出版)

还有 L'Adunata dei Refratari Vol. XXVIII. (1949)

Numbers 15.16.17.21.22.23.24.25.40.41.42.43.44.45.46.47.48.49.50.

祝

好

芾甘

十二月廿九

⑭ 1950 年 2 月 16 日②

钟时：

信收到。书寄不出,就放在你那里,等将来交通方便,邮局收寄时再寄。有新旧的好书仍望代为搜集。剑波已有信来,他仍在成都川大。他身体不好,自然有点苦闷。我还好。生活还可维持,虽然比以前稍窘一点。我还只有一个女孩,但再过六七个月会添一个孩子,因此有点耽心。不过目前我还是照常翻译点文学方面的书。前次寄上的一本屠格涅夫的小说想已收到。我靠翻译总可以维持一家生活,我不希望朋友们寄款。不过要是有书送我,我是欢迎的。本月六日这里被国民党匪机大炸一次,我家里一星期没有电灯。被炸地方离我们住处不太远,不过我们是在住宅区,还是比较安全的。福建那位姓叶的朋友③到广州去了。他在那边教书,但好久没有来信了。A. Luca④那

---

① Volonta 为 1946 年创刊的意大利裔无政府主义团体。

② 未写西历年份,但系巴金第二个孩子诞生前 6、7 个月,故可以判断是 1950 年。

③ 当是叶非英(1906—1961)。出身广东的叶非英在北京的世界语专门学校学习后,在广东、福建从事无政府主义活动。在福建省泉州黎明中学献身于农民教育。巴金曾撰文《怀念叶非英兄》(《随想录 147》,1986),追悼他不幸的死亡,追忆与他的友情。

④ A. Luca 当是刘忠士的挚友、无政府主义的同志、意大利裔无政府主义者 Angelo Luca(参阅 Paul Avrich：Anarchist Voices, p. 168, p. 504)。

篇散文,还不错,有空当为你译出。我的小肠有病。本月底或下月初要进医院去开刀。我想住半个月便够了吧。出院后会有信给你。去年下半年的新书报请代我搜集,尤其是意文的。又去年美国 New Jersey, Stelton? 的 Modern School 出了一本 Elizabeth Ferm①的论教育的书 On Education,也请你给我找一本。向纽约 Resistance 社查问,一定可以问到。

别话下次再谈。

祝

好

蒂甘

二月十六

Elizabeth Ferm: Freedom in Education② $1.50

⑮ 1950年5月13日

钟时:

你一月廿三日和四月廿七日来信都收到。我三月初进医院开刀,三月底以前出院,在家里一直养到现在,身体尚未复原。最近一个多星期我已经上街了。不过不能多走动。你要看新诗,过些天当找一点寄给你。前个月寄了你一包书,里面有一本左拉的小说《劳动》的译本,原书很好,只是译文不大好。另外有本我译的《回忆托尔斯泰》③(另一本请你转给啸

---

① Elizabeth Ferm(1857—1944,婚前姓名为 Mary Elizabeth Bryne)1901年开始与 Alexis Ferm 经营旨在实施自由教育的学校。1920年移居 New Jersey 的 Stelton,接手经营受 Francisco Ferrer Guardia(西班牙教育家,自由思想家。1909年被处死刑)思想影响、与以集体生活为基础的共同体运动相结合的 The Modern School。自1910年代至1960年代在无政府主义的影响下,主张自由与独立精神在美国国内展开的所谓 The Modern School Movement 中,一直维持到1953年的该校也是坚持时间最长的学校之一。(参阅 Paul Avrich, *The Modern School Movement*, Princeton University Press, 1980)

② 即 Elizabeth Bryne Ferm, *Freedom in Education*, New York: Lear Publisher, 1949。

③ 即前苏联高尔基作,巴金译《回忆托尔斯泰》,平明出版社1950年版。

尘)。我仍在译书,但这两个月因病什么事都没有做。以后有新书仍寄给你。我有七八个月没有收到美国寄来的书包了。据说美国还不肯收寄中国的邮包。可是中国这边却收寄美国的邮包。所以我能寄书给你。倘使美国一直不肯收寄书包,那么我只好请一个香港朋友代收下,再由他转寄上海。关于意文和西班牙文的书请你陆续搜集。圃伯有信来,他仍在新会。剑波在成都,生活较苦。中国大陆差不多全解放了。帝国主义的势力完全打倒了。的确有一些新气象,有改善,有进步;主要的骄奢淫佚的现象没有了,贫富间的差别渐渐在偏短,连有钱人也不得不找工作了。一班负责干部都能苦干实干。但也有少数的人思想狭窄。不过困难还是很多。一般人的生活一时也未能改善多少。失业的现象也相当严重。连文生社的生意也差多了。币值已稳定,物价也常跌,这是好现象。可是一般人的购买力也很差,所以书的生意(除了政治学习书好)也很坏。像克氏全集的书现在不能出了,唯一原因是没有多少人买,印一本得花不少钱,却卖不进来。俄法狱中记我还是要慢慢地译完的。留到一般经济状况好转时再出版吧。祝

好

芾甘
五月十三

[日]山口守

巴金与欧美无政府主义者之间的往来书简研究

一 研究意义在何处

首先要说明一下巴金书简研究的意义所在何处。主要有两点:第一,从1980年代至90年代,随着东西冷战体制的崩溃,以及世界各地纷争激化,一些政治学家与历史学家开始议论起"现代"的终焉来。在他们看来,好也罢坏也罢,曾经是20世纪"现代"之核心思想、体制的资本主义、社会主义等既有的意识形态业已失去了其构筑、领导人类社会的思想力量,"现代"本身也暴露出了其自身的局限性。经历了人类历史上最初的世界规模的战争——第一次世界大战和规模更大、大屠杀事件频仍的第二次世界大战的20世纪,从漫长的人类历史整体来看,或许不妨称之为一个鲜血淋漓的世纪。然而既有的意识形态崩溃后,由国家、民族、宗教的利益冲突而引起的纠纷与战争,正使得世界化为战争的炼狱。目睹这一现状,与其说它们是"现代"的终焉,似乎毋宁说我们恰恰正处于"现代"矛盾的漩涡正中。这仿佛同时也是20世纪曾经号称具有超越国家、民族、宗教的普遍性、被体制化了的资本主义与社会主义,其实恰恰深深地沉溺于国家、民族、宗教之内这一事实的佐证。如此去思考20世纪"现代"的内情,人类可谓度过了虚妄之极的百年时光,然而"现代"终焉论者们忽视了被这种体制化的意识形态压为齑粉的无数小的理想主义的尝试。是否20世纪"现代"果真仅仅只具备由21世纪今天形形色色的书本中所开列的那种一般概论所描述的纲领式的整体？今天所要求我们的，并非是宣告"现代"的终结，而是去检验产生出种种矛盾、绝非单一化的"现代"。就20世纪中国的"现代"而言，重要的是拒绝被收敛于单一意识形态的"现代"模式，扎扎实实地检验"现代"过程中的多样性。在此意义上，巴金与欧美无政府主义者之间所展开的交流，既追求突破中国这一框架局限的普遍性，又追求个人固有性以克服与权力相结合的普遍性，应当说是昭示出"现代"中国多样性、复线性的绝好例证。巴金与欧美无政府主义者的结交，似也应被视为是建立在无政府主义共同理想与来自中国人和外国人的差异的、对对方的关心这一基础之上的。在他们之间展开交流的那个时代，围绕着人类的精神，希望与理想的光芒尽管微弱，却将一线光明投向了黑暗的社会。生活于"现代"已有一些人被宣称告终焉的21世纪的我们，在今天混乱迷离的社会状况中，似乎举足维艰，不易迈出下一步。但是探求一条发展性地克服"现代"自身的道路，应是切实可行的，为此，对19世纪到20世纪"现代"的检验，也是有意义的。"现代"中国也应当从这一角度出发，反复地，并且由众多的人们来不断编织出崭新的整体形象与个案个例。巴金与欧美无政府主义者之间的书简是进行这种尝试的好对象。因为巴金思想不仅存在于"现代"中国之中，而且也为缔造"现代"中国本身作出了坚实的贡献。

第二，在考察巴金早期思想时，经常被作为基础资料使用的，是1920年代巴金关于无政府主义以及俄国民粹派和十月革命的文章。这些文章大多为宣言式的，或具有浓厚的启蒙主义色彩。这些文章一方面作为一则例证，昭示了这些思想在中国被接受的情形与传播的形式，由此我们可以确认思想的焦点，勾勒出其轮廓。另一方面，仅仅凭借这些文章是说明不了巴金自身思想的构筑过程的，因而作为理解其思想形成的资料而言，是不全面的。要理解巴金的思想形成，需要用心地分析、解读已发表的巴金自己的著作中表现出的固有特性、普遍性、连续性、非连续性，尽可能丰富地驱使那一时代的多种资料，推进考察，并且作为另一种手段,将那些不以发表为前提的资料,譬如书信这种纯属于个人生活内容的资料为线索,去思考这一问题,当也是可能而且有效的。然而遗憾的是,迄今业已发表的巴金书简,多限于中国国内,就时代而言,也局限于1950年代以后,而足以揭示1920年代巴金透过无政府主义所形成的、遍及世界的人际关系的、与外国人之间的书简,包括诸如高德曼(Emma Goldman)那样明确无误地有过书信往来的人在内,几乎全部资料皆未面世。还有1940年代末至50年代初,便是抗战刚结束并进行国共内战至人民共和国建国时期,巴金面对一个非常大的时代变化拥有如何思想状态,这一巴金研究上的重要课题,因资料不足而无法做进一步研究。其实这一时期便是一段巴金与欧美无政府主义者之间的往来书简最多的时期。但也是由于1920年代同样原因,这些书信资料尚未面世。巴金外文书简研究的意义就在此。

二 巴金书简目录①

通过几次资料调查,目前能确认的巴金和欧美无政府主义者

---

① 笔者写过有关巴金和欧美无政府主义者之间往来书简的研究论文就如下。

《巴金とサッコ=ヴァンゼッティ事件》 《研究纪要》第45卷,日本大学人文科学研究所,1993年3月(中译《巴金与萨珂·樊塞蒂事件》《中国现代文学研究丛刊》1995年第4期,作家出版社1995年11月版。

《巴金·〈ヴァンゼッティ往复书简について》 《汉学研究》第33号,日本大学中国文学会,1995年3月。

《关于IISH和CIRA所藏之巴金英文、法文书简》《巴金的世界》,东方出版社1996年1月版。

《凡宰特致巴金的信(附英文原件)》 《中国现代文学研究丛刊》1996年第2期,1996年5月。

《HIM MARK LAI COLLECTION藏巴金书简:巴金与RAY JONES(刘钟时)及〈平等〉》《研究纪要》第53号,日本大学人文科学研究所,1997年3月。

《Labadie Collection所藏巴金英文书简》 《研究纪要》第55号,日本大学人文科学研究所,1998年3月。 (转下页注)

之间往来书简如下。这是以日期、使用语言、写信人、收信人和所藏机关为线索整理的结果。

〈使用语言略称〉

C：Chinese，E：English，ES：Esperanto，F：French，

〈所藏机关〉

巴金故居

IISH：International Institute of Social History，Amsterdam，The Netherlands

BPL：Boston Public Library，USA

LSHU：Law School Library，Harvard University

ESUC：Ethnic Studies Library，University of California，Berkeley

LCUM：Labadie Collection，Special Collections Library，University of Michigan，Ann Arbar

IHHU：Ishill Collection，Houghton Library，Harvard University

CIRA：Centre International de Recherchessurl L'Anarchisme，Lausanne，Switzerland

〈写信·收信人名〉

巴金写给海外无政府主义者写信时经常用 Li Pei Kan，li Yao Tang 等不同的署名，但用得最多还是 Li Pei Kan，因此在此为了检索的方便以 Li Pei Kan 统一。

〈日期〉

无法判断日期的书简以＊表示。

（接上页注）

《巴金致凡宰特第三函（附英文原件）》《中国现代文学研究丛刊》1998年第2期,1998年6月。

《巴金致萨凡援救委员会的信（附英文原件）》,同上。

《巴金和凡在特往来书信编目》,同上。

《Labadie Collection 所藏巴金致 Agnes Inglis 英文书简》《研究纪要》第56卷,1998年10月。

《巴金书简研究(1)》《研究纪要》第59号,日本大学人文科学研究所,2000年1月。

写信年	（月日）	写信人	收信人	语言	所藏机关
1925	July 29	Emma Goldman①	Li Pei Kan	E	巴金故居
1926	July 8	Li Pei Kan	T. H. Keell②	E	IISH
	December 29	Emma Goldman	Li Pei Kan	E	巴金故居
1927	April 5	Emma Goldman	Li Pei Kan	E	巴金故居
	May 26	Emma Goldman	Li Pei Kan	E	IISH
	June 9	Bartolomeo Vanzetti③	Li Pei Kan	E	中国现代文学馆
	July 1	T. H. Keell	Li Pei Kan	E	巴金故居
	July 5	Li Pei Kan	Emma Goldman	E	IISH
	July 18	Li Pei Kan	Alexander Berkman④	E	IISH
	July 18	T. H. Keell	Li Pei Kan	E	巴金故居

① 参阅拙稿《巴金与爱玛·高德曼：1920年代国民革命中的无政府主义》。

② 托马斯·基尔（Thomas H. Keell, 1866—1938），著名英国无政府主义者，《自由》的编辑兼排字工，也经常在《工人之声》(the Voice of Labour)发表文章。1907年曾参加过于荷兰举行的国际无政府主义会议（International Anarchist Congress）。他极力反对第一次世界大战。1916年曾和同伴Lilian Wolfe一起被捕，入狱。

③ 参阅拙稿《巴金与萨珂-凡塞蒂事件》和《关于巴金与凡塞蒂往来书信》。

④ 亚力山大·柏克曼（Alexander Berkman, 1870—1936），本名叫做Ovsej Berkman, 1870年生于立陶宛Kovno, 1936年死于法国Nice，著名无政府主义者。1888年移居到美国，1892年因试图暗杀资本家，被逮捕，入狱到1906年。1906年于纽约参与 Mother Earth 的编辑，1916—17年还于旧金山参与 Blast 的编辑。1917年以参与反战活动为理由又遭到逮捕入狱，1919年被驱逐到俄国，但1921年对俄国革命现状失望，离开俄国之后，流浪于德国和法国，1925年以后定居于法国，积极参与无政府主义运动和支援俄国无政府主义者的活动。巴金留学于法国时期曾见到柏克曼，并回国以后翻译 Berkman 的 Prison Memoirs of an Anarchist (1912) 翻译成中文为《狱中记》（上海文化生活出版社1935版）。

（续表）

写信年	（月日）	写信人	收信人	语言	所藏机关
	July 23	Bartolomeo Vanzetti	Li Pei Kan	E	中国现代文学馆
	July 25	Alexander Berkman	Li Pei Kan	E	IISH
	July 29	T. H. Keell	Li Pei Kan	E	巴金故居
	July 31	Ernst Liebetrau①	Li Pei Kan	ES	巴金故居
	August 4	Emma Goldman	Li Pei Kan	E	IISH
	August 13	Li Pei Kan	Bartolomeo Vanzetti	E	BPL
	August 13	Li Pei Kan	Sacco-Vanzetti Defense Committee	E	BPL
	August 20	T. H. Keell	Li Pei Kan	E	巴金故居
	September 4	T. H. Keell	Li Pei Kan	E	巴金故居
	September 27	Ernst Liebetrau	Li Pei Kan	ES	巴金故居
	September 28	Emma Goldman	Li Pei Kan	E	巴金故居
	October 9	Ernst Liebetrau	Li Pei Kan	ES	巴金故居
	October 13	Arthur Müller-Lehning②	Li Pei Kan	E	巴金故居
	October 19	Albert de Jong③	Li Pei Kan	E	巴金故居

① Ernst Liebetrau(？—？)，德国无政府主义者，办过世界语刊物"JNO"或"INO"。巴金《ENLA MALLUMA NOKTO》(《绿光》第5卷第10—12期合刊，1928年10—12月)的题目下面用世界语写"献给我的德国朋友和同志 Ernst Liebetrau"，可知当时两人之间有过交流。

② Paul Arthur Müller-Lehning(1899—2000)，荷兰无政府主义者，编辑，历史学家，曾为设立经营国际社会史研究所(IISH)而尽力。此信里他提到吴克刚，可能由吴介绍给巴金。他还希望以后与巴金通信，相互了解对方的无政府主义运动动向，并给巴金介绍他们 International Anti-Militarist Commission 的活动。

③ Albert de Jong(1891—1970)，荷兰无政府主义者。工团主义者。此信里他向巴金为他与 Arthur Müller-Lehning 一起编的反军国主义月刊 The Weapon Down 约稿。

（续表）

写信年	（月日）	写信人	收信人	语言	所藏机关
	November 8	T. H. Keell	Li Pei Kan	E	巴金故居
	November 10	Alexander Berkman	Li Pei Kan	E	巴金故居
	November 11	Emma Goldman	Li Pei Kan	E	巴金故居
	November 16	Albert de Jong	Li Pei Kan	E	巴金故居
	November 26	T. H. Keell	Li Pei Kan	E	巴金故居
	December 21	Alexander Berkman	Li Pei Kan	E	巴金故居
1928	January 6	Emma Goldman	Li Pei Kan	E	巴金故居
	January 8	Alexander Berkman	Li Pei Kan	E	巴金故居
	Februarry 6	T. H. Keell	Li Pei Kan	E	巴金故居
	February 4	Ernst Liebetrau	Li Pei Kan	ES	巴金故居
	February 22	T. H. Keell	Li Pei Kan	E	巴金故居
	March 3	Li Pei Kan	Max Nettlau[①]	E	IISH
	Marc 14	T. H. Keell	Li Pei Kan	E	巴金故居
	March 17	T. H. Keell	Li Pei Kan	E	巴金故居
	March 24	T. H. Keell	Li Pei Kan	E	巴金故居
	March 25	Ernst Liebetrau	Li Pei Kan	ES	巴金故居
	March 30	Albert de Jong	Li Pei Kan	E	巴金故居
	April 9	Emma Goldman	Li Pei Kan	E	巴金故居
	April 24	Emma Goldman	Li Pei Kan	E	IISH

① 马克思·奈特罗（Max Nettlau,1865—1944），生于奥地利 Neuwaldegg，死于荷兰 Amsterdam，著名无政府主义史研究者。流浪于欧洲各地，像维也纳，伦敦等，收集无政府主义者资料，包括 Michail Bakunin, Errico Malatesta, Elisée Reclus 等。也参与各种无政府主义活动。

(续表)

写信年	（月日）	写信人	收信人	语言	所藏机关
	June 10	Emma Goldman	Li Pei Kan	E	巴金故居
	June 23	Ernst Liebetrau	Li Pei Kan	ES	巴金故居
	September 26	T. H. Keell	Li Pei Kan	E	巴金故居
1929	March 25	Li Pei Kan	Ray Jones[①]	C	ESUC
	April 24	Sacco-Vanzetti Defense Committee	Li Pei Kan	E	LSHU
	June 26	Li Pei Kan	Ray Jones	C	ESUC
	＊undated	Li Pei Kan	Ray Jones	C	ESUC
1930	March 29	T. H. Keell	Li Pei Kan	E	巴金故居
	May 7	Li Pei Kan	Ray Jones	C	ESUC
	＊undated	Li Pei Kan	Ray Jones	C	ESUC
1932	April 26	Albert de Jong	Li Pei Kan	E	巴金故居
	November 5	Louis Leo Kramer[②]	Li Pei Kan	E	巴金故居
1948	June 1	Agnes Inglis[③]	Li Pei Kan	E	LCUM

① 参阅拙稿《从杂志〈平等〉看无政府主义思想空间的越境性：以巴金与刘忠士的书简为中心》。

② Louis Leo Kramer(1893—1956)，美国无政府主义者，在旧金山经营书店。此封信里他说1927年巴金写给他的书信被Ray Jones刘忠士保留，1932年才转给他。因此可判断1927年巴金曾写给他一封信，但目前此信下落不明。

③ 艾格尼丝·英格里丝(Agnes Inglis,1870—1952)，生于美国密歇根州的一个富裕的家庭，深受爱玛·高德曼(Emma Goldman)的著作感动而自觉于无政府主义思想，1916年她安排高德曼在密歇根大学做演讲，之后她们有了亲密的交情。她的一生致力于为了Labadie Collection(1911年Joseph A. Labadie创设的无政府主义资料室)而进行的资料收集和整理。其结果这一资料室的无政府主义资料，在全美国为屈指可数的收藏而自豪。巴金和她开始通信的1948年，她虽然已届75岁之后的高龄，但仍在为收集资料而尽力。参照Paul Avrich, *Anarchist Voices: an oral history of anarchism in America*, Princeton University Press, 1995, p.481.

(续表)

写信年	（月日）	写信人	收信人	语言	所藏机关
	June 4	Agnes Inglis	Li Pei Kan	E	LCUM
	July 3	Li Pei Kan	Agnes Inglis	E	LCUM
	September 2	Agnes Inglis	Li Pei Kan	E	LCUM
	September 4	Li Pei Kan	Ray Jones	C	ESUC
	October 14	Li Pei Kan	Rudolf Rocker[①]	E	IISH
	October 19	Li Pei Kan	Agnes Inglis	E	LCUM
	November 8	Li Pei Kan	Agnes Inglis	E	LCUM
	November 21	Agnes Inglis	Li Pei Kan	E	LCUM
	December 13	Li Pei Kan	Ray Jones	C	ESUC
	December 19	Agnes Inglis	Li Pei Kan	E	LCUM
	December 19	Agnes Inglis	Li Pei Kan	E	LCUM
	December 28	Li Pei Kan	Rudolf Rocker	E	IISH
	*？31	Li Pei Kan	Ray Jones	C	ESUC
	* undated	Li Pei Kan	Rudolf Rocker	E	IISH
1949	January 8	Agnes Inglis	Li Pei Kan	E	LCUM
	January 23	Li Pei Kan	Boris Yelensky[②]	E	IISH

① 鲁多夫·洛克尔（Rudolf Rocker，1873—1958），德国无政府主义者。1890年参加过社会民主党反对派，后被开除，转到无政府主义。1892年流亡到巴黎，1895年去伦敦，认识克鲁泡特金，并积极参与犹太人工人运动。1918年回德国，也积极参与工团主义运动，但纳粹掌握政权之后，1933年流亡到美国，死于纽约。

② 鲍里斯·叶连斯基（Boris V. Yelensky，1889—1974），生于俄罗斯，死于美国，无政府主义者。参加过1905年俄国革命，失败之后流亡到美国去。1917年曾回国参加革命，但后来与布尔什维克不合，1922年以后居住于美国，参与各种无政府主义运动。在亚力山大·柏克曼基金会Alexander Berkman Aid Fund（1936—1957）和自由社会社 Free Society Group（1923—1957）里扮重要的角色。

（续表）

写信年	（月日）	写信人	收信人	语言	所藏机关
	February 3	Agnes Inglis	Li Pei Kan	E	LCUM
	February 6	Li Pei Kan	Agnes Inglis	E	LCUM
	February 14	Li Pei Kan	Agnes Inglis	E	LCUM
	February 19	Li Pei Kan	Boris Yelensky	E	IISH
	March 4	Li Pei Kan	Ray Jones	C	ESUC
	March 6	Agnes Inglis	Li Pei Kan	E	LCUM
	March 9	Li Pei Kan	Agnes Inglis	E	LCUM
	March 14	Agnes Inglis	Li Pei Kan	E	LCUM
	March 16	Li Pei Kan	Rudolf Rocker	E	IISH
	March 18	Li Pei Kan	Commission des Relations Internationales Anarchistes①	F	CIRA
	March 21	Li Pei Kan	Agnes Inglis	E	LCUM
	April 4	Agnes Inglis	Li Pei Kan	E	LCUM
	April 9	Agnes Inglis	Li Pei Kan	E	LCUM
	Aril 12	Li Pei Kan	Joseph Ishill②	E	IHHU

① Commission de Relations Internationales Anarchistes,1948 年 3 月巴黎召开的欧洲无政府主义会议上，由法国、意大利、西班牙以及犹太人代表来组织的联络网，持续到 1949 年。保加利亚的工团主义者曾参与，南美乌拉圭也有分部。此法语信的所藏机关 CIRA（Centre International de Recherchessur l'Anarchisme）目前设在 Lausanne, Swiss。

② 约瑟·伊实尔(Joseph Ishill,1888—1966)，生于罗马尼亚，无政府主义者，印刷工人。曾积极参与 Modern School Movement，在纽约 Ferrer Center 负责此运动的印刷。也在 Modern School Movement 的实验地 Stelton, New Jersey 教过印刷技术。他以手工印刷 Kropotkin、Benjamin Tucker、EliseeRuclus 等著作，并印得非常精美享有名气。哈佛大学图书馆（Houghton Library, Harvard University）所藏他的作品和资料，将其称为 Ishill Collection。

（续表）

写信年	（月日）	写信人	收信人	语言	所藏机关
	May 5	Agnes Inglis	Li Pei Kan	E	LCUM
	May 7	Li Pei Kan	Agnes Inglis	E	LCUM
	May 15	Agnes Inglis	Li Pei Kan	E	LCUM
	June 3	Li Pei Kan	Ray Jones	C	ESUC
	June 10	Li Pei Kan	Agnes Inglis	E	LCUM
	October 29	Li Pei Kan	Agnes Inglis	E	LCUM
	October 29	Li Pei Kan	Ray Jones	C	ESUC
	November 27	Agnes Inglis	Li Pei Kan	E	LCUM
	December 3	Li Pei Kan	Ray Jones	C	ESUC
	December 29	Li Pei Kan	Ray Jones	C	ESUC
	December 31	Li Pei Kan	Agnes Inglis	E	LCUM
1950	February 4	Li Pei Kan	Rudolf Rocker	E	IISH
	February 16	Li Pei Kan	Ray Jones	C	ESUC
	February 28	Li Pei Kan	Rudolf Rocker	E	IISH
	February 28	Agnes Inglis	Li Pei Kan	E	LCUM
	April 26	Li Pei Kan	Agnes Inglis	E	LCUM
	May 13	Li Pei Kan	Ray Jones	C	ESUC
	May 24	Agnes Inglis	Li Pei Kan	E	LCUM
	August 24	Li Pei Kan	Rudolf Rocker	E	IISH
	September 18	Li Pei Kan	Agnes Inglis	E	LCUM

三 人民共和国体制建立前后时期的巴金书简

1948—1950年这段人民共和国体制建立前后时期，巴金与海外无政府主义者之间的书简的收信人便是,艾格尼丝·英格里丝 Agnes Inglis、刘忠士 Ray Jones、鲁多夫·洛克尔 Rudolf Rocker、鲍里斯·叶连斯基 Boris V. Yelensky、CRIA 和约瑟·伊实尔 Joseph Ishill。与 1925—1932 年那段作家巴金诞生前后时期的巴金书简相比,虽收信人的人数少了,但书信数量本身并不减少。内容与 1925—32 年相比,翻译和资料方面占大部分,很少提到无政府主义思想、理论和运动方面,并且几乎未提到中国国内情况。但巴金有时例外地提到中国国内情况,将珍贵的线索给予研究巴金的人。以下我简单地讲一下这些巴金书信的研究意义所在。

从第二次世界大战结束到社会主义中国成立的数年间,中国人为之渴望欢喜的和平时间很短暂,其实那是个围绕着战后社会的权力掌握,国民党和共产党内战激化的混乱时代。在会谈、停战协定、决裂、镇压、抵抗及以国共两派为中心的政治图式之中,对抗在继续,让人预感到不久之后即将到来的大规模内战引起的郁闷不安,笼罩着战争胜利后的社会。在抗日战争中,巴金一边辗转于被称为"大后方"的国民党统治区,一边创作出了《憩园》《第四病室》等成熟之作,这些作品与其说是有别于 1930 年代那样被认为是直接地表现了年轻一代过剩热情的众多作品,还不如说他关注的是在痛苦现实中挣扎着活下去的人们的梦想和挫折、希望和悲哀等。战后不久,他完成了达到自身文学生涯的顶峰状态的小说《寒夜》(1946 年 12 月 31 日脱稿)。但即便是把战后的混乱世情的影响考虑在内,这时期他的文学活动也决非是旺盛的。奥斯卡·王尔德的童话、薇娜·妃格念尔的回想录和西班牙内战相关资料的翻译和散文等占了他的写作的大部分,创作非常少。把这一时期作为他的文学生涯中的创作低潮期的看法或许是可以成立的。

实际上,与 1920 年代一样,这一时期是他与国外的无政府主义者最为频繁地进行联络的"通信高潮期"。1920 年代后期,主要是在法国期间,他之所以与爱玛·高德曼(Emma Goldman)、亚历山大·柏克曼(Alexander Berkman)、巴托洛姆罗·凡宰蒂(Bartolomeo Vanzetti)、马克斯·奈特罗(Max Nettlau)、托马斯·基尔(T. H. Keell)、刘忠士(Ray Jones)等欧美的无政府主义者进行书信交往，是基于把无政府主义这一思想作为媒介的对世界的关怀所致。而在1940年代后半期则毋宁说，隐藏在因抗日战争而民族主义高扬、共产党政权成立的影子中，巴金的思想展现难以让人读到的时期。为了考察这一时期的巴金思想提供些重要资料的便是他和国外的无政府主义者之间进行的诸多书信。这些书信是都在1949年前后中华人民共和国建国时期里写出的，因此于以共产主义或民族主义与无政府主义的关系为焦点的巴金思想的分析上，其意义更大。

例如，通过巴金致鲁多夫·洛克尔书信稍微能窥见这时期巴金思想状态，便是人民共和国体制开始初期巴金对无政府主义尚保持着很大的关心，甚至还积极翻译像洛克尔《六人》那样著名的无政府主义者的著作，虽然《六人》是文学性较强的著作，不是直接论述无政府主义思想的。1950年2月4日巴金致洛克尔书信表示，希望将洛克尔的全部著作译成中文，甚至8月24日信称洛克尔的回忆录第一部为本世纪最好的书之一。由此得到的强烈印象是，这一时期巴金深深倾倒于洛克尔，以及还在追求无政府主义理想。但在此还需要探讨的重要问题便是这理想与中国共产党领导的人民共和国体制之间有如何关联。巴金是否因为拥有这无政府主义理想才支持人民共和国体制呢？即便是，是否会和无政府主义理想产生出冲突或矛盾呢？巴金是否像1920年代与高德曼通信时提到的国民党无政府主义者那样，变成共产党无政府主义者呢？其实巴金致洛克尔书信没有提供给读者这方面的信息，两者之间的所有书信几乎未见提及当时中国国内的形势。只有1950年2月4日书信结尾处才提到国民党在上海搞的空袭，并将它称为法西斯的行为，可知国共内战时期至少就这一事件，巴金责难国民党，靠近共产党的立场。

另外，1949年2月19日巴金致鲍里斯·叶连斯基书信里面写道："中国的事情很复杂，也很奇怪，连我们中国人也无法理解。中国的情况与欧美不一样。连中国无政府主义者里面也有很多自称无政府主义者而却拥护封建力量并敢做无政府主义责难之事情的人。这里有无政府主义银行家、无政府主义资本家、无政府主义政府官员、无政府主义民族主义者。他们给我们的理想招来耻辱。这便是我们中国无政府主义运动里的堕落原因。"[1]通过这些,可知巴金对当时的无政府主义运动(即便规模渺小)或自称无政府主义者的人彻底地失望,甚至抱反感。但另一方面,批评这些自称无政府主义者的人们违背了无政府主义的理想,反过来就更强调追求此理想的意义能肯定的,应该永远追求的。或许说,因为巴金坚持无政府主义理想才不反对人民共和国体制。

还有巴金致约瑟·伊实尔书信。只看这一封信的内容表面,似乎只是一个想要入手约瑟·伊实尔印刷、出版的刊物和作品的请求,但另一方面可了解巴金当时拥有获得这方面信息的海外无政府主义网络。更重要的一点就是写此封信的时代性。关注这时代性的原因有两个:一,共时性:抗战结束到人民共和国体制开始之前几年,巴金为何回复和海外无政府主义者之间的通讯。二,通时性:巴金致约瑟·伊实尔书信里言及的都是1920—30年代的出版物。巴金走过战争时期为何还关心过去无政府主义的文献。就是说,这个时期巴金和海外无政府主义者之间通讯,不能仅仅由于战争这非常状态结束之后海外通讯的条件成熟这种原因来说明。这个时期巴金强烈地关心过去的无政府主义文献,而且比抗战时期更为积极进行无政府主义文献的翻译,是否作为无政府主义者的觉悟更提高。似乎与其相反,眼看共产主义政权快要成立了,基本上以肯定的态度迎来人民共和国体制。关键就是巴金当时的思想状态。巴金致约瑟·伊实尔书信结尾提到鲁多夫·洛克尔 The Six 的中译本《六人》的出版就是人民共和国成立之前。在《〈六人〉后记》里巴金写了一句决定性的话:"译稿发印以后我去北平住了一个多月。我过了四十天的痛快日子,看见了许多新气象"[2]。

---

[1] Bajin's Letter to Boris Yelensky, Feburuary 19, 1949, Boris Yelensky Archive, IISH.

[2] 巴金:《〈六人〉后记》,鲁多夫·洛克尔著,巴金译《六人》232 页,文化生活出版社 1949 年版。

通过探讨此北京行对巴金有如何意义,我们可以找得到一个解析无政府主义者 Li Pei Kan 作为作家巴金面对共产主义政权持有如何态度的线索。实际上,巴金1949年7月从上海赴北京的目的就是为了将要成立的人民共和国做准备,参加共产党主导的第一届中华全国文学艺术工作者代表大会。巴金写了一篇《我是来学习的》,表明自己对此会议的思想立场:"好些年来我一直是用笔写文章,我常常叹息我的作品软弱无力,我不断地诉苦说,我要放下我的笔。现在我却发现确实有不少人,他们不仅用笔,而且用行动,用血,用生命完成他们的作品。那些作品鼓舞过无数的人,唤起他们去参加革命的事业。它们教育着而且还要不断地教育更多的年轻的灵魂"[1],表态自己积极参加共产党的革命事业。事实上,这期间他当了中华全国文学艺术联合会、中华全国文学工作者协会全国委员和中国人民政治协商会议代表。

  作为一个无政府主义者如何看待共产主义这一问题,1920年代巴金曾经在和高德曼之间往来书简里展开深深的讨论。当时在帝国主义和中国、封建主义和现代主义与国民党和共产党这些二项对立当中,无政府主义势力在社会上和政治上并没有实体的势力,是个渺小的存在,不过即便那样,巴金确实从高德曼学过坚持无政府主义立场的精神。但是,1949年巴金面对的问题次元与1920年代不同。就是作为一个无政府主义者如何生活于共产主义社会,已不再是二项对立中选一个的问题。以从1920年代末到1950年代初的这些巴金与欧美无政府主义者之间的往来书简为线索,我认为无政府主义者 Li Pei Kan 和作家巴金视为二项对立便是一个谬误。对巴金来说,无政府主义和文学像两面对着照镜子,也像一个摆的两端,是个相互依靠并相互创造之机制的根本。因此也不妨说,巴金坚持无政府主义的理想才不反对共产党领导的人民共和国体制。那么,巴金这种寄托是否失败呢?是否像1920年代与高德曼通讯时提到的国

---

[1] 巴金:《我是来学习的》,初见于《人民日报》1949年7月20日。此处引用《巴金全集》第14卷第3页。

民党无政府主义者那样,变成为共产党无政府主义者呢？要进一步思考这个问题,还需要做巴金思想共时性和通时性动态的全面研究。

[韩]李喜卿

向革命圣地致敬

——简论巴金对西班牙革命的态度

一 西班牙——名副其实的安那其革命圣地

自从1920年代以来,巴金一直对西班牙的国情表示极大的关心。这古老的欧洲国家早在1830年代已有试图组织工会的经验,到了19世纪中叶就出现了几个非政治性的小工会。接着安那其主义被传播于西班牙,在劳动阶级里成为最大的势力。1868年法奈利(Giuseppe Fanelli)访问该国时,蒲鲁东的著作已被翻译成西班牙语了。法奈利当年身无分文,而由于他的"理想"却受到热烈欢迎。此后不到四年在西班牙就出现了将近五万名的巴枯宁主义者,其中大多数为安达卢西亚人。①到了20世纪30年代,西班牙的安那其主义已有长达80年的历史,而且在1936年爆发的内战就引起了全世界进步分子的热烈关注和参与。通过1931年4月举行的全国地方选举,社会主义者和自由主义共和国者在大部分的州和城市里获得胜利,由此成立了第二共和国。可是1936年7月,在弗朗克的领导下,西班牙军队中的右翼军官发动了针对第二共和国的叛乱。军队的政变引发了保卫政府的武装行动,而同时也引发了安那其主义者和社会主义者的行动。他们试图将反法西斯斗争

---

① 安东尼·比弗(Antony Beevor):《西班牙内战》(The Battle for Spain)第41—42页,GOYANGIN(首尔),2009年5月。

本文作者在第十一届巴金学术研讨会上发言

转变成一场社会革命，摧毁资本主义，建立一个无阶级的社会。①20世纪初在西班牙出现的各种政治风波让许多知识分子更加深入思考历史该往什么方向发展。

对巴金来说，西班牙具有非常深奥的意义。1927年在法国留学时，他亲眼目睹法国进步人士反对将阿斯加索、杜鲁底、何威尔引渡给西班牙、阿根廷等国家而进行示威，他自己也极力支持其援救活动。②1933年5月，在广州写的一篇文章里，他提到"一个未谋面的朋友"C到西班牙去学革命的消息，并倾诉"我也要到西班牙去"的心情。③1934年6月，在写给爱玛·高德曼的公开信里他又表示了一种真诚的期待："我盼望着在最近的将来我和你，和她们能够在地中海畔的巴塞罗那见面。那时候我决不会再向你絮絮地谈

---

① ［美］乔尔·奥尔森著，陈越译：《革命精神：阿伦特和西班牙内战中的无政府主义者（上）》，《国外理论动态》2007年第2期，第42页。
② 巴金：《西班牙无政府主义者阿斯加索快被释放》，《巴金全集》第18卷。
③ 巴金：《西班牙的梦》，《巴金全集》第12卷。

我的苦痛的生活了。"①后来对胡风所提出的接近新兴阶级的主观问题的反驳、针对徐懋庸对安那其主义的批判而进行的辩护都无疑表现出，巴金对西班牙无政府主义运动的肯定与支持。由此可见，对巴金来说西班牙既是一个安那其主义的革命圣地，又是证明其理想能成为现实的一个活生生的证据。那么他将这特别的国家如何介绍给中国人，其目的和意义又在哪儿？我们从这些问题出发简略地探讨 30 年代巴金的有关翻译活动以及对西班牙革命的态度。

二 "西班牙问题小丛书"与抗日战争

30 年代末，巴金所译、编的有关西班牙内战的书陆续出版了。《西班牙的斗争》(若克尔著,1937 年)、《西班牙的血》(加斯特劳绘,1938 年)、《战士杜鲁底》(高德曼著,1937 年)、《一个国际志愿兵的日记》(阿柏尔·米宁著,1938 年)、《西班牙》(苏席著,1939 年)、《西班牙的日记》(罗塞利著,1939 年)等书都出版于 1937—1939 年之间。这当然与当时国内外的政治形势有关。随着中日战争的爆发，鼓吹全国人民积极参与抗战的必要性日益增加，因而许多文人、知识分子都呼应时代的需求而创作、翻译抗战文学作品。巴金所译出的一套"西班牙问题小丛书"也属于同类作品。通过这些翻译作品，巴金强调了西班牙的反法西斯战争与中国抗日战争之间的相同点，而将两国人民所面临的危机联系在一起来介绍给读者："南欧的西班牙在地理上固然和我们相隔甚远，但是它的命运和抗战中的我们的命运却是联系在一起的。愿我们牢记着西班牙的教训。"②作为一个安那其主义者，巴金对"战争"就有极大的反感，因为他相信"战争"是资本家依靠大部分人民的爱国心而赢得特权与利润的欺骗剧："美国资本家要求美国政府保护'美国的'利益，英、德、法各国的资本家也要求他们的政府保护他们的赢利。

---

① 巴金：《将军·序一》，《巴金全集》第 10 卷，第 6 页。
② 巴金：《〈西班牙〉后记》，《巴金全集》第 17 卷，第 190 页。

于是各国政府便叫本国人民来防卫他们的'祖国'。……别人自然不告诉你们要你们去保护一两个美国资本家在外国的特权与赢利。他们知道如果他们告诉你们这个,你们一定会非笑他们,而且你们决不会到战场上去送命来增加资本家的赢利。但是没有你们,他们怎么能够开战呢!所以他们便喊起来:'防卫你们的祖国!你们的国旗受辱了!'"[①]而到了抗战时期,巴金对"战争"的看法与以前的不完全一致,他从具体的现实问题开始思考战争,以"反帝国主义、反法西斯主义"的立场来了解抗战:"中国的抗战是为着抵抗日本帝国主义、法西斯主义的侵略而起的。……中国的抗战是为着求自己的生存,谋自己的独立。这目标里并不含有一点侵略的野心和征服的欲望。"[②]由此可见,巴金所了解的"抗日战争"并不代表以前所批判的、以谋求资本家的利益为目标的残暴剧,而意味着为寻求生存而进行的、充满正当性的"正义之战"。

巴金通过"西班牙问题小丛书"的出版来向中国人介绍西班牙人民顽强的革命精神而帮助他们提高抗战精神。但巴金的翻译、编辑工作的目的不止于"鼓吹抗日精神",而指向于更远的终极方向。在他眼里的"抗战"虽然是"正义之战"而并非是一个最终目标。巴金将"抗战"视为一个过程,一再强调经过该阶段后还要继续前进:"我从没有怀疑过'抗X'的路。我早就相信这是我们目前的出路。……但是大众的路也并非简单的'抗X'二字所能包容。……我们且把'抗X'比作一道门,我们要寻到自由和生存,我们要走向光明,第一就得跨进这道门。但跨进门以后我们还得走路。"[③]对巴金来说,中国的抗日战争与西班牙的反法西斯战争同样是追求革命的。目前的敌人是法西斯政权与日本帝国主义,但无论在战争中,还是在战争结束后,都不该忘却革命的本质。那么,巴金所了解的"革命"到底具有什么样的特征?"革命乃是具有确定的目标的反叛。革命的目标如果是一个基本的变革,

---

① 芾甘:《从资本主义到安那其主义》第43页,香港文汇出版社2009年版。
② 巴金:《国家主义者》,《巴金全集》第13卷第240页。
③ 巴金:《路》,《巴金全集》第13卷第103页。

那么革命便是社会革命。因为生活之根柢是经济,所以社会革命即是一国的经济生活之改造,从而也就是全部社会组织之改造。"①由此可见,巴金认为即使把这些反动势力打倒了而没有彻底改造经济生活以及社会组织,那这一切都不配称为"革命"。他很可能认为,中国"像西班牙那样,在抗战进行的同时酝酿一场革命,由抗战造就一个新的社会"。因为"这是无政府主义一再强调的社会革命的思路。"②巴金通过"西班牙问题小丛书"的出版,不断地强调中国与西班牙国难的相同之处而赋予两国的情况同一性质,并由此试图展开一条中国社会革命的道路。这既表示巴金对西班牙安那其革命运动始终不变的肯定与支持,又表示他对中国安那其运动仍抱着极大的希望。总的来说,"西班牙问题小丛书"的出版系巴金为在中国建立一个无阶级的社会而参加安那其革命活动之一环。

三 巴金与共产党对西班牙革命情况的不同评价

面对徐懋庸所提出的"法、西两国'安那其'之反动,破坏联合战线"之批判,巴金根据登在 C. G. T. S. R. (Confédération Générale du Travail-Syndicaliste Révolutionnaire,劳动工团主义者总联盟)机关报的伯拿(C. G. T. S. R. 书记)和石屋(C. G. T. 书记: Confédération Générale du Travail,法国联合总工会)的往来信件以及自己手里的"更多的证据"来反驳徐懋庸的话是一种诬陷。他主张 1933 年 12 月的革命中破坏联合战线的不是 C. N. T. (Confédération Nacional de Trabajo,全国劳动联盟)而是 U. G. T. (Unión General de Trabajadores,劳动者总联盟),并指出 1934 年"在玛德里的《土地》日报上正式发表了一个对于联合战线的具体的提议"的也是 C. N. T. 的一个领袖。他还指出,1934 年 12 月两个组织的联合战线成立了,产生出

---

① 苇甘:《从资本主义到安那其主义》第 174 页,香港文汇出版社 2009 年版。
② 周立民:《在信仰与文学之间——由"信仰"解读巴金的创作》,《中国现代文学研究丛刊》2007 年第三期,第 173 页。

很多效果,但革命还是失败,一大批斗士死在战场上,其中还有 C. N. T. 的领导马地涅斯。①巴金用较长篇幅介绍西班牙革命战线的情况,其理由就要证明以下两点:一、在西班牙革命中安那其主义者并没有破坏联合战线,与此相反他们却一直努力与共产主义者保持合作;二、为了革命的胜利,安那其主义者不惜牺牲自己的生命、付出一切。此后,巴金还指出,因为这些事是"中国最近的'报章杂志'上所不载的",所以徐懋庸是不知道的,同时对国内媒体报道表示怀疑说:"至于这一次事变,徐懋庸应该从逐日的报纸上看到详细的(虽然不一定是正确的)记载了。"②

巴金与徐懋庸对西班牙革命的不同态度证明他们所信奉的思想互不相容,也说明他们获得有关信息的途径不同。巴金通过 C. G. T. S. R. 之类的安那其组织机关报以及外国报纸,能得知有关西班牙内地的详细情况,③而徐懋庸等人可能从共产党机关报或其他报刊上获得消息了。当时,延安的《解放》周刊、《新中华报》、汉口的《新华日报》、在国统区胡愈之与金仲华创办的《世界知识》、胡愈之一度担任主编的《东方杂志》、由黄源主编的《译文》杂志、郭沫若创办的《救亡日报》、邹韬奋主编的《抗战》和《全面抗战》周刊等都以大量篇幅来介绍西班牙内战。④但由于各家报刊的政治立场不同,因而它们所介绍的内容也不同。内战刚开始时,西班牙革命者在共和派内部占据了上风,对弗朗克掌握之外的三分之二的国土进行激进改造。可是随着内战的缓慢进行,把左翼工人阶级革命者包括在内的西班牙共和阵营逐渐分裂,到了 1937 年,共产党和共和派力量肃清了 P. O. U. M. (Partido Obrero de Unificación Marxista,马克思主义统一工党),而且在激烈的巷战之后,攻克了无政

---

① 巴金:《答徐懋庸并谈西班牙的联合战线》,《巴金全集》第 18 卷第 377—378 页。
② 上文,第 378 页。
③ 巴金在 1948 年写的《西班牙的曙光·前记》里说:"就在今天我还在外国报上读到西班牙国内的反抗的消息。"《巴金全集》第 17 卷第 437 页。
④ 张世鹏、霍兴:《1936—1939 年西班牙人民反法西斯战争与中国人民的斗争》,《国际共运史研究》,1987 年第 1 期,第 157—160 页。

府主义的堡垒巴塞罗那。①乔治·奥威尔在《向加泰罗尼亚致敬》里详细描写了这一过程。他指责说,西班牙革命失败的责任不仅在于资本主义国家,而且在于共产党身上:"除了各国的一些规模较小的革命团体外,整个世界都在下决心防止西班牙出现革命。(西班牙)共产党尤其是这样,它仰仗苏联的支持,全力反对进行革命。这些共产党人的理论是,在这个阶段进行革命必将产生致命的后果,西班牙革命的目标不是由工人来掌握权力,而是在于实现资产阶级民主。共产主义者怎么竟然会与'自由派'资本家持有同一个观点,这一点可能不需要说明。②"奥威尔尖锐地批判共产党为了在西班牙占据有利位置而违背革命精神解散民兵,"不让无政府主义者继续拥有自己的军队",结果导致了整个革命势力的衰弱。由于人民战线内部的分裂与反目,各家媒体根据自己的政治立场报道西班牙的情况,所以人们很难辨别哪一种报道是正确的,也不知道把革命挫折的责任到底归于谁。

西班牙内战刚爆发时,中国共产党对人民战线基本上表示支持的态度,而到了 1937 年就有了明显的变化。如果说在此之前中共较强调两国战争的相同点的话,从 1937 年初开始却着重找出两者之间的差异。中共海外报刊巴黎《救国时报》在同年 3 月发表一篇社论指出:"可是在西班牙人民战线建立之始,的确与中国的反日民族统一战线有极大的不同之点。西班牙人民战线一开始是反对危害民主自由和私通外敌的法西斯势力,反对当时法西斯占优势的反动政府,而我国的反日民族统一战线的运动是开始于日寇侵略之后,他所反对的唯一大敌是日本帝国主义,因此他不只不反对国内的任何政派,而且要求一切政派合作,最主要的还是要求当

---

① 〔美〕乔尔·奥尔森著,陈越译:《革命精神:阿伦特和西班牙内战中的无政府主义者(上)》,《国外理论动态》2007 年第 2 期,第 42 页。

② 字下划线的部分是笔者按照英文版内容改写的。该部分的原文如下:"It hardly needs pointing out why 'liberal' capitalist opinion took the same line." 这一部分的中文版翻译如下:"特别需要指出的是,为什么'自由派'资本家也持有这种观点。"乔治·奥威尔著,李华、刘锦春译:《向加泰罗尼亚致敬》,江苏人民出版社 2006 年版。

权的国民党合作。"同年4月15日《救国时报》还刊登了《中国共产党中央委员会告全党同志书》,该文指出:"稍有常识者均能了解,本党所要建立的不是法国式或西班牙式的人民战线,而是中国式的民族阵线。一切说本党企图分裂中国,使中国为第二西班牙的议论,其造谣中伤的作用实是非常显然的。"①中共的这一态度变化说明以苏联为中心的第三国际对西班牙内战采取什么样的态度。从表面上看,中共好像强调两国所处的不同情况而已,其实它尽力拉开与西班牙人民战线的距离来强调中国所进行的是另一种战争——民族战争。尽量淡化抗战身上的无产阶级斗争色彩,而有意赋予它民族意识,这极符合于第三国际的基本政策。奥威尔在《向加泰罗尼亚致敬》里介绍加联社党"阵线"曾在全世界的共产党和支持共产党的新闻媒体上宣传的内容:

> 现阶段的首要任务是赢得战争,除了胜利,战争中的一切都毫无意义。因此现在不是谈论推进革命的时刻。我们不能通过集体化来脱离农民,我们不能吓跑正在为我们进行战斗的中间阶层。为了提高效率,我们必须制止革命的混乱。我们必须建立强大的中央政府来取代地方委员会,我们必须拥有训练有素、全副武装、指挥统一的军队。执迷于工人的部分掌权和对革命词句鹦鹉学舌将未受其益,反受其害,这将不仅会阻碍革命的发展,而且会出现反革命,因为它会产生分裂,这将是法西斯主义者用来对付我们的办法。现阶段我们不是为进行无产阶级专政而进行斗争,我们是为实现议会民主而进行斗争。谁如果想把内战变成社会主义革命,谁就是让法西斯主义得益,实际上就是叛徒,哪怕不是有意为之。

安那其主义者希望通过社会革命来建设新的无阶级社会,而共产党不愿成立以劳动阶级为权力主体的政权,由此可见,这两者之间简直是天壤之别。这巨大的差异就造成了巴金与徐懋庸等人

---

① 引用《救国时报》的社论与《中国共产党中央委员会告全党同志书》的部分请参见,张世鹏、霍兴:《1936—1939年西班牙人民反法西斯战争与中国人民的斗争》,《国际共运史研究》,1987年第1期,第165—166页。

之间的差异。可以说,他们对西班牙国情的不同评价是无法避免、无法折中的。

四 安那其主义的斗争尚未结束

1939年弗朗克政权战胜人民战线,西班牙内战就结束了。然而,此后再过九、十年,巴金再出版《西班牙的血》和《西班牙的曙光》。他在《西班牙的曙光·前记》的第一行里说:"一九三六至一九三九年的西班牙革命是暂时地失败了。"[1]在他眼里西班牙革命还没结束,其革命力量能够继续发展下去。自从新中国成立一直到"文革"结束,由于一系列的政治运动与压迫,他没有以前那样公开承认自己的信仰,而将它一直珍藏在内心里。到了晚年,他才委婉地承认:"在'四害'横行的时候,我没有出卖灵魂,还是靠着我过去受到的教育"。[2]这时的巴金正处于恢复自我形象的过程之中,再过不久,他针对现实与历史问题开始展现出其独特的深刻思想。

由于其理想主义的特征,在现实政治舞台上无政府主义很难掌握政权,因而它反反复复失败了许多次。但是正因为它的理想,人民以它来抵抗特权与压迫,追求自由与平等。英国新闻记者丹·汉考克斯(Dan Hancox)的著作《抵抗世界的小镇(The Village Against the World)》介绍的就是在安那其主义的基础上施行人民自治的一个小镇的故事。Marinaleda是位于安达卢西亚的一个小镇。无论在弗朗克独裁时代,还是在80年代它仍然处于严重的贫困状态。到了1980年该地区的失业率达到60%,700名Marinaleda住民实在忍不住,就进行了九天的绝食斗争,结果得到政府的财政补贴。他们以后还要求土地改革与再分配而进行了每天走十六公里的游行斗争。经过长达十二年的努力,他们终于获得了属于自己的土地,从而以自给自足、人民自治的方式管理Marinaleda共同体

---

[1] 巴金:《巴金全集》第17卷,第437页。
[2] 巴金:《随想录》第56页,三联书店1987年版。

直到如今。①对于该村庄的成果,有各种不同的评价。但不可否认的是,Marinaleda 村民不再担忧失业和贫困,以自主的方式较成功地经营属于工会的农场和工厂,并能够享受做人的尊严。

虽然我们不能以普遍化、公式化的眼光来看待该镇的经验,但它确实让我们看到安那其主义的现实力量。西班牙仍然是能够实现革命理想的土地。因此,我们不得不赞同巴金所说的那句话:"西班牙革命是<u>暂时地</u>失败了",也得承认西班牙革命还在进行中。

---

① 丹·汉考克斯(Dan Hancox):《抵抗世界的小镇(The Village Against the World)》,Wisdomhouse(首尔),2014 年 3 月。

孙 郁

略谈巴金对俄国资源的借用

巴金一生翻译了很多俄国文学作品,最早像迦尔洵、爱罗先珂、屠格涅夫、高尔基,也包括克鲁泡特金、妃格念尔这些俄国无政府主义者的文献资料,特别是文学作品。有意思的是,迦尔洵、爱罗先珂,包括高尔基这些都是鲁迅先生翻译过的,他们在对俄国文学的摄取的态度上有非常接近的一面,但是也有不同的地方。

1928年,托尔斯泰诞辰100周年的时候,《东方杂志》邀请巴金写一篇关于托尔斯泰的文章,同时鲁迅先生在自己主编的《奔流》杂志上搞了一个托尔斯泰纪念的专号。当时巴金对托尔斯泰的理解、语境,跟鲁迅翻译介绍的俄国,包括日本的学者对托尔斯泰的研究,语境是不一样的。巴金先生的语境还是停留在俄国革命之前,而在《奔流》杂志上鲁迅先生组织翻译了罗迦契夫斯基的《托尔斯泰》、卢那察尔斯基的《托尔斯泰与马克斯》等等这些文章,我觉得巴金在翻译介绍俄国文学的时候,始终没有进入到左翼文学的价值观里面。左翼文学家翻译俄国文学作品的时候,后来特别关注苏联的文学,特别重视列宁主义化的一种文学理论和哲学理论。

巴金和鲁迅不在一个兴奋点上,由于巴金先生没有被列宁主义的话语所洗脑,他自己对俄国文学的理解就特别像托洛茨基早期和卢那察尔斯基早期对俄国文学的描述。托洛茨基对鲁迅的影响很大,可是后来他被斯大林所排斥,遭到暗杀。托洛茨基对俄国文学的判断跟后来列宁的判断是不一样的,托洛茨基对托尔斯泰、陀思妥耶夫斯基,包括他所看重的同人作家是持肯定态度的。但

本文作者在第十一届巴金学术研讨会上发言

是后来列宁主义占主导地位之后，卢那察尔斯基晚年对托尔斯泰的理解跟早期就不太一样，对托尔斯泰抱有批判的态度。鲁迅先生当时关注到：像俄国这些伟大的作家，为什么在苏联革命成功之后，在列宁主义的语境下受到了批评？批评的原因是什么？

巴金先生没有像鲁迅考虑这样的问题，他还是在无政府主义的信仰里。由于列宁主义进入到中国，党的文化、党的观念就进入到文化的逻辑里面来。今天，其实中国的文化还是列宁主义奠定的基础，党的文化，党领导一切。到了新中国之后，巴金自己认为自己跟不上形势，最主要的原因就是他所接受的法国的文化遗产和俄国的文化遗产，基本上是与政党政治和党的文化有距离的。刚才陈思和老师讲"文革"的悲剧，党犯了错误，粉碎"四人帮"之后重新清理"文革"负面资产的时候，突然发现列宁主义的话语失效，列宁主义的话语无法来解释"文革"的错误，包括斯大林主义的话语，都无法来解释。巴金先生恰恰回到了早期的信仰里面，还是从托尔斯泰、从屠格涅夫、从爱罗先珂梦幻般的诗句里面找到人道精神的参照。我觉得巴金先生摄取俄国文化资源的时候跟别人不一样，特别是对高尔基的认识，他对高尔基认识跟鲁迅也不一样，他翻译了高尔基的小说,对高尔基的评价很像米尔斯基(原来在剑桥做过教授,后被斯大林杀掉了)。米尔斯基的《俄国文学史》现在世界各国通用,非常风靡。巴金对托尔斯泰感性的直观认识,包括深切的历史性的研究,使我觉得巴金自己的认识跟米尔斯基特别像,他的思想里面有别尔嘉耶夫"路标派"的思想因子,但是不完全一样,我觉得他跟托尔斯泰的关系更深切。

所以我自己在面对这些材料的时候也很困惑,怎么样面对这样的话题,巴金和俄罗斯文学的态度和周扬他们对俄罗斯的态度有很大的区分。我们看到夏衍晚年写的《懒寻旧梦录》,他对"文革"的反省,跟巴金是不一样的。夏衍也很绝望,但是他的精神参照跟巴金是不一样的,巴金有赫尔岑、托尔斯泰、屠格涅夫、高尔基、克鲁泡特金这样的一些精神资源。所以我个人认为,列宁主义对中国的影响是非常非常之大的,后来我们对俄国文学的解释基本上是在列宁主义的话语体系里面进行的,最早是瞿秋白用列宁主义的方法来解释俄国文学,比如他对普列汉诺夫就持一种批评的态度,对高尔基的评价也用了列宁式的方法,我们后来到《在延安文艺座谈会上的讲话》,一直到今天,很多对于文化遗产的解释都和列宁主义有很大的关系。巴金恰恰是因为和列宁主义的距离感,晚年在所有反省"文革"的文章里面,独树一帜,因为他自己有一套和列宁主义话语不一样的话语,和我们党内当年被打成右派,"文革"受到灾难的人,反省的深度不一样,他的理想主义量度也不一样,在这个意义上来讲,我觉得我们讨论俄国资源在被现代作家所摄取的过程里面,是有不同的语境的,对俄国文化的理解是不一样的。

而巴金的理解,从《家》、《憩园》到《随想录》,他对俄国文学的理想跟那些革命的作家的确有很大的距离,恰恰是这种距离感,使我们能窥见到他不同的精神密码。也恰恰是这一点,我们可以很好地总结一下,我们对历史文化遗产的认识是过多地站在政党文化的立场上来进行呢,还是超越意识形态、超越泛意识形态和泛道德的话语体系下进行的,我觉得这是我们今天不得不面临的一个话题。

汪应果

海外回眸看巴金

——为第十一届巴金学术研讨会而写

四年前我到了海外,没有了原先的研究条件,大量书籍和资料也不可能随身携带,间或归国时间也很短,因而继续做巴金的研究已不可能了。但人到了海外,摆脱了囿于一国之内的话语干扰(这种干扰几乎在许多民族主义、民粹主义高涨的国家内都存在),视野变得更开阔了,与不同文化的冲撞交流更为频繁,尤其是,出国后亲见亲历跟在国内受到的灌输其差别之大犹如天壤之别,这就促使自己去深入思考,从而产生一些新的感悟,新的视点,对自己过去认识的不足之处往往能有所补充和修正。我想这也算是"失之东隅,收之桑榆"吧。本文就谈谈个人到海外后对巴金认识的几点新的认知。

一 巴金给中华民族留下了丰厚的思想财富

纵观中外文学史,决定一位作家能否不朽的关键在于他以及他的作品能否在他身后的几百年间继续地为后人提供启示,而这就取决于作家思想及艺术发现人生和社会的深度广度。这些年来我开始对于巴金的定位有了一些变化,以往我们都称他是作家,他也这样自我称谓。现在我开始意识到,巴金首先是一位伟大的思想家,然后才是一位伟大的作家。之所以有了这样一个认识转化,是因为我开始重新思索巴金青年时代的那一段人生及其思想探索的历程。从他十五六岁起到二十岁前后这一阶段,他是做了大量

本文作者在第十一届巴金学术研讨会上发言

的理论工作的：克鲁泡特金全集的半数以上是他翻译的，当时重要的马克思著作以及国际及前苏联共产主义运动的思想斗争史料巴金是做了大量阅读研究的，他跟同时代中国作家不同的地方是在他从事文学创作之前他已经做了大量的理论准备，其理论水平远远超出当时中共领导人及其他共产主义知识分子之上（这只要看看当年毛泽东、郭沫若等人的政论文章比较一下就可一目了然）。

在我看来，巴金的一生中有三个阶段产生了重大的思想成果，它们现在和将来都将继续给先进的中国人以思想的启迪。

1. 早年的理论建树

这是我国的研究界长期直至今天仍彻底否定或故意忽略的一大块。我在早期的研究成果《巴金论》中虽然做了一些在当时情境下有违主流话语的辩护，但并没有给以正确的评价，所作结论不少是错误的。

我之所以到晚年会有很大的观点变化，是跟在海外的亲见亲历分不开的。澳洲的华人移民绝大多数来自东南亚，相当大的群体是被越共大规模排华驱赶到海上喂鲨鱼的难民，还有就是躲避柬共波尔布特大规模屠杀的华人难民,从他们那里我了解到无数惨绝人寰的悲剧,澳洲又是许多来自前苏联解体后移民的首选地之一,与她们的交谈又使我了解了更多俄罗斯、乌克兰的人间悲剧。它使我有机会对以列宁主义指导的革命运动有一个全球性的大视野。由是我猛然想起,一个世纪之前列宁主义刚刚在前苏联大地上肆虐的时候,巴金作为一个不满二十岁的青年,就已经看出这场悲剧的性质及根源,令我深感折服,并对他为那些受迫害的人们声张正义感到由衷地钦佩。

巴金当时一针见血地指出,悲剧的根源就在于"无产阶级专政"的理论错误,"历史常常如此,民众把专政权交给别人要他们来压制民众的仇敌,但结果他们后来总是用这权力来压制民众自己。"(《丹东之死》译者序)这句话不仅早就被法国大革命的历史所证实,也被一百年来的列宁主义运动的历史所证实,它的的确确是真理铁律。

仔细研究当年巴金的思想,他其实是应该被归作中国早期的共产主义思想者之列的,因为他的思想体系是属于第二国际的,即恩格斯领导并开拓、奠基的民主社会主义的道路,也就是恩格斯晚年放弃使用"无产阶级专政"这个词汇而明确提出无产阶级应该运用现存的国家形式即民主立宪制来进行和平过渡的思想。

在第二国际中,用联共(布)的话语是包含着"正统马克思主义者、修正主义者和无政府主义者"的,然而"修正主义"、"无政府主义"都是被列宁骂出来的名词,实际的意思是正面的(伯恩斯坦称"科学都是被'修正'的"即"逐步完善"的;安那其主义原意是 societies often defined as self-governed voluntary institutions,"社会通常被定义为自治的志愿机构"。从词源上说,是"没有""统治者",强调个体互助)。

在巴金早年的思想中,有下列几个观点值得我们特别研究,如,他反对阶级斗争的学说,否认阶级斗争是推动历史进步的动力,他认为"进步和进化"是社会进步的动力。他反对社会达尔文主义的学说,反对人类社会的"生存竞争"说,主张"社会互助"和阶级和谐,从这个基本点出发,他延伸出贯穿他一生的"人类爱"的世界观。而它们的根源就来自民主社会主义的第二国际。

今天我们重新审视他早年的这些思想观点,是否明显感到了它那经得起时间与实践检验的旺盛的生命力?

说得直白一点,当年巴金跟郭沫若等人的论战实质上就是以列宁为代表的第三国际跟世界上延续并存的第二国际思想斗争的微型化。第二国际的思想后来被搞得很臭,是因为列宁主义被自封成了"正统"马列,反对他的都被作为最凶恶的敌人加以清除。而到了中国,遵循着列宁主义的路线并加以农民革命式的发展,"城中好广眉,四方且半额",最后以"文革"作为发展的最高阶段而仓皇收场。

然而一百年的历史过去了,第二国际在恩格斯去世后虽然出现过分裂,也犯过一些错误,但却一直延续下来,最终以"社会党国际"的名称保留至今。如果看一看第二国际的思想家、理论家,明显的要远远超过第三国际,或者说他们根本不在一个级别上。吊诡的是,我们在世界上看到了一个很有趣的现象,无论是南半球的澳大利亚,还是北欧的瑞典等斯堪的纳维亚国家,以及瑞士等等许许多多的福利国家,在世界已呈花开遍野之势,许多中国的老革命去过都说,"我看共产主义也就这样了"。那里没有什么贫富差别,人们享受着很高的社会福利的保障,普遍过着富裕的幸福生活,社会公正,社群和谐,道德水准很高,每一个富人都心甘情愿地上缴高额的赋税来为社会公平做奉献。而列宁主义的故乡却已是分崩离析,徒留下斑斑血痕。第二国际以民主社会主义的工人运动为标志一直在全世界发展前进,他们都以社会党、社民党、工党等等政党形式领导着国家,而且结出了丰硕的果实。由是我们不免得出了一个观感,那就是"科学的马克思主义"它所追求的共产主义社会都成了虚无缥缈的空中楼阁,相反,倒是恩格斯晚年所引领的第二国际的"修正"思想在世界的许多国家反而已经清晰地勾勒出"共产主义社会"的轮廓,而这种轮廓却正被当下中国的所谓正统理论家们不断地诟病,只要看看他们对西方社会福利政策及西方议会民主制度的众口一词地攻击,就看出他们对马克思的共产主义理论的距离是何等之远。历史其实已经做出了判断,只是有些人死活不愿意承认罢了。也正是因为这个原因,今天世界上除了极少数几个国家坚持使用"资本主义""社会主义"来两分当今世界的社会制度外,其他地方已很少有人使用这两个词了,原因是"名"与"实"对两者而言在今天的世界上都严重脱节,此无需赘述。在本文的附件里我要特地介绍瑞典的社会制度,他们的执政党就是第二国际的社会民主工党,在他们的党部里至今仍高悬着马克思、恩格斯头像的旗帜。

发生在20世纪二十年代的那场论战,巴金是孤立的,但却闪耀着真理的光辉。这场论战在中国二十世纪历史上仅仅短暂一闪,折射出马恩那个年代对共产主义思想追求的自由探索、自由辩论的精神,以后在中国不仅对马列不容置喙,而且发展到对运动领导圈里的人任意篡改马克思理论满口胡说八道都不容批评,对他们的滥用权力戕害人民谋取私利不容监督,只能俯首帖耳唯命是从五体投地顶礼膜拜,这应该说是共产主义运动的奇耻大辱。

巴金青少年时代的理论研究工作对他的一生有什么影响,这本应该是个很重要的研究课题,但可惜的是,人们对这一段避之还唯恐不及,大家都刻意地淡忘它。然而我却以为它肯定对巴金的一生起着至关重要的作用,这些作用大概只有巴老生前自己心中有数,他也绝不会对任何人去提起。试想一篇十五岁时阅读的《夜未央》作品就能够决定性地影响了巴金终生,那么他辛辛苦苦在那个年龄段出自探求真理的强烈愿望翻译连篇累牍的理论著作,居然对他会没有影响吗?我初步想到的是,一是它给予巴金一生以定海神针,使他始终有定力来抵御思想强暴;二是它为二十岁的巴金创造出不朽作品《激流三部曲》打下坚实的思想基础,使他能对中国的问题一箭中的。

写到这里,我不得不为我在《巴金论》里写下的诸如巴金的"极其错误的观点"之类的判断向读者说声对不起,我误导大家了,尽管不是有意为之,尽管自己也是受了思想强暴的荼毒。

2. 中青年时期对东方式专制集权制度所做的深刻思想艺术发现

《激流三部曲》的思想艺术成就是人所公认的,这是巴金创作的标志性贡献。到了海外想法有所变化的,是看到了国外的一些学术观点开始影响到了国内,这就是对中国的封建社会该如何定义的问题。国外相当多的学者认为,中国严格地说并没有漫长的封建社会阶段,只有漫长的专制集权阶段。因为按照欧洲中世纪封建社会的定义,没有强大的中央集权,分封和社会等级是它的特征。中国符合这个特征的大概也只有周朝,其余的都算不上。这个观点近来影响到了国内,比如易中天就说中国的封建社会就仅仅是周天子的春秋战国时代,以后都不是。因为中国从秦始皇开始,就进入中央专制集权的历史阶段,一直延续至今,没有改变,很难用"封建社会"来概括。应该说,这思想不是他独创的,是舶来品。

这就涉及巴金作品到底反对的是什么的问题。

我以为把巴金的《激流三部曲》定位于反专制集权制度比较合适("专制"是贬义,"集权"不一定是贬义,因为世上也有"集权民主"式的新加坡,当然他们不一定做得都好,然而集权式专制肯定是不好的——作者注),如果要加上"封建"两个字也不是不可以,因为中国的专制集权社会也带有中世纪封建社会强烈的社会等级的特征,一直延续至今。也可以说,巴金反对的是"封建专制集权制度"。

巴金之所以在那个年龄就把中国最深层次的历史运动的"最稳定特征"(丹纳语)表现得如此深刻生动,不能不归功于他早期的理论修养,因为安那其主义最强烈的特征就是对自由与平等的向往,对任何压迫的决不妥协。

《激流三部曲》通过对高家典型东方式家庭形态的剖析做出了对封建专制集权制度的罪恶与弊端等许多重大的发现。这些在以往专家学者所做出的众多研究成果中都有充分体现,我想补充的是,它还做出了许多至今不大为人们所注意的发现,诸如:

高家拒绝任何新思想和制度变革,顽固坚持祖宗之法,把西方外来进步思想当作洪水猛兽一律坚决抵制,阻止真理传播,以致与世界先进文化严重脱节,造成价值观严重扭曲与倒置,揭示了专制集权制度的思想僵化性、保守性。巴金的高明就在于,他告诉人们,这种僵化保守,并不在于他们有什么信仰的坚守,他们从来没有什么信仰,他们纯粹是出自一己之私,其目的在于固化自己利益独占的思想体系;

又比如,高老太爷选中的"人才"都是低能缺德、贪污腐化的,而真正的人才不是被逼自杀就是出走家庭、远走高飞,显示出这个制度具有以无能治有能,以庸才奸才逼英才出局的特性,揭示了专制集权制度的人才逆淘汰机制;

高老太爷、陈姨太、大太太以及几房之间的明争暗斗,令人们得以一窥中国历代高层政治斗争的游戏法则,揭示了专制集权制度最大的腐败必然发生在顶层人物身上以及顶层权力运作的裙带帮派式死磕内斗的规律;

高家到了第三代无论德能、智能、体能素质更为低下,反映了一个客观事实,即中国国民素质自汉唐以下每况愈下的根本原因,到了今天直至谷底,揭示了专制集权制度下人的素质递减退化律;

高家最后的分家、出走、分崩离析揭示了专制集权制度的中国"合久必分"的历史周期动荡律……

可以说,这是一部关于封建专制集权制罪恶的全景图,它令今天有头脑的读者往往会发出"你懂得的"会心一笑。一个二十岁的年轻人能把中国的封建专制集权制度的罪恶看得这么清楚这么透彻,没有十分丰厚的理论功底是万万做不到的。通过巴金的《家》让我们看懂看透了中国的许多事情,懂得百年后出现的种种怪现象的背后的深层原因。

3. 晚年《随想录》全面反思"文革",提出了许多重要的思想观点和对民族振兴十分重大的有待实现的思想课题

人到海外,与西方文学面对面接触,开始对西方文学有真实的了解,特别是对"现实主义"的认识更全面了。比方过去总认为西方的主流文学就是现代和后现代派,写的全是类似于让人做脑筋急转弯的智商测试卷,就像国内那些"大家"们模仿的那样。结果发现根本不是那么回事。西方文学始终沿着返璞归真的主流前进,他们的读者特别喜欢读纪实性的作品,喜欢自传体小说,喜欢

巴金《随想录》式的散文随笔,这类书销得特别好。比如 A. B. FACEY 的文风极为朴实的"*A Fortunate Life*"的自传体小说,成为澳洲文学的经典,在两千万人口的澳洲能销到近一百万册,比如英国人可以不知道北京有个天安门,但个个知道张戎写她一家三代人经历的纪实小说。

为什么?这关系到西方人对文学的理解,他们要的是最真实的人生体验。由是引出了对"现实主义"的不同理解。有一次参加研讨会,西方学者认为中国人虽然坚持说我们的当代文学是以"现实主义"为主流,但他们则认为我们根本没有"现实主义文学",因为现实主义的要义就在于按生活的原样真实地表现生活,然而在中国显然对"真实"要先进行政治甄别,其次还有种种类似"九不准"之类的清规戒律,特别是不能表现"正面人物"人性的丑和恶,甚至是性心理的扭曲,不能表现政治家的卑鄙龌龊,不能写现实社会生活的阴暗面等等,把"真实"阉割完了再来讲"现实主义"不知还剩下几分真实的影子?但是人们能否定上述的否定面就不是真实吗?表现这一切难道不更能深刻地让人们认识真实吗?

西方人对文学的看法令我想起了多年前人们对《随想录》的一些非议,比如认为巴金所说的"真话"并非真话,比如认为《随想录》在散文艺术方面乏善可陈,它的语言艺术跟那些美文没法相比故而不能算是好的散文作品,因而认为我们是在吹捧《随想录》的贡献、夸大巴金的文学成就等等。我开始意识到国内的文学观念出了问题,他们是在用不正确的文学观念来评价巴金的作品。在他们看来,文学首先不是为了传达作家心中的真善美,而是比辞藻的华丽,表达的花俏,比风花雪月,烟酒茶肴,鸟虫犬马……而且这些人都以"砖家叫兽"的身份出现,他们的那一套在年轻人当中还相当有市场。

由此我想起了自己第一次看到《真话集》时内心的激动,那不是香港正式出版的,应该是盗版,因为当时还不容许境外书籍进关,那是由南京师范大学用很蹩脚的新闻纸印刷的,估计是盗版,并没有公开销售,已经不知道在多少人手中传递过,不少文章令我潸然泪下。我也想起巴金说到在日本的一次报告会,他的讲话令许多日本妇女当场落泪……巴金用的就是他一贯用的朴实的语言,他的创作方法就是质朴的那句话:"把心交给读者"。这难道不是文学的最高境界吗?

由此我心头又猛然冒出了一个见解,我发现巴金跟中国文坛上那些大红大紫的喧嚣始终无缘,在二十世纪中国文学家的谱系中,他就是个"另类":1949年前,他既不属于自由主义作家,也不属于左联作家;1949年后,他身在体制内,但从不拿体制内的一分钱,他既不听从社会主义、现实主义的条条框框,也不理会什么"双革"、"三突出"、"为×××服务"等等那些不断翻新的说教,他只沿着他自己走惯的老路。那么他"另类"在哪里呢?正如巴金所言,在中国的作家当中,他大概算得上是最受西方文学影响的作家了。我想他就是始终按照西方的返璞归真的路子在走,既不赶西方那些花里胡哨的流派的浪头,也置中国的那些层出不穷的抽风理论于不顾。他一直走得很低调,很寂寞,但他却走得最远,最实在。

我曾在一篇文章里写过,《随想录》是不是说了真话?说的程度够不够?不能看表面,要看文章的暗示。在那个毫无言论自由的语境中,我们只能从巴金的字里行间去猜度作家的本意。比方说对"四人帮"后台的暗示,对秦桧后面的宋高宗的抨击,对愚民政策含沙射影的攻击等等,都可以说是超出了当时舆论控制所允许的极限。书中流露出的许多观点至今都闪闪发光。由于我的手头没有这部作品,我只能着重提出我所想到的两点:

一是把"文革"与希特勒的纳粹相提并论。这是巴金的独创性发现,至今无人企及。尽管书中只是一闪而过,如说"四人帮""学习秦始皇,学习希特勒",如说做梦梦到希特勒,但用意已极为明显。巴金是第一个认识到"文革"具有希特勒纳粹性质的中国人,因此他才特意提出要建"文革"纪念馆。巴金的这一思想至今仍没有被多数中国人所领悟,更不用说接受了,今天的中国仍有许多公开为"文革"翻案的人存在,"文革"的危险仍时时如影随形地紧跟着中国老百姓。我认为巴金研究会有责任推动巴金遗愿的实现,尤其是把"'文革'就是中国的希特勒纳粹运动"的巴金思想在全社会推广,让更多的人接受这个观点,从而将来推动立法,像德国那样,严禁任何纳粹组织和纳粹观点,严禁任何为"文革"辩护的言论和行动,并最终让领导人学习施罗德的勃兰登堡著名的一跪,在"文革"纪念碑前向全民族忏悔。这样中华民族才能从此断绝"文革"的噩梦。

二是接着上面的话题说到巴金与民族共忏悔的精神。我觉得自己过去的理解完全错了。忏悔精神是《随想录》中巴金的一个极其重要的思想,它关系到我们民族能否得到新生。

我在以前的一篇文章里曾写过,"文革"中那么多干了坏事的人至今都不忏悔,都活得有滋有味;相反,倒是让一个受尽"文革"折磨、从未做坏事的老人来忏悔,显示出巴金伟大的情怀。这看起来是在肯定巴金,实际上没有理解巴金。巴金的用意极深极深。

我到了国外后,逐渐认识了基督教,也开始懂得了巴金的忏悔。基督教之所以有生命力的重要原因就在于它的忏悔精神。忏悔的原意之一就是,因为基督是为我们全人类受苦的,他被钉在十字架上每天都在经受着煎熬,可是我们虽然见证着这些痛苦,却毫无作为,却不能挺身而出为基督分担痛苦,这就是我们必须忏悔的理由。上帝的确要我们原谅敌人,但从来没有说过要原谅不忏悔的敌人,对这种敌人上帝是坚决要惩罚的。至于上帝为什么要求人类有忏悔精神而不要求动物也有这种精神,那是因为上帝把灵魂唯一只给了人类。巴金的忏悔就是基督精神原汁原味的再现。他绝不是想替那些至今不忏悔"文革"罪行的人代为受过,不,他是表明,像"文革"这样巨大的人间灾难在他眼前发生,他居然无所作为,他也是有责任的,这是他良心上不能原谅自己的。

基督教的忏悔精神把人的灵魂提到了极高的"位格"境界,这就是为什么笃信基督教的人总体上说道德素质较高的原因,因为世上所有的灾难即使与他无关只要让他知道他就负有不可推卸的责任,否则他就必须受到良心的谴责。这就使人们的内心充满着崇高的道德责任感。

中国是一个不知忏悔为何物的民族,而不懂得忏悔的人是一个没有道德感的人,不懂得忏悔的民族是一个没有道德感的民族。在庸俗唯物论及权力金钱的强暴下,现在道德水平已岌岌可危了。

面对这一切,巴金是以自己的忏悔想带动整个民族培养一种忏悔精神,如果它一旦成为社会风气,中华民族就将获得道德和精神的新生。

难道我们不要大力发扬这种全民族的忏悔精神吗?

我以为这也是《随想录》留下的一份最可宝贵的精神财富。

二 巴金给中华民族留下了"中国梦"一旦实现后的新人的人格

本次的巴金研究会的主题是在当下的社会如何发扬巴金的"超越时代的理想主义"。这是一个很好的话题。巴金是个过世的老人,按说是"旧人",重新提巴金精神似乎早该 Out 了。但我却偏要说他是个未来社会的新人的榜样。

我不想说大道理,是否超越时代,让我们看一份有关瑞典的 PPT 介绍就可明白。用这份文件里的话说:"瑞典还是一个'王国';可是,其制度却比美国还要先进。"

这份材料再次证实了我前面的观点,即所谓共产主义今天已在十九世纪后期第二国际的思想推动下由空想变成了现实,相反我们的"科学马列"主义反而由"科学"变成了空想,它离我们愈来愈远,虚无缥缈。

根据我们的"科学"理论,在共产主义社会里,人们都必须是"毫无利己之心","毫不利己,专门利人",都必须是"一怕不苦,二怕不死"的全新打造的升级版的机器人,让人想想就觉得眩晕,太高不可攀,遥不可及了,难怪要等 1500 年呢。但是我们看看瑞典人都是活生生的人,是我们每一个都能经过努力做到或甚至做得更好的。如果我们再对比一下巴金的人生态度,我们就可发现,他的人生观,他的一生追求不跟瑞典人的生活态度完全一致吗,有些地方可能比他们的追求还要更高一些? 这就证明了,巴金的人格就是新人的人格,就是适合未来社会生存的人格,这就是超越时代的实证。

财产拿回来了,人的素质却上不去,还是不能实现中国梦,办法是现成的——学学巴金的人生态度,即一生只讲奉献社会,只讲爱别人，在物质上金钱上从无过多要求，追求崇高的人生理想和人生境界。

我想这就是巴金留给我们的超越时代的永恒的价值。

2014.6.28　Melbourne

最后我还要补充一句：我在《巴金论》里说了那么多批判唯心、推崇唯物的废话，真是无聊之至。唯心、唯物根本是一个哲学史上极无聊的争辩，"物"与"心"相互转化共通，这早已被量子论所证实。

（注：本文在编入本书时编者有删节，并非作者全文）

胡景敏

按照文本生活：巴金理想主义的一种实践方式

"人按照文本生活"是赵园先生在其"明清之际士大夫研究"中的发现。在描述清初明遗民按照明制或者当时遗民内部自己建构的新规范过于苛求地律己时，作者提出了这一看法。[①]赵园先生的这一发现给我留下了深刻印象，不但极为认同这一观点，并惊奇和感慨于人居然可以按照文本生活。继续就此思考之后，我认为，这里所谓文本，不仅包括成文或不成文的礼制、规范，而且包括可为模范的人及其言行等。巴金是一位真正的理想主义者，按照文本生活正是其理想主义信仰的一种主要实践方式。

一　少年巴金对模范文本的寻找

少年懵懂者多见，但如巴金般，有着明晰的自我意识，且不断追寻人生"模范文本"的少年却少有。一个人对自我状况的自觉意识，与特定环境中个体的自我具体性或个人状态紧密相关，我们可以称之为"意识自我"。在各种环境因素（诸如道德、法律、思潮、偶像、时尚等等）的综合作用下，个体心中形成其对自我发展的目标

[①] 赵园先生在题为《危机时刻的思想与言说——探寻进入社会变革时期的路径》的演讲中也谈到："正史之间有大量的复制、模仿，甚至不但文本模仿文本，而且生活模仿文本——有不少人，照着那些传记来塑造自己。"《社会科学论坛》2005年第5期。

本文作者在第十一届巴金学术研讨会上发言

想象,我们可以称之为"目标自我"。可以说,人类个体的成长过程,就是意识自我和目标自我二者关系的不断协调过程,在这一过程中,意识自我更多表现为肉体感、气质,对个人生存状态的感知等;目标自我则随时代变迁、个人成长的不同阶段而调整。人类个体的自我意识程度,无论是意识自我还是目标自我,在不同年龄和个体间都存在着巨大差异。从少年时代起,巴金的自我意识程度远高于同龄人,而且其目标自我处于强势地位,他本人一直热烈地寻找可以按照其生活的"文本"。

巴金曾在多个场合谈到"五四"运动对他的深刻而持久的影响,他自称是"'五四'运动的产儿"。甚至到了晚年,已经七十五岁的他仍满含感情地回忆说:"六十年前多少青年高举这两面大旗:科学与民主,喊着口号前进。我如饥似渴地抢购各种新文化运动的刊物,一句一行地吞下去,到处写信要求人给我指一条明确的出路,只要能推翻旧的,建设新的,就是赴汤蹈火,我也甘愿。……我们是'五四'运动的产儿,是被'五四'运动的年轻英雄们所唤醒、所教育的一代人。他们的英雄事迹拨开了我们紧闭着的眼睛,让我们看见了新的天地。可以说,他们挽救了我们。"[①]可能是受到多年来对"五四"的意识形态化叙述的影响，巴金对"五四"的回忆表现出了简单化和符号化的倾向。但是，我们分明还是能够感觉到，"五四"作为一代人的精神圣地在巴金心中仍不失其魅力和影响。[②]"五四"的时代思潮不仅为他的思想发展打下了基础，而且他的自我框架在当时思潮的推动下走向了成熟和稳定。

如上文所述，巴金的目标自我占有绝对强势地位，而自我具体性则处于弱势。"五四"运动开始时，巴金只是一个十四五岁的少年，其目标自我尚未形成，处于迷惘和寻觅之中。"五四"新文化运动正好为他打开了"窗子"，巴金为"五四"的意识形态洪流所裹挟，以西方思潮形塑自己的目标自我。在1935年写成的《信仰与活动——回忆录之一》中，他回忆说：

> 当初"五四"运动发生的时候，报纸上的如火如荼的记载，就在我们的表面上平静的家庭生活里敲起了警钟。……本地报纸上后来还转载了《新青年》和《每周评论》的文章，这些文章很使我们的头脑震动，但我们却觉得它们常常说着我们想说而又不会说的话。
>
> 于是大哥找到了本城唯一售卖新书的那家店铺，他在那里买了一本《新青年》和两三份《每周评论》。我们争着来读它们。那里面的每个字都像火星一般地点燃了我们的热情。那些新奇的议论和热烈的文句带着一种不可抗拒的力量压倒了我们三个，后来更说服了香表哥，甚至还说服了六姊，她另外订阅了一份《新青年》。[③]

这段回忆记录了作者接受新思潮时产生的类似于涓生一样的

[①] 巴金：《"五四"运动六十周年》，《随想录》（合订本）第76—77页。

[②] 巴金在《和周策纵的对谈（一九八一年五月十三日）》中用"朝气蓬勃"形容"五四"时候的青年人，认为自己"在四川年轻时（"五四"时期）的生活"，"真有意思"。见《巴金全集》第19卷《集外编（下）》第562、563页，人民文学出版社1993年第1版。

[③] 巴金：《信仰与活动——回忆录之一》，《巴金研究资料》（上卷，李存光编），第84、85页，海峡文艺出版社1985年9月第1版。

"狂喜"经验,以及对新思潮的共鸣、沉醉、痴迷、折服等心理体验。其中"点燃了"热情、"压倒了"我们,以及上一段引文中对新思潮"一句一行地吞下去"、"挽救了"我们等用语都显得颇有意味。首先,陈独秀、鲁迅、胡适、李大钊等"'五四'英雄们"极力鼓吹的反封建礼教、反家长专制、个性(体)解放、婚姻自主等新观念在巴金的家庭中引起了热烈的响应。其次,他们的响应不是基于理解,而是神学家奥古斯汀所谓"相信因而理解",是一种非理性的全盘接受状态,这也是任何意识形态宣传所希望达到的效果。再次,巴金所谓"挽救",一方面表明了他对"五四"新思潮感恩的心情,另一方面说明新思想在巴金心底扎了根,他的自我意识被彻底唤醒了,他要重新审视这个家庭,重新确立自己的目标自我。

  幸运的是,巴金没有堕入"梦醒了无路可走"的境遇,最初,他急切地盼望有人给他指明人生的道路,让他为之奋斗、献身。1920年,他偶然接触了克鲁泡特金的《告少年》,同时,他写信向心中的先知者陈独秀求助,结果如石沉大海。大家庭里的新气象没有持续多久,这群年轻人接受新思想的热情很快冷却了,六姊因母亲的反对退出了,香表哥困于实际生活的难题而消沉下去,大哥则不断经受神经病的困扰。与他们不同的是,巴金坚持寻找自己的目标自我,《告少年》和之后读到的廖抗夫的剧本《夜未央》给少年巴金以极大影响,前者让他形成了最初的无政府主义信仰,后者为他提供了为人民争自由谋幸福的无政府主义青年英雄的偶像。1921年,他参加组织无政府主义团体"均社",十七岁的巴金在他人眼里开始以"安那其主义者"的身份出现,这样一种社会性身份比做一个大家族的少爷更让巴金兴奋,也更让他感觉到自我的力量和强大。让我们作一个假设,如果1920年陈独秀给这个叫李芾甘的少年回了信会怎样呢?他还会成为一个无政府主义者吗?他如果被陈独秀引领走上马克思主义的道路,还会有后来的作家巴金吗?当然,历史无法假设,但可以肯定的是,巴金是通过阅读这一简单之至的方式在文本中找到了自己的目标自我,并且一生坚守。显然,第一次寻找奠定了他以后一生不曾改变的极为独特的精神生活方式,即"按照文本生活",或者具体说,就是按照文本提供的目标自我来进行自己的精神实践。

二 在写作中创造"新文本"

有意思的是,巴金除了1920年代短暂的社会性活动(以办刊物和编写宣传文章为主)之外,他的精神实践一直没能转化为社会实践,他过的主要是一个写作者的生涯,因此,可以说他不仅是"按照文本生活",而且是"在文本中生活"。他在写作中创造了许多新的"模范文本",为后来的青年指明了人生的出路。一方面,巴金的目标自我一经形成就异常强大,具有某种宗教性,建筑在外在文本基础上的目标自我甚至成为他体认自身的存在价值和生命终极意义的全部理由和根据;另一方面,他的目标自我一直无法摆脱抽象性和文本性,从而远离了自我具体性,这后一方面造成的冲突是巴金一生苦恼的根源所在。

早年巴金在"五四"思潮的感召下,走出大家庭走向社会,他把做一个无政府主义革命者当作自己的目标自我。从1921年到1930年的十年间,他充满热情地为自己的信仰奔走:与朋友组织无政府主义团体,以办刊物、从事著述编译来宣传主义,在法国联络同志寻求精神支持,在文学作品中描写无政府主义英雄,等等。但是他最终没能成为一个像杜大心一样的无政府革命者,他只能算是一个无政府主义宣传家,他甚至没有参加过无政府运动中的任何实际行动。1930年代,中国无政府运动已成明日黄花,巴金曾三下福建,也曾远游广东,在泉州、新会等地仍然有他很多信仰无政府主义的朋友在教育岗位上默默践履着自己的信仰。对于这些朋友和他们的实际工作,巴金满怀的只是一个过客和旁观者的敬意,但无意参与其中,这正是他的目标自我和意识自我冲突所致。此时的巴金就好像《家》里的觉慧,觉慧要做一个社会改革者,积极参加社会活动,但他没有把自己的社会改革和对鸣凤的爱以及鸣凤的命运联系起来,他的改革目标指向广大的人群,而不是自我身边的某个个体,所以他的社会改革缺乏"由我做起"的自我具体性,他信奉的是群体的解放必然带来(抽象的)每一个个体解放的逻辑,这里的群体是抽象的,个体也是抽象的。小说中觉慧最终明白了自己的局限性,开始了他第一次"由我做起"的社会改革:离开封建家庭。而现实中的巴金却一直在这样的矛盾中挣扎,做着自己"灵魂的呼号",这主要因为他的目标自我压抑了意识自我,而意识自我又不断反抗的缘故。

对巴金来说,做一个无政府主义者的目标自我既然没有实现的可能,那么只好在精神实践的领域坚守这一信仰,把他的"五四"观念作为普遍的方法论用于观察世界和表现世界,或者说用文本衡量世界,在文本中创造世界。不管是革命小说创作还是家族系列小说创作,都遵循了这一运思路数。例如《家》,作者明显是以反抗旧家庭、追求个体解放这些"五四"理念裁度自己的生活积累。陈思和先生在《人格的发展——巴金传》中介绍其家庭情况时说:"巴金后来也承认,他在小说创作中把家庭旧事重新塑造了。……所有人命案都是作家创造的,与这个家庭的真实情况无涉。……我以为这个家庭留给巴金最不好的印象,应该是作为地主家庭常有的腐化和放荡。"[1]另外作者还提到了巴金家庭中各房的分家之争和日常人际矛盾,并且认为均不出人之常情的范围。巴金在《怀念二叔》(1992)一文中深情回忆了二叔讲解《春秋》的神采和处事的开明,他明确说:"在我们老家找不到一个老顽固。"[2]那么巴金何以要以自己家庭为原型构造出一个"封建专制的黑暗王国"呢?我们可以从巴金童年有限的社会经验中找到线索,在他的家庭里,下人们的悲惨命运和他们善的品格之间的反差给巴金印象最深,当他受到新观念的洗礼,成为贴有"'五四'制造"标签的青年后,回过头去整理自己的社会经验,一方面产生了"原罪"观念,认为上辈人对这些下人们的命运是负有责任的,是有罪的,因此要为他们"赎罪";另一方面,他要按照"五四"文本重新分析这个家庭,以确定它的社会学本质。巴金晚年谈到屠格涅夫的《父与子》时说:"我最初

---

[1] 陈思和:《人格的发展——巴金传》第29页,上海人民出版社1992年6月第1版。

[2] 巴金:《怀念二叔》,《再思录》(增补本)第52页。

读耿济之的译本就有很深的印象。我时时注意到家里的长辈们跟我的、跟我们的想法总是不同,总是冲突。我一事一事地思考,把长辈们的讲法和做法跟我们的想法一一对照,我对封建思想的反感已在逐渐形成,我不仅是向《父与子》,也向许多同时代的书,还向教我念英文的表哥濮季云、向许多朋友寻求帮助。"①从这段话可以看出,巴金是以《父与子》提供的文本世界为参考,带着一种"审父"意识来分析自家的代际冲突,结果是长辈们的"讲法和做法"成了封建思想的代表,本来没有特别内涵的"代沟"问题成了青年反封建礼教、反封建家长制的问题。在1986年写成的随想《老化》里,作者谈到"五四"反封建的目标至今没有完成时,不无愤激地说:"我憎恨那一切落后的事物,三纲五常,'三寸金莲',男尊女卑,包办婚姻,家长专制,年轻人看长辈的脸色过日子……在我的眼里祖父是一个专制暴君。"②在巴金心目中,与"五四"反封建联系在一起的祖父是"一个专制暴君",直接等同于高老太爷,而在忆旧情绪中,老家却"没有一个老顽固"。由此可以看出,在《家》的创作过程中,巴金对自己有关家族的生活经验做了"上纲上线"的处理。同时,就富裕程度和规模来看,李氏家族在当时的中国也当属于社会层级的上层,不能算作大多数,所以不具有代表性。那么,巴金对不具有代表性的李家所做的偏于概念化的叙述也不能以典型看,实则是迎合了"五四"时期现代民族国家建设中需要从家庭解放青年的意识形态要求。

《家》的创作是巴金自我结构特征的一个表现,这种对目标自我的偏执、对意识自我的忽视几乎贯穿了他人生的各个阶段和他的所有创作。上述革命叙事和家族系列小说创作自不必说,与这两类作品风格迥异的"小人小事"系列作品也深深打上了他自我特

---

① 巴金:《〈巴金译文全集〉第二卷代跋》,《再思录》(增补本),第155页。此处巴金称读到的是耿济之的译本,查相关资料,1922年商务印书馆曾印行耿式之的《父与子》译本,据巴金文中口气,他应该是在1920年代阅读的《父与子》,并且式之、济之兄弟当时均以移译俄文作品为人所知,此处或为巴金误记。

② 巴金:《老化》,《随想录》(合订本)第866页。

征的印记。作者之所以专注小人小事的悲剧,是为了表达他的反抗和控诉,他谈到《寒夜》的创作目的时,多次强调是为了控诉旧社会、旧制度(不合理的社会制度),可见,不仅这些作品反抗、控诉的主题与家族系列小说相同,他们的着眼点也仍是抽象的社会制度与个体命运的关系,作品的写实手法或许增加了人物形象的个人具体性,但作为社会不公不合理的注脚,过多"坏人得志、好人受苦"带有原型意味的故事使这些人物必然更多表现为抽象个体,至少在创作思路上是这样。直到晚年,巴金赞美他1930年代在福建、广东办教育的无政府主义朋友时曾说:"他们只知道一个责任,给社会'制造'出一些有用的好青年。"①他写作《随想录》所承担的责任又何尝不是如此呢? 他要凭藉《随想录》这一文本为社会"制造"观念、意识健全的好人。

三 卢梭、托尔斯泰与晚年巴金的文本化

我们说,巴金从少年时代起就习惯于按照文本塑造目标自我,从文本中寻找精神资源,按照文本生活。到晚年,在写作《随想录》的过程中,他一直没有停止这种寻找。在《随想录》中出现最多的两位国外作家的名字是:卢骚(梭)和托尔斯泰,二者对晚年巴金的人格塑造起到了重要作用,成为巴金努力追求的目标自我,卢梭提供的是"讲真话"的榜样,托尔斯泰提供的是"言行一致"的榜样。

卢骚伴随了巴金整个写作生涯。在他的记忆里,那永远是一个拿着书和草帽屹立的巨人,一个"日内瓦公民",在他的认识中,那是一个被托尔斯泰称为"十八世纪的全世界底良心"的思想家。但是在1935年写成的《写作生活底回顾》一文中,先贤祠门前卢骚的铜像仅仅是巴金这个异乡青年诉说寂寞和痛苦的对象。在《随想录》写作中,作者在第10则随想《把心交给读者》中第一次述及卢骚,除了复述上述记忆之外,还加上了对卢骚"梦想消灭不平等和压迫"的评语。第16则随想《再访巴黎》记录了巴金五十年后重访巴黎的观

---

① 巴金:《怀念叶非英兄》,《随想录》(合订本)第836页。

感,他首先记下了面对卢骚石像(铜像毁于二战)的感想:"我想起五十二年前,多少个下着小雨的黄昏,我站在这里,向'梦想消灭压迫和不平等'的作家,倾吐我这样一个外国青年的寂寞痛苦。我从《忏悔录》的作者这里得到安慰,学到了说真话。五十年中间我常常记起他,谈论他,现在我来到像前,表达我的谢意。可是当时我见惯的铜像已经给德国纳粹党徒毁掉了,石像还是战后由法国人民重新塑立的。"①这里,巴金加上了他对卢骚的第三个印象:说真话,虽然它在《随想录》总序中就立志不写"四平八稳,无病呻吟,不痛不痒,人云亦云,说了等于不说的话,写了等于不写的文章。"但这却是"说真话"这一《随想录》关键词第一次正式出场。同时,这次面对卢骚塑像引发了巴金的连锁思考:一、从卢骚脚下开始的写作生活必须坚持,而不能就此满足。对于当时遭遇各种议论的《随想录》写作而言,这无疑注入了坚持下去的动力,作者要在写中迎接"生命的开花"。二、从法国老师(主要指卢骚)学到的"爱真理、爱正义"等思想要融入今后的创作中。《随想录》的写作证明,由于中国1949年后的"特别国情","说真话"受到巴金特别阐发,同时,要"说真话"对于主体而言还意味着深入的自我解剖,卢骚和他的《忏悔录》为巴金提供了模范文本。②三、巴金眼中毁灭美好事物的三次人类灾难:中国的"文革"、法西斯的暴行、日本广岛长崎的核爆,至此已有两次被述及。卢骚和他的思想、著作提供的文本功能对《随想录》的写作是非同寻常的,所以卢骚的名字屡被提及也就不难理解了。

在巴金的译述中,俄国作家的作品占有相当大的比重,但是巴金却没有翻译过托尔斯泰的作品。关于托尔斯泰,早在1922年,巴金就曾写有《托尔斯泰的生平和学说》一文作介绍。1928年,巴

---

① 巴金:《再访巴黎》,《随想录》(合订本)第86页。
② 例如在《春蚕》中作者说:"我的启蒙老师是《忏悔录》的作者卢骚,……我从他那里学到的是:讲真话,讲自己心里的话。"在《〈序跋集〉跋》中说:"我尊敬卢骚,称他为'老师',一,我学习他写《忏悔录》讲真话,二,我相信他的说法:人生来是平等的。"在《怀念鲁迅先生》中说:"我勉励自己讲真话,卢骚是我的第一个老师";在《为〈新文学大系〉作序》中说:"我说过《忏悔录》的作者卢骚是教我讲真话的老师。"在《文学生活五十年》中说:"让·雅克·卢梭是我的启蒙老师,我绝不愿意在作品中说谎。我常常解剖自己。"

金还曾经翻译过托洛茨基的《脱落斯基的托尔斯泰论》一文。1930年代中期,托尔斯泰开始转化为他的思想资源,他认为托尔斯泰不是所谓"纯粹的作家(文豪)",而是追求文章有用有力量的作家,所以在"过去的文人"中是他比较喜欢的一个。[①]后来又翻译过高尔基《文学写照》中的《回忆托尔斯泰》和《关于苏菲亚·安德烈叶夫娜·托尔斯泰夫人》两文。

  在巴金晚年写作《随想录》过程中,他时时忆起,多次谈到托尔斯泰,把托尔斯泰晚年奉行的"言行一致"作为自己的目标自我。第6则随想《"毒草病"》是巴金在《随想录》中第一次提到托尔斯泰,以后又有《我的"仓库"》等随想偶然提及。较为集中谈论托尔斯泰是从116则随想《关于〈复活〉》开始,有《"创作自由"》、《"再认识托尔斯泰"?》、《卖真货》、《核时代的文学——我们为什么写作?(在第四十七届国际笔会大会上的发言)》、《最后的话》等篇,以及《再思录》中的《向老托尔斯泰学习》和《致树基——〈巴金译文全集〉第五卷代跋》两篇。《"毒草病"》和《关于〈复活〉》只是借托尔斯泰展开自己的话题,前者谈论作家要多写作品,后者以《复活》为例讲检查机关的删削并不能阻止作品的流传。在《"再认识托尔斯泰"?》中,作者找到了托尔斯泰晚年人格中"言行一致"的特征,他说:"托尔斯泰追求的就是言行的一致。……我不是托尔斯泰的信徒,也不赞成他的无抵抗主义,更没有按照基督教福音书的教义生活下去的打算。他是十九世纪世界文学的高峰。他是十九世纪全世界的良心。他和我有天渊之隔,然而我也在追求他后半生全力追求的目标:说真话,做到言行一致。"[②]此后,"言行一致"成为《随想录》中频繁出现的关键词。因为《随想录》越是往下写,作者越是感到"讲真话"之难。从"提倡讲真话",到"自己讲真话",到"大家知道讲真话",再到"大家讲真话",最后到"言行一致"是一个漫长的过程,而巴金所能及者只在前两个阶段。他在

---

  ① 巴金:《片断的纪录》,李存光编《巴金研究资料》(上卷)第150页,海峡文艺出版社1985年9月第1版。
  ② 巴金:《"再认识托尔斯泰"?》,《随想录》(合订本)第722、723页。

《卖真货》一文中表达了自己的困惑:"我编印了一本《真话集》,只能说我扯起了真话的大旗,并不是我已经讲了真话,而且一直讲真话。……经过这些年的实践,我懂得讲真话并不容易,而弄清楚真、假之分更加困难。"①对于巴金而言,从提倡讲真话(言)到自己在写作中讲出了真话(行),就可以认为是"言行一致"了,但是从这段话我们看到,他显然认为自己讲得还不够还不透,从而认为自己没有真正做到"言行一致"。在巴金心中还有更高程度的"言行一致",那就是从讲真话到最终将言论变为行动的"言行一致"。在同一篇文章中,作者再次谈到托尔斯泰说:"他给后人树立了一个榜样。他要讲真话,照自己说的做,却引起那么多的纠纷,招来那么大的痛苦,最后不得不离家出走,病死在路上,……我才明白:讲真话需要多么高昂的代价,要有献身的精神,要有放弃一切的决心。"在文章末尾,作者呼吁:"单单讲真话已经不够了,太不够了。"②在这里,巴金试图把讲真话由话语实践层面提高到行为实践的程度,"言行一致"成为他"讲真话"主张的自然延伸。

在《无题集》、《再思录》的写作中,巴金不仅一再重申讲真话,而且总要附带强调言行一致。他在《〈无题集〉后记》中说:"我必须用最后的言行证明我不是一个盗名欺世的骗子。"③他在《我要用行动来补写》中说:"一句话,我要用行为来补写我用笔没有写出来的一切。"在《向老托尔斯泰学习》中说:"他(指托尔斯泰)标榜'心口一致',追求'言行一致'",在《讲真话》中说:"我是什么样子的人,我要用行动来证明。"在《怀念亲友》中说:"他(指吴先忧)不是我的启蒙老师,但是他把我引到言行一致的道路。"在《致树基——〈巴金全集〉第十五卷代跋》中说:"我绝不存心吹牛,究竟讲了多少真话,不妨用五卷书来衡量,用不着我一一指明了。"在《致树基——〈巴金全集〉第十九卷代跋》中说:"我开始用自己的'五卷书'来衡量我的言行。"在《最后的话》中说:"这是俄罗斯大作家给

---

① 巴金:《卖真货》,《随想录》(合订本)第746页。
② 同上书,第748、751页。
③ 巴金:《〈无题集〉后记》,《随想录》(合订本)第900页。

我指出一条路。改变自己的生活,消除言行的矛盾,这就是讲真话。"①从以上罗列的引文看,不管巴金是把"言行一致"看成"讲真话"的逻辑延伸,还是组成部分,他在生命的最后阶段都更重视"行"的方面,但必须指出的是,这里的"行"主要是说出真话的话语行为,而不是社会实践。这是因为言行脱节是困扰巴金一生的矛盾,他向往的赞美的生活一直未能成为他的实际生活,就像托尔斯泰一直未能离开他所批判和厌恶的生活和艺术一样,所以在晚年要实现言行一致,消除言行矛盾。此外,巴金力行"言行一致"也有回应对他缺乏道德勇气的指责的用意。对晚年巴金而言,作为一个知识者的话语实践是"行",作为一个公民的道德实践也是"行",所以,他的"言行一致"一方面是提倡说真话和自己说真话的一致,另一方面是对道德自我完善的追求和道德公共性实践的一致。前者在《随想录》里其实已经部分做到了(后者的情况在下文展开),所以,巴金可以充满自信地以"五卷书"作为衡量自己的标尺。但由于语境的限制,他感到了讲真话之难,甚至感到自己也无法把有些想讲的真话讲出,因此,"言行一致"既是自勉也是向人们提出的新问题,自勉的目的是继续"以笔为旗",深入讲真话,提问的目的是想打破对"讲真话"知难行亦难的尴尬。从《无题集》写作的后半段到《再思录》的写作,巴金一再提及托尔斯泰晚年的"言行一致",并奉之为圭臬,托氏无疑成为他晚年的引路人角色,与其他因素一起塑造出他的目标自我。

在巴金一生中曾经出现过很多思想和精神上的引路人(或文本),如吴先忧、李大钊、叶非英、大杉荣、克鲁泡特金、高德曼、但丁《神曲》、卢梭、托尔斯泰,以及一批无政府主义的革命英雄等,这些人(或文本)以其著作、思想、人格、言行给他以深刻影响,成为他生活中模仿的对象文本。晚年巴金独钟情于卢梭与托尔斯泰,追求道德的自我完善,渴望生命的开花,其道德文章名重于当代,垂范于后世,他本人也逐渐凝定为一个可被不断模仿的文本。

① 巴金:《再思录》(增补本),第 46、50、60、66、111、124、145 页,广西师范大学出版社 2004 年版。

—— 张民权

也谈巴金的理想及其嬗变

—— 对建国以前翻译、理论著述
　　以及文学创作等的分析

在20世纪中国文学史上,巴金是一个具有强烈道德感和理想主义情怀的作家。就这一点说,可以把他与那个时代的许多作家区别开来。这中间有一个核心的问题,即巴金的理想。具体而言,主要是:什么是巴金的理想,或者说巴金的理想是什么?巴金的理想在其一生中有否发生变化,如果发生变化前后又有什么差别?在笔者看来,巴金理想的问题,在相当程度上就是他与无政府主义信仰关系的问题。对此,不少学者已有阐发,笔者也想稍加探讨;本文涉及的只是对其中华人民共和国成立以前翻译、理论著述和文学创作等的分析。

一

我们知道,巴金很早就初步确立了自己的理想。在写于三十年代中期的《我的幼年》、《信仰与活动》等文章中,巴金较详细地回忆了自己家庭及他自孩提时起至青少年阶段的生活情形,叙述了他早年萌生的原始的正义意识、反抗思想,以及在"五四"新思潮影响下的觉醒和热情,特别是自己理想明确的经过和缘由。从中可以看到,巴金理想的明确,是与他当时读到的一些著述密切相关的,具体说就是受了克鲁泡特金的《告少年》、廖抗夫的《夜未央》和高德曼一些阐述无政府主义思想文章的影响。

《告少年》和《夜未央》是巴金最先读到的,时间当在1920年的

本文作者在第十一届巴金学术研讨会上发言

冬天。巴金这样说到这两本书对于他的影响：

> 从《告少年》里我得到了爱人类爱世界的理想，得到了一个小孩子的幻梦，相信万人享乐的社会就会和明天的太阳同升起来，一切的罪恶都会马上消灭。在《夜未央》里，我看见了在另一个国度里一代青年为人民争自由谋幸福的斗争的大悲剧，我第一次找到了我的梦景中的英雄，我找到了我的终生事业，而这事业又是与我在仆人轿夫身上发现的原始的正义的信仰相结合的。①

看来，克鲁泡特金《告少年》对巴金的塑造主要是社会理想方面的，这也符合这一著述的实际情况。《告少年》是一本通俗、极具煽动性的宣传小书，主旨是揭示现实社会制度的不合理，鼓动社会革命，号召"一切诚实的男女青年"加入"社会主义者"的行列，为"使真正的平等、真正的自由、真正的博爱实现在人类社会中"而奋

---

① 巴金：《信仰与活动》，见李存光编《巴金研究资料》上卷，知识产权出版社 2010 年 2 月版。

斗。①这种可以消灭"一切的罪恶",让"万人享乐",实现了"真正的平等、真正的自由、真正的博爱"的社会理想无疑十分投合青年巴金的心,他真诚地相信了,而且以为要不了多久这样的社会就会出现。而《夜未央》对巴金的塑造则主要是人生理想方面的,他从这一剧作的青年男女主人公——俄国虚无党人桦西里和安娜身上,看到了自己应当仿效的榜样和该走的生活道路,替自己安放了为人民的自由和幸福奋斗、献身,实现理想社会的事业。

此后不久——应当也是在这年的冬天,巴金在《实社自由录》、《新青年》上读到了高德曼的《无政府主义》等文章。巴金说读它们的时候,"我的感动,我的喜悦,我的热情……我真正找不出话来形容","她那雄辩的论据,精密的论理,深透的眼光,丰富的学识,简明的文体,带煽动性的笔调,毫不费力地把我这一个十五岁的孩子征服了"。他还说"她是第一个使我窥见了安那其主义的美丽的人",并称"在这时候我才有了明确的信仰"。②

巴金这里提到的"主义"和"信仰",当然是指无政府主义。在这时候,他从《告少年》里得到启发的社会理想变得较为明确了,而从《夜未央》里获得感悟的人生理想也变得更其强烈了,而且似乎已经在一定程度上将二者融合了起来——正如他引一本外国传记里的话说的那样:"一种热诚占有了我们,使我们的灵魂里充满了一种愿为崇高的理想而生活、而死亡的渴望。"③

在接受上述著述思想的洗礼后,巴金又有缘结识了当地一些信奉无政府主义的青年朋友,他们后来一起发起成立一个叫"均社"的组织,开展各种活动,巴金也就从那时开始称自己、也被人称为"安那其主义者"。——那应该是1921年里的事;类似的经历和活动还延续了一年多,直至1923年春上出川。

---

① 引文采用巴金译《告青年》,《巴金译文全集》第10卷。
② 巴金:《信仰与活动》、《我的幼年》,见李存光编《巴金研究资料》上卷,知识产权出版社2010年2月版。
③ 巴金:《信仰与活动》,见李存光编《巴金研究资料》上卷。

从巴金这三四年里的思想演进和经历看,可以认为他已经初步确立了自己的理想。他最先接受的是无政府主义的社会理想和人生理想,而后是对整个无政府主义笼统、囫囵吞枣的接受,包括否定爱国主义,主张建立没有政府、法律、私产、宗教的"真自由"、"真平等"的社会等;这从他那时发表的《怎样建设真正自由平等的社会》、《爱国主义与中国人到幸福的路》等文章中可以看得很清楚。所以,要说那时巴金的理想,用无政府主义概括当是大致不错的。

二

巴金出川来到上海、南京后,在完成学业的同时及之后,不断拓展和深化着对无政府主义理想及其在中国运动的理解和认识,并为使这一理想在自己国土上生根开花竭尽力量。当时的上海等中国一些城市,无政府主义思潮和活动还活跃,因而巴金既可以阅读到更多与无政府主义相关的书籍、文献资料,也得以接触到国内众多的"同志",直接参与他们的活动;由此也得以与国际上著名的无政府主义者高德曼等作通信联系。笔者以为,在他出川后的头几年里,1925年是特别值得注意的。那一年有两件事于他思想影响颇大。之一就是与高德曼的通信。这年年初,他经同仁抱朴介绍给自己仰慕已久的高德曼写信,高德曼很快回复了,信里申述了"安那其主义理想"在她看来"是一切理想中最美丽的一个",并宽慰、解开了巴金因为出身于富裕的旧家庭而产生的苦恼。巴金因此深受鼓舞,坚定了他作为"青年叛逆儿"为"最美丽"的理想奋斗的信心。而这次通信仅是开始,之后许多年里他们一直保持着这种联系。之二是对无政府主义先驱之一蒲鲁东理论著作《财产是什么?》(后译为《何谓财产?》)的阅读和翻译。巴金似乎是在这年的年中读到这一著作的,他禁不住流下激动的眼泪,并引用前面谈到的读了高德曼的文章后所引外国传记里的话表达自己的激动以及给予他的力量:"一种热诚占有了我们,使我们底灵魂中充满了一种愿为崇高的理想而生活、而死亡之渴望。"①而且这一次与以往只是接受影响不同,而是下了翻译的决心。

要介绍、传播这一著作的思想,让更多的人"为崇高的理想而生活、而死亡"。巴金的译文在当年9月就开始于《民钟》发表,一直到次年6月刊完(仅为著作上半部);这也是巴金第一次翻译篇幅、思想容量较大的无政府主义著作(1929年6月出版)。同一年里的这两件事对于巴金思想的发展和演进具有重要意义,如果说他在成都时对无政府主义的接受还是笼统、囫囵吞枣的话,那么现在已经不是了;如果说他在五六年前只是初步确立了理想的话,那么现在应该认为是真正确立了。——而1925年正是巴金由校园生活跨入社会生活的转折年,考虑到这一点,上述二事对于他思想的影响更不应小觑。

也是从1925年前后开始,巴金在深化自己对无政府主义理想认识的同时,开始致力于对这一理想及其在中国实践的较为系统的考察和研究。他于1924年5月刊出的一则"芾甘启事"说:"我欲考察安那其主义者在中国运动的成绩,故拟搜集历年所出版之关于此主义的书报,同志们如有此类书报(不论新的旧的)望赠我一份,如要代价者,可先函商。"②而巴金当时及之后几年里实际考察的,其实并不限于安那其主义在中国运动的情况,更多、也更重要的,倒是对作为整个运动重要组成部分之一的无政府主义理论及其相关人物、历史的兴趣和热情。他后来远赴法国,主要原因也是为此,正如他自述的:"我因感觉得对于主义缺乏深的研究,所以跑到近代无政府主义的发源地——法国来,专门研究无政府主义。"③

在自1925年阅读、翻译蒲鲁东的《财产是什么?》至1930年下半年他转而主要从事文学创作前的这五六年时间里,可以说巴金将大部分时间和精力都用在了对无政府主义理论及相关人物、历

---

① 巴金:《蒲鲁东与〈何谓财产〉》,《巴金全集》第18卷,第269页。
② 巴金:《芾甘启事》,《巴金全集》第18卷,第69页。
③ 巴金:《无政府主义与实际问题》,《巴金全集》第18卷,第121页。

史的研究和翻译、写作上了。在对无政府主义理论的研究和翻译方面,他先后发表和出版的著作就有:蒲鲁东的《财产是什么?》;克鲁泡特金的《面包略取》(后译为《面包与自由》,1926年8月开始翻译,12月译毕,次年11月出版),《人生哲学:其起源及其发展》(上册)(1927年7月开始翻译,次年4月译毕,9月出版),《人生哲学:其起源及其发展》(下册)(1929年初开始翻译,5月译毕,7月出版,后将上下两册合并改名为《伦理学的起源和发展》)。除了大部头的著作,还有众多与无政府主义理论相关的文章,主要如高德曼、柏克曼、阿利兹、若克尔、马拉铁司达等。

在与之相关的人物、历史方面,他发表或出版的译著有:凡宰特的自传《一个卖鱼者的生涯》(后译为《我的生活故事》,1927年1月译毕,次年12月出版),司特普尼亚克的《地下的俄罗斯》(后译为《俄国虚无主义运动史话》,1936年4月出版)。他自己也根据俄国革命者等的相关图书和资料,整理、撰写了一些传记、历史著作,主要有:《断头台上》(1927年1月开始发表,7月刊毕,1929年1月出版),《俄罗斯十女杰》(1928年在法国沙多·吉里完成,1930年4月出版),《俄国社会运动史话》(1928年在法国沙多·吉里完成,1935年9月出版)等。还必得提及的是,巴金在1930年上半年完成了他一生中唯一的一部阐述无政府主义思想的理论著作:《从资本主义到安那其主义》(1930年7月出版)。这一著作虽然在整体框架、具体章节和内容——乃至文字表述上,都是从柏克曼的《安那其主义ABC》一书蜕化以至原封不动移译来的,但毕竟有删节、有改写、有增补,可以认为是其无政府主义思想的完整表述。而考虑到巴金在二十年代中期就已酝酿写这样一本书,当时及此后也很看重它,甚至说:"我写过十三四万字的书来表示我的社会思想,来指明革命的道路"[1],因而我们以为应当充分重视的。

笔者所以不惮其烦地一一列出巴金那些年里写作和出版的著作,并尽可能地说明开始动笔或发表、完成及出版的时间,除了便

---

[1] 巴金:《新年试笔》,见《巴金专集》〈1〉。

于人们了解他确实把主要时间和精力用于此以外,还想让大家知道在那时——尤其后几年里,巴金投入地做这些事,是有某种紧迫感和使命意识的。最明显的是对克氏"人生哲学"的翻译。是国内大革命失败后的险恶形势使他"放下了一切事务,以像克鲁泡特金在俄国革命横被摧残之际拼命地著述《人生哲学》时那样的心情,在这中国人大开杀戒之时期中,来拼命地翻译《人生哲学》",并说"对于那般愿意用他底力量来做一点有利于他底同胞们的事业,而又找不到适当的道路的人,我便把这部《人生哲学》介绍与他。实在这一部书会给他开辟一条新道路的"。[①]那时,巴金其实已经比较自觉地担起了在社会大众中激发无政府主义社会、人生理想,传播无政府主义理论和政治主张的责任。

在主要对中国无政府主义运动提供理论、思想指导的同时,巴金也对这一运动在实际进行过程中存在的问题,以及面对新形势应当作出的调整和采取的对策等也不时阐发意见,这从他当年写的一些文章——如《无政府主义的阶级性》(1926年6月)、《无政府主义与实际问题》(1927年4月)、《无政府主义与恐怖主义——复太一同志的一封信》(1927年7月)、《中国无政府主义与组织问题》(1927年8月)、《给急弦的信》(1927年9月)、《一封公开的信——给钟时同志》(1928年2月)、《我们现在应该怎样做呢?——答C.A.同志的第一信》(1928年7月)中可窥其大概。由此不难看出,巴金那时已经能够从中国社会和革命的当下实际出发,比较自觉地运用无政府主义理论的一些原理,独立、有识见地去看待、处理问题。

综上所述,巴金在1925年前后真正确立理想以后,他对无政府主义的认识及对中国无政府主义运动发展所起的作用上升到一个新的阶段。他对芜杂、各行其是的无政府主义理论有所选择、有所批判,对运动进行过程中的情况发表有不少真知灼见,而更重要的是他在相当程度上担起了提供理论、思想指导的

---

① 巴金:《〈人生哲学:其起源及其发展〉译者序》,见李存光编《巴金研究资料》上卷。

重任。不久前读到1926年君毅(吴克刚)写给芾甘(巴金)的一封信里说到,一般无知的人还当吴稚晖、李石曾是"无政府党的'首领',而我们非但不承认他们是'首领',简直也不承认他们是'同志'";并特别指出:"吴稚晖对于无政府主义,我是从来没有看见他有什么译著,李石曾曾译互助论,二十年还未成书,不知他天天忙些什么事?"①我们知道,吴、李是中国早期有影响的无政府主义者,但当时已严重政客化了,在国民党发动"四·一二"政变后更公开站到原先他们主张的革命的对立面。但我们这里引出这番话,主要倒还是想说明,对于中国无政府主义运动而言,翻译、传播这方面的典籍原著实在是很重要的事情。巴金在那些年里贡献甚丰,难怪要被人们看作是第三代无政府主义者的代表性人物了。而且即便在今天,我们仍可多少捕捉到他这方面的工作,当时委实影响了一些人的讯息。如对泉州的朋友叶非英,巴金在《怀念叶非英兄》里明确谈到:"他宣传过无政府主义,翻印过我年轻时候写的小册子,我翻译的克鲁泡特金的几部著作可能对他有大的影响。"②因而,要是说到巴金那时的理想,毫无疑问应是无政府主义。

三

不知是巧合还是有某种必然性,就在巴金唯一的一部无政府主义理论著作《从资本主义到安那其主义》出版的1930年7月,他的文学创作潜能却因几乎同时写作、发表的短篇小说《洛伯尔先生》而被激活,由此一发不可收拾,下半年接连写了《复仇》、《不幸的人》等九个短篇,第二年又完成了长篇小说《家》,中篇小说《新生》、《雾》,以及《光明》集里的十多个短篇,巴金也就从那时起正式地写起小说来。而在这之前,处女作《灭亡》虽然为他

---

① 《君毅致芾甘信》,《民钟》第1卷第15期,1926年6月。
② 巴金:《怀念叶非英兄》,《巴金全集》16卷,第719页,人民文学出版社2000年4月。

赢得不菲的声誉,但之后写的中篇小说《死去的太阳》和短篇小说《房东太太》却让他颇感沮丧,甚至"觉得我这人不宜于写什么小说"。①

无论是巴金在法国不自觉地写起《灭亡》,还是现在因《洛伯尔先生》等而正式开始文学创作,这中间虽然也有偶然性在起作用,但深入看却是有必然性的。无政府主义思潮及其运动在20世纪的中国恍如一场春梦,就在巴金"窥见了主义的美丽"——尤其是他正式确立起理想、竭诚奋斗的时候,这一运动却已呈现了颓势,1927年大革命失败后更是一派风流云散的景象。巴金为崇高理想献身的渴望没了着落,其痛苦和悲愤更需要发泄,正是在这种不得已的境况下,他意外地找到了小说写作这一形式,于是就急迫地通过它宣泄感情、倾吐爱憎,也通过它抨击黑暗、呼叫光明,文学创作俨然成了他继续过去的生活道路,继续为理想奋斗的最合适不过的选择。巴金曾这样说到那些年的写作情形:"我时常说我的作品里面混合了我的血和泪。这并不是一句假话。我不是一个艺术家,我只是把写作当做我的生活的一部分。我在写作中所走的道路和我在生活中所走的道路是相同的。我的生活里充满了种种的矛盾,我的作品里也是的。……我的生活是一个苦痛的挣扎,我的作品也是的。我的每篇小说都是我的追求光明的呼号。光明,这就是我许多年来在暗夜里所呼叫的目标,它带着一幅美丽的图画在前面引诱我。同时惨痛的,受苦的图画,像一根鞭子在后面鞭打我。在任何时候我都只有向前走的一条路。"②他还说:"我的文学生命的开始,也是在我挣扎的最厉害的时期。"③巴金正是这样意外地闯入文坛的。

巴金走上文学道路的独特性,决定了他最初乃至相当一段时间里的创作会呈现比较明显的无政府主义色彩。如果说他在前些年主要是通过对无政府主义理论及相关人物、历史的介绍、撰述激

---

① 巴金:《写作生活的回顾》,见《巴金专集》〈1〉。
② 同上。
③ 巴金:《〈雨〉自序》,见《巴金专集》〈1〉。

发大众的无政府主义热情的话，那么现在则是在文学作品里间接地表达他的理想、信仰，他常常借人物的嘴和内心活动——即"他人之酒杯"，达到"浇心中之块垒"的目的，也通过各人物间的性格、矛盾冲突及整个作品的意识指向，来表达他内心的各种矛盾及他所认可、追求的社会、人生理想。我们可以将巴金自《灭亡》开始至三十年代中期《春》完成前的作品归纳一下看，其中最醒目不过的就是两个三部曲——由《灭亡》、《死去的太阳》、《新生》构成的"革命三部曲"和由《雾》、《雨》、《电》构成的"爱情的三部曲"。除此之外，中篇小说《利娜》是根据一本叫《一个虚无主义者的书信》改写的，与他过去撰写的传记、历史著作相近。在他为数众多的短篇小说中，不少作品保留了他早年及当时熟稔的无政府主义者朋友的经历和情感体验，如《亡命》、《亚丽安娜》、《天鹅之歌》等；就是在1936年7月他还发表了一篇以泉州工运为背景的短篇小说《星》，这个篇幅颇大、接近中篇的作品在相当程度上可以看作是《爱情的三部曲》的一个插曲或续篇。总之，这类题材和内容的小说构成了巴金那个时期创作的主色调，也是能更直接地感受和把握到巴金那时的思想、精神状况的；从中不难看到，其无政府主义思想倾向还是明白显现的。但同时我们也必须指出，当巴金进入文学创作时，他无法不顾及人物性格自身发展的逻辑、作品的完整性以及连他自己都未必意识到的艺术审美的规约，因而作家的无政府主义思想在进入作品时，就像光由一种媒质进入另一种媒质那样，不仅有的被完全反射了，进入的部分也会发生偏射。这里由于篇幅的关系，我们不多展开论述，只是想指出一个结论性的意见，即：无政府主义思想在进入巴金创作活动，于上述小说中得到反映的，主要是它的社会理想和人生理想。

与此同时，也有必要对巴金这一时期与无政府主义理论及相关人物、历史等的翻译、撰述情况做些归纳。这里，首先应提到的是对蒲鲁东《财产是什么？》下半部的翻译。巴金说是在1930年7月第一次去泉州时翻译此书的，他还在1931年7月出版的《时代前》杂志上发表有《蒲鲁东与〈何谓财产〉》的文章。此文似乎是对这一著作上、下两部所做的总体介绍,但这下半部却在送商务印书馆后丢失了。[1]巴金对无政府主义理论著作的翻译自蒲鲁东始,亦由蒲鲁东终——而且,真的是不知所终,这是颇耐人寻味的。其次,应提及对廖抗夫《夜未央》(即《前夜》,1930年1月译,4月出版,后又校改后于1937年1月出版)和克鲁泡特金《告青年》(即《告少年》,1935年4月译,1937年10月出版)的翻译。这是两本最早对巴金思想产生重要影响的书籍,他自然难以忘怀,现在自己动手做了翻译。这一时期比较重要的译著还有柏克曼的《狱中记》(先在刊物上发表,后于1935年10月出版)。柏克曼是高德曼的丈夫,巴金早在法国时就拜访过他,后来译过他的无政府主义文章,这次翻译的是其记述自己十四年美国监狱生活的回忆录(节译本)。此外,巴金还先后重译了前面提到过的凡宰特的自传,校改了旧译司特普尼亚克的《地下的俄罗斯》,整理、出版了自己的旧作《俄国社会运动史话》等。十分明显,这方面的著述已大不如前一时期,我们也不复能感受巴金当年以此激发大众无政府主义热情的责任担当。

综合这一时期的翻译、理论著述和文学创作等情况可以看到,巴金由于无政府主义运动严重受挫而产生了信仰危机,意欲通过小说创作慰藉感情、寻求出路,用文学间接为自己的理想奋斗。用他的话说就是:"这十几年来我的信仰并没有改变,可是我走的路却变成曲线的了","我仿佛是一只折断了翅膀的老鹰,我不能够再在广阔的天空里飞翔了"。[2]他那时其实已疏离了无政府主义运动,而且对无政府主义的信仰既不像早年那样盲目冲动,又不像前些年那样满溢高涨,而是跌落到了一个相对的低点。应当说,他那时是依然相信无政府主义的,但更多的是相信其美好的社会理想和人生理想——至少,通过文学作品呈现的是那样。

---

[1] 参见陈思和:《人格的发展·巴金传》,上海人民出版社1992年版。
[2] 巴金:《断片的记录》,《巴金全集》第12卷第440页,人民文学出版社2000年4月。

四

  在对巴金前一阶段文学创作等情况做了分析后,我们可以进到对他后来由长篇小说《春》肇始的许多年里情况的考察了。但在这之前,笔者想说明一下何以要以《春》为界河,将巴金的著述、思想分成这样两段加以观照。

  这样做,首先一个原因在于看到巴金自踏入文坛后,就陷入一种深的矛盾和纠结中。文学创作固然使他声誉鹊起,也使他获得短时的满足和快乐,但同时让他感到不安、羞愧和痛苦。为此,他一次次地下决心搁笔,一次次地预告要"结束写作生活",但不久又动摇了,反而"拼命写作唯恐这生活早一天完结"。[①]"生存还是毁灭",这是莎士比亚笔下哈姆雷特的问题;而巴金的问题是:继续写作还是放弃?或者说:用文字消磨生命还是去行动?留恋艺术还是追求"那个比艺术更长久的东西"?巴金最后的选择人们是清楚的。但他是什么时候基本摆脱这种矛盾和纠结的呢?我们以为大致就在《春》创作、完成的那一段时间。众所周知,《春》是为《文季月刊》创刊而于1936年6月开写的,之后的创作因种种原因时断时续,中间还经历了第二年的抗战爆发,一直到1938年2月才完稿,并于4月出版,前后横跨三个年头,实际延宕也有两年多。而在《春》开写的1936年上半年,巴金的上述矛盾和纠结不但没有舒缓,反而有加剧的迹象。这可以从他当时写的《片断的记录》里看得很清楚。在这篇文章里,巴金展现了两个自我"激斗"的画面,一个刚提笔写字,另一个就指责来了:"你为什么就不能够打破矛盾?你为什么甘愿做一个懦弱的人?"文章写道:"这种内心的激斗是长久的,而且痛苦的。我好比站在十字路口,倘使我再强健一点,我便会毅然地选了一条路走:或者抛弃文学,或者死抱住文学。然而我两样都做不到。"从这一文章还可看到,巴金当时所以想抛弃文学,还多了一个原因,就是强烈地感到"文字没有力量":"文章和现

[①] 巴金:《灵魂的呼号》,见《巴金专集》〈1〉。

实的环境相比,就等于拿一个鸡蛋去碰石头。一番动人的演说可以使激动的群众马上做出一件事情,一篇文章只可以在短时间内感动人,但是不久就会被人忘记。"[①]他的这种感受,可能与自己那时的作品或被查禁(如《萌芽》)、或被删削得七零八落(如《电》),无法正常传播有关。他为《文季月刊》写作所以避开其他题材而选择《春》,也有这方面的考虑在内。要之,在巴金写《春》之前的1936年上半年,他仍明显矛盾着、纠结着。

我们说他在创作《春》的二三年里基本摆脱了这种矛盾和纠结,是因为这段时间里——尤其是1937年中华民族抗日自卫战争的开始,使中国的社会、政治格局发生了根本性的变化,民族矛盾上升到第一位,抗日救亡是第一急需,巴金的心态、思想和行为也在迅速调整中。而且,他也用不到再回到原先的"阵营"——或者说是无政府主义的朋友圈去了,因为连他们也大都投身到了这场民族自卫战争之中。所以对于当时的巴金来说,正如他在抗战爆发不久写的一篇文章标题昭示的那样:"只有抗战这一条路"。[②]这也可以从他写给一位朋友的信里得到印证:"有一个时期,我真想把笔放下来,我要沉默。然而神圣的战争来了,我看见了很多事,我看见哪一些人嘴里嚷着抗战,实际却做着出卖祖国的勾当,我看见哪一些人慷慨的为祖国捐出了生命,我要写,我要把他们写出来。"[③]"沉默",是巴金"搁笔"、"抛弃文学"的另一种说法,可知要不是"神圣的战争来了",他似乎还会纠结下去;而现在不必了。

这样做的另一个原因,是考虑到也是由于上述因素,巴金的民族意识和爱国主义思想被空前激发起来,这也进一步挤压了原先的无政府主义空间——或者换一种说法:修正了自己过去笼统否定国家、反对爱国主义的偏颇。自然,巴金的这种修正——也即民族自尊心、自信力和爱国意识的被唤起、被激发不是现在才开始的,可以追溯到他旅居东京时对屠格涅夫散文诗《俄罗斯语言》的

[①] 巴金:《断片的记录》,见《巴金专集》〈1〉。
[②] 巴金:《只有抗战这一条路》,《巴金全集》第12卷,第543页。
[③] 苏夫:《巴金为甚么沉默起来?》,见李存光编《巴金研究资料汇编(1922—1949)》(上),香港文汇出版社,第140—141页。

翻译;追溯到"一·二八"事变时《新生》原稿被日军炮火化作灰烬后的屈辱、愤怒,以及用重新构思的《海的梦》表达对侵略者的仇恨;甚或还可一直追溯到二十年代后期写的无政府主义文章中对"殖民地脱离'母国'的战争,弱小民族反抗强国的战争"的有条件的肯定①。但不管怎么说,上述这些都是铺垫——或者说是累积过程中的,只有现在,只有当巴金直面空前的民族危机和庄严的民族自卫战争时,只有当他从思想到行为全身心地投入到这场战争中时,他对这种偏颇的修正才是具标志意义和根本性的。

由于上述两方面的变化,巴金自《春》开始至1947年年底写作完成的《寒夜》这些作品所呈现的,就是与前一阶段颇有差别的面貌。我们可以把这一阶段的中、长篇小说分成三组来看。一是《春》、《秋》这两部长篇小说。这是延续了过去反映旧家庭生活题材的《家》而来的,应该说与无政府主义无大的关联。当然,作家的创作离不开他的生活经验和体验,所以《春》里写觉民等年轻人活动时采用了作家早年的经历,还写进了琴请淑英看《夜未央》等情节,如果说这里留有无政府主义的痕迹也无不可,但它们毕竟是十分局部的生活画面和场景。二是以《火》为总称的三部中篇小说。这是巴金以往没有表现过的全新题材,是他对抗战的直接回应,也是他被唤起的民族意识和爱国情怀的比较直接、集中的抒写。这三部小说——主要是在前两部中,某些人物苦闷、窒息的内心世界和爱情纠葛,以及他们用暗杀手段对付敌人等的描写,也许会让人联想到以往的《灭亡》等作品,但其实已被赋予新的意识内涵,是在抗日救亡的总体框架下得以展开的,不应该简单地将之归为无政府主义描写。《火》第二部里有一细节处理倒可见出作家与无政府主义的某种联系,即:李南星决定离开战地服务团时给冯文淑送了一本克鲁泡特金《自传》,并留有"他给过我不少的鼓舞。你读它,它可以慢慢帮助你的人格的发展"等话。这正是巴金以前翻译、出版的那本书,后又于抗战爆发后的1939年修改重印。在巴金看来,克氏的《自传》在那时依然可以使人们"在困苦的环境里","得

---

① 巴金:《无政府主义与实际问题》,《巴金全集》第18卷,第113页。

到一点慰藉,一点鼓舞,并且认识人生的意义和目的"①,所以才予以修订出版;也在《火》里用它鼓舞走上抗日前线的青年男女。这一细节固然透露了巴金与无政府主义联系的讯息,但作为文学创作却是无可厚非的,倒是可在一定程度上凸显这场民族自卫战争的全民性质以及思想资源的多样性。三是写得最晚的《憩园》《第四病室》和《寒夜》这三部小说。这是巴金在对社会、人生有了更复杂、深刻的感受和体验,写作上也进到娴熟、炉火纯青境界时创作的几部作品。当时的巴金已经能够坦然面对自己的作家、文化人身份和角色,不多考虑主义传播、思想宣传等方面的因素,也不顾忌批评家或别的人有什么需要和想法,只是直面现实、人生、人性,写自己内心想写的,说自己内心想说的,终于创造出《憩园》《寒夜》这样纯粹精致、意蕴丰赡的艺术杰作。很明显,这几部小说也与无政府主义无大的瓜葛。由以上分析不难知道,无政府主义色彩在巴金这一阶段的创作中是大为消减、弱化了。

　　现在再来梳理这一阶段与无政府主义有关的著作的翻译、出版情况。如果按时间顺序叙述的话,先要提到的当是巴金对克鲁泡特金几部旧译的修订,它们分别是:《我的自传》(1939年5月修订,同月出版),《面包与自由》(1940年3月改毕,8月出版),《伦理学的起源及发展》(1940年6月修订,次年6月出版)。这本是巴金他们文生社同人编辑、出版克氏"全集"计划的一部分,按计划巴金还要承担翻译《俄法狱中记》等著作,但他最终放弃了,整个计划后来也不了了之。其次应提到对赫尔岑回忆录《一个家庭的戏剧》的翻译(先在刊物上发表,后于1940年8月出版)。赫尔岑是俄国民粹运动的重要代表人物、思想家,也是对巴金思想、创作有过重要影响的作家,他那时译的"戏剧"只是其集十五年时间完成的庞大回忆录《往事与随想》的一部分。还应提及对妃格念尔回忆录《狱中二十年》的翻译(先在刊物上发表,后于1949年2月出版)。妃格念尔也是巴金早年仰慕的民粹派英雄之一,她的回忆录曾"像

---

① 巴金:《我的自传·中译本前记》,《巴金译文全集》第1卷,第1页。

火一样点燃"巴金献身的热望,并发愿要把它全部译成中文。但巴金真正动手译这一回忆录却比较晚,似在四十年代的最后几年,而且也只翻译了其中的第二部分《狱中二十年》(第一部分只译了一个题为《我的幼年》的开篇)。从以上情况看,巴金在这一阶段的十多年里未曾新译无政府主义理论著作,只是对旧译做修订[①],对其他与主义相关人物、历史等的翻译、撰述也很有限;而且,整个这方面的工作给人虎头蛇尾、力不从心的印象。

上面说到翻译,这里不妨再就巴金这一阶段的文学翻译情况稍作说明。文学翻译是巴金作为一个文学家的重要一翼,他在各个阶段都有一些优秀译作推出,但这一阶段——尤其四十年代以后,却是他译得最多、成就也最大的。他对屠格涅夫作品的翻译就主要在这些年里。除了翻译屠格涅夫的《散文诗》(除少数外,大部分是在这一阶段翻译的,1945年5月出版),先后翻译、出版的小说有:长篇小说《父与子》(1943年3月译毕,7月出版),长篇小说《处女地》(1943年11月译毕,次年6月出版),中篇小说《蒲宁与巴布林》(1949年10月译毕,12月出版)。此外,比较重要、有影响的译作还有:斯托姆短篇小说集《迟开的蔷薇》(1943年9月译毕,11月出版),王尔德童话集《快乐王子集》(1947年11月译毕,次年3月出版),奈米洛夫等的短篇小说集《笑》(1947年12月译毕,次年6月出版),洛可尔的哲思散文《六人》(1949年5月译毕,9月出版)等。文学翻译的丰富多样,恰与上面谈到的与"主义"相关译述的稀少、有限形成鲜明对照,可知巴金这一阶段确已不多在文学之外的"主义"一线费心用力,他基本上完成了向作家、文化人身份和角色的转换。

现在可以对这一阶段的相关情况作小结了。这一阶段,因为民族矛盾全面加剧和抗战爆发的特殊契机,巴金最终摆脱了长期困扰他的"继续写作还是放弃"的纠结,切断了自己重返"阵营"的退路,从而在文学"这一条路"上一直走下去,并取得不同凡响的成

---

① 巴金在1947年译有克氏《一个反抗者的话·跋》,后改题为《社会革命与经济的改造》在刊物上发表,并非是著作。

就;而另一方面,巴金与无政府主义的疏离也进一步扩大,对之的信仰也跌落到一个新的低点。

那么,能否说巴金后来就完全放弃了这一信仰呢? 不能。固然,巴金在这一阶段很少再明白宣称自己是"安那其主义者"或"无政府主义者",但是对无政府主义社会理想和人生理想依然保持着敬畏,并一直坚守的。十分明显的例子,是他在四十年代中期写的《怎样做人及其他》这篇文章。此文作于在桂林与英国神父赖诒恩关于"生活"与"道德"关系论战后不多久,他在说明自己的道德观和伦理思想时,特别引了两段话。一段是:"一个人如果不使他周围的人解放,他也不能解放自己。万人的自由便是我的自由";另一段是:"真正的幸福是从在民众中间与民众共同为着真理和正义的奋斗中得来的"。① 这前一段话是巴枯宁说的,后一段话是克鲁泡特金说的。巴金1940年修订《伦理学的起源及发展》写的"前记"里就引用过这两段话,如今在将近四年后重新引用,可见是充分认可的。而在这三年以后,巴金为日本茑静女士所译《雾》写的序里又一次引述了巴枯宁的那段话,并称"这就是我自己的信仰"。② 所以,可以这样说:事实上,作为一个从无政府主义阵营过来的作家,巴金虽然疏远了运动,虽然察觉、甚或还深味这一主义政治主张等的不切实际和种种局限,但是它鼓舞人们去为真理和正义奋斗,要在人类社会实现"真正的平等、真正的自由、真正的博爱"的社会理想,以及要人们"把个人的命运联系在群体的命运上,将个人的希望寄托在群体的繁荣中"的甘愿付出、牺牲的道德精神,却已深深植根于巴金心中,成为巴金思想、人格的重要组成部分和核心;这其实也是他文学创作的主要精神资源和原动力。

因而,说到巴金此一阶段的理想,我们以为主要当是无政府主义的社会理想和人生理想。

以上,我们对巴金建国以前与无政府主义信仰关系的问题作

---

① 巴金:《怎样做人及其他》,《巴金全集》第18卷,第529页。
② 巴金:《〈雪〉·日译本序》,《巴金全集》第5卷。巴金在不同时期引述巴枯宁和克鲁泡特金的这两段话时,由于翻译的原因个别文字不尽相同,但主要意思却是一致的。

了较为细致和深入的考察。笔者的主要观点可以概述如下：

一、谈到巴金的理想，无政府主义是一个绕不开去、无法回避的问题。无政府主义的社会理想和人生理想是巴金思想、人格的重要组成部分和核心，也是他文学创作的主要精神资源和原动力。

二、巴金对无政府主义的信仰经历了一个倒 V 型的演变过程。他最先接受的是无政府主义的社会理想和人生理想。而后是对整个无政府主义的全面接受，特别是在 20 世纪二十年代后半期达到巅峰，他在很大程度上担起了为运动提供思想、理论指导的重任，成为当时无政府主义运动的代表性人物。这之后，由于无政府主义运动严重受挫，巴金转而从文学创作寻求出路，用文学间接为自己的理想奋斗；他对无政府主义的信仰跌落到一个相对的低点，他那时相信并在文学创作中得到反映的，主要是无政府主义的社会理想和人生理想。再后来，因为空前的民族危机和抗日民族自卫战争的爆发，巴金最终切断了自己重返"阵营"的退路，从而在文学这条路上一直走下去，并取得卓越不凡的成就；他那时对无政府主义的信仰也跌落到一个新的低点，落脚、定格于对其社会理想和人生理想的坚守。

2014 年 6 月初稿，10 月修改、12 月再改

周立民

除强权，争自由
——巴金社会理想初探

一 我找到了我的终身事业
——巴金的社会理想形成过程

关于启蒙，康德有过一段著名的论述，认为它是"人类脱离自己所加之于自己的不成熟状态。不成熟状态是指没有能力运用自己不经他人引导的知性。"[①]在人的成长中，某些人生契机和历史转折会带给个体生命以启示和引导，唤醒它内在的知性。对于现代中国而言，"五四"新文化运动虽然是一个具体、复杂、多元的构成，但是它在那一代知识分子心中未尝不可抽象为一个引导人由蒙昧走向光明的象征符号。冰心形象地说"五四"像"电光后的一声惊雷"把她"震"上了写作道路[②]。沈从文说他是"受'五四'运动的余波影响，来到北京追求'知识'、实证'个人理想'的。"[③]他在自传中也回忆新文化带给他的影响和变化：

这印刷工人我很感谢他，因为若没有他的一些新书，我虽

---

① 康德：《答复这个问题："什么是启蒙"》，《见历史理性批判文集》第22页，何兆武译，商务印书馆1990年版。
② 冰心：《从"五四"到"四五"》，《冰心文集》第4卷第458页，上海文艺出版社1986年8月版。
③ 沈从文：《二十年代的中国新文学》，《沈从文全集》第12卷第377页，北岳文艺出版社2002年12月版。

本文作者在第十一届巴金学术研讨会上发言

时时刻刻为人生现象自然现象所神往倾心,却不知道为新的人生智慧光辉而倾心。我从他那儿知道了些新的,正在另一片土地同一日头所照及的地方的人,如何去用他们的脑子,对于目前社会作反复检讨与批判,又如何幻想一个未来社会的标准与轮廓。他们那么热心在人类行为上找寻错误处,发现合理处,我初初注意到时,真发生不少反感!可是,为时不久,我便被这些大小书本征服了。我对于新书投了降,不再看《花间集》,不再写《曹娥碑》,却欢喜看《新潮》、《改造》了。①

人生的经历各个不同,但新文化对他们的影响大同小异。巴金自称是"'五四'运动的儿子",终其一生,都在强调"五四"新文化运动带给他的影响,他不肯做李家的"少爷"而离开了成都奔往上海:

那时候我已经受了新文化运动的洗礼,而且参加了社会

---

① 以上均为沈从文:《从文自传》,《沈从文全集》第13卷第360—361、361—362、364页,北岳文艺出版社。

运动,创办了新刊物,并且在那刊物上写了下面的两个短句作为我的生活的目标了:

奋斗就是生活,

人生只有前进。①

"洗礼"是从基督教而来,经历了这一圣事,人的原罪、本罪及罪罚皆得以赦免,从而获得了一种新的人生。由"五四"而来的巴金这一代人的"新生",与古老中国的"新生"融汇起来,这令他们的回忆从来都是充满着激情和力量的,因为所有的回忆都不仅仅属于"渺小"的个人,而都要融入国家、民族的集体记忆,与这些群体记忆有一种同步感。(夏衍曾写道:"古人说'往事如烟',但是当我们回忆起六十年前的往事,却觉得这不是易逝的云烟,而是一团永不熄灭的熊熊烈火。星星之火,可以燎原,在燎原的烈火中,凤凰新生了,六亿中国人民站起来了。我们这一辈人,六十年间,能够亲眼看到旧中国的死灭,新中国的诞生和强大,我觉得是很幸福的。"②)

那么,"五四"给巴金带来了什么?我想最重要的莫过于让他找到了自己的信仰③。这是对巴金的人生实践、思想发展和文学创作带来真正核心影响的要素,因为这个信仰的存在,巴金的人生有了自己的方向,对自我和外部世界的判断有了自己的标准。

梳理巴金思想信仰的确立过程,不难看出他个人的理想追求

---

① 巴金:《家庭的环境》,《巴金自传》第120页,第一出版社1934年11月。

② 夏衍:《当"五四"浪潮冲到浙江的时候》,《夏衍七十年文选》第61页,上海文艺出版社1996年11月。

③ 在巴金的思想信仰中,除了经典的无政府主义因素之外,还有人道主义、民粹主义、爱国主义的因素。巴金后来也说,他自始至终都是一个爱国主义者,这与无政府主义是矛盾的。因此,在论述巴金的"信仰"时,我更愿意用"信仰"这个体现观念综合体的词语,而不愿意具体指某种主义,以免犯削足适履的错误。一个活生生的人在不同的生活情境和历史条件下是会有不同选择的,哪怕是一个虔诚的教徒也不会都完全按照教义去生活。这好比在《马拉、哥代、亚当·鲁克斯》一文(见《巴金全集》第13卷第556—568页)中,巴金对于哥代刺杀马拉的行为是不赞成的,但是对于哥代坦然走上断头台"没有惧怕,没有惋惜"的勇气却表示赞赏,这种"理智与情感"的矛盾,也表现在他对于信仰本身的态度中。

与社会理想常常是合而为一的。正如他说过:"我得为我们那一代青年说一句公道话。不论他们出身如何,我们那一代青年追求的是整个国家、民族的出路,不是个人的出路。"①十五岁时,巴金读到的是一本小册子《告少年》。② 作为巴金的精神启蒙读物,"从《告少年》里我得到了爱人类爱世界的理想,得到了一个小孩子的幻梦,相信万人享乐的社会就会和明天的太阳同升起来,一切的罪恶都会马上消灭。"③"爱人类爱世界","万人享乐的社会",这本小册子中的许多观念成为巴金人生观的基础。单从这本小册子带给巴金的影响而言,它为一个渴望知识和新生活的年轻人树立了最基本的两个观念:一是社会观,那就是一个大家互助互爱万人安乐的社会才是最美好的社会;二是人生观,人生的价值和意义就在于为这样的社会和生活而奋斗。总之,它许给了这个年轻人一个美丽的理想,这个理想与传统中国社会以个人利益(人不为己,天诛地灭)和家族利益为追求目标的理想迥然不同;也与传统教育中君臣家国的那种只有伦理束缚而没有个人自由、人生追求的观念大相径庭。

与此同时,另外一本小册子以形象的画面向巴金展示了为了这样的理想奋斗和献身的情景。它就是波兰人廖·抗夫所写的剧本《夜未央》(又译作《前夜》)。巴金说:"在《夜未央》里,我看见了

---

① 巴金:《"五四"运动六十周年》,《巴金全集》第16卷第67页,人民文学出版社1991年版。

② 克鲁泡特金是"五四"时期在中国最有影响力的外国思想家之一。湖南文化书社曾有两次报告提供关于克氏思想读物和其他图书的销售情况,可以说明其影响力。1920年9月9日至10月20日期间,《克鲁泡特金的思想》售出30册;《罗素社会改造原理》,25册;《杜威五大演讲》,5册;《胡适尝试集》,40册;《新俄之研究》,30册(《文化书社第一次营业报告》,张允侯等编:《"五四"时期的社团》第1册,第54页)。从1920年9月至1921年3月七个月的销售情况:《克鲁泡特金的思想》,200册;《马格斯资本论入门》,200册;《社会主义史》,100册;《工团主义》,60册;《杜威五大演讲》,220册;《蔡子民言行录》,100册;《托尔斯太传》,100册;《新标点水浒》,100册;《中国哲学史大纲》,80册;《女性论》,70册(《文化书社社务报告》[第二期],同前书,第62—63页)。

③ 巴金:《信仰与活动》,《巴金全集》第12卷第407页,人民文学出版社1989年版。

在另一个国度里一代青年为人民争自由谋幸福的斗争之大悲剧,我第一次找到了我的梦景中的英雄,我找到了我的终身事业……"①中国的无政府主义的前辈师复在人格上和道德上深深地影响着巴金一代无政府主义者的重要人物,巴金晚年时说:"我受到(刘)师复的影响很大。刘师复主张通过宣传达到共产主义。他是个书生,办了一份杂志叫《民声》。他生肺病,别人主张把(印杂志的)印刷机卖掉(给他治病),他不肯。他有句话,我还记得:'余之忧《民声》,比忧病更甚。'(刘师复不久病故,年仅三十岁)"②师复是作为一个舍己献身信仰的典范被巴金等人崇敬的,他严格的道德自律的主张对巴金影响很大,巴金称他为"一个热爱人类的人,为人类奉献了自己的生命"③的人。

《夜未央》、《告少年》等书刊,师复和俄国革命者的经历为巴金接受、确立信仰铺下了情感的基础,以它们为桥梁,巴金才走上了信仰的大道,他曾用热情的字句这样表达他的理想:

> 无政府主义表明一个理想,就是:全世界生物和人类都具有团结的感情,只有这种感情才能维持人类的生存,使社会进步。这理想并不是新的,自有社会以来,它便若隐若现地存在着。它永远在谋改善人们的互相关系,将来有一天它是会把种种使人们互相隔阂的障碍(如国家及阶级的界限)打破,而实现人类之大团结的。④

个人的前途和理想需要纳入社会理想中实现,但是"个人"并非是一个抽象的概念,相反,它是具体的承担者、实践的主体,在巴金心中,"个人"不仅没有被"集体"融化,反而得到强化。或者说,唯有强大的、独立的"个人",才有实现社会理想的可能。对于个人

---

① 巴金:《信仰与活动》,《巴金全集》第12卷第407页。
② 转引自丹晨:《灵隐长谈》,丹晨编:《巴金评说七十年》第162页,中国华侨出版社,2006年1月版。
③ 巴金:《家》,《短简》第133页,良友图书公司,1937年3月初版。
④ 黑浪(巴金):《无政府主义原理》,《巴金全集》第18卷第201、203页,人民文学出版社1993年版。

而言,一个最基本的信念就是:反对强权,争取自由。在这一点上,不能低估爱玛·高德曼对巴金的影响。巴金最初是从《实社自由录》和《新青年》上读到高德曼的论文,"我的感动,我的喜悦,我的热情……我真正找不出话来形容。""高德曼的文章以她那雄辩的论据,精密的论理,深透的眼光,丰富的学识,简明的文体,带煽动性的笔调,毫不费力地把我这一个十五岁的孩子征服了。"他甚至把高德曼称为"我的精神上的母亲","她是第一个使我窥见了安那其主义的美丽的人。"①1925 年经过友人秦抱朴的介绍,巴金还与高德曼建立了通信联系。《实社自由录》第一集中有"高曼女士"(即高德曼)三篇文章:《爱国主义》、《无政府主义》、《婚姻与恋爱》,最后一篇也曾以《结婚与恋爱》为题发表在后来的《新青年》上,译者在附言中说:"此篇'结婚与恋爱'(Marriage and Love)、亦女士之杰作。凡我男女青年不可不读也。"高德曼在这篇文章中,激烈地抨击了将女子沦为奴隶的婚姻制度,"婚姻制度、使女子为寄生虫、极端倚赖。减其生存竞争之能力、灭其对于社会之感情、而断绝其理想。诡谓为正当之保护。其实乃一陷阱耳。自人类性情言之、殆若涂改陈、文以资戏谑也。""爱情者、人生最要之元素也。极自由之模范也。希望愉乐之所由创作。人类命运之所由铸造。安可以局促卑鄙之国家宗教、及矫揉造作之婚姻、而代我可宝可贵之自由恋爱哉。"最后号召:"破除婚姻之陋习",以爱情为根源"结纯粹之团体、人类之和谐。"②巴金还翻译过高德曼的《妇女解放的悲剧》、《斯特林堡底三本妇女问题剧》③。高德曼所阐述的一些原理,让巴金从朦胧的人道爱,社会不公正的感觉,家族专制的厌恶中有了一个理性的认识,由高德曼等人的导引,巴金一步步完成他的信仰。

两集《实社自由录》是巴金深入了解无政府主义理论的启蒙读

---

① 巴金:《信仰与活动》,《巴金全集》第 12 卷第 405、405、404 页。
② 高德曼:《结婚与恋爱》,震瀛译,新青年,1919 年第 6 卷第 2 号。
③ 《妇女解放的悲剧》,李芾甘(巴金)译,1926 年 7 月《新女性》第 1 卷第 7 期;《斯特林堡底三本妇女问题剧》,李芾甘译,1928 年 8 月《新女性》第 3 卷第 4 号。

物。女权、家庭与恋爱等巴金有着切身体验并一直关注的问题而外,还有较大的篇幅介绍克鲁泡特金和托尔斯泰的理论和生平的文章,这两个人都是巴金一生所服膺的伟人。关于克氏,有凌霜的文章《竞争与互助》、《克鲁泡特金之进化论》,华林的《与克鲁泡特金氏相见记》等文章;关于托翁,有凌霜译《托尔斯泰答日本友人书》、《近代科学》,震瀛译《爱国主义与政府》,凌霜《托尔斯泰之平生及其著作》等文章,在"通讯"一栏中,他们还广泛地讨论过这两个人的思想。如凌霜在《答思明君》中,与"湛深托氏之说"的思明讨论托氏主张中的戒杀、戒色、戒奢、建立宗教四条,认为其二、其三"均为不佞所赞同",余两条"适与鄙见刺谬"[1]。在另外一封答复思明的信中,凌霜认为:"予尝怪以托氏之贤,对于世界思想影响之大,汉文托氏专传,竟付阙如,诚译述之憾事。"所以,在课余编托氏之生平及其著述[2]。许多在"五四"时期广为流传的思想在这一时期的书刊上都有反映,巴金和当时的无政府主义者热切关注的世界语问题,《自由录》也有中霜《世界语发明家柴门合甫博士事略》、声白《世界语与无政府党》等文章予以介绍。巴金所喜欢的无政府主义者 Alexunder Berkman(柏克曼)的《暴动与无政府主义》的文章也出现在该刊第二集。这些新的思想理论,都是一个中国青年在日常生活和身边的世界中所感到陌生和新鲜的,这也越发吸引他们为之探索和奋斗。

理论的媒介如果与实际生活的体验相结合,再加上现实生活中的实践,那么一种信念最容易在一个人的内心中生根发芽。巴金与无政府主义团体的实际接触最初是在1921年年初,他读到《半月》第14号上刊出的《适社的旨趣和大纲》之后,写信给编辑要求加入。三天后,一位编辑来访,说明适社在重庆,倒是邀请他参与《半月》的工作。由此,他认识"第三个先生"吴先忧;还认识《学生潮》主编之一袁诗荛,袁后来加入了共产党,被四川军阀杀害。

---

[1] 凌霜:《答思明君(之二)》,《实社自由录》第一集,北京实社编辑、民声社发行,1917年7月版。

[2] 凌霜:《答思明君(之一)》,《实社自由录》第一集。

巴金以"芾甘"的本名用他刚刚学来的半生不熟的理论开始大胆地对社会现象发表看法。4月1日出版的《半月》刊第17号上，他发表了《怎样建设真正自由平等的社会》，文章认为："没有政府、法律，这才是真正的自由；没有资产阶级，这才是真正的平等。""安那其才是真自由，公产才是真平等。要建设真自由、真平等的社会，就只有社会革命。""什么是安那其？安那其就是废弃政府及附属于政府的机关，主张把生产的机关及他所产的物品属于人民全体。"①同月，还发表短论《五一纪念感言》号召工人们："你们唯一的手段就是总同盟罢工、你们要晓得今天是你们做人的日子、望你们赶快起来举行大示威运动、争回你们的人格、推翻那万恶的政府和那万恶的资产阶级。"②5月又发表《世界语（Esperanto）之特点》："我们主张世界大同的人应当努力学'世界语'，努力传播'世界语'，使人人能懂'世界语'；再把'安那其主义'的思想输入他们的脑筋，那时大同世界就会立刻现于我们的面前。"③这个时候，虽然还不能说巴金有了成熟的"信仰"，但他已经为自己选定了一种信仰，在以后的人生道路上，它决定了巴金看世界的尺度和眼光。

二 一个不需要任何强制的社会
——巴金社会理想的核心内容

"一个不需要任何强制的社会"是无政府主义者的思想起点，也是他们追求的目标。师复就曾经反复阐述"无政府"的真义就在于除强权、争自由："无政府主义原名Anarchisme，其定义曰：'Anarchisme者，主张人民完全自由，不首一切统治，废绝首领及威权所附丽之机关之学说也。'……而最近无政府主义之大师克鲁泡特金（Kropotkine）先生则予以最简确之解释曰：'无政府者，无强权

---

① 巴金（芾甘）：《怎样建设真正自由平等的社会》，《巴金全集》第18卷第2页。
② 巴金（芾甘）：《五一纪念感言》，《巴金全集》第18卷第5页。
③ 巴金（芾甘）：《世界语（Esperanto）之特点》，《巴金全集》第18卷第7、9页。

也.'"①"抑'无政府'以反对强权为要义,故现社会凡含有强权性质之恶制度,吾党一切排斥之,扫除之,本自由平等博爱之真精神,以达于吾人所理想之无地主、无资本家、无首领、无官吏、无代表、无家长、无军队、无监狱、无警察、无裁判所、无法律、无宗教、无婚姻制度之社会。斯时也,社会上惟有自由,惟有互助之大义,惟有工作之幸乐。""将来之社会,各个人完全自由,无复一切以人治人之强权,是之谓无政府。"②除强权、争自由也是巴金接受无政府主义思想的最重要的切入点,这个选择也是他对二十世纪上半期中国的社会现实和个人处境感同身受的结果。

在《从资本主义到安那其主义》的专著中,巴金阐述"安那其主义是什么"时指出:"安那其主义是一种理论,一种学说,它证明我们能够生活在一个不需要任何强制的社会中。"接下来,他又做了具体分析:

  "安那其"是译音,在外国文中这个字是从希腊文来的,意思是没有武力,没有强权,没有统治,因为政府是强权,统治与强制之原,故要废除它。

  没有强制的生活当然就是自由,也就是指有一个机会可以过最适于你的生活。

  然而你要过这种生活,非得先把那些束缚你的自由,干涉你的生活的制度去掉不可,非得先把那强迫你去做你所不愿做的事的情形废除不可。③

废除强权,争取自由,是他所理解的无政府主义的核心内容,由此,它也决定了巴金对于无政府主义政治、经济等各方面的目标的设定:

---

① 师复:《无政府共产主义释名》,葛懋春等编《无政府主义思想资料选》上册第279页。

② 师复:《无政府主义同志社宣言》,《师复文存》第54页,广州革新书局1928年3月再版本。

③ 芾甘(巴金):《从资本主义到安那其主义》第190页,上海自由书店1930年7月版。

在安那其共产主义的社会中：——

在政治方面，人不承认任何权威，也没有什么权威来压制人，强迫人。政府是废除的了；

在经济方面，谁也没有权利把生产分配的机关以及生活的必需品占据为私有，不许别的人自由使用，自己享受。私有财产制是废除的了。

简单地说安那其共产主义的意义乃是废除政府，废除强权及其所有；共同管理社会财富，各人可以自由地，平等地参加共同的工作以谋共同的福利[①]。

在谈到无政府主义奋斗历史时，巴金也认为它主要是反强权、争自由的历史："无政府主义如今乃是两大原理（即自由之原理与强权之原理）的斗争，二十世纪正是这两大原理决死战斗的时代。在这场大战中一边竖着强权的大旗，立在这旗下面的人数是多极了，各党各派都有；一边竖着自由的大旗，团聚在这旗帜下的有无政府主义者（无政府工团主义者在内），人数虽少得多，然而却得民众的暗中帮助，因为民众总是在有意无意地和强权战斗。"[②]反对强权，争取自由，这其中寄予了巴金的社会理想，也形成了他的精神气质贯穿在其一生中，哪怕是在"文革"时期丧失了人身自由和尊严的时候，能够促使他走出"奴在心者"境地进行自我反思的也是得益于这样的思想资源。巴金作品中的人物都有着反抗压迫、争取自由的品格，这也可以说是贯穿巴金作品的整体线索。

在这个信念的引导下，加之与巴金思想中民粹主义和人道主义思想的融合，同情弱者、支持弱者便成为巴金思想意识中最主要的基点。同时这一信念还导向了对于民主观念的思考。由此，巴金的思想又与他的"五四"的前辈们找到了联结点。"西洋人因为拥护德、赛两先生，闹了多少事，流了多少血，德、赛两先生才渐渐从黑暗中把他们救出，引到光明世界。我们现在认定只有这两位

[①] 芾甘（巴金）：《从资本主义到安那其主义》第 203 页，上海自由书店 1930 年 7 月版。

[②] 黑浪（巴金）：《无政府主义原理》，《巴金全集》第 18 卷第 204 页。

先生，可以救治中国政治上、道德上、学术上、思想上一切的黑暗。若因为拥护这两位先生，一切政府的压迫，社会的攻击笑骂，就是断头流血，都不推辞。"①陈独秀这种带着"五四"的激情对于德莫克拉西（Democracy）、赛因斯（Science）两位"先生"的高呼是"五四"时代最有社会影响力的呼声，"科学"和"民主"已经成为"五四"的标志性口号。但是在人们反思"五四"的时候，几乎都不约而同地表达了对此的不满足②。从口号到深入讨论，从主张到实际总存在着距离，但是今天在重识"五四"时，也应当认真分析在"五四"的诸多思想资源中是否存在着自身平衡和调节因素，因为历史和现实的原因，它们可能长期被遮蔽，然而，它们其实也可以成为重要思想资源。我正是在这种思路上，重新看待巴金的社会政治理想和他的信仰。

巴金的社会理想不能抽象地来讨论，只有结合他对待具体事务的立场、态度才会发现他对一些观念深入的理解和执著的坚守。对于除强权、争自由，不妨从巴金等人对于无产阶级专政的认识上来分析他们对于自由和民主观念的具体认识。"五四"后的中国曾发生过陈独秀与区声白等人关于马克思主义与无政府主义的讨论，在讨论中，他们承认两者在终极理想上的一致，但又非常明显地指出了它们的区别，最重要的集中在两点上：一是关于无产阶级专政和国家问题，无政府主义者认为革命的最佳方式是社会革命，革命获得胜利后政权和社会财富直接交给民众来管理，而马克思

---

① 陈独秀：《〈新青年〉罪案之答辩书》，《新青年》1919年第6卷第1号。
② 如张灏在《"五四"运动的批判与肯定》中认为："首先我们赞成'五四'强调科学与民主对中国今后文化重建的重要性；但是，我们不同意'五四'对于科学与民主的了解。易言之，我们肯定科学与民主这两项基本原则，但是认为科学主义与乌托邦的民主思想需要批判。"（萧延中、朱艺编《启蒙的价值与局限——台、港学者论"五四"》第60页，山西人民出版社1989年4月版。）这样的声音也非常普遍："'五四'的领导者提倡科学、民主的雄心是可佩的，但是今天我们检讨'五四'，却必须超脱出'五四'时'科学民主'、'反传统主义'的窠臼，而应从科学意义的重新检讨，与对民主、自由价值的根源性体认上着手，以建立使自由、民主、科学生根笋接的新传统。"（周阳山：《"五四"与中国——论有关"五四"的研究趋向》，萧延中、朱艺编《启蒙的价值与局限——台、港学者论"五四"》第27页）

主义者认为需要以无产阶级专政的形式,并通过国家这个过度性的组织来实施这样的管理。二是关于个人自由与社会责任之间的关系,无政府主义者的出发点是个人的高度自由,马克思主义者认为这样的自由会使整个社会组织陷入无序的、自私的状态中。对此,无政府主义者有自己的解释:"……维持社会秩序最好的东西是'信权',不是'法权'。""信约(或自由契约)和法律完全不相同,断难混合为一。信约之英文字为 Contract,他的定义为:'an agreement between two or more persons(两人或多数人的合意)';法律之英字为 Law,他的定义为:'A rule of action, prescribed by the supreme power of a state(国家最高权力所制定的行为规律)。'所以信约一定要经过守约的人之同意,法律是没有经过守法的人同意……至于信约一定要经两方同意方能订立,断没有一方面可以订立的;如果只有一方面的创制权,这就是法律,不是信约了。"①这个源自于卢梭的"公意说"的理念几乎完全忽略了民主、自由在现实层面上的操作性问题,但它的出发点却是在不断地强调和提醒:如何能保证每个人都能够享受到民主权利,而不是在中间的环节中被置换或剥夺。

陈独秀和区声白等人的讨论,在二十年代的后半期仍然以另外一种方式在继续着,那就是无政府主义者以援助苏俄监狱中的无政府党人为契机对苏联一系列政策的批评和反思,其中的核心问题集中在对无产阶级专政的认识上。不论是因为信仰不同造成的隔膜和偏见有多大,也不论他们如何难以做到公正、全面,在总结历史教训的时候,我们都不应当忽略另外一种声音的存在,能够把它们纳入进来可能恰恰是为了历史更为"客观"、"全面"。而无政府主义者对于苏俄一系列政策的批评,特别是无产阶级专政的批评,其产生的客观效果可以具体分析,但其出发点则是反对强权、争取人的自由。

对于俄国的无政府主义者来说,在他们长期与沙皇进行着艰

---

① 区声白:《致陈独秀的三封信》,葛懋春等编《无政府主义思想资料选》下册,第573、577页。

苦卓绝的斗争之后,十月革命的胜利激起了他们的极大热情,他们首先看到的是民众的热情,并且这种热情恰恰符合他们一贯奉行的理论。接下来他们认为十月革命的胜利,恰恰是布尔什维克党采用了安那其党的策略和主张的结果:"其实,俄国革命之所以带有社会革命的色彩,成为历史上的一次伟大的民众革命,还是多少靠着无政府主义者的力量。'工人管理工厂'、'农民管理土地'等口号,最初还是从无政府主义者中间喊出来的,后来流行于工人与农民中间,最后布党也不得不承认这口号。假若当时无政府主义者只袖手旁观,那么俄国革命也许要减色多了……"①但是他们对于十月革命胜利后的政治走向却很失望,无政府主义反对马克思主义的国家学说,自然也反对无产阶级专政;他们对于苏俄所实行的具体政策也多有怨言,特别是新经济政策,被他们认为是历史的倒退,是向资产阶级妥协。

巴金对苏联当时的政治、经济、外交等一系列的政策都批评过,认为苏联当时工人、农民的生活极端困难,而"新经济政策的实行便是共产党妥协的表现,是回复到资本主义的路上。"②而素以自由为第一要义的无政府主义者对于苏俄一些缺乏言论自由、排斥异己的政策更是表现出强烈的不满。在无政府主义者与布尔什维克党人短暂的蜜月期后,布党将他们和一些叛乱者一起镇压和监禁,比如素有俄国革命的老祖母之称的玛利亚·司波利多诺华在遭受到骇人听闻的沙皇的迫害之后,又被送进了苏维埃的监狱③。当时和以后的斯大林时代知识分子所遭受的迫害也令人惊心:

　　1918年7月之后,随着政治形势的严峻,苏维埃政府通过书报检查制度与对文化组织和文化活动实行垄断管理。1921年8月,列宁下令解散以知识分子与社会名流为核心的饥荒

---

① 芾甘(巴金):《无政府主义与实际问题》,《巴金全集》第18卷第118页。
② 芾甘(巴金):《评陈启修教授之〈劳农俄国之实地考察〉》,《时事新报·学灯》,1925年10月22—24日。
③ 详情请参见巴金《俄罗斯十女杰》第九章"玛利亚·司波利多诺华",《巴金全集》第21卷第464—496页。

救济委员会,……是导致高尔基于1921年10月出走国外的主要原因之一。1922年6月,政府下令除了书报、所有刊印物统统都要提交检查。在此之前,列宁本人对知识分子的容忍态度也开始发生转变。他首先亲自签署命令,表示要向"资产阶级意识形态"宣战,并指名一批学者要被驱逐出境。1922年5月19日,列宁曾亲自致函捷尔任斯基:"谈谈把为反革命帮忙的作家和教授驱逐出境的问题。这件事要准备得周密一些。不准备好我们会干出蠢事。……这事应当这样处理:把这些'军事间谍'全抓起来,而且要不断地抓,有计划地抓,把他们驱逐出境。请将这封信交(不要复制)政治局委员传阅。"在列宁生病后的1922年底,将近三百个知名俄国文学家、科学家被装上轮船,送到欧洲。其中包括著名的哲学家 H. O. 洛斯基、C. H. 布尔加科夫和 H. A. 别尔嘉耶夫等人。20年代一批具有国际影响的知识分子……尼古米廖夫、安娜·爱赫玛托娃、曼德尔海姆、谢·叶赛宁、波·帕斯戴尔纳克,或是处于监禁、或是生活窘困、或是流走国外、或是自杀、或是被处死。①

对于这些现象,无政府主义者认为根由是缺乏相应的民主,使人民不能充分享受到自由,而罪魁祸首则是"无产阶级专政"。从无政府主义者角度而言,无产阶级专政不过是一党专政,甚至是一党中少数人专政,因此,巴金认为列宁领导下的布党是"打着为民众的旗号",行"背叛民众"的事,"列宁是革命的叛徒"②。对于无产阶级专政,他认为:"布尔什维克和别的马克思主义者一样,相信用一个强有力的中央集权国家来统治一国,有绝对的权力来支配人民的生命财产。换言之,布尔什维克的理想乃是专政,这专政就握在他们的政党的手里。"③ "共产党的目的是什么?我们知道是:

---

① 冯绍雷:《俄罗斯——东西方结合部的文明》,资中筠主编:《冷眼向洋:百年风云启示录》第150—151页,生活·读书·新知三联书店2001年4月第2版。
② 芾甘(巴金):《列宁——革命的叛徒》,《国风日报·学汇》1925年2月20日。
③ 芾甘(巴金):《从资本主义到安那其主义》第157页。

在'无产阶级专政'名义下实行共产党领袖专政。"①"在俄国真正的专政者既不是无产阶级,也不是共产党。表面上共产党中央委员会握着大权而其实操纵权力的是委员会里的内部组织,即所谓'政治部'者是。政治部的人员数目不到二十,但政治部也不是真正的专政者。因为在政治部里对于每个重要问题都有各种不同的见解,无论在什么组织内只要首领一多,情形总是这样。真正的专政者乃是那一个可以左右政治部大多数人的意见的人。这就是列宁。"②专政的结果,巴金在其专著《从资本主义到安那其主义》中逐条列举:

> 在政治方面,布尔什维克的目的是废除政府的专制政体。共产党实行政治的垄断,别的党派和别种运动皆被认为违法。个人的安全与居住的自由是没有的。言论自由,出版自由也是不存在的。便是在党内稍有一点异论也是应该压止的,甚至于将持异论者处以监禁流放之刑,如托洛斯基一派就得着这样的命运。秘密警察机关"格别乌"(G. P. U."国防政治处"原称为"其卡")乃是一个太上政府,人民的生死之权均操在它手里。只有赞助政府党的人才享有特权与自由。但是这种"自由"是极其有限的,是在最厉害的专政之下讨来的。最近共产党大会中一个重要的会员曾说过:"在俄国所有的政党都有生存的地方:共产党在政府里,别的党派在监狱里。"俄国的情形真是如此。
>
> 在经济方面,俄国革命之目的是在废除资本制度,而建立平等与共产主义。

---

① 芾甘(巴金):《从资本主义到安那其主义》第168页。
② 芾甘(巴金):《从资本主义到安那其主义》第168页。郑异凡在《列宁是怎样认识与发展党内民主思想》一文中认为:"在建党的原则上,列宁把民主集中制原则作为根本的组织原则,但列宁的这一思想并非一成不变的,在夺取政权时期,列宁强调集中制,在转入和平建设时期后,列宁更强调实行民主制。令人遗憾的是,苏共病没有注意发扬列宁的民主制思想,而更多地继承了夺取政权时期的集中制思想。"(陆南泉等主编《苏联真相:对101个重要问题的思考》第159页,新华出版社2010年10月版)

而布尔什维克专政一开始就建立一个不平等报酬的制度,后来又把已经由工农的直接行动废除了的资本家所有权恢复了。今日的俄罗斯是一个半国家资本主义半私人资本主义的国家。

布尔什维克的专政及其用以维持专政的赤色恐怖乃是败坏俄国经济生活的要因。……

……

这就是专政的结果,这就是列宁的军事共产主义与布尔什维克的方法之结果。工业停顿,农业衰败,全国大荒。工人受苦,农人暴动,民不聊生,布尔什维克的统治似乎维持不下去了。为了救护这专政起见,列宁便决定采行一种新经济政策。

……

<u>在工业方面</u>,……工人依然不能独立生活。他们的劳动团体丝毫没有权力,他们连反抗政府的雇主而罢工的权利也没有了。……

……

<u>在文化方面</u>,布尔什维克统治乃是一个强权共产主义和党法西斯主义的养成所,凡与政府党意见相异的思想皆被压止了。它要把全体人民弄成一个政治教会的教条之信徒,使他们没有机会开阔胸怀,走出统治阶级所容许的思想之外以呼吸自由空气。在俄国只有政府的官报以及别的被布党检查官许可的报纸。政府垄断了言论,出版,集会,三大权利,舆论是无法表白的了。

……

在社会方面,在革命后十余年的俄国内,没有人能够享受经济的独立,政治的自由与安全。"格别乌"无时不在暗中工作,无缘无故地深夜突然到人民家中搜查,逮捕枪决。为了个人的私怨秘密告发为反革命,使人陷身囹圄,未经审判即被处徒刑,或流放到西伯利亚北部的冰天雪地或亚洲西部的干燥的荒土。对于非布尔什维克的人,俄国成了一大监狱,在这里面,所谓"平等"是指恐怖平等,所谓"自由"是压迫自由①。

相对于以掌握政权为目的的政治革命,无政府主义者强调"社会革命",并提出超越性的目标:"社会革命并不是单纯复仇的革命,而是为人类谋幸福,推倒不良的组织,建设自由平等的新社会的革命。……有产阶级利用政权来压迫无产阶级,无产阶级也利用政权来压迫有产阶级,多年的仇恨算报复了,但是对于无产阶级全体有什么利益呢?""假若我们认为阶级压迫他一阶级是不对的,足以损害人类的幸福,为人类进化的障碍,那么我们连无产阶级专政也应该反对的。""社会革命并非纯粹感情激起的暴动,只要革命者把敌人打倒就算了事。社会革命者应该推翻那不良的制度,并且他心中总有一个较好的制度来代替现在制度的理想存在。"②

巴金的这些言论在过去曾被目为"恶毒"攻击十月革命和苏联的罪证③,在八十多年后的今天,我们不能用这个狭隘的思路来解读它。固然,从安那其主义的原理出发,巴金的理想、目标与布尔什维克党的不尽一致,巴金所掌握的材料也未必全面,议论难免有偏激之处,但是这些文章也自有另外一种价值,只有当我们从不同的角度来面对一个历史事实的时候,才有可能看到更多不被遮蔽的内容。特别是苏联解体之后,中外学术界都在反思和重新认识它走过的道路,有许多无法回避的问题必须面对的,比如一些政策的失误,政治上的不民主局面,甚至形成斯大林时代的"大清洗"的恐怖局面等不应当再讳莫如深,人类的历史应当有着共同可资借用的经验,苏联的悲剧也应当引起其他国家人民的警醒。

其实,对于十月革命和布尔什维克党的历史作用,巴金没有因

---

① 芾甘(巴金):《从资本主义到安那其主义》第 180—186 页。
② 芾甘(巴金):《马克思的"无产阶级专政"》,《马克思主义的破产》,自由书店 1928 年 1 月版。
③ 在"文革"时所印的批判材料中说:"四十多年来,巴金就利用小说、杂文进行着反党活动,妄图复辟资本主义,实行资产阶级专政。1925 年,他就写了《论列宁》、《再论无产阶级专政》等大毒草,疯狂地攻击伟大的革命导师列宁,攻击由列宁亲手缔造、斯大林领导的年轻的苏维埃政权。"(见:复旦大学、上海作家协会革命造反兵团等四部门批斗巴金专案组编印《反动"权威"巴金资料汇编》第一集,1967 年 9 月)

为政见的不同便一笔抹杀,他一直程度不同地肯定它们的历史意义。比如,他毫不吝啬地说过:"十月革命乃是法国大革命以后世界上的一件最重要的事实。它比法国大革命还要伟大些,因为它进入社会的根柢更深。""俄国革命之所以比以前所有的革命更重大,更深刻,更有意义者即在此。它不仅废除了沙皇及其绝对的统治;它还做了更重大的事情:它毁坏了有产阶级,大地主,工业大王等等之经济的权力。因此它就成了有史以来唯一的大事业。"①而且,他也承认布尔什维克党比"安那其主义者人数更多而且组织更好"②。"我说句公道话,在俄国没有一个政党能像共产党那样忠于运动用全力来谋其发展,而且以决断的,奋勇的态度来求达其目的。"③而无政府主义者所批评的一些事情,固然是从自己的立场出发,但他未必是出于私心,也有出自公德,历史也证明了许多事情并非是空穴来风的捏造和污蔑。比如克龙士达脱事件,1921 年 2 月,彼得堡市区的工人因为缺乏食品而罢工,停驻在克龙士达脱军港中的水兵组成临时革命委员会,表示同情和支持,他们要求进行经济改革,结束一党专政,释放持不同政见的革命者,并保障公民的自由,甚至他们还提出了"不要共产党人参加的苏维埃"的口号。列宁领导的"劳动与国际委员会"将此事定为叛乱,并且派红军去镇压,数以千计的水兵和工人被杀害或者监禁④。巴金等无政府主义者热情赞扬了暴动"显示民众的巨大觉醒和力量","它是永存的。"⑤认为暴动的失败缘于"专政的罪恶",认为暴动的意义是"为无产阶级指示了社会革命的新道路","为着全体劳工群众奋斗""是不朽的"⑥。

这个被认为是"社会革命党人、孟什维克以及外国代表有勾结

---

① 芾甘(巴金):《从资本主义到安那其主义》第 135、137 页。
② 芾甘(巴金):《从资本主义到安那其主义》第 154 页。
③ 芾甘(巴金):《从资本主义到安那其主义》第 173 页。
④ 请参见谭兴国:《走进巴金的世界》第 98—99 页,四川文艺出版社 2003 年版。
⑤ 芾甘(巴金):《克龙士达暴动纪实》,1925 年 2 月 24 日《国风日报·学汇》。
⑥ 芾甘(巴金):《近代史上的两次工人革命——巴黎公社与克龙士达脱暴动》,《时事新报·学灯》1926 年 4 月 3—4 日。

的白卫分子"挑起的叛乱在1994年1月10日终于得到了平反,俄罗斯联邦总统叶利钦签署的第65号总统令说:"为了恢复历史的公正,以及被指控于1921年春在喀琅施塔得进行武装叛乱而遭剥夺的俄罗斯公民的合法权利,根据俄罗斯联邦总统直属的政治迫害受难者平反昭雪委员会的结论,兹命令:'确认以指控进行武装叛乱为理由而施加于喀琅施塔得的水兵、士兵和工人身上的迫害是非法的,是违背人的基本公民权利的。'"①该命令还决定在喀琅施塔得为这一事件的死难者建立纪念碑。《冷眼向洋》一书的作者在总结这段历史教训的时候,认为:"一党集权的形势更大程度上是当时俄国内在革命刚刚成功的非常形势下各种政治力量互动的产物。但是,当国内战争已经结束,以喀朗施塔得起义爆发为标志,明确警告布尔什维克不能再实施军事共产主义政策时;当经济上转入和平建设而也需要宽弛政治气氛与之相配合之时,反而对反对党人不光是一律拒之于政权机关之外,而且是采取更为严厉的镇压措施,显然对日后苏俄政权建设留下深重的影响。"②

从无政府主义者角度看,历史完全可以有另外一种选择,这是他们当时积极参与政治企图影响历史进程的重要动力,他们的想法在苏联解体,许多档案解密之后,还引起了历史研究者的关注,如蒙·约翰斯通就写过题为《俄国一党制的出现是十月革命的必然结果吗?》③的文章。历史不能假设,但历史的教训也不应当回避,比如巴金等人对列宁的批评,其实质在于对专制/自由问题的探讨,所以他们屡屡提及列宁设立"契卡"(又译"其卡"、"欠夫"等)④,

① 转引自谭兴国:《走进巴金的世界》第100页。
② 冯绍雷:《俄罗斯——东西方结合部的文明》,资中筠主编:《冷眼向洋:百年风云启示录》第46页。
③ 该文现收刘淑春等编:《"十月"的选择——90年代国外学者论十月革命》第10页,中央编译出版社1997年版。
④ 契卡,"肃清反革命及怠工特赦委员会"的俄文缩写的音译。全俄肃反委员会的地方机关。1917年12月设立的全俄肃反委员会(由捷尔任斯基领导),在1918年设立地方机关,包括省、县(1919年1月前)、运输部门和军队的肃反委员会。1922年全俄肃反委员会改为国家政治部,属俄罗斯联邦内务人民委员部,后改为国家政治保卫总局。参见《辞海》1999年缩印珍藏本,第784页。

对人民自由的限制和剥夺。对此,巴金曾批评:"布党专政下的俄罗斯已经成了屠杀革命党人的刑场,执政的共产党便是行刑的刽子手。"而契卡(即"欠夫",全俄非常委员会的简称)"便是他们的利刀"①。这种批评的声音一直非常激烈:

> 列宁在俄国创设了一个最残暴的"其卡"机关(现已改名为格保乌)这个机关能行使着侦探,警察,审判官,狱吏和刽子手等的职权。……
>
> 有"其卡",于是俄国人民可以任意杀戮了,人民的住宅可以任意搜查了。克鲁泡特金的住宅常为"其卡"所光顾,把各处都搜寻过,一切的物件都弄翻了,连一些废纸也要带去。"其卡"杀人,只要议程罪名,就是"有反革命的嫌疑"。无论什么人,纵然你努力为革命奋斗过,只要你不赞成列宁的立场,他就可以说是"反革命党"。他便命令"其卡"把你拘捕了,或者杀戮,或者枪毙,或是充军;然而总不免一死。因为"其卡"自己曾说过:"对于苏俄政府的敌人,这必要用惨刑威逼他们自招,然后送他们到别一个世界去!"
>
> 果然反抗的工人被枪毙了,被囚禁了,被流放了,其他的社会主义者也受了各种压迫了!列宁在俄国的根基或可因此而稳固(?),列宁自己也可久处人民委员会委员层的宝座;然而这宝座却是无数平民的鲜血所染成的啊!②

历史不容这样轻佻,否则要付出惨重代价。为巩固政权建立的"契卡"被赋予了超越法律的极大权力,这种僭越对社会造成极大的危害。苏联解体后的解密档案显示了当时的政权排除异己的一些做法:1921 年 4 月列宁写信给莫洛托夫,建议委托"契卡"制订一项计划,使该组织能够参加:"(1)消除社会革命党人并加强监督。(2)对孟什维克也采取同样措施。"按此方针,"契卡"于 1921

---

① 芾甘(巴金):《"欠夫"——布尔什维克的利刀》,《民钟》1925 年 1 月第 10 号。

② 李芾甘(巴金):《列宁论》,《时事新报》副刊《学灯》,1925 年 12 月 29—30 日。

年6月4日起草了"绝密"文件,打算彻底消除孟什维克和社会革命党。1921年下半年和1922年5月列宁建议在刑法典中"应把枪决(也可代之以驱逐出境……)的运用范围扩大到孟什维克,社会革命党人之类的一切活动。"[1]"契卡"的工作作风及其体制给苏联人带来的惊惧和恐怖至今仍让人心有余悸。当年无政府主义者的声音,尽管它们在当时没有发挥出相当的作用,但对于以后未必不是最好的警示[2]。

在这一点上,无政府主义者的思考,其价值正如阿里夫·德里克所指出的那样:"重提无政府主义对于我们理解中国过去和现在的社会主义也有明显的政治意义。随着列宁主义者的马克思主义地位的上升,无政府主义逐步被否定,这也意味着某些对于作为一种政治思想的社会主义有至关重要意义的问题,特别是民主问题被压制了。""无政府主义所设想的那种民主是否具有可行性并不重要,重要的是它提供了一种批判当前彼此冲突的社会主义和资产阶级民主要求的视角,并且使人能以新的方式设想未来。无政府主义一直在探讨一种民主概念,这种民主应当既是道德的(因而特别关注社会主义关系),又是理性的(因而能够克服一般的社会关系中等级制度的束缚)。这种民主概念早在它还存在时就被资本主义和社会主义思想击溃而衰微了,但无政府主义者最终还是把它引入了中国的革命话语,这是事实,尽管没有人像我说的这么直率。在一个社会衰败、人与人之间隔膜日深的时代,无政府主义者却幻想一种个人自由只有依靠履行社会责任才能实现,但人们又不会为了社会责任而牺牲个人自由的社会。实际上,这是社会主义民主的本质,也是一切民主概念的关键性因素。"[3]"不管无政

---

[1] 参见冯绍雷:《俄罗斯——东西方结合部的文明》,资中筠主编:《冷眼向洋:百年风云启示录》第45页。

[2] 巴金在1925月7月1日《民钟》第1卷第12期上发表的译文《俄罗斯的悲剧》(柏克曼著)的译后记中,巴金顺便对国内的形势发表了看法,他认为中国共产党人提出的"要走俄国人的路"是"想把俄国的悲剧拿来中国开演",而国共合作是"打起无产阶级的招牌而实际却与资产阶级妥协"。

[3] [美]阿里夫·德里克:《中国革命中的无政府主义》第3—4页。

府主义者提出的解决中国问题的方法看起来是多么幼稚,他们可能比他们的同时代人都更能意识到民主的复杂性。他们对中国革命话语的形成所作的贡献也表明了那种话语的复杂性,这种话语成为了追求社会革命过程中的持久生命力的源泉。""更宽泛地说,无政府主义对这种话语的贡献是提供了一种批评中国革命路线、以革命胜利的名义镇压曾促动了革命并成为其存在理由的幻想所必不可少的视角。为了理解这个问题,我们需要重新思考什么是无政府主义。"①

三 法律:制造罪恶,还是保障自由
—— 巴金的社会理想另一面追问

巴金对于民主、自由的认识还可以从他与胡适的"争论"中进一步了解。这缘于胡适等人主办的《现代评论》对萨樊事件②的介绍和胡适的评论文字。《现代评论》在第 6 卷第 140 期曾经登过署名"朋"的一则短讯,题目是《萨各樊才第事件》,该文以同情萨、樊两人的立场叙述了案件审判的整个过程,并联系到当时中国的实际:

> 我们现在知道萨樊二人没有死,却是案件已和三十年前法国的杜勒裴司案闹得同样的大,同样的惹人注意。杜案所以扩大,是因为帝制派借刀杀人。要诛除共产党就应有勇气

---

① [美]阿里夫·德里克:《中国革命中的无政府主义》第 277 页。
② 所谓"萨樊事件"是指 1920 年的 4 月 15 日,美国麻省一家制鞋公司的会计和警卫被杀,刚从银行中取出来的一万五千元的美金被抢。二十天后,制鞋工尼古拉·萨珂和鱼贩子巴尔托罗美·樊塞蒂(又译作凡宰地)被作为嫌疑犯而逮捕,他们都是意大利人,而且都信仰无政府主义,特别是凡宰地还是一位积极的工人活动家,在美国"扫赤"的背景下,法庭特别强调他们二人在第一次世界大战期间曾因逃避兵役而逃亡墨西哥的旧事和信仰无政府主义的激进情绪。并最终在 1921 年 7 月 14 日做出一级杀人罪的判决。判决一出,整个欧美的工人和知识分子群情激昂开始了长达六七年的救援运动,在这期间哪怕是真正的罪犯在法庭上承认了该案为他所为,即便有多人证明了萨、樊二人的无辜,但仍不为法庭和陪审团所接受,此案无形中也暴露出美国这个金元国家的缺陷。在半个多世纪后,1977 年 7 月 10 日马萨诸塞州州长终于宣布:"审判完全错误。"并将 8 月 23 日定为"萨珂、樊塞蒂纪念日"。

去明杀,何必借不相干的案件做藉口,美国司法界的黑暗也于此可见!同时我们也感觉得西方人的生命毕竟还值钱,连不足轻重的共产党还有人去替他们讲话,使得他们受到法律的保障;反观张屠帅在京津随便杀戮革命党,有谁去抱不平呢?

接下来在第6卷第143期的《现代评论》上又刊登了一篇张慰慈的长文《萨各与樊才第的案件》,该文比较详细地介绍了案件的发生和审判过程,甚至还引用了部分法庭审判的问答。作者也注意到两人被迫害的要害在于他们宣传无政府主义,"所以这两个人早为一般'美国主义'的忠实信徒所深恶而痛嫉的,并且在七年以前美国'清赤'运动盛行时候,美国司法部也早已注意到他们,早想借一个名目,把他们驱逐出境。"同时,作者引述法庭的审判,指出法官在扫赤运动激烈的时候,故意引出与案件关系不大的两人的激进的政治主张,"激动陪审员的偏见"。大约这篇文章触犯了胡适心中所信奉的自由主义"程序公正"的原则和对美国政治和法律的美好印象,所以他特别在文后加了近两千字的"附记",他先叙述了案子几经周折一再复审的过程,证明了案件的审查程序是合法的,而且也不能说不审慎,接下来认为:"这件案子引起了全世界的注意。我们见惯了同情于萨樊二人的言论,往往推想美国的法庭是暗无天日的。这也是一偏之见。研究此案的,除慰慈文中已举出的几点之外,还得明白下面的几点",接下来他解释了美国司法制度的特点,证明法庭的审案是独立的,无人能干预,并说:"此案最强的证据是麦的罗的自供。麦的罗自认曾参与 South Braintree 的杀人劫财案,并声明与萨各和樊才第二人无关。同情于萨樊的人自然说这是充分的证据。但法庭上却不能这么说。因为麦的罗是因别的案已定了死罪的人,他多认几案,也不过是一死;况且麦的罗在狱里曾经越狱一次,已锯断了窗上的铁条,打倒了监狱的狱警。所以他的证据不能得人的充分信任。"而邦长因为美国与世界的无政府党人的过激行动也不再特赦,最后自然不忘赞美几句美国比"民国"更尊重国民的生命。

胡适对无政府主义的偏见和学者式的"公正"激怒了巴金,他认为在全世界的人痛苦地等待可悲的结局(判决结果),胡适却在旁边大说风凉话,无异于是对于死者的侮辱,更不能容忍的是当欧洲的知识分子领袖们都在抗议美国司法制度和杀人的法律时候,"然而胡适之却'是站在刽子手的一边'而'反对殉道者'。他捏造事实,颠倒是非,而且还替州长辩护。当他说下面的话时,我不知道他心理是怎样的:'邦长本可以特赦或减刑的。但美国与世界的无政府党人做出了种种示威的暴动,……这种暴动不能救他们的命,反激怒了一般公民的心理,因为暴力若能影响司法,司法制度就根本不能成立了。'我反对法律这种东西,然而据胡适之的话看来,我懂得法律的程度还比胡先生深一点。照美国的法律,州长是有权力来减刑的。司法制度之能否成立,我且不管,但法官之受贿,审判之不公平,这却是激起暴动的唯一原因。……但法官听了三个说谎者的互相冲突的证人的话,就判决了凡宰特的死刑。司法制度要靠那些说谎者、窃贼、娼妓、患精神病者来维持,可见它早已倒塌了。假若对于这种制度还不反抗,那个人就无良心,就是禽兽,因为他连一点人的感觉也没有了。胡先生呢,我不敢说他是禽兽,但是他见着不义的罪恶行为,既不反抗,见着好人无罪而被处刑,又不援救,并且在殉道者被害后还作文来侮辱他们,这样我们能说他有一点人的感觉,有一点正义的感觉么?"[1]

---

[1] 巴金(芾甘):《寄〈革命周报〉编者的信》,《巴金全集》第18卷第149—150页。几年后,巴金和胡适在北京还有两次碰面,在胡适的日记中有记载,大约胡适没有看过巴金批评他的文章,可能看过也没有将芾甘与巴金对上号,但巴金对胡未必心存芥蒂:

燕京大学国文系同学会今天举行年终聚餐,……同座有燕京教员顾颉刚、郭绍虞、郑振铎、马季明、谢冰心诸人,客人有俞平伯、沈从文、巴金、靳以、沉樱、杨金甫诸人。……

我问巴金姓什么,他不肯说;后来汽车出门,他的哥哥来搭车,靳以介绍他为刘先生,我才知道巴金姓刘,四川人。

巴金毕业东南大学附中,未入大学,即往法国留学。……(1933年12月30日胡适日记)

另外一次是1934年1月21日日记所记:

《文艺副刊》(《大公报》)邀午饭,有饶子离、巴金、闻一多、周岂明等。此《副刊》每星期三出一次,替代了吴宓的《文学副刊》。《副刊》主编为杨金甫与沈从文。从文南归,故今天不在座。

巴金说他姓李,我前记他姓刘是误听。

(转引自程巢父《巴金两度遇胡适》,《文汇读书周报》2002年11月22日。)

胡适在这件事情上所发表的言论从学理上讲似乎言之成理,巴金的批评实际上暴露出他们对待法律的不同观点:巴金强调的是原始正义和公平,所以他对法律及其司法者是极不信任的,他怀疑所谓公正的程序在设定的时候就带有倾向性,有利于富人而不利于穷人,所以程序本身就需要质疑。其次,法律程序哪怕可能体现了"正义"(在无政府主义者的眼睛中这个前提是不能存在的),但能保证法官公正吗? 倘若不是,那么公正的程序是否必然导致公正的判决? 但胡适的看法恰恰与此相反,他认为程序恰恰是为了保证公平、正义而设定的,为了避免人的不正常因素的介入,确定的程序才不可动摇。对于这个问题,约翰·罗尔斯在《正义论》中曾讨论过"公民不服从"的问题,尽管,他的大前提是民主国家和公民在认同法律和正义原则的约束下的"不服从",但相对于固守于程序正义,已经认识到问题的复杂性和现实处置中的灵活性。他认为:"正如一种现存宪法所规定的立法的合法性并不构成服从它的一种充足理由一样,一个法律的不正义也不是不服从它的充足理由。当社会基本结构由现状判断是相当正义时,只要不正义法律不超出某种界限,我们就要承认它们具有约束性。"但是,同时,他也认为:"公民不服从(和良心拒绝)是维护宪法制度稳定的手段之一,虽然按定义论它是一种不合法行为。连同自由和定期的选举制度和一种有权解释宪法(不一定被书写下来)的司法体系等等一起,具有适当限制和健全判断的公民不服从有助于维持和加强正义制度。"①

　　巴金所提出的问题中还有一点值得重视,那就是他不能容忍胡适的"冷漠",认为这种"冷漠"实际上心中只有"主义"而没有"人"。置活生生的人之生死不顾却在大谈法理和程序的合理和公正,不也是变相地以理杀人吗? 在这个问题的背后,还隐含着这样的关键问题,那就是法律究竟是个人自由的保证,还是压抑自由的专制力量? 无政府主义者的回答显然是后者,他们对于国家及其

---

① [美]约翰·罗尔斯:《正义论》(修订版)第275、300页,何怀宏等译,中国社会科学出版社2009年6月版。

赖以维持运转的机器均表示反对。在题为《法律的阴谋》的文章中，作者表达了无政府主义者这样的立场："虽然享有平等权利仍处于不成熟的试验阶段，但它比'法治'要好，因为我看不到法治中有道德内容。一些表面上看来稳定而且具有内在道德力量的事物，实际上并不十分可靠，正如我们所看到的，'法治'带来某些方面的安定，实际上是以牺牲其他方面的安定为代价的：牺牲国际来为国内，牺牲个人来为社会；或者正如我们所看到的，法治带来的'和平'是用动乱换来的。""据认为，专横的人治已被客观而公正的法治所代替，但这并没有根本改变财富和权力的不平等状态。……实际上，由于这种非人格化，现在可以在更加合法的外衣下，对人民更加肆无忌惮地实行暴政。法治可以比神授王权更无情，因为谁都知道，国王毕竟也是人，即使在中世纪，人们也承认国王不能违反自然法。""现代社会中的'法制'并不比以往社会中的'人治'民主；它同从前一样，强行分配财富和权力，但现在采取了非常复杂和间接的方法、使旁观者迷惑不解；旁观者从一个原因追溯到另一个原因，最后只能在迷宫中老死。过去是直接统治，现在是间接统治。过去是个人统治，现在是非个人统治。过去一目了然，现在则神秘莫测。"①他们看重的仍然是原始正义而非程序正义。

对此，巴金早就说过："有些人开口是社会的安宁，闭口也是社会的安宁。他们说，若无法律则强盗杀人的事件无法制止，那么社会便不成其为社会了。然而我们先问一问为什么人要去杀人，要去做强盗？这是法律逼他们去做的。因为法律保障富人来压迫穷人，法律不许穷人有饮食吃喝，不许穷人有衣服穿著。穷人中有一部分强悍的人，他们为饥寒所迫便不得不铤而走险，……但这都是由社会的不和谐所致；要是万人安乐的社会实现了，大家快快乐乐地过日子，谁还肯去杀人呢？……然而法律偏偏要维持现在这个不和谐的社会，拼命阻止万人安乐的社会的实现，拼命杀戮囚禁那

---

① ［美］霍华德·吉思：《法律的阴谋》，［美］特里·M·珀林编：《当代无政府主义》第309—310,310,311页，吴继淦译，商务印书馆1984年3月版。

般改造社会的人,那么我们可以说法律便是强盗杀人的事的唯一制造者。"①他是从具体的人的境遇而不是社会的整体的管理和秩序出发,才会认定"法律是富人压迫穷人的工具"、"法律者,一切罪恶之制造机器也。"②在萨珂、凡宰特被害以后,巴金再次强调了"人"本身之重要,对法律和司法者的冷漠无情表示出不能原谅的愤怒:

  我们不会忘记:当全世界无数的人苦痛地等着这最后的悲惨结局时,当萨珂的妻子和凡宰特的妹妹跪着向弗勒哭求,求他不要杀这两个无罪的人时,那弗勒一点也不动心,冷然地说他是依着法律而行。

  我们不会忘记:全世界无数的人在哭着,忧愁着,等候着弗勒的最后决定,而弗勒却安然地玩他的果尔夫球,这是依着法律而行的!

  ……

  法律果然胜利了么?无政府果然失败了么?告诉你——吃人的魔王!只要正义不死,真理不灭,法律是决不会胜利的,无政府是决不会失败的!杀几个人,烧几本书,难道就杀得死正义,烧得掉真理么?③

在这样的法律权威和程序下,人只是程序中的一个机器零件,这虽然符合现代原则,但不也恰恰体现出现代性的局限吗?等于人为自己又制造了一个囚笼。为法律而法律,那么丢失掉的是人间的正义、平等,从而也剥夺了人的自由。胡适引起巴金愤怒的也正是他如弗勒一样的冷漠,一切"依着法律而行"。由此也可以看出巴金对于"自由"的理解,他的自由观更关乎每个个体,每一个"人"。

---

① 芾甘(巴金):《法律——穷人的话之二》,《巴金全集》第18卷第172—173页。
② 同上书,第174、175页。
③ 黑浪(巴金):《法律下的大谋杀》,《巴金全集》第18卷第146页。

四　一些余思

　　1947年12月11日,巴金在接受上海《大公报·出版界》编者关于"下一本书将是什么"的提问时,他回答:"也许是《灭亡》和《新生》的续篇《黎明》。我想在这部小说里写我的理想社会,或许会把故事发生的时间放到2000年去。"遗憾的是,巴金没有写出这部小说,在其他作品中,我们也很难见到他关于"理想社会"的描述。尽管1949年后,他写了很多像《"我们要在地上建立天堂"》这样的文章,仿佛现实图景即理想的实现一样,但是那只是一种情感的抒发(他后来也否定这种虚浮的情感),不能作为作家社会理想的表达。什么是他心目中的理想社会呢? 倒是凡宰特的一段话在不同时间和场合,他不断地引用。1943年,在与赖诒恩神父关于"道德与生活"争论时,他是这样说的:

　　　　道德必须帮助维持生存,求得最大的幸福和繁荣。人类活着除了维持生存,发挥力量,追求、创造或实现全体的幸福和繁荣外,还有什么呢? ……既说"人民",当然指大多数的人,对于他们,的确应该把生活的标准提高到这样的程度:人人有饭吃,有衣穿,有屋住,有书读,有工做这五点。一个没有受过高等教育的意大利鱼贩子说过:"我希望每个家庭都有住宅,每个口都有面包,每个心都受教育,每个智慧都得着光明。"这是一个平民对提高生活标准的呼吁。谁能够反驳他的话? 这简单的话语里面不是闪耀着爱与正义的观念么? 这不是人类追求的目的,这不也是道德的目的么?[①]

　　"人人有饭吃,有衣穿,有屋住,有书读,有工做这五点",也是巴金认为"较好的世界"的基本条件[②]。这让我们看到,巴金社会理想更为切实的一面,当然也是与他一贯的看法是一致的,他强调群

[①] 巴金:《一个中国人的疑问》,《巴金全集》第18卷第500—501页。
[②] 巴金:《什么是较好的世界》,《巴金全集》第18卷第510页。

体,同时也关注个体的生存状况。对于个体而言,除了基本的生存条件,人的尊严、独立和自由是人生中极为重要的一部分内容。终其一生,巴金都没有放弃对"除强权,争自由"的维护和追求。这表现在他的《激流三部曲》中,表现在他在抗战期间的言行中,也表现在晚年《随想录》的写作和对外界压力的抗争中。

在他1932年所写的小说《海的梦》里,巴金对这个问题也有所思考。虽然作者虚拟了一个岛国和异族人入侵的故事,隐含着现实中对日本侵略者的控诉,然而剥除这些因素,毋宁把这个小说看成一个争取自由、反抗压迫的这种愿望的表达,而这个愿望是属于全人类的。小说中处处可见的是这样的语句:"我一生从来没有像现在这样爱自由的。然而我愈爱它,我便愈痛切地感到我的自由给别人剥夺了。""我不要戴这奴隶的镣铐了!我不知道你们大家的意思怎样。对于我,与其做一个顺从的奴隶而生存,毋宁做一个自由的战士而灭亡。灭亡并不是一个可怕的命运,它比在压迫下面低头、在血泪海里呻吟要美丽得多!"[1]值得注意的是作者在小说中,表达了更为复杂的另外一层意思,当奴隶的反抗无效时,或者现实的压迫让他们绝望时,他们会安于现状,失去反抗之心,甚至还会告密,主动放弃对自由的追求而选择"苟安":"奴隶们似乎被大炮和机关枪吓得不敢抬头了,再不然,就是他们已经倦于斗争了。我没有方法唤起他们。……我对他们谈了许多、许多。可是我并没有得到回音。他们渐渐地不敢亲近我,不敢相信我了。我差不多被他们当作一个不祥的女人,好像我不会给他们带来幸福,只会带来灾祸似的。""从前的时代是不会再来的了。那些懂得自由的奴隶中的英雄差不多完全牺牲了,他们死在那次大屠杀中。剩下的一些人都是甘愿在高国军人和岛国贵族的双重统治下面低头的。为了个人的身家性命,为了卑贱惨苦的生存,他们居然会出卖一切。'反抗'这个名词变成了不祥的咒语,再没有谁敢站起来做一个自由的人。"[2]或许,后来的生活经历,特别是"文革"的特殊

---

[1] 巴金:《海的梦》,《巴金全集》第5卷第58、63页,人民文学出版社1988年版。

[2] 巴金:《海的梦》,《巴金全集》第5卷第45、45—46页。

经历,令巴金对他作品中所描述的这一切有着更深刻的体会。

1985年在一篇谈论"创作自由"的文章中,巴金对"争自由"表达了另外一种坚定的看法,我认为这也是他对于"文革"时期,希望外界恩赐某种待遇的偷生哲学的一种反思,他说:

> 我还记得一个故事,十九世纪著名的俄罗斯诗人涅克拉索夫临死前在病床上诉苦,说他开始发表作品就让检查官任意删削,现在他躺在床上快要死了,他的诗文仍然遭受刀斧,他很不甘心……原话我记不清楚了,但《俄罗斯女人》的作者抱怨没有"创作自由"这事实给我留下极其深刻的印象。在沙皇统治下的俄罗斯,是没有自由的,更不用说"创作自由"了。但十九世纪的俄罗斯文学至今还是世界文学的一个高峰。包括涅克拉索夫在内的许许多多光辉的名字都是从荆棘丛中、羊肠小道升上天空的明星。托尔斯泰的三大长篇的最后一部(《复活》)就是在没有自由的条件下写作、发表和出版的。托尔斯泰活着的时候在他的国家里就没有出过一种未经删节的本子。他和涅克拉索夫一样,都是为"创作自由"奋斗了一生。作家们用自己的脑子考虑问题,根据自己的生活感受,写出自己想说的话,这就是争取"创作自由"。前辈们的经验告诉我们,"创作自由"不是天赐的,是争取来的。[①]

自由不是天赐的,"是争取来的",这是很多血泪教训之后的勇敢争取,也是对后人一种沉重的提醒。与《海的梦》相联系起来的是,只有一个独立的、有尊严的人,才会去争取自由,而"奴隶"则是不需要这些的。或许,今天,巴金谈论的这些问题的前提都不存在了,我们享受着阳光和呼吸着自由的空气,然而,我们对于强权的某种警惕不可或缺,正如对于自由的某种捍卫一样。当今之世,科学如此发达,讯息铺天盖地,商业的操控几乎到了为所欲为的地步,各种威权也无所不在,唯独"人"仍然是渺小的、无力的,是淹没在一片汪洋大海中任凭你怎么挣扎和呼喊都不被看见、听见的,想

[①] 巴金:《"创作自由"》,《巴金全集》第16卷第605页。

一想,究竟我们是"主人"还是"奴隶"这样的问题,有时候是不寒而栗的。尽管,各种势力已经变得更隐蔽,不是以直接对峙的方式出现在我们的生活里,但是他们使用了各种麻醉剂,把我们变成醉虾、喂养细腰蜂的青虫,则更为可怕。对此,巴金的前辈鲁迅也有过提醒,让我们不要陶醉于某种小安危和小悲欢:

> 有更其直捷了当的说法在这里——
> 一,想做奴隶而不得的时代;
> 二,暂时做稳了奴隶的时代。
> ……
> 现在入了那一时代,我也不了然。但看国学家的崇奉国粹,文学家的赞叹固有文明,道学家的热心复古,可见于现状都已不满了。然而我们究竟正向着那一条路走呢?百姓是一遇到莫名其妙的战争,稍富的迁进租界,妇孺则避入教堂里去了,因为那些地方都比较的"稳",暂不至于想做奴隶而不得。总而言之,复古的,避难的,无智愚贤不肖,似乎都已神往于三百年前的太平盛世,就是"暂时做稳了奴隶的时代"了。①

或许,我们正乐颠颠地做着"奴隶"而不自知呢!经常有人问鲁迅的价值、巴金的意义这类问题,我觉得有他们的文字在,就是让我们从眼前看到过去,也可以从过去看到眼前,让我们看看自己身后没有进化掉的尾巴,也许这就是他们存在的意义。

2014年11月15日夜增补七年前旧作于花城竹笑居

---

① 鲁迅:《灯下漫笔》,《鲁迅全集》第1卷第213页,人民文学出版社1981年版。

李丹丹

历史危机中巴金的主体转换

一

雅克·拉康(Jacques Lacan)的主体论甚富颠覆性,他明确指出:(人的)"主体的欲望是他人的欲望"。[1]对于语言,他的观点是,假定语言先于个体经验,并在很大程度上塑造了个体经验。拉康强调说:"孩子出生到语言之中"[2]。日常生活中,个人主体体验到的自己,总是被无意识、先于他存在、并力图通过他表达的语言控制。正是由于压抑了个人主体,才使得无意识的主体(即他人),在"我"身上得以表达。巴金跨越了两个世纪,是中国现代文学史上经历最丰富的作家。巴金在不同时期、不同环境下呈现出不同的精神形态,表现出复杂矛盾的人格特征,正是与这样一种时代构成的无意识的"他者"有关。

拉康从"自我分裂"的观点出发,认为"自我"不是一种具有自主功能的适应性心理结构,而是幻象的所在地,自我根本上是一个"他者",他从不相信有完整无缺的自我,只有屈从于他人的、受到颠覆的、受到压抑的"奴隶"。拉康理论中的大写他者(Autre),指文化的他者,是社会规则的他者,是那个我虽置身其中却不知的语

---

[1] 褚孝泉译,《拉康选集》第12页,上海三联书店2001年1月版。
[2] 同上书,第7页。

本文作者在第十一届巴金学术研讨会上发言

言的他者。自童年起，通过语言构建起来，绝大多数时候我们都是语言的傀儡。于拉康而言，自我（ego）或者"我"自己只是一个幻象，只是无意识本身的一个产物，而无意识是一切存在的大本营，永远在滑动、漂移、循环。完全不存在任何的锚定，任何东西终极而言都不能够将稳定性赋予整体。人感受到自己是周围人类的一员，他必须与他们友好相处，服从社会给予他的命令。尽管这种关系是虚幻的，但它约束指导自我，使自我与他人认同。特别是在敌对关系中，例如奴隶与暴君、演员与观众、牺牲品与操控者之间，促成了一种互相承认和认同的关系。从来没有统一的主体，只有分裂的主体。

巴金在20世纪上半叶，接受无政府主义、民粹主义以及国际社会主义运动的影响，以反叛者的面目出现在中国文坛上，用文学为武器与当时的社会体制进行战斗，塑造了杜大心等无政府主义者形象，他们用革命乃至恐怖袭击的极端方式攻击黑暗的社会。从30年代起，尽管巴金经常说起"文学无力"，但他始终没有放弃手里的笔，没有停止过攻击性的写作活动。他所发出的战斗的信念和理论武器、人物形象，都是来自国外无政府主义和民粹主义的文本,换句话说,他是在来自19世纪国际社会主义思潮流派所构筑起来的一个他者影响下,塑造了自我的革命者的形象。无政府主义是一个具有乌托邦色彩的社会思潮,从民众与国家机器二元对立的关系上,塑造了自身的社会理想与战斗目标。巴金所有的创作基本符合这样一种自我的塑造。但是到了20世纪五六十年代,巴金顺应新政权的要求,到朝鲜战场、越南战场去采访、多次访问日本从事各种政治活动,他的攻击性文字继续在写,但攻击的对象已经变成远不可及的"美帝国主义"或者是"法西斯主义"。虽然这些攻击目标与无政府主义反对强权、反抗侵略的宗旨仍然保持了一致性(巴金从1927年萨凡事件起就开始攻击美国政府),但他与自己所处的国家政权和国家机器之间的策略却改变了。

因为到了50年代以后,无政府主义在中国遭到镇压,而新建构起来的文化规范(大他者)开始主宰了时代风气,当然对作家的创作也提出了新的要求。这种新的文化规范被称作社会主义文化,或者是国家意识形态,但是它的内涵里还是杂糅了一些类似无政府主义的乌托邦的理想,这一点也是巴金可以接受的。在那个时代,巴金更多的写出了像《大寨行》这样的典型的歌功颂德作品,这一时期他的创作充满了豪言壮语。巴金回忆起这段时期的作品说:"如果说《大寨行》里有假象,那么排在它前面的那些文章,那许多豪言壮语,难道都是真话?就是一九六四年八月我在大寨参观的时候,看见一辆一辆满载干部、社员的卡车来来去去,还听说每天都有几百个参观、学习的人。我疑惑地想:这个小小的大队怎么负担得起?我当时的确这么想过,可是文章里写的却是另外一句话:'显然是看得十分满意。'"我们从这里看出,巴金想一套写一套,有两个分裂的、对立的主体。即一个与主流思潮认同的主体,另一个充满怀疑的或无意识的自我。巴金对此解释说:"这种写法好些年来我习以为常。我从未考虑听来的话哪些是真,哪些是假。现在回想,我也很难说出是什么时候开始的,可能是一九五七年以后吧。"巴金的这些话表面上很容易被理解为巴金在写《大寨行》时候已经不认同大寨的做法,只是出于随大流、人云亦云,不敢独立思考和质疑,才写了这篇文章。但如果从更深的层面上看,撇开大寨人搞阶级斗争、路线斗争这套极"左"的政治投机不说,他们把山区改造成良田的生产热情,农民发挥当家做主的奋斗精神,可能与巴金想象中的无政府主义乌托邦还是有契合的地方,应该说,巴金写《大寨行》的时候,既有赶任务的因素,也有他主动的因素,两者都不是他本来的自我的独立判断,背后都有着无意识的他者在制约。所以巴金说那个时候他"从未考虑听来的话哪些是真,哪些是假"。事实上,决定他判断真假的"他者"本身就是含混不清、多元复杂的,不可能有真正的独立的自我在观察事实真相。

与刚才相反的例子是:1957年正是反右运动开始,巴金在北京参加中国作家协会党组扩大会议批判丁玲、冯雪峰、艾青,给他们戴上右派帽子。按巴金自己的话说:"我并不像某些人那样'一贯正确',我只是跟在别人后面丢石块。我相信别人,同时也保全自己。"言下之意,巴金认为自己只是随大流的人,和自以为"一贯正确"的官方左派是不一样的,可以理解为,巴金对"反右"运动是不完全认同的。"我相信别人"表明认同大势,"也保全自己",意思是不认同、是权宜。这自然就形成了主体的分裂。对他来说,那个隐隐约约的无政府主义的无意识大他者仍然在暗地里起着作用,而且是与当时主流的政治意识形态的"大他者"处于潜在的对立。无政府主义在"十月革命"后的苏联就受到镇压,这一点巴金在年轻时就很清楚。触景生情,抚今追昔,他是不会赞同政权镇压知识分子的。但是历史的经验使他对国家机器保持警惕,因此有不得不"随大流","跟在别人后面丢石块"。这一点,巴金后来表示深深忏悔。"文革"结束后,巴金又恢复了早期的反叛、批判精神,率先对"文革"进行深刻反思,对"文革"时期的封建作风和封建意识进行批判。比如1980年代,巴金《随想录》是他自认为不得不说的话,"不得不说的话"就是自己想不说,但又不能不说,即在大谈真话的后面,依然潜藏着一个沉默不语的主体,它试图阻止他说。从中我们不难看出巴金内心的摇摆、矛盾、犹豫,都与他意识背后的那个大他者与时代之间的复杂的关系有关。

文学可以描写这个世界,但语言先于我们存在,因此我们并不是先拥有自己的意义或经验,然后再通过语言表达;恰恰相反,我们能够拥有意义和经验,是因为我们拥有一种语言灌输它们。这就意味着,我们作为个人而拥有的经验归根到底是社会的。因此,人们的观念注定是被动的、复杂多变的。巴金青年时期是拥有了一套无政府主义的话语,用这套话语来观察中国社会的革命实践。所以他的创作含有某种独特性和感染力,是别的作家所不具备的。但在1949年以后,这类话语已经遭到了时代主流的废弃,这使得他失去了语言的优势,他不得不追随新的话语系统去进行写作,或者在新的话语里暗暗放进原来的主义的话语所指。如他在《随想录》里把无政府主义者转换成"理想主义者"。这就是他在1949年以后的创作不尽人意以及自我的分裂,往往为年轻人不能理解。

二

如果把巴金走过的漫长道路看成一个整体,我们就会发现很多自相矛盾,既是在青年时期,也体现了拉康所说的自我分裂。也就是,他所服膺的无意识的大他者与他自我的顽强性构成冲突,造成了他言行不一致的痛苦。比如,巴金对自己出身的旧家庭进行批判时言辞非常激烈,但在经过陈思和的考证、分析、描述之后,认为巴金的家庭只是一个普普通通的旧式家庭,"这里没有什么特别的罪恶,也算不上专制","这个家庭的矛盾与冲突,不会超过正常家庭矛盾的范围,所以巴金以后对家庭的种种微词与抨击,不能不是一种文学上的夸张修辞手法"。[①]比如,被视为专制代表的"爷爷"(小说里以高老太爷的形象出现),在现实生活中,却允许孩子们上学,允许与外国传教士和西医打交道,是一个比较开明的长辈。这些巴金为什么没有注意到?巴金说起自己所经历的十几年的生活:"是一个多么可怕的梦魇!离开家庭,就像摔掉一个可怕的阴影,我没有一点留恋。"青年巴金曾经信仰无政府主义,其中一个重要观点就是主张废除家庭。这种批判态度就是"大他者"所决定的。但是,另一方面,从离开故乡到达上海那天起,在经济上、情

---

① 陈思和、李辉:《巴金研究论稿》第410页,复旦大学出版社2009年版。

感上他从来没有割断过与李家的联系。比如,"1923年离开成都刚到上海,巴金做了一件重要事情,这就是受伯父的委托,他和三哥1923年6月一起到祖籍浙江嘉兴的塘汇镇寻根,并为维修李家祠堂送去一大笔银元。祠堂为巴金的二伯祖建于清同治年间,位于塘汇镇西街。第二年年初,他和三哥又前去拜祭祖先。1925年,巴金还写下了《塘汇李家祠堂》一文。仅此就足以说明,巴金并不像他在文学作品中所渲染的那样'憎恨'家。"[1]只能理解为巴金是自我分裂的,或者巴金总是在使用分裂这种防御机制。说离开家"像摔掉一个可怕的阴影,没有一点留恋"。这表现出他对家庭强烈的痛恨。另一方面是与家紧密联系的行为,干着种种维系家庭的事情。

然而,他者是不断变化的,它会促使巴金由此基础上营造的自我也在发生变化。比如在1928年,巴金写到"无政府主义是我的生命,我的一切,假如我一生中有一点安慰,这就是我至爱的无政府主义。……从八年前我做了一个无政府主义者的时候一直到我将来死的时候,没有一时一刻不是一个无政府主义者。"[2]这些话多么发自肺腑,因为他已经认同了无政府主义,说出的是这个主体感受。短短的几年后,巴金的口吻已经起了明显的变化:"虽然我自己很喜欢被称为安那其主义者,我到现在还相信那主义,……但其实我已经失掉了这个资格,我这几年来离开了实际运动的阵营,把自己关在坟墓一般的房间里,在稿纸和书本上消磨生命。"[3]可以看出,"无政府主义"在巴金内心已经没那么强烈了,他甚至认为自己失去了这个资格,在行动上也离开了运动的阵营。巴金的主体在历史的维度上是不统一的,是不断变化和转换的。

历史继续推进到四十年代,巴金一直在修正自己所信奉"理想"的含义:从激烈的无政府主义到稳健的无政府主义;从工团主

---

[1] 李辉:《巴金传》第168—169页,人民日报出版社2011年1月版。

[2] 巴金:《答诬我者书》,《巴金全集》第18卷第179—180页,人民文学出版社1993年版。

[3] 巴金:《答徐懋庸并西班牙的联合战线》,转引李辉《巴金传》第72—73页,人民日报出版社2011年1月版。

义的实践到教育活动。用巴金自己话说:"我的生活里是充满了矛盾的,感情与理智的冲突,思想与行为的冲突,理想与现实的冲突,爱与憎的冲突,这些就织成了一个网把我盖在里面,把我抛掷在憎恨的深渊里,让那些狂涛不时来冲击我的身体。我没有一个时候停止过挣扎。我时时都想从那里面爬出来,然而我不能够突破那矛盾的网,那网把我束缚得太紧了。"[①]这里我们能感受到巴金的痛苦,他强调的矛盾和冲突即是两种完全相反的力量,它们同时作用于主体,造成主体的分裂。巴金所说的网,可以理解为拉康所说的大他者,主体在大他者织成的网中被颠覆、被压抑,无法突破。

最终摆脱无政府主义激进思想影响的巴金,在思想、人格、作品方面都有相应的转变。比如巴金对艺术文化的看法,三十年代,巴金把线装书、古代文化等同于封建制度、封建文化糟粕。巴金从现实革命的角度反对纯艺术,反对传统文化。他在小说《沉落》中贬斥那些沉溺于线装书、宋元瓷瓶等古趣中的教授,在随笔《薛觉先》中,猛烈地批判东方文化,觉得《四库全书》、故宫、佛寺、古迹、旧戏,统统是"统治阶级的宝物,是旧时代的把戏"。短篇小说《在门槛上》里的一段话做了很好的注解:"那十几年的生活是一个多么可怕的梦魇!我读着线装书,坐在礼教的监牢里,眼看着许多人在里面挣扎,受苦,没有青春,没有幸福,永远做不必要的牺牲品,最后终于得着灭亡的命运。……"

然而,随着时间的推移,在巴金的堆满外文书籍的书橱里,开始出现了明代万历刻的线装本《批点唐诗正声》。传统旧戏也不再被他视作攻击对象了。尤其是川戏,还成为了他的业余爱好。据他的朋友回忆,50年代初他在兴致好的时候,可以随口背诵许多古诗,包括《长恨歌》、《琵琶行》那样的长篇……对于年轻时候的行为,晚年巴金做了认真的反省:"我年轻时候思想偏激,曾经主张烧毁所有的线装书。今天回想起来实在可笑。"他对简化汉字表示了不同的看法,认为如果汉字走向拼音化,"这样我们连李白、杜甫也要丢掉了。"然后他说:"我们有那么多优秀的文化遗产,谁也无权

[①] 李辉:《巴金传》第300—301页,人民日报出版社2011年1月版。

把它们抛在垃圾箱里。"①他的这番话,与30年代的激烈态度,形成了鲜明对照。但由此也可以看到,一个主张弘扬民族文化传统、维护汉民族文化正统形象的民粹思想,也就是改革开放后的新的意识形态正在兴起,慢慢地把巴金从无政府主义的激进思想体系中拉出来。

三

1978年中共十一届三中全会召开,改革开放路线被奠定为国策后,巴金开始写《随想录》,并且反省的意义越来越明确。他说:"五十年代我不会写《随想录》,六十年代我写不出它们。"巴金并没有解释为什么,但可以看出他的思想、语言的主体是随时间、局势的变化而变化的。

这时,不得不回顾一下,中国发生了些什么足以影响文学史的事件。用拉康的话说,就是他者发生了什么变化。1949年中国革命取得胜利,延安时期奠定的政治化的文学成为唯一合法的文学,这一状态的到来就决定了对1950年代文学创作实行"规范",并有了清晰的轮廓和细致的细节:不仅明确规定了文学的社会政治功能,而且规定了理想的创作方法;不仅规定了"写什么"(题材、主题),而且规定了"怎么写"(方法、形式、风格)。②1958年在发动经济上的"大跃进"的同时,也掀起了文艺的"大跃进"。巴金自愿呼应"时代"的感召,反省自己过去创作的思想艺术缺陷,自觉学习马克思主义和毛泽东著作。巴金最感负疚的是:没写工人、农民;有的写到了,却也"歪曲"了;过去的创作缺乏革命理论指导,没有阶级分析观念;艺术方法上有的不能坚持"现实主义",等等。这些就是巴金所说的:"五十年代我不会写《随想录》"的大背景。

1960年代,尤其是1963年以后的十多年里,中共党内极左路线成为控制全局的,唯一合法化力量。在文学创作中,政治与文学

---

① 李辉:《巴金传》第138页,人民日报出版社2011年1月版。
② 洪子诚:《当代文学的概念》第25页,北京大学出版社2010年版。

的界限再难以划分。在五六十年代这段时期,文学在社会政治生活中位置显要,作家的社会政治地位比起"旧中国"来其实有很大提升。而文学机构(作家协会等)本身也建构了政治权力模式的等级,提供各种显赫职务以供权力分配。不是所有作家都能获得这种殊荣,但这标示了一种可供依附、攀援的目标。如果对于文学方向和路线表现出离异、悖逆,甚至是挑战,其社会地位和物质待遇也可以一落千丈。通常的惩治措施是:开除出作家协会(在这一时期意味着失去发表、出版作品的资格);给予各种级别处分;降职降薪;"下放"至工厂、农村劳动;开除公职(失去固定职业);以至劳改、监禁等。[①]巴金本人在"文化大革命"中也被关进"牛棚",经历了无数次批斗,被整得家破人亡。他即使有所觉悟也无法写出来。难怪巴金说60年代写不出《随想录》。

但是在"文革"前,虽然巴金在创作中的表现并没有突破,甚至是倒退,但为他换来的却是实实在在的殊荣,也就是说人格分裂、自我压抑,都有了获利。用巴金自己的话总结就是:"正因为有不少像我这样的人,谎话才有畅销的市场,说谎话的人才能步步高升。"[②]简单列举一下巴金的"殊荣":

1949年,当选为中华全国文学艺术界联合会全国委员会委员。

1952年,在北京筹备全国文联组织的"朝鲜战地访问团",任团长。

1953年,被选为中国文联理事及中国作家协会理事、副主席。

1955年,前往印度新德里出席"亚洲作家会议"。

1956年,前往柏林,参加第四届德意志民主共和国作家大会。作为全国人大代表到成都视察。

1957年,大型文学刊物《收获》创刊,和靳以同任主编。

1958年,到苏联塔什干出席亚非作家会议。

1960年,被选为全国文联副主席,继续当选为中国作协副主席。

---

① 洪子诚:《当代文学的概念》第23页,北京大学出版社2010年版。
② 巴金:《探索集》第103页,人民文学出版社2013年版。

1966年,参加亚非作家紧急会议,任中国作家代表团副团长。

热心政治活动的巴金从青年时代起就扮演着两个不同角色。一个是社会革命的,一个是文学革命的。但巴金曾经不止一次用极为偏激的语言,表示他对艺术的鄙视,也从不承认自己是个文学家。这就可以解释,为何巴金的文学作品总能为社会革命服务,因为他更顺从或认同社会革命这个"他者"(杂糅了无政府主义与新政权的意识形态)的要求。只要对比一下,巴金对于自己生长的封建大家庭的态度和对于社会政治的态度,就能找到很多相似之处。比如在兄弟中,巴金对家族的批判最多,但索取也最多,是最大的获利者。大哥一直养家,供养资助巴金的生活、学业,直到经济非常困难仍寄钱支持巴金赴法国学习。大哥自杀后,二哥立刻担起养家的责任,由于负担重,终生未娶。相比之下,巴金在家族中获取了最大的资源,又早早离家,摆脱了最折磨人的大家族内部矛盾。简单说就是,成功的做到了趋利避害。相似的是,对于社会政治,巴金也一直保持批判,但并不是一种纯粹的批判,是随着政治的变化而变化,在关键时刻迎合政治(1937年的抗战、1949年留在大陆、50年代的政治运动、1978年的思想解放运动等)的需要,结果,他也是政治的赢家。

拉康的法则是,良心之失是最不能被宽恕的。巴金在晚年一直寻求纯粹的精神表达,希望使历史从话语体系中解脱出来,还原成它的实际结构,揭示其中隐含的权力斗争状况。但是,我们感受到的还是一种被遥控的力量。因为巴金一贯简单化了观念中的复杂性,而简单化的结果就是混乱。用拉康的话说就是:我们以为自己在想,我们以为自己在做,而实际上只是另一个或另一些东西在替我们想与做。

巴金总想坚持一个原则:"不说假话。"这显然是巴金的一厢情愿,因为在他晚年时回想,发现自己不仅说过假话,而且不止一次。于是巴金又说道:"我应当补充一句:坚持不说假话,也很困难。"① 假如我们想找出说假话的根源,再从这根源中拔出,一定要深入到

---

① 巴金:《探索集》第47—48页,人民文学出版社2013年版。

哪里为止呢？拉康认为,根源是精神主体的分裂:"我是他人"。巴金说:"我们习惯'明哲保身',认为听话非常省事。我们习惯于传达和灌输,仿佛自己和别人都是录音机,收进什么就放出什么。这些年来我的经验是够惨痛的了。一个作家对自己的作品竟然没有一点个人的看法,一个作家竟然甘心做录音机而且以做录音机为光荣,在读者的眼里这算是什么作家呢？我写作了几十年,对自己的作品不能做起码的评价,却在姚文元的棍子下面低头,甚至迎合"造反派"的意思称姚文元做'无产阶级的金棍子',为什么？为什么？今天回想起来,觉得可笑,不可思议。反复思索,我有些省悟了:这难道不是信神的结果？"①

巴金所说的"神"是哪个神？我认为他的"神",是现实层面(也就是时代所构成的)主流意识形态的他者。现在(1978年以后),在许多人无意识服从了这样一个他者的时候,巴金却表示了怀疑。在他的生命无意识里原本占据了一定地位的无政府主义话语的残存力量在隐隐约约地起着作用,他自"五四"以来所接受的知识分子传统的力量也构成了另外一套话语系统,这是更加复杂的他者。拉康认为,自我不具备认识个体关系功能的综合能力,也不具备认识主体自身的历史性的能力。拉康质疑自主、自立自足和自我发展,他认为这些口号迎合的是每个个体的自恋倾向,它们诱发的只是他实际上所缺乏的东西。所以,即便生活在技术高度发达的社会里,主体仍然不断地寻求统一性和完整性,结果还是战胜不了孤独和孤立,这种孤独是由主体自身份裂所决定的。另一方面,即便分裂粘合起来,实际上还是分裂。

精神上的分裂和感情上的如痴如醉经常相辅相成。巴金从来不缺乏真挚的感情,他的言语在当时都是自己信以为真的东西。巴金在似乎也明白了其中的幻象,他说:"我二十多年前写文章喜欢引用'豪言壮语',我觉得没有什么不好,但今天再引用同样的'豪言壮语',别人就会说我在'吹牛'了。"②他很明白二十多年前

---

① 巴金:《探索集》第86—87页,人民文学出版社2013年版。
② 巴金:《探索集》第3页,人民文学出版社2013年版。

和今天的区别,好的变成了坏的,真的变成了假的,仅仅二十年。一个人如果大大地改变了自己,那么他过去的言论、文字如今就会令他自己毛骨悚然。巴金言说着自己每个阶段的精神存在,虽然前后矛盾,分裂比比皆是,但这是他无法预防的,正如他无法凌驾于时间之上,也无法不被他者影响。

再回到《随想录》,这是巴金在晚年的最后挣扎,追求思想的解放、自由、忏悔。但这些愿望又再一次的迎合了当时的时代主流的他者。因为,1978年12月18日至22日,党的十一届三中全会在北京举行,作出了实行改革开放的重大决策。其中和文化相关的国策是:解放思想、实事求是。这无疑就是拉康理论中的他者,必定遥控着主体。巴金《随想录》的发表与一个小村庄的举动惊人的相似并且遥相呼应。一九七八年以前的安徽省凤阳县小岗村,每年秋收后几乎家家外出讨饭。1978年11月,小岗村18户农民以敢为天下先的胆识,按下了18个手印,搞起生产责任制,揭开了中国农村改革的序幕。也许是历史的巧合——就在这些农民按下手印的不久,中共第十一届三中全会在北京人民大会堂隆重开幕,以邓小平为代表的中国最高层的政治家和最底层的农民们,共同翻开了历史新的一页。小岗村从而成为中国农村改革的发源地。无独有偶,《随想录》最初发表在香港《大公报》副刊《大公园》,《总序》及第一篇《谈〈望乡〉》于1978年12月17日发表,仅仅比十一届三中全会早了一天。我们不难看出,下到小岗村的农民,上到知识精英的巴金,都在呼应着来自新的他者的决策。

因此,巴金《随想录》的写作,虽然受到一些保守派的攻击,但他把握了改革开放这一他者的总方向,所以继续能够在政治生活中保持向上的势头——

1978年,在北京出席第五届全国人民代表大会。

1979年,在北京参加中国作协第三次代表大会,致闭幕词。

1980年,中国笔会中心在北京成立,当选主席。

1981年,当选中国作家协会主席。(终身)

1983年,被选为全国政协第六届委员会副主席,进入了国家领导人的阶层。

纵观人类历史,每个人不都忍受了他自己的时代吗?他者的精神不仅在主体的身上,更在主体的意识深处,顽强地发挥着作用。当他者是民主、自由、实事求是的时候,人或许能在体系与体系的碰撞中、幻象与幻象的交集中,接近真理。

[日]坂井洋史

动摇的虚实/叙事,或者 "文学性"的源泉
——在沙多—吉里(Château-Thierry)思考的事

一 思考的前提

我们"研究巴金"、研究"被公认为学术研究的一个对象/领域的'巴金'",这到底是什么样的行为?其意义何在?面对如此发问,我猜想,今天大多数文学研究者会觉得它太幼稚、不值一顾,不承认其有认真思考的必要。不,与其说不承认,更不如说从来没有考虑过这种问题。其实,对于这种"幼稚"的问题,能够回答出明确答案的"研究者"究竟有几何?大凡所谓学术研究孜孜追求的终究目标不外是以下几项:丰富的材料、缜密的思维、犀利的分析、新颖的结论。看来学术研究也走在线性进化论的轨道上:今天的学术研究应该胜于昨天,明天的研究更要胜于今天,后来者一定要居上,超越前人而实现非我莫属的创新性。这本来是无可厚非的原则,我也深表同意。然而一味追求"进化"之余,如果对于上述"幼稚"的问题回答不出令人信服的答案,或者避而不谈,那么如此"进化"是否真正意义上的学术研究之"进化",我还是未免有点怀疑。因为"幼稚"的直觉或感性的预感往往会通向事物的最本质层面,在这个意义上,"幼稚"的摒弃也许导致对于"本质"的漠视。

对于某一个作家的生涯和思想、某一部作品文本的审美价值、作家走过来的时代和社会及其文化背景等等进行"研究",偶有新

本文作者在第十一届巴金学术研讨会上发言

的发现或观点，就写成论文刊于学术刊物上；经过长年的辛苦经营，有了一定的积累后就撰写一部有分量的专著公诸于众；有时研究者集于一堂而交流各自的成果，互相切磋学问……如此"研究"的"形式"已成为不容置疑的学术常识而体制化，是今天学界中人士习以为常的"规矩"。但如此"学术研究"原来是现代国家的意识形态机器此一框架内进行的制度化"研究"，与19世纪以来现代化的工程密不可分。由于其本质上的前提/局限，它无法超越现代国家意识形态，也无法将现代性的"价值"和国家的存在相对化。就是说，如此学术研究是有保留的意识形态运作，而它的完善，就为国家制度的进一步完善服务。

据近年来初步观察和思考，我逐渐形成了一个极为朴素的判断：在今天所谓"文学研究"中（或者说，在研究者有关"研究"的观念中），"文学"和"非文学"纠缠在一起，起到某种融合/互相渗透作用；何谓"文学"本身？使"文学"成为"文学"的根据或属性为何物？以一言蔽之，"文学性"是什么？等等本质性问题，似乎未被予以深入的思考而搁置在一边，动辄被说成"幼稚"或者"过时"。当下大部分"文学研究"无条件地接受既定的制度化框架和形式,对于上述本质性问题不闻不问,一味追求"研究"的精密化。结果,文学文本竟然变为"资料",往往成为其他学科诸如历史学、社会学甚至经济学等"掠取"、"侵占"的对象,而文学研究作为一门独立的学科却愈趋贫瘠。关于这一点,我们一想起所谓新历史主义批评所持观点和方法论就不难理解。在它的视域中,"文学"再也不是什么神秘的存在,而是某一个时代某种类型的社会下层建筑产生出来的生产物 products,也是流通在市场上被交易的商品。经过如此一番物化,文学就成为历史学、社会学和经济学等可以肆意分析的对象了。想到"分析"一词的原意(即"分开"而"剖析"),我觉得这个事体实在意味深长:文学经过"非文学"的"分"和"析"竟被七零八散地片断化,丧失其整体性。相对于此,我希望能够在"非文学"终于不能掠取、侵占的要素当中看出只有文学才具备的某种"质"来。这个"质",换句话说,是文学性的根据和源泉,也是"非文学"代替不了的,文学研究要追求的最终目标。

关于"非文学",我想在此顺便补充一下。说到"非文学",尤其在特定的历史/社会语境中,我们很容易联想到所谓政治意识形态。所谓"政治与文学"此一命题是也:文学有文学固有的追求和目标,是一个自律自足的存在;政治是非人性的机器或机制,永远屹立在文学的对立面而否定文学的自律性和自足性,强制文学服从于政治宣传,以强权高压的手段扼杀文学……谁也不能否认,作为历史上的事实,如此情况曾经确实发生过。的确,"政治"与"文学"之间的差异很大,两者各自都有无法替换各自的独特表现和作用。但是,作为人类思维的能动力量之高度/集中表现,政治与文学的分野是否真的那么截然不相容?我未免怀疑。且不问政治能否成为审美鉴赏的对象,今天我们不是基本上一致承认构造"文学"的种种话语本身是权力的表象,而话语的建构、散布、普及以至固定的所有过程都离不开广义的"政治"politics吗?至少,如果我们一直囿于"政治与文学"式古典二元对立思维模式,那么对于"文学"的界定和理解也就跳不出"文学是以审美为主要属性的、具有独立价值的语言艺术。"一类教科书式通俗共识。①

鉴于此一缺憾,我在此思考使文学成为文学的根据或文学性的源泉之际,想换一个角度,引进另外一组概念,即可视性 visibility/不可视性 invisibility。

文学作品,尤其是小说文本原来是一个场域,是一个无奇不有的大千世界,而我们读者从中读取许多丰富的东西来。读者本来享有这个权力。换句话说,我们把埋藏在文本内部的种种因素发掘/暴露出来,即把它"可视化"而认识/理解/欣赏/评估它。但是,如此发掘和暴露之余,在文学作品中依然存留着毕竟不能完全可视化的不可视性因素,诸如现实的作家/附于文本的标签即"著者"的署名/文本中的主人公/小说的叙述主体之间的认同关系、小说在情节和故事中有所反映和试图再现的现实世界的真实性问题、原因和结果之间的逻辑/非逻辑关系等等。要之,是"虚实"的不确

---

① 关于这个问题,我曾经在《武田泰淳·主体性·公共空间》(谭仁岸译,《现代中文学刊》2013 年第 5 期,第 4—17 页)中说及本世纪初所谓"竹内好热"的部分探讨过。该文中我注目于 80 年代受过高等教育而形成知识结构的一代知识分子思维模式中存在着的"缺席/盲视"及其克服的过程,指出过如下:

在 80 年代"一边倒"的文化状况中,他们的知识结构中本来就存在着空白,而体验了"90 年代的反讽"之后,他们渐渐开始意识到这种空白乃是悖论性地制约自己的要素……,从而把其视为"政治的'缺席/盲视'",把其重新焦点化,作出了试图克服的努力……。/这种认识转换,当然也反映在他们的文学观上。例如,对"政治"与"文学"的关系不再采取一方压迫或隶属另一方的形式,而是有机统一起来(70 年代以前是前者压迫后者,80 年代是后者规避对前者的从属。但两者都依据着"政治"与"文学"这两种价值相互"矛盾对立"、绝对无法调和的"二元对立/选择"的思维方式),不再像 80 年代那样把文学特权化,但依然认为文学是现实批判的有力手段,试图重新赋予其生命力……在这种新文学观的摸索过程中,竹内好在中国知识分子的"政治回归"主题的支持下,迅速受到了巨大的关注。因为,竹内好描绘的存在主义式的鲁迅,恰是主动拥抱虚无、以现实世界中绝望的"挣扎"为媒介、辩证统一了"政治(革命)"与"文学(启蒙)"这对(一般被认为是)无法相容的绝对矛盾。在我看来,以上便大致是"竹内热潮"发生的原因。

发表该文之前,我还在《忏悔与越界——中国现代文学史研究》(复旦大学出版社,2011 年 3 月)第一章《关于 1990 年代中国文化批评——"现代论"和文学史研究的设想》也做过同样的观察和分析。

定性问题。虽然读者有自由解读文本的权力,但是偏偏缺乏最后确定虚实的权力。对于他们来说,虚实的真相究竟是不可视的。

无法确定虚实的边界性因素,当然不能成为历史学、社会学等"非文学"学科的研究对象,因为这些学科仅仅研究被公认为确实存在的可视性东西。与此迥然不同,文学研究的范围更为广阔,其研究对象是包括不可视性因素都在内的整体,即世界的万象。我认为,不将这一点放在思考之中心位置的所谓"文学研究",虽然自以为取向于学术研究的精密化和科学化而为此一目标作出贡献,实际上,在作为现代国家意识形态机器的"学术研究"格局中,也势必被迫放逐到边缘地带而愈趋丧失本该拥有的功能和作用。

二 关于为容《Château-Thierry 通信》

那么,如上所说虚实、真实性、文本中的现实之反映和再现等研究主题,亦即可以从可视性/不可视性概念切入的研究主题在巴金研究领域中能否成立?可以成立的话,应该如何进行思考、展开研究?以下我想提出小小的例案,作为思考的一个开端。

2014年早春我有机会访问巴金曾经留学的法国,趁此难得的机会,专程到巴金逗留一年多的巴黎东部小城沙多—吉里 Château-Thierry(以下简称"沙城"),浏览市容,也去参观巴金曾经念过书的拉枫丹公学 College Jean de la Fontaine 等地方①。当时我手里持着当导游书看的,不是巴金以留法期间的见闻为主要材料而撰写的短篇小说集《复仇》所收诸篇②或记录1979年春天再访沙城时活动和感受的《随想录》中一篇《沙多—吉里》③,而是叫一个"为容"的

---

① 本文中沙城的图片均系笔者2014年3月9日所摄。
② 《复仇》,新中国书局1931年8月初版。现收在《巴金全集》第9卷,人民文学出版社1989年版。集中诸篇如《洛伯尔先生》、《丁香花下》、《墓园》、《父与女》、《狮子》、《老年》等均以沙城为舞台。
③ 《沙多—吉里》,最初连载于1979年7月25、26日香港《大公报·大公园》,后收《随想录》第一集(三联书店香港分店1979年12月版/人民文学出版社1980年6月版),后收《巴金全集》第16卷,1991年版。

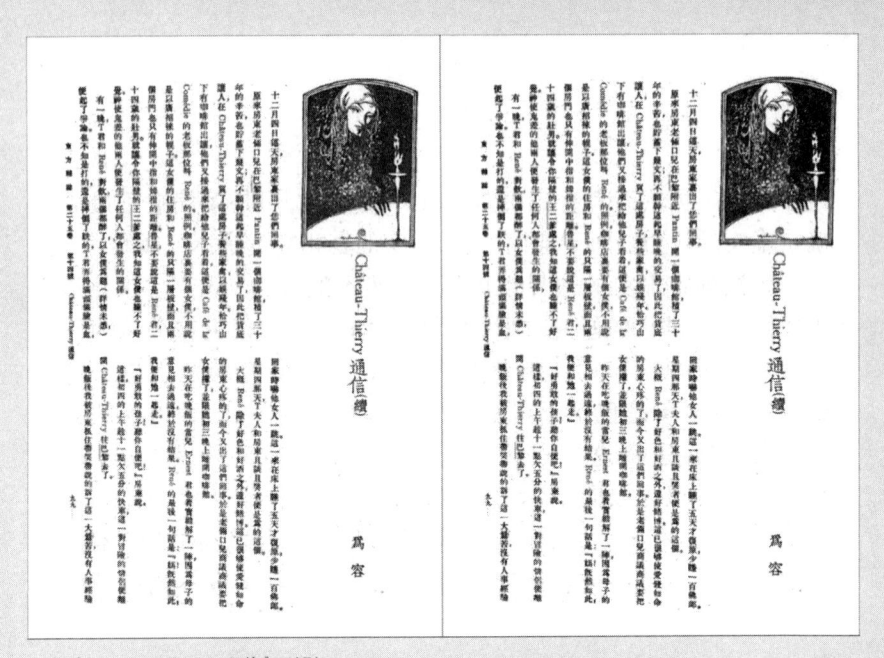

为容《Château-Thierry通信》刊影

人写的中篇小说《Château-Thierry 通信》（原连载于《东方杂志》第 25 卷第 13、14 号，1928 年 7 月）。

我觉得很奇怪，百思不解，这篇小说似乎在巴金研究界中一直没有受到充分的重视。虽然 Château-Thierry 这个地名对一般的读者来说是陌生的，但是在研究巴金的"行内人"的眼中，它不同凡响，散发出另外一种光芒。而且这篇小说的发表载体不是什么不起眼的小刊物，而是《东方杂志》，在 1920 年代末中国文化界算是屈指可数的权威性刊物，今天也很容易看到。但据我管见，哪怕是研究这篇小说的专题文章，连说及"为容"和巴金之间关系的文章也似乎没有出现过。

作者"为容"何人？如果相信小说所记都属实或在相当的程度上忠实地反映"事实"（自然这里就来了一个极为棘手的上述"虚实"问题，但是暂且不管它），小说中第一人称的叙述主体即主人公姓"赵"，那么作者姓名就是"赵为容"了（再说，文本采用第一人称叙述，而在篇中一个地方"我"叫自己为"为容"，与作为文本的 paratext 的作者署名一致）。小说采用书信体体裁，全文就是写给"武大"的老同学"鲁星"的"书信"；还有一处，"我"把房东比拟为"我们海州北门街开杂货店的张老头儿",那么"赵为容"是海州人吗?文本之外的信息更缺乏,寥寥无几。后来有一同姓同名人物撰写过两出独幕"教育戏剧",还编过一本《民众图书馆设施法》[①],除此之外,我至今没有抓到任何线索。

小说中关于沙城种种情况诸如地理、地形和地名的描述极其具体且详细,除非身临其境的人绝对写不出来。作者来/住过沙城,这是毋容置疑的。至于主人公"我＝为容"来到沙城之前的经历,小说中借主人公的口有所说明如下:

> 她又问:"你到法国几年了?"我说:"刚刚十三个月。"她又问:"未到此地以前你在那儿?"我说:"从马赛到蒙伯里野(Montpellier),最初两个月在 The Berlitz School of Language 学会话,后来又从 Marcelle Cazaban 小姐学文法,马逸谷(M. Manièval)律师替我改作文,更结识了一些住在 Villa Florida 的农业学堂的校外生。九个月后便到了巴黎。在巴黎没做什么正经事,无非是听戏,跳舞,下咖啡馆。为避去这嚣杂的生活,才到 Château-Thierry 来。"

再看小说的开头部分,有一段说明如下:

> 去年十一月十五我到 Château-Thierry 来,听说这儿有个公学名 College Jean de la Fontaine 的,每月只须缴一百九十佛郎,因为我的钱借给朋友回国去了,我便想借此权做个便宜的客栈。

"十一月十五"是 1927 年 11 月 15 日。小说末尾记有日期:一九二八,一月,十二日。如此就可以知道,小说记的是 1927 年 11 月中旬至 1928 年 1 月中旬短短两月的事情。巴金于 1927 年夏天离开巴黎闹市移到沙城,一直住到翌年 8 月下旬。我们可以知道这篇小说的故事是巴金在沙城的期间展开的。

---

① 两出独幕剧是《爱力》和《船上一童子》。均为"教育戏剧小丛书"版,1934 年 9 月由山东省立民众教育馆刊行。《民众图书馆设施法》,1932 年由山东省立民众教育馆出版部刊行。

1928年巴金、桂丹华、詹剑峰在沙城（左起）

  今天我们都知道巴金在拉枫丹公学念书期间有过两位好友，一为桂丹华（安徽桐城人，1901—1958），一为詹剑峰（江西婺源人，1902—1982）。《Château-Thierry 通信》中出现有姓无名的 4 个中国留学生（均为配角）：章君、桂君、李君和刘君。"桂"在中国似为僻姓，小说中的"桂君"有可能以桂丹华其人为模特儿。至于"李君"是否巴金＝李尧棠，那就不能臆断。

  《Château-Thierry 通信》的具体内容如何？其情节和故事相当单纯，简直没有什么复杂的文本结构或惊心动魄的故事可言：

  "我＝为容"到了沙城后，先住进拉枫丹公学宿舍，但由于环境的恶劣而生病，因此决意在外面租房走读。后来他和朋友"安徽章君"共租位于苏也松路 84 号（84, Avenue de Soissons）的舒适房间。房东有一甥女，叫 Lucienne Rifflard，是 21 岁的漂亮姑娘。她性格开放，与男人交往也肆无忌惮，对待"我＝为容"很亲密。"我＝为容"以为 Lucienne 对自己很在意，可以做异域情人，处处表示爱慕之情，献殷勤。事与愿违，Lucienne 已有亲密男友，而且不久竟然跟他订婚，致使"我＝为容"失恋伤心。与"我＝为容"同居的章君，来法不久，法文还不熟练，课外还要找一个教师补习法文。经房东太

College Jean de la Fontaine（拉枫丹公学）旧址（现College Jean Racine让·拉辛公学）

太介绍，Tasserit夫人成了他的法文教师。后来学法文的地方移到公园路14号（14，Rue du Parc）Tasserit夫人家里。有一天"我＝为容"到她家里，见到Tasserit夫人女儿鹤乃Rénee。她是个很漂亮的姑娘，现年16岁。章君极力怂恿"我＝为容"向鹤乃"进攻"，娶她为妻。他们决定让Tasserit夫人家包饭，以为借此可以常见鹤乃。鹤乃家境贫寒，Tasserit夫人又是再婚，继父对待鹤乃相当冷淡。经过一段时间的交往，鹤乃对"我＝为容"的态度却没有多大的改变，一直保持不即不离的关系。"我＝为容"以为是鹤乃年龄还轻、不谙性爱为何物的缘故，其实不然。她早就有个情人，而她和她母亲之所以对于"我＝为容"保持不即不离的态度，因为"我＝为容"解囊慷慨，是她们一家的重要经济支柱。知道真相后，"我＝为容"决定离开沙城，没想到结算房费膳费等花费时Lucienne和Tasserit夫人索费昂贵非常。原来她们认为奇货可居，以美貌的女人为诱饵，尽量向不算特别富裕的留学生敲竹杠。"我＝为容"彻底幻灭，伤心回到巴黎，将沙城两月情感生活的始末写给国内的老同学。

老实说，这篇小说如何也不能算上乘之作。从小说的描述看

从"故堡"上俯瞰的沙城市中心

苏也松路84号（84, Avenue de Soissons）

来，"我＝为容"这个人物无异乎一个轻薄的猎色家，他的种种作为除了伺机拈花惹草外没有任何必然且切实的动机能够使读者谅解。也有可能作者故意用夸张的笔调刻意丑化"我＝为容"，以批评登徒子之不道德。但是，我觉得贯穿整篇的基调还是自我怜悯或自我肯定，如此"好意"的解释似乎很难成立。

　　我之所以对这篇小说感到兴趣，如上已述，因为小说中充满着沙城的具体信息，通过它多少可以想象/了解巴金留学当时的沙城。我在沙城参照小说的记载实地考察，竟发现了这些记载基本上都正确。我不敢妄断苏也松路84号现存的房子是否80多年以前的老房子，但它确实处在陡坡中途，将这个地段如小说的说明那样叫做"山上的小楼"也不为过。如果说Rifflard家是小康之家，那么小说的另外一个重要舞台＝公园路14号Tasserit夫人家却不同，很狭窄，"厨房兼饭厅兼客堂"、"没处挂大衣"。现在该地址上有典型的工人阶层居住的古老公寓，这一点也与小说的描写吻合；有一次"我＝为容"在市中心玛伦河上一座桥上遇到鹤乃，"穿过大街，从Jean de la Fontaine老先生家门前走过，绕到故堡后面"，将她送到家里，这一条路线也很正确。

总之,《Château-Thierry通信》是一篇很忠实地反映沙城的实际情况,但除此之外似乎一无可取之处的凡庸作品。如果有人出于要再现沙城的"现实"面貌或要了解1920年代末留法中国学生的生活状况之一斑这般动机而去翻看这篇小说,或许不无收获吧。但是,如此阅读不外是前面已述"非文学"性阅读,是对于文学文本的掠取和侵占。为容这位作家有可能认为如此笔法会增强小说的真实性/可信性甚至诉求读者的魅力,因而有意动员大量的琐碎能指。但是,不管作者的主观意图如何,从文本上体现出来的实际效应来看,如此笔法与"文学性"的丰满表现背道而驰,却去迎合"非文学"的奸计,结果竟违背当初"这个主题一定要采取文学手法而写成小说"的初衷,主动放弃文学的自律性和存在理由。

三 再现乎？表现乎？

想到这里,就来了一个问题:为容写进小说中的信息之"真实性",除了作者以外,还有谁能判断、保证?小说传达的信息究竟到底是事实还是虚构?绝大多数的读者,岂止沙城,连巴黎都没有去过。那么,小说中那么细致具体的地址地理之记载会不会唤起他们读者的印象、帮助他们的理解?答案是不言而喻的。如果作者以"事实的再现"、"实感的传递"为目标才采取如此笔法,我不能不说这个苦心毕竟是浪费的。

其实,真相不明的陌生作家与多数无名读者在(通过多样的渠道而散布/流通的)文本上偶然邂逅,暂且缔结契约关系,这本来是现代文学成立的前提条件。在如此虚拟的交流关系中,文本所提示的能指到底属实还是虚构本来不成其为问题的,因为他们之间只存在着极为简单的游戏规则——"姑妄听之"——而已。而《Château-Thierry通信》的作者竟无视这个契约,拿出大量的"信息",企图用"事实的力量"来粗暴否认读者解读文本的自由和权力。这篇小说之所以缺乏吸引读者的魅力,其原因或许由于此也未可知。

那么,巴金以沙城为舞台的小说如何?为了强化小说的"真实性"而依靠大量的能指,这种笔法是巴金所不取的。因此他的小说不能成为"导游书"。但是通过《复仇》所收几篇小说,我们还是可以深刻地领会到这座古老的小城市里也居然充满着被命运摆弄的人们演出的种种悲剧及其悲哀。

  一九一九年的春天虽然给世界带来了和平,但是过去的战争依旧像梦魇一样地压住全法国人的心。在玛伦河岸上一个小城里,那许多满身创伤的断井颓垣还在向人诉说它们悲惨的遭遇。战争虽然结束,人们还在痛定思痛地回想战争的情况。城南新开辟了一所公墓来埋葬远渡重洋战死的美国青年;还有许多人失掉了儿子,妇人失掉了丈夫,少女失掉了情人。失去了的幸福是找不回来的了,在这个充满废墟的小城里,一九一九年的春天给人们带来的只是悲痛的回忆。

这是《丁香花下》①的开头部分。中世纪以来沙城这座玛伦河畔要冲战火不断,常常成为兵家必争之地,战祸深重。巴金来到此地的1920年代,一战激烈战斗的记忆犹新,创伤还未痊愈,悲伤的氛围应该仍然浓密地笼罩着全城。后来他写《丁香花下》时,为了突出这个悲伤的氛围,将故事展开的时间设定在大战刚结束不久的1919年。可知这座"充满废墟的小城"给年轻易感的巴金留下了深刻的印象,而战争及其对于人性的无情摧残正位于其印象的焦点。但是巴金并没有把有关战祸的具体信息诸如哪一年在哪里有过激战、造成伤亡人数多少等等"数据"写进小说中。对于事实的记录他似乎不屑一顾。我认为他追求的并不是作为事实的战争及其后遗症之如实"再现",而是事实的背后隐藏着的"人类共有的悲哀"②之"表现"。

  只看到肉眼能看到的东西,而尽以这些可视性东西"再现"现实的为容;与此不同,将自己的视线射向被表层的能指覆盖着的不可视性东西,并给它以审美的"表现"的巴金……到底孰优孰劣?

---

① 《丁香花下》最初发表于《现代文学》第1卷第5期(1930年11月16日)。现收《巴金全集》第9卷第52页。

② 巴金:《〈复仇〉序》,《巴金全集》第9卷第4页。

至少,在沙城的"文学性"描述方面,我觉得还是巴金略胜一筹。巴金刚踏上文学创作的漫长道路之际,竟能选择"表现"一途,且不问他写出来的作品之成熟度如何,这还是值得注意。

如果有一个历史学家要编写一部沙城的地方志或战争史,他不会从巴金的小说获得有益的信息,反而有可能从《Château-Thierry通信》取出一些"有用"的东西来。但是,从"文学性"的角度来看,历史学家由于其作为史料的无价值而丢弃的"垃圾"中,或许包含着另外一种"价值";这种价值往往是不可视的。透视它、把它挖掘出来、给予适当的审美表现,就是只有文学才能担当的工作;觉悟到这一点,所谓"文学性"才有可能被把捉住……我在春天沙城漫步之余,以《Château-Thierry通信》为切入口,漫无边际地思考了这些与明媚的阳光和牧歌式的风景有点不协调的问题。

2014年12月27日补写而成

[美]Kristin Stapleton(司昆仑)

"激流"三部曲的历史背景：
评述巴金对成都历史的再现

作为"激流"三部曲的第一部，巴金出版于20世纪三十年代的小说《家》深刻地影响着后人对"五四"时代的种种印象。其形塑历史想象的威力不仅限于中国，也波及海外。在美国，不少近现代中国史的教师会要求学生阅读英文版的《家》，以此帮助美国学生理解中国青年曾如何在激情和勇于挑战权威与旧制度的精神鼓舞下示威和抗议，反对中国政府的无能、国家的积弱，以及那个在他们看来极具压迫性的封建文化。[1]1956年《家》被改编成电影，片中孙道临及其他演员的精彩演出让《家》的故事随着英文字幕在美国为人所知。出版于1982年的漫画版《家》如今也被翻译成了英文。[2]

《家》的确是教授"五四"这个中国历史关键时期的绝佳工具。"五四"运动发起于1919年，其时外国帝国主义的压迫和中国内部的政争在中国社会造成了一种普遍的危机感。一些人认为，随着帝国主义国家对中国经济和领土控制的加深，中国或许即将灭亡。

---

[1] 流传最广的《家》的英文版是由沙博理(Sidney Shapiro)翻译的，由Foreign Languages Press于1958年出版。1972年由Anchor Press再版，并加入了由Olga Lang撰写的简介，Lang曾经用英文出版了一本关于巴金的传记。目前，这个1972年的版本由Waveland Press出版。

[2] 英译本依据的连环画版的《家》由高铁林和王力军以巴金原著改编，博综、雨青和庆国绘画，人民美术出版社在北京出版。英译由吴敬瑜完成，1995年由Asiapac在新加坡出版。

本文作者

这些忧虑似乎为一战后巴黎和会上列强对中国领土的重新分割所证实,战败国德国治下的中国领土没有被归还中国,而是被转交给了日本。有关凡尔赛条约的新闻迅速在北京和其他中国城市引发了大型的抗议活动。抗议者们不但愤慨于外国列强对中国贫弱的利用,而且将矛头直指那些不能防止这个国家积贫积弱的本国政治领袖。在抗议活动的影响下,对中国贫弱原因的论争充斥着当时在北京和上海大量发行的一些报刊杂志。青年志士环顾世界寻找可以解决他们眼中中国弊病的良药。1920年代在这种氛围中见证了中国共产党等新政党的建立。包括陈独秀在内的许多青年活动家认定中国文化——特别是儒家的礼教,与现代世界不相适应。[1]

巴金的"激流"三部曲设定在1919年的前后。小说的主人公是一群住在中国内地省城家境优渥的年轻人,他们都是"五四"运动的热情参与者。在这些年轻人眼中那个时代最大的问题正是他

---

[1] 陈独秀时为《新青年》杂志的主编。他在这本创刊于1915年的影响深远的杂志上,发表了大量倡导政治、文化改革的文章。

们周遭的社会秩序,特别是家庭组织。"激流"三部曲首先表达了一种对中国父权大家庭的抨击。三部曲将这些家庭描绘得等级森严、了无温情。作为"三部曲"叙事核心的高家的家长们用儒家的孝道逼迫家中的年轻人言听计从,令他们不得不放弃自己独立的思想和行动。巴金在小说《家》中所描写的青年高觉慧和他的同伴们对其前辈所尊敬的礼教的反叛,极大地迎合了1930年代中国的年轻读者。即使是对于今天美国的青年学生们,小说《家》中试图掌握自己命运并创造一个进步新文化的浪漫主人公们仍然能够激发学生们的同情。

如同所有历史现象一样,"五四"运动时常经历着历史学家们的重新检视。近年来,历史学家们多次指出这个运动是如何倾向于扭曲中国历史、简单化中国文化并将其描绘得令人憎恶。"五四"作家们,例如巴金,往往身挑文学创作和政治改革先锋的双重角色。他们用文学创作自觉地夸大了那些他们认为负面的社会现象,以便更容易地将其打倒和摒弃。"五四"作家因而创造了一系列的刻板印象——"父权大家庭"、"传统妇女"、"封建文化",以及"落后的中国"。关于这类刻板印象是如何被外国人和中国民族主义者建构出来的问题已经激发出了近年来英语学术界一些最好的成果。[1]

文学研究者已经对巴金在塑造"传统中国"形象中的作用进行了一定探讨。例如冯进(Jin Feng)就阐释了小说《家》中巴金所塑造的一些极具反差的女性形象,比如琴代表的坚强的"新女性"形象之于梅所代表的柔弱的"传统"妇女。[2]但考虑到其作品的深远影响,有必要对巴金笔下的"五四"时代进行更细致的审视和分析。

---

[1] 例如刘禾(Lydia Liu)就讨论了阿瑟·史密斯(Arthur Smith)著作《支那人之气质》(Chinese Characteristics)中"国民性"(national characteristics)的概念是如何通过该书的日译本影响了鲁迅。见 Lydia Liu, Translingual Practice: Literature, National Culture, and Translated Modernity-China, 1900—1937 (Stanford: Stanford Press, 1995),第二章。

[2] 见 Jin Feng, The New Woman in Early Twentieth-century Chinese Fiction (West Lafayette, Ind.: Purdue University Press, 2004),第四章。

特别值得思考的是巴金在"激流"三部曲中构造的那种内陆省城与上海(主人公高觉慧及其堂妹淑英出走之目的地)的对照。三部曲小说、电影、电视的中国观众大多了解作为小说发生地的城市正是巴金的故乡成都，但外国读者却对此很陌生。在三部曲的写作中，巴金刻意淡化了城市所在地——高氏家族被设定为一个典型的富有的中国大家庭，而它的所在地则是一个典型的中国城市。作者生于斯长于斯的故乡成都的历史亦因其着意刻画"传统中国"而变得面目全非。同样的，三部曲把上海描绘成了自由和兴奋的象征，而不是一个真实的城市。

压抑的、无趣的内地中国的省城与诱人的、解放个性的上海，位于"激流"三部曲中心的这种并置对照是成问题的和具有误导性的。上海的刻板形象还不是一个很大的问题，因为许多学者已经探讨过二十世纪二、三十年代上海历史的黑暗面，比如殖民情境下的不平等与种族主义、帮会暴力、工厂中的童工、人口拐卖和商业化的性交易等等。[1]"激流"三部曲的读者们不太可能天真地相信上海在其历史的每个阶段都是天堂，但那个压抑人的省城形象却还未被以同样的方式挑战，特别是对于外国读者而言。很少中国以外的人听说过其内陆的众多大型城市。他们在小说《家》中读到的很可能是他们对于二十世纪初中国城市生活的首次接触。即使对于中国读者，巴金对20世纪二十年代生活的生动描绘无疑也会影响他们对于那个特定历史时期社会情态的印象。基于这个原因，对巴金在"激流"三部曲中营造的种种城市与家庭生活的样貌进行批判的审视便更为重要。巴金的小说在多大程度上反映了其时的历史？他的故乡——成都，真如他小说描写的那样压抑和保守么？

有幸的是记录"五四"时期成都的众多资料被保存了下来，因而为从历史学家的角度评估巴金"激流"三部曲中的成都形象创造了条件。无论档案资料，还是报纸、回忆录都十分丰富。巴金自己

---

[1] 对于此类研究的最新综述，可参见 Niv Horesh, "Shanghai Studies: An Analysis of Principal Trends in the Field," *Provincial China* 2, no. 1 (2010): 39—67.

曾多次撰文回忆过他在成都度过的童年时光。以成都为题的历史专著和论文也时有问世。我对"激流"三部曲历史背景的研究借鉴了所有这些资料,以便揭示巴金对这个城市的描写如何反映而如何扭曲了其历史。我希望以此提供一个对于"五四"运动时期中国内地城市生活更丰满的呈现。

高老太爷是《家》的中心人物。凭着权威他可以为家中的年青一代安排婚姻、规定他的孙子女们什么能学什么不能、为他们找工作,及用其他的方法管教他们。他用孔孟之道对孝顺尊老的推崇来支持自己的行为。这位老太爷的至交冯乐山是城内孔教会的会长,两人经常引用《论语》和其他儒家经典中的段落,好像这些先哲之言是不容违背的法律。毫无疑问,他们引用的段落都是关于恭从长者和旧风俗的。

但是,在小说《家》中,高老太爷和冯乐山不仅援引孔子的权威,他们还沉溺于川剧、艳情诗和性。他们对于家中奴婢甚至自己孙儿女们的痛苦无动于衷。巴金把这些老绅士描绘成了不肯放弃自己在家中和地方社会中权力的腐朽的伪君子。他们吟诵引用《论语》但自己并不遵从《论语》的仁说而为仁事。《家》的读者很可能因此认为儒家学术在巴金年轻时期的中国不过是老年人用来压迫年轻人的东西。的确,巴金少年时敬慕的英雄之一——吴虞,曾在他的一篇文章中称道,在中国存在了几百年的儒家教育体系不过是"制造顺民的大工厂"。①

巴金上过新式学堂,在他十九岁时离开成都去了中国东部。与巴金不同,在吴虞的青少年期儒家经学的地位还不曾被撼动,吴虞作为成都士绅阶层的一员,既是出身的结果也是一种自主的选择。他在日记及其他关于成都士绅生活的文本中呈现了一个不同于"激流"三部曲所营造的士绅生活的画面。吴虞本人相信学习儒家经典非常有益,尽管他也建议他的学生们熟习西方法律概念及其他"新学"。就像小说人物高老太爷和冯乐山,吴虞也乐于吟诗

---

① 吴虞:《说孝》,原发表于1919年十二月的《星期日》杂志;再版参见赵清、郑城编:《吴虞集》第172—177页,四川人民出版社1985年版。

描写俊俏的川剧名角儿,为了生儿子他还娶了妾。然而在他的文字作品中,吴虞抨击了儒家经典对强调家庭等级属性的礼教的褒扬,他对孝被奉为至理至德满腹牢骚。就此而言,吴虞的观念影响了巴金的思想并构成了"激流"三部曲所描绘的成都社会的一部分背景。但是我们在三部曲中所见的对于礼教的极端厌弃在1920年代的成都并不常见。接下来我会探讨巴金如何在他的小说中描写了礼教,并思考通过不同的方法来理解礼教在二十世纪初成都社会生活中的作用。

"激流"三部曲中充满着对于发生在高氏家族内的种种仪式——比如对婚礼、丧礼、拜祖先的描写,家庭成员间见面的日常礼仪也在小说中多有刻画。小说《春》中有一段对此特别细腻的描写,巴金巨细无遗地描述了一次周家对高家的拜访,包括谁说话,什么时间不同的人站起来,人们在脸上保持什么样的表情等等。在洋洋五页的宾主寒暄之后,在场的人们移到了花园里:

> 自然是周老太太走在最前面,绮霞挽扶着她。大叔太太和二叔太太跟在后面,其次是高家的几位太太,再后才是蕙和芸以及淑英几姊妹。翠环跟在淑贞背后,在她的后面,还有倩儿、春兰、张嫂、何嫂和三房的女佣汤嫂。觉新手里牵了海臣,陪着他的枚表弟走在最后。[①]

巴金以如此这般的细节来凸显高家的家庭生活是怎样地被规定了人与人之间关系和行为礼仪的家族礼法主宰着——他们对什么人当敬,什么人当敬于他们。

我们应该怎样理解高老太爷那一辈人对家族礼法的信仰?难道那不过是一种控制年轻一辈的工具?历史学家司马富(Richard Smith)认为,在被儒学影响的社会礼仪是一种"基于等级差异的和谐"被实现的过程。家族礼仪的初衷是通过令每一个男女成员依照其辈分、性别,以及如学术成就等其他特征而各有所归,从而实现家族的凝聚和统一。比如祖先崇拜会按照一个固定的模式举

---

① 《春》,《巴金选集》第2卷第96—105页,四川人民出版社1995年版。

行,年长者献祭致礼在先,更年轻的辈分们紧随其后,最后是家仆。司马富研究了大量流通于十九世纪中国的礼仪手册,士绅家庭用这些礼仪书来确保他们的家礼同步于清朝著名学者和官员们认可的正统。他还列出了很多当时流行的关于合宜的礼仪举止的重要性的说法,比如,

    有礼走遍天下,无礼寸步难行。①

  当时的许多家庭都有正式的族规或家训,由年老的尊长起草,意在永久地指导年轻族人的行为。②巴金本人的李家似乎没有这样的一个书面文件,但是毫无疑问李家子弟在成长过程中已经潜移默化地受到了这些规则的影响。根据巴金的回忆录,他印象中自己第一次被平日里慈爱的母亲责打就发生在他六、七岁的时候,由于他在为祖父祝寿时不肯乖乖磕头。③

  司马富还指出,在中国历史大多数阶段,家与国的礼仪都被看作与宇宙的运动紧密相关。每个人正确履行的礼仪——从皇帝到祖父生日上的小男孩,都有益于人世的和宇宙自身的和谐。而对正确礼仪的忽略——特别是皇帝,但地位最低的臣民也相关,既会在天下造成灾祸,也是灾祸的先兆。这是当时严厉惩罚一些亲属间不端行为的逻辑和理由。四川的通俗历史杂志《龙门阵》曾发表过一篇文章讲述1916年四川矩县对一个小孩子施行水牛车裂酷刑的故事。这个七岁的小男孩不慎造成了祖母的死亡,起因是这位长辈在试图阻止小孩子偷吃为某个家族仪式准备的食物时摔倒并撞了头。由于事发地区位于重庆东北,该地当时正饱受旱灾和

---

① Richard J. Smith,"Ritual in Ch'ing Culture," in Kuang-ching Liu, ed. *Orthodoxy in Late Imperial China* (Berkeley: University of California Press, 1990), p. 287.

② 关于存在于十五世纪中国的此类族规的一个有趣代表,参见多贺秋五郎:《宗譜の研究》,(东京)東洋文庫1960年版,第604—608页;该文有英文翻译本,参见 Patricia Buckley Ebrey, *Chinese Civilization: A Sourcebook*, second edition (New York: The Free Press, 1993), chapter 54.

③ 巴金:《巴金自传》第46页,江苏文艺出版社1995年版;英文版,参见 Ba Jin, *The Autobiography of Ba Jin*, May-lee Chai, trans. (Indianapolis: University of Indianapolis Press, 2008), p. 33.

战乱,县丞接受了某些当地人的建议,认定用一种高度公开和戏剧性的方式惩罚这个小孩的不孝行为将有助于恢复失序的和谐和繁荣。这当然是一个极端的例子,而且很可能是道听途说的谣传,但它体现了家族礼仪可能怎样地在人们的头脑中与整个社区与社会的命运相连。[①]

对更加信奉理性主义的儒家学者而言,包括如四川著名的文化贤达徐子休,礼仪的功能是确保人类专注于"道"。当圣人般的行为普遍存在,则家庭秩序井然,国家繁荣兴旺,天下和平安定。合宜的行为便足矣了,用不着超自然力量的特殊干预来弥补失宜行为造成的损害。作为"激流"三部曲中冯乐山的原型之一,徐子休在巴金还年幼时便在成都组织了大成会。在徐子休的领导下,这个组织通过多种方法宣传尊孔。例如,该会说服军事头领确保地方孔庙不被拆毁。大成会还开办自己的书院教授地方子弟经典文献。[②]

小说《家》中的高太爷似乎代表了这种儒家思想的理性学派,书中描写他恼怒自己的妾陈姨太将一个巫师领进高宅,以为如此赶走鬼怪便能让他的病痊愈。但大多数生活在二十世纪初的成都人的信仰世界里混合着对儒家家族礼仪的崇拜与对佛教因果报应的接受。在此之上人们往往坚信超自然力量对日常生活的普遍影响——引发疾病、兴旺生意、求子等等。

社会学家赵文词(Richard Madsen)借用宗教学家 Charles Taylor 的概念,称这种信仰体系具有"置入型宗教"(embedded religion)的特征,"信仰置入型宗教的世界是'着魔的',充满了有好有坏的神仙鬼怪。宗教实践被用来召唤益灵、控制恶仙,既可以是出于对个人及其社区物质层面健康和繁荣的考量,也可以是出于任

[①] 黄文轩:《民国五年矩县五牛分尸案》,见《龙门阵》1996 年第一卷,第 30—36 页。为了证明这个故事的真实性,黄文轩引用了档案材料以及他对行刑目击者的采访。他解释说,行刑者将爆竹绑在水牛尾巴上,点燃的爆竹驱动受惊的水牛四处奔逃。

[②] 吴绍伯:《毕生从事教育事业的徐炯》,见《四川近现代文化人物》第 277—284 页,四川人民出版社 1989 年版。

何其他现世救赎的目的。"①

对于高老太爷来说,家族礼法的存在旨在养成家庭成员的道德并教育他们如何与彼此、甚至与祖先相处,以此达致人类社会的和谐。但家族礼仪中蕴含的许多儒家道德准则,比如孝敬尊长,也可以被利用以支持某些被认为可以维持家庭周遭非物质世界之和谐的仪式的存在。在小说《家》中,由于觉慧阻碍巫师为高家病重的老太爷捉鬼,陈姨太认定觉慧是不孝顺爷爷的孙儿,认定他一心盼着祖父死。觉慧则质问同来讨伐的叔父高克明的正统儒家思想,质问熟读圣贤书的他怎能容忍陈姨太妄谈鬼祟。羞愧难当的克明撤退了,侧面地承认他对陈姨太端公捉鬼的配合是出于对被披上不孝之名的恐惧。②

文学评论家周蕾(Rey Chow)认为,巴金对诸如《家》尾声处高老太爷的丧礼之类的家族礼仪和习惯的描写,是基于作者的一种假设,认为这些仪式是一个濒临死亡的文化的陈腐残余,对其中的任何参与者都毫无意义。周蕾写道,巴金把这类仪式写得,如同"某种具有异国情调的人类学的发现,于是一种古老的风俗被放在了聚光灯下,但不是为着它在原生情境中承担的意义,而是冲着一种错位的效果———一种好像初逢某种荒诞的奇观的效果。"③三部曲中高家的叔父婶婶这一辈人显然只是在家族仪式上做做样子,

---

① Richard Madsen, "Secularism, Religious Change, and Social Conflict in Asia," in Craig Calhoun, Mark Juergensmeyer, and Jonathan VanAntwerpen, eds. *Rethinking Secularism* (Oxford: Oxford University Press, 2011), pp. 248—269. 引言见该文第 252 页。

② Nathan K. Mao 在他关于"激流"三部曲的一章中指出了这一点。见 Mao, *Pa Chin* (Boston: Twayne Publishers, 1978), pp. 95—96.

③ Rey Chow, in *New Literary History* 39, no. 3 (Summer 2008): 565—580. 这篇文章已被翻成中文,见周蕾,"翻译者,背叛者;翻译者,哀悼者(或跨文化对等的梦想)",史晓洁翻译:《新文学史》第一辑,[美]芮塔费尔斯基(Rita Felski),浙江大学出版社 2013 年版,第 116—131。本文章利用的这一段是由马翎翻译的。周蕾还在她的书中讨论了《家》,见 *Women and Chinese Modernity: The Politics of Reading between East and West* (Minneapolis: University of Minnesota Press, 1991).

巴金的确嘲讽了那些女眷们在高老太爷丧礼上举止。他也表达得很明白，众位婶婶赞同陈姨太的意见将快要临盆的瑞珏迁出公馆，不是因为她们相信"血光之灾"会搅扰已逝的大家长，而是因为这种安排让她们有机会显得像正直恭敬的儿媳。同时她们也乐于借此让觉新和他的兄弟们——那些她们认为对尊长不够恭从的年轻人们，痛苦忧烦。

周蕾很敏锐地将人们的思考引向巴金对家族礼仪和风俗信仰的处理，指出在巴金笔下它们是"荒诞的奇观"和"前现代的野蛮"。巴金令读者对他青春时期的成都产生一种错觉，似乎只有那些大权在握的（如高老太爷）或是无知无识的人（如姨太太和女佣）才理解和依赖这类做法和信仰。事实上即使像吴虞这样貌似激进的打倒偶像崇拜的人物，为着挽救将逝的发妻也曾向祖先祷告。① 然而，巴金本人对家族礼仪并非仅一味攻讦。与老太爷刺耳的丧礼形成对比的是在小说《秋》中巴金对觉新为死去的表妹周蕙进行长期抗争的描写。书中觉新坚持周蕙冷酷的夫家必须妥帖地安葬死者，以此告慰死者的亡魂和蕙尚在人间的祖母。故事的叙述者和觉新身边比他更为激进的同辈们都把他的这一行动看作是宝贵的、甚至是充满英雄气概的事情。

或许一个更公允的看待巴金的方式是不要把他解读为一个审视着某种具有异国情调的文化之衰亡的人类学家，而是把他视作中国道德思想一个分支的代表。这一派思想至远可上溯到孔子本人，批评机械刻板的礼仪比没有礼仪还要糟糕。② 小说《秋》中觉新的痛苦难当是由于周蕙的灵柩久久不得安葬，他无法适当地在死者的墓前表达自己失去表妹的悲伤。但当真心的尊敬和爱原本就不存在时，比如在高家的女眷和老太爷之间，那么为了合理地抒发尊敬和爱意而制定的礼仪也必定不能达成其效。对于这一点，作

---

① 详见日记1917—10—18、1917—10—24、1917—11—17及1917—11—19（吴虞妻子逝世于此日）等条。《吴虞日记》第1卷第350—352页、第355—356页，四川人民出版社1984年版。

② Kai-wing Chow, *The Rise of Confucian Ritualism in Late Imperial China: Ethics, Classics, and Lineage Discourse* (Stanford: Stanford University Press, 1994).

家林语堂曾在其发表于 1936 年的一篇英文文章中谈及——或许林语堂正是有感于周蕾所批评的小说《家》中的那个场景。他的评论出现在一篇据他称——以他惯常的刻薄而戏谑的笔调,旨在以比较的视野分析中国幽默的文章中:

> 我曾仔细研究过这种中国式的幽默,并发现了调制这种幽默的配方。那配方的要旨便是只求外部形式而全然不顾其实际内容。中国人的幽默是中国式的形式主义的结果。当人为的外部形式被一味坚持,中国人便看透了这形式的空洞而乐于幽默地对待它。另一方面,只有当一种文化中的形式与情绪趋于一致时,人们才更有可能严肃些地对待形式。西洋的葬礼可以严肃得起来,因为西洋葬礼的形式和情绪的区别要小得多。中国人的葬礼却非如此。大量只求形式的滑稽因素混在里面,任谁也得把葬礼当作轻喜剧。正好像,若是你教儿媳在一声令下后对着棺材嚎啕大哭,数到十,又教她戛然而止,你怎能希望这个儿媳或仪式的主人不把它当作一出闹剧呢。儿媳妇当然可以在哭嚎后的下一分钟便转过身去,对着她的小宝宝微笑了。①

林语堂属于一种受儒家思想影响的、对形式主义的礼教进行批判的评论家。而我认为巴金也是。比起对于没有真正悼丧者的丧礼,他们普遍的对由巫师执行的"迷信"更感不能容忍。②

司马富指出礼仪的另一个重要方面也在中国文化中产生了影响:其美学的特征。③像高老太爷这样的绅士倾注了大量的时间和金钱在诗词、戏剧等文化追求上。家族礼仪无疑也蕴含着诗词和戏剧的特点,特别是精心安排的家礼,的确是可以调动各种情绪

---

① Lin Yutang, "Chinese Realism and Humour," in *The Little Critic* vol. 1 (Shanghai:The Commercial Press,1936), pp. 86—95. 此段引文由本文译者翻译。

② 关于"迷信"这个概念如何在一个二十世纪初期中国城市受过教育的青年间散播的有趣讨论,参见 Shuk-Wah Poon, *Negotiating Religion in Modern China:State and Common People in Guangzhou*, 1900—1937(Hongkong:The Chinese University of Hong Kong Press,2011).

③ Richard J. Smith, "Ritual in Ch'ing Culture," p. 290.

的。巴金似乎意识到了礼仪的这个面向。小说《家》中的丧礼场面,按照巴金的描写,应当可说是糟糕的剧场。与此不同,巴金笔下《家》开头处的除夕聚餐则是一个真正富有感情的、欢欣的情景,全家四代一道享用年夜饭的仪式反映了高公馆里太过短暂的和谐时刻。而这正是高老太爷曾为之劳碌与活着的目标。

  总结起来,我认为对巴金的"激流"三部曲从成都历史的角度进行细致的考察将会丰富我们对小说的理解。这样同时也让我们得以评估巴金的小说在多大程度上反映了那个他年少时在成都经历过的"五四"时代。正如上文对于巴金笔下家族礼仪的简论表明的,尽管巴金抨击运用礼教为压迫别人的用具,他本人也深深地受到了儒家理想的影响。礼教在二十世纪一、二十年代的成都组织着士绅们的家庭生活,但未必因此一定制造着不幸的家庭。旧士绅的文化当时正在经历着被年轻一代遗弃的过程,但这种文化并非巴金描述得那样腐朽不堪、道貌岸然。

(马翎 译)

黄长华

"一种比艺术更有力的东西吸引着我"
——巴金与小说写作

  成为"作家"不是巴金的理想,他从探索人生出发走上文学道路。巴金在特殊的情境下提笔创作——早年接受无政府主义思想启蒙并将之逐步内化为坚定的信仰,希冀变革社会的理想遭遇挫折之后方才选择以"写作"方式来发泄理想失意的痛苦——这种为着信念而写作的方式决定了巴金对文学、艺术始终有自己的一份见解。从事文艺创作的人,大多对文艺怀着敬爱与信仰之情,巴金却很是特别,极力否定对"大多数人民的痛苦和希望"不起作用的艺术,偏激地否定对老百姓疾苦起不到实际改善作用的传统文化,曾说:"我最近在北平游过故宫和三殿,我看过了那些令人惊叹的所谓不朽的宝藏,我当时有这样一个思想:即使没有它们,中国绝不会变得更坏一点"①。甚至阅读文学作品时,他从中提取的往往不是审美感受而是信念启迪,诸如狄更斯的小说《双城记》,巴金自觉最忘不了的,是"那个为了别人幸福自愿地献出生命从容走上断头台的英国人","他以身作则,教我懂得一个人怎样使自己的生命开花";犹如《战争与和平》、《水浒传》等名著,围绕人物命运巴金得到的认识是"生命的意义在于付出,在于贡献;不在于接受,不在于获取"②。巴金的写作,有偏离文学、偏离艺术的一面,排斥为艺

---

  ① 巴金:《电椅·代序》,《巴金全集》第9卷第295页,人民文学出版社2000年版。
  ② 巴金:《我的"仓库"》,《巴金全集》第16卷第513页。

本文作者在第十一届巴金学术研讨会上发言

术而艺术,甚至晚年,总结创作经验时,他也是忽略审美的艺术技巧而只强调写作的现实功用,"我想来想去的只是一个问题:怎样生活得更好,或者怎样做一个更好的人,或者怎样对国家、对社会、对人民有贡献"[①]。在作家当中,更是少有人像巴金这样,多次否定自己的"作家"身份、否定艺术,"我不是一个艺术家。人说生命是短促的,艺术是长久的。我却以为还有一个比艺术更长久的东西……艺术算得什么?假若它不能够给多数人带来光明,假若它不能够打击黑暗"[②]。可以说,在"写作为什么"这一点上,巴金是典型的实用主义者和写实主义者,强调文章应该能"引起人对光明爱惜,对黑暗憎恨",他推崇的是文学对社会人生的积极、正面的影响力。

---

① 巴金:《探索之三》,《巴金全集》第 16 卷第 181—182 页。
② 巴金:《电椅·代序》,《巴金全集》第 9 卷第 295 页。

作家把心交给读者

　　巴金写小说的目的是为着"抒情",抒发他从生活实际中得到的启发和心声,以代替他的"不善于讲话,有思想表达不出,有感情无法倾吐"①。更经常借助"序"或"后记"阐明创作时的感性逻辑和情绪体验,读者经常读到这样的坦白:"如果《复仇》是我的悲哀,我的眼泪,那么这一册《光明》就是我的诅咒了"(《光明·序》);"我写文章,尤其是写短篇小说的时候,我只感到一种热情要发泄出来,一种悲哀要倾吐出来。……我是为了申诉、为了纪念才拿笔写小说的"(《我的自剖——给〈现代〉编者的信》);"但是我仍旧爱这篇小说,就像爱我的其他的作品。因为它和我的别的作品一样,里面也有我的同情,我的眼泪,我的悲哀,我的愤怒,我的绝望"(《砂丁·序》);"××:我把我的第三本短篇小说集献给你,同时,请你听听我这个孤寂的灵魂的呼号吧"(《电椅·代序》);"我写的是感情,不是生活。所以我用不着像工笔画那样地细致刻画,在五千字里面写出当时普通中国人的生活,我只需要写出一个普通中国人的感情"(《谈我的短篇小说》)……这里面,最多的一个字是"我","我"的情绪,"我"的热情。巴金用写作来代替言说,他迫切地希望读者了解其全部的情感和意图。

　　因此,巴金强调"作家把心交给读者"②,认为作家应将本真的人格性情贯注到作品中,然后交由读者检验并感染读者。在这一点上,与巴金同时代的作家多有持同样的观点的。冰心年轻时作《文学丛谈》,认为"无论是长篇、是短篇,数千言或几十字,从头至尾读了一遍,可以使未曾相识的作者,全身涌现于读者之前,他的才情气质人生观都可以历历的推知,这种的作品,才可以称为'文学',这样的作者,才可以称为文学家!"③也提到了真正的"文学"

---

① 巴金:《文学生活五十年》,《巴金全集》第20卷第559页。
② 同上书,第562页。
③ 冰心:《文艺丛谈》,《冰心论创作》第115页,上海文艺出版社1981年版。

应是写作者"才情、气质、人生观"的体现的问题。但巴金更看重"读者",他的写作,一方面联系着自身,为抒发内心情感、信念而作,另一方面联系着读者,为感动读者而作。

在巴金看来,真正能够打动读者的,不是华丽的文辞,亦非高超的技巧,而是文章的"真诚"、"朴素"。"真诚"既是作者的真实想法的袒露,亦是认真谨慎地对待读者,而"朴素"即不加修饰地表述。巴金丝毫不掩饰他对技巧,尤其是做作的、人为的技巧的厌恶,他常以此自喻:长得好看的人用不着浓妆艳抹,而长得丑的人,不打扮,还顺眼。与经典性文学作品之所以流传靠的是技巧的观点截然相反,巴金宣称"艺术的最高境界,是真实、是自然、是无技巧"[1],他说"我写小说从来没有思考过创作方法、表现手法和技巧等等问题"[2],表现在文本上,其作品朴素、单纯、明朗,以至于有评论者认为巴金小说不适合形式主义批评。

对于大多数中国作家、尤其是置身于争取民族生存的非常时期的现代作家而言,关心现实多于关注技巧,对他们来说,作品中的生活才是中心,思想内容处在第一位,技巧退居第二位。巴金倡导朴素地表达思想,但对待写作,他仍然苦心经营。他自谦地说"每个作家都有自己的写作经验。写熟了就有办法掩盖、弥补自己的缺点,突出自己的长处"[3]。而从他为数不多的涉及构思、技巧的考虑的创作谈中——如,"我偶尔也把个人的经历加进我的小说里,但这也是为着使小说更近于真实。而且就是在这些地方,我也注意到全书的统一性和性格描写的一致"[4];"我最后一次决定了《家》的全部结构。我把我大哥作为小说的一个主人公"、"我写觉新、觉民、觉慧三弟兄,代表三种不同的性格,由这不同的性格而得到不同的结局"、"我的眼睛笼罩着全书。我监督着每一个人,我不放松任何一件事情。好像连一件细小的事也有我在旁做见证"[5]——我们仍然可见巴金在写作过程中之于形式技巧方面的用

---

[1] 巴金:《探索之三》,《巴金全集》第16卷第183页。
[2] 巴金:《文学生活五十年》,《巴金全集》第20卷第569页。
[3] 巴金:《探索之三》,《巴金全集》第16卷第183页。
[4] 巴金:《爱情的三部曲·总序》,《巴金全集》第6卷第4页。
[5] 巴金:《〈家〉十版代序》,《巴金全集》第1卷第444—445页。

心。而且，从艺术手段和艺术形式来看，巴金的小说始终围绕"家庭"形态和知识分子的命运展开，通过情调渲染、人物情感抒发和心灵世界外化等艺术手段推动故事情节的发展，在继承中国传统小说重视情节、线索明晰、故事丰满的特点的同时，又汲取西方小说凸显人物内在心灵的特点，将激情注入文字间，深入挖掘人物、社会的本质真实。其中长篇小说融合了浪漫主义的激情表述和现实主义的精细刻画两种形态，从素材上看既涉及"革命小说"、"爱情小说"、"家族小说"、"家庭小说"类型，从文体看又涉及"心理小说"、"写实小说"、"抒情小说"等类型，而且，不同类型小说在同一创作时期又有交叉呈现的情况，都显示了巴金在小说技巧与叙事形式方面的多重探索。唐金海对此就认为"虽然巴金不厌其烦地一再声称自己'不是文学家'，……但巴金依然在长期的创作实践中，在文体创造、叙事方式和语言风格上，形成了自己的特色"[①]，也因此，李存光以为"在中国现代作家中，茅盾、老舍、巴金无疑是长篇小说体裁最富开拓精神的实践者和最重要的创制者"。

"我"的叙事

"用心"是巴金写作的态度，"艺术的最高境界是无技巧"是其原则，因此阅读巴金小说文本，第一人称叙事模式及小说文本的亲切真实都给人留下深刻印象，而这，往往也是巴金小说予形式主义批评者以诟病的地方：有激情，无技巧。

第一人称叙事在巴金小说中非常突出，20部中长篇小说中，采用第一人称叙事模式的就有《新生》《海的梦》《春天里的秋天》《利娜》《憩园》《第四病室》等六部，而他的短篇小说，大多数采用第一人称叙事。据不完全统计，巴金15个短篇小说集计89篇中，采用第一人称叙事的总在7成以上。（详见表1）

[①] 唐金海：《近百年文学大师论》，《复旦学刊》2005年第5期，第187页。

表1

短篇小说集	总篇数	第一人称叙事篇数	所占比重
《复仇》	14	13	92.9%
《光明》	10	8	80%
《电椅》	7	4	57.1%
《抹布》	2	2	100%
《将军》	11	4	36.3%
《沉默》	7	1	14.3%
《沉落》(实为3篇)	5	3	100%
《神·鬼·人》	3	3	100%
《长生塔》	4	4	100%
《发的故事》	4	3	75%
《还魂草》	3	3	100%
《小人小事》	5	5	100%
《英雄的故事》	4	3	75%
《明珠和玉姬》	2	2	100%
《李大海》	7	6	85.7%

以上数据更可以说明一点，巴金特别偏爱第一人称叙事，对此，他解释说"……譬如你说我避难就易地在手法上取巧，常用第一身讲述故事的形式，这是我没法否认的"[1]，"我喜欢用第一人称写小说，倒是因为自己知道的实在有限。我知道的就提，不知道的就避开，这样写起来，的确更方便"[2]。

第一人称叙事借助叙述者"我"的所见所闻讲述故事，真实性和亲切感是此类小说的最大优点。读者阅读这类小说会有听朋友讲故事的亲切。巴人就说"这个第一人称'我'的感情也很容易浸沉在所描写的人物身上……往往很容易将这个第一人称的'我'的同情或憎恶和'我'的是非观点带给读者，增加作品的吸引力"[3]。

---

[1] 巴金：《我的自剖》，《巴金全集》第12卷第242页。
[2] 巴金：《谈我的短篇小说》，《巴金全集》第20卷第521页。
[3] 巴人：《略谈短篇小说六篇》，《文艺报》1959年第1期。

用第一人称直接讲述自己的故事或者借助"我"的叙述写出另一个人的悲剧是巴金短篇小说最常采用的形式。其第一部短篇小说集《复仇》,除《丁香花下》一篇外,其余的13篇皆以第一人称写成,或自叙或他叙。《抹布》集中的《杨嫂》、《第二的母亲》、《神·鬼·人》中的《神》、《鬼》、《人》及《小人小事》中诸篇皆以底层劳动者、普通人的平凡生活为表现对象。其中的故事平常无奇,文本却自有一种打动人心的朴素平淡的美,皆源于小说叙述者以第一人称"我"的视角,通过"我"的切身观察和感受来讲述小人小事,在讲述过程中给予读者真实事件的温度和同情的亮色。

巴金的第一人称叙述以个体体验为中心,将叙述者自我的欲望、情感和思绪倾诉出来,能给阅读者以极大的艺术感染力。中篇小说《春天里的秋天》以叙述者"林"自述的方式,展开"林""瑢"之恋从热恋至死别的整个过程。文中一方面从"林"的角度,描绘一个喜忧无常、心事重重、琢磨不透的"瑢"的形象:"她常常把别人逗得心上心下,着急得无可奈何,她自己却装出若无其事的正经样子";当听到"林"的大哥自杀的消息时她立即陷入感伤低落的情绪中;"她的花明明在她的身边",她却反复追问:"你们把我的花拿到什么地方去了呢?"爱喝像血一样的酒,甚至脸上笑的时候也时常有泪,问询的声音里常有叹息……所有这一切"林"所不解的"春天中的秋天"的阴影,皆是因为"瑢"深陷于爱情之中、以爱为生命,对封建家庭对自由恋爱的威胁心存担忧的缘故;另一方面,又通过"林"的自叙,将恋爱中人的担忧、猜疑、喜悦、热情、决心、期待等百感交集的心理交代得非常细腻,可感可触。而文本采用的固定内聚焦第一人称模式将"林"眼中对对方的不解及内心倾诉并置,凸显了青年人的忧伤和封建势力的强大,具有强烈的艺术感染力。

其实,叙事文本不外乎以第一人称或第三人称叙述故事(有些作品偶尔采用第二人称),所以,当布斯说出:"说出一个故事是以第一人称来讲述的,并没有告诉我们什么重要的东西,除非我们更精确一些,描述叙述者的特性如何与特殊的效果有关"[1]时,是在提

---

[1] 布斯:《小说修辞学》第168页,华明、胡晓苏、周宪译,北京大学出版社1986年版。

醒我们透过简单的人称叙事、叙述者的聚焦点去探究叙述者的立场及叙述效果等有意味的问题,而巴金小说中的第一人称叙事具有以下特征:

(1)多重叙述者类型。叙述者具有叙述、组织、见证、评论、交流等功能[1],是真实作者想象的产物。巴金文本常常设置不止一个叙述者,他们活跃在文本的不同场合和不同层次。作于1930年的《复仇》围绕"人生最大的幸福是什么"话题,主要讲述犹太人福尔恭席太因因妻子在反犹运动中被残害而向刽子手鲁登堡、希米特复仇的故事,小说围绕"复仇故事"的核心设置了三个叙述层次,分别由"我"、医生、福尔恭席太因各以第一人称"我"的口吻讲述"我"所参与的故事、"我"(医生)亲眼见识的故事和"我"(福尔恭席太因)的故事("我"讲述发生在比约席别墅的争论、医生讲述其亲眼所见"福尔恭席太因"自杀事件、福尔恭席太因以"遗书"形式讲述复仇始末及其心路历程),吸引"我们乃至我们以后的各代读者都可以反复阅读并参与到对'幸福'这个话题的讨论中"[2]。1940年代的《憩园》是一部体现巴金对家庭问题作出新思考及在艺术技巧方面作出新探索的作品。小说以叙述者黎先生回到阔别十多年的故乡、偶遇昔日同学姚国栋并应邀入住"憩园"为发端,讲述发生在憩园的新、旧主人两个家庭中的悲剧故事。小说完全遵照叙述者"黎先生"的所见所感组织故事,非黎先生亲眼所见的事件必定经由黎先生这一媒介方予呈现,从文本整体上看,也是典型的第一人称内聚焦叙事。小说意在探讨"生活的真实"[3]是什么,而人的复杂性格又是由多少个面组成的,因此,读者会发现,文本在不同场合和不同层面设置了多个叙述者:黎先生是小说第一层面的叙述者,他是姚、杨两家生活的见证者,又是两家故事的总叙述者,他先是从旁观察两家人生活的旁观者进而不知不觉介入两家人的生

---

[1] 胡亚敏:《叙事学》第52页,华中师范大学出版社2004年版。
[2] 刘俐俐:《这个现代经典短篇小说文本分析》第175页,北京大学出版社2006年版。
[3] 1980年巴金在与复旦大学几位教师的谈话中,谈及"我今天还是比较喜欢它(《憩园》)。它是真实的"。参见汪应果:《巴金论》第186页,复旦大学出版社2009年版。

活,引出了小说的第二个层面"憩园的旧主人杨老三是一个怎样的人";在第二层面,姚国栋、李老汉、老文、寒儿分别以"我"的视角叙述了各自眼中的杨老三。两个叙述层面的多个第一人称叙述在语义上形成互补关系,使姚、杨两家平淡无奇的家庭故事有了内在的曲折多彩和扣人心弦,也使杨老三"一面在忏悔一面在堕落"的复杂性格予以更好的表现。

(2) 存在由第一人称自叙向第一人称他叙转变的趋势。因叙述者与其所述内容的关系,第一人称又区分为"第一人称自叙"("我"讲述自己的故事)和"第一人称他叙"("我"讲述别人的故事)两种。单以短篇小说来看,1933年《电椅》集之前,巴金的短篇多第一人称自叙模式,此后,巴金的短篇则多为第一人称他叙之作。自叙之作与他叙之作可从"描述人物心理"一点上加以区别,自叙之作能自述其事、自抒其感,较之他叙作品更深入人物的精神世界。《复仇》等集中的《父与女》、《爱的摧残》、《爱的十字架》、《狗》、《我的眼泪》、《我们》、《父与子》等都是第一人称自叙作品,或通过书信体日记体形式详尽其事,或让既是故事人物又是叙述者的"我"尽情宣泄胸中郁积。第一人称自叙形式,使得文本"情节多数并不复杂,故事呈单线发展,如行云流水,流畅自然"[①]。同时,巴金《复仇》、《光明》、《电椅》三集中的短篇小说又多套盒式结构,有内外两重叙述层(如《复仇》一篇,则有三重叙述层),外重是引子,或他叙或自叙;内重则是主体,为自叙。《复仇》叙述的外二重,是"我"、医生分别讲述别人的故事,核心的内重则是福尔恭席太因以"遗书"方式讲述自己的复仇故事。《狮子》一文,小说开头、结尾,即以学生们(包括"我")对学监莫勒地耶的态度作为框架,主体部分则是莫勒地耶讲述自身贫穷而痛苦的生活。莫勒地耶第一人称的自我叙述充满着屈辱和痛苦,以及对社会不公的愤怒,"狮子饿了的时候,它便会怒吼起来。我现在饿了,我的心饿得颤抖了,我的口渴得冒火了。我不能再忍下去,我希望我能够抖动我的鬃毛,用我的指爪在地上挖成洞穴,张开我的大口怒吼。我希望我能

---

① 汪应果:《巴金论》第107页,复旦大学出版社2009年版。

够抓住我的仇人撕出他的心来吃……"。此外,《哑了的三角琴》、《不幸的人》、《洛伯尔先生》《墓园》、《初恋》、《奴隶底心》、《好人》、《爱》等亦是主体第一人称自叙之作,文本因人物的自我倾诉性、心灵世界的细腻展现而获得感人的力量。

而1933年4月《抹布》集以后的短篇,虽有个别作品、如《幽灵》等属第一人称自叙之作,但绝大多数第一人称小说皆为"他叙",叙述者以"我"的视角讲述他人故事。由表1可见,《抹布》以后(包括《抹布》集),第一人称现象在巴金小说中更为常见。《神·鬼·人》《长生塔》《发的故事》《还魂草》《小人小事》《英雄的故事》《明珠和玉姬》《李大海》诸集,第一人称叙述总在八成以上,这其中则存在由第一人称自叙转变为第一人称他叙的现象。《抹布》集中两篇小说均采用"儿童视角"。《杨嫂》的叙述者尽管是"我",却是通过"我"这个地主家庭小少爷的切身观察和感受,讲述"我"家女佣人杨嫂勤劳、善良一生却疯癫惨死的悲剧。《神·鬼·人》中的《神》《鬼》《人》,《小人小事》中的《猪与鸡》《兄与弟》《夫与妻》等作,以生活在社会底层的小人物为表现对象,讲述他们的日常生活琐事,"……不过是一些渺小的人做过的渺小的事情而已"[①]。第一人称叙述者"我"陷于内聚焦视角限制,只发挥见证人作用,仅是别人故事的旁观者和记录者,并不能进入他人的心灵世界。在此,巴金早期小说具有的第一人称自叙的自我情感倾诉的细腻和感人的描写少见了,取而代之的是对小人物生活的深沉冷静的描绘。汪应果就注意到叙述者的此种细微变化,认为1940年代"作品中的'我'的形象也没有巴金早期作品中那种'刑天舞干戚,猛志固常在'的'金刚怒目'的特点,而代之以深邃、睿智,他心中的愤愤不平至少被一种表面的'平和'遮掩住了"[②]。特别是1950年代的写作,巴金笔下的叙述者放弃自我,完全成了英雄事迹的记录者或转述者,如《一个侦察员的故事》、《爱的故事》、《副指导员》、《团圆》等作。就故事而言,叙述者"我"总是以仰望视角观

---

① 巴金:《小人小事·后记》,《巴金全集》第11卷第265页。
② 汪应果:《巴金论》第249页,复旦大学出版社2009年版。

察英雄,以崇敬话语讲述英雄故事,不仅丧失了自我个性,只满足于英雄故事的纯粹转述者的角色,而且未能进入故事主角的心灵世界。缺少了精神层面的描绘,这些英雄无形中成为平面英雄而非立体的英雄。

而在巴金所擅长的第一人称中长篇小说中亦存在从"第一人称自叙"向"第一人称他叙"转变的趋势,《新生》《海的梦》《春天里的秋天》《利娜》分别创作于1933年、1932年、1932年、1940年,叙述者以日记体或书信体形式讲述的是本人故事,《憩园》《第四病室》分别写作于1944年、1946年,两作的叙述者"黎先生"、"陆怀民"尽管各以"我"的角度,冷静讲述的却是各自所见的"憩园"故事和"病室"故事。

"文学形式的重大发展产生于意识形态发生重大变化的时候。他们体现感知社会现实的新方式以及艺术家与读者之间的新关系"[1],作家笔下艺术形式的变化密切联系着他感知社会现实的新方式。巴金小说叙述形式由第一人称自叙向第一人称他叙渐次转变的过程,也是巴金对理想与现实的关系重新加以梳理的过程,是其内敛激情、沉潜情绪、回归现实、瞩目底层的过程。1930年代前期巴金多选择"第一人称自叙"形式,很大原因是"我的早期的作品大半是写感情,讲故事。有些通过故事写出我的感情,有些就直接向读者倾吐我的奔放的感情"[2],而到1940年前后,巴金更多将目光集中到小人物身上,关心普通人的生存困境和精神苦痛,说出他们的故事、他们的痛苦。所以,巴金在《复仇》《光明》《电椅》三集中强调的,是自己的"眼泪"、"愤怒"、"孤寂的灵魂的呼号"化为小说,但在《抹布·序》中他却说"我在这里发表了两篇被践踏、被侮辱的人的故事"[3],也可以说,巴金最初写作意在抒情,后来注重的是展示,展现底层小人物故事的本色。而到了1950年代,崭新时代的到来及生活在英雄群体中间,来自国统区的巴金产生了强烈

---

[1] 特雷·伊格尔顿:《马克思主义与文学批评》第28—29页,人民文学出版社1980年版。
[2] 巴金:《谈我的短篇小说》,《巴金全集》第20卷第519页。
[3] 巴金:《抹布·序》,《巴金全集》第9卷第437页。

的克服弱点改造自身、向英雄致敬的情绪的愿望,他在《李大海·后记》中说"我执笔的时候,好像回到了九年前那些令人兴奋的日子,见到了那许多勇敢而热情的友人。我多么想绘出他们的崇高的精神面貌,写尽我的尊敬和热爱的感情"①,与这样的情绪相呼应,我们看到,巴金早期小说取的是平等视角,叙述者与故事主要人物处于同一层面,有时叙述者=故事人物,甚至成为故事人物的代言人;1930年代中后期及1940年代的写作,叙述者与故事人物虽处于同一层面,但取的是拉开距离的冷静观察的旁观立场,叙述者尽量展现人物生活原貌而不加以主观评价。而建国后,巴金文本多讲述英雄故事,叙述者成为英雄故事的转述者或接受者,与故事英雄主角的距离拉大,处于不同叙述层次,对英雄人物除了采取仰望视角、发出单向的崇敬之情和赞美之声外,二者间并不存在双向交流关系,至此,巴金小说固有的感染力已很难寻觅,只剩了平实。难怪奥迦·朗认为,巴金建国后小说虽有真实性,但"大部分质量低劣",也有批评者较为宽容,也不得不承认"巴金17年的大部分小说讲述的虽然都是令人敬佩的动人故事,但他早期小说那种真切动人的魅力却正在消失"②。

写作者、叙述者与读者之间

关于巴金小说"平淡无技巧""啰啰嗦嗦"的议论似乎从未停止,另一件事实却是,不止一代的读者被"平淡"的巴金小说所吸引,甚至有评论者也认为(巴金小说)"深深震动了他的青年读者的心弦,引起他们的共鸣"③,崇尚写作无技巧但文本极吸引读者,故事平淡却能令阅读者感动,是什么让被阅读的巴金文本生动起来富有吸引力?布斯认为,每部小说本质上都是作者精心控制读者的体系,"每一部具有某种力量的文学作品——不管它的作者是否

---

① 巴金:《李大海·后记》,《巴金全集》第11卷第599页。
② 辜也平:《巴金创作综论》第305页,福建教育出版社1997年版。
③ 转见艾晓明:《青年巴金及其文学视界》第342页,四川文艺出版社1989年版。

头脑里想着读者来创作它——事实上,都是一种沿着各种趣味方向来控制读者的涉及与超然的精心创作的体系"[1],如此一来,也许我们可以注意到巴金的重视读者接受,善于调节写作者、文本与读者之间的距离以便将读者的阅读焦点集中于故事人物的生活悲剧、尤其集中于人物的心灵世界的叙述策略,我们会发现巴金文本平淡趣味之下隐藏着的争取读者信任的体系。

首先,巴金小说文本善于缩小真实作者与读者之间的叙事距离,通过叙述"非虚构事件"来营造文本的真实感和亲切感,以生活本质和真挚情感打动读者。这里所谓的"叙事距离"指的是"主体与客体,主体与主体之间在时空、情感、道德、认识等方面的间隔、差异、认同"[2],距离近意味着二者之间接受、认同、相接近的关系,距离远则意味着二者相互排斥、反感、疏远的关系。作者如何对待所叙述事件是能否取得读者信任的关键因素。如果作者对其笔下人物、事件充满感情,全情投入,读者自然就容易受其影响,对所述事件表示信任、认同,文本的感染力自然就强;反之,作者如果对人物、事件保持客观冷静的态度,无形中也在暗示其读者对故事要适当保持冷静客观的立场,不要轻易相信表面的叙述。

何种方式能让真实作者与读者之间的距离最短?巴金的答案是:写真实,说真话,抒真情。他说"我不是一个冷静的作者。……我在写作的时候也有我的爱和恨,悲哀和渴望的。……所以我坦白地说《家》里面没有我自己,但要是有人坚持说《家》里面处处都有我自己,我也无法否认"[3],这样强调自己与生活原型之间关系密切的话语巴金重复了许多次,在各种《序》《后记》中,巴金总是谈到自己从生活经历和周遭现实中提取故事和人物原型,他写《寒夜》和汪文宣,意在"替知识分子讲话,替知识分子叫屈诉苦"[4],作为真实作者的巴金与其笔下生活、人物紧相联系,可谓"在作品中生

---

[1] 布斯:《小说修辞学》第137页,华明、胡晓苏、周宪译,北京大学出版社1986年版。
[2] 李建军:《小说修辞研究》第132页,中国人民大学出版社2003年版。
[3] 巴金:《关于〈家〉》,《巴金全集》第1卷第445页。
[4] 巴金:《关于〈寒夜〉》,《巴金全集》第20卷第690页。

活",甚至宣称"我的作品便是一份一份的'思想汇报'。……我看到什么,我理解什么,我如实地写了出来"①。他更强调作家真实地表达自己思想感情的问题,将自己不同时期的思想感情无所隐瞒地加以袒露,"我喜欢用作者讲话的口气写文章,不论是散文或者短篇小说,里面常常有一个'我'"②。巴金就是这样,以"写真实,说真话"赢得读者的信任,读者阅读巴金小说文本,即是与作者巴金面对面,经由巴金小说中蕴含的真挚情感去感受真实作者巴金的真实情感。

而作为写作者的巴金又坚持去伪饰、唯真实,缩短文本中隐含作者与真实作者的思想距离、认识距离,将自身的思想认知、道德立场融汇于文本中,读者常常因此将文本中的隐含作者等同于真实作者巴金。

何谓"隐含作者"？隐含作者是真实作者在文本中的自我形象,是真实作者的第二自我,通过叙事文本显现出来,直接表现为文本的思想倾向和道德意识。隐含作者与作者之间的关系会影响读者的阅读接受,如果二者之间观点、倾向相接近,距离小,读者会认为文本观点是真实作者意见的表露,这是一部真诚的、真实的书;反之,隐含作者与真实作者之间分歧大,观点相左,距离远,则会引发读者更多的质疑和思考。以《家》为例。小说通过展现四代同堂的高公馆的家庭历史,通过以觉慧为代表的青年一代如何认清封建家庭本质、与之抗争、进而打破枷锁走出高家的故事表现"一股生活的激流在动荡"(《〈激流〉总序》);在情节构成方面,小说设置了两组年轻人(高觉新与钱梅芬、李瑞珏;高觉慧与鸣凤)的爱情悲剧、三位青年男性(觉新、觉民、觉慧)的人生选择和不同命运、以及三位身份性格各异而结局相似的女性(瑞珏、梅、鸣凤)的遭遇,深刻地揭露封建家族制度的罪恶及封建礼教的吃人本质。文本中的隐含作者的生活认识、情感倾向恰如真实作者巴金反复强调的那样:"所以我要写一部《家》来作为一代青年的呼吁。我要

---

① 巴金:《再谈探索》,《巴金全集》第16卷第177页。
② 巴金:《谈我的"散文"》,《巴金全集》第20卷第537页。

为过去那无数的无名的牺牲者'喊冤'!""我所憎恨的并不是个人,而是制度"[1]、"在我所有的作品里面我认为有罪的是制度。倘使有人问:是人坏还是制度坏？我的回答自然是'制度坏'"[2],与真实作者何其相近。《家》中隐含作者与现实作者的思想认识如此相似,以致有人认为"激流三部曲"中的叙述者可以看作"作者型叙述者"[3]。隐含作者与真实作者的近距离化让读者在阅读过程中对文本产生极大的信任感,甚至认为文本就是真实作者的化身,对真实作者所持的价值理念几乎不加思考就能接受。

其次,巴金文本善于调节叙述者与故事之间的叙述距离。巴金文本中的叙述者是具有主体意识的叙述者,其有意拉近与故事正面人物的距离,疏远反面人物,又倾向于以正面人物的思想立场来讲述故事,甚至与主要人物融为一体,借正面人物的视角来观察事件、表达爱憎、凸显主题。而叙述者深入正面人物心灵世界的叙述形式又将读者的阅读重心从故事转移到故事人物的心灵世界,无形中将正面人物形象植入读者心中。

《狮子》一篇是典型的巴金式第一人称他叙(外层)+第一人称自叙(内层)形式,以富家子弟布勒芒"我"的视角叙述故事,但绰号为"狮子"的莫勒地耶始终是故事主角。在"我"眼中,学监莫勒地耶面貌冷酷、性情粗暴,对稍有差错的学生非打即骂,"我"对其极为反感,但一次误会后,莫勒地耶罕见地向"我"敞开心扉,告以艰辛的成长经历和内心的愤怒情绪。小说内层的第一人称自叙简要概括莫勒地耶一家悲惨贫穷的生活经历外,格外集中于自叙者莫勒地耶对生活的感悟,如"生活,你们是不知道生活的。你们不知道某一些人,那许许多多的人是怎样生活的。……"一段及"我看见我的希望一天一天地远了。我自己好像陷落在一个黑暗的深渊里面,没有一条出路,没有一点生趣,……"一段,尤其是莫勒地耶发出怒吼"狮子饿了的时候,它便会怒吼起来"一段,

---

[1] 巴金:《关于〈家〉》,《巴金全集》第1卷第443页。
[2] 巴金:《谈影片〈家〉》,《巴金全集》第18卷第699页。
[3] 赵静:《〈家〉、〈春〉、〈秋〉艺术感染力之叙事学阐释》,陈思和 李存光编:《一股奔腾的激流——巴金研究集刊卷四》第179页,三联书店2009年。

真切地描述了叙述者莫勒地耶的精神苦痛与愤怒,不仅赢得"我"的理解和同情,更赢得读者的理解和同情。而外层叙述者"我"(布勒芒)的作用一方面是倾听、记录莫勒地耶的故事和倾诉,另一方面则是抒发"我"对莫勒地耶故事的体会,小说的开头和结尾,"我"对莫勒地耶遭遇的回忆和感动构成叙述的外层空间。这样一来,他叙部分和自叙部分都集中于主人公莫勒地耶的遭遇和感受,叙述者主动贴近主人公之间,读者的注意力因此集中于人物处境的悲惨及人物发自内心的对不公平命运的愤怒情绪上(而非人物性格的塑造上)。这一点,正是巴金小说文本"抓住读者的灵魂"[①]的魅力所在。

叙述者与故事之间保持距离有赖于叙述者冷静、客观的故事外叙述,但巴金文本中的叙述者却不是如此。叙述者尽管眼观六路、耳听八方,善于做居高临下的全景式鸟瞰,却经常与故事主要人物有着特殊关系:常与之处于同一层面,并将一己爱憎融入叙述中,亲昵地称呼他所偏爱的年轻人为"觉慧""觉新""琴",甚至让正面人物成为叙述视角的承担者。《灭亡》中,叙述者时常潜入杜大心世界,以杜大心视角观察汽车撞人的惨案发生以后街市上的平静、包括张为群的被杀;《家》叙述者则常常是觉慧的代言人,以觉慧的思想意识、价值取向支配故事,评判其他人物的功过是非,借此引导读者同情、理解、认同正面人物。巴金文本里的叙述者,是介入故事、有较强主体意识的非客观型叙述者,叙述者不介意表露对故事的关心和介入,以对正反两派人物的爱憎感情统辖全篇,影响读者对故事、对故事人物的接受,以此引导读者信赖叙述者及其所述事件。

李健吾认为"一个伟大的作家,企求的不是辞藻的效果,而是万象毕呈的完整的和谐。他或许失之于偏,但是他不是有意要

---

① 巴金在《〈蜕变〉后记》一文中称赞曹禺剧本具有"抓住了我的灵魂"的力量。对感情因素的强调,注重主观情感的抒发,既是敏于思讷于言的巴金的气质标识,也是巴金叙述的技巧和归宿。巴金创作的这一特色得到许多论者的关注,袁振声《巴金小说艺术论》曾提及,辜也平亦曾用"心灵的表白"概括《灭亡》的写作。

'偏',这只是他整个人格的存在"①,巴金对于小说,企求的并不是辞藻的效果,他甚至有意放弃华丽辞藻和技巧,转而追求文本的朴素与和谐、思想的现实针对性,正如他反复强调"我不是用文学技巧,只是用作者的精神世界和真实感情打动读者,鼓舞他们前进"②,这一点,也许才是巴金小说写作的本质所在。

---

① 李健吾:《九十九度中——林徽因女士作》,《咀华集·咀华二集》第33页,复旦大学出版社2005年版。
② 巴金:《〈探索集〉后记》,《巴金全集》第16卷第273页。

田悦芳

巴金小说的时间意象

中国的叙事文学是一种高文化浓度的文学,"这种文化浓度不仅存在于它的结构、时间意识和视角形态之中,而且更具体而真切地容纳在它的意象之中。研究中国叙事文学必须把意象以及意象叙事方式作为基本命题之一,进行正面而深入的剖析,才能贴切地发现中国文学有别于其他民族文学的神采之所在,重要特征之所在。"[1]具体说来,"意象"是指小说文本中具有形象可感性、丰富的情感与意义层面,并能够超越时空限制而沟通各种文化要素的文学符号,它包含两个方面的特征,一是独立自足性,二是超语言性。[2]巴金小说中的时间意象运用很独特,我们对这些反复出现的意象的"无意识结构"的分析,可以发现意象与作家时间意识之间

---

[1] 杨义:《中国叙事学》(图文版)第277页,人民出版社2009年版。

[2] 所谓独立自足性是指意象作为一种文学符号,既要本身形式与意义之间具有一定的对应性,又要具有独立的表现性,是事物本身固有的客观上与人类情感相通的特征。这类似于格式塔心理学所说的"异质同构"关系,正如阿恩海姆所说:"那些不具意识的事物——一块陡峭的岩石、一棵垂柳、落日的余晕、墙上的裂缝、飘零的落叶……都和人体具有同样的表现性。"(可参见[美]鲁道夫·阿恩海姆:《艺术与视知觉》第623页,滕守尧、朱疆源译,中国社会科学出版社1984年版。)所谓超语言性就是指"作家从生活中体验到了一个很深刻的、难于言传的意,可他又想把这难传的'意'传达出来,作家就会觉得营造意象是可取的,意象的具体感性的画面,可以把许多难以言说的'意'表现出来,这也就是说一般语言写不清道不明的意味,语言无法传达的意念,于意象而被说被说清道明了,这样意象就超越了语言。"(可参见童庆炳:《现代诗学问题十讲》第95—96页,中国海洋大学出版社2005年版。)

本文作者在第十一届巴金学术研讨会上发言

的隐喻关系，它体现了巴金小说的特定的时间形式。

巴金对时间似有特殊的敏感，他的多部小说就是以自然流转性的时间意象为题目的，如《春》、《秋》、《春天里的秋天》、《寒夜》、《月夜》、《马赛的夜》、《雾》、《雨》、《电》、《雷》、《春雨》、《化雪的日子》、《星》、《雪》、《父亲买新皮鞋回来的时候》等，另外还有一些具有某种生命时间节点意味的题目，如《死去的太阳》、《灭亡》、《新生》、《生与死》等等。巴金小说对特定的时间意象的运用，隐含着自身的情感倾向和文化心理动机，也是作家特定时间意识的文学表征。

一 夜：自然流转性时间

自然流转性时间是指按照大自然的线性发展顺序而流转变迁的时间，既包括晨午昏夜四时的更迭、春夏秋冬四季的交替所呈现出的自然时间，也包括日月星辰的变化、雨雪雷电云雾寒暑等气候现象所指向的隐喻性时间。在巴金小说中，这类时间意象非常多，其中夜意象最具代表性。

对"夜"的书写,是文学作品中常常见到的一种时间表征。在西方象征派诗人笔下,夜的意象常被用来表现倦怠、厌腻以及无聊的情绪,即使中国的象征派诗人也多在这样一种情境中来使用夜意象。如李金发的《弃妇》中"黑夜与蚊虫联步徐来,/越此短墙之角,/狂呼在我清白之耳后,/如荒野狂风怒号,/战栗了无数游牧。"夜成为一种情绪呈现的时间限定。在巴金小说中,夜意象出现得非常多,从处女作《灭亡》中第一章"无边的黑夜中一个灵魂底呻吟"到建国前最后一部小说《寒夜》的结尾"夜的确太冷了",这中间有很多部小说都有夜之黑暗底色的文学图景。巴金曾自述说:"我不喜欢夜。我的夜里永远没有月亮,没有星,有的就是寂寞。"[1]巴金的小说中,夜也往往与负面情绪相关联,但有时也被笼罩上了一层细腻婉转的情思。在巴金小说中,夜既是一种时间状态,更是一种时间的隐喻,包含着社会现实、微妙心理以及内省体验的多层意蕴。

巴金对夜意象的密集型书写,常将人物的心灵呈现与夜意象贴合在一起,不管是有意识还是潜意识,都反映出他对"夜"这种时间意象的独特感知,它代表的是一种现实的黑暗时代,也是一种生命省思的时光。例如《灭亡》是巴金创作的第一部带有心灵自传性质的小说,也是作家对信仰仍抱有期许、对革命仍怀有热望、对亲情持有诸多顾虑的矛盾、痛苦心态下动手写作的,初版本《灭亡·序》中的一段话是理解这一小说最初写作动机的关键:"我为他(巴金的大哥——引者注)而写这书,我愿意跪在他底面前,把这书呈现给他。如果他读完后能够抚着在他底怀中哀哭着的我底头说,'孩子,我懂得你了,去罢,从今后,你无论走到什么地方,你底哥哥底爱总是跟着你的!'那么,在我是满足,十分满足了!"[2]在这部小说中,巴金想要以一个年轻人的全部真诚向大哥传达自己痛苦而坚毅的抉择,因此对心灵的展示应是小说的重中之重,而"夜"意象所固有的浓重的压抑意味恰与之相应合,"夜"意象的叙事功能在

---

[1] 巴金:《我的梦》,《文学季刊》第一卷第一期,1934年1月1日。
[2] 巴金:《灭亡·序》第2页,开明书店1929年10月版。

小说中获得了最大化发挥。小说中杜大心几乎所有的思想变动、情感波澜和行动的制定都是在夜的笼罩中完成的,如离开旧家的无奈、结束旧爱的痛苦、对李静淑的爱情产生等都是在杜大心夜不能寐的情感咀嚼中呈现出来的。尤其是对小说叙事产生推动作用的两个细节,更是在夜意象的渲染中完成的:一是杜大心实施刺杀行动前向李静淑的诀别,那一夜他曾怀着三种不同的心情来到李静淑房前,先是痛苦难耐,再是犹豫不决,最后才毅然诀别,小说把"夜"作为主人公即将走向死亡之途的一种叙事情境,夜的黑暗更预示了革命的艰难与痛苦,读来令人揪心不已。二是杜大心不得不向张为群妻子证实张为群被杀消息的场面也是在夜里完成的,并且正是在那一夜的思考后,杜大心才终于完成了"灭亡"的自我精神仪式,这之后才有了刺杀行动的最终实施。这部小说绝大部分篇幅都是在展示人物的心灵,充满了来自于社会与自我的压抑、痛苦、焦灼、愤激等"生之苦",而夜意象的设置对这种心灵世界的具象化过程,既是叙事的推动力,又强化了小说的情调氛围。

又如《家》的全部40章中有24章的情节都主要发生在夜晚,特别是前20章中,有14章是发生在夜晚,其中开篇的前5章,故事就全部发生在晚上,这为小说创设了一种黑暗的底色和叙述氛围。这部小说是以一个寒冷的傍晚觉民和觉慧兄弟正踏雪夜归开始叙述,小说中有很多关键的情节和故事也都是设置在夜晚来书写的,如鸣凤"心灵的一隅"的展示和她向觉慧告别和自杀、琴为进学堂读书而产生苦恼、觉新在婚后第一次偶遇梅后的自我感伤、梅与瑞珏的倾心交谈以及梅的惨死等等,这些悲剧和痛苦的内心都是在可以"卸下白天的面具"的夜晚发生的。在小说即将结束的第三十九章"最后的一夜"中,最具反抗意识的觉慧在亲见了桩桩血泪事件后,最终做出离家出走的决定也是在夜晚完成的。做出这个决定的沉重与艰难,正与当时夜意象的压抑意味相呼应,景与情交融,夜的无边的黑暗氛围(自然的和社会的)与人物内心(矛盾情绪与反省精神)具有了互构关系。短篇小说《雨》共三个小节,主要围绕着革命者若华的被捕事件所引起的同伴的愤怒和焦急展开,第一节写晚上"我"(煌)到宇家,知道了华的母亲已来到这里并住在亭子间；第二节写三天后的晚上，宇到"我"家转述了华的母亲的话从而道出华的革命身世；第三节较短，开头先写昨夜"我"在街上胡乱奔走了一夜并错将一个女人当作华来安慰自己，到了下午两点钟，宇送走华的母亲后到"我"家并送来华被害的消息，二人决心继续战斗下去，于是去找另一个革命同志成，虽然下着雨，三个小节所写的基本上都是夜里进行的活动，这与小说故事中的愤恨、压抑情绪相辅相成。另外，《新生》《寒夜》等等小说在展开人物的心理时，也都选择了诸多夜意象，甚至可以说成为了一种夜叙事，充分实现了小说意象与人物苦闷灵魂的高度遇合，对读者构成了强大的情感感染。

  巴金的小说从总体上说延续的是"五四"以来的启蒙立场，有着强烈的时代使命感和政治热情，他本无意于写作之路，在他看来，作家的身份即使算不上一种耻辱、也绝不是一种荣誉，他是以战士的姿态将写作视为一种介入生活的方式，社会的黑暗似乎永远站立在他书桌的对面，他靠写作来倾吐社会给予他的爱憎，于是，"内心矛盾的挣扎，痛苦的战斗呐喊和不可克服的忧郁性"构成了"巴金创作的主要基调"[①]。而小说中夜意象的反复出现，既是巴金对社会黑暗现实的隐喻，也是他矛盾、痛苦、忧郁心理以及躬身反省精神的呈现。从时间的绵延上看，首先，黑夜连接的就是白天，正如黑暗与光明相对称存在。巴金小说在时间定位上基本是以现在时间为统摄，也就是书写人物的即时性的生活情态，所以夜意象的反复书写体现着作家对人物现实黑暗处境的隐喻，他们正处于过去与未来之间，过去的阴影还无法彻底清除，未来的阳光还在前方。而从文化心理上看，作家以夜来暗示人物现实生存的黑暗境遇，它也暗示着一种深远而沉滞的传统文化因素背景，反映出作家对新旧文化演进的价值判断，光明与黑暗正是对新旧文化的一种隐喻。黄子平认为，新文化在新与旧之间建立起"光明与黑暗"的划分，并且当小说的叙述角度"立足光明决绝地向黑暗宣战"后，"灭亡"与"新生"这种进化论式的"命运的截然二分"才彻底完

[①] 陈思和、李辉：《巴金研究论稿》第114页，复旦大学出版社2009年版。

成。①巴金小说在对夜意象的运用中,在一定程度上说,也隐含这样一种进化论的文化逻辑思维,这恰与巴金的进化论的时间观一致。其次,因为夜与昼相对,正如《家》里面书写白天和夜晚时所表露出的情感判断一样,白天里有很多不得不做的表演,到了夜晚才可以"卸下了他们白日里所戴的面具,结算这一日的总账",打开"灵魂底一隅"来整理自己的心情,这时夜就意味着是一段相对来说较为自我的时间,可以进行沉思和反省的时间,于是夜意象的黑暗的底色上又透出几分婉转情思,这正是作品对人物进行心灵探寻的最佳时机。如巴金小说中每每涉及到人物命运转折、情节转变、心理矛盾时,多是设置在夜晚进行深思或者做出决定从而完成叙事,便是基于对夜的这样一种时间体验的。总体来看,巴金小说中对夜意象的这种时间感知,是作家面对当时现实与自我的存在而进行的一种时间隐喻,以实现与生存对称与对抗的黑暗视域来反观灵魂。

二 死:生命节点性时间

生命节点性时间是指在人的生命历程中具有方向转折性、命运跌宕沉浮意义的时间节点,如生、老、病、死等。巴金小说中的"死"意象出现非常多,值得关注。

巴金的生活经历中,很小的时候就经历过死亡事件。从1913至1917年,李家接连死了四口人:巴金父母、二姐、十妹,二叔家也死了两个男儿。这其中,巴金母亲死于1914年,死于何病失记,二房的两个儿子死于1917年巷战后白喉病的流行,巴金父亲也死于此时,亦当因感染流行病。二姐死于女儿痨,十妹死于父亲去世后不久,年方五六岁。②后来,巴金大哥的孩子在四岁时因患脑膜炎夭

---

① 黄子平:《命运三重奏:〈家〉与"家"与"家中人"》,《"灰阑"中的叙述》第144页,上海文艺出版社2001年版。

② 陈思和:《人格的发展——巴金传》第22—25页,上海文艺出版社1992年版。

折,1931年春巴金的大哥自杀。这些身边亲人留给他的死亡阴影,自然会使巴金心情沉重,1932年在他还不到三十岁的时候就曾说:"近来因了过于浪费我的健康,我就常常想到死。一些经历使我觉得死并不是一件难事"。①也许源于对死亡的这种真切的感受,巴金的小说似乎不忌惮对死的书写,死的形式也是多种多样的,如炸死、枪杀、砍头、投水、病死、车祸,甚至有时还将死作为一种人物精神解脱的形式。巴金对死的书写,往往不是单纯作为一个事件,而是作为一种情境,有非常浓重的情绪渲染色彩。这一点与一些京派小说家有很大区别,如废名《竹林的故事》中对老程的死这样写到:"三姑娘八岁的时候,就能够代替妈妈洗衣。然而绿团团的坡上,从此也不见老程的踪迹了,——这只要看竹林的那边河坝倾斜成一块平坦的上面,高耸着一个不毛的同教书先生(自然不是我们的先生)用的戒方一般模样的土堆,堆前竖着三四根只有杪梢还没有斩去的枝桠吊着被雨粘住的纸幡残片的竹竿,就可以知道是什么意义。"②老程的死是这个家庭的重大变故,但小说却极大地压缩了叙述时间,只用"从此也不见老程的踪迹"一句带过,没有正面叙述老程的死和死因,然后就直接跳到对坟墓的描述。这种对死的写法,源于作家着力表现的是以诗意的方式表现生活的诗意,即便生命中的褶皱给生活带来悲剧,这悲剧也是富有诗意的,生活的自然流程不会被打断和搅扰。但巴金小说中的死,常常并非单纯的肉体消灭而已,而是包含着某种特定涵蕴和作家的心理体验。巴金小说中主要写了两类人的死:

第一类是殉道者的死。如《灭亡》里面张为群和杜大心被杀后悬首示众;《新生》里李冷梦中梦到李静淑和张文珠被杀头;《死去的太阳》里的王学礼被枪杀,《雷》里的雷和《电》里的亚丹都是和士兵火拼而死,《电》里的敏被炸死,《月夜》里的根生被暗杀,《电椅》里的萨柯、凡宰特被电死,《马拉的死》里的马拉被刺杀。甚至,

---

① 巴金:《灵魂的呼号(代序)》,《电椅》第2页,新中国书局1933年2月版。

② 废名:《竹林的故事》,吴晓东编:《废名作品新编》第214页,人民文学出版社2009年版。

巴金有些小说名或章节名就是以生死命名的,如《生与死》、《亡命》《马拉的死》,《家》中第二十六章名为"生与死"等。西蒙娜·德·波伏娃有一篇小说《人都是要死的》,写的是主人公因长生不死反而变成了最不可忍受的事情。在波伏娃这里,死绝不是生的一个负面的、否定的因素,反而可以说是肯定的方面,因为正是死的存在,才反衬出生所具有的魅力。与这篇小说里所呈示的死的文学意义相仿,巴金在谈到那些殉道者的赴死场面时曾说:"我写死,也为了从反面来证实信仰的力量。其实我还写了一件很重要的东西,而为你所忽略了的。这是'友情',或者'同志爱'(Camaraderie)。我特别喜欢《电》,就为了这个。使《电》发光彩的也是这个。信仰是主。用死来证实信仰,用友情来鼓舞信仰,或者用信仰鼓舞友情。因为有友情,所以没有寂寞,没有忿恨,没有妒嫉。"①可见,巴金写这种因信仰而死,往往是为了在另一个向度上证明生的价值,这一点还可以从巴金小说中多次写到主人公面对死亡时流露出的对生的留恋、渴慕看出来。例如杜大心刺杀戒严司令前与李静淑关于生与死的讨论,他在即将执行刺杀行动前对生的极度留恋,甚至一度放弃了刺杀的决定;王学礼被杀前对活着即使是痛苦贫寒的活都充满了向往。写得最充分的是《电》里敏在进行暗杀行动前的心理与情绪发展过程:敏最初是软弱善良的青年,但雷的死——明的死——雄和志元的慷慨就义——方亚丹的死等一次次给予他血的刺激,于是他才有了献身报仇行动的决定。但这时作家写的却是他心中充满了对生命和同志们的真挚的爱,以及作为一个普通生命在本能中对死的恐惧:"死并不是一件难事。我已经看见过好几次了。"这是他在热闹的集会中说的话;"我问你,你有时也想到死上面去吗?你觉得死的面目是什么样的?"这是他临死的前夕向他的女友慧问的话;慧只看见一些死的模糊的淡淡的影子,敏却恳切地说:"有时候我觉得生和死就只隔了一步,有时候我又觉得那一步也难跨过。"这些话表明敏不是一个单纯的狂暴之

---

① 巴金:《〈爱情的三部曲〉作者的自白——答刘西渭先生》,《爱情的三部曲》第937—938页,良友图书印刷公司1936年4月版。

徒,而是一个有情感、有恐惧、有心灵柔软的一面的普通人,所以作家对敏在实施刺杀前的这些话有极深的感触:"这几段简单的话,看起来似乎并不费力,然而我写它们时,我是熬尽了心血的。这你不会了解。你的福楼拜,左拉,乔治桑不会告诉你这个。我自己知道这一切。我必得有了十年的经验,十年的挣扎,才能够写出这样的短短的几句话。我自己就常常去试探死的门,我也曾像敏那样'仿佛看见在面前就立着一道黑暗的门',我觉得'应该踏进里面去,但还不能够知道那里面是什么样的情形'。我的心也为这个痛楚着。我很能够了解敏的心情。他的苦痛也是我的苦痛,也就是每个生在这个过渡时代中的青年的苦痛。"①但方亚丹和雷的牺牲场面又不断强化着他为了信仰而去赴死的决心,当他走在那条旅长汽车即将通过的大街上时,阳光照耀在他的身上,他却是走在了死亡之途,此时敏的心中充满的是情感与理智的矛盾、求生与赴死的较量,精神上甚至出现恍惚,作家写敏在踏上死之途的这种心灵搏斗,实际上就是在确证这种个体生命的死隐喻着信仰的永生,体现着巴金特定的生命意识。

　　巴金小说中对殉道者死亡的书写,主人公总是处在一种危机状态,即生与死、善与恶、光明与黑暗、自由与专制之间的"临界境遇"。这种临界境遇并不是故事冲突之后的结果,而是一开篇它就向着人物迎面而来,使之深陷于这种危机的临界处境中,他的选择是没有选择余地的选择,而只能迎上前去抗击危机。这种非常态的情境同生命的自然的时间状态分隔开来,这时死亡就成为对这种"临界境遇"的一种回应,它是另一种生存方式,另一种时间:以"现在"("临界境遇")来呈现由"未来"牵引着的"过去"。这里关键的问题是这种"未来"不仅充满希望或理想,也意味着死亡或灾难,这就令"未来"罩上一层阴影,变得严峻。然而此时,人能做的不是要不要死亡,而是如何走向死亡,即是浑浑噩噩地拖延时间,还是为世界、为未来承担一份自己的责任。这时,小说的时间也就

---

① 巴金:《〈爱情的三部曲〉作者的自白——答刘西渭先生》,《爱情的三部曲》第930—931页,良友图书印刷公司1936年4月版。

转化为最鲜明地呈现人的生命力和人性深度的时间,它为人的生命存在所填充,显现为真正的人的时间,正如本雅明所说:"死亡赋予讲故事的人所能讲述的任何东西以神圣的特性。"①巴金小说中殉道者的死亡,它摧毁了个体生命,却将希望托付给另一个世界,我们体认到的是有价值的人的死亡,而不是价值的死亡,这也就意味着"永恒的价值"的诞生,这正来源于对他者、对社会所承担的责任。雷蒙·威廉斯说:"在一个持续的宗教传统中,人们可以在牺牲的节奏中看到殉道者。他的死亡是为了信仰的延续,或者说,他死亡的结果是信仰的普遍复兴。这种解释已经被延伸至宗教的范围以外,其中明显的例子是政治运动及政党的历史。"②在法国大革命后,就有理论家认为:"悲剧英雄屈服于死亡,这看起来也许是命运的胜利。但是由于他自由地这样做,知道死亡是他自己走向永恒的途径,他在这种行动本身中超越了命运。"③这就是信仰和理想的力量。巴金小说中殉道者的死亡,在一定意义上说,便带有这种意义倾向。因为,这种对社会理想的信仰就是相信自己的牺牲符合必然性的要求,自己的死亡是社会进步必须付出的代价,这就把对死亡的选择与社会进步统一起来了。只有当人有了死亡意识,有了对人自身存在的有限性的意识,他才能真正地理解时间的意义,即人的每一现在的存在,都包含着丰厚的过去并储满着未来,展现出时间的绵延,这种绵延同时包含着死亡和永恒,是人意图通过死亡来叩问、探寻永恒的一条重要途径。

第二类是普通人的死。有的是因病而死,如短篇小说《生与死》(一篇作于1931年,收入《光明》集,写李佩如病死;一篇作于1944年,收入《小人小事》集,写商店里老板太太被庸医误诊而死),《死去的太阳》中的程庆芬,《春天里的秋天》中的郑佩瑢,《激

---

① [德]本雅明:《讲故事的人》,张耀平译,见陈永国、马海良编:《本雅明文选》第301页,中国社会科学出版社1999年版。
② [英]雷蒙·威廉斯:《现代悲剧》第157页,丁尔苏译,译林出版社2007年版。
③ [英]特里·伊格尔顿:《甜蜜的暴力——悲剧的观念》第130页,方杰、方宸译,南京大学出版社2007年版。

流三部曲》中的梅、蕙、枚、倩儿,《春雨》中的哥哥,《火》(第三部)中的田惠世,《第四病室》中的各类小人物的死亡,《寒夜》中的汪文宣、钟老等。有的是自杀,如《复仇》里的福尔恭太因开枪自杀,《雾》中的周如水投江而死,《家》里鸣凤投湖而死,《秋》里淑贞投井而死,《雨》里郑玉雯服毒自杀,《春天里的秋天》里"我"的哥哥割断自己的喉咙而死,《憩园》里小虎失足落水而死。另外,因车祸而死的,如《灭亡》开篇就写到戒严司令的秘书长轧死人的场面,《雨》中陈真和《寒夜》中的唐柏青被汽车碾死等等。在这些普通人的死亡中,因肺病而死的人物占大多数。苏珊·桑塔格在《疾病的隐喻》中曾说:"疾病是生命的阴面,是一种更麻烦的公民身份,每个降临世间的人都拥有双重公民身份,其中之一属于健康王国,另一个则属于疾病王国。"[1] "疾病王国"带给人的不仅是身体的痛苦,还是未来时间的失却(肺病在当时是很难治愈的疾病),后者是比疾患本身更严重的精神折磨,"从隐喻的角度说,肺病是一种灵魂病。"[2] 中国现代小说中,以疾病的隐喻方式来传达文学启蒙、社会拯救、生命的思考等并不罕见,如鲁迅《药》中的华小栓、郁达夫《青烟》中的自传性作家、丁玲《莎菲女士的日记》中的莎菲等,所以有论者说:"在现代中国文学的源头,鲁迅即把文学看成是一个医疗话语和想象的一部分,可以说是具有深远的历史典范意义。"[3] 甚至成为一些作家的"疾病情结"[4],从而藉此探索人物内心的隐秘世界。但巴金在这方面的独特性在于,很少有作家像他这样如此密集而持久地书写着疾病以及由此带来的死亡,其中《寒夜》对汪文宣的肺病书写是最细致、也最具代表性的。汪文宣曾经也是一个要以教育救国、敢于冲破传统婚姻礼俗的壮志满怀的知识分子,但

---

[1] [美]苏珊·桑塔格:《疾病的隐喻》第5页,程巍译,译文出版社2003年版。

[2] 同上书,第18页。

[3] 唐小兵:《最后的肺病患者:论巴金的〈寒夜〉》,《英雄与凡人的时代:解读20世纪》第111页,上海文艺出版社2001年版。

[4] 车红梅:《中国现代文学中的"疾病情结"——以鲁迅、巴金、曹禺的创作为例》,《文艺争鸣》2005年第1期。

后来却变成一个精神消沉、性格内向甚至卑微自轻的人,除了社会、传统文化观念的拘囿等原因,还有一个非常重要的助推因素就是他的肺结核病。"肺结核的发烧是身体内部燃烧的标志:结核病人是一个被热情'消耗'的人,热情销蚀了他的身体。"[1]小说写汪文宣在病菌的折磨下,身体也处于经常发热状态,并且每况愈下,"他的脸带一种不干净的淡黄色","像一张涂满尘垢的糊窗的皮纸","两颊陷入很深,呼吸声重而急促"。汪文宣看着健康、富有生命力的妻子时,身体的自惭形秽带来心理的自卑,无法治愈的病情销蚀掉的不仅是他的身体,还有他对未来的信心,也就是说在他的生命链条上,现在与未来之间的时间连续性被斩断了,他被搁置在了一种无望的、充满危机的生与死的"临界境遇"。而后者作为一种巨大的精神折磨,是促使汪文宣走向死亡的不可忽视的因素之一。可以说,在巴金的小说中,疾病作为一种实实在在的生活细节,它隐含的死亡意义带给人的是对生命的一个有意识的长长的绝望过程,它和失去了未来希望后的自杀、无法把握未来的人生事故(车祸),都宣告了生命的无奈和脆弱,巴金小说对这些死亡的书写,不仅是为了小说叙事的需要,也体现了作家对生存艰难、生命无常的平凡生命的关注,更是作家的生命意识在时间维度上的一种特定思考。

死亡与生命是人的两种不同的存在方式,巴金小说中对死亡的反复书写,甚至把死作为一种生命的样态进入小说叙事后,反映着巴金对死亡的一种独特体认,这与中国传统中重生讳死的文化意识是不同的,显示出巴金思考生命本体性的诗学诉求。就这一点来说,巴金是积极参与了现代文学中对生命和时间的思考,使死亡翻转了它的意义而获得了丰富的内涵。

三 时间意象的生成原因

我们关注巴金小说文本中的时间意象,上文探讨的是作家在

---

[1] [美]苏珊·桑塔格:《疾病的隐喻》第20页,程巍译,译文出版社2003年版。

小说中处理时间的方式,接下来我们还要追问的是,他为什么会在小说中创造这样的时间意象？其中最关键的一点,那就是源于巴金独特的时间意识。不同作家的时间意识体现着其特有的世界感受和精神心理状态,中国文人历来对时间有着诸多深刻的体验,如"子在川上曰:逝者如斯夫！不舍昼夜。"又如陈子昂的《登幽州台歌》:"前不见古人,后不见来者。念天地之悠悠,独怆然而涕下。"诗人们舍弃了一切个人人生不幸遭遇的具体描写,将个人置于浩渺时空之中来抒写内心感怀,便与作家所具有的时间永恒而人生短暂的时间意识密切相关。就现代小说而言,其精神内核便在于探究人与世界的关系,这种关系中最突出的一点是人对时间的感受和体验,作家的时间意识自然会影响其文学形式的具体呈现方式,如汪曾祺在谈到小说写作时说:"我不想对世界进行像陀思妥耶夫斯基式的严峻的拷问,我也不想对世界发出像卡夫卡那样的阴冷的怀疑。我对这个世界的感觉是比较温暖的。"[1]故有论者认为他是将"回忆"（过去的时间）内化为其感受和把握世界的一种独特方式,这直接影响了其小说的时间形式和美学风格,所以当新时期文坛出现关于"文革"的"伤痕"和"反思"文学潮流时,汪曾祺的小说却写起了四十多年前的梦。[2]对此,汪曾祺自己解释说:"我以为小说是回忆。必须把热腾腾的生活熟悉的像童年往事一样,生活和作者的感情都经过反复的沉淀,除净火气,特别是除净感伤主义,这样才能形成小说。"[3]巴金小说对特定的时间意象的运用,也是其时间意识的文学表征,体现着巴金当时对世界的感受和精神心理状态。因此,我们从巴金的时间意识入手,才能探究到作家运用时间意象时的文化心理动因和情感倾向,这也是理解小说文本形式的重要向度之一。

[1] 汪曾祺:《社会性·小说技巧》,《汪曾祺全集》第8卷第60页,北京师范大学出版社1998年版。
[2] 马大康、叶世祥、孙鹏程:《文学时间研究》第205页,中国社会科学出版社2008年版。
[3] 汪曾祺:《桥边小说三篇》,《汪曾祺全集》第3卷第461页,北京师范大学出版社1998年版。

(一) 前期:现实时空对人的压抑

巴金时时感受到生命在时间流程中的某种变化,但来自生命现实的多重挤压又让他遭逢着各种限制,这使他在"变"与"不变"的焦灼中倍感压抑,巴金的小说清晰地呈现出了作家面对这个世界的原初感受和精神状态。但这种压抑不是物是人非的伤感,而是转化为了上下求索、左右冲突的探求和反抗,是寻求一种超越现实时空束缚的生命的自由。巴金将文学作为自我表达的一种时空想象,他在前期小说里往往建立的是一个具有鲜明的新旧对立性的世界,展示的是人在世界面前种种束缚中的生命的升腾与坠落。

在二十世纪三四十年代的社会政治与文化环境中,经过现代文化洗礼而刚刚走出(或即将走出)旧家庭的青年一代,有着睁眼看世界时的多重想象和种种矛盾,巴金的小说就用生动的笔触记录下了这些变动不居的感受和体验:"这里是希望,信仰,热诚,恋爱,寂寞,痛苦,幻灭种种色相可爱的交织","他的人物属于一群真实的青年,而他的读者也属于一群真实的青年。他的心燃起他们的心。他的感受正是他们悒郁不宣的感受。他们都才从旧家庭的囚笼打出,来到心向往之的都市;他们有憧憬的心,沸腾的血,过剩的力;他们需要工作,不是为工作,不是为自己(实际是为自己),是为一个更高尚的理想,一桩不可企及的事业(还有比拯救全人类更高尚的理想,比牺牲自己更不可企及的事业?);而酷虐的社会——一个时时刻刻将求苟安的传统的势力——不容他们有所作为,而社会本身便是重重的罪恶。这些走投无路、彷徨歧途,春情发动的纯洁的青年,比老年人更加需要同情,鼓励,安慰,他们没有老年人的经验,哲学,一种料到的自嘲;他们急于看见自己——哪怕是自己的影子——战斗,同时最大的安慰,正是看见自己挣扎,感到初入世被牺牲的英勇。于是巴金来了,巴金和他热情的作品来了。"[①]巴金的前期小说成为一代青年的成长宣言,也深刻地烙印着作家

---

① 刘西渭:《〈雾〉〈雨〉与〈电〉——巴金的〈爱情的三部曲〉》,天津《大公报·文艺》1935年11月3日。

自己的心路历程。巴金在少年时期,就已作为激情的政论者在成都的刊物上崭露头角,1927年巴金怀着一颗无法安放的苦恼心灵远赴巴黎,梦想着到那个当时的无政府主义国际大本营寻求信仰上的力量,在法国一年多的时间里对政治理论的系统研读,催生了他对世界无政府主义运动的理论反思,并对自己的信仰逐渐有了更系统的认识。[1]于是,信仰带给巴金极大的自我期许,他曾无限自信地认为"人生只有前进,奋斗才是生活",体现的是一种具有巨大创造力的超越时空的人生憧憬,但随着中国无政府主义运动的失败,现实世界以冰冷的面孔对自我产生了巨大压抑,现实与人生之间的矛盾和对立使巴金的小说关注最多的是人在当下时态里的生命情态,大量关于光明与黑暗、生与死的时间意象充满了巴金小说文本,这些"意象所具有的独立的指涉意义——隐喻"[2]功能,加之"爱与憎"、"革命与爱情"、"专制与自由"、"压迫与反抗"等带有强烈的生命体验色彩的词汇,共同演绎了个人在新与旧、好与坏、是与非、进步与反动相交织的时空中升腾与坠落的生命景象。

例如,《爱情的三部曲》曾被作家指认为最喜欢的作品,现在看来,他喜欢的原因很大程度上应是切合了自己当时对现实世界的真实体验。在这三部作品里,无论是爱得无比痛苦的周如水,还是自求殉道的革命志士陈真,即便是后来逐步成长起来的吴仁民,作家都将他们置于一种自我与世界的矛盾漩涡中,对爱情、对信仰、对人生都有着无比的压抑之感,即使是抗争的行为也不是痛快淋漓意气风发,而是满蕴着焦灼和延宕。又如,李静淑、张文珠、高觉慧、琴等青年在挣脱专制与束缚的努力中寻求对自我生命的主宰,小说通过对这些人物在"现在"时态中的精神开掘,呈现着生命的一种反抗压抑、努力向上的升腾情态,凸显了人向世界对决的意

---

[1] 可参见巴金:《从资本主义到安那其主义》,自由书店1930年7月版。本文采用的是香港文汇出版社2009年初版重印本。此著鲜明地显现出巴金对无政府主义思想的个人化理解,如伦理化倾向、绝对自由、工团主义等方面反映了巴金早期的思想状况。

[2] 董小英:《再登巴比伦塔——巴赫金与对话理论》第193页,北京三联书店1994年版。

义;而在另外的生命行列中,如高觉新、剑云、梅、蕙、枚、郑佩瑢等人则在生命时空的束缚下逐渐坠落走向死亡,成为令人扼腕哀婉的形象。巴金不同于废名着力于对小说境界的营造,而是"单自成为一种力量"[①],正是由于巴金更注重于呈现人在面对世界时的自我感受,于是黑暗与光明、生与死的意象,成为巴金小说的一种鲜明的时间隐喻。

在这个时期,面对世界而追求自我确证的巴金,对新的人生前景充满了期待,一些具有束缚隐义的空间(如旧公馆、小旅馆)往往象征着被征服的对象,所以这个时期的主人公在不断地向外走,逃离开这种束缚,以获得在更宽广的时空中的生命自由。即使是需要面对死亡,这些人物依然会前行,如杜大心、李冷、德、发布里、彭等人物,都以殉道者的姿态对抗着现实黑暗,并在因信仰而"死"的意义上延展了自我生命的时间价值。

从总体上来讲,巴金前期小说中塑造的人物,绝大多数是对自我遭受到的压抑采取了对抗性的姿态,是让生命个体的价值与意义在绵延的时间中不断升腾和扩展,而那些自我妥协的人物,则以生命的坠落成为前者的一种反衬。对于巴金来说,正是现实世界与自我的紧张关系,使他在自己的文学世界里书写了一个个青年在时间之流中面对世界的生命姿态——升腾或坠落,从而思考着现在时态中的人之存在的特定境遇。

(二) 后期:人对现实时空的超越

曾经自信激昂的青年巴金在走向沉郁自省的中年巴金时,他面对世界的恒常性逐渐产生了新的时间意识,那就是越来越体验到了生命在世界中的庸常情态。这使巴金的后期小说在处理人与世界的关系时不再那样紧张,而是在超越时空的限制中开始致力于探究生命的庸常情态,他对人之存在问题的思考开始复杂化和模糊化,人与现实世界之间也变得暧昧不清,小说中往往蕴含着恒

---

① 刘西渭:《〈雾〉〈雨〉与〈电〉——巴金的〈爱情的三部曲〉》,天津《大公报·文艺》1935年11月3日。

常与流变、情感与理智、人性与伦理等多重因素的交织与冲突,生命本身也成为一个不停摇摆、不断延宕的时间流程。

例如《憩园》开篇写的是"我"从异乡回到了故乡,寓居在小旅馆:"我在外面混了十六年,最近才回到在这抗战期间变成了'大后方'的家乡来。"这里"回"这个字所表示的不仅仅是一个动作,而是牵引着两种时间:过去的时间与现在的时间,因为只有曾经的离开故乡(过去),才会有回归故乡(现在)。所以说,《憩园》从一开篇就为整部小说建立起了时间观照的坐标,那就是时间的当前化,从而实现了小说特有的时间形式。随着小说叙事的展开,"我"进入了憩园,这是一个把旧主人的历史和新主人的未来交融在一起并汇集到现在时态的一种时空关系。在这所默默无言的公馆里面,一个个生命个体呈露出了人无法摆脱的庸常情态,如杨老三的堕落和悔恨,姚国栋的自骄与糊涂,万昭华的失落和痛苦,以及青年一代杨寒和小虎的不可预期的未来等。这里不再是人向现实世界的对决,而是在"憩园"这个不变的时空背景中的一个个或同或异的人生故事的序列,它们之间的关系不是因果关系,而是在同一时空场域中的聚合关系,相互间构成了有序的组合和互补效应,时间因素因之而具有了结构性意义。

《寒夜》也是以一种现代时空关系开篇的。"巴金最后一部长篇小说《寒夜》(1947)开篇第一段,呈现给我们的是一个极端性的现代时空关系,以及这个时空结构与一个具体的个人主体之间欲理还乱的纠葛与关联。平实徐缓的文字,描写的是夜间空袭时现实生活之流的暂时中断,四周的景色昏暗难辨,而一旦逐渐地浮现出来,展示的却又是一片在劫难逃的氛围。"①这是一个以浓重的夜色包裹起来的时空结构,此时此刻,时间之流上的瞬间停止使空间无限延展,于是汪文宣的思维、生命也似漂浮在无根的空气中,无法找到生命的重量,这是一种无法逃避的轻逸。然而顷刻间,世界又以强劲的威力挺进到汪文宣面前,成为在劫难逃的沉重。汪文

---

① 唐小兵:《最后的肺病患者:论巴金的〈寒夜〉》,《英雄和凡人的时代:20世纪》第70页,上海文艺出版社2001年版。

宣就是在这种庸常的生命时空中煎熬着,整部小说的结构便是这样一种时空关系的体现,时间成为小说的主导因素。从小说叙事上看,这部小说中存在很多近于静止的时间状态,叙事速度趋向于零,人物行动停止但思想意识却无限延展,形成了对世界与人之间关系的冥想。时间上的瞬间静止状态体现的是人物直接面对存在的思考,小说作为一种向世界的问询也就获得了鲜明凸现。另外,对于曾树生来说,无论走与留,她都无法摆脱生命的困境,就像她选择了离开,想获得彻底的轻逸,然而最终将被沉重填满,当她再回重庆时人去楼空的处境隐喻着人在世界面前选择的艰难。正如有论者分析《寒夜》的人物时说:"曾树生'走还是不走'的矛盾与汪文宣'死还是活'的矛盾得以呈现钟摆般两极间的摆动"[1],这是因为人无论如何选择,在恒久的世界面前都不会避免有限生命的庸常情态。巴金后期的作品对生命本真的庸常情态的思考,体现了超越时空限制后对有限与无限、常与变的深度体认,反映着人与世界关系上的和解倾向。

从巴金前后期时间意识的衍变来看,他在文学世界里探索自我生命的深度与广度是逐步递增的,小说的时间形式也随之呈现出了不同侧面和方式,而这些侧面和方式正是一个个生命个体努力确立自我与世界关系的途径,是人在寻找自我存在的位置以及生命价值可能性的努力。巴金的小说始终关注着人在现实世界中的当下情态,关注着人在世界面前的选择,其文本形式的背后潜隐的是一颗矛盾痛苦的心灵,这呈示出的正是巴金特定的时间意识:感受旧与新、理解传统与现代、遥想过去与面向未来。他不仅表达着形而下的现实的危机和苦难,更道出了对生命、对世界的思索与困惑。我们在巴金小说中会读到很多关于"离开"的故事,对这一生命情境的反复书写蕴含着作家独特的个人化体验,这是以追寻的姿态在时间之流和空间移位中来抗衡世界对自我的拘囿,从而构成了巴金小说文本形式的独特景观。因此说,从作家的时间意

---

[1] 徐德明:《中国现代小说叙事的诗学践行》第173页,社会科学文献出版社2008年版。

识层面来讲,巴金小说的时间意象既包含着作家的理性认知,也深具着作家个人化的心理体验,是以一种个人化的叙事立场对生命个体现实存在的文学呈现。

乔世华

简论巴金童话

　　严格的来说,巴金并不是一个儿童文学作家,但他在童话理论和创作上有过严肃而认真的思考和努力的践行。早在巴金1931年夏写作的小说《雾》中,留日童话专家周如水谈到自己对童话的认识:"我以为童话便是从童心出发以童心为对象而写作的一种艺术。这童心记得有人说过共有七个本质,就是:真实性,同情心,惊异力,想象力,求知心,爱美心,正义心。我以为这话并不错。这几种性质儿童具有得最完全,而且也表现得极强烈。童心之所以可贵,就是因为有这几种性质存在的缘故。因此我便主张童话不仅是写给儿童读的,同时还是写给成人读的,而且成人更应该读,因为这可以使他们回复到童心。童心生活的回复,便是新时代的萌芽。"[1]有着雾一般模糊难辨、优柔寡断性格的周如水是巴金揶揄批评的对象,而且仰慕周如水的女读者张若兰在听到周如水此番自鸣得意的宏论后也只是敷衍地表示同意。从这些描写来看,巴金对周如水的"童话观"是持保留甚至批评态度的。不过,巴金一定认可周如水有关童话对童心的表达的观点,在巴金看来:"童话不应该带有教训主义色彩"[2],他也懂得孩子渴盼故事的

---

[1] 巴金:《雾》,《巴金全集》第6卷第11页,人民文学出版社1988年版。
[2] 巴金:《读〈木偶奇遇记〉》,《巴金全集》第18卷第206页,人民文学出版社1993年版。

本文作者在第十一届巴金学术研讨会上发言

接受心理:"就像小孩喜欢听故事那样,小孩见到人就拉着请讲故事"①。

巴金最早曾写过"不大像童话,又不大像小说"②的《海底梦》,这部宣传反侵略、反专制统治和争取自由的小说被标明为"给一个女孩的童话",巴金对此有过解释:1935年5月发生了《闲话皇帝》事件,国民党政府因为日本外交当局的抗议而查封了发表《闲话皇帝》的《新生》周刊,以"侮辱友邦元首"罪名判处主编杜重远一年两个月的徒刑,巴金在上海租界里出书也感到了压力,为了少给书店带来麻烦,便替带有幻想色彩的《海底梦》戴上一顶"童话"的帽子:"童话就是'莫须有'的故事嘛"③。在巴金看来,"童话"这一文体通常被视作是为儿童而写、且书写"莫须有"的事情,可避免被

---

① 巴金:《谈我的短篇小说》,《巴金全集》第20卷第522页,人民文学出版社1993年版。
② 巴金:《〈海的梦〉改版题记》,《巴金全集》第5卷第6页,人民文学出版社1988年版。
③ 巴金:《致树基(代跋)》,《巴金全集》第5卷第495页,人民文学出版社1988年版。

"对号入座"而带来不必要的政治麻烦,又能在影射现实上有所作为。因此,他看好童话在表达上所具有的这一既能曲折书写现实、又能伸缩自如巧为自己挡箭牌的灵活功能。

纵然是这样,巴金也还是有专门为儿童写作的童话的。1934年底,当他在日本生活期间写成了童话《长生塔》,1935年8月从日本回到上海之后又陆续写作《塔的秘密》《隐身珠》《能言树》等三篇童话,这四篇童话于1935至1937年间先后在开明书店所办的《中学生》月刊、《新少年》杂志以及《武汉日报·现代文艺》上发表,并在后来结集为《长生塔》出版。从刊登报刊和叙事风格来看,这几篇童话都属于巴金为小读者而创作的。《长生塔》中,横征暴敛的皇帝不顾百姓死活,妄想自己长生不老而征用大量民工流血流汗建造长生塔,当他登上建成的塔顶时,长生塔突然崩塌,将其压死在石头下面。作为故事讲述者的父亲借此告诉儿子:"沙上建筑的楼台从来是立不稳的。"[①]《塔的秘密》在发表时被标明《长生塔》的续篇",童话呈现一个穷奢极欲的皇帝的残暴与荒淫,皇帝拥有着七百五十九个皇妃和大量金银财宝,属下稍有不顺从其意的地方,他就会杀掉他们并烹食其肉;孩子父亲因为不向皇帝交出长生塔的秘密而被关押进了监牢,当孩子知道秘密就在自己的肚子里、只要取出来烧掉就可以置皇帝于死地时,不顾一切地迎向父亲手里的刀。《隐身珠》是对古老的四川民间故事的改写,发表时被标明为"《长生塔》之三",教书先生因为鼓动种田人闹事而被官府迫害致死,他的儿子吞下父亲反抗暴政时所用的隐身珠而变成了龙,将贪官污吏和坏人都变成了鱼虾。巴金借此说明:"凡是压迫人民的都要灭亡"[②]。《能言树》中,哥哥因帮助和同情穷人而受官府迫害失去了光明,妹妹在理解了哥哥的抗争情怀后,也愿意和他一同投入到抗争中去。已经见证了无数青年苦难的能言树在这对兄妹眼泪的润泽下,发出愤怒的指控:"凡是把自己的幸福建筑在

---

① 巴金:《长生塔》,《巴金全集》第10卷第442页,人民文学出版社1989年版。

② 巴金:《关于〈长生塔〉》,《巴金全集》第20卷第586页,人民文学出版社1993年版。

别人的痛苦上,用镣铐、皮鞭、地牢等等来维持自己的幸福,这样的人是不会活得长久的,他们终于会失掉幸福",还刻意提到"连那二十二层的长生塔也会在一个早晨的功夫完全倒塌"[①],表明了其与《长生塔》之间的接续关系。所以,《长生塔》等几篇童话故事内容、主人公虽不尽相同,但都因为相互指涉而具有着"互文性",它们都有着共同的反抗专制的主题。

1956年,巴金还在《人民文学》第6期和第11期上发表了两篇内容相关联的作品《活命草》《明珠和玉姬》,与冰心、王若望、张介等的儿童题材的散文、小说及寓言同组刊登,而且发表时间靠近儿童节和少年先锋队队日,巴金于1957年还将这两篇作品结集为《明珠和玉姬》由中国少年儿童出版社出版,这些都确凿无疑地意味着孩子是这两篇有童话色彩的作品的目标读者。

在巴金早期的系列童话《长生塔》中,总是出现父亲应孩子要求讲述故事的场景:作为叙事者兼聆听者的儿子"我"是一个懵懂无知且有着强烈好奇心的孩子,他不断地打岔,向故事讲述者的父亲询问诸如"皇帝究竟是什么样的东西"、"皇帝都是很能干的吗"一类幼稚且搞笑的问题——在颠覆话题核心内容的同时也透显出童心的可笑可爱来;"我"喜欢刨根问底,对父亲讲述的有着余音袅袅效果的童话故事不满足,迫切想知道最终结局到底怎样,有时还会对父亲讲故事时出现的诸如忧郁、感伤等情绪上的变化而发生着困惑。至于巴金后期童话《活命草》和《明珠和玉姬》中,两个朝鲜孩子明珠和玉姬都因为朝鲜战争而失去了父亲,他们对志愿军叔叔"我"讲述的故事也充满兴趣和期待,而"我"在某种程度上就担当着父亲的角色。显然,巴金努力地要以父子促膝而谈的场景表现出年幼无知且好奇心十足的孩子的童心童趣来,也同时表现出"父亲"或者说作者对孩子们的期待来。

巴金一定认同《雾》中周如水"童话不仅是写给儿童读的,同时还是写给成人读的,而且成人更应该读"的观点的。他在为英国童

---

① 巴金:《能言树》,《巴金全集》第10卷第489页,人民文学出版社1989年版。

话家王尔德《快乐王子集》所撰写的广告中称:"王尔德的'童话'并非普通的儿童文学,却是童话体的小说。"[1]这就隐约透露出希望成人阅读王尔德作品的意思。在后来意识到《长生塔》等童话已经难以为普通儿童读者所理解和喜欢时,巴金如是解说:"它们既非童话,也不能说是'梦话',它们不过是用'童话'的形式写出来的小说。"[2]显然,巴金是无意于以《长生塔》一类的童话写作来为自己博取童话家或儿童文学作家之名的,他更希望成人读者能成为《长生塔》的知音:"那些快要被现实生活闷死的人倒不妨在这些小孩的梦景里呼吸一点新鲜空气。我愿意把这本小书献给他们。"[3]当然,巴金并非希望成人读者借童话回复到童心状态,而是更在乎成人能否从中汲取变革现实的力量。

巴金在1958年5月发表的回忆文章中明言《长生塔》中的皇帝有所指:"我一九三四年在日本横滨写这篇童话骂蒋介石"[4]。1979年,重获写作自由的巴金再度表示:"皇帝就是指蒋介石。我通过这篇童话咒骂蒋介石。我说,他的统治就像长生塔那样一定要垮下来。"[5]在改天换地之后,刻意表明自己旧作的实际用意是对过去某一具体的独裁者的讽刺,固然可强化作品思想的先进性,但不免会锁闭作品原本更深广的用意。在写作首篇童话《长生塔》时,巴金正逗留在日本横滨,"读了森鸥外的《沉默之塔》(鲁迅先生译),忽然想起苏联盲诗人爱罗先珂的童话《为跌下而造的塔》(胡愈之译),我对自己说:'写篇童话试试吧。'"[6]

---

[1] 巴金:《〈快乐王子集〉(广告)》,《巴金全集》第18卷第541页,人民文学出版社1993年版。

[2] 巴金:《关于〈长生塔〉》,《巴金全集》第20卷第587页,人民文学出版社1993年版。

[3] 巴金:《〈长生塔〉序》,《巴金全集》第10卷第430、429、429页,人民文学出版社1989年版。

[4] 巴金:《谈我的"散文"》,《巴金全集》第20卷第535页,人民文学出版社1993年版。

[5] 巴金:《关于〈长生塔〉》,《巴金全集》第20卷第583页,人民文学出版社1993年版。

[6] 同上书,582页。

爱罗先珂《为跌下而造的塔》写两个互相攀比的阔少爷和阔小姐花费大量钱财各造了一座塔，结果两人都同时从塔上跌下而死。1931年，巴金编辑出版了爱罗先珂著的童话《幸福的船》，还在序言中如是评价："他把他的对于人类的爱和对于现社会制度的恨谱入了琴弦"[①]。巴金后来更直言不讳"我的'人类爱'的思想一半、甚至大半都是从他那里来的。我的四篇童话中至少有三篇是在爱罗先珂的影响下而写出来的"[②]。巴金也曾受到王尔德童话的影响，在走上文学创作道路之初，他就起意翻译王尔德的童话，到1947年终于翻译出版了王尔德的《快乐王子集》，并在《后记》中援引别人对王尔德童话的评价："它们读起来（或者讲起来）叫小孩和成人都感到兴趣，而同时它们中间贯穿着一种微妙的哲学，一种对社会的控诉，一种为着无产者的呼吁，这使得《快乐王子》和《石榴之家》成了控诉现社会制度的两张真正的公诉状"[③]。无疑，在30年代的童话写作中，巴金自觉地追随着这两位童话先驱的足迹。至于同样给予巴金灵感的森鸥外的《沉默之塔》，是借写派希族杀戮阅读危险书籍的同类人并用车子将其尸体运进沉默之塔，曲折反映日本政府实施的严苛的思想专制政策。去日本前，巴金就听闻过日本警察的厉害，在日本横滨生活的半年时间里，他不但要隐姓埋名偷偷写作，还要时时提防日本警察上门盘查；在《长生塔》写成发表之后，巴金还有过一次夜里突然遭到日本警察搜查住所并被带到警察署提审关押十四个小时的经历。对祖国和异邦的思想钳制与专制压迫都有切身体会，加上文学阅读的积累与触发，当是巴金写作《长生塔》等系列童话的直接动因；因此，其矛头所向并非某一个具体的人民公敌或者暴君，而是如其"向一个垂死的制度叫出我的

[①] 巴金：《〈幸福的船〉序》，《巴金全集》第17卷第311页，人民文学出版社1993年版。
[②] 巴金：《关于〈长生塔〉》，《巴金全集》第20卷第584页，人民文学出版社1993年版。
[③] 巴金：《〈快乐王子集〉后记》，《巴金全集》第17卷第237页，人民文学出版社1993年版。

I accuse(我控诉)"①的《家》那样,是指向整个不合理的社会制度的。

巴金承认自己对文体的界限向来不很明晰:"拿我个人的经验来说,有时候也不大容易给一篇文章戴上合适的帽子,派定它为'小说'或'散文'。"②以《活命草》《明珠和玉姬》来说,巴金视其为"小说",称自己是在对好几个朝鲜小朋友的"怀念中写成的",又强调"写的并不是真人真事"③。这两篇作品均"通过很平常的生活情节,流露出了作者对于孩子的爱,对于美帝国主义和它所发动的非人道战争的憎恨,对于和平和生活的信心"④。赋予了这两篇作品以童话色彩的,是志愿军叔叔"我"给孩子讲述的两个故事,它们起着督促明珠和玉姬珍视彼此友谊的作用,也辉映和强化了作品的友谊主题。《活命草》中,小张和小李为反抗压迫而去寻找太阳,小李不慎摔下山生命危在旦夕,小张依照老人指点寻找到活命草并用自己的鲜血来培养,终于救活了小李。巴金1941年所写的控诉日机对我居民狂轰滥炸的小说《还魂草》中提到一个传说——用自己鲜血培养起来的还魂草能救活人命。这并不是我国的民间传说,而是巴金自己编出来的故事。⑤《活命草》属于对《还魂草》有关"传说"及题旨的新时代激活和延展,着眼于表现朝鲜人民团结、中朝人民友谊:"愿中国的孩子们从这里得到些许的温暖,愿中国的孩子们紧紧握住从鸭绿江彼岸伸过来的小朋友的手同唱友情的歌"⑥。《明珠和玉姬》中,小周和小王为生存计而不得已分别,约

---

① 巴金:《关于〈家〉(十版代序)》,《巴金全集》第1卷第442页,人民文学出版社1986年版。
② 巴金:《谈我的"散文"》,《巴金全集》第20卷第535页,人民文学出版社1993年版。
③ 巴金:《〈明珠和玉姬〉后记》,《巴金全集》第11卷第410页,人民文学出版社1989年版。
④ 《编者的话》,《人民文学》1956年第6期。
⑤ 巴金:《关于〈还魂草〉》,《巴金全集》第20卷第657页,人民文学出版社1993年版。
⑥ 巴金:《〈明珠和玉姬〉后记》,《巴金全集》第11卷第410页,人民文学出版社1989年版。

定十年后的某日在京城的桥头见面,十年后小周带着家人如期赴约,却收到一封被认为无法投递的奇怪电报,原来小王患重病正在某市住院,两个信守诺言的好友终于得以见面重叙友情。这两则童话较之《长生塔》系列童话显得平实、想象力贫弱,原因可能有二:其一,《长生塔》等的写作有着国外童话家和我国民间故事影响的明显痕迹,而《活命草》等的写作属于巴金原创,童话这一文体本非其所擅长。其二,巴金只是在情不能自已、又不方便畅所欲言时才会运用童话这一控诉现实控诉制度的武器,当他认为自己处在一个比较理想的新社会,要告别"连我自己也受不了"的"过去的调子"、要发出"新的声音"礼赞"这个光辉灿烂、气象万千的时代"[①]时,其想象力和批判现实的激情就都已萎顿,作品童话色彩的削弱在所难免。

值得提及的是,巴金童话中对父亲形象的塑造、对父子关系模式的书写与其小说中的表达截然不同。巴金小说中的父亲形象往往失职或弱化,处于被审视的位置,如姚国栋、杨老三这憩园的新旧主人都是败家子,都不能给自己的孩子树立起好的榜样来(《憩园》);汪文宣则是一个在水火不容的妻子和母亲之间苦苦周旋、"忠孝"难以两全的软弱无能的丈夫和儿子,其父亲身份几乎被人遗忘,十三岁的小宣在他的影响下,"贫血,老成,冷静,在他身上似乎永远不曾有过青春"[②],这令曾树生看了生厌(《寒夜》)。在表现着"一个正在崩坏的资产阶级家庭底全部悲欢离合的历史"[③]的《家》《春》《秋》中,"父"与"子"的关系更是尖锐对立,"父"一代如高老太爷、克安、克定们是腐朽没落、专制保守的,"子"一代如觉慧、淑英等只有逃离开家的桎梏、摆脱长辈的控制,才可能展开无限光明的前程、得到属于自己的幸福,而那些不能摆脱开父辈设定

---

① 巴金:《〈新声集〉序》,《巴金全集》第15卷第85页,人民文学出版社1990年版。
② 巴金:《寒夜》,《巴金全集》第八卷第589页,人民文学出版社1989年版。
③ 巴金:《〈家〉初版后记》,《巴金全集》第1卷第435页,人民文学出版社1986年版。

秩序的年轻人如觉新、瑞珏、淑贞等,往往在家中或窒息或死亡。但在巴金童话中,父亲往往富有强大的反抗意志,是孩子学习和追随的楷模,对孩子的精神成长起着重要的引领作用。《塔的秘密》中,孩子起始是希望父亲把能置皇帝于死地的秘密交给皇帝以换取自由与自己一同回家的,而父亲教育并感染孩子也要担负起社会责任来,孩子最终愿意赴死以粉碎皇权统治;《隐身珠》中,教书先生的儿子起始在面对差役的横暴举动时是不敢说一句话的,但在吞下隐身珠亦即秉承了父亲的反抗意志后,明白了自己的使命所在而能摆脱开母爱的牵绊,让复仇的洪水淹死为非作歹的官吏差役;《能言树》中,兄妹二人很早就失去了父母,兄长事实上承担起了精神父亲的作用,他让妹妹意识到帝王的罪恶,还表明自己的反抗决心,妹妹因此改变了劝哥哥同自己一道回家的初衷,反倒愿意扶持哥哥帮同他抗争到底。

　　《长生塔》系列童话中,作为叙事者的儿子"我"与讲述故事的父亲在情趣、思想、意志、观念上都能保持步调一致,父亲待"我"和蔼可亲,引导着"我"情绪的变化,提高"我"对事物的理解能力;"我"则在精神上、行动中紧紧追随父亲。《长生塔》中,父亲在给儿子讲完故事后,"我们跟平时一样,父亲拉着我的手上了岸,依着北斗星给我们指的方向慢慢地走回家去"①;《塔的秘密》中,"父亲爱怜地责备"还沉浸在梦境中的"我","伸手摩我的脸颊,又露出慈祥的笑容来"②;《隐身珠》中,"父亲的故事比任何东西更能抓住我的心","父亲爱怜地摸着我的头"回答"我"的各种疑问,听完故事,"我伸过手去把父亲的一只手紧紧捏住"③;《能言树》中,父亲讲述的故事感染了"我","我"也融入了父亲构筑的故事情境中:"我的眼前仿佛出现了两个孩子的背影。他们从那几棵桦树中间走出

---

① 巴金:《长生塔》,《巴金全集》第10卷第442、443页,人民文学出版社1989年版。
② 巴金:《塔的秘密》,《巴金全集》第10卷第465页,人民文学出版社1989年版。
③ 巴金:《隐身珠》,《巴金全集》第10卷第475页,人民文学出版社1989年版。

来,两兄妹紧紧偎依着慢慢地向前走去,好像我们就在后面跟着他们一样。"①《活命草》《明珠和玉姬》中的"父""子"关系同样和谐:朝鲜孩子明珠的父亲是在敌人撤退的时候被杀死的,玉姬的父亲则被敌人带走生死不明,母亲也被炮弹炸死;志愿军叔叔"我"就像父亲那样对待他们,"我"明晓两个孩子的心思,以讲故事的方式化解他们之间的纷争、巩固他们的友谊,孩子则对"我"产生着深深的依恋。

显然,当调动起来自己的童年经验写作童话时,巴金内心中的诸多美好情感都被召唤出来:"是什么东西把我养育大的?我常常拿这个问题问我自己。当我这样问的时候,最先在我的脑子里浮动的就是一个'爱'字。父母的爱,骨肉的爱,人间的爱,家庭生活的温暖,我的确是一个被人爱着的孩子"②,"我和所有的人一样,也曾做过小孩。那个时候我的父亲还活着。他常常带我上街,带我进戏院,还到过一些别的地方。在父亲面前我是一个多嘴的孩子。我看见任何新奇的事情,都要父亲给我讲个明白。那个时候我觉得我是幸福的"③。童话中长者向幼者谆谆讲述故事的场景、父亲以崇高言行带动孩子思想进步的叙述,当是巴金对幼年时长辈给予他精神滋养的情形的"实录",也是巴金在为小读者写作时不自觉的父亲角色的代入。虽说巴金的小说和童话都"集中全力攻击""一切不合理的旧制度"④,但更不受现实约束的童话在巴金手中明显比小说还多了一重功能,那就是表达梦想:"最近我还做过同父亲在一起的梦。……而且我还同父亲在一起过了新的生活","所以我非常喜欢梦。梦景常常是很美丽的。"⑤对有魅力的合格父亲、

---

① 巴金:《能言树》,《巴金全集》第10卷第491页,人民文学出版社1989年版。
② 巴金:《我的幼年》,《巴金全集》第13卷第5页,人民文学出版社1990年版。
③ 巴金:《〈长生塔〉序》,《巴金全集》第10卷第430、429、429页,人民文学出版社1989年版。
④ 巴金:《〈长生塔〉序》,《巴金全集》第10卷第430、429、429页,人民文学出版社1989年版。
⑤ 巴金:《谈〈灭亡〉》,《巴金全集》第20卷第393页,人民文学出版社1993年版。

对和谐美好的父子关系,巴金都有着朦胧而又不失真诚的理想建构;而且,巴金在童话中塑造的那些历练了苦难而心智成熟起来的孩子们,他们无一不懂得爱憎,乐观向上,勇敢热情,富有抗争精神,如是的书写意味着巴金对年轻一代、对未来自始至终所抱持的充分信心——"只有年轻孩子的心才能够永远存在。"[①]巴金也正是以童话写作向世人证明着他向来喜欢的高尔基的那句名言:"文学的目的是要使人变得更好"[②]。

[①] 巴金:《〈巴金论创作〉序》,《巴金全集》第17卷第52页,人民文学出版社1993年版。

[②] 巴金:《能言树》,《巴金全集》第10卷第489页,人民文学出版社1989年版。

刘福泉　王新玲

觉慧出走之后

黄修已的《二十世纪中国文学史》说,"从世纪初开始,中国文学的发展连成一气,形成其不可分割的整体性。"[①]整个现代文学面对同一个社会现实,形成一个整体的主题,比如启蒙主义文学思想。在启蒙主义文学中,"走出封建家庭"是其中非常响亮的一个口号。如果把中国现代文学看作一个整体的话,那么那些著名的作家又是整个现代文学系统中的小系统,他们在自己熟悉的领域,自己钟情的题材方面对这一问题进行着自己的思索。鲁迅写于1923年的《娜拉走后怎样?》及写于1926年的《伤逝》均在探讨这一问题。

巴金也不例外。巴金在《我的路》中说,"在我的全部作品里有一个共同的东西,那就是我的路。"[②]在对人生之路的探索中,尤以《激流三部曲》中高觉慧走出封建家庭为影响最大。高觉慧目睹了自己家族的罪恶,对人性的压制、禁锢、戕害,从而毅然决然地走出家庭,到社会的广阔天地中,去寻求一条光明的、更能实现自己人生价值的路。觉慧出走时,是满怀希望的,然而,出走之后又如何呢?巴金用一系列作品探索了各种可能。

巴金是把自己的创作当作系列和整体的:《春梦》是巴金在

---

① 黄修已:《二十世纪中国文学史》(上)第15页,中山大学出版社1998年版。

② 巴金:《我的路》,《巴金全集》第13卷第31页,人民文学出版社1989年版。

本文作者刘福泉在第十一届巴金学术研讨会上发言

1928年完成第一部中篇小说《灭亡》以后开始创作的未完稿。现存的手迹本仅是其中的一部分，故称为残稿。由于《春梦》与巴金后来的创作密切相关，巴金在后来的创作谈里也多次提起，其中比较集中的是在1961年写作的《谈〈新生〉及其他》里：

> 后来我从沙多—吉里到了巴黎，在巴黎住了一个时期，又看了好几本左拉的小说，都是收在《卢贡—马加尔家族》这套书里面，讲两家子女的故事的。从那个时候起一直到现在，我都是这样：多读了几本小说，我的手就痒了，我的脑子也痒了，换句话，我也想写小说了。在那个短时期里，我的确也写了一些东西，它们只是些写在一本廉价练习簿上面的不成篇的片段。我当时忽然想学左拉，扩大了我的计划，打算在《灭亡》前后各加两部，写成连续的五部小说，连书名都想出来了：《春梦》、《一生》、《灭亡》、《新生》、《黎明》。《春梦》写杜大心的父母，《一生》写李静淑的双亲。我在廉价练习簿上写的片段大都是《春梦》里的细节。后来我在马赛的旅馆里又写了一些，在海轮的四等舱中我还写了好几段。这些细节中有一部

分我以后用在《死去的太阳》里面。[1]

在大哥的鼓励下,巴金开始构思以家族故事为基础的《春梦》,放弃了杜家的故事,开始写高家的故事。他把小说的名字改为《激流》,意为"我不是在写消逝了的渺茫的春梦,我写的是奔腾的生活的激流"。

巴金对自己的创作是有着整体的系统的考虑的,他要探索当时青年人的人生出路,"事实上我也给人指出了一条趋向自由的路,"[2]他也明白,"在这个时代是没有个人的出路的。要整个社会、民族、人类走上了康庄大道以后,个人的一切问题才能够得着适当的解决……倘使一个青年来要求我指一条路,那么我就应该叫他把自己的一切拿去贡献给为社会、为民族、为人类的工作。这就是说牺牲。牺牲是一定有效果的,但这效果在将来,也许我们一生也见不到。"[3]实际上他是在通过自己的文学创作,通过作品中的主人公们的经历告诉青年人应该如何选择自己的人生道路,要走出家庭的樊篱,走向广阔的社会生活中去,投入到社会革命当中去,不应该只为自己生活幸福而奋斗。要奋斗就会有牺牲,但要牺牲的有意义有价值,不能盲目的莽撞的做无谓地牺牲。

如果将巴金的作品当作一个整体的系统来考查,就会发现其中大都有着对于出走命题的有意的探索,不但写出了他们的出走的原因,还描述了他们出走之后所走的道路,写出了他们不同的人生轨迹。

男性出走后的道路:有的从事革命宣传动员工作,办学校、办工会、办报馆,进行革命活动,最终牺牲,其中有的因被捕而牺牲:《灭亡》中张为群、李冷,《电》中高志元;有的为掩护革命同志而牺牲:《爱情的三部曲·雷》中的雷;有的为朋友的被捕牺牲而去复仇刺杀军阀牺牲:《灭亡》中杜大心、《爱情的三部曲·电》中的敏;有

---

[1] 巴金:《谈〈新生〉及其他》,《巴金全集》第 20 卷第 398—400 页,人民文学出版社 1993 年版。

[2] 巴金:《我的路》,《巴金全集》第 13 卷第 31 页,人民文学出版社 1989 年版。

[3] 同上书,第 32 页。

本文作者王新玲

的反抗逮捕而牺牲,《爱情的三部曲·电》中的方亚丹;有的为革命事业遭到逮捕入狱,坚持信仰,被营救出狱,为革命操劳过度而死:《爱情的三部曲·电》中的明。有的是在革命斗争的挫折中逐渐成熟的革命者:《死去的太阳》中的吴养清、《爱情的三部曲》中的吴仁民;有的参加革命团体,但没有成为真正的革命者而成为了口头革命者:《爱情的三部曲·雾》中的周如水。有的也曾有过远大理想,但被现实所吞没,成为现实的牺牲品:《寒夜》中的汪文宣。

《灭亡》中的杜大心是出走家庭后投身革命,却无谓地牺牲掉自己的生命的类型。杜大心因为封建家长的强力干预,与表妹恋爱失败,所以他离开成都的家,到上海求学。经过同学的介绍,参加了社会主义的革命团体。后来他完全抛弃学业,离开学校,把全部精力用在革命工作上面。虽然家里仍旧寄了不少的钱来,但是他除了留下一点来维持自己最低限度的生活外,其余的就一概充作革命团体的费用,全身心的投入到革命工作当中。杜大心的革命工作进行得并不顺利,不只因为政治的高压,还有革命组织内部的矛盾和分歧使他苦恼,还因为他的身心健康,严重的肺病带来的对于死亡的恐惧,使得他脾气暴躁,言语激烈,虽然他安慰张为群,

"在最近的将来,那个伟大的日子就会来的,那时候谁也不再哭了,谁也不再受苦了,每一家都有住宅,每张口都有饱饭,每个人都有衣服,人们安静地过着和平的日子。凡是曾害过人、正害着人、将害到人的那般民贼都要灭亡了。"① 但他自己也不知道革命什么时候会到来,而自己的同志张为群却因为宣传革命而被捕被杀头,他决心用自己的生命来为他复仇。他觉得现在自己只有这条路可走了,而且唯有走这条路才能够带来"他底良心上的永久的安慰。"② 他要去刺杀戒严司令,去替张为群报仇。结果却是戒严司令并没有死,杜大心的一颗子弹,使他得到二十万现款,他的几个姨太太也添了不少的首饰。"然而杜大心底头却逐渐化成臭水,从电杆上的竹笼中滴下来,使得行人掩鼻了。"③ 这样的描写表明作者是不赞成杜大心走这样的路的,牺牲了个人,对革命事业带来的只有损失,而对于强大的敌人却没有任何打击,反而使其得到了更大的经济利益。巴金认为杜大心"是一个罗曼蒂克的革命家",而且还是一个病态的革命家。

《灭亡》《新生》中的李冷是走出家庭后成为坚定的革命者的典型。李冷是江西人,出身于大官僚家庭,李冷在省城中学毕业后,在家里闲住了一年后到上海进大学。他原来信奉爱的哲学,并没有激进的革命观念,对杜大心他们的工作也不太赞成,"我只望能够过着安静和平之生活。我希望自己得着和平,也希望别人得着和平;我愿意自己幸福,也愿意别人幸福,我爱自己,我爱生物,我爱人类。正因为人们抛弃了爱,彼此相恨,正是爱太少了,憎太多了,所以我们应该用爱来消灭恨……"④ 李冷是有原罪意识的,"我们有钱人家所犯的罪恶,就由我们来终止吧。我们宣誓我们这一家的罪恶应该由我们来救赎。从今后我们就应该牺牲一切幸福和享乐,来为我们这一家,为我们自己向人民赎罪,来帮助人

---

① 巴金:《灭亡》,《巴金全集》第4卷第130页,人民文学出版社1987年版。
② 同上书,第142页。
③ 同上书,第160页。
④ 同上书,第82页。

民。"①他对于身边的朋友们办杂志宣传革命，他也认为是没有什么意义的活动，本来认为"这一本薄薄的刊物里面的确充满了追求光明的呼声，虽然软弱一点，但这究竟是黑暗社会中追求光明的呼声啊！"但他却又批评他们"太软弱了！"这说明他对现实的真实状况并不理解，这激起朋友秋岳的反驳："你想在这种时候我们还能够说更明显的话吗？我们现在有言论自由吗？为了免得这追求光明的呼声被黑暗窒息了，所以我们只能够叫得软弱一点。但是我们的声音会传布出去，听见的人自然会明白我们底意思。"②李冷不愿意像朋友那样牺牲了青春来办一份软弱的杂志。的确，朋友们的革命带有一定的盲目性，甚至相信这个工作就可以拯救人类，有一种盲目的热情。他的妹妹李静淑与爱人张文珠在工厂的组织工作刚刚有起色，她们便被秘密逮捕了，正是她们的被捕，反而刺激李冷最终成为了坚定的革命者，"我们为了信仰会牺牲一个妹子，一个爱人，甚至会牺牲自己底生命。这牺牲是必需的。"③李冷去了外地，与同志们开办了机工子弟学校，开办了机工夜校，设立了机工俱乐部，成立了失业机工救济会，又组织了 A 地总工会。但是很快学校被封了，总工会被解散了。领导了多次罢工，最终都在反动势力的高压政策下还没有正式开始就失败了，领导者李冷也被捕，在监狱里，李冷对资本家与军阀政府的认识也更加深刻了："根据我们底要求，这次加薪底总数也不过每年一万几千元，这十几万的数目简直可以支付电灯工人底十年内的额外工资了。然而他们却宁愿使工人挨饿，宁愿把这笔钱送给那班吸血的人，来买我底生命。他们是怎样地没有的良心呀！""几个资本家花了十几万块钱，杀死我一个人，埋了我的身体。但是我的憎恨，我底信仰，我们底事业却不能够被他们杀死。甚至我自己也会在我所爱的那些人底心里复活起来。"④就像是《新生》的结尾处所引用的《圣经·约翰福音》

---

① 巴金：《灭亡》，《巴金全集》第 4 卷第 82 页，人民文学出版社 1987 年版。
② 巴金：《新生》，《巴金全集》第 4 卷第 205 页，人民文学出版社 1987 年版。
③ 同上书，第 278 页。
④ 同上书，第 316—317 页。

上的话"一粒麦子不落在地里死了,仍旧是一粒,若是死了,就结出许多的子粒来。"①表达了作者的希望,革命者牺牲了,会影响到更多的人走上革命道路。

《死去的太阳》中的吴养清是在革命斗争的挫折中逐渐成熟的革命者类型。吴养清从五卅运动发生地上海到了南京,参加了南京东南大学的抗议募捐及游行示威活动,组织工人罢工,并得到了社会力量的支持,但罢工的工人家庭的生存问题无法解决,最终还是被迫复工,罢工以失败而告终,参与罢工的积极分子被工厂主开除,李阿根的孩子活活地饿死了,绝望中的李阿根在领导者王学礼的鼓动下放火烧了工厂,王学礼也被军队枪杀了,吴养清将他看作是死去的太阳,"在流了那么多的热血消灭以后,依然会和第二天的黎明同升起来,以它底新生的光辉普照人间。"②激励着他继续为他未竟的革命事业而奋斗。

《雾》中的周如水是参加了革命团体,但并没有成为真正的革命者而成为了口头革命者的典型。他以为乡村比城市更重要,将来新社会的萌芽就在这里。所有觉悟了的人"都应该离开都市,到乡村去工作,去办农场,办学校,办合作社,以及其他公共事业和生产事业,去教导农民,帮助农民。"③他有不爱的老婆,不认识的孩子,年老的父母,优柔寡断的性格,使他有革命的信仰,无实际的革命行动,就连自己向往的"土还主义"也因父母反对和"以前有两个首都农业专门学校毕业回来的学生跑到乡下去,住不到两个月就被人捉将官里去,说他们是共产党,把他们砍了头"④的现实所吓倒。与自己爱上的人在外面过自己的生活,他觉得良心上过不去,离婚怕父母难堪,拒绝张若兰的爱情又不舍,正如陈真对他的批评

---

① 巴金:《新生》,《巴金全集》第4卷第324页,人民文学出版社1987年版。
② 巴金:《死去的太阳》,《巴金全集》第4卷第428页,人民文学出版社1987年版。
③ 巴金:《爱情的三部曲》,《巴金全集》第6卷第38页,人民文学出版社1988年版。
④ 同上书,第45页。

"你是没有勇气的人。你没有勇气和现实的痛苦生活面对,所以常常逃避到美妙的梦境里去。"①挣扎了多年,没有办法摆脱自己的矛盾痛苦,最后毫无价值地投水自杀了。

《寒夜》中的汪文宣是走出家庭,从事自己钟爱的教育工作,然而却由于抗战失去了事业,惨淡谋生而最终贫病交加而死的类型。

汪文宣出生于昆明的小康之家,后来到上海求学,是上海某大学教育系的毕业生,曾经有过美好的理想,想走教育救国的道路,要为教育事业奋斗终生。他也曾大胆地表现出对习俗的挑战,与曾树生自由恋爱组成了一个令人羡慕的小家庭。抗战的爆发,打破了他的理想,逃难的经历磨灭了他的理想,生活的困窘磨灭了他的个性,变得胆小怕事,为了保住可怜的饭碗,上司的冷酷无情他忍耐,同事的排挤他忍耐,他肺疾日重,甚至咳嗽吐血,他也不敢声张。家庭中的婆媳争斗,他也只能通过自虐获取她们的同情,平息纷争。最终还是被黑暗的现实所吞噬,完全成为了一个被侮辱与被损害的人。汪文宣的道路是作者所不愿看到的,但也是那个时代人生命运的不可或缺的一条道路。

女性出走后的道路:有的从事革命宣传动员工作,放弃学业进入工厂,领导工人运动:《新生》中的李静淑、张文珠;有的成为革命英雄:《海的梦》中的里娜,《利娜》中的利娜;有的抗战时期参加战地救护:《火》中的冯文淑;有的成为救死扶伤的医生:《第四病室》中的杨木华。有的为了爱情而出走家庭却终因没有经济基础而最终回到家中,抑郁而终:《春天里的秋天》中的佩瑢。有的从事教育工作,因抗战被迫放弃理想成为职业女性:《寒夜》中的曾树生;有的也曾为理想而奋斗,最终因各种原因成为了官太太:《爱情的三部曲》中的郑玉雯、熊智君。

《新生》中的李静淑是放弃学生生活投身革命,在革命斗争的残酷环境中逐步走向成熟,成为有成就的革命者的典型。李静淑在哥哥李冷的引导下,逐步建立了自己的理想信仰,李冷与她

---

① 巴金:《爱情的三部曲》,《巴金全集》第6卷第47页,人民文学出版社1988年版。

讨论当时的各种社会问题,邮寄新书报给她。李静淑中学毕业后,便向父亲提出到上海去读书的要求,在舅舅、哥哥的援助下和母亲极力抗争,"李静淑到底得到了胜利。"到了上海的李静淑接触了杜大心的革命主张,但并不赞成杜大心激进冒险的冲动,在杜大心牺牲后,她"舍弃一切个人的安乐去继续杜大心底工作。"放弃了学业进入工厂进行革命的宣传动员工作,办工会,办夜校,且已经见到成效,她对自己的事业充满信心,经过她们的艰苦努力,逐步形成了一股革命的力量。她们要在一个重大的纪念日那一天,在她们的工厂里发动罢工潮。然而罢工还没有展开,她们作为领导者就被反动势力绑架了。经过营救她们回到了工人中间,继续革命。为了安慰革命者,也是为了自慰,巴金安排了一个光明的结局:"几年后全上海纺织工人实行大罢工,在这个斗争里,工人占据了工厂,使各厂主不得不屈服。这次大罢工运动的领导人物是一个深得工人敬爱的年青女郎。据说她就是李静淑。"[1]在革命斗争的残酷环境中,她逐步地走向成熟,成为了有成就的革命者。

《新生》中的张文珠是放弃花瓶生活投身革命并取得胜利的典型。张文珠出生富贵之家,但她从生活经验中逐渐觉悟了,意识到原来的自己只是一个供人玩弄的生物,只是一个点缀太平的装饰品,没有自己的意志、思想。在家里是父母决定一切,和陈冰结婚以后,又是丈夫决定一切。每天除了打扮自己给丈夫看,给丈夫的朋友们看而外,就没有别的事情。被丈夫供养在家里,可以给他一些陶醉,一些温馨,装饰他的家庭,愉悦他的朋友。在接受了革命的理想信仰之后,她放弃了安逸的生活,与李静淑一起到工厂去做女工,去宣传革命的道理,"我的手不再涂脂抹粉了,它如今要握着笔,要在丝车旁边工作。我底嘴也不再说那些讨人欢喜的话了,它如今要发出使人战栗震恐的演说,说出使人感动流泪的话。而且有一天我会看见整个旧社会在我底打击下粉碎,那时候我这只手

---

[1] 巴金:《灭亡》,《巴金全集》第4卷第161页,人民文学出版社1987年版。

会拿起武器,我会勇敢地跟着群众前进。"①与李静淑一起深入到工厂,扎实地开展宣传动员工作,用自己真挚热情的爱,将李冷从冷漠的精神状态下拯救出来,参加了革命工作,最终领导工人取得了罢工的胜利。

《利娜》是借用俄罗斯一个女革命者的日记的形式创作的小说,主人公利娜是背叛自己的阶级投身革命并成为英雄的典型。利娜出身于贵族之家,受过高等教育,聪慧美丽,举止高雅迷人,是上流社会交际圈里的宠儿。在一次舞会上,她认识了革命党人波利司,他对俄罗斯社会现状的分析折服了她,因为被告密,波利司被捕,监狱中受尽折磨而坚强不屈,正当监狱因缺乏证据即将释放他时,利娜向教士忏悔,说出了波利司曾经说过的话,教士告密,使他遭到了流放,她想营救波利司,却在营救过程中验证了波利司说过的话:"教士是卑鄙的,女人是无耻的,官僚是腐败的"②社会现实,从此走上革命的道路,离家出走,办平民教育学校,给学生灌输平等思想,她是带有明确目的和目标的出走。不久以后被捕流放,在流放中遇到了波利司,他们结合了,并坚定地继续他们的奋斗。"我们始终坚决地相信着,等待着一个新的美丽的景象。在我们的耳边永远响着那'土地与自由'的声音。这声音是一天比一天地更响亮了。"③

《爱情的三部曲》中的郑玉雯和熊智君是"那个抛弃女学生生活到工厂做女工、把自己献给崇高的理想、而终于走到官僚的怀里去的女郎"。④熊智君高中还没有毕业,家里就给她订了婚,让她辍学出嫁,她已经有了自己的恋人,经过反抗,她脱离了家庭,老师吴仁民给她找了份书店校对的工作,使她可以继续在学

---

① 巴金:《新生》,《巴金全集》第 4 卷第 237—238 页,人民文学出版社 1987 年版。

② 巴金:《利娜》,《巴金全集》第 5 卷第 494 页,人民文学出版社 1988 年版。

③ 同上书,第 475 页。

④ 巴金:《灭亡》,《巴金全集》第 4 卷第 24 页,人民文学出版社 1987 年版。

校里读书,并和自己所爱的人结合,但幸福的生活只有一年多,所爱的人便死去了,后来又与吴仁民相爱,即将准备结婚了,但由于玉雯的自杀(玉雯也曾经是个革命者,与吴仁民相爱,后来被一个官僚欺骗而嫁给了他,但她的丈夫对她没有爱情,只是把她当作泄欲工具,很快便被抛弃,她心目中一直爱着吴仁民,希望恢复与吴仁民的爱情失败后自杀,自杀时还呼唤着吴仁民的名字,那个官僚欲报复吴仁民),熊智君为挽救吴仁民被迫同意嫁给了那个官僚。

《爱情的三部曲》中"李佩珠这个近乎健全的性格……这个妃格念尔型的女性,是我创造出来的……我所读过的各国女革命家的传记却给了我极大的帮助。"[1]李佩珠的父亲是在青年中享有声誉的革命前辈,也是书香世家,也许是见到的革命青年多了,所以她比那些青年显得更加成熟与坚定,对于青年革命者当中的激进与冲动地牺牲个人生命的现象,她冷静地意识到"痛快地交出生命,那是英雄的事业,我们似乎更需要平凡的人。"[2]她反对革命是男人的事业,女人只能相夫教子的传统观念,主张女人走出婚姻家庭,走向广阔的社会生活,她反对恋爱至上,也反对禁欲主义,主张革命与爱情的统一,最终与吴仁民一起并肩战斗。她在革命的实践中成为成熟冷静的领导者,在聚会时受到军队的包围,在男人都惊慌失措的情况下,沉着地指挥大家冲破军队的包围圈,避免了不必要的流血牺牲。

《爱情的三部曲》中的慧是一个用充沛的热情投身革命和恋爱的女性形象。她虽然没有一个健全的性格,"她不及佩珠温柔,沉着,坚定不移;不及碧冷静;不及影稳重;不及德华率真。但是她那一泻千里的热情却超过了她们大家。她比她们都大胆。她被人称为'恋爱至上主义者',因为她的性观念是解放了的。'我知道我活着的时候不多了,我就应该活它一个痛快。'她常常说的这一句话

---

[1] 巴金:《爱情的三部曲》,《巴金全集》第6卷第38页,人民文学出版社1988年版。

[2] 巴金:《爱情的三部曲》,《巴金全集》第6卷第366页,人民文学出版社1988年版。

给我们暗示了她的全部性格。"①她不断的用新的爱情滋养她的生命,她的性观念的开放在那个时代具有惊世骇俗的意义。她的旺盛的生命力给带有浓郁的悲观抑郁色调的革命事业带来了激情与青春的活力,她同样积极参加革命活动;她的革命意志是坚强的,在她所敬爱的德与敏牺牲后,她依然坚定地与李佩珠并肩战斗,继续完成同志们未竟的革命事业。

《春天里的秋天》里的佩瑢是为了爱情出走却最终又回到父亲的家庭,抑郁而终的典型。佩瑢爱上了老师林。由于佩瑢父亲的强硬反对,林不得不因为她离开了 C 城。佩瑢为了追求爱情,也跟着林来了。他们各自住在朋友家里。林无正当职业,靠家里寄来的钱生活,他们经常约会相见,却又常常相互猜忌、误会、龃龉,享受着甜蜜又烦恼的恋爱生活,而林的朋友许却看透了他们的爱情的悲剧前景:"人不单是靠着爱情生活的。你为了爱情忘了友爱,为了瑢忘记了你的哥哥。况且你这样的年纪正应该做点事情,却闲着整天跟女人厮混,再不然就躺在家里哭。你哪里还有一点男人气。"②最终瑢被骗回家,父亲威胁她如果他们再来往的话,就会杀掉林,为了保护恋人,佩瑢写下了与林的绝交信,却思念成疾,在对林的思念与悔恨中抑郁而终。《春天里的秋天》可以与鲁迅先生的《伤逝》对照来读的,同是因爱情受到干预而出走,子君与佩瑢都是没有职业和经济基础的,这样的爱情缺乏强有力的经济支撑,最终难逃悲剧的命运,再次印证鲁迅"人必生活着,爱才有所附丽"的深刻主题。

《寒夜》中的曾树生是曾有"教育救国"的理想,但理想破灭后找不到理想出路的典型。她和丈夫汪文宣是大学同学,他们曾经都受过"五四"新思潮的熏陶和启迪,共同拥有"教育救国"的理想。毕业后,他们没有经过传统的父母之命,媒妁之言,也没有结婚拜

---

① 巴金:《爱情的三部曲》,《巴金全集》第 6 卷第 39 页,人民文学出版社 1988 年版。

② 巴金:《春天里的秋天》,《巴金全集》第 5 卷第 161 页,人民文学出版社 1988 年版。

堂就同居在一起,具有明确的反传统观念。但是因为抗战,"教育救国"的理想破灭了,爱情也在婆媳的摩擦敌视中渐渐淡去。为了生计,不得已选择花瓶样的工作。抗战胜利后,夫死子走,她踯躅街头,不知道出路在哪里。

相较曾树生,《第四病室》中的杨木华也是一个职业女性。她医术好,对待病人耐心细致,性格温柔善良,"在这种黑暗、痛苦、悲惨的生活中却闪烁着一线亮光,那就是一个善良的、热情的年轻女医生,她随时在努力帮助别人减轻痛苦,鼓舞别人的生活勇气,要别人'变得善良些、纯洁些、对人有用些'"。[1]日寇进攻她的家乡衡阳时,为了保卫家乡,主动要求到前线去救治伤员。《火》中的冯文淑,因参加战地救护与家人尤其是父亲发生了冲突,离家出走,在医院里救护伤员,上海失守后参加了战地工作团,辗转于前线后方、城市乡村进行抗战宣传,战争的残酷,军人、百姓的抗战决心,战友的牺牲,使她摆脱了闺阁之气,而有了战士的风采与精神。同样是面对抗日战争,杨木华和冯文淑选择了把自己的生命融入到民族解放的洪流中,从而实现了"生命的开花"。

《春》里面,在觉慧的带动下,淑英最终反抗包办婚姻,在觉新、觉民、琴的支持下也走出家庭,到上海寻求自己的出路,但她的出走是做了充分的准备的,觉民"写了些介绍信给剑云带去,他们会尽力帮忙。沿途有剑云的照料。到了上海,三哥会到码头上接你们。以后我们按时给你兑款子去。"[2]不但安排了一路上行程,还安排好了以后的生活,完全解除了后顾之忧。在淑英给琴的信中汇报:"我在这里时常得到三哥的指教。他说要帮助我成为一个有用的人。"[3]这个情节与李冷兄妹的状况极其相似。巴金写作《春》的时间是1938年,此时,思想感情发生了诸多变化,对于出走的问题有了更加成熟的认识。

---

[1] 巴金:《第四病室》,《巴金全集》第8卷第414页,人民文学出版社1989年版。

[2] 巴金:《春》,《巴金全集》第2卷第506页,人民文学出版社1986年版。

[3] 同上书,第509页。

总之,巴金用自己的作品,对出走的命题进行了广泛的探讨,用作品中主人公所走的人生道路回应了鲁迅先生"走后""怎样"的命题。"在《灭亡》里杜大心和张为群的头腐烂了,但是李静淑并没有死去。《在》家中高觉慧脱离了那个就要来的崩溃的旧家庭。在《雾》里,绝望的云雾并不曾淹没了希望。最后一次在《新生》里我更明显的说:'把个人的生命连在群体的生命上,那么人类向上的繁荣的时候,我们只看见生命的连续广延,哪里还有个人的灭亡?'"①从这段话中可以看出巴金是有意识地将作品中的主人公当作一个系列来考虑的。他们对人生进行着艰难、甚至磕磕绊绊的探索,尽管他们中的大多数是以失败甚至于牺牲而告终,但他们的牺牲并非毫无意义,到晚年巴金将他们称之为"理想主义者","他们忠于理想,不停止地追求理想,忠诚地、不声不响地生活下去,追求下去。他们身上始终保留着那个发光的东西,它就是——不为自己。"②

---

① 巴金:《爱情的三部曲》,《巴金全集》第 6 卷第 100 页,人民文学出版社 1988 年版。
② 巴金:《致树基》,《巴金全集》第 6 卷第 480 页,人民文学出版社 1988 年版。

李 怡 张雨童

大文学视野下的巴金
——重读《随想录》

关于巴金,我们讨论得最多的话题是"真",从早年创作直到"随想录"系列都是如此。①

但问题在于,何以问题如此重要?随着历史的烟云翻滚,巴金能够感受到的"真"的价值似乎与今天的人们的思想有所差距,以致已经有当代学人公开质疑这样的书写价值。

他们不满足于巴金的自剖力度,质疑巴金"真话"的深刻性和价值意义:"巴金的《随想录》的检讨和批判,是不深入的,更谈不上深刻。"②"在他的文字中,夹带了不少当时流行的意识形态话语,缺乏自己的独立话语。"③

更有学者如惠雁冰等人,指责巴金通过批评政治集权转移视线,为"文革"时期说假话的知识分子开脱:"巴金对'文革'意识形态的片面激愤,以及对政治集权如何解构了知识分子直面现实的话语权力的声讨,不过是为政治化时期知识分子的精神性卑微寻求一种外在的历史资源而已,实质上掩盖了知识分子本身就是这

---

① 最早从"真"的角度评述、肯定《随想录》的代表性论述有:吴周文:《他的整个心灵在燃烧——论巴金散文近作》,《齐鲁学刊》1983 年 06 期;丹晨:《"把心交给读者"——读巴金近作〈真话集〉》,《当代作家评论》1984 年 03 期;傅安:《巴金〈随想录〉读后》,《当代文坛》1984 年 08 期;吴欢章:《巴金〈随想录〉的艺术境界》,《当代文坛》1985 年 10 期。
② 林贤治:《不要神话巴金》,《南方都市报》2003 年 11 月 25 日。
③ 林贤治:《巴金:一个悲剧性的存在》,《新京报》2005 年 10 月 24 日。

本文作者李怡

种历史资源的有机构成的残酷现实。"从而得出结论,认为巴金"真"的背后的实质是"假":"其一再被主流批评家所称道的'讲真话'精神,也只能称为"文革"时期知识分子懦弱脊梁、萎靡人格、颓唐心理的代名词。"[1]

甚至巴金为突出"真"而选择的"无技巧"的创作方法,也遭到诟病:"通篇的废话唠叨,极其粗糙的词语搭配,绝少文学美感与艺术张力的行文……难道这种浅直如话的行文就是文学的最高境界吗?难道这种消解了文学素质的写作,给现代文学提供了可资效法的艺术经验吗?"[2]

而西方现代艺术的波诡云谲则更是复杂地告诉我们何谓艺术的繁复追求,与这一繁复的比较,巴金的理想似乎比较简单。

然而,所有这些质疑并不能取代我们内心深处的巴金的意义:在种种艺术理论与历史真实的概念背后,巴金及其《随想录》

---

[1] 惠雁冰:《意识形态粉饰下的平庸——巴金〈随想录〉》,《二十一世纪》2007年12月号,总第104期。
[2] 同上。

依然挺拔屹立,这种不可替代的庄严的存在又源于何方? 我觉得这里其实存在一个当代所谓"纯文学"、"纯艺术"概念与我们固有的对文学的"需要"的根本差异问题,无论文学的概念如何演变,我们心灵深处源远流长的"需要"依然不可改变。现代中国作家自觉不自觉地都愿意借用近代以后西方发展起来的"纯文学"概念,但在更为久远的文化传统中——无论中外——又都还是在无意识中为"杂文学"的趣味留有余地,那种容历史记叙、个人见闻、思想笔记于一体的自由书写依然散发着难以替代的魅力。也就是说,传统中国的"文学"概念本身就是包含着这种"繁杂性"与"灵活性"。

更重要的在于,杂文学——大文学概念意义的文字更带有对生存的直接的表现和关怀,属于历史与个人情感的交织。

巴金文学创作最基本的一些追求——真和"无技巧"都与大文学的视野直接相关。

"真"属于文学与历史共同的目标。

中国文论最早对"真"的表述可以追溯到"修辞立其诚"、"闲邪存其诚"(《周易·乾卦·文言》)。诚,《说文解字》云:"诚,信也。"[1]《尔雅》训"诚","信也"。邢昺疏曰"皆谓诚实不欺也。"[2]

在传统中国"杂文学——大文学"概念里,"诚"表现为对现实生存的忠实记录和历史关怀:"男女有所怨恨,相从而歌。""饥者歌其食,劳者歌其事。"(《春秋公羊传·宣公十五年解诂》)以致:"王者所以观风俗,知得失,自考正也。"(《汉书·艺文志》)

求"真"是中国历代文人史官的自觉追求。

《左传·宣公二年》晋太史董狐直书:"赵盾弑其君。"并以示于朝。受到孔子"董狐,古之良史也,书法不隐"的称赞。《左传·襄公二十五年》太史书曰:"'崔杼弑其君'。崔子杀之。其弟嗣书,而死者二人。其弟又书,乃舍之。南史氏闻大史尽死,执简以往。闻既书矣,乃还。"[3]齐太史兄弟以生命维护历史真实的榜样让人

---

[1] 许慎:《说文解字》第70页,中华书局1985年版。
[2] 郭璞注,邢昺疏:《尔雅注疏》第19页,北京大学出版社2000年版。
[3] 杨伯峻:《春秋左传注》第1099页,中华书局1981年版。

本文作者张雨童

感佩。

　　司马迁"究天人之际,通古今之变,成一家之言"而著《史记》,"然自刘向、扬雄博极群书,皆称迁有良史之材,服其善序事理,辨而不华,质而不俚,其文直,其事核,不虚美,不隐善,故谓之实录。"①

　　白居易也有"唯歌生民病,愿得天子知","其事核而实,使采之者传信也"。

　　这种以文代史,在文学中充满历史关怀,自觉记录现实人生的大文学观正是巴金《随想录》的出发点,在《随想录》的写作中,巴金有明确的传之后世的历史意识:"工作了几十年,在闭上眼睛之前,我念念不忘的是这样一件事:读者,后代,几十年、几百年后的年轻人将怎样论断我呢?他们绝不会容忍一个说假话的骗子。"②"给

---

①　班固:《汉书》第2738页,卷62,《司马迁传》第三十二,中华书局1962年版。
②　巴金:《"没什么可怕的了"》,《随想录》第254页,人民文学出版社2000年版。

'十年浩劫'作一个总结。我经历了十年浩劫的全个过程,我有责任向后代讲一点真实的感受。"①

《随想录》是巴金用笔建造的一座"文革"博物馆,他自己在写作中也有明确的以文字保留历史真实的意识:"我就这样给逼着用老人无力的叫喊,用病人间断的叹息,然后用受难者的血泪建立起我的'文革博物馆'来。"②这个"文革博物馆"在巴金的设想中有明确的历史意义:"我们谁都有责任让子子孙孙、世世代代牢记十年惨痛的教训。'不让历史重演',不应当只是一句空话。要使大家看得明明白白,记得清清楚楚,最好是建立一座'文革'博物馆,用具体的、实在的东西,用惊心动魄的真实情景,说明二十年前在中国这块土地上,究竟发生了什么事情?!让大家看看它的全部过程,想想个人在十年间的所作所为,脱下面具,掏出良心,弄清自己的本来面目,偿还过去的大小欠债。没有私心才不怕受骗上当,敢说真话就不会轻信谎言。只有牢牢记住'文革'的人才能制止历史的重演,阻止'文革'的再来。"③

不让"文革"重来,就要让后世的人们知道历史的真相、人性的真相,从而识别出压迫和假话,不再被洗脑和奴役;就要让亲历的人们敢于直面"文革"的真相,敢于掏出良心、抛开私心。因此,巴金在《随想录》中喊出"讲真话",以真对抗假。

巴金企图以个人道德榜样带动社会良知,他为此不惜当众撕开自己的伤口,毫不保留地揭露了自己如何批判胡风、路翎等作家。

"鲁迅先生明明说他不相信胡风是特务,我却解释说先生受了骗。一九五五年二月我在北京听周总理报告,遇见胡风,他对我说:'我这次犯了严重的错误,请给我多提意见。'我却批评说他'做贼心虚'。我拿不出一点证据,为了第二次过关,我只好推行这种

---

① 巴金:《〈探索集〉后记》,《随想录》第 274 页,人民文学出版社 2000 年版。
② 巴金:《合订本新记》,《随想录》第Ⅷ页,人民文学出版社 2000 年版。
③ 巴金:《"文革"博物馆》,《随想录》第 692 页,人民文学出版社 2000 年版。

歪理。"①

他分析自己如何失去思考能力，变成奴隶，并且深挖自己内心的恶，承认自己没有做更多坏事只是因为没有资格当上奴隶总管："在那个时期我不曾登台批判别人，只是因为我没有得到机会，倘使我能够登台亮相，我会看作莫大的幸运。我常常这样想，也常常这样说，万一在'早请示、晚汇报'搞得最起劲的时期，我得到了解放和重用，那么我也会做出不少的蠢事，甚至不少的坏事。当时大家都以'紧跟'为荣，我因为没有'效忠'的资格，参加运动不久就被勒令靠边站，才容易保持了个人的清白。"②

巴金的"真话"让后世学者不满，他们批评巴金逃避知识分子的责任，检讨不深刻。可知，他的这些真话也曾一再让人害怕，大陆的报纸难以见报，领导点名批评和劝告，朋友也一再劝其停笔。但秉持大文学观的巴金对其《随想录》创作有史官的坚韧和标准。

巴金一再宣称自己不是文学家，这让人想起鲁迅的宣言："我不是批评家，因此也不是艺术家……因为并非艺术家，所以并不以为艺术特别崇高……我以为这不过是一种社会现象，是时代的人生记录。"③巴金也在看多了所谓的"文学技巧"后，更加坚信大文学概念中追求"求真务实"的文学对他来说有更重大的意义：'十年浩劫'究竟是怎样开始的？人又是怎样变成'兽'的？我总会弄出点眉目来吧……过去的十年太可怕了！我们每个人都有责任不允许再发生那样的浩劫。我一闭上眼睛，那些残酷的人和荒唐的事又出现在面前。我有这样一种感觉：倘使我们不下定决心，十年的悲剧又会重演，如果大家都有洁癖，不愿意多看见'四人帮'的字样，以为抱住所谓'文学技巧'就可以化作美女，上升天堂，那么任何地方都会出现'牛棚'，一张'勒令'就可以夺去人的一切权力。"④

---

① 巴金：《怀念胡风》，《无题集》第174页，人民文学出版社1986年版。
② 巴金：《解剖自己》，《随想录》第398页，人民文学出版社2000年版。
③ 鲁迅：《三闲集—文艺与革命》，《鲁迅全集》（第4卷）第82页，人民文学出版社1981年版。
④ 巴金：《〈探索集〉后记》，《随想录》第274页，人民文学出版社2000年版。

当然,在中国的历史概念中,除了事实的真切,"真"还有一层含义:诚挚。

《广韵》云:"诚,审也,敬也,信也。"①《尚书》有"至诚感神",《毛诗序》有"诗者,志之所之也,在心为志,发言为诗。"都言文学来自于作者真实的内心情感,只有内心诚挚,"其情真",然后才有"其味长,其气盛,视三百篇几于无愧。"固陆游有云:"盖人之情,悲愤积于中而无言,始发为诗,不然无诗矣"。

《随想录》被巴金视为忏悔、赎罪、还债之作,其情之真,愿学比干剖心:"五卷本的《随想录》,它才是我的真实的日记。它不是'备忘录',它是我的'忏悔录',我掏出自己的心,让自己看,也让别人看。"②

这样挖心滴血的写作对于风烛残年的老人来说极为痛苦:"我每天坐三四个小时望着面前摊开的稿纸,却写不出一句话。"③

但是巴金不愿意安享晚年,他有的是挤出脓血的勇气:"五卷书上每篇每页满是血迹,但更多的却是十年创伤的脓血。我知道不把脓血弄干净,它就会毒害全身。……解剖自己,我挖得不深,会有人走到我的前头,不怕痛,狠狠地挖出自己的心。"④

甚至因为衰老和死亡的迫近,巴金对写作尤为急迫:"我要写,我要写。……不偿清债务,我不会安静地闭上眼睛。"⑤

"我写因为我有话要说,我发表因为我欠债要还。十年'浩劫'教会一些人习惯于沉默,但十年的血债又压得平时沉默的人发出连声的呼喊。我有一肚子的话,也有一肚子的火,还有在油锅里反复煎了十年的一身骨头。火不熄灭,话被烧成灰,在心头越积越多,我不把它们倾吐出来,清除干净,就无法不做噩梦,就不能平静

---

① 周祖谟:《广韵校本》第193页,"下平声卷第二","清第十四",中华书局1960年版。
② 巴金:《致树基(代跋)》,《巴金全集》第25卷第613页,人民文学出版社1993年版。
③ 巴金:《怀念萧珊》,《随想录》第14页,人民文学出版社2000年版。
④ 巴金:《合订本新记》,《随想录》第Ⅳ页,人民文学出版社2000年版。
⑤ 巴金:《在尼斯》,《随想录》第83页,人民文学出版社2000年版。

地度过我晚年的最后日子,甚至可以说我永远闭不了眼睛。"①

八旬老人这一迭声的呼喊和控诉让人动容,其挤脓挖心的勇气让人感佩,《随想录》向我们展现了一个中国作家最大的良知和真情。

恰恰是在极"左"政治时期,"真"被空前扭曲和淆乱。中国文学的思维"真实"被迫包裹着太多的观念和态度,属于官方认定的"真实",这里被最大扭曲的就是个人情感的真挚性,借助"大文学"视野是回复"真"的途径。

大文学杂取多式、自然随意的写作也形成了独有的"自然技巧",这就是巴金一直强调的"无技巧"。

在呈现我们生存关怀的严重性的意义上,对技巧的谈论本身可能包含一种危险性,有可能会以艺术的名义掩盖甚至伤害我们的表达的勇气。巴金一直对此抱有警戒,到《随想录》更为自觉。大概到晚年,历经人生磨难,更加清楚什么东西对中国人而言是至关紧要的,什么东西是绚丽的浮云,所以更加理直气壮地谈论和张扬"无技巧"的问题。

面对1980年香港大学生对《随想录》"忽略了文学技巧"的批评,巴金在《〈探索集〉后记》中回应说:"最近几位香港大学生在《开卷》杂志上就我的《随想录》发表了几篇不同的意见,或者说是严厉的批评吧:'忽略了文学技巧'、'文法上不通顺'等等,等等。……我冷静地想了许久,我并不为我那三十篇'不通顺的''随想'脸红,正相反,我倒高兴自己写了它们。……我从来不曾想过巧妙地打扮自己取悦于人,更不会想到用花言巧语编造故事供人消遣。……我不是用文学技巧,只是用作者的精神世界和真实感情打动读者,鼓舞他们前进。我的写作的最高境界、我的理想绝不是完美的技巧,而是高尔基《草原故事》中的'勇士丹柯'——'他用手抓开自己的胸膛,拿出自己的心来,高高地举在头上。'"②

---

① 巴金:《〈无题集〉后记》,《随想录》第757页,人民文学出版社2000年版。
② 巴金:《〈探索集〉后记》,《随想录》第273页,人民文学出版社2000年版。

巴金形容这些批评对他是"迎头一瓢冷水",但在"冷静地想了许久"后,他不仅是理直气壮,甚至是骄傲地宣称"无技巧"是他自觉的文学选择,他希望高举真心,也希望读者能够看到他的真心,被他的真心所感动,他不愿意有任何"技巧"挡在他的真心前面。

除了为了突出"真"而放弃技巧,巴金还有另一层对于所谓"技巧"的警惕,因为"技巧"正是假话和骗子惯用的伎俩:"当然我也不想把技巧一笔抹杀,因为我没有权利干涉别人把自己装饰得更漂亮。每个人都有权随意化妆。但是对装腔作势、信口开河、把死的说成活的、把黑的说成红的这样一种文章我却十分讨厌。即使它们用技巧'武装到牙齿',它们也不过是文章骗子或者骗子文章。这种文章我看得太多了!"[①]

甚至在为《随想录》合订本写的《合订本新记》中,巴金仍然在提醒读者警惕所谓"无技巧"的批评的危险性,他希望以此提醒中国人我们的文学更需要的是什么:"为什么会有人那么深切地厌恶我的《随想录》?只有在头一次把'随想'收集成书的时候,我才明白就因为我要人们牢牢记住'文革'。第一卷问世不久我便受到围攻,香港七位大学生在老师的指挥下赤膊上阵,七个人一样声调,挥舞棍棒,杀了过来,还说我的'随想''文法上不通顺',又缺乏'文学技巧'。不用我苦思苦想,他们的一句话使我开了窍,他们责备我在一本小书内用了四十七处'四人帮',原来都是为了'文革'。他们不让建立'文革博物馆',有的人甚至不许谈论'文革',要大家都忘记在我们国土上发生过的那些事情。"[②]

在现代中国文学史上,"大文学"的理念和认知时显时隐,或自觉或不太自觉,但都形成了一条始终贯通的追求,在不同作家那里体现着他不同的内容。鲁迅杂文是对流行的"艺术规范"的突破,因而形成了自己独特的文体(大文学突破纯文学规范);当代《吴宓日记续编》属于对"野史"与个人文学表述的结合,在回归文史一体的传统大文学轨道上建构自己;巴金晚年随笔则是对文学生存关

---

① 巴金:《探索之三》,《随想录》第183页,人民文学出版社2000年版。
② 巴金:《合订本新记》,《随想录》第Ⅷ页,人民文学出版社2000年版。

怀的思想与艺术的基本原则的捍卫,从中格外突出了大文学"为了人生"的若干本质。

中国文学历来就与现实,人生,与美刺,讽怨分不开,巴金自称"'五四'运动的产儿","为了人生"是他终身坚守的写作主题,在他开始创作小说时就有明确的"为了人生"的追求。

"我拿起笔写小说,只是为了探索,只是在找寻一条救人、救世、也救自己的道路。"①

五十年后《随想录》的写作是巴金再一次"为了人生"拿起笔的战斗。一九九〇年,巴金回忆《随想录》的写作时说:"第一卷还不曾写到一半,我就看出我是在给自己铸造武器。"②

在巴金看来,文学就是他的武器,说真话不仅为了向过去赎罪,给将来警醒,还具有现实战斗性,因为"文革"的错误并没有纠正,"文革"的阴魂也并没有散去:"要产生第二次'文革',并不是没有土壤,没有气候,正相反,仿佛一切都已准备妥善……因为靠'文革'获利的大有人在……"③

"文革"时期知识分子受到严重迫害,今天他们仍然没有得到应有的交代和关爱,巴金以一己之力呼吁纠正"文革"的错误。他一连写了《怀念雪峰》、《怀念老舍同志》、《怀念胡风》等文章,回忆这些作家真实的人格,并在《怀念胡风》中,愤怒地质问:"这样的气氛,这样的环境,这样的做法……用全国的力量对付'一小撮'文人,究竟是为了什么?"④

对于老舍的自杀,巴金连续发问:"我们不能保护一个老舍,怎样向后人交代呢?没有把老舍的死弄清楚,我们怎样向后人交代呢?"⑤

---

① 巴金:《再谈探索》,《随想录》第 176 页,人民文学出版社 2000 年版。
② 巴金:《致树基(代跋)》,《随想录》第 760 页,人民文学出版社 2000 年版。
③ 巴金:《"文革"博物馆》,《随想录》第 692 页,人民文学出版社 2000 年版。
④ 巴金:《怀念胡风》,《随想录》第 744—745 页,人民文学出版社 2000 年版。
⑤ 巴金:《怀念老舍同志》,《随想录》第 157 页,人民文学出版社 2000 年版。

又沉痛地呼吁道:"通过他的口叫出来的中国知识分子的心声请大家侧耳倾听吧:'我爱咱们的国啊,可是谁爱我呢?'""请多一点关心他们吧,请多一点爱他们吧,不要挨到太迟了的时候。"①

他还以垂老之躯维护着被"文革"破坏的艺术准则:

沙叶新的话剧《假如我是真的……》(又称《小骗子》)被禁演,巴金连续写了《小骗子》《再说小骗子》《三谈骗子》为沙叶新辩护,呼吁不要讳疾忌医,甚至公开表态:"我不仅同情小骗子,我也同情受骗的人。我认为应当受到谴责的是我们的社会风气。它鞭笞了不正之风,批判了特权思想,像一瓢凉水泼在大家发热发昏的头上,它的上演会起到好的作用。"②

赵丹临终前在病床上发表《管得太具体,文艺没希望》,赵丹那句:"对我,已经没什么可怕的了。"刺激了巴金:"我提倡讲真话,倒是他在病榻上树立了一个榜样。"③巴金一连发表了《赵丹同志》、《"没什么可怕的了"》、《究竟属于谁?》《作家》四篇随想,坦率地声援赵丹:"工作了几十年,在闭上眼睛之前,我念念不忘的是这样一件事:读者,后代,几十年、几百年后的年轻人将怎样论断我呢?他们决不会容忍一个说假话的骗子。那么让我坦率地承认我同意赵丹同志的遗言:'管得太具体,文艺没希望。'"他甚至大胆喊出了"文革"时他不敢喊出的那句"文艺属于人民":"要澄清混乱的思想,首先就要肃清我们自己身上的奴性。大家都肯独立思考,就不会让人踏在自己身上走过去。大家都能明辨是非,就不会让长官随意点名训斥。文艺究竟属于谁? 当然属于人民!"④

这些文章组成"怀人系列"、"小骗子系列"、"赵丹系列",就像巴金射出的一串串有备而来的炮弹,正体现了巴金大文学观"为了

---

① 巴金:《怀念老舍同志》,《随想录》第157—159页,人民文学出版社2000年版。

② 巴金:《再说小骗子》,《随想录》第247页,人民文学出版社2000年版。

③ 巴金:《"没什么可怕的了"》,《随想录》第254页,人民文学出版社2000年版。

④ 巴金:《究竟属于谁?》,《随想录》第256—257页,人民文学出版社2000年版。

人生"战斗的本质。

"大文学"视野将有助于我们重新认识整个中国现当代文学。至少在以下三个方面对于中国现当代文学研究提供启示。

一 作家研究

西方"纯文学"概念的引入使得中国现当代文学对于文学的定义过分狭窄,对鲁迅、巴金等作家的关注通常集中在其早期小说上,鲁迅后期杂文,巴金晚年《随想录》却因为"缺乏文学性"而被忽视。事实上,鲁迅巴金等作家的文学观在其整个文学生涯中是一以贯之并不断生长的。鲁迅早年做小说的原因是"'为人生',而且要改良这人生","意思是在揭出病苦,引起疗救的注意。"晚年创作杂文的原因是"在现在这'可怜'的时代,能杀才能生,能憎才能爱,能生与爱,才能文。"①文学始终是他"为人生"和"战斗"的工具。且杂文的形式是鲁迅自觉的选择,即便是"有人劝我不要做这样的短评。那好意,我是很感激的,而且也并非不知道创作之可贵。"②但他仍然在杂文的坚持创作中发现了杂文对于他的人生、对于文学和时代的意义:"而且实在有些爱他们了,因为这是我转辗而生活于风沙中的瘢痕。"③

同样,巴金回忆自己早年创作小说是"找寻一条救人、救世、也救自己的道路",晚年说"我写作是为着同敌人战斗。那一堆'杂货'可以说是各种各样的武器,我打仗时不管什么武器,只要用得着,我都用上去。"④甚至在《随想录》的写作中为了突出"真"的直刺人心的作用,自觉选用"无技巧"的创作方法。这些都是"纯文

---

① 鲁迅:《且介亭杂文二集·七论"文人相轻"——两伤》,《鲁迅全集(6卷)》第405页,人民文学出版社1981年版。
② 鲁迅:《华盖集·题记》,《鲁迅全集(3卷)》第4页,人民文学出版社1981年版。
③ 同上书,第5页。
④ 巴金:《我和文学》(《探索集》附录),《随想录》第268页,人民文学出版社2000年版。

学"视野不能涵盖的,传统中国大文学包容各色文体,在文史政概念上没有严格界限,只有用大文学视野发现鲁迅、巴金、老舍、沈从文等作家晚年艺术新变的意义,把作家一生的创作都纳入视野,才能把握作家文学观完整的发展线索,对作家有完整的认识。

另一方面,大文学观是在社会历史文化的大框架下关照文学,在大文学的视野下,我们研究作家的思想和人生选择、文学创作的转变,不能只局限于关照作家的文学活动和文学阅读,如考察郭沫若、丁玲等作家在文学理念和创作上的转变,应考察他们在社会活动中以及在文学以外的其他学科中所受的影响。

二 对中国现当代文学自身独特性的理解

总有海外汉学家以西方"纯文学"的概念来指责中国现当代文学沾染了过多的意识形态,斥为"凋零"。事实上,从"五四"运动到第一次国共合作,从国民政府北伐到北洋军阀的覆灭,从"七七"事变到全面内战的爆发,从"反右"斗争到"文化大革命",20世纪的中国社会持续在风雨中飘摇,社会现实的动荡会渗入到每一个百姓生活的细枝末节中,更何况政治和社会变动对文学有直接的影响:执政党对文学的干预,国家对于文艺的导向和管控、书报检查出版制度的调整,文人作家管理制度和生存环境的变化、作者和读者群的流动与分化等都与文学息息相关。

中国作家自古就有以文学参与社会现实的热情:"居庙堂之高则忧其民,处江湖之远则忧其君"。文学是他们干预政治,争取生存权利、想象和参与建设未来国家的武器,事实上,中国文学本身就是承担了社会现实责任的大文学,每个中国作家都有一个源自于传统中国的大文学观,这种大文学观正是"五四"所倡导的"为人生"的来源,正如巴金所说,"我国现代文学始终沿着'为人生'的现实主义道路成长、发展。"[1]从民国文学到共和国文学,反映了中国

---

[1] 巴金:《悼念茅盾同志》,《随想录》第289页,人民文学出版社2000年版。

作家经历民族战争和全国内战后,对稳定的家国的渴望和对民族国家新的认同,从"暴露"到"歌颂",是作家们用不同的方式在参与现实政治,是另一种方式的"为人生"。因而与中国历史发展进程相匹配的革命文学、抗战文学、延安文学、十七年文学是中国现当代文学自我生长的必然和内在理路。

正如鲁迅所说,"为艺术而艺术"的文学家也毕竟要生活在人间,想要在中国社会中埋首于书斋并不容易,战争时期作家生活动荡,颠沛流离于各个城市,他们被迫走出书斋,走向街头和社会,去过接地气的人生,也在这样的奔波劳顿中体验中国现实的生活,感受自我心灵的成长,发现文学对于生存的关怀意义。新中国成立后,更没有作家能够脱离群众、躲进书斋了,他们必须用文学当武器去投入火热的生活,去充当他们认识生活、改造心灵的武器。因此,在中国"为人生"和"为艺术"是一个硬币的两面,真正的"为艺术而艺术"无法在现代中国生存发展,所谓的"为艺术"肯定是"自宫"。

源自于西方的"纯文学"是西方文学家对西方文学的总结和设想,中国现当代文学脱胎于中国的传统文学,虽然在西方现代文学的奶水哺育下长大,但其保留了中国的根,中国的"五四"一代作家受中国传统教育长大,虽然喊着反封建,但是其精神内核是中国传统的大文学观,中国作家长在中国,活在中国,用中国的文字和思维方式写中国人自己的生活。如果丢掉中国传统的大文学观,而用西方"纯文学"观来取舍和关照中国现当代文学,那无异于丢掉中国文学的根去削足适履,这样做出来的研究也是隔靴搔痒而隔膜的。

三 对文学研究方法的转变

承认中国文学本身就是与社会现实、历史、政治、经济紧密联系的大文学,我们对文学的研究的分期应从历史学科中有所借鉴。

正如一代修一代之历史,一代也有一代之文学。共和国初期,我们开始了"中华民国史"的研究,中华民国的"国家历史情态"和共和国时期的"国家历史情态"完全不同,所谓"国家历史情态",就是强调文学的发展应该立足于中国自身具体的一些经济、政治等方方面面的历史事实的基础上,从这些历史的细节探讨它们和文学之间的相互关系,从而找到一些新的角度来重新阐释文学、理解文学。①

因此,在民国时期,民国社会体制下独有的经济形态、社会政治、社会文化等组成的对文学的发生发展有影响的"民国的文学机制"也完全不同于"共和国的文学机制"。

提出民国文学、共和国文学的区分,从历史、政治、经济等学科中借鉴知识,描绘出"民国的文学机制"、"共和国的文学机制"就是一种回到历史现场的设想,而这种大文学视野才能充分还原各个时期文学生存的历史现场。

只有真实地还原各个时期的文学现象,才能理清中国现当代文学发展的内在理路和中国现当代作家的思想转变和人生选择,这才是真正适合中国实情的研究。

进入现代中国之后,在外来"纯文学"概念的冲击之下,有学者将这种不能为"纯文学"所涵盖的更繁杂多样的文字样态称为"大文学",在我的阅读视野中,最早在文学史著作中使用"大文学"概念的是谢无量,1918年他出版了《中国大文学史》,虽然这部著作并没有明确定义什么是"大文学",但是从它的实际内容看,显然是为了将传统中国的各种繁杂的文字现象纳入"文学史"的加以描述,作者意识到了所谓的"纯文学"概念无法清理中国古典文学的独特历史。②

现代中国文学的发展虽然不时标举"纯文学"旗帜,但事实上却依然生长着多样化的文学形态,而传统中国的杂文学观念也继续产生着影响。例如现代杂文和现代日记、书信都超出了"纯文学"的认知范围,需要在"大文学"的意义上加以读解。依然留存着

---

① 参见李怡、李俊杰《体验的诗学与学术的道路——李怡教授访谈》,《学术月刊》2015年02期。
② 谢无量:《中国大文学史》,中华书局1918年版。

传统大文学(杂文学)观念的中国现代作家的日记作品,更应该置放在大文学的视野下加以解读。这样的解读,并不是简单把这些定位模糊的文体捧进"文学"的光荣殿堂,而是在兼顾历史性与文学性的方向上,挖掘中国知识分子思想、个性和情怀的别样的表达,解释一种属于中国自己的文学样式。

  提出"大文学"问题,不是以此重新核定中国现代文学的道路和发展,而是揭示这一可能被长期忽略的内在元素,也不意味着未来中国文学一定沿着"大文学"的方向发展,而是提示忽略这些内在素质可能造成的问题,也许不失为文学"补钙"的一种途径。

陈丹晨

关于巴金著《没有神》的一点考释

1993年,巴金已近九十岁,身体已经不太好,写作比较艰难。《新民晚报》有一个专栏"文革"轶事,邀约巴老写一篇有关"文革"的文章,巴老写了一篇三百字短文,题目就叫《没有神》。①新民晚报开辟这个专栏后,颇有点影响。编者是响应巴老建立"文革"博物馆的建议设这么一个专栏,发表了的有些文章被一些中学老师用来作为课外阅读辅导的资料。学生们开始几乎不敢相信这真的是在我们国家里发生过的事。经过学习研讨才明白这是真实历史的一页。但是,巴老这篇仅仅三百字的文章却引起某些人的敏感,下令关闭了这个专栏。

我读到这篇文章后觉得非常重要,在我自己写的文章和书里一再讲到,认为是巴老写有关"文革"文章中带有总结性的,指出"文革"的核心实质的一篇。但是稍后我才发现"没有神"这个题目,这句话却是有所本的。它最早出现在工人为争取八小时工作制的运动中,出现在1886年美国芝加哥以及1889年法国的五一工人运动中,五一国际劳动节也是由此而来的。当时这些运动都遭到统治者的镇压,一些社会主义和无政府主义的领导人为此牺牲流血坐牢。于是由争取八小时工作制进而成为工人阶级争取解放的运动,喊出了"没有神,没有主人,万众得自由!"的口号,后来流

---

① 巴金:《没有神》,原载《新民晚报》1993年7月15日。后收入《再思录》第85页,作家出版社2011年版。

本文作者在第十一届巴金学术研讨会上发言

传很广。

巴金年轻时非常敬仰两位著名的国际无政府主义者高德曼、柏克曼。1927年在法国时还去看望过柏克曼。柏克曼给巴金的信笺上就印着这句"没有神，没有主人"的口号，这是他们柏林办公处的信笺，也是无政府主义者在工人运动中常用的口号。给巴金印象很深，在自己的文章中也多次用过和解释过这个口号的历史。

那么现在为什么巴金又重新提起这个口号，写文章用了这样一句话，绝不是偶然的。简单地说：因为我们现在还有神，还有主人，仍然是我们社会进步的一大障碍，人还没有享受到应有的正常的权利。巴老在文章中强调的是"我不会忘记自己是一个人，也下定决心不再变为兽，无论谁拿着鞭子在我背上鞭打……没有神，也就没有兽。大家都是人。"兽，是从"文革"时将揪斗的对象叫做"牛鬼蛇神"引发的比喻。"牛鬼蛇神"这个词语在《毛选》里就常用。巴金的话也是从此说起的。我是一个人。大家都是人。这句话很简单，却包含着巴金对人的权利，人的自由，人的尊严，人的生存和发展……等等的肯定和追求。人和兽最大的区别就是人有思想，是理性的动物。譬如人和兽都有嘴巴，但是，人的嘴有两个基本功能,一个吃食物,能够生存,这点人和兽(动物)基本一样;另一个就是会讲话,表达自己的思想感情。这是老天唯独赐给人的,是兽所不具有的。如果有神把我们当作兽,有主人把我们当作奴隶,让我们闭嘴,不让我们吃饱吃好,不许或不能自由表达自己的思想感情,那么"无论谁拿着鞭子在我背上鞭打",我们都要维护做人应有的权利。我理解巴老这句话的重要性就在这里。

"没有神,没有主人,万众得自由",也就是无政府主义者最基本的理念,即反对专制强权、反对一切强制压迫人们的具体化、形象化的说法。无政府主义也是社会主义的一种。他们设想的理想社会是人类自治,自己管理自己。克鲁泡特金的主张就叫"无政府共产主义",也主张"各尽所能,各取所需"。"五四"时期曾有人办新村实验。后来匡互生办的立达学园,泉州的黎明中学、平民中学、广东西江乡村师范等等这些与巴金有过关联的学校也都是一种自治的实验。人与人之间要自由、平等,互助、讲正义,有献身精神,才能建成这样理想社会。人文伦理、道德完善是无政府主义非常看重强调的内容,没有这些也就没有一个理性的正义的社会。所以巴枯宁、克鲁泡特金都写过伦理学的著作。

人们都熟知,被马克思和后来的共产党百倍赞扬和肯定的巴黎公社,领导人中有一部分就是无政府主义者。马克思等认为这是无产阶级专政第一次实践;无政府主义者却认为是无产阶级自治的试验。1871年巴黎公社的口号与1789年被认为是资产阶级革命的法国大革命时喊出的口号"自由、平等、博爱"是一样的。公社期间发布的398件公告(街上张贴的),每件开头都是在"法兰西共和国"大字之下先标示着这三个口号,然后才是正文。[①]所以过去总把这个口号说成是资产阶级革命的口号,这是很大的误解,事实并非如此。这三个口号的核心内容就是反对专制强权,也就是没有神,没有主人,人与人之间应该是一样的享有自由、平等、博爱的同等权利;人不应该拜倒在神和主人面前,任其驱使和鞭打。这是从历来被认为资产阶级性质的1789年革命和1871年被认为无产

[①] 参见《巴黎公社公告集》,罗新璋编译,上海人民出版社1978年版。

阶级性质的革命,直到今天,应该说是一脉相承的,也正是现代文明最基本的追求。这当然是一种美好的政治理想,真正得到完全实现,还有待时日。巴金的呼吁就是希望人类应该从现在开始,从日常社会生活中开始,朝着这个方向去做。

巴金在年轻时信仰无政府主义,后来从事文学写作,一直坚持着这样的信念。即使在四九年后,1956年他强调创作要有个性,呼唤过"独立思考"。1962年他鼓励"大家站出来说真话",要求创作自由。"文革"后巴金写的《随想录》里,反反复复批判封建专制,反对长官意志,更强烈地要求"独立思考",执着地呼唤"讲真话",主张文艺"无为而治",重提"没有神",要做一个人,而不再是神的奴仆,主人的婢女。这时他已不是像年轻时只是从理论上或对当时社会认识出发,而是有了反"右派"、"文革"等等政治运动的亲身痛苦经历:思想有过迷失,像是吃了迷魂汤陷入现代迷信;屈从过权势,背离了曾经有过的信念,写过假大空的文章;对受迫害的胡风、冯雪峰等等这些作家朋友投过石子,从沦落为"精神奴隶","奴在身者"到"奴在心者"。这对一个一生追求自由、正义、互助、献身的知识分子来说,实在是莫大的耻辱。我们可以由此理解他的这番苦心,理解他所以那样羞耻痛心,痛加鞭挞,决心洗清污垢,都是出于对历史和个人的反思,出于对人类的也是对个人的人格尊严的严格追求。

"没有神",其实对许多现代人来说是共同的追求,马克思主义也是这样主张的。恩格斯曾这样说过:"我们认为历史不是神的启示,而是人的启示,并且只能是人的启示。为了认识人类本质的伟大……明确认识到人和大自然的统一,自由独立地创造建立在纯人类道德生活关系基础上的新世界……我们没有必要首先求助于什么'神'的抽象概念,把一切美好的、伟大的、崇高的、真正的人的事物归在他的名下。……相反地,任何一种事物,越是'神'即非人的,我们越是不能称赞它。"[①]简单地说,就是不要把人类的一切进

---

① 《英国状况:评托马斯·卡莱尔〈过去和现在〉》,见《马克思恩格斯全集》第一卷第651页。

步和创造都归功于神,并因此拜倒在神的面前受他主宰。

还有一段话我觉得也蛮有意思的,也是恩格斯讲的,在《反杜林论》中。他批判黑格尔体系存在的矛盾,说:"它以历史的观点作为基本前提,即把人类的历史看作一个发展过程,这个过程按其本性来说是不能通过发现所谓绝对真理来达到其智慧的顶峰的;但是另一方面,它又硬说自己是这个绝对真理的全部内容。包罗万象、最终完成的关于自然和历史的认识的体系……"[①]这些话,都说明谁也不应该把自己说成是老天给他的特权——绝对真理的独占者,就像以前封建社会皇帝是天之子,君权神授代表神来管治人民,天子无戏言;或者既承认与时俱进,又把自己说成是绝对真理的化身,神圣不可侵犯。就像"文革"时,宣传毛的话是"一句顶一万句,句句是真理。"从而要求人们绝对信从它。恩格斯说的是黑格尔的例子,但是黑格尔没有权力,就不能用强权强制人们来信服它。而当强权来强制你时,又该怎么办呢?

我们还是讲巴金,讲一个有关的"故事"。1985年初,中国作家协会召开第四次代表大会,有两件重要的事:一是胡耀邦让书记处书记胡启立到会祝贺讲话,倡导"创作自由"。二是原先作协和中宣部提出了一个下一届领导成员名单,准备让代表们画圈通过,结果被胡耀邦否定了。他主张由代表们直接自由选举,选上谁就是谁。后来就按此办了。这两件事左右反应都非常强烈。许多老作家兴奋得流了泪说:"盼了一辈子才盼到这一天。"王蒙说"中国文学的黄金时代真的到来了。"另外也有一些人认为这个会开成了自由化。巴金因病没有参加这次会议,只是请别人拟了祝词稿子在会上读了下。但是,巴金在听说了这个会议情况后,写了一篇《"创作自由"》的随想,讲了一些自己不同的感受和看法。他一方面肯定了会议的成果,另一方面他又说:"'创作自由'不是空洞的口号,只有在创作实践中人们才懂得什么是'创作自由'。"他举了农奴制的沙俄统治时代为例,说那时是没有自由的,在他们的国家里,托尔斯泰就没出过一本未经删节的版本,也就是说都被官方删节过

---

① 见《马克思恩格斯选集》第3卷第64页,人民出版社1972年版。

的。尽管如此,仍然出现了涅克拉索夫、托尔斯泰等等一大批伟大作家。说他们"都是为了'创作自由'奋斗了一生。"他们的经验告诉我们:"'创作自由'不是天赐的,是争取来的。"怎么争取,就是"用自己的脑子考虑问题,根据自己的生活感受,写出自己想说的话……虽然事后遭受迫害,他们的作品却长久活在人民的心中。"这个意思是,一个人要有一个强大的内心世界,坚守心灵的自由和自我完善,而不是自我束缚、自我规训、自我监禁,成了精神奴隶,糊里糊涂,跟风顺从,其结果"一切都是空话,连'中国文学的黄金时代'也是空话。"我觉得巴金在这里说的已不是一般的政治理想,而是从更深的人文伦理、人类心灵等精神文化层面上提出的问题,是相当深刻的,很值得我们探讨,这也是巴金留给我们的精神遗产之一。

[德]Alexander Saechtig(大春)

电影的原著

——关于巴金的长篇小说《家》
第一德译本出版的一些背景

家喻户晓,全世界的出版业由书籍市场决定。大部分出版者希望能出版畅销书,所以,常常也不管书的内容有没有价值的问题。结果,近几年来,严肃文学在国际书籍市场上被流行文学排挤掉了。[①]由于这个原因,2014年第十一届巴金学术研讨会的主题"超越时代的理想主义"希望会引起很多人思考和注意。

为了预计一本书的销路,出版者有各种各样的策略。其中的一个是看看读者对一个作家的文学作品有何反应。如果一个作者由于受大欢迎有一定的地位,这种情况会鼓励出版者继续出版这个作者的文学作品。另外,从德国的一些出版社的角度来看,相当可靠的也是人们对一部根据小说改编的电影的反响,而且在国际上对这部电影的评价。所以在不少书的封面设计上能看到"Das Buch zum Film"(电影的原著)这四个字。这样潜在的读者会把书联想到电影。通过这种方法,德国书籍市场上也给德国读者介绍了一些当代中国作家,莫言的长篇小说《红高粱家族》可能是最突出的例子。著名导演张艺谋于1988年根据小说改编了电影。电影《红高粱》在柏林于1988年获了第38届柏林国际电影节金熊奖以后,德国的出版社Rowohlt于1993年马上就出版了当时在德国

---

① 在中国书籍市场上这个问题可能还没有西方国家和日本那么严重,但中国严肃文学在一定程度上逐渐也面临着同样的问题。有关"严肃作家敌不过流行作家"的问题请见许民彤《郭敬明成"霸主",我们该拒绝畅销书吗?》,《人民日报海外版》,2013年6月21日,第11版。

本文作者大春

鲜为人知的作家莫言的小说《红高粱家族》。为了让潜在的读者把书联想到电影，封面设计有电影的一组镜头，而且书背面提起的是小说获奖的事情。一般情况下，出版社也采用电影的名字给书书名。因此《红高粱家族》德译本的书名根据电影改为《红高粱》(*Das rote Kornfeld*)。由于同样的原因，其他的一些书名的德文翻译跟原著完全不同；比如苏童的长篇小说《妻妾成群》在中国以《大红灯笼高高挂》为名上映了，《大红灯笼高高挂》的德文翻译 *Rote Laterne* 大概让中国读者想起"文化大革命"中的样板戏《红灯记》来。苏童的长篇小说《妻妾成群》德译本的历史跟《红高粱家族》的相似；电影于1991年在威尼斯国际电影节获了银狮奖，所以只过了一年，德国出版社 Goldmann 于1992年出版了以 *Rote Laterne* 为名《妻妾成群》的德译本。为了引起看过电影的读者的注意，在封面设计上不但能看到扮演主人公四太太颂莲的演员，而且还有"Das Buch zum Film"（电影的原著）四个词。这样的销售策略在德国出版业很普遍，但也有助于介绍外国当代文学作品。《红高粱家族》与《妻妾成群》可以用来作例证。

除了这样的当代作家的文学作品以外，令人惊讶的是，前东德的 Greifenwald 出版社已经让 20 世纪五十年代的前东德读者通过这种方法初次接触巴金。这是怎么来的？

中华人民共和国和以前的德意志民主共和国都是于 1949 年建立的,德意志民主共和国是最早承认中华人民共和国的国家之一,所以到六十年代初为止,两个国家之间的文化交流相当活跃。①东德的文学作品被译成中文,相反,东德出版社出版了像周立波或草明那样的在 20 世纪五十年代算是新中国当代作家的文学作品。另外,两个国家通过特殊的展览会介绍了另一个国家的文学和艺术,至少在前东德,人们偶尔也有机会看一些中国导演拍的电影。

巴金的长篇小说《家》在前东德大概是 1959 年,最晚 1960 年以《在官员的公馆里》(Das Haus des Mandarins)为书名出版的。从书上的短《译者的跋》(Schlussbemerkung der Übersetzerin)中能看出,《在官员的公馆里》这个引人注目的书名是在陈西禾导的电影《家》的德译制片的基础上产生的。为了吸引当时的前东德的观众、据译者 Johanna Herzfeldt②也是为了让前东德观众更好地理解电影的内容,电影《家》的名字被德译制片改为《在官员的公馆里》那个比较异国色彩的名字。《在官员的公馆里》(即《家》,笔者注)这部电影于 1958 年开始在前东德的电影院上映。随着电影德译制片的名字,小说的德译本也被称为《在官员的公馆里》。在《译者的跋》里面,译者 Johanna Herzfeldt 写的是:

"巴金[原文:Ba Djin]算是中国最受读者欢迎的叙述者之一。……他的第一部长篇小说《家》③是 1931 年出版的,很快就变成了一本'人民书'④。几万中国读者认为,小说反映的

---

① 20 世纪六十年代初中国和苏联的政治关系恶化了,这种情况也影响了中国与倾向于苏联的德意志民主共和国的政治关系和文化交流。
② 这里笔者按照德国人的习惯写德文姓名,姓是在名字后面写的。
③ 其实《灭亡》是巴金的第一部长篇小说。
④ 德国译者 Johanna Herzfeldt 在此处使用的"人民书"(德文:Volksbuch)这个词在德语里很少见。因此她把"人民书"放在引号里面。她的意思是"[中国]人民喜欢看的书"。

是他们自己的传记。这本书是在中华人民共和国再版的,而且是于 1956 年拍成电影的。在德意志民主共和国,这部电影是于 1958 年以《在官员的公馆里》为名上映的。这样德国观众能更好地理解[电影]的内容。我们在同样的名字也出版小说。……"①

从这段文字可以看出,翻译与出版巴金的长篇小说《家》的一个重要条件是前东德的几家电影院上映了陈西禾导演的电影。否则出版者没有转用电影《在官员的公馆里》的名字。这样潜在的读者就会把书联想到在电影院看过的电影。

因为没有亲历者,所以前东德观众对《在官员的公馆里》这部电影的反响如何很难说。可是从当时的东德德译制片 Progress 的电影简介的册子②上可以看出,前东德正式对《家》的解释。另外,给演员配音者的目录显示前东德对《家》小说和电影的正式评价。看一些配音者的名字,给人评价比较好的印象。最突出的是两个兄弟 Wolfgang Hübner 和 Achim Hübner 给《家》的兄弟高觉慧和高觉民配音。Hübner 两个兄弟在前东德不但是很有名的演员,而且是著名导演;东西德统一以后,特别是 Wolfgang Hübner 继续拍电影。Hübner 两个兄弟把他们的声音送给扮演两个兄弟高觉慧和高觉民的演员张辉和章非。这肯定不是一件偶然的事情。另外,引人瞩目的是,给扮演女主角梅的演员配音者是 Sabine Thalbach。她是在国际上著名演员和导演 Katharina Thalbach 的母亲。由此可见,对给中国演员配音者的一些名字,当时的东德观众应该比较熟悉。

五十年代后期的前东德文化政策对这部电影有一定的设想,要求观众接受正式的解释。从册子介绍电影的内容上,我们能看

---

① 《Schlusswort der Übersetzerin》(《译者的跋》),摘自《Das Haus des Mandarins》(《在官员的公馆里》),第 337 页。德译本《在官员的公馆里》具体的出版日期没有在书上写。但应该是电影在前东德电影院上映以后出版的,这就是说 1959 年,最晚 1960 年。笔者在旧书店里找到了一本有译者 Johanna Herzfeldt 赠言的书,那个赠言是 1960 年 5 月写的。由此可见,《在官员的公馆里》应该 1959 年,最晚 1960 年出版。

② 见 Progress Film Programm 34/1958,一共有 4 页。

出,正式文化政策让观众怎么理解小说和电影:①

所有的革命不是一朝一夕所能完成的。为了达到实现革命的目的,需要干好几十年革命。因此本来只有历史能有关那些不同人和事件发展的重大结果仔细提供信息。可是瞄准特殊的人与特殊的事件的艺术所塑造的,也是旧传统同新观念的斗争。跟一个凹面镜一样,艺术反映社会变化的原因和社会性质常常比内容最深刻的历史论文更令人难忘。这样也应该理解这部不但围绕一个家庭悲剧、而且同时揭示新社会一段成熟过程的电影。这部电影以1916年至1920年为背景介绍一个中国半封建时代的出身于上层级的大家庭。由于富裕和享有好名声,那个高家在表面上显得很健康。实际上,这个家庭已经走向衰落。高家走的道路是一直走向灭亡的道路。从外人的角度来看,这个家庭团结的力量不过是那时候吃人的规矩[即礼教;译者注]。这种礼教包括一种假道德、一种要求放弃自尊的中世纪的家庭观念。高家本质上跟当时的国家和社会制度一样患病。清朝的皇帝虽然不再统治中国(孙逸仙和辛亥革命赶跑了他们,另外,当时的中国还被称为中华民国),但是原来代表人民群众利益的国民党变成了(原文:"entartet")②旧统治阶级与封建时代的省长、将军和以前的官员的工具。无限制的专制、不能想象的剥削、贿赂和恐怖都是那个跟旧中国的皇帝一样的既落后又反动的制度的表现。以高家为例,我们能看到甚至在社会地位高的家庭中,生活在当时的中国多么可怕。高老太爷像一个大家要崇拜的偶像那样,他以不正常的方式掌握绝对权力,统治着自己的家里人。在一个人类已经打破旧传统观念的成见的时期,在那个中华'民国'的家庭里仍然存在着一个我们不能否认的奴隶制度。

---

① 译者翻译的是尽可能忠实于原文。因为中文和德文句子结构差别大,所以有些地方需要做一些调整。

② 变成:原文在此处写的"entartet"原来的意思和由来,我们将在下面解释。

儿子和孙子的职业选择,他们结婚的哪一天,这一切只①是高老太爷决定的。难怪,儿子和孙子的配偶也是高老太爷选择的,叫人不相信的是,配偶选择是通过抽签(!)②决定的。反抗跟亵渎神明一样。不过,这种行为一般都会引起对抗力,让人愉快的是,在高家也是如此。在这个历史意义上,可以用比喻的方式解释下列情况:高老太爷成功让儿子对他屈服,他也知道怎么让长孙对他俯首听命。而至于青年一代,高老太爷已经无法剥夺他们自主的权利。

高家的晚辈除了他们对独立自主这个道义上的要求以外,虽然没有其他的武器,但是他们却在反对固执和毫无顾忌长辈的斗争中取得了胜利。吃了不少苦和牺牲自己的个人利益以后,他们终于离开那个思想腐蚀,本来只是靠名声的家庭。从此,翻身做主的青年一代走起一条向全国从腐朽的制度解放出来、推翻旧阶级的道路。我们今天才知道,为了走完这条路,这还历时了三十年的斗争。这部电影给我们介绍的高家最后在旧中国的废墟下灭亡了。而那些在现在的、在毛泽东领导的中国生活和工作的家庭的面貌不一样。这些家庭身强体壮。(Horst Beseler)

这是一篇语言政治化的,根据前东德五十年代文学评论的标准写的短文,但是也是一种对《家》太单方面的理解。从笔者 Horst Beseler 的角度来看,高家的长辈不但代表旧社会制度,而且是当时的"中华'民国'"③社会弊端的表现。其实,巴金以高家为例主要批判的是旧礼教。

那个介绍《家》内容的册子里充满了德意志民主共和国在1949年建立以后特别在五十年代文学评论中使用的政治化的语言。引人注目的是,有一个地方能发现"entartet",一个在现在的

---

① "只"字是电影简介的笔者 Horst Beseler 着重的。
② 感叹号在原文中。
③ Horst Beseler 把"民国"放在引号之间是当时的中华民国不过是所谓民国的意思。

德国早就不用的词。"entartet"这个形容词有"堕落"或"蜕化"的意思,是在第三帝国被纳粹党为了侮辱犹太人或其他受到纳粹党政治迫害的艺术家的文艺使用的。这个概念在"半封建时代"、"反动制度"、"推翻旧阶级"类似的马列文学批判的词汇之间的出现第一眼让人觉得很奇怪,但是表现着纳粹党统治的那个黑暗时代对当时东德评论家在潜意识里的影响。虽然第三帝国十多年灭亡了,但是在一些当时评论家的语言中还能发现它的足迹。

另外,从册子对《家》的简介也能看出在五十年代的东德,政治对文艺的理解和解释的深刻影响。描写旧传统和新观念的社会矛盾和斗争在当时东德的文学作品里是一种相当普遍的主题。这种斗争的结局是从小说开始决定的,新阶级会推翻思想腐蚀的旧阶级,所谓"反动势力"不会逃避自己的命运。介绍《家》的短文也以这种想法为标准,这就是说,高老太爷代表的是旧阶级,他的残酷统治激起了被压迫"对抗力"(即青年一代)的反抗,所以高老太爷和全高家的灭亡是必然的。这种对《家》的解释虽然有点单方面——比如,它只是强调长孙觉新对高老太爷的屈服,而不谈巴金对这种人物软弱的同情,另外,这种解释忽略的是,不是所有的在高家代表青年一代的人物形象走了那种"对抗力"这条曲折不平的道路,可是很可能会促进《家》这部小说当时在前东德的翻译、出版和传播。因为只有这种理解才符合五十年代东德文艺评论的标准和要求,所以要向这些要求妥协。

跟1980年在西德出版的《家》(西德的出版者没有改原著的书名)的德译本相比,Johanna Herzfeldt的德译本不忠实于原著,有不少地方被去掉了。可是她当时给德国读者机会初次跟巴金的代表作接触。另外,因为Johanna Herzfeldt使用的语言优美,有些地方她调整得适合西方读者的阅读习惯,所以这个译本也有它自己的价值,值得一读。不管怎么看,读者重视直译还是比较自由的翻译,要不是《家》在20世纪五十年代末期的前东德的电影院上映,《家》的第一个德译本肯定不会出版这么早,而且还要等到1980年。根据小说《家》改编的电影虽然没有在国际上获奖,但是小说的德译本也通过《妻妾成群》或者《红高粱家族》这种方式在前东德的书籍市场上引进,这就是说,出版者把小说《家》的德译本当作一本"电影的原著"来介绍给读者。

—— 杨剑龙

论巴金小说《家》的连环画改编

巴金的长篇小说《家》最初是在1931年4月18日上海《时报》连载,原名《激流》,1933年5月由开明书店出版单行本时,更名为《家》。巴金在谈到这部作品时说:"它使我更有勇气来宣告一个不合理的制度的死刑,来向一个垂死的制度叫出我的 J'accuse(我控诉)。"①小说以高家三兄弟觉新、觉民、觉慧的爱情故事为主干,通过封建大家庭的生活写出封建制度封建礼教的残忍和颓败,也写出了新思潮影响下年轻一代的觉醒反抗。"……《家》在国内外受到那样热烈的欢迎,书中那些纯洁、善良、美丽的男女青年的悲剧命运激起了千百万人的同情,并给他们以力量……"②巴金的小说《家》产生了十分巨大的影响,我们从《家》连环画的改编也可以见出这种影响的深远。

一

作为绘画一个种类的连环画,是指以多幅画面连续叙述一个故事,也被称为"连续画"。民间将连环画称作"小人书",大概大多是孩子们的读物。因为可以揣进口袋里,又被叫作"口袋书"。各

---

① 巴金:《关于〈家〉十版改订本代序》,见《中国当代文学研究资料·巴金专集》第1卷第348页,江苏人民出版社1981年7月版。
② 唐金海等:《憎恶黑暗 热爱光明——三访巴金》,见《中国当代文学研究资料·巴金专集》第1卷第113页,江苏人民出版社1981年7月版。

本文作者在第十一届巴金学术研讨会上发言

地对于连环画的称谓不同：上海称"图画书"，北京称"小人书"，广东称"公仔书"，浙江称"菩萨书"，汉口称"牙牙书"。中国连环画的祖先可以追溯到汉朝的画像石、北魏的敦煌壁画、魏晋的卷轴画、隋唐的绢幡、宋代的插图故事、明清的绣像小说等，都以连续的画幅来描绘故事或人物传记。

中国现代连环画兴起于19世纪末20世纪初的上海，最初对于连环画的称谓并不统一。清末民初，已有不少书局或画报社出版连环画，如出版《红楼梦写真》的云声雨梦楼、出版《三国志》的广益书局、出版《薛仁贵征东》的有文书局等，点石斋画报社、真相画报社、广记书局、宏泰书局、久义书局、广义书局、志成书局、泰兴书局、惜阴书局等，都经营出版连环画①。上海世界书局1925年出版了连环图画《三国志》、《水浒》、《西游记》、《封神榜》、《说岳全传》、《红楼梦》等画册，封套书名上冠以"连图画"之名，在广告中云："连环画是世界书局所首创。"这大概是首次确定了连环画的

---

① 参见宛少军：《民国时期连环画的社会形象》，《美术观察》2008年第1期。

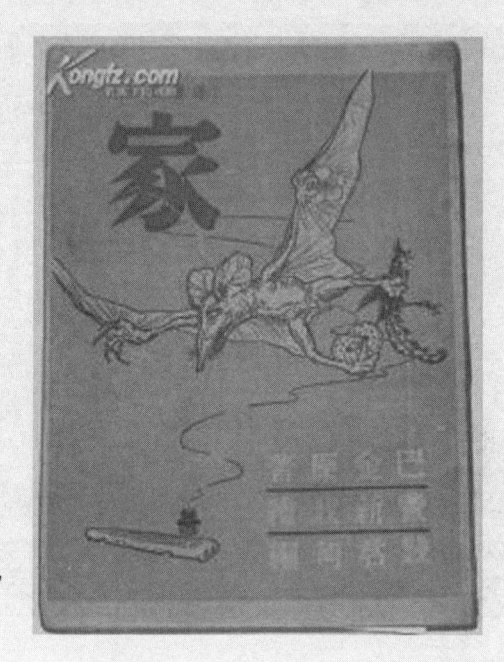

费新我绘、钱君匋编连环画巴金《家》封面，上海万叶书局1941年出版。

命名。

连环画常常被视为不登大雅之堂的作品，鲁迅却对连环画十分偏爱，1932年11月，鲁迅在《连环图画辩护》中，为连环画做辩护，指出不要视连环画为不足以登"大雅之堂"的"下等物事"，他举出珂勒惠支、梅斐尔德、麦绥莱勒、希该尔等人的版画连作，指出："以上，我的意思是总算举出事实，证明了连环图画不但可以成为艺术，并且已经坐在'艺术之宫'的里面了。"①鲁迅还在《论"第三种人"》中认为连环画可以产生L.达·芬奇、米开朗琪罗那样伟大的画家。同年，茅盾发表《连环图画小说》一文，描绘了当时上海街头小书摊上连环画的情形："上海街头巷尾像步哨似的密布着无数的小书摊。虽说是书摊，实在是两块靠在墙上的特制木板，贴膏药似的密排着各种名目的版式一样的小书。这'书摊'——如果我们也叫它书摊，旁边还有一只木凳……谁花了两个铜子，就可以坐在那条凳上看那摊上的小人书……""这些弄堂口书摊，摆的大多是连环画。借看两本往往只有一副大饼油条钱，无怪乎贫穷的黄包

---

① 鲁迅：《连环图画辩护》，《文学月报》1932年11月15日第四号。

徐淦改编、徐恒瑜绘连环画《家》封面，四川美术出版社1985年出版。

车夫亦会在喘气休息时，从坐垫抽出一本，生吞活剥，有滋有味地翻看起来。"①街头巷尾书摊上的连环画，是少年儿童和识字不多大众的读物，它们已经成为市民们文化生活的一部分。

由于大量市民读者的喜爱，连环画逐渐成为各书局、各出版商钟情的出版物，画家钱笑呆在《连环画忆旧》一文中曾经这样描述过书局的状况："那时的北公益里是连环画出版的集中地，我踏进了地面不平的弄堂，最使人触目的，是一眼望不尽的书局招牌，只可惜有些招牌上的字，被悬挂着的衣服、被单、尿布等遮盖了。"②可见当时出版连环画的兴盛状态。20世纪三、四十年代连环漫画流行，有影响的作品有叶浅予的《王先生》《小陈留京外史》、张乐平的《三毛流浪记》、丰子恺的《阿Q正传》、曹涵美的《金瓶梅》、汪子美的《红楼梦》、胡考的《西厢记》、吴一舸的《杨贵妃画传》、江栋良的《杨乃武与小白菜》、倪华的《朱子家训》、胡若佛、张令涛的《抗战图画故事》、董天野的《孔夫子画意》等。

---

① 茅盾：《连环图画小说》，1932年《文学月报》第5、6合刊。
② 钱笑呆：《连环图画忆旧》，见《连环图画研究》1957年2月第7期。

在连环画流行的背景下,1941年8月20日,由上海万叶书局出版了万叶画库之一的连环画巴金的《家》,32开本,由费新我绘、钱君匋编,系钱君匋受巴金之嘱、托费新我精绘而成,封面为一只捕获猎物腾飞的蝙蝠。陈秋草在序言中写道:"这是具有'新启蒙运动'价值的艺术,让大家来欣赏这本《家》的默片演出吧。"[①]该版本文字和图画参半,32开本,与一般书本同,成为现代连环画的雏形。1947年1月20日该书再版,再版本的封面为白底上方红色方框中白字"家",下方红线上是著、编、绘者的名字。1943年华大书局印行的巴金的激流三部曲,改编黄人路,布景者王包笑、王定璋,编写周本道,64开的版本,已成为"小人书"的模样,绘图有武侠小说的印痕。

解放后,巴金的《家》不断被改编成各种不同的连环画。1954年上海立化出版社出版了李祖源改编、董天野绘画的连环画《家》。1955年,人民美术出版社出版了"激流三部曲"全套连环画,其中的《家》为64开单行本连环画。人民美术出版社2005年1月再版,封面为觉新、瑞珏婚礼后洞房彩画。人民美术出版社于2008年10月版,50开本。2010年10月上海人民美术出版社再版,50开本。

1957年,中国电影出版社根据1956版同名电影出版了《家》电影连环画,为60开单行本,封面是觉新与瑞珏入洞房。中国电影出版社1981年11月出版了《家》电影连环画册,丁东改编,为64开单行本,封面分为4个画面,以电影主人公为主图,分别是觉新(孙道临)、瑞珏(张瑞芳饰)与梅表姐(黄宗英饰)、鸣凤(王丹凤饰)、觉民(章非饰)和觉慧(张辉饰)。中国电影出版社2012年6月出版了《家》电影连环画,刘澍编撰,48开本。新加坡Asiapac 1995年出版《the family 家》中英对照连环画,大32开,封面是梅花几朵鸥鸟翱翔的蓝色背景上的高氏三兄弟。

1980年3月,上海人民美术出版社根据江苏话剧团演出的同名话剧改编出版了《家》话剧剧照连环画,曹禺编剧,周特生、余凌

---

① 陈秋草:《关于〈家〉的连环画》,见连环画《家》第1页,万叶书局1947年再版本。

云导演，为64开单行本，封面主图采用了过年时全家喜庆而梅表姐偷偷垂泪的剧照。高铁林、王力军改编，胡博综、杨雨青、孙庆国绘画的连环画《家》，人民美术出版社1982年11月版，64开，封面是觉新在寓所的水彩画。连环画出版社2003年11月再版，24开。金克浚改编，施大畏、韩硕绘画的连环画《家》，天津人民美术出版社1983年11月版。封面是高觉新和梅表姐在花园里晤谈的国画，以梅花作为前景，高觉新正面，灰色长衫、蓝色围巾，梅表姐哭泣的背影，藕色长裙、橘红色短袄。戴美改编的《家》连环画上下集，辽宁美术出版社1985年1月版，64开本，上集李树基、李木林绘画，封面为在梅花树前觉新与梅表妹的会面，下集吴云华绘画，封面为觉慧坐船离开家海鸥翻飞的场景。徐淦改编、徐恒瑜绘画的《家》连环画，四川美术出版社1985年4月版，24开本，蓝色封底，白色线画，觉新和梅表妹在梅花树下。徐恒瑜绘画的收藏本（上下册），上海辞书出版社2003年8月版，精装，蓝底暗花缎面白色竖条上黑色书名"家，连环画收藏本"，16开，白萱线装。上海人民美术出版社2009年10月再版，32开，封面为高家四世同堂彩绘画。赵吉南改编，侯德建、沈启鹏绘画的《家》连环画，上海人民美术出版社1985年3月版，封面是觉新顺从家庭成婚胸戴红花独自在花园里的场景。

从1941年钱君匋编、费新我绘连环画《家》出版后，巴金的《家》被改编为各种不同版本的连环画，且不少版本不断再版，呈现出名作的艺术魅力和重要影响。

二

我们从诸多《家》改编的连环画中选出四种予以比较：李仲源改编、董天野绘画人民美术出版社出版，徐淦改编、徐恒瑜绘画上海人民美术出版社出版，金克浚改编、施大畏、韩硕绘画天津人民美术出版社出版，高铁林、王力军改编，博综、雨青、庆国绘画连环画出版社出版，以期见出改编者的不同倾向和效果。

李仲源改编、董天野绘画的连环画《家》最初于1954年由立化

李仲源改编、董天野绘连环画《家》封面，上海人民美术出版社2010年出版。

出版社出版，2010年经修订被列入"现代故事画库"，由上海人民美术出版社出版，计98幅画。改编者李仲源（1919—1995），1943年毕业于重庆复旦大学新闻系，进重庆《联合画报》社任编辑。1946年4月到上海参加《新民报》（晚刊）创刊工作，任记者，撰写过《61个阶级兄弟》《钢人（丘财康）》等文。1974年后，他先后任上海人民出版社编辑、上海文艺出版社编辑、文学编辑室副主任等职，1981年5月回《新民晚报》社参加复刊工作。李仲源改编的《家》打散了原作的叙事结构，采取集中觉新、觉慧、觉民婚恋故事的叙述。首页："高府正在办喜事，厅堂里摆酒唱戏，热闹非凡。"接着介绍觉新与梅表妹的婚姻被拆散，觉新逆来顺受接受了家里安排的婚姻。改编者接着叙述觉慧与鸣凤的恋情，描述为反抗被送给冯乐山为妾，鸣凤投湖自尽。再写由于兵祸，梅表妹来高家避难，觉新与梅表妹重聚十分感伤。接着写冯乐山给觉民提亲，觉民出逃抗婚。高老太爷去世后，陈姨太坚持"避免血光之灾"让瑞珏到乡下生孩子，瑞珏产后逝世。觉慧离开了家庭，踏上一条崭新的路。李仲源的改编本单独写了觉新、觉慧、觉民的婚恋故事，尤其将鸣凤的悲剧抽出来单独书写，强化了故事的悲剧色彩。

金克浚改编、施大畏、韩硕绘连环画《家》封面，天津人民美术出版社1983年出版。

金克浚改编、施大畏、韩硕绘画本，天津人民美术出版社1983年11月版，60开本，计161幅画。改编者金克浚（1927—），浙江绍兴人，1951年毕业于中央美术学院华东分院国画系，擅长美术理论，曾任中国艺术研究院美研所办公室主任、中国美术家协会会员部主任、创作委员会秘书、展览部主任等。金克浚改编本开篇："这座门第显赫的深宅大院，是全省城驰名的高公馆。"接着介绍高老太爷："高公馆的一家之主——高老太爷，年轻时中过举人，当过几任知县，挣下了一大笔家业。他有几房儿孙，加上丫鬟佣人，高府少说也有五六十人。"改编者突出了冯乐山的恶贯满盈，将拆散觉新与梅表妹的姻缘归罪于冯乐山做媒。冯乐山告发觉慧参加学生运动，高老太爷不准觉慧出门，觉慧帮助鸣凤折梅，向鸣凤表白"一定娶你做我的妻子"。军阀混战，守寡的梅来到高家避难，在梅树下与觉新的聚首引起伤感。高老太爷将鸣凤送给冯乐山为妾，走投无路的鸣凤投湖自尽，悲痛欲绝的觉慧更坚定地抨击黑暗社会。梅表妹病逝，觉新悲痛地向梅表妹遗体告别。高老太爷同意冯乐山将侄孙女许配给觉民，觉民出逃抗婚。克定在外寻花问柳、觉民逃婚气得高老太爷病倒。高老太爷病逝，为防"血光之灾"，瑞珏被

徐淦改编、徐恒瑜绘连环画《家》封面，上海人民美术出版社2009年出版。

送往城外生产大出血而逝。觉新同意并帮助觉慧出走，觉慧冲出了家庭的牢笼。金克浚改编本在基本按照原小说结构的基础上，突出了冯乐山的恶贯满盈，也强化了觉慧与鸣凤的爱情，让他们之间的表白更加直接。

徐淦改编、徐恒瑜绘画本，最初由四川美术出版社1985年4月出版，24开的大开本；2003年8月上海辞书出版社宣纸连环画收藏本，16开木，书名题写戴敦邦；上海人民美术出版社2009年10月版，32开本，计166幅画。改编者徐淦（？—2006）擅创编连环画，人民美术出版社编辑，担任文字编辑工作，1957年在政治运动中被划为右派，在狱中度过了20年，1979年恢复自由。徐淦一生著述颇丰，他参与创作了《水帘洞》《岳飞传》《岳母刺字》《东郭先生》等30余部连环画，被誉为"南杨北徐"、"小人书大王"。徐淦改编本开篇以介绍高家入题："高逎斋算得上是成都北门一带的首富。他在清朝做官多年，广置田产，盖起大公馆；宣统退位后，他就回家纳福。如今年近花甲，儿孙满堂，当起名副其实的老太爷了。""这是高老太爷一家：长房克文，娶周氏；二房夭折；三房克明，娶张氏；四房克安，娶王氏；五房克定，娶沈氏。克文当过几年县长，现

高铁林、王力军改编、博综、雨青、庆国绘连环画《家》封面，人民美术出版社2012年重印。

在管着家务。他有三男两女：觉新、觉民、觉慧、淑蓉、淑华。"再介绍觉新与梅表妹的婚姻被拆散，他接受了与瑞珏的婚姻。徐淦改编本将重头戏放在因参加学生运动被禁闭的觉慧与鸣凤的情爱，穿插了因兵灾梅表妹躲到高家与觉新重聚的感伤和瑞珏、梅的同病相怜，鸣凤的投湖自尽、梅表妹的病逝、觉民的逃婚、瑞珏的去世构成反抗者生、屈服者死的结局。在徐淦的改编本中，觉慧与鸣凤的爱情悲剧成为重头戏，略写了觉新的婚事和觉民的抗婚。

高铁林、王力军改编、博综、雨青、庆国绘画的连环画《家》最初于连环画出版社1988年出版，后被列入"名家名作鉴赏"系列，由人民美术出版社于2008年8月再版，32开本。人民美术出版社2011年5月再版，连环画出版社列入"现代故事画库"于2012年4月重印，50开本，294幅画。高铁林、王力军的改编本，篇幅是李仲源改编本的三倍，是徐淦改编本、金克浚改编本的1.8倍。该改编本基本按照小说的情节发展结构，开篇："某省城北门里有一座古老的公馆，人称高公馆。十冬腊月天，这座高公馆在风雪中给人一种萧条冷落的感觉。"接着交代觉慧、觉民兄弟回到高公馆，这与长篇小说开篇觉慧、觉民兄弟在风雪夜回到高公馆一样。以觉新在街上邂逅梅表妹,失魂落魄走进酒店独自喝酒,插叙觉新和梅表妹青梅竹马情投意合,却顺从了高老太爷安排的婚事。觉慧因参加学生运动而被高老太爷禁闭在家,觉慧帮鸣凤在花园里折梅花,觉慧向鸣凤表达了爱意。军阀开战,梅表妹到高公馆避难,他们在花园里邂逅,勾起了心中的隐痛。高老太爷要将鸣凤送给冯乐山做妾,赶稿件的觉慧没有时间听鸣凤的倾诉,走投无路的鸣凤投湖自尽了,觉慧悲痛欲绝。高老太爷让觉民与冯乐山的侄女结亲,觉民与琴情投意合,他决定逃婚。梅表妹病逝,撕裂了觉新的心。克定在外养娼妓,克安以老太爷名义在外债台高筑,高老太爷气得卧床不起。高老太爷去世,陈姨太让瑞珏离开高公馆生孩子,瑞珏在难产后死去。觉慧决定离开这个家,寻找新的生活。高铁林、王力军的改编基本按照长篇小说的情节结构,将觉新、觉民、觉慧三兄弟的人生故事有层次地展开叙述。

在如上四种《家》的连环画中,李仲源的改编本分别写了觉新与梅表妹、觉慧与鸣凤的爱情悲剧,写了觉民的抗婚斗争;金克浚改编本突出了冯乐山的恶贯满盈,强化了觉慧与鸣凤的爱情;徐淦的改编本强化了鸣凤的悲剧,略写觉新的悲剧和觉民的抗婚;高铁林、王力军的改编本基本延续长篇小说的情节结构,完整地呈现了原作的风貌。

三

在中国美术的发展中,连环画已经成为一个独立的画种,其表现手法也日益丰富,常见的以线描连环画为主,包括毛笔线描、钢笔线描、铅笔线描等。随着连环画表现手法的不断丰富,水墨、水粉、水彩、木刻、素描、漫画、摄影、木炭、剪纸、彩墨等都成为连环画的技法。在连环画的发展过程中,出现了诸多连环画名家,诸如被誉为连环画四大名旦的赵宏本、陈光镒、钱笑呆、沈曼云,被誉为连环画四小名旦的赵三岛、盛焕文、徐宏达、颜梅华,有"南顾北刘"美称的顾炳鑫、刘继卣,新中国连环画十大家有贺友直、刘继卣、王叔晖、华三川、顾炳鑫、赵宏本、王弘力、钱笑呆、戴敦邦、颜梅华,他们

董天野绘连环画《家》，将高老太爷设计成谢顶、白胡子、富态的老人，将冯乐山设计成戴瓜皮帽、穿碎花衣、戴眼镜、瘦削的白胡子老头。

为中国连环画的发展作出了重要的贡献。

本文重点评说的《家》连环画中，董天野绘画本，施大畏、韩硕绘画本，徐恒瑜绘画本和博综、雨青、庆国绘画本，从绘画角度说四本连环画各有千秋。

董天野（1910—1968）是连环画大家，十六岁开始学习中国画，早年投师张大千，为连载小说绘制插图，解放后在《新民晚报》社任美术编辑，画过大量连环画，代表作有《红楼梦》、《穆桂英挂帅》、《孔雀东南飞》、《相思树》、《家》等，技法娴熟，笔致工整，设色浓艳。初版于1954年的连环画《家》，带着那个时代的特征，人物的话语以方框置于画面中，毛笔线描的笔触呈现出朴拙之感。画家将高老太爷设计成一个谢顶、白胡子、富态的老人，将冯乐山设计成戴瓜皮帽、穿碎花衣、戴眼镜、瘦削的白胡子老头，觉新始终是长衫、觉民是长衫、眼镜，而觉慧始终是中山装、衬衣，造型略显夸张而不失真，有时有着古装人物画的痕迹，有时人物的动作画得略显别扭。

施大畏（1950—），毕业于上海大学美术学院国画系，现为上海国画院执行院长、国家一级美术师、中国美术家协会副主席、上海

施大畏、韩硕绘连环画《家》，将高老太爷设计成戴瓜皮帽、留长辫、蓄白胡子、穿马褂长衫的老人，冯乐山是留长辫、蓄八字胡、穿深色马褂浅色长衫老人。

市文联主席、上海美术家协会副主席，连环画代表作有《家》、《暴风骤雨》、《望夫石》、《朱德同志在井冈山》等。韩硕(1945—)，毕业于上海大学美术学院中国画系，现为上海中国画院艺术委员会主任、一级美术师，中国美术家协会理事，连环画代表作有《水浒故事》、《摘缨会》、《家》、《一袋玉米》、《岳云与关铃》等。施大畏、韩硕线描绘画本《家》，线条流畅而洒脱、粗犷而激情，他们将高老太爷设计成戴瓜皮帽、留长辫、蓄白胡子、穿马褂长衫的老人，冯乐山是留长辫、蓄八字胡、穿深色马褂浅色长衫老人，觉新是长衫、觉民是长衫眼镜、觉慧是学生装。构图稳重中有跳荡，张弛中现神韵。以形写神的线条在写意中蕴蓄情感，在空白处亦透露出诗意；以意绘景的笔墨在灵动中呈现气势，在错落处亦呈现出严谨。"构思巧妙而且内涵深邃，构图布局合理而富有新意，线条洒脱、富有节奏的美感。"①

徐恒瑜(1944—)四川邛崃人，一级美术师，擅长中国画、连环

---

① 《施大畏连环画作品欣赏》，http://bbs.gssky.net/thread-326796-1-1.html。

施大畏、韩硕绘连环画《家》，以形写神的线条在写意中蕴蓄情感，在空白处亦透露出诗意。

画，四川省美术家协会副主席，中国美协连环画艺委会委员。连环画代表作有《李慧娘》、《水牢仇》、《家》、《泪美人》、《西游记》等。徐恒瑜在谈到创作《家》时说："如《家》的故事，可以说尽人皆知，而且多有不同文艺形式的改编佳作，如果画连环画时因循旧路，也就注定不过仅仅是其他作品的重复和模拟，从而失去自己的创作意义。于是我采用封闭式构图，刻板凝滞的线条、麻木胶滞的人物，以及压抑、沉闷的背景来体现即将崩溃的前夜。"[1]在连环画《家》中，徐恒瑜绘图本是最具个性的，获第六届全国美展铜奖。徐恒瑜除了在封面中有戴瓜皮帽、白须冉冉高老太爷的形象外，整部连环画中几乎没有高老太爷、冯乐山正面形象的描画，人物的绘描线条简约而平实，三兄弟在一起时，觉新是瓜皮帽、长衫，觉民是斑点长衫、眼镜，觉慧是单色长衫，觉新有时又不戴帽，觉慧有时是学生装，画家注重人物在封建家庭禁锢中的压抑和绝望，注重绘出人物个性与境况。画家注重将人物置于大宅院令人窒息的环境中，

[1] 徐恒瑜：《画家自述》，徐淦改编、徐恒瑜绘画《家》第4—5页，上海人民美术出版社2009年10月版。

徐恒瑜绘连环画《家》，人物的绘描线条简约而平实，三兄弟在一起时，觉新是瓜皮帽、长衫，觉民是斑点长衫、眼镜，觉慧是单色长衫，觉新有时又不戴帽，觉慧有时是学生装。

徐恒瑜绘连环画《家》，画家有时采取俯瞰的视角，绘出清明上河图般的境界，构图具有中国式的散点意味。

他往往采取对于大宅院封闭式构图的绘描中，突出人物的受压抑被摧残，以刻板平直的线条绘出高门大宅的压抑氛围，突出觉新兄弟的无奈和受压抑。画家常常将人物的追求与向往置于花园中，以带有写意的笔触绘出人物的情感世界。有时画家突破了西方焦点透视的方式，在刻板单调的线条里勾画出封建制度对人性的束缚。画家有时采取俯瞰的视角，绘出清明上河图般的境界，构图具有中国式的散点意味。有学者指出："他采用封闭式构图，刻板平直的线，男女老少人物近似呆如木鸡姿态，十分形象地将封建制度对人性的束缚表达了出来……"[1]装饰性的构图、刻板平直的线条、呆若木鸡的人物等，让徐恒瑜绘图本洋溢着独特的个性与艺术性。

博综、雨青、庆国绘画本的三位画家：胡博综（1941—），江苏无锡人，原江苏美术出版社副总编、编审，前中国美协连环画艺委会委员，连环画《十二品正官》《倪焕之》先后获得全国二、四届连环画评奖二等奖，《要是我当县长》获得全国三届连环画评奖最高奖。

---

[1] 刘千：《〈家〉点评》，徐淦改编、徐恒瑜绘画《家》第6页，上海人民美术出版社2009年10月版。

博综、雨青、庆国绘连环画《家》,觉新的长衫、觉民的长衫与眼镜、觉慧的学生装,使三兄弟形象有所区别。

杨雨青(1944—),江苏无锡人,擅长中国画、连环画,曾任无锡市书画院画师,中国美术家协会会员、国家一级美术师,主攻人物、山水,偶写花鸟,作品有《卖驴》等。孙庆国(1965—),湖北黄州人,从事书、画、艺术评论等,师承张大千画意、八大山人山水、赵子昂技法及董其昌画风等,出版有《书法家寒夫》、《寒夫松韵图诗跋》、《寒夫书画精品集》等。

博综、雨青、庆国绘画本《家》以钢笔线描的方式,采取十分严谨的焦点透视的构图,高老太爷的白发、白须和长衫马褂,觉新的长衫、觉民的长衫与眼镜、觉慧的学生装,使三兄弟形象有所区别。画家借鉴电影手法,常常以人物的特写描绘,突出了人物的表情和心理。画家以钢笔线描的黑白亮色,在夸张强调的对比中,常常使画面具有了版画韵味。画家常常采取情景交融的场景描绘,将人物身影的勾勒置于景色中,使画面洋溢着诗意。

作为一种大众读物、通俗读物的连环画,对于普及文化传播名作产生了极为重要的影响。著名诗人"邵燕祥先生曾回忆,在读《家》原著之前,读过连环画,那是他读小学三四年级时,'因此后来读原著时,心目中人物形象不脱费新我笔下的影响。费新我人物

博综、雨青、庆国绘连环画《家》,以钢笔线描的黑白亮色,在夸张强调的对比中,常常使画面具有了版画韵味。

素描功底很深,每一个人物,不管喜怒哀乐情景不同,各如其面,栩栩如生。固然可以叫做《家》的插图,我更乐于视之为《家》的绘图本,我以为图文都忠实于原著的'"[1]。邵燕祥当时阅读的是费新我绘、钱君匋编上海万叶书局的连环画,成为作家一生的记忆。

以巴金名作改编的各种版本的连环画《家》,虽然改编者关注点不同、绘画者艺术技巧不一,但是巴金《家》连环画的改编,对于扩大名作的影响和普及,对于丰富孩子和大众的文化生活,起到了十分重要的作用。

---

[1] 周立民:《邵燕祥读〈家〉原著前先看连环画》,《文汇读书周报》2012年6月29日。

梁燕丽

理想主义的实践

——从黎明高中到黎明大学

从黎明高中学校群到黎明职业大学,是巴金、梁披云、秦望山、卫惠林、吴朗西等人的理想主义实践,是他们跨越一个世纪,把社会理想化为教育理想,志同道合、相濡以沫,在南国红土地上留下了深深足迹。

一 黎明高中学校群

黎明高中最主要的两位创办人秦望山、梁龙光(梁披云),既是上海大学的同学,也是安那其主义的信奉者。当时开办黎明,目标之一是为自己的理想主义寻找一条践行的道路,实现人类乌托邦社会,为此描绘办学蓝图:准备在梅石书院开办农业学校,在崇正书院开办理工学校,黎明高中也将进一步发展为黎明学园,继承上海立达学园精神。黎明高中开学,安那其主义者吴克刚、卫惠林、陈范予、叶非英、郎伟等相继来校讲课和管理校政。巴金三次来校,无直接讲课或演讲,但因他在文坛上的名气,影响很大。安那其主义没有入党组织,但在黎明高中,教师中的安那其主义者,通过各种学会活动的引导,向学生传播安那其主义思想,培育种子,特别是阅读、钻研的书籍中,不少安那其主义作品,如克鲁泡特金的大部分著作,都为学生所关注。黎明学生林健民先生回忆:"当时有一批中国学者,迷醉于虚无主义,从华北、华中不远千里而到此颇负盛名的桐城,异想天开,竟然起用这古庙而建立一间众所瞩

本文作者在第十一届巴金学术研讨会上发言

目的黎明高中学校……笔者在黎明高中就学的期间，多少为师友们所影响，竟然亦陶醉于一个'乌托邦'的世界中。"①安那其主义的理想在当时知识界之所以一呼百应，根据赵祖培先生的说法，当时中国的知识分子，多数不满国民党蒋介石的专制独裁，但也找不到出路，尤其是出国留学归来的中、上层知识分子，因国内大学，各有派系把持着，非其同派，无法依附，所以一部分人陷入彷徨，向往"乌托邦"幻想社会。②

陈思和教授在《人格的发展：巴金传》一书中，曾经把上海文化生活出版社和泉州黎明高中都看作是三十年代一群知识分子对自己理想与信仰的实践方式。诚然，1920年代末30年代初，秦望山、梁龙光(梁披云)创办黎明高中，目标之一是为自己的理想主义寻找一条践行的道路。梁披云所受安那其主义的影响，最主要是平

---

① 林健民：《忆女诗人童蕴珍》，《林健民文集》第221—222页，江苏文艺出版社1991年版。

② 赵祖培：《泉州黎明高中的创办》，该文由黎明大学梁披云资料室收藏。

民教育这一脉络。他在精神上与匡互生先生及其上海立达学园最为亲近。平民教育的开办,在中国是非常需要和迫切的,知识阶级中有一部分人会变成革命者,并且这部分人应该帮助解放劳力阶级。巴金先生发现:"人类并不是一个整体,人类从来就是分为两个阶级的:一方面是主人,是人类领袖;一方面是奴隶,是平民"。[①]社会的不公很大程度上是受教育机会的不公,所以要办平民的教育,使平民、贫民的孩子也有机会受教育,从而获得新生。黎明高中面向平民,艰苦创业,勤俭治校,实现了教育的平民化,这正是梁披云理想主义的教育实践。吴克刚、叶非英等人与梁披云一样,他们所接受的安那其主义思想,主要都是从理想主义的层面上。在此,巴金三次来泉所做的"南国之梦"可以作证。巴金从黎明高中看到了"黎明",虽然由于种种原因他没有直接参与黎明的教育工作,但他在1930至1933年之间三度南下到泉州探访朋友,以及相关的几十篇作品,用自己的感情、思想和文字创造了一个"黎明"的乌托邦。那些活跃在红土地上的身影,那些巴金亲切地称为"朋友"的安那其主义者,成为巴金的南国梦中的主角。1930年代初巴金刚从法国回来不久,正是20多岁风华正茂的年代,然而信仰与主义(安那其主义)在上海等中心城市渐渐广陵散绝,巴金感到置身"沙漠一般"的寂寞。巴金来泉州的初衷可能是寻找志同道合的朋友,或者也想放下手中的笔,做些实际的工作,但他对于朋友们的教育选择,对于那种全部地贡献于教育事业,在点点滴滴的教育改革中施展自己的理想,在埋头苦干中消耗着生命和激情,既有亲近也有疏离,陈思和教授在《人格的发展:巴金传》中,较为详尽地探讨巴金几次南下的见闻与感受。[②]

黎明高中、平民中学是梁披云、秦望山、叶非英等志同道合朋友的一个教育理想之梦,也是一个乍然被国民党关闭之痛,这个教育之梦一直萦绕着梁披云的一生。所以他1930年代中后期在南

---

① 转引自陈思和、李辉:《巴金研究论稿》第35页,复旦大学出版社2009年版。
② 陈思和:《人格的发展:巴金传》,台北业强出版社1991年版。

洋的尊孔中学、苏东中学、中华中学做教育,1940年代长福建音专、海疆大学,晚年创办黎明大学、福建澳门学校,黎明高中的理想主义教育若隐若现。1947年梁披云长福建教育厅期间,秦望山先生及黎明高中诸校友就曾向梁披云建议复办黎明,他们构想复办黎明应该是办成一所像样的大学,具体拟办三个学院:一是农学院,先在安海五里桥海滩围垦,以此为基地积贮资财和人才,然后开办农学院;二是工学院,集资创办电车路,利用晋江上流截取水力发电供给泉州通往近郊等地的电车路;把工学院所需的教师罗致在公司里,水到渠成开设工学院;三是医学院,向热心慈善公益事业的人士募捐,建立相当规模的医院,把医疗专家和良好师资准备起来,时机成熟便可办成医学院。这是一种把教、学、用,理论和实践相结合的办学思路,也是使乡土建设和人才培养相得益彰的美丽蓝图。这个理想一直到中国改革开放的1980年代,才初步实践。从黎明高中到黎明大学,作为理想主义教育实践,这就是巴金、梁披云等梦寐以求的黎明复兴。

二 从黎明学园到黎明大学

1980年代,梁披云和巴金,携手1930年代黎明高中学校群的师友,复办黎明。于1981年在泉州创办了黎明学园,1984年创办为黎明职业大学,梁披云先生首任董事长和校长,巴金先生担任名誉董事长。而今黎明大学已是一所蒸蒸日上的高职院校,造就东南人才,支持地方建设,与早年黎明高中一脉相承,薪火相传。

(一) 黎明学园

黎明学园创立之初,暂时假借泉州市实验小学残留武庙一角办公,夜间上课则利用小学生课室……要回黎明原址,成为黎明学园创办初期的一件大事。梁披云亲自出马,与著名作家巴金先生、全国侨联副主席庄明理先生、全国侨联副秘书长张楚琨先生、中国致公党副主席伍禅先生、中国音协主席吕骥先生、中国艺术研究院副院长张庚先生等联合起来,从1981年8月至1985年4月,发挥五校海内外校友的力量和潜能,共同为恢复黎明故址这个基础工作付出努力,其中,梁披云、巴金、伍禅、吕骥、吴朗西、张庚、柳子明、赵祖培、谢真、苏秋涛等最出力最多,同时得到古城泉州有识之士的热烈回应和拥护,可谓人心所向,1982年5月7日,泉州市八届人大代表13人、泉州市第四届政协委员41人又联名呈送提案书,建议市政府从速帮助黎明学园收回旧校址,终于解决了学园建校基地问题……苏秋涛先生百感交集地在《纪念黎明学校》一诗中描绘了黎明故址的"日月重辉":

> 桐城古庙祥钟声,旭日东升分外明。
> 五载春风桃李盛,十年树木叶枝荣。
> 那堪暴雨伤残碎,竟使黉㯭挫折倾。
> 日月重辉天地转,黑云扫净放光明。

苏秋涛是平民中学的校长,当时平民中学被关闭,半个世纪过去了,仍是他的心头之痛,"那堪暴雨伤残碎,竟使黉㯭挫折倾",如今虽然已是耄耋之年,但看到"日月重辉天地转,黑云扫净放光明",他是多么欣慰和欢喜!这首诗包含从30年代到80年代的历史往事,勾连起两段历史的精神联系,可谓当日黎明精神传承者的共同心声。

1984年6月泉州市文管会在泉州中山路起点处树立起"泉州黎明高中遗址"的石碑,对面的中山公园是与黎明高中同时建设的一处公园,而中山路是泉州有名的文物古街。

黎明学园是一所民办补习学校,在1980年代初掀起了职工业余学习科技文化知识的"黎明热"。"黎明热"是在黎明学园的硬件条件很差的情况下形成的,因此包含一种最重要的因素,即黎明学园的创办者们是一群黎明精神的传承者,他们都是带着理想主义和奉献精神办学的,他们每一个个体及其结合在一起的整体,有一种独特的学识和人格魅力,许多学生后来回忆在黎明学园学习的日子,虽然短暂却十分难忘,令人深深怀念。这是一般学校所没有的,也是所谓正规学校、高楼大厦所不能够代替的美好记忆。泉州人陈泗东先生写于1983年6月的《泉州黎明学园复建二周年志

庆》,饶有趣味且耐人寻味:

> 黎明即起洒庭除,陋室时停长者车。
> 寒暑两经芹藻茂,学园终有化龙鱼。

这首诗的作者好像局外人,出于对泉州教育文化事业的爱,也出于对黎明复办意义的理解,及对两年复办行动的观察,这位泉州的文化名人、地方知识分子以十分欣悦赏爱的诗句表达了对于黎明事业的感受和赞美,是最能反映黎明复办初期境况的一首好诗。

(二) 黎明职业大学

1984年,梁披云在黎明学园的基础上正式创办了黎明大学,这是泉州一所侨建公办,专门培养高级实用型人才的综合性专科学校,推动了泉州以至福建职业教育的发展。从黎明学园到黎明大学隐约可见,晚年的巴金、梁披云、吴朗西、卫惠林等,始终放不下黎明的理想主义情结,大家群策群力、相濡以沫,以复办黎明为己任。

1987年秦望山的儿子秦长江说服家人,将秦家的秦氏公馆宅基地捐赠给黎明大学。秦长江先生说:"父亲当年在那么困难的情况下捐出祖业用于办学,我们今天还有什么不能舍弃呢!"[1]秦望山后裔把1667m²宅基地捐赠给黎明大学董事会,于是才有了6850.5m²的黎明旧校区规模。从1987年至1992年,梁披云率领梁氏家族子弟梁祖辉、梁清辉、梁良斗等(其中梁祖辉曾是黎明高中、上海立达学园的学生),环绕古榕树建造了完美校园,古色古香的优美建筑群。这是黎明大学发展的第一个黄金时代……1990年代和新世纪初,爱国华侨李尚大等在梁披云的感召下,援手黎明新校址建设,立达学园毕业生梁灵光,又接过了大哥梁披云的接力棒,从而奠定了黎明大学的全新格局。

回看1930年代巴金三度来泉州访问黎明学校群,写下许多文

---

[1] 秦友莲:《藏在父子黎园情里的故事》,发表于《政协天地》2013年第六期。

字赞美那些兴办平民教育的朋友,称他们"都是献身于教育理想的人……那种牺牲精神,可以使每个有良心的人流下感激的眼泪"。1980年代梁披云创办黎明学园和黎明大学,巴金再无机会踏上这片令他梦萦魂牵的红土地,成为一种历史性遗憾!但他的心和黎明师友紧紧联系在一起。首先,巴金义无反顾地出任名誉董事长,诸多来往书信,表明他始终关心着黎明学园的开办、黎明故址的恢复、黎明大学的创办;黎明师生也一直与巴金先生很亲近地呼应着。1985年,黎明大学创校的第二年,学校成立了一个文学社,取名"激流文学社",梁披云亲自为文学社题写社名。巴金在《〈激流〉序》中写道:"生活的激流永远动荡奔腾,不可阻止,我们要战胜生活。"黎明激流文学社的宗旨即教育和引导学生关心生活、热爱生活、反映生活,做生活的主人。1988年黎明创办巴金文学研究所及其刊物《巴金文学研究资料》。其次,黎明"赠书运动",巴金捐书为最。巴金记挂"黎明图书楼"建设用地问题,亲自整理图书捐赠黎明,从1982至1995年,巴金先生向黎明赠书共12批7084册,其中感人细节叶蕨燕、单复、谷苇等先生都有记述,在此略过。时至2004年黎明大学图书馆开设"巴金梁披云赠书特藏室"。珍藏巴金先生赠送的图书7084册,梁披云赠书4186册,林健民先生赠书3410册,吴朗西先生赠送的珍贵百衲本《二十四史》,以及1981年以来黎丁等师友的赠书,此被称为"黎明奉献精神的一个缩影"。①

1989年11月,梁披云为纪念巴金85寿诞暨文学生涯60周年,写下一段只有久经考验的老友、同道、知音才能写出的祝词:

> 在九秩开五风风雨雨的岁月中,把整整一周甲的韶华献与新生文艺的创作,发挥友爱,坚持正义,追求真理,以血泪肝胆抒写出、倾吐着:对黑暗的无限激愤、憎恨和诅咒;对光明的炽烈的企慕、眷恋和歌呼。似纤夫、似驿使、似征人,在漫漫的长夜,漠漠的大野里,燃烧火炬,击响木铎,吹彻号角,为民族、为人类、为祖国、为世界,勤勤恳恳,劳劳碌碌,战战兢兢地夙

---

① 苏彦铭撰:《黎明学园简史》第85页,黎明大学编2011年。

夜不懈,迈步向前。平淡朴素的生活里,闪烁着、蕴藏着优异的品质,真实的智慧和崇高的理想。对这样的人,即使向不相识、莫不相关,我也将一效蒿呼,何况是素所深契,风义兼师友的苇甘兄,欣逢华诞佳辰,创作庆典,我虔诚地,深深地衷心祝愿您年年岁岁似兰斯馨,如松之盛。

弟披云拜祝

1992年梁披云为黎明大学巴金文学研究专刊题词:"从巴金的人研究巴金的文,从巴金的文研究巴金的人",从此"巴金文学研究所"改名为"巴金研究所"。同年9月20—23日,黎明首届巴金研讨会的主要议题是"巴金与泉州,以及巴金研究的现状与趋势"。梁披云亲自与会讲话,向国内外学者呼吁"从巴金的人研究巴金的文,从巴金的文研究巴金的人"。

1930年代初卫惠林在黎明高中任社会学和外语教师。虽然只有两个春秋,却终生对黎明怀着深厚感情。1980年代得悉黎明复办,卫惠林即动员二女儿建筑学家卫缙云到黎明任职,留学美国哈佛大学的卫缙云,决心转往泉州黎明大学,踏着父辈的足迹追求理想主义。梁披云极其盼望卫缙云女士能来黎明大学担任校长,不幸的是卫女士于1987年因癌症病逝。为此梁披云极为痛惜,亲笔致信"兰侄":

春间我在美国时,先后接到你写给我的长信和照片复印本等,我一直珍藏在大信封里,放在手提包中,随身东奔西跑了几个月……我得先告诉你我立了心愿一定要到缙云坟前致哀,表示我对她决心献身祖国文教有志未酬的悼念和敬礼……台湾和大陆的紧张气氛,现在比较松缓下来了,我们也想在形势更开朗时和惠林兄直接通通信。他曾经在黎明高中拓过荒,播过种,今天黎明大学的精神上的一柱一石也保存着当年心血所灌注凝聚的力量。因此大家也盼望能把他的著作收集起来寄与黎大作为师严道尊的示范。

1991年,卫惠林先生决计回归黎明大学,又鼓励儿子卫西陵先生来黎明任客座教授,实现父子两代为黎明事业奉献力量的心愿。同年底,卫惠林因眷恋祖国、眷恋黎明,毅然回泉州黎明大学度过生命的最后一段时光。卫惠林既不想落叶归根回到他的故乡山西,也不想留在他取得辉煌学术成就的台湾或美国,而选择泉州黎明,希望把自己留在南国红土地的春天里。从一个侧面折射出黎明的精神传统。

　　陈思和教授在《永远的浪漫——悼念吴朗西先生》一文中生动地记述了关于吴朗西先生和卫惠林先生的细节。陈思和老师写道:"我记得很清楚,当我告诉他,日本学者坂井洋史新近从泉州回来,说遇到了随儿子在那里定居的卫惠林先生时,吴先生突然嘴里发出一声响亮的'噢'——以至满屋子的人都停下说话,惊讶地朝他看去。我心里明白,这些朋友间的事情,是老人最关心、也是最有兴趣的;从这一声意外的'噢'里,我一下体会到了老人的内心深处的一股滚烫的感情,它帮助我记起了许许多多的往事。"①

　　陈思和教授还写到:晚年的吴朗西关心老年人的问题,老人兴致勃勃地说:"我是个理想主义者,我一生都充满幻想,创办老年人福利基金会,是最后一次幻想……"说完这话的时候,吴朗西先生紧抿着厚厚的嘴唇,露出了天真得近似儿童的微笑。②这种理想主义者近似孩子似的天真,我也经常在晚年的梁披云脸上看到。陈思和这篇纪念吴朗西先生的文章,1993年发表于香港大公报,梁披云读了,就整整齐齐地剪下来,小心翼翼地收藏在文件夹里,寄托一份对于好朋友的思念。

　　这里特别要提到的是1981年8月5日,吴朗西先生给黎明来信说:"我准备把身边的一部百衲本《二十四史》送给学校。只是这部书还有木箱,无法邮寄,我想学校方面,如知道有人从上海回晋江的熟人,是不是可以托其代运,运费也由我负担。"8月28日,吴朗西先生又给黎明来信:"这两天来,我想得很多。我忽然想到三十年代李公朴他们在上海申报馆办的申报流通图书馆和读书会,当时有相当大的影响。因此我想到,根据黎明学园现有条件,是不

---

①　陈思和:《永远的浪漫》,刊于香港《大公报》,《黎明校友信息》全文转载,第1期,1992年11月,第24页。
②　参见陈思和:《永远的浪漫》,香港《大公报》,《黎明校友信息》全文转载,第1期,1992年11月,第25页。

是也可以创办一个图书馆（规模从小到大）——流通图书馆，办理借阅。我看了一看董事会成立名单……黎明学园如果成立图书馆，就可以向他们把这些书要来作基础，再要求他们在可能情况下经常支援，要他们主动做恐怕有困难，但北京有黎丁做中心，他如果愿意承担向各方面联系之责，那事情就好办了。上海方面，巴金自己是困难的，但可以请他的弟弟李济生帮忙负责同巴金的朋友联系，我也可以多少凑凑数，这样我想募集万把册书是没有问题的。至于往后以及其他问题，干下去总有办法，我现在不多说了。总之办法会从实践中产生并进步。"

1981年9月11日，一辆大卡车开进学园，吴朗西先生赠送的百衲本《二十四史》连同书橱，从上海运抵黎明。从此，典雅的红褐色书橱里的百衲本《二十四史》成为黎明图书馆的镇馆之宝，承载着吴朗西先生对黎明的理想主义一种心事和心愿未了的眷恋。

如今，巴金、梁披云、卫惠林、吴朗西等都走了，黎明大学却一天天长出参天大树，培养出来的学生成千上万，遍布东南沿海……但见黎明树木树人、薪尽火传，正把春天的种子播向全世界。

赖晗梅
以课程文化传承巴金精神

成都市东城根街小学,多年的教育实践,代代东小人对文化的坚守,形成了学校的"根"文化的底色——巴金精神、民族文化、国际理解。

"种树必先培其根,种德必先育其心。"我们这样来诠释我们的"根"文化——"根",是学校对传统文化的继承,是民族的根脉;"根",是培养学生健康身心,是生活的根本;"根",是建立良好"内心秩序和外在规范",是做人的根柢。"根",是奠定学生可持续发展的能力,是做事的根基。

东城根街小学,还有一个名字叫"巴金小学",那是因为我们与巴金先生的情缘。

1991年5月全校师生收到巴金爷爷的第一封来信和一本《巴金和儿童文学》;1995年2月学校收到巴老第二次来信和《东方小故事》录像带。《给家乡孩子的信》被收入了北师大版的语文教材。于是东小的孩子有着不同的童年。每次学课文时,孩子们都会自豪地说,那是巴金爷爷写给我们东小孩子的信。就是这样一封信,让东小有幸牵手这位伟大的世纪老人。正如著名作家麦家感叹:"你们学校的学生真幸福啊!在家有亲生父亲,在学校有精神父亲"。

"讲话要说真话,做人得做好人。"巴金精神是东小师生温暖的陪伴。巴金《随想录》是讲真话、诉真情的人生回顾。更以《真话集》让人感动、敬重。他的笔,是真正的讲真话的笔。

本文作者在第十一届巴金学术研讨会上发言

在巴金小学,巴金先生对师生的影响,人文价值高于文学价值。在学校"根"文化的底色下,这份"真",使东小逐渐积淀起"真教育"的理想——说真话 做真人 求真理这样的一份文化滋养,也激励着我们去实践"讲真话、做好人"。更加深刻地思考和践行,从课程的建构和实施去传承和发扬巴金精神!

我们这样理解课程:课程是学校最为重要的产品,也是学校的核心发展力。课程即"跑道",学校科学地进行课程建构和实施,才能为学生的成长做好准备,才能给学生提供选择。课程是学校为学生设定的学习路径,同时也包括学生在这些路径上的学习过程及所获得的学习结果。

课程的内涵是指在学校教育环境中,旨在使学生获得的、促进其身心全面和个性化发展的教育经验体系。课程是学校教育系统的重要组成部分,是学校实现教育目标的主要手段和媒介,是为学生成长铺设的"跑道"。

在课程的建构和实施中,我们力图通过国家课程、地方课程、校本课程的三级课程的融合来实现学校的培养目标。我们现有特色课程有:巴金课程、艺术课程、国际理解课程、传统文化短课、德育课程、家长助教团课程、社团课程等,在此,仅对学校的特色课程之一——巴金课程进行介绍!

近年来,《巴金课程》作为学校的特色课程,日渐丰富起来。

一 巴金主题的校园文化建设——隐性课程

多年来,我们始终怀着一种深深崇敬以"巴金精神"作为学校文化的统领。在校园文化中,我们处处也以巡检"巴金"爷爷的足迹。

校门的花丛中静立着校训石,上面书写着巴金爷爷对孩子们期盼的"说真话、做好人",操场上,巴金爷爷的塑像端坐着,每天陪伴着同学们读书玩耍。

走进具有川西民居风格的教学楼,来到让人回到巴金时代的大厅,诵读镌刻在墙上《巴金给东城根街小学孩子的一封信》,聆听巴金爷爷的教诲。在"巴金书屋"内陈列着学校孩子与巴金多年以来交流的所有照片、巴金信件、巴金的赠品、赠书等珍贵的文史资料,以及由巴金亲人收集并捐赠的巴金系列图片、全校师生珍藏的巴金的资料和书籍,在这里学生更直观的走近巴金,了解他和我校的情缘。真言堂,这里是孩子对巴金爷爷诉说心事的地方。

"家春秋"阅读吧——老师们可以在其中分享昨天的成果,享受今天工作的快乐。

二 巴金课程的课程目标

1. 学习巴金先生的相关作品,从巴金名言开始走近巴金名篇。从巴金的文学作品中了解巴金的心灵世界。

2. 用心体会巴金老人的人生的经历,感受巴金的心路历程和独特个性;确立自己的人生榜样,培养优秀的人文精神;热爱巴金,热爱家乡。

3. 在感受巴金文学的真善美中,增加学生的文学储备,提高学生的文学素养和文学功底。

4.通过对巴金文学课、巴金德育课、巴金活动课、巴金艺术课等实施，带领学生从巴金的文字中感受他崇高的精神，纯净的思想和伟大的人格，确立积极向上的人生态度，践行"说真话，做好人"的校训，用行动去丰富和充实人生。

三　巴金课程的实施途径

（一）课程实施时间：

1. 巴金德育课程——每期文化之旅、毕业季、新生入学、家长助教团活动
2. 巴金文学课程——语文课、阅读课
3. 巴金活动课程——班队会活动、并于巴金文化月集中展示

构建起"微型课""小型课""中型课""大型课"的课程实施框架。

（二）课程的建构与实施：

巴金德育课程

年级	课程内容	课程目标	课程实施时间
一年级	我们的巴金爷爷（参观巴金大厅，了解巴金其人）	知巴金	入学教育
二年级	游学慧园	感巴金	文化之旅
三年级	《给家乡孩子的一封信》	品巴金	语文课
四年级	游学双眼井 战旗文工团	寻巴金	文化之旅
五年级	上海巴金文化之旅	悟巴金	文化之旅
六年级	四川巴金文学院毕业典礼	传巴金	毕业季

巴金文学课程

年级	课程内容	课程目标	课程实施时间
一年级	低段篇（1—5课）拓展阅读（一）	品读巴金之文章，感悟真善的情怀。追寻巴金之脚步，传承巴金的理想。穿行在书香之中，培养高尚的情操。	每学期至少安排6节阅读课，完成5篇文章和一个拓展阅读的学习
二年级	低段篇（6—10课）拓展阅读（二）		
三年级	中段篇（1—5课）拓展阅读（一）		
四年级	中段篇（6—10课）拓展阅读（二）		
五年级	高段篇（1—5课）拓展阅读（一）		
六年级	高段篇（6—10课）拓展阅读（二）		

载体：校本教材《巴金作品少儿读本》+拓展阅读和实践

巴金活动课程

实施对象	课程内容	课程目标	实施时间
全校各班	各班成立巴金文学分社	品读巴金之文章，感悟真善的情怀。追寻巴金之脚步，传承巴金的理想。穿行在书香之中，培养高尚的情操。	每年9月
各巴金文学分社 海内外友好学校	《巴金杯》海内外学生征文比赛		每年10月
全校师生 知名作家 友好学校代表	1. 全校读好书活动 2. 知名作家与小读者面对面交流活动 3. 出版当年《巴金杯》海内外征文集 4. 巴金文化月活动 5. 巴金文化节暨《巴金杯》征文颁奖典礼		每年11月
各巴金文学社	1. 巴金学习会，总结一年所得 2. 给关心学校的作家写问候信 3. 看望文学与文艺界的名人		每年12月

另外，学校还建有巴金文学社，巴金艺术团，通过文学和艺术

的方式传承和发扬巴金精神。通过学校的国际理解课程和国际交流活动将巴金文化传播到英国、日本、爱尔兰、捷克、澳大利亚、新加坡、台湾等国家和地区,巴金课程也成为我们国际理解课程的一部分。

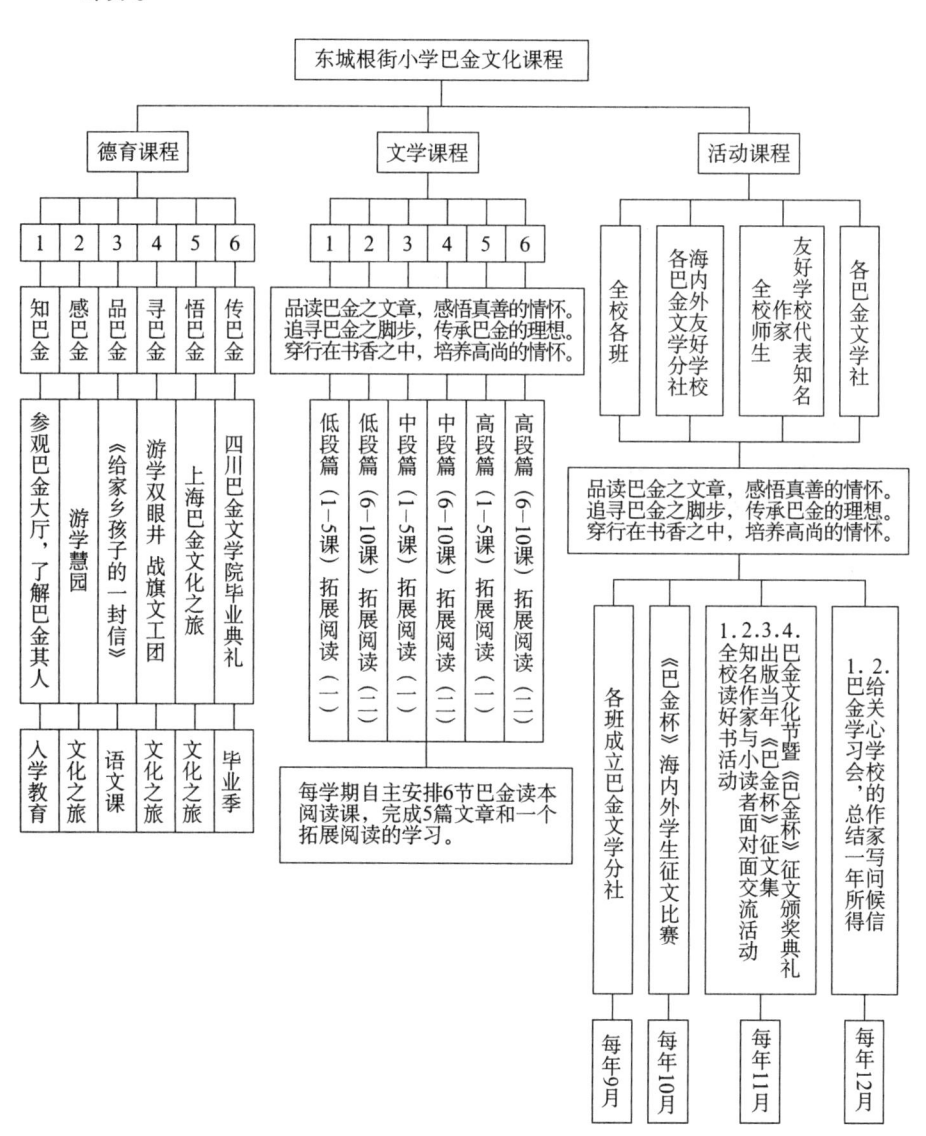

```
东城根街小学巴金文化课程
├── 德育课程
│   ├── 1 知巴金 — 参观巴金大厅,了解巴金其人 — 入学教育
│   ├── 2 感巴金 — 游学慧园 — 文化之旅
│   ├── 3 品巴金 — 《给家乡孩子的一封信》 — 语文课
│   ├── 4 寻巴金 — 游学双眼井 上海巴金文化之旅 — 文化之旅
│   ├── 5 悟巴金 — 战旗文工团 — 文化之旅
│   └── 6 传巴金 — 四川巴金文学院毕业典礼 — 毕业季
├── 文学课程
│   ├── 1 低段篇(1—5课)拓展阅读(一)
│   ├── 2 低段篇(6—10课)拓展阅读(二)
│   ├── 3 中段篇(1—5课)拓展阅读(一)
│   ├── 4 中段篇(6—10课)拓展阅读(二)
│   ├── 5 高段篇(1—5课)拓展阅读(一)
│   └── 6 高段篇(6—10课)拓展阅读(二)
│   品读巴金之文章,感悟真善的情怀。追寻巴金之脚步,传承巴金的理想。穿行在书香之中,培养高尚的情怀。
│   每学期自主安排6节巴金读本阅读课,完成5篇文章和一个拓展阅读的学习。
└── 活动课程
    ├── 全校各班 — 各班成立巴金文学分社 — 每年9月
    ├── 海内外友好学校各巴金文学分校 — 《巴金杯》海内外学生征文比赛 — 每年10月
    ├── 友好学校代表知名作家全校师生 — 1.2.3.4.知名作家与小读者面对面交流活动 巴金文化节暨《巴金杯》征文集出版当年《巴金杯》征文颁奖典礼 — 每年11月
    └── 各巴金文学社 — 1.2.给关心学校的作家写问候信 巴金学习会,总结一年所得 — 每年12月
    品读巴金之文章,感悟真善的情怀。追寻巴金之脚步,传承巴金的理想。穿行在书香之中,培养高尚的情怀。
```

附:学校巴金课程的框架图

巴金老人厚重的思想文化、精神文化珍藏在所有老师和孩子心里。巴金精神已逐步转化为一种文化符号,一种教育资源。一种教师生命的信仰,成为学校可持续发展的深厚文化底蕴和重要精神支柱,润泽东小的民族文化之根。

我们的办学理念:根植巴金精神,立足传统,放眼世界。

我们的培养目标:培养具有中国灵魂的世界公民。

我们的校训:说真话,做好人。

我们的校园精神:生命的意义在于奉献而不在于索取。

我们的教师誓言:把心交给孩子,让生命开花。

我们的学生誓言:读书时认真读书,玩耍时放心玩耍。说话要说真话,做人得做好人。

由此,学校以巴金的思想文化为核心,以独特的传统民族文化为载体,深刻挖掘其教育内涵,形成了学校文化建设的精神统领。我们以课程文化传承着巴金精神,这份温暖的陪伴始终在路上。我们用巴金精神润泽师生,我们用传统文化润养孩子,我们用国际视野丰富童年。

2014 年 10 月

写在巴金先生诞辰 110 周年前夕

谢 辉
真情怀真教育

很喜欢苏格拉底的一句话:"求善等同求知",任何道德都有其文化依据,个人道德修养依此,学校文化德育教育亦是依此。而在求善的同时,"真"是如此重要,失去了真,美和善将无所附丽,这诚如孔子所言,"绘事后素",意思是先要有白底子,而后才能绘画,换言之,只有用"真"面对人生、面对世界,才能拥有良善的心灵和美好的生活。

巴金先生用一生践行着自己对"真"的追求和理解,在他的文字中,在他的为人中,在他的日常生活中,在他对理想的追求中。这份真态度影响着后人,这份真态度也在学校教育中感染滋养着一代代师生。

在巴金先生的故居成都有这样一所小学——巴金小学。

六字箴言　道出教育真哲理

一进校门就能看到一块校训石,上面镌刻着六个醒目的大字"讲真话,做好人",这是巴金先生送给家乡孩子的精神礼物,更是巴金先生人生的崇高写照。这块校训石并不高大,却是如此的厚重,它用最浅显的文字告诉全校师生做人最深刻的道理和为人最应担当的责任。

每天伴着朝阳和雨露,师生步入校园,迎面而来的六个大字就是清晨第一课,一堂无声永恒的"晨醒课"。还记得一位新生家长第

本文作者谢辉

一次来到学校时，说过这样的话："一进学校我看到这六个朴素的大字，真的很感动，这就是我们家长对孩子的期望，这就是现在教育应该走的道路。这六字不仅相伴孩子六年，更是将相伴孩子一生。这份真，让孩子终生受益。"是啊，"讲真话，做好人"，朴素话语，六字箴言，像是一股令人感动的力量，洗涤全校师生与家长的心灵。

一段誓言　铭记做人真道理

每个周一，是巴金小学例行的升旗仪式，庄严的国歌声中国旗冉冉升起，孩子们将右手置于胸前宣誓："我是巴金小学的学生，我要牢记巴金爷爷的教导，读书时认真读书，玩耍时放心玩耍，说话要说真话，做人要做好人。"一段誓言，一段教导，一段承诺，学校用庄严的仪式，将巴金精神注入孩子心髓，引导孩子做人对事的态度，用"真"文化滋养着孩子们，这就是真教育，这就是教育的真情怀。

每当孩子们任性顽皮或不能面对自己的错误时，这里的老师总是温和地把孩子牵到校训石前，重温誓言，让孩子静心体会，反思自己的行为,无需过多的指责和批评,孩子在内省中面对真实的自己,总结反思改进,这就是真教育的力量。

一场盛事　缅怀巴金悟真谛

对于巴金小学的师生来说,每年11月25日是一场如约而至的盛事,因为这一天是巴金爷爷的诞辰日,孩子们为操场上那尊巴金爷爷慈祥的铜像戴上红领巾,再在像前摆上巴金爷爷生前最喜欢的红玫瑰。在这一天,老师们总会用深情的朗诵缅怀巴金先生,把巴金先生的真文采、妙文笔再现给孩子们,而孩子们用卡片记下自己想告诉爷爷的真心话,用快乐的歌舞作为送给爷爷的生日礼物,用香甜的蛋糕分享着爷爷生辰的快乐。这一天,巴金小学欢声笑语、喜气洋洋,因为,孩子们说爷爷在天堂喜欢听我们的笑声、喜欢看我们的笑脸。

这场盛事,让巴金爷爷离孩子们很近,让巴金爷爷和孩子们很亲,孩子们乐意聆听爷爷的教诲,从爷爷的文章中感悟人生的真谛。

三节专课　校长讲堂真文化

在孩子的成长教育中,培养"爱国情怀"是学校德育教育中的一项重要目标。"我爱我的祖国,爱我的人民,离开了它,离开了他们,我就无法生存,更无法写作。"朴素的一句话尽显巴金先生对祖国和人民的无比热爱。如何把这份炽热的爱国情怀传递给孩子,种植于孩子心灵中,就需要唤起孩子强烈的民族自豪感和国家归属感,因此,文化的浸润无比重要。

巴金小学的赖晗梅校长是一位有着自己教育思想和教育理念的教育家,一直以来,她坚持行走在构建、守护民族根本文化的教育之路上,致力于培养具有中国气质国际视野的未来人才。热爱教育的赖晗梅校长还亲自授课,给不同年龄段的孩子开设了有趣的课堂叫"赖老师在线":对于低段的孩子,赖晗梅校长带他们玩

"汉字游戏",通过"汉字的演变"、"汉字的故事"再到"我会造汉字"游戏告诉孩子们汉字的魅力和祖先的智慧,每一个汉字都有它的来历,每一段来历背后都有它的故事,每一个故事之后都会形成一段经典,这就是汉字文化。对于中段孩子,赖晗梅校长呈现的是一个墨香四溢的课堂,用各种文体的名家书法作品浸润着孩子们、用自己精妙大气的书法征服着孩子们,让孩子们在一支柔毫书写出的墨韵中感受祖国文化的博大精深。对于高段孩子,赖晗梅校长送给他们一个古韵古香、充满中国风的课堂,从纯真质朴的《诗经》到豪放婉约的《宋词》,从曲意辽阔的《胡笳十八拍》到清丽悠长的《卷珠帘》,带孩子们赏析,带孩子们填词,带孩子们编曲。

给孩子以温暖的文化归依,在带领孩子们穿越时空、诠释经典的同时,唤起孩子们以中华文化的博大为傲、以民族文化的智慧为骄,用真文化提升孩子们的爱国情怀。

两场盛典　　促进德育真发展

巴金小学的学子在校期间会和父母一起经历两次心灵洗礼的盛典。

第一次是孩子刚刚入学,会有一个盛大的"开蒙启智——开笔礼"仪式,在这一天孩子们学习端正衣冠、学会敬重师长、懂得"人"字含义,再由父母为孩子点朱砂于眉心。这一传统仪式寓意着孩子步入学堂,开启智慧之门,让孩子感知为人为生的真意义,让家长感受为父为母的真责任。

第二次是孩子在巴金文学院举行的毕业典礼,历经六年的学习,孩子们已经将巴金精神视为人生真力量。在这特别的典礼上,孩子们再次宣誓,这是离别前的誓言,更是孩子们对母校、对巴金爷爷离别前的承诺。

几个故事　　彰显教育真善美

巴金先生曾经写道:"我仰慕高尔基的英雄'勇士丹柯',他掏出燃烧的心,给人们带路,我把这幅图画作为写作的最高境界。我勉励自己讲真话。"巴金先生这份无私真挚的情感,这种面对生活的真性情,深深影响着巴金小学的老师们。在巴金小学,教师的誓言是"把心交给孩子",这是根据巴金先生"把心交给读者"改编而来的。巴金先生对待生活真情、对待读者真诚、对待自己真实,这份纯真朴实的思想文化和精神文化已然成为全校教师生命的信仰。

在学校,老师们以纯善的心呵护照顾着每一个纯真的童年,关心着每一个学生的家庭,记得巴金先生说过:"生命在于付出。我的心里怀有一个愿望,这是没有人知道的:我愿每个人都有住房,每张口都有饱饭,每个心都得到温暖。我想擦干每个人的眼泪,不再让任何人拉掉别人的一根头发。"这番最真挚朴素的话语引导着老师们行走在最真诚朴实的大爱之路上。在巴金小学凡是家庭经济困难的孩子,学校会免去孩子的餐费,从不多的办公经费中划出专门为这些孩子添置学习生活用品的费用,每逢节庆,学校会给这些家庭送去温暖与问候,学校还想方设法为他们寻求得到社会的关心,以帮助这些孩子完成以后的学业。学校的大爱情怀感染着社会、感动着这群需要帮助的孩子和他们的家庭。一个受到资助的残疾家庭每次收到学校送去的鸡蛋,那位残疾父亲都会拉着老师的手说:"学校用真爱支撑起了我们对美好生活的向往。"

巴金小学用大爱情怀拥抱着每一个生命,有几个智力障碍和身体障碍的孩子,学校认真研究选择编排了真正适合他们的学习内容,老师会专门制订一套学习计划,反复教他们基本生活技能和基本学习方法,让他们在充满关爱的环境中学会生存、学会关心,曾经一位这样的孩子毕业时,他的父母感慨地说:"老师,您六年的付出,不仅让孩子掌握了基本的生活技能,更让孩子拥有了一颗善良的心,这六年里,每当我们想放弃时,是你们的执著和真诚鼓舞着我们。"是啊,为人师者就应该为每个孩子营造真爱、尊重、接纳、宽容的学习生活环境,巴金小学以纯真纯善之心关爱着每一个真实的生命。

学校话剧团曾经自编自导自演了一个儿童剧《真心话》,这是选自孩子身上发生的真实故事,讲的是一次向灾区儿童捐款活动中,四年级的一个孩子悄悄捐了一张假钞,捐款结束后,孩子内心非常不安,校训石上的"讲真话,做好人"时时冲击着他的内心,最后他勇敢地找到老师,换回假钞。真实的故事折射出孩子内心的真善,这也是学校真教育的力量。

巴金先生曾经说:"我写作只是为了一个目标,对我生活其中的社会有所贡献,对读者尽一个同胞的责任。"诚然,巴金小学的老师们行走于真教育的路上,用真心、真情、真诚担当起那份属于自己的责任。用真纯、真善、真性教育学生们如巴金先生那样真率、真知、真言。这份真教育不在说教中,而是环绕于学生身边,浸润于学生心髓,自然悄然地形成。真教育让"真"从孩子心灵生长出来,真教育的力量让孩子的人生芬芳美丽,生命力无限。

吴泰昌

记叶圣陶与巴金二三事

一

巴金初出茅庐、踏入文坛之时，还是一位不曾引人注目的青年。文学期刊的编辑适时地向他伸出了热情之手，使他顺利地、充满信心地迈开了第一步。

1927至1928年巴金旅居巴黎求学期间，写出了第一部长篇小说《灭亡》。1928年8月，巴金从法国一座小城沙多——吉里把它寄回祖国，给当时在上海开明书店门市部工作的友人索非，征求他的意见。索非将这部稿子介绍到影响广泛的《小说月报》。其时，《小说月报》的编者郑振铎赴欧洲游学，临时由同是商务印书馆编辑的叶圣陶、徐调孚接替。叶圣陶和郑振铎同是文学研究会的主干，"五四"新文学运动时期的活跃人物，当叶圣陶接读《灭亡》原稿时，很为这位陌生的作者高兴，决定尽快刊发，连载四期。该刊1929年4月号（第二十卷四月号）叶圣陶以记者的名义所写的《最后的一页》中说："巴金君的长篇创作《灭亡》已于本月号刊毕了，曾有好些人来信问巴金君是谁，这使我们也不能知道，他是一位完全不为人认识的作家，从前似也不曾写过小说，然这篇《灭亡》却是很可使我们注意的，其后半部写得尤为紧张。"同年12月号（第二十卷十二月号）编者又以记者名义写了《最后一页》，再次推荐这部小说，说本卷刊了两部长篇：巴金的《灭亡》和老舍的《二马》，"这两

本文作者在第十一届巴金学术研讨会上发言

部长著在今年的文坛上很引起读者的注意,也极博得批评者的好感,他们将来当更有受到热烈的评赞的机会的。"

《灭亡》在1929年1月号至4月号的《小说月报》上连载了四期,同年9月,小说单行本由开明书店出版,24岁的巴金开始在文坛上大受瞩目。对此,巴金称"《小说月报》是当时的一种权威杂志,它给我开了路,让我这个不懂文学的人顺利地进入了文坛。"①而此时,据《随想录》中文字记载,巴金"并不认识叶圣老,也不曾跟他通过信"。后来,巴金和叶圣陶虽然见过面,也有过简短的交谈,但叶老说,因长期住在两个城市,见面的机会不多,话叙的机会更不多。叶圣陶现存有一封巴金给他的信,从信的内容推算,写信的时间大约是1959年,在信中巴金对叶老扶持之情表达了感激:

圣陶先生:读您的信感到特别亲切,我的旧作现在读起来,实在太不像样,我把它寄给您,不过表示一点感激之情,三十年前我那本拙劣的小说意外地转到您的手里,您过分宽容

---

① 巴金:《文学生活五十年》,《巴金选集·代序》,四川人民出版社1996年出版。

地看待它,使我能够走上文学的道路。虽然我始终未写出较好的作品来报答您的鼓励,但是我每次翻阅旧作,就想起我从您那里得到的那点温暖,我高兴今天能够向您表示我的感情。
敬祝　健康　巴金　五月十三①

1981年巴金《致〈十月〉》一文发表,文中又表达了他对叶圣陶知遇之恩的感激:

> 我在一些不同的场合讲过了我怎样走上文学的道路,在这里我只想表示我对叶圣陶同志的感激之情,……倘使叶圣老不曾发现我的作品,我可能不会走上文学的道路,做不了作家,也很有可能我早已在贫困中死亡。作为编辑,他发表了不少新作者的处女作,鼓励新人怀着勇气和信心进入文坛。

上文所提"不少新作者",除巴金外,还包括丁玲、胡也频、戴望舒、施蛰存等人,由此,叶圣陶与当年文坛新秀的故事经常为人称道。然而,叶圣陶本人对此并不居功,他在《记我编〈小说月报〉》一文中做了如下回应:

> 现在经常有人说那两年的《小说月报》影印出来了,大家翻一下目录就会发现,在那24期中,新出现的作者并不是很多,就只是人们经常提起的那几位,他们的名字能在读者的心里生根,由于他们开始就认真,以后又不懈地努力,怎么能归功于我呢?我只是仔细阅读来稿,站在读者的立场上取舍而已。如果稿子可取,又感到有些可以弥补的不足之处,就坦率地提出来跟作者商量,这些是所有的编辑员都能做到的。还有一点必须说明,那两年的编辑工作是徐调孚兄跟我一同做的。

二

1928年回国后,巴金在上海定居下来,和索非住在一处,起初

---

① 《叶圣陶画传》,人民教育出版社2003年出版。

是写短篇或翻译向报刊投稿,后来,编辑们就主动向他索要文章了。1931年,叶圣陶向索非要巴金的稿子,为主编的《妇女杂志》组稿。巴金写了《亚丽安娜》交给索非转过去,很快便又刊出。同年,叶圣陶离开商务印书馆,到开明书店编《中学生》月刊,巴金原是这杂志的撰稿人,也继续为它写稿,但很少有机会见到叶圣陶。1931年至1940年期间,开明书店先后出版了巴金的"激流三部曲"、"爱情的三部曲"、中篇小说《死去的太阳》、翻译作品《爱罗先珂童话集》等、散文集《点滴》等以及《巴金短篇小说集》前两集。期间,叶圣陶为《海底梦》《家》以及《巴金短篇小说集》第一、二集分别做了广告[①]。巴金在《怀念振铎》中这样写道:

> 我尊敬他为"先生",因为他不仅把我送进了文艺界,而且他经常注意我陆续发表的作品,关心我的言行。他不教训,他只引路,树立榜样。

在《随想录》中,巴金也提及,回国一段时间后交友增多,约稿也增多,迫使自己常常用文字做应酬,在这个暑期叶圣陶托其朋友索非带口信给巴金,劝其慎重发表文章。《灭亡》发表出版不久,巴金又写了中篇小说《死去的太阳》投寄给《小说月报》,结果被退了稿。叶老有次谈起这件事,他说,有些研究巴金的著作,说《死去的太阳》是被《小说月报》编辑部退稿的,其实就是我决定退稿的,具体原因想不太清楚了,只觉得这个小说不如《灭亡》,自己的生活内容多,所以退回去建议他加以充实修改。叶老说,当时他和巴金没有什么联系,都是通过他的朋友索非带话。索非说巴金对退稿没有意见,感谢提了这么多修改意见,后来经过巴金认真较大的修改还是由开明书店出版了。叶老说,巴金最初给他的印象就是谦虚。1949年初北平解放后,叶圣陶辗转取道香港北上,期间还特意向友人打听巴金的消息,对此,巴金回忆如下:

> 一九四九年初北平解放,叶圣老他们从香港到了北方,当

[①] 叶圣陶:《叶圣陶集》第18卷第362、348、349页,江苏教育出版社1988年版。

时那边有人传说我去了台湾,他很着急,写信向黄裳打听,黄裳让我看了他的来信。几个月后我去北平出席第一次全国文代会,我紧紧握着他的手,我们谈得多高兴。

更令人感动的当属"文革"前后两人的相互关怀与鼓励。

"文革"期间,叶圣陶虽也遭难,但不如巴金受磨难多。他时常想念一些老朋友的近况。1973年5月,经中央统战部安排,去江南参观,要路过上海,想借机去看几位朋友,他听说巴金没问题了,已回家住,急切想去探望,结果还是被"四人帮"阻拦,叶老大为失望。

1977年5月25日,《文汇报》发表了巴金的《一封信》,这是粉碎"四人帮"后巴金的第一篇文章,他诉述了自己的遭遇:

> 过去我只能在书中读到的或者听见人讲过的一些事,现在我都亲身经历了;有些事则是过去我不相信会有的,而现在我的朋友终于遇到了的,如杀人灭口、借刀杀人之类。十年中间我没有写过一篇文章,只写了无数的"思想汇报",稍微讲了一两句真话,就说你翻案。连在日记本上写了几句简单的记事,也感到十分困难。我常常写了又改,改了再改,而终于扯去,因为害怕连累别人。我知道我只有隐姓埋名地过日子,让人们忘记,才可以躲开黑帮们的大砍刀。他们用种种的精神折磨和人身侮辱对付我,处心积虑要使我以后永远不能再拿笔。

叶圣老看到这封信后,即从北京寄赠巴金一首诗,即《赠巴金同志》(又称《巴金兄索书作此赠之》):

> 诵君文,莫记篇;交不浅,五十年。平时未必常晤叙,十年契阔心怅然。今春文汇刊书翰,识与不识众口传:挥洒雄健犹往昔,蜂虿于君何有焉?杜云古稀今日壮,伫看新制涌如泉。

巴金看到后深受鼓舞与感动,回信表达了内心的感激以及对叶圣陶的关心:

> 收到您给我写的字,十分感谢。看到您的工整的手迹,仿佛见到您本人;读到您的诗,想起五十年中得您不止一次的鼓

励,感到温暖。我珍惜您的片纸只字,也牢记您的一言一语,这些都是对我的鞭策。我不会辜负您的期望,我要学到老,改造到老,写到生命的最后一息。

十月初我参加上海代表团到京瞻仰主席遗容,但只在旅社住了一夜,而且全是集体行动,没有能去看望您,非常抱歉。

您的眼病大概好了吧,听人说您的听力有些衰退,请您多多保重。祝好!

这一年,叶圣陶八十三岁,巴金七十三岁。

1978年,两人在人大会场上终于得以相见,巴金也终于如愿登门拜访叶圣陶,送上了一坛好酒。叶至善为两位老人在庭院海棠树旁摄影留念。叶老看着照片说,想不到巴金也满头白发了。

此后,两人见面虽不多,但保持信件往来并相互赠书。1983年1月,巴金给叶圣陶寄赠了《真话集》,叶圣陶在收到书后给巴金写了回信:

巴兄惠鉴:昨日收到寄赠的《真话集》,签名处说明写于病床,观此手迹,遥念不已。七八年夏秋间,我以割胆结石卧床三个多月,以后起身,履地,举步,都像幼儿似的重新学习,渐渐恢复原有能力。此中亦有趣味,不觉得如何难堪。您用牵引法治疗,须卧床六周,想亦不以为甚烦恼。见病床上能题字,且能撰发言稿,殊感心慰。书此伸谢,并请　痊安。叶圣陶　八三年一月六日

1984年叶圣陶胆病复发入院开刀,身在上海的巴金闻此特地托友人送花表达慰问,之后,便有了叶圣陶《巴金托吴泰昌携花问疾作此赠之》,诗曰:

巴金闻我居病房,选赠鲜花烦泰昌;苍兰马蹄莲共囊,插瓶红装兼素装。对花感深何日忘?道谢莫表中心藏。知君五月飞扶桑,敬颂此行乐且康。笔会群彦聚一堂,寿群八十尚南强。归来将降京机场,迎候高轩蓬门旁。

这一年,叶圣陶九十岁,已轻易不再动笔,但这首完整的七言

专赠巴金。巴金嘱我送鲜花给在医院的叶圣老时,告他五月去日本访问,回来如过北京,定去看望,所以诗中有"知君五月飞扶桑,敬颂此行乐且康。……归来将降京机场,迎候高轩蓬门旁"。巴金回国临时决定直接回沪,当叶老知道这个讯息,颇为失望。

1985年3月,巴金到北京参加全国政协会议。巴金1983年在政协第六届全国委员会上和叶圣陶一同当选为全国政协副主席,83、84两年的全国政协会他因身体原因请假未来京参会,而这次来京一定要先去探访叶圣陶和冰心。此时,叶圣陶因病正住在北京医院。会议期间,巴金抽空去看望老友。3月27日上午,我陪巴老去看望了叶圣陶、周扬、沈从文。九时去北京医院北楼,先看叶圣老,我在《我亲历的巴金往事》(修订本)(三联书店二〇一〇年版)书中对这两位老人最后一次相见时的场景有过描述:

> 三年没有进京了,巴金一下飞机刚住定,就说这次想去看看几位老朋友。他特别提到去探访叶圣老和冰心。3月26日晚,我去叶家告诉至善巴老明天上午10时去北京医院看叶老。至善提前到医院。当巴金到达病房时,叶老已经焦急不安地坐在沙发上等候了。小林、小棠和我陪同。他俩紧紧地互握双手,喜不自禁地相视了好一会。巴老先打开话匣子:"叶老,您好!我们都很想念您。"叶老深情地叮嘱:"您要多加保重!"他招呼巴老在沙发上坐下。然后把早就准备了的一本新近出版的《叶圣陶散文甲集》送给巴金。巴金接过书,认真地翻看了封面和目次,很高兴地说:"叶老,这些年您写了这么多,您要多注意休息。"叶老听了,反而劝巴金:"我写不了什么了,您还年轻,注意身体,多写点。"在叶老眼中,巴老似乎是永远年轻的。至善、小林、小棠和我都坐在一旁,听二老如此亲切愉快地交谈,竟忘了这里原是间病房。

巴老很珍惜这次与叶老的见面,他在《我的责任编辑》中说:

> 愈之走了。叶老还健在,我去年上北京,他正住院,我去医院探望,闲谈间他笑得那样高兴。今天我仿佛还听见他的笑声。分别十几个月,我写字困难,心想他写字也一定困难,

就不曾去信问候他。但是我对他的思念并未中断。我祝愿他健康长寿,也相信他一定健康长寿。五月十五日。

叶老晚年不时有病住院,他挂念着巴金的身体,这个时期,我常去上海出差,每次回京去看望叶老时,他都总关切地问起巴金的近况,最关心的是他的身体,这些问候的细节在他的日记中多有记载。

三

倡议成立中国现代文学馆,是巴老晚年除写作《随想录》外,"最大一件工作"、"最后一件工作"。倡议成立现代文学馆,他思考了很久。他在1980年12月写的《创作回忆录·关于〈寒夜〉》和《创作回忆录·后记》中透露了这个想法。1981年3月12日《人民日报》副刊发表《创作回忆录·关于〈寒夜〉》,将他倡议成立中国现代文学馆的想法正式公开了出去。他说:

我建议中国作家协会负起责任来创办一所中国现代文学馆,让作家们尽自己的力量帮助它完成和发展。倘使我能够在北京看到这样一所资料馆,这将是我晚年的莫大幸福,我愿意尽最大的努力促成它的出现,这个工作比写五本、十本《创作回忆录》更有意义。

出版这本小书,我有一个愿望:我的声音不论是微弱或者响亮,它是在替中国现代文学馆的出现喝道。让这样一所资料馆早日建立起来!

巴金的这个倡议就如扔下了颗石子,在文坛激起了强烈的回响。病中的茅盾非常赞成这个建议,并表示要把他全部创作资料提供给文学馆。茅公说30年代初创作长篇小说《子夜》,原来的题目叫《夕阳》,讽喻国民党的日趋没落。本以为这部原稿已毁于上海"一·二八"的战火中,后来才发现《夕阳》原稿居然还保存了下来。这部写于半个世纪之前的原稿,还能幸存,实在感到无限的庆幸。他说,文学馆成立的时候,他将把自己全部著作的各种版本、包括《夕阳》在内的原稿,都送由文学馆保存。叶圣陶、冰心、夏衍等也热烈支持。

1981年6月16日,中央批准由中国作协负责建立中国现代文学馆,10月13日成立了中国现代文学馆筹备委员会。1982年4月,北京市批准将万寿寺西院移交给现代文学馆作为临时馆址。正在文学馆馆址移交手续办理过程中,有天,筹备会主任罗荪找我,叫我为文学馆去办件事。罗荪当时又是《文艺报》主编。他说,文学馆总算有了个地方,不管是不是临时的,具体事要一件一件抓紧做起来。巴老考虑周到,说请叶圣老题写馆名。这事你去办一下,向叶老说明这是巴金的意思。罗荪叫我快办,我懂他的意思,叶老毕竟是八十多岁高龄的老人了。我当晚去了叶家,向叶老转达了巴金的这个希望,叶老欣然同意。没过两天,叶老家里人电话叫我去。我一到客厅,叶老说你的任务完成了。他横竖写了两条中国现代文学馆馆名。次日,我将叶老写的馆名交给罗荪,罗荪看了很兴奋,并说当晚给巴老去电话。巴金在1982年8月写的《再说现代文学馆》中,又为尽快落实馆址呼吁,他说:"首先是房子,至今还没有落实,文学馆的招牌早已由八十八岁老人叶圣陶同志写好,就是找不到地方挂出来。"1985年3月26日,巴金去万寿寺出席中国现代文学馆开馆典礼,他抵达时,特意在馆大门口驻足仔细看了悬挂着的叶老题写的馆名。

现在的中国现代文学馆新馆,共ABC两座楼,B座上面悬挂着叶圣陶书写的中国现代文学馆馆名;C座上面悬挂着巴金书写的中国现代文学馆馆名,B与C紧连,中国现代两位文学大师永在!

四

1986年,叶圣陶和巴金共同的老朋友胡愈之去世,巴金写下了《我的责任编辑》一文,其中详细记述了他与叶圣陶的浓厚友谊,更是表达了自己真挚的感激之情:

> 叶圣老还是我的老师。这样的老师我也有不只一位,而叶圣老还是我的头一本小说的责任编辑。我还说过他是我一

生的责任编辑,我的意思是——写作和做人都包括在内。当然我的一切应当由我自己负责,但是我的一举一动、一言一行,我每向前走一步,总要想到我那些朋友,我那些老师,特别是我的"责任编辑",那就是叶圣老,因为他们关心我,我不愿使他们失望,我不能辜负他们对我的信任,我今天还是这样想,还是这样做,还是这样地回忆那些忘不了的往事。

1988年2月9日,叶圣陶在北京医院辞世,而这一天恰是农历除夕。出于对巴老身体状况的担忧,不想让巴老过早知道这个消息,我和叶家商量中午特意给巴老拍去了贺节的电报,但巴金还是从新闻中得知了这一噩耗。悲痛之时,巴金听不进家人"该吃年夜饭了"的催促,稍事平静后,他在第一时间亲自与叶至善通话,表示慰问和哀悼。

2月18日,巴金口授唁电如下:

> 病中惊悉叶圣老逝世,不胜哀悼。谨电吊唁,并致慰问。圣老是我一生最敬爱的老师,他以身作则,给我指出为文、为人的道路;他的正直、善良、诚恳的形象,永远活在我的心中。

在1989年所作的《怀念振铎》一文中,巴金再一次表达了对叶圣陶的感激与怀念,尤其是叶圣陶对他的影响:

> 今天他已不在人间,而我拿笔的机会也已不多,但每一执笔总觉得他在身后看我写些什么,我不敢不认真思考。

2005年10月17日,巴金在上海逝世,享年101岁。今年恰逢叶老120诞辰,巴老110诞辰。

2014年8月

李 辉

巴金的伟大在于敢否定自己
——读萧乾书简随感

前辈来信，温暖至今

自1978年岁末与陈思和兄商量合作研究巴金，迄今已有三十六年。三十多年来，巴金一直是我写作的一个重要主题。尤其是，如果叙述"文革"后的当代中国，巴金绝对是不可能绕过去的人物。哪怕巴老已去世九年，今天的我，依旧感觉他从来没有离开过，依然与我们同在。

我时常喜欢找出前辈们的来信翻阅，将之作为温暖自己、充实自己的一种精神享受，这已形成一个习惯。临近巴老110周年诞辰，这些天，我再次翻阅前辈来信，发现其中有不少人，都喜欢在信中与我谈论巴金。冰心、萧乾、张兆和、李济生、曾敏之、黄裳、杨苡、黄宗英……他们年岁与巴金互有差别，与巴金的关系交往也深浅不一，但是，他们是巴金不同历史时期的同行者、见证者，在他们心中，巴金永远是一个丰富、立体的生命存在，而不仅仅是一个简单概念。

前辈来信，或繁或简，点点滴滴勾勒他们心中的巴金。这一次，我选择萧乾为例，略述他与巴金的交往，从中可看出巴金与一个漫长时代的对应关系和影响。

萧乾认识巴金很早。巴金对我说过，1934年，他在北平沈从文家中做客时，正在燕京大学新闻系学习的萧乾，来到沈家，两人得

本文作者在第十一届巴金学术研讨会上发言

以相识。从此，他们的交往从未中断，一直延续到1999年萧乾病逝，友谊长达半个多世纪。在不同生活关口，巴金总是热情关心萧乾，如有不同意见，也从来不掩饰，而是坦率指出，予以批评、开导，甚至毫不客气地指责。因此，在萧乾心目中，巴金有着特别重要的位置。"文革"刚结束时，一家刊物请萧乾写巴金印象，他用"挚友、益友和畏友巴金"为标题，概括巴金在他心中的分量。萧乾在文中写道："巴金使我懂得了什么是友谊，他不应是个实用主义的东西，而应是人与人之间的最大的善意，即是说它时时刻刻鼓励着你向上，总怕你跌跟头；当你跌了跟头时，他不是称快，更不会乘机踹上一脚，而是感到痛。"萧乾心中的这份情感，在写给我的信中时常以不同形式流露出来。

我与萧乾通信始于1984年春天，一直延续到1998年，前后来信多达二百余封。其实，在1999年新年之后，他还开始动笔给我写信，只写了半页纸，2月初在病房忽然跌倒不起，2月21日去世。这封未竟之信，文洁若老师多年后发现寄给我，阅后令人感叹不已。

第一次去拜望萧乾，谈论最多的就是巴金。当时我毕业到京已有两年,但我与思和的第一本论著《巴金论稿》仍在编撰中,采访巴金的一些在京老朋友,如冰心、沈从文、萧乾、卞之琳、刘北汜等,是我当时很乐意做的事情。在写给我的第一封信中,萧乾这样说:

> 我与巴金同志交往很早,但我并没对他作过任何研究。你们能这样科学地、实事求是地研究他,我十分拥护。(一九八四年三月十日)

从这个春天起,我便成了萧乾家中的常客。随后,我开始撰写《萧乾传》,在传记中,巴金是不可或缺的重要角色,说他影响着萧乾的人生走向,并不为过。读他的信,总是可以读到巴金带给他的喜悦与温暖:

> 巴金最近有一信来,复制一份给你。他居然还把我当"小青年",感到奇异的温暖。(一九九〇年二月二十三日)

那些年,在关心、鼓励我的时候,萧乾也不时以巴金对他的影响来开导我。1989 年 9 月,在我情绪波动,未能沉静下来专心写作时,萧乾为我担忧,特地写信来训诫和开导我。他这样写道:

一九八九年九月十六日,萧乾致李辉:

人生是一课堂,也是一次采访。望不断总结,永不气馁。诗穷则工,这时正好工作。巴金写信要我"深沉些"。我也转来劝你。这些年,你够顺当的了。一篇篇,一本本地问世。望更上一层楼。构思更周密,文字更推敲。我从沈从文那里学的主要是多搞搞文字,更含蓄些、更俏皮些。文字要跳动,不呆板,在字里行间多下点功夫。逐渐创出自己的风格——但又永不可停留。

1993 年,在完成了《巴金全集》的编选工作之后,年近九十的巴金在《收获》第六期上发表了《最后的话》,第一次提出"封笔":

> 我讲话吃力,写字困难;笔在我手里如千斤;无穷无尽的感情也只好咽在肚里。不需要千言万语,让我们紧紧地握一次手无言地告别吧。

最后一段话是对敬爱的读者讲的,对他们我只要说:"我爱你们。"是的,我永远忘不了他们。

(《最后的话》)

萧乾读了《最后的话》。"最后"两个字,让他感到格外刺眼。他给巴金去信,认为巴金不能"封笔"。他当即给巴金去信,谈他的不同意见。同时,他给我来信专门谈及此事,并复印一份他写给巴金的信。

一九九三年十二月二十一日,萧乾致李辉

我看了最近(1993 年第 6 期)的《收获》,见有巴金的《最后的话》,很不以为然。给他写了此信,寄你一阅。

萧乾在信中对巴金说:

一九九三年十二月十二日,萧乾致巴金

不知你看了我在赠你的那本《关于死的反思》前所写的那几句话否。我决定要学健吾。他是死在书桌上的——不知他手里拿没拿着笔。我认为这是咱们文字工作者比旁的行当(包括自然科学)优越之处:我们确实可以写到最后一息。自然也有人愿躺在几部有了定评的成名之作上颐养天年的。但你不是那样,否则《家》《春》《秋》之后你本就可搁笔了。然而你能吗?你胸中有那么多爱和恨,那么关心同类的休戚,你是不能搁笔的——《随想录》就是证据。当然,我不劝你在生理上不适的时候,硬了头皮去动笔。我只是说,你不能把你那枝笔这么"封"起。

巴金很快回信萧乾谈自己的想法:

巴金致萧乾

我的想法和你的不同,我不愿死在书桌上,我倒愿意把想做的事做完扔开笔,闭上眼睛。我写文章为了完成自己的任务,我说封笔,也可以再拿起笔。我绝不束缚自己。为了写作,我挨了一生的骂,同样我也骂过别人。但我并非为了骂人和挨骂才拿起笔。我想写《再思录》,也只是为了讲真话。我是这样想:讲真话不一定用笔。我仍在追求,仍在探索,我的目标仍然是言行一致,才可以说是把心交给了读者。如果拿着笔挖空心思打扮自己,我就无法掏出心来。我不愿向读者告别,可是我不能否定(抹煞)这个事实。有意识地向读者告别也许有点悲观,但是我讲出自己那些心里话,对读者多少会有一点帮助(他们更容易理解我)。

我最初写小说是为了理解人,结束全集写《最后的话》则是要求人们理解我。

时隔二十多年,再读这些信,重温萧乾对我的开导,重温前辈之间的友谊,心底温暖依旧。

"不要为小事浪费时光"

九十年代初,我专程去上海,听巴金谈沈从文、周扬等。之后,整理出一份《与巴金谈沈从文》,其中巴金谈到,1947年萧乾编辑《英国版画集》一书,交巴金的文化生活出版社出版。萧乾在序中有对鲁迅与中国版画的一些批评,巴金坚决要删去。巴金是在谈到沈从文与鲁迅的矛盾时,提到此事的:

巴:成见。他(沈从文)对鲁迅总有意见。京派海派是偏见。他不了解。萧乾也是这样的。《英国版画集》的序,我给他删掉一些。

李:他不大喜欢别人删文章。

巴:他说不同意,我说非删不可。

李:你删掉的是什么内容?

巴:他发牢骚,对中国的版画有偏见。

李:是不是对鲁迅提倡的木刻运动?

巴:对。他这是受沈从文的影响。

我将这份整理件打印一份,寄给萧乾。他很快回信写道:

谈话稿无意见。巴金记忆比我的好。版画序事我早忘光。不过,幸而他阻止了。我是在京海派上,受过沈从文不少

影响。巴金在这方面对我帮助很大。(一九九二年二月十五日)

巴金对萧乾的关心与帮助,不限于当年,晚年依然如此。

"文革"结束不久,在如何进行历史反思问题上,巴金再次以挚友、畏友的身份,不断写信告诫萧乾,劝他在回顾历史时,不要太在乎个人之间的恩怨。

与巴金一样,萧乾也是在1979年开始进入晚年写作的高潮。对于读者,这是一个久违的名字。成为"右派分子"后,萧乾虽在1962年出版过译著《里柯克小品选》,封面上却只署一个陌生笔名——"佟荔"。走出多年逆境,重获写作权利,萧乾在心底立下了"跑好人生最后一圈"的目标。

萧乾告诉过我,他不是一个喜欢理论的人。就读燕京大学时,他向往着自己的一生,是一次"不带地图的旅行"。二战结束,从英国归来,人到中年的他才系统接受了英美自由主义思想的影响。他在《大公报》上发表《自由主义者的信念》等专论,成为"第三条道路"的一位代表人物,从而招致郭沫若、胡绳等左翼人士的猛烈批判。郭沫若在其有名的檄文《斥反动文艺》一文中,将沈从文、朱光潜、萧乾三人连在一起予以讽刺、挖苦与抨击,"黑"成了描绘萧乾的"颜色":"这是标准的买办型。……这位'贵族'钻在集御用之大成的《大公报》这个大反动堡垒里尽量发散其为幽㓐、微妙的毒素,而与各色的御用文士如桃红小生、蓝衣监察、黄帮兄弟、白面喽罗互通声息,从枪眼中发出各色各样的乌烟瘴气,一部分人是受他麻醉着了。"(原载《文艺的新方向》,一九四八年三月,香港生活书店)一年之后,新生活开始,但这一批判,如同厚重的阴影,从此压在萧乾心底,无法释然。

小心翼翼战战兢兢中,萧乾曾试图积极配合新时代,却在1957年难逃厄运。带地图也好,未带地图也好,一个人的人生旅途,在大时代的裹挟下,焉能由自己左右?

走进1979年,萧乾感觉有了卸掉重负、一吐怨气的可能。1980年4月,他写下一篇《猫案真相》,发表于五月出版的香港《开卷》杂志,将他与以翻译安徒生童话而闻名的叶君健两人之间的个人恩

怨,细细写出:

> 一九五七年八月,作协在北京文联大楼开过一次揭批我的大会。对于会上出于善意或是恶意,出于义愤或为了表白立场而揭批我的人,无论与事实有多大出入,甚至颠倒黑白,我都是本着有则改之、无则加勉的精神,只有感激,绝不计较。
>
> 唯独对于儿童文学家叶君健先生那天的揭批,当时我吃了一闷棍,至今不能释然。
>
> 叶先生在发言之前,先当众高高举起一张猫的照片(其实当时我坐得很远,并没看清是什么),然后非常诚实坦率,并且毫无愧色地说,那是七年前(也即是一九五〇年)他从英国回国的时候,一位朋友托他带给我(萧乾)的。大概在一九五〇年叶先生就已经卓有预见地料到有朝一日,我将坐在没有辩护权的被告席上,随他任意揭批,所以那张猫的照片他并没交给我,却"珍藏"到七年后的那一天。
>
> 接着,他就用那张照片作为铁证,揭批起来,说什么那只猫明明是我由伦敦一家铺子里买的,却假装说是从中国带去的。我把它送给了一个出版家。于是,就用那只猫作资本,在英国出了书,爬上了英国文坛。照片是那位出版家托他带给我的。
>
> 他踌躇满志地揭批到这里,台下是轰然一片笑声。
>
> 会一散,我也连同其他与事实有出入的揭发,写材料给主持大会的那位书记。当然那是徒然。第二天,包括猫案在内的所有真真假假的揭发,全都上了报。随后,叶先生还以猫案为题,在《光明日报》上大做文章,证明我文人无行,寡廉鲜耻。
> ……

(《猫案真相》,载《开卷》,一九八〇年第十期)

萧乾开篇说,他之所以想到重提旧事,是英国作家韩素音在其新出英文回忆录中写到了这一"传奇",他觉得有必要根据史实以及英国朋友新提供的资料,予以澄清。详加回忆与辨析后,萧乾在《猫案真相》结束时写道:

我所耿耿于怀的,并不是叶先生在那次揭批大会上发言的真实与否,因为当时自己既然被当作"阶级敌人"来揭批了,也就无权去计较旁人讲话的真实性。尽管他那天编造的故事在七十年代中叶又进入国际市场,倘若问题仅仅是真实性问题,今天也不该再去纠缠了。

　　二十几年来,我所耿耿于怀的是一个真实性以外的问题,一个伦理学问题。叶先生可能早就不喜欢我这个人,这不能去勉强人家。当有人托他带东西给我时,无论作为无产阶级还是作为资产阶级,他都完全有权拒绝。然而在他接受委托物之后,无论作为无产阶级还是作为资产阶级,他都无权加以侵吞。而由于工作关系,从一九五〇年至一九五七年,我们是经常见面的。一九五四年我与文洁若结婚后,他还请我们二人去他府上吃茶。这里不存在遗忘的问题。也就是说,他侵吞了委托物达七年之久。这就很自然地使人引起下述两个疑问:

　　一、倘若没有一九五七年八月的那次揭批大会,叶先生岂不就继续侵吞下去了吗?

　　二、除了这张猫的照片,叶先生那次回国时还侵吞了我旁的什么?

　　前者属于虚拟假设,后者(连同这个故事于七十年代以变本加厉的形式进入国际市场这一事)却具有一定的现实性。

(同上)

　　语言可谓犀利,推理更是火药味十足。令萧乾没有想到的,他的一吐怨气,引来的并不是当事人的回应,而是老朋友巴金的坦率批评与劝阻。巴金接连给萧乾写来两封信谈及此事:

　　一九八〇年五月三十日(巴金致萧乾)

　　我不赞成你纠缠在猫案上,要大量些,想得开些,那是很小的事。请你多想想。

　　一九八〇年六月七日(巴金致萧乾)

《开卷》编者信寄还,关于韩素音他的话题颇有道理,我也同她打过交道,这些话以后见面再谈。那件事就到此为止吧。以后希望不要再提猫案或叶的事。……来日无多,要善于利用,不要为小事浪费时光,我们已经浪费得太多,太多了。

时隔数年,巴金在一封信中再次劝诫萧乾:

一九八五年九月六日(巴金致萧乾)

文章(即《改正之后》——引注)昨晚读过了,的确写了些应该讲的真话。你受了那么多的苦,这是不公平的。有话应当讲出来,时候不太多了。读了文章,我觉得对现在的你理解似乎多些,深些。但今天还在为"猫案"……辩护,就大可不必。有时,器量大总比小器好。

我常说三十年代的朋友中有三个人才华超过我若干倍,他们是从文、曹禺和萧乾。因此我希望你在作文和做人两方面都更深沉些,对自己要求更严格些。

人生行走,未带地图指南,却有来自朋友的关爱与劝诫。尽管内心未必全然赞同巴金的意见,但萧乾接受巴金批评,未将《猫案真相》一文收入新出文集,故他对叶君健的这一批评在大陆少为人知。1981年12月,萧乾在《挚友、益友和畏友巴金》一文中,公开谈到巴金的责备:

这些信,好几封是关心我的住房落实问题的,有几封是看了我发表的文章提出批评的。还有两封是责备我在《开卷》上写的一篇文章,认为过去的事不应再计较。我虽然由于确实有个客观上的原因才写了那篇东西,从而感到委屈,但我并没像过去那样同他死死纠缠。我还是把那篇东西从正在编着的一个集子里抽掉了,并自认为没有他那样不与人争一日之短长的胸襟和气度。

(《这十年》,第三六五页,重庆出版社,一九九○年)

"不要为小事浪费时光……",巴金信中一席话,简略却有力,这一教诲犹如黄钟大吕撞击萧乾,让他有了摆脱个人恩怨的警觉,进而可以站在更高境界进行历史反思。

温暖与力量,常在心底

恰在萧乾发表《猫案真相》之际,巴金的第一本《随想录》结集出版,这对萧乾无疑是一个直接的有力推动。他致信巴金,谈及《随想录》对自己的影响:

> 一九八〇年三月十日,萧乾致巴金
> 《随想录》凡读了的人,都十分感动。这里楼下有人向我借了去抄——如今你题赠本寄来,我决定把那本送给他。
> 我这次为《人民日报》写《美国点滴》,很受你的启发。我本可以采取较保险的办法,要么只写阴暗面,要么写点纯游记。但我认为那样是对读者不负责。写东西只要心放得正,还得有点儿"豁出去"的劲儿。所以我还是采取了冒险的路子,写国外可是针对国内。其中第五则《上与下》,家人直担心。

一篇《猫案真相》,成了萧乾晚年"跑好人生最后一圈"的转折点。

从此,一个新的萧乾也出现了!他不再像青年时代的单纯和浪漫,也不像"文革"前那样猥琐如契诃夫笔下的小公务员。他有了真诚呼唤和坦然勇气,呼应巴金提出的"说真话"命题,将"尽量说真话,坚决不说假话"作为自己的座右铭。不能说他完全走出了"文革"阴影,他曾不止一次坦言心底深处的余悸。尽管如此,他的笔恢复了以往的灵动与潇洒,且多了敏锐而有力。《我与"我们"》、《关键在于信念》、《真话万岁》、《标尺单一化》……这些杂文,一经发表,立即引起广泛反响。他以对古华、戴厚英、张辛欣、贾平凹等年轻作家的支持与关爱,融入了新时期文学的潮流。

1984年,萧乾重返欧洲大陆,前去参观位于慕尼黑的达豪集中营博物馆。当年,盟国解放德国后,他作为战地记者曾来过这里。四十年过去,"永志不忘"沉甸甸四个字撞击心胸。他在《中国》杂志发表《达豪余生》一文,详述参观感受。他感慨于德意志民族不回避历史,不忘记希特勒与纳粹德国带给人类的灾难,他希望中华民族同样不要忘记"文革"。在别的场合,他甚至还提到不妨建立一个博物馆,让后人永志不忘曾经发生过的灾难。在这一点上,他与巴金想到了一起。

小心翼翼、战战兢兢并未离他远去,但他毕竟在以各种方式改变着自己,他努力着站上历史高度,迎来创作的最后一个高潮。

1986年,萧乾写一组《"文革"杂忆》文章寄给我,发表于《北京晚报》副刊。他在信中明确表示,这一次不写自己的遭遇:

一九八六年七月二十二日,萧乾致李辉

"文革"写好了。很可能只这五篇了。题目到是想了十几个,但反复考虑,有的矛头有点对着革命群众,有的太把自己摆进去了。何况又可能去英,所以拟就写这五篇,我当然继续思考。这五篇(1)尽量写"文革"本质;(2)多少带点概括性;(3)没涉及我本人。这样格调也许可略高一些。……《"文革"杂忆》看完望来个电话。有什么改动都可考虑。

萧乾没有食言,1979—1999,在人生的最后三十年,他跑好了最后一圈。

萧乾自幼是孤儿,一直在寄人篱下的环境中长大,他本能地形成了强烈的自我保护的生存意识,这也使他后来在人际交往和政治运动中,难免做出既伤及他人也殃及自身的举动。他曾对我说过,他会找机会写一封长信给我,专门谈他与沈从文之间的恩恩怨怨,后来他忙,一直未能如愿写来。就我个人而言,则一直希望他能够更多地摆脱余悸,甚至希望他能够像巴金那样,在历史反思中多一些自省和忏悔意识。1998年,我去信再次与他谈及这些想法。他很快回复一封长信,信很重要,兹全文转录如下:

一九九八年三月四日,萧乾致李辉

谢谢来信并不断对我的督促。病中除应光明之命,为明年的十卷集陆续有了百余条"余墨"(长则一两千字,短则仅数百字)外,几乎什么也没写。你的信是压力,也是鼓励。乘脑子还没软化（八十八啦,已经迟钝多了）,还是应抓紧些。我这条蚕的肚子里的丝已经吐得差不多了。而且我向不习惯口述——除了二战期间从柏林往报社伦敦办事处打。总之,向你保证一定努力作最后拼搏。

你要我像巴金那样回忆五十年代的日子。我们的情况不同。六六年以前他是全国文艺界的领导,也许因而无意中开罪了张春桥,才挨了那么狠毒的斗争。在斗他时,我一直认为除了那股极"左"之外,还包涵了个人报复因素。

解放初期,我由于懂点外文,先是躲在对外宣传口。那时,单位干部几乎都是洋包子,不同的仅仅是语种。当时,我们这号人大概是作为"技术干部"来保留的。沈从文干了一辈子文学,那时竟连作家协会会员都不是。我可能由于1948年在香港帮地下党搞过对外宣传,勉强当上了会员。但那个"大酱园子"（作协宿舍）里,我大概是唯一的白点子。人家不是来自延安就到过晋察冀老区。

可这么一来,也万幸了,批胡风,批谁我都不需要表态,更不必发言。我也乐得如此。那时,我就闷头先靠我这点外文为人民服务。所以我的处境与那时的巴金不同。他是先当领导,妖风一起,他又成了"黑老九"。我那时只不过是个"白点子"。

人生祸福很难说。我读巴金忏悔录时,最难过是读到他白天奉命批某某,晚上又去那人家里去道歉。因为他本是一个不会昧良心的人。

当然,回忆起五十年代,我也不是没有可忏悔的。我认为有的是我个人的过错,例如在三反运动末期的自我检查,我就给自己也给旁人乱扣过帽子。我写过文章忏悔那时错打的"老虎"。（见《收获》）也有时是奉命。我在搞英文《人民中国》时,由于是对外宣传,上边抓得紧,所有文章都得先送审,所以没出过差池。可是五六年调到冯雪峰、丁玲和陈企霞刚在那里栽了跟头的《文艺报》,我可紧张死了。五七年整风,《人民日报》记者接连访问了我六次,要我发言或写文,我都坚决摇头。可最后,就在无产阶级露出铁拳的前夕,我克制不住了。在那篇毒草里,我用八成篇幅咒骂西方的假民主,只在尾巴上呼吁一下咱们拿出点社会主义真民主。殊不知"民主"在那时本身就是万恶的。当我在农场见到一个只写了个发言提纲放在抽屉里就被划成右派的小青年,我才认识到对我的惩罚算是轻而又轻了。

拉拉杂杂扯得太远了。我时常想,倘若没有那场反右,中国会是个什么局面。会不会还有六十年代那场大灾难。糟糕的是咱们这里不大作兴总结。几十万人平反了——改正了,可还留那么几个,证明该搞。

他写给我不少信,但没有哪一封能比此信更有人生回顾的丰富信息,读来触动颇深,思索良久。

1994年,召开巴金国际学术研讨会前夕,我分别请冰心、萧乾等人为会议题词。萧乾的题词为:"巴金的伟大在于敢否定自己。"后来,在另外一封信中,他谈到为什么写这句话的原因:

一九九四年三月二十四日,萧乾致李辉

近些年来我在摸索为什么我们这个国家如此"健忘"!从1942年的整风起,反武训,反胡风,反右,反……事后都"改正"了事。为什么不找找原因?辩证唯物论不是要:实践——认识;再实践——再认识吗?可咱们这个以马列主义自居的地方,光实践不认识。其实,也不难了解:认识就得自我否定,以为那可不得了,有失尊严。……

这即是为什么你让我给"巴金与二十世纪研讨会"题词时,我题了"他的伟大在于否定自己"。

虚伪的谦逊没价值,没意思,也争取不到谁。"自我否定"得是由衷的。这需要道德上的勇气。西方也不过出了一个卢梭。

三年后,1997年,第四届巴金国际研讨会在苏州大学召开,行前我去北京医院看望萧乾,再次请他为研讨会题词。他已住院多时,但二话没说,当即坐起来,在一张信笺上用铅笔写下这段话:

  我一生最大的幸运之一,是在三十年代初在北平海甸结识了巴金,七十年来一直保持友谊。如果不是这样,我一生会走更多的弯路。沈从文教我怎样写文章,巴金教我如何做人。可惜我不是个及格的学生,一想到他,我就惭愧,感激。

萧乾于病中 1997,8,28

  这便是巴金在萧乾心中沉甸甸的分量与重要位置。
  在前辈信中,读巴金,读一个时代。
  "他的伟大在于敢否定自己","讲真话",正是晚年巴金留给我们的精神遗产。
  留恋与怀念,温暖与力量,常在心中,伴我同行。

完稿于二〇一四年九月二十六日,北京

李树德

两个理想主义者的友谊
——记巴金与卢剑波

在巴金从青少年时代就结交的朋友中,有被称之为"二波"的两个人,一个是毛一波,另一个是卢剑波。他们都是巴金的四川老乡,毛一波是自贡人,卢剑波是合江人。三人年龄也相仿,其中毛一波最大,生于1901年,卢剑波生于1904年7月,与巴金同庚,只比巴金大4个月。在"五四"新文化热浪中,这些热血青年,怀着改造中国的崇高理想,全身心地投入"五四"运动带来的新思潮的宣传活动中,他们选择"美丽的安那其主义"作为自己的理想和信仰,发誓为之献身;他们组织社团、出版刊物、发表文章、张贴传单、宣传大众。在火热的斗争中,建立起深厚的友谊。毛一波于1947年去宝岛台湾,退休后到美国,由于众所周知的原因,从此与大陆的巴金等友人失去了联系。卢剑波与巴金在青少年时期建立起的友谊维持了终生,一直到1991年他以87岁的高龄,先巴金离开这个世界。

卢剑波先生的面孔、身材都很像印度的国父甘地,他雉发满头,双颊深陷,脸色蜡黄,尤其是甘地戴着眼镜,他也戴一副深度眼镜,所以更像。巴金先生就叫他为"中国的甘地"。

一 共同信仰建友谊

卢剑波1904年7月出生在四川合江,原名叫卢廷杰。他的祖父是一位手工艺匠人,父亲是清末廪生,也就是通常人们说的秀

本文作者在第十一届巴金学术研讨会上发言

才。1919年卢剑波考上合江中学,在校读书期间,受新文化运动和"五四"运动的影响,从《新青年》《新潮》等书里接受了不少的新思潮,例如"安那其主义(无政府主义)"和"世界语"。随后他在学校里组织学生联合会、印传单、开讲演会,反对北洋军阀;主张思想自由、男女平等、男女同校,反对各种宗教迷信。他还以"剑波"的笔名,给重庆联中学生组织的渝江评论社刊物《渝江评论》写稿。1921年,他从家里拿了3个大洋,到重庆找到了"适社"(一个无政府主义组织)负责人陈小我,陈小我安排他住在重庆联中,参加川东学生联合会组织的反对日本侵占山东的游行、抵制日货、罢课示威和烧毁日货的活动。

巴金十三岁开始阅读《新青年》。1919年"五四"运动那年,他用佩竿的笔名在《文学旬刊》上先后发表新诗十多首,以及散文《可爱的人》。1920年,巴金在成都读外国语专门学校专修科;1921年,他参加了吴先忧、张拾遗等组织的"均社"。该社编印有《平民之声》和《半月》,巴金以芾甘为名,在《半月》上发表了《怎样建设自由平等的社会》一文。他从《半月》上看到了介绍重庆适社的文章,知道了该社的宗旨是"铲除统治权力""建设互助—博爱—平等—自由底世界"。他读了极其兴奋,说"那意见和那组织正是我朝夕所梦想的。"处在徘徊、迷茫中的巴金看到了希望,他想加入适社,于是给《半月》编辑写信请求他们做介绍人,就这样,巴金也认识了适社的陈小我。陈小我把卢剑波介绍给与他同岁的巴金通信认识,巴金认为卢剑波"锋芒毕露""年少气盛""有极强的精神力量",是一个"为理想献身的革命家"。这时的卢剑波除了把安那其主义作为自己的信仰外,还进一步了解"世界语"是一种理想的语言。他如饥似渴地学习世界语,不会的读音,就写信向成都的李芾甘(巴金)请教。从此巴金与卢剑波订交,开始建立起他们一生的友谊。但他们真正见面还是两年后的事情。

后来,卢剑波考上南京的江苏省第一中学,在那里他与胡迈组织"民锋社",创办《民锋》杂志。《民锋》的主旨是介绍世界无政府主义名著,抨击军阀政府。杂志自费印发宣传材料,介绍世界无政府主义运动。当时巴金正在上海读书,准备考学,同时,他也看到了卢剑波的《民锋》。《民锋》原为不定期刊物,后改为半月刊。《民锋》出了七期,即被军阀齐燮元查禁。1923年6月,卢剑波从江苏省第一中学毕业,他先到上海,后又来到南京。这一年的年底,巴金和他三哥李尧林也从上海到南京,住在北门桥鱼市街21号,他们进入东南大学附属高级中学补习班学习。也就是在这个时候,两位神交已久的朋友才在异乡南京第一次见面,从他们经陈小我介绍通信相识,到现在晤面,整整隔了两年的时间。他们一见如故,以兄弟相称。从那以后,两人经常在南京北门桥兴高栈、鼓楼会面,一面吃茶,一面意气风发地议论时政,交流国内和国际无政府主义运动的信息。此外,他们都为无政府主义刊物《民钟》写文章,宣传无政府主义的理论,例如:《民钟》第1卷第9期(1924年8月1日)上,发表了芾甘(巴金)的《大杉荣年谱》和剑波的《无政府主义与帝国资本主义之侵略》;第1卷第16期(1926年12月25日)上,发表了芾甘两篇文章,一篇题为《无政府主义的积极性》和一篇译文《科学与无政府主义》(马拉铁司达著),这期发表了卢剑波的译文《萧伦时瓦尔茨巴德事件》(高德曼,柏克曼著)。他们在坚持共同的信仰方面,相互鼓励,携手并进。后来,卢剑波自己讲,与巴金的交往,使他受益匪浅。

二 为理想共同奋斗

1925年,卢剑波准备北上投考北京大学,但有人向有关当局告密,说他曾参加反对曹锟贿选总统活动,使他无法到北平去投考,他只好进了上海国民大学政治经济学系学习。当年5月,上海发生了"五卅惨案",他和卫惠林等人编《正义报》,参加上海工团联合会的宣传活动。8月巴金也因体检时发现肺病,没有参加北京大学的考试,而从北平返回上海。巴金虽然身体不好,但仍劲头十足地办起一个《民众》半月刊,这个刊物的发起人共十六个,是一群有着共同信仰和理想的热血青年,他们共同的信仰就是"美丽的安那其主义"。这十六个人,除了巴金本人和卢剑波之外,其他十四人是:真恒、吴健民、沈仲九、李少陵、黄培心、卫惠林、禅林、吕千、索非、毛一波、沈茹秋、姜种因、秦抱朴、陆不如。《民众》提倡"民众自己的利益,需民众自己去谋",要把"为资产阶级独占的学术取回后交与民众全体"。巴金当时先住在法租界贝勒路天祥里(今黄陂南路14弄),与卫惠林、毛一波同住在一幢楼房的二楼上。当时卢剑波与邓仲瑞(天裔)恋爱同居,因邓天裔的婚事未获得家庭的同意,断绝了经济来源,他们两人只能靠稿费维持生活,他们就住在巴金等人的楼下。后来卢剑波和卫惠林一同迁到康梯路(即今建国东路)康益里4号,1926年又搬到马浪路(即今马当路)居住。在读大学期间,卢剑波还恢复了《民锋》杂志,他在上面发表了"我们认定,阶级斗争为工人和农人解放运动的基础"等等言论,上海反动当局给卢剑波戴上一顶"布尔什维克化的无政府主义者"的帽子,下令查禁《民锋》,焚毁正在印刷的两期稿件,并追捕卢剑波。由于在劳动大学当教授的杰克·邵可侣的及时通风报信,他才躲过一劫。风波平息后,他又重返上海,先后创办《土拨鼠》《时与潮》《文化战线》等刊物,翻译一些无政府主义的著作。

1928年,卢剑波以一篇《马克思资本集中说》的论文从上海国民大学毕业,获学士学位,经朋友介绍在上海私立正始中学教外国史。卢剑波精通多种语言,通过参考从国外友人那里得到的书刊,他翻译发表并出版了不少介绍进步思想和宣传科学、民主的书籍。《失败了的俄国革命》《世界产业工人简史》《自由的女性》《生与生之表现》《妇女解放与性爱》《世界女革命家》《社会价值的变革》等都是那个时期卢剑波的著作。

1931年8月中旬,巴金、卢剑波、惠林、少陵、老伊、绍先等四十多位无政府主义者,在杭州西湖聚会。他们是从上海和各省来的文化界人士,为了"加强对安那其主义的宣传",他们决定创办《时代前》月刊,由巴金化名李一切、卫惠林化名卫仁山,主编这份杂志。并议定《时代前》杂志社设在上海嵩山路李梅路和平坊143号。

1931年年底,卢剑波因患严重精神衰弱而回四川休养。他回四川后,被邀请到三台潼川共立高级中学教书。1932年"一·二八"事变,上海沦陷,卢剑波决定到成都发展事业。1933年初,卢剑波离开三台又回到成都,在华西协和高级中学教国文和外国史。并在成都聚集了一批同道,继续进行无政府主义的宣传活动。卢剑波会同吴先忧、张良卿等人组织了成都世界语学会,开办讲习班,出版世界语《绿帜》杂志,推广世界语,卢剑波被推举为第一届主席。当时在省立成都师范学校任教的中共地下党员车耀先也热心学世界语,他每周两次从努力餐馆坐黄包车到卢剑波的住所去上课。

这一时期巴金与卢剑波的联系只能靠书信。他们相互牵挂着远方的朋友。巴金对朋友热情、诚恳,不但在事业上给予鼓励和帮助,对朋友的爱情和婚姻,也很关心。当朋友有些事情做得不妥时,就坦率地指出,真诚地规劝。

卢剑波最初的恋人是一个叫陈铭的姑娘,但因为其姐的反对,她和卢剑波断绝了恋爱关系。当卢剑波经历失恋之痛的时候,陈铭的同学邓仲瑞(天裔)同情他,安慰他。久之,他们两人相爱并同居。但邓天裔的婚事未获得家庭的同意,断绝了经济来源,他们就住在巴金等人的楼下,靠稿费维持生活,两人可谓"患难夫妻"。后来卢剑波移情别恋,与陈国凤陷入情网。1942年1月,当巴金获悉这一情况后,便直言劝告卢剑波,不要自私,以免害一个无辜而又满有前途的陈国凤;他又婉言劝告陈国凤,及早抽身,不要作无谓的牺牲。两人都接受了巴金的劝告,同年2月2日上午,卢剑波与陈国凤晤面后分手(《巴金的一个世纪》,唐金海、张晓云著,四川文艺出版社2004年版)。古人云:道义相砥,过失相规,畏友也。巴金就是这样一位畏友。

三　一本书见真情

1946年,卢剑波把他在报刊上发表的散文、杂文共40多篇,寄给在上海的巴金,巴金当时正主持文化生活出版社,编辑"文学丛刊"。这一年的夏天,上海格外的炎热,巴金浑身长满了痱子,白天热得无法工作,只好把编书的工作挪到稍微凉爽一点的晚上。当巴金读完卢剑波寄给他的40多篇文章后,全身不禁微微颤动。他好像又看到了那个在成都担任教师的老朋友,他那多病的身体似乎比从前更消瘦了,想起他还不过40岁,怎么会衰弱得那个模样呢?但是从他这四五年来所写的几十篇短文看来,他内在的生命力却是这样坚强。他曾被军阀政府拘捕过,也曾为爱情的苦恋受到创伤,而为追求理想与自由燃起来的心火,则从未熄灭。巴金喜欢这样的朋友,也喜欢他的文章。巴金从中选出26篇文章,在灯下编成一本散文集,书名叫做《心字》,这是卢剑波自己起的书名,表示这些文字都流自他的心泉。卢剑波的这个散文集《心字》,作为巴金主编的"文学丛刊"中的一册,编入第8集,1946年11月由上海文化生活出版社出版。

1947年6月20日,巴金写了《卢剑波和他的〈心字〉》一文,刊载于7月1日的《文汇报》,后改题为《〈心字〉后记》。在这篇文章中,巴金写道:"读着剑波的文章,我觉得有什么东西在我心里激荡,仿佛就要把我的心推出我口腔来,又好像要将它捣成粉碎似的。接着我全身起了一阵轻微的颤动。这颤动一下就过去了,但我感到相当长期的喜悦。"在这篇文章中,巴金还谈了他和卢剑波的相识,谈了卢剑波的为人,谈他的文字的特点,谈了他们的友谊。巴金写道:"我和剑波在26年前第一次通信,24年前第一次见面。我那时还是一个不知天高地厚的孩子。他和我同年,但他比我更有勇气,而且跑过更多地方,做过不少惊人的事。"巴金是这样评价卢剑波的,"剑波是一个病弱的人。但是他却有着极强的精神力量。他过刻苦的生活,做过度的工作,二十年如一日,不仅物质的缺乏折磨着他,他还受到常人无法从其中自拔的精神上的煎熬。"他"始终保持年轻人的认真与热情",他"不会失去他那颗'赤子心'"。最后巴金写道:"虽然他至今还是一个默默无闻的中学教师,可是我喜欢我有这样一个朋友,我更以能够代他编辑这一本集子为我的光荣。"

这本《心字》是卢剑波的第四本杂文集。他的第一本杂文集《有刺的蔷薇》,由上海光华书局于1929年5月出版,共收文章35篇,这些文章都有其独特的个性。卢剑波的第二本杂文集《生与生之表现》,收散文19篇,1931年10月由上海新时代书局出版。抗战初期,1938年9月,他的第三本集子《路》在重庆今日出版合作社面世。《心字》以后,卢剑波没有再出过集子。这本书,成了巴金与卢剑波友谊的纪念品。

四 友谊系终生

解放以后,巴金与卢剑波各自忙于自己的工作,而且相距很远,除了书信的来往,见面的机会很少。

1952年10月中旬,巴金和赴朝访问团十几位作家、艺术家一同回到北京。与特地从上海赶来迎接他的萧珊和他们的七岁女儿李小林会面。当巴金得知卢剑波正在北京学习俄语,于是就带着萧珊、小林去看望这位二十年代就结识的学习世界语的朋友。他们谈了一个下午,还同到一家川菜馆去吃了一顿成都家乡菜。

巴金从他19岁——即1923年离开家乡去南京读书,后留学法国。解放前,在1941年和1942年,他曾两次回过成都。新中国成立后,巴金曾三次回故乡,巴金是一个重友情的人,他常说自己是生活在友谊之中,友谊对他来说,就像阳光那样。所以他每一次回故乡,无论时间的长短,都要会见故乡的老朋友们,当然包括老友卢剑波先生。

1956年11月下旬,巴金以全国人大代表身份到成都视察工作。他这次又见到了在二十年代信仰无政府主义时的朋友,被他称为"第三位先生"的吴先忧和"中国的甘地"的卢剑波。当时吴先忧在一个中学当校长,卢剑波在四川大学任教。巴金看到这两位老友,好像又回到自己的青年时代。

1960年10月至1961年2月,巴金又一次回到故乡成都,这次他是到那里去写作的。我们从巴金当时写下的《成都日记》中,可以看到巴金与卢剑波等老朋友相聚的记载:

>1960年11月20日
>
>八点起。八点半早饭。饭后在院内散步,九点半后先忧、剑波、天矞来。张老送报来,同在客厅谈到十二点十分。先忧、剑波夫妇在这里午饭。……
>
>（见《巴金全集》第25卷,人民文学出版社,1993年）

这以后,巴老再次到成都,已经阔别蓉城27载了。1987年10月,83岁的巴金最后一次回到故乡,住在成都的金牛宾馆。10月9日下午,卢剑波到宾馆来看望巴金,两位同龄的老友又见面了。他们谈到南京北门桥和上海贝勒路天祥里的那些往事,从翩翩少年到耄耋老人,不能不令人感慨时光的无情。

分手以后,为互相勉励,卢剑波写了一首"相互勉励"的五言诗《别巴金》:

>霹雳缘何迟?秋意已阑珊。旦暮思奋发,岂惧雪与霜!前日见故人,一别廿七年。谢君相勉励,未死还发扬。羽翼尚未剪,意志犹顽强。理想信不诬,笔墨透纸张。莫言名与利,名利毒肺肝。百岁等旦暮,何者为彭殇?言语未道断,息息当自强。痴愚缘自性,忍死效春蚕。别君劳梦想,引领望武康。

在十年浩劫的"文革"中,两位老友都遭受了打击和迫害,自然,巴金所遭受的打击更大,他失去了自己的亲人萧珊。有一次,上海的外调人员要卢剑波交代"黑老K"巴金的无政府主义活动,他们提出一件捏造的事情,强逼卢剑波承认、签字。卢剑波说:"要我签,你们一条条写在纸上,我在上面声明是你们强迫我承认,我才签。"就这样把那几个外调的人气走了。粉碎"四人帮"之后,两位老友又恢复了通信,他们没有多谈自己遭受的不幸,而是互相鼓励,抓紧时间多做一些事情。巴金帮助老友卢剑波查资料,买词典;卢剑波介绍四川的世界语者魏以达先生翻译巴金的小说,巴金答应可以翻译《憩园》《寒夜》《狗》《奴隶的心》等。巴金在繁忙的写作和外事活动中,克服病痛和写作的困难,忍受着身体巨大的痛苦给朋友写信。在我们普通人看来,有些信件并不是非写不可,但是巴金还是坚持要写。1986年4月25日,他在给卢剑波的信中说:"身体很差,杂事更多。……活下去总可以做点事情。现在实在吃力,一个字就请当一千字看吧。"(见《巴金全集》第二十二卷,人民文学出版社,1993年)我们可以想象巴金是怎样写这些信的,可以看出他每写一个字所付出的代价。而每次给卢剑波信,总是几百字长。

卢剑波晚年生活很寂苦,他的身体素来衰弱,现在更是体弱多病。一个人蜗居在一间小屋里,无人照料,连煨药也要自己动手。虽说有家有室,有儿有女,但缺少温暖的生活。早年就有的爱情纠纷,至今还使他受着生活上和精神上的煎熬。1978年有人去采访、探望他,从他家中出来后,采访者不禁喟然而叹:想不到,这样一个83岁的老教授,生活如此简陋,生病也无人照料……(见纪申《记巴金及其他》宁夏人民出版社,1994年)

1991年12月8日,卢剑波以87岁的高龄,先于巴金离开这个世界。他的贡献是多方面的,涵盖文学、社会学、历史学、哲学等诸领域。他不但为后世留下文学著作,还留下大量的政治学、社会学的著作,如《萨樊事件》(1927年,泰东书局出版)、《妇女解放与性爱》(1928年,泰东书局出版)、《世界女革命家》(1929年,上海启智书局出版)、《社会价值的变革》(1929年,泰东书局出版)等。卢剑波精通英语、德语、希腊语、西班牙语、世界语等多门外语。他是我国世界语运动的先驱,他著有《为世界语主义的世界语》(1935年,中华绿星社出版)、《世界语理论》(1934年,成都保船书店出版)等。还翻译了《世界产业工会史》(1926年,泰东书局出版)、《自由女性》(1926年,上海开明书店出版)、《海涅诗选》(1929年,新文化书社出版)、《伊索智慧》(1981年,四川人民出版社出版)等。

现在,巴金先生也离开这个世界近十年了。哲人虽已远,古道照颜色。两位先贤生前谱写的友谊之歌,将永远被后世所传唱。

子仪

巴金和钱君匋

巴金和钱君匋,一位是知名的作家,一位是优秀的艺术家,他们的友情长达六十多年,他们之间有过很多次的合作,也留下一些脍炙人口的故事。尽管这样,留下来的史料却很零星又分散。笔者试图从这些零星的史料中,梳理出两个人的交往,以便对他们两人的关系有更多的了解。

巴金和钱君匋的认识缘于他们的朋友索非。1926年8月,开明书店成立。书店成立之初,除老板章锡琛、章锡珊兄弟外,文字编辑只有赵景深和索非两位,另外,钱君匋任美术编辑,王蘅史女士做校对。巴金自南京东南大学附属高中毕业后,在1925年8月回到上海,由于创办《民众》半月刊,结识了一批志同道合的无政府主义者,这其中有卫惠林、毛一波、卢剑波等,也见到了索非。巴金在南京读书时,索非在北京编辑《国风日报》副刊《学汇》,巴金曾向他投过稿。那段时间,巴金身体不好,收入不多,生活很艰苦,经常是面包加白开水。

索非进入新成立的开明书店。虽然那时钱君匋和巴金还不认识,但是因为巴金经济困难,索非除自己拿出一部分生活费外,也向钱君匋商量请他资助。那时的钱君匋每月领到工资二十三块银元,他很爽快地按月拿出七元作补助了一段时间,但那时索非并没有告诉他资助的人是谁。1927年1月,巴金与朋友卫惠林一起离沪赴法留学。

在法国期间,巴金除了完成中篇小说《灭亡》之外,还翻译了一

本文作者在第十一届巴金学术研讨会上发言

些文章,《薇娜》是巴金翻译的第一篇小说。"一九二八年年初我译完《薇娜》,从沙多-吉里寄给索非,这年八月下旬我离开沙多-吉里时就收到开明出的那本小书。"①《薇娜》是索非把巴金新译的短篇小说和李石曾的旧译四幕剧《夜未央》合编一起成册的,都是波兰作家廖·抗夫的作品。这本书作为索非主编的袖珍本"微明丛书"的一种,四十六开本,1928年6月出版,当时译者署名石曾、芾甘。微明丛书一共八种,包括巴金后来的小说《灭亡》(1929)、《死去的太阳》(1935)②等。微明丛书的封面设计是钱君匋。因此,钱君匋首次为巴金作品设计封面,说起来却是《薇娜》,虽然这是巴金、李石曾两个人的合译本。

1928年12月中旬,在法国呆了两年的巴金回到上海。回国后最初的半个月,由于找不到住所,巴金暂住在宝山路鸿兴坊75号的上海世界语学会,他留法前曾在这里学习过世界语,这时索非也

---

① 巴金:《我与开明》,《随想录》第613页,三联书店1987年8月版。
② 封面图片见《钱君匋装帧艺术》第32页,商务印书馆(香港)1992年4月版。

在世界语学会兼课。1929年元旦,新婚的索非搬到宝山路宝光里14号,房东还答应索非,同意让他的朋友巴金租住在这幢房子二楼的亭子间。

开明书店就在斜对面的宝山里。有一天,钱君匋在索非的陪同下来到巴金住的亭子间,这是巴金和钱君匋的第一次见面。钱君匋眼里的巴金是这样的:

> 原来巴金这个人,生活不大会自理,他很少管生活上的繁琐细节,更不善于理财。他差不多把日常事务都委托索非代管,稿件由索非转,稿费也统由索非收取,三顿饭也归索非家的娘姨代办。他经常白天看电影,晚上写稿……巴金比我大两岁,戴着眼镜,穿着一套布制学生装,裤脚拖到脚面上,很随便。屋子里光线不足,陈设也十分简单,所有可以放东西的地方,都给书占了。[①]

索非介绍两人认识之后,巴金拿出一套克鲁泡特金的著作集共十本送给钱君匋,然后三个人又到北四川路虬江路口新开的新雅粤菜馆一起吃了饭,当时这家饭店刚开张,门面富丽堂皇而又价廉物美。以后,他们成了好朋友,经常在一起闲谈、看电影等,兆丰、阿波罗等戏院留下了他们的印记,据钱君匋回忆,巴金最欣赏卓别林的幽默讽刺片。

巴金刚回国时,恰好中篇小说《灭亡》经索非推荐开始在《小说月报》连载。这时,开明书店要出单行本了,钱君匋为《灭亡》设计了封面。1929年10月,《灭亡》由开明书店初版。《灭亡》的封面很简单地用了红和黑两种颜色,书面的左侧是一个像人头、牛头或羊头的黑色剪影,右侧是一道黑色的喷流,中间是白色的衬底和红色的"灭亡"两个字。简洁的艺术处理却收到意想不到的效果。

由于钱君匋在装帧设计上的独树一帜,渐渐地,他赢得了"钱封面"的美誉。他先后为很多名家设计了封面,如鲁迅、茅盾、郁达

[①] 徐开垒:《钱君匋与巴金》,司马陋夫、晓云编《钱君匋的艺术世界》第458页,上海书店出版社1992年版。

夫、刘半农、胡愈之、丁玲、周作人等,也是这期间,钱君匋还为巴金设计了《新生》(1933)一书的封面。《新生》还是只用红和黑两色:

> 这是一部中篇小说,书面的下端用黑色画了三级石头台阶,一枝小草从石头缝里顽强地生长出来,用小草象征新生,把石头台阶比较作黑暗的势力。技法不用由浓到淡的照相式层次,而以无数细点来表现疏密浓淡。调色简单,只用红、黑两种,红色作书名,象征血,黑色象征铁,铁与血的交溶,暗示敢于向旧世界挑战的英勇气概,留给读者一种宽广的联想。巴金看了非常高兴,对我说,这样的装帧同作品的内容很协调,表达得恰到好处。①

据钱君匋文章中说,他还为巴金的《激流》三部曲(《家》《春》《秋》)设计过封面,但是当1932年由于钱君匋人不在开明,丰子恺患眼疾,封面设计便交给了初出茅庐的莫志恒②,于是有了莫志恒1933年5月开明书店《家》的初版本封面设计,后来,这个初版本封面与小说《家》一起成了经典。那么钱君匋为《激流》设计的封面是哪种呢?尽管我查阅了很多有关钱君匋装帧设计方面的书,也仅看到收入《钱君匋的艺术世界》一书中他设计的淡绿色封面的《家》,却不清楚是哪个版本,至于《春》《秋》均未发现(海宁钱君匋艺术馆闭馆装修,桐乡君匋艺术院只剩下一个展厅,都看不到《激流》封面图版)。后来看到张泽贤著《民国版本知见录》③中的一段话,说钱君匋的设计风格,时常能见到一个图案:十字形,剑头花纹,在巴金的《家》和《第一年》的封面设计上都有此图案。这时我就想到开明书店1938年1月出版的《家》、1938年3月初版的《春》、1940年4月初版的《秋》④的封面就是这种剑头花纹的风格,

---

① 钱君匋:《书籍装帧生活五十年》,《钱君匋论艺》第37页,西泠印社1990年5月版。
② 章士敫:《章锡琛与开明书店》,《出版史料》2003年第3期。
③ 张泽贤:《民国版本知见录》第29页,上海远东出版社2004年1月版。
④ 李存光编著:《〈家〉〈春〉〈秋〉版本图录、研究索引》第4、24、32页,香港文汇出版社2008年10月版。

那么据此判断这几本书是钱君匋设计的估计是可能的。

那时的钱君匋年纪轻轻,已经获了事业上的巨大成功,可爱情道路上,他却经受了打击。虽然很多女士青睐钱君匋,但钱君匋只对开明书店的女校对王霭史情有独钟。受新文化运动的影响,出身于名门望族的王女士追求自由和幸福,反对包办婚姻,钟情于社会活动家胡愈之,但胡是有家室的。这时因为政治上的原因,胡愈之流亡法国。行前,他找钱君匋谈话,希望钱君匋好好照顾王女士。这岂不正好成全了钱君匋?无奈王女士一心只在胡愈之身上,她也离开了中国,后来当她几经周折抵达法国时,胡愈之已经离开法国前往莫斯科了……

受到打击的钱君匋痛苦了好久。有一天,他对巴金说,你的文章写得那么好,我是活不长了,你帮我写篇悼文吧。巴金听了,很是惊诧,不知发生了什么事。在一旁的索非知道这其中的波折,于是他和巴金一起劝导钱君匋想开一点。为了劝慰钱君匋,夏丏尊还请大家到咖啡店喝了一次咖啡。而时间也治愈了钱君匋心头的伤痛,他找到了终身的伴侣。

1934年,吴朗西、丽尼、伍禅等人在上海创办了文化生活社,1935年改名文化生活出版社,用巴金的名义编辑出版"文化生活丛刊"。当时巴金正在日本,在朋友们的催促下,他回到上海,任文化生活出版社总编辑。巴金邀请钱君匋来文生社任美术编辑,这段时间文生社编辑出版茅盾译的《桃园》等,是钱君匋设计的。

抗战爆发后,许多文学期刊停刊了。为了团结各种力量从事抗日宣传,由王统照主编的《文学》、黄源主编的《译文》、黎烈文主编的《中流》、巴金和靳以主编的《文丛》四家刊物联合出版的《呐喊》周刊在上海出版,茅盾、巴金先后任主编。《呐喊》从第三期开始改名《烽火》,出到12期,被上海租界当局禁止,1938年5月在广州复刊。

巴金和靳以在编辑《呐喊》—《烽火》期间,又以烽火社的名义编辑出版"烽火小丛书"和"烽火文丛",后来还编辑出版"呐喊小丛书"和"呐喊文丛"。"烽火小丛书"一共二十种,由文化生活出版社总经销,始出版于1937年11月,战时的出版地点分别在上海、广州和重庆。

在钱君匋,历经劳累、疲乏、饥饿、寒冷,受尽了烽火中的苦难,他们夫妇一行终于在 1938 年 1 月到达长沙,三个月后,钱君匋又来到汉口。由于长途跋涉,经济渐渐拮据起来,正当快要陷入山穷水尽的时候,远在广州的巴金的弟弟李采臣给他发来电报,电文中说,文化生活出版社广州分社缺少编辑人才,希望他尽快到广州帮忙。这样的消息,钱君匋正求之不得。这时的武汉居然下起了大雪,大雪纷纷扬扬中,钱君匋夫妇等一行随即动身坐上南下的火车,前往广州。

车到广州,只见李采臣已在车站等候。李采臣将钱君匋一行接到一个叫盐动西的地方住了下来。第三天,巴金和靳以从上海来。只有几个人的文化生活出版社广州分社开始运转了。

1938 年 5 月 1 日,《烽火》在广州复刊,改为旬刊。他们的分工是,主编巴金和靳以负责杂志的总体设计、约稿、组稿和编辑,钱君匋负责编辑、版面设计和封面设计,李采臣负责编务、发行、跑印刷厂等。由于茅盾在香港,经常来广州,所以茅盾作为发行人。在复刊的《烽火》(第 13 期)上,钱君匋发表了《幸免者》一文,后来,在《烽火》第 15 期和第 16 期上,钱君匋又发表了《轰炸中回到故乡》和《流亡的开始》。钱君匋的这几篇文章和其他的一些文章,结集成《战地行脚》,列为巴金主编的"烽火小丛书"第十四种,1939 年 12 月在重庆出版。《战地行脚》正是以自叙的形式,记述了作者从退出虹口开始,又回到家乡,然后向西进发到达安徽广德的那些逃难经历。其中《幸免者》作为《战地行脚》的附录收入书中。"烽火小丛书"整体由巴金设计,请钱君匋题写书名。①

这期间,除了《烽火》,钱君匋还参与靳以、巴金主编的《文丛》半月刊。1938 年 5 月 20 日,《文丛》在广州复刊,封面又是钱君匋设计的。复刊号为第 2 卷第 1 号,扉页是丰子恺送给钱君匋的漫画《任重道远》,题有"君匋艺友鉴二七年四月子恺",那应该是到了广

---

① 见巴金 1978 年 9 月 8 日致姜德明书信,《巴金全集》第 24 卷第 257 页。

州的钱君匋临时贡献出来的。钱君匋的《战地行脚》一文同时也在《文丛》刊发,后来发表的还有如《湖州烽火中》、《炮火扑到了天目山》等,后来都收入散文集《战地行脚》。

而1938年的夏天和秋天,广州也总在轰炸中,10月,广州在日军飞机的轰炸中,被炸毁了200多间房屋。有些印刷厂在大轰炸之后就关了门,送去的书稿长时间没有下落,当然,这还不至于最差。有一天,巴金和他的朋友林憾庐去看那些被炸的区域,那里常常一片混乱,房屋倒了,楼板掉了,窗架断了,玻璃碎了。更惨的是,听说看到有人爬起来拾起自己的断臂接在伤口上托着跑,一个母亲坐在地上只剩下半张脸,手里还抱着一个无头的婴儿。但是巴金说:"人在广州学会了镇定,学会了不怕死。"①

有一天,在文化生活出版社广州分社,炸弹这位不速之客突然光顾到他们身边,就在身边:

> 一天,日本人的炸弹正巧落在《文丛》编辑部门外,见此状况,钱君匋颇为担心地对巴金说:"这局势让人心神不定,我想回上海了。"巴金一听此话,表示不同意,但他仍旧携了简单的行李,到爱群酒店买到去九龙的车票准备先走。不料待到晚上七点火车还没开,忽见巴金、靳以和林憾庐也来了。他便向巴金他们说,你们不怕,怎么也来了?于是到爱群酒店的七楼找胡愈之,大家说说笑笑,十分融洽。待到半夜,钱君匋、巴金一行多人乘上去九龙的火车,往香港找茅盾和萨空了去了。②

那时到上海需转道香港乘船前往。据吴光华著《钱君匋传》和程天良著《钱君匋及其师友别传》中都说到,他们在去九龙的中途,到深圳附近,日机尾随火车进行空袭,列车只好停下,乘客纷纷下车,卧在田野里,不过飞机盘旋了一阵又飞走了,大家拍拍身上的尘土各自看看,笑着回到火车上。

---

① 巴金:《在广州》,《巴金全集》第13卷第121页,人民文学出版社1990年版。
② 知云:《忆当年,艺海行舟感事多——钱君匋谈与巴金、齐白石的交往》,《钱君匋的艺术世界》第462—463页。

为纪念在广州的这段日子,钱君匋在晚年曾刻下巨印《广州三月作书贾》,巨印留下篆书大字边款:

一九三八年三月十一抵广州,所经冰雪载道,奇寒切肤。至此花叶弥望,娇暖侵衣。居盐运西,与作家巴金、茅盾开书铺,出杂志,宣传抗日,沪上文人云集。五月十六,敌机投弹寓外未发,得免于难。是夕即与巴金、靳以诸人别广州,赴九龙。计为书贾之日,适得三月。此印壬午曾刻,丁巳重作。君匋时年七十有二矣。①

上述几个时间有些出入。钱君匋《幸免者》一文的写作日期是1938年3月25日,写作地点在广州,那么他们是在3月25日前就到广州了。而巴金真正离开广州的日期应该在1938年10月,那时广州在敌人的包围中,不久便沦陷了。巴金《广州的最后一晚》,写于1938年10月19日深夜的广州,因此,巴金在广州的时间是1938年3月到10月,约有七个月。从后来钱君匋主编的《文艺新潮》于1938年10月在上海创刊来看,钱君匋是先于巴金离开广州,那么钱君匋晚年的回忆出现了一些误差,也或者钱君匋说的是巴金6月23日②夜离开广州到上海那一次(巴金7月底又回到广州),那么从3月底到6月底,正好是三个月时间。

钱君匋回到上海,这时,上海已经沦为"孤岛"。钱君匋和李楚材等一起开办了万叶书店,又创办了《文艺新潮》杂志。接着,钱君匋马上向巴金、靳以、郑振铎、索非等老朋友约稿。于是在《文艺新潮》的创刊号上,出现了巴金《给一个敬爱的友人》长文。接着,在《文艺新潮》第6期和第7期,巴金又发表了《民富渡上》和《在柳洲》,这两篇文章和巴金后来写的一组文章一起收入《旅途通讯》一书,在1939年由文化生活出版社出版。后来,巴金的另一本游记集《旅途杂记》作为"文艺新潮丛书"的一种,由万叶书店在1946年

---

① 程天良:《钱君匋及其师友别传》第174—175页,湖南文艺出版社1998年5月版。
② 周立民编著:《巴金手册》第57页,广西师范大学出版社2004年3月版。

出版,丛书整体装帧设计都是钱君匋。

接下来,巴金和钱君匋两人虽处异地,他们之间还有一次出色的合作,合作者中另一位是左笔书法家费新我。

费新我曾求学于画家陈秋草开办的白鹅绘画补习学校,他也在万叶书店出版过多种画册。1941年3月,在苏州家中养病的费新我到上海,钱君匋和他商量将巴金的《家》改编成连环画。起初费新我觉得不能承担此重担,没有应承下来,但他回到苏州后,朋友怂恿他,并且由于子女众多,经济困难,他"感于家庭的烦恼"①,于是把巴金的《家》通读了一遍,待到6月病情好转,便开始绘画,6月底画完之后,便带了画稿去了上海。

钱君匋怎么想到要为巴金画连环画呢?原来是巴金曾有过要求的:

> 五年前我在一个中学②里的钟楼下接受巴金兄的嘱托,把他所译的《我的生活》的铅印清样研读着预备制作插图,当时我就打算把他的那部《家》给它从头至尾画一套。结果战事发生了,我离开了那个住了十多年的钟楼,流亡到遥远的地方,两件事被搁置了。今年在上海与新我兄偶然把往事提起,大家都很兴奋,当时很有意思把《家》试作一套。我因栗六异常,没有时间来执笔,便托新我兄绘作。新我兄研读着《家》,经过相当时间才开手,态度十分郑重。③

由于钱君匋的倡议,他和费新我的合作有了成效,当钱君匋看到费新我的连环绘画后,开始考虑给图画写文字:

> 当第一幅画到我手中时,我便考虑着如何写它的说明了。因为要通俗,文字一定要浅显些,又因每面字数有一定,而原书的事实颇丰富,往往有不能尽收之憾,但在可能的范围内,

---

① 费新我:《〈家〉(连续画本)后记一》,转引自李存光编《巴金研究资料汇编》(1922—1949)第739页,香港文汇出版社2011年11月版。
② 钱君匋在开明书店任职时,还在澄衷中学等地兼职。
③ 钱君匋:《〈家〉(连续画本)后记二》,转引自李存光编《巴金研究资料汇编》(1922—1949)第739页。

总使它不失原意为主。这样再四易稿,成就了今日的样子。不知对原作尚能无过否?可惜巴金兄不在上海,不能就正于他,是十分抱憾的。日后如有机会,我想请他校正一遍,无论在文字上或绘画上。①

这时候巴金已经到了昆明。为了六年前巴金的嘱托,钱君铁终于和费新我完满地完成了合作。连环画《家》作为万叶画库之一,1941年7月由万叶书店出版。这本书小32开本,共146幅画,用毛笔水墨绘成,画占页面的三分之二,文字占三分之一。画家陈秋草为这本书作序,序文评价:

本书在制图的时候,对于每一画面景象的位置,书中人物面貌的揣摩和语意的象征写生等,都有过很谨慎的思考,画的技术也颇合水准。这是具有"新启蒙运动"价值的艺术,让大众来欣赏这本《家》的默片演出吧。②

关于这本连环画《家》的封面和内文,周立民曾撰文《激流漫谈之四:〈家〉连环画》③,有过极为细致的介绍。

抗战胜利了,巴金回到上海,老友战后重逢,欣喜万分。1945年10月10日,钱君匋为巴金夫妇刻下两枚珍贵的印章,一枚是朱文印"李氏芾甘",这枚印章构图精制,细朱文的字与字之间留白较多,中间还留下一处菱形的空白。印章的边款题有这样的话:"巴金兄与蕴珍女士在蜀中结婚,余以抗战阻隔未能参与盛典,待日纳降,始于沪上重见,遂仿古玺补贺,即乞哂存,君匋。"另一边刻曰:"芾篆作市,与市异或作韍,乙酉十月十日君匋记。"另一方是白文印"陈蕴珍",边款刻有:"乙酉十月十日君匋仿古钵于海月庵。"④海月庵是钱君匋的书斋名。

---

① 钱君匋:《〈家〉(连续画本)后记二》,转引自李存光编《巴金研究资料汇编》(1922—1949)第739页。
② 陈秋草:《关于〈家〉的"连画"》,转引自李存光编《巴金研究资料汇编》(1922—1949)第738页。
③ 周立民:《甘棠之华》,《点滴》编辑部2011年10月印制。
④ 王晓君:《钱君匋为巴金刻印》,《新民晚报》2009年5月23日。

由于文化生活出版社内部出现了分歧,巴金辞去文生社总编,巴金弟弟李采臣于1949年12月创建了平明出版社,由巴金主持。应巴金兄弟的邀请,钱君匋来到平明出版社任美术编辑。钱君匋为平明出版社设计了社标。很多年以后,巴金在信中答复姜德明关于社标的问题:"文生社的商标是吴朗西选定的,借用了罗丹的雕塑,那个人在拔脚上的荆棘。平明出版社是我的兄弟李采臣创办的,商标是他找钱君匋设计的。"[1]平明出版社的社标前后有过两个,一个是圆形的图案,黑底白字,"明"字被"平"的一竖分开。另一个图案是菱形的,白底黑字,"明"字也被一竖分开了。两个图标风格非常接近,大约均出自钱君匋之手。

1957年7月,《收获》创刊,巴金、靳以任主编,他们又请来钱君匋设计刊物的封面。钱君匋最初的设计稿[2]采用宋体字作为素材,占去了杂志封面大约三分之一的空间,封面的底色,从杂志顶端以极浓的暗红色开始,越往下越淡,淡到最后不能再淡告终。巴金和靳以对这个设计都拍手叫好。但是由于印刷条件的限制,钱君匋的这一创意并没有在刊物上得到体现,《收获》创刊号的封面一色到底,没有任何变化。这个设计一直用到"文革"停刊为止。

《收获》有过两次停刊,两次复刊。1979年,《收获》第二次复刊后不久,再次请钱君匋设计封面,钱君匋以"198"的年代字样反复排列,作为设计的底纹,铺满整个封面,以集鲁迅所写的"收获"两字用黑色压在"198"的底纹上,这个设计用了一年。

1992年冬日,87岁的钱君匋往巴金寓邸拜访89岁的巴金,两位老友相见,分外高兴。其时,由于帕金森病,巴金的手微微颤抖着,但思路还是非常清晰。巴金祝贺钱君匋"从艺七十周年"活动获得成功,然后话题很自然地转入了篆刻。钱君匋说,他给巴金刻过"李氏芾甘"和"巴金藏书"两印,巴金说,不止两枚呢。便取来一只木匣,只见匣中有七枚印章,有"李氏芾甘""陈蕴珍""巴金藏

---

[1] 巴金1981年10月29日致姜德明书信,《巴金全集》第24卷第267—268页。

[2] 见《钱君匋装帧艺术》第32页。

书""李尧棠印"等,其中另有两枚"巴金"印章。说到钱君匋同日刻的"李氏芾甘""陈蕴珍"两印,巴金给钱君匋看"李氏芾甘"的边款,他对钱君匋说:"这对印章,我视为珍宝,非重大事体不用。"[①]钱君匋听后,向巴金提出借这几枚印章一用,后来钱君匋请来高足陈辉,将七印拓墨订成三册,又作《钱刻巴金七印小记》,一册留己,一册赠巴金,还有一册送陈辉。

那天,在巴金寓所,摄影记者留下了两位老友冬日里灿烂的笑容。这一份跨越了六十多年的友情,在晚景里依然光彩夺目,亮丽动人,直让人感叹!

2014 年 9 月初稿

[①] 王晓君:《钱君匋为巴金刻印》,《新民晚报》2009 年 5 月 23 日。

谭景辉

从巴金萧珊通信看巴金的日常生活

在过往研究中,巴金并不是我主要的研究对象。2012年,本人出版小品文翻译专著 *A Garden of One's Own: A Collection of Modern Chinese Essays*, 1919—1949, 巴金的《废园外》被收录其中。翻译过程中,我对《废园外》一文逐字逐句精读推敲,同时,亦从小品文出发,对解读作家产生了进一步的思考。小品文的特征在于表现个性,较为随意,可称作是最不装腔作态的创作文体。由此角度出发,比小品文更能表达作家本心本意的文字则莫过于书信,而书信当中,又莫过于情书为甚。职是,我对巴金和萧珊的一些情书进行了翻译,从中可窥知二人相处的诸多细节,得以较为全面、深入地关注其日常生活的面貌。

从巴金与萧珊不同时期的照片中,可较为直观地看到二人生活的状态以及精神的转变。巴金所留存的照片中,凌乱的文稿,堆积的书籍是惯常出现的情境,处处可见一名作家对于写作的勤勉与热爱。而萧珊早期的照片,则有她怀抱鲜花,甚至攀至树上的场景,举止神情间流露其率性活泼的性格特点。在萧珊送给巴金的第一张照片中,她头戴白色宽沿帽,白衣黑裙,右手轻抚帽沿,左手自然背后,身姿纤巧,神情灵动,清新活泼。照片的背面写着"给——我敬爱的先生留个纪念。阿雯 一九三六·八"。巴金和萧珊亦留下许多合影,有一同游山玩水、伏案工作的照片,也有与女儿、儿子一家四口其乐融融的生活照。在一些合照中,萧珊及巴金二人,不论神情姿态都颇为相似,如二人同时双手合抱胸前,面

本文作者在第十一届巴金学术研讨会上发言

带微笑,直视镜头,由萧珊做来,显得果敢俏皮,似有"天不怕地不怕"的气势。彼时的萧珊,沉浸在与巴金甜蜜的爱情和美满的家庭生活中,她明亮灵动的双眸与灿烂的笑容,不仅留在了照片之中,也深深留在友人的记忆之中。杨苡在《梦萧珊》一文如此形容:

> 你穿着矮领子的花布旗袍,梳两根短辫,一双美丽动人的大眼睛,清澈纯真,还有你那常被我们赞美的酒窝嵌在散发青春光彩的脸庞上□□那是你的黄金时代,学业、友谊、爱情都在丰收。

而根据罗洪的回忆:

> 我们随着向导者的火把,在漆黑的岩洞里踽踽前进□□迎面出现一个瑰丽的钟乳,当头漏下一阵阴森森冷风,都会使萧珊发出一声高兴但又惊恐的欢笑。

反讽的是,到了"文革"之时,由于不断受到身心的摧残,萧珊不仅目光失去了往日的神采,性格上也变得胆小怕事。而巴金对妻子至真至厚的感情,也因经历了"文革"的磨难,而增加了一份深切的内疚。有照片记录下巴金在医院病房看到萧珊遗体的悲痛瞬间,当时的情境据巴金形容,他"穿着不整洁的白衬衣,伫立在萧珊遗体前,依恋地盯着,让别人给我和她照了相。"没有悼词,没有吊客,只有一片伤心的哭声。此情此景,与之前二人幸福甜蜜的时光形成极为强烈的对比。从巴金的文字中,也可以看到他对萧珊深厚的感情,以及"文革"给他们所带来的毁灭性打击。

"文革"前后的对比,我们可从巴金的自述文字看出来。忆及新婚燕尔,巴金写道:

> 我们谈着,谈着,感到宁静的幸福。四周没有一声人语,但是溪水流得很急,整夜都是水声,声音大而且单调。那个时候我对生活并没有什么要求。我只是感觉到自己有不少的精力和感情,需要把它们消耗。我准备写几部长篇或中篇小说。①

爱情的力量令巴金感到幸福满足,也催生出他对事业更加热切的追求。

而进入"文革",萧珊不仅赋予巴金创造力,而且成了他的倾诉对象。在《怀念萧珊》一文,巴金称:"她不仅分担了我的痛苦,还给了我不少的安慰和鼓励。我进了门看到她的面容,满脑子的乌云都消散了。我有什么委屈、牢骚,都可以向她尽情倾诉。"

《再忆萧珊》中,巴金对亡妻表达的思念令人动容:

> 她离开我十二年了。十二年,多么长的日日夜夜!每次我回到家门口,眼前就出现一张笑脸,一个亲切的声音向我迎来,可是走进院子,却只见一些高高矮矮的没有花的绿树。上了台阶,我环顾四周,她最后一次离家的情景还历历在目:她穿得整整齐齐,有些急躁,有点伤感,又似乎充满希望,走到门口还回头张望……仿佛车子才开走不久,大门刚刚关上。不,她不是从这两扇绿色大铁门出去的。以前门铃也没有这样悦耳的声音。十二年前更不会有开门进来的挎书包的小姑

---

① 巴金:《关于〈第四病室〉》,《巴金全集》第20卷,第589页,人民文学出版社2000年版。

娘……为什么偏偏她的面影不能在这里再现？为什么不让她看见活泼可爱的小端端？[①]

由于巴金四十岁才与萧珊结婚，大部分的人生经历萧珊并未参与，以致在两大卷的《巴金年谱》中，只有寥寥几页关于萧珊的记录。但是，照片与文字在在可见，在巴金的一生中，对萧珊的感情实则占据着至为重要的地位，他不仅将萧珊视作生活伴侣，更是精神支柱，在萧珊去世多年之后依旧对她满怀深情眷恋。

1994年出版的《家书》收录了巴金与萧珊之间的通信，据《家书》的编者，亦即巴金、萧珊的女儿李小林回忆，这三百八十余封通信在"文革"中曾被没收，幸而作为"罪证"得以保存，终于在"文革"之后失而复得，发还到李小林手中。《家书》中主要收录了巴金与萧珊在1949—1966年间的通信，而二人在1949年之前的通信几乎没有，笔者曾为此询问上海巴金故居的工作人员，得知已无从查找，甚为可惜。

巴金与萧珊于1944年完婚，《家书》中收录的信件为二人婚后所作，1949年之前的通信仅有几封。因此，我们便很难从通信中看到二人恋爱时期的情感表达，亦无法与婚后作一比较。尽管如此，相比于大多数结婚之后的夫妇，巴金与萧珊都显得更加乐于互相传达思念、爱慕之情。中国人常常将"爱情"与"亲情"加以区分，习惯将结婚之前的感情定义为"爱情"，而结婚之后就升华为"亲情"。对此说法，我认为美其名曰"亲情"，其实是在形容婚后感情冷却、没有爱情的一种结果。然而，巴金与萧珊婚后的书信往来十分频繁，并且，从大量通信中，可以看到两人的感情表达依然热烈奔放，"亲情"与"爱情"并存。相较而言，巴金的表达方式更加平铺直叙，萧珊则更具想象力，且极为用心地去经营丰富的意象，使一封封情书读来曲折有致而富有诗意。关于此，巴金萧珊通信中常被引录的几则可作一例证。[②]

---

① 巴金：《病中集》第138页，香港三联书店1988年版。
② 摘自李小林编，《家书：巴金萧珊书信集》，浙江文艺出版社1994年版。

巴金致萧珊：

我很想念你们,尤其想念你。每次分别心里总充满着怀念。无论到什么地方,我都会记着你。(1952年2月12日)

珍,的确,我多么想见你,想跟你单独在一起谈四五个钟头。我知道没有人像你那样关心我,也没有人像我这样地关心你□□我的确想家,我真不愿意离开"家",离开你们。我一生一直在跟我自己战斗。我是一个最大的温情主义者,我对什么地方都留恋。(1952年2月18日)

这一路上都有你,也有你的脚迹。昨晚在车上我又梦见你了,朋友,那是十几年前的你啊!在梦中我几乎失掉了你,醒来心跳得厉害,但是听见同伴的鼾声,想到你早已属我,我又安心地睡去了。愿你不要做噩梦。(约1955年)

萧珊致巴金：

好久你可以回家?多么想听听你的声音,像往日一样,在你的声音中睡着。太远了,我无法想象你的生活。(1950年11月27日)

没有你的心,我怎能想象你的生活?你不知道我有时候多么的需要你,我多渴望你能更爱我一点,我好像还是一个没有长大的小女孩子。(1952年2月15日)

我去了平明,我急得很,我赶着去看他(指朋友汝龙),因为他来自你的地方,看见他我似乎看见你的影子。我听见他说了你曾经自语:"所以我迟结婚,一有了家,人就有所牵挂。"你不知道我多么感动,如果不是因为人多,也许我就会哭出来。(1952年2月23日)

我开始翻译《初恋》,我觉得我好像只为你一个人在搞这工作。偶尔我想到一两句得意之句,我就默默地望着你,希望得到你的嘉许,如去年冬天一块儿工作时一样。(1953年8月1日,在巴金第二次赴朝鲜采访,萧珊给予他的信件)

俗话说:"欲知其人,必先读其书。欲深知其人,则非读其书信与日记不可。"《家书》所载之通信无疑见证了巴金萧珊的感情,记录了二人的日常生活,同时,也为从情书视角研究巴金提供了资料。

在中国,对于作家情书的研究尚十分缺乏,虽近年来许多作家的情书得以公开出版,但研究者始终寥寥,唯一的例外恐属鲁迅与许广平的《两地书》,①而关于其他作家情书的研究虽亦有之,却多出自"八卦"或"满足偷窥欲"的目的去探触作家的私生活,流于表面,缺乏专业。反而在海外,对于中国作家情书的研究成果颇多且较为深入,Bonnie S. McDougall(杜博妮)所著 *Love-Letters and Privacy in Modern China*: *The Intimate Lives of Lu Xun and Xu Guangping*,以及 Haiyan Lee(李海燕)所著 *Revolution of The Heart*: *A Genealogy of Love in China*,1900—1950 即为个中代表。李著的重心不在情书,但书中的分析架构,对情书的研究却有莫大借镜之用。

Love-Letters and Privacy in Modern China: *The Intimate Lives of Lu Xun and Xu Guangping* 着眼于鲁迅与许广平的通信,纵观海内外对此书的书评,提到其对日常生活的关注可谓是共通之处。例如,饶佳荣在书评中写道:"杜博妮凭借其敏锐的眼光,为我们展示出鲁迅和许广平平凡的生活及时代风潮在它们身上的烙印。"以及"但作者披沙捡金,颇有斩获:休息和睡眠、洗浴和个人卫生、排泄、饮食、身体健康状况、抽烟、喝酒,都没有逃出她的掌心。"②即称作者透过《两地书》,将平时不为人关注的"平凡的生活"及其琐碎细节提炼展示出来,且这些细节关乎鲁迅与许广平两个人,并非只关于鲁迅。

国外的书评中,Anne Wedell-Wedellsborg 讲到此书的意义称,该书:

> show us what he[Lu Xun] considered to belong to the private sphere and to his personal space, as opposed to what could be shared with the public.

---

① 对鲁迅许广平通信,王得后曾于 1982 年出版《〈两地书〉研究》一书予以探讨。

② 饶佳荣:《再现鲁迅和许广平的爱情生活》,网易读书频道转自《东方早报》(上海)。http://book.163.com/09/1102/02/5N34BNP300923IND.html,2009 年 11 月 2 日。

按照 Anne Wedell-Wedellsborg 的说法,该书贡献也可分为三大点,而其中的一点是:

> First, it provides a deeper insight into the daily life of Lu Xun the man, his tastes, his eating and drinking habits("Lu Xun's indigestion is given more attention than his preparations for launching a new magazine") as well as his thinking and the personal background to some of his literary texts.①

在美国的中国学者 Eva Shan Chou(周珊)眼中,*Love Letters and Privacy* 一书为研究鲁迅的私人生活做出很大的贡献。她撰写的书评中特别提到杜著的第三部分:

> Most of Part three consists of a derailed, systematic examination of the many discrepancies between the two versions of the letters regarding the lovers' relationship, their friends, enemies, family, contemporary gossip, and more. Not merely mechanical, in McDougall's hands comparison yields insights that together compose a picture of "personal space".②

Anne Wedell-Wedellsborg 和 Eva Shan Chou 都谈到诸如"daily life","private life"的字眼,对鲁迅这类大人物平常未被人们留意的生活细节加以关注。另外,两位学者一再提及"personal space"与"public"之间的对比,意在突破一贯认知,强调大人物日常生活的一面。

在 2011 年出版的 *Revolution of The Heart: A Genealogy of Love in China*, 1900—1950 一书中,作者李海燕借 Raymond Williams 的概念,即"Structure of Feeling"(情感结构)来看待 20 世纪的中国现代文学史。作者认为"现代"有三个阶段,且对应着三种不同的情感结

---

① Anne Wedell-Wedellsborg, "Review of *Love-Letters and Privacy in Modern China: The Intimate Lives of Lu Xun and Xu Guangping* by Bonnie S. McDougall" In *The China Journal*, No. 53, (Jan., 2005), pp. 205—207.

② Eva Shan Chou, "Review of *Love-Letters and Privacy in Modern China: The Intimate Lives of Lu Xun and Xu Guangping.* by BONNIE S. MCDOUGALL" *The China Quarterly*, Volume 177(March, 2004), pp. 236—237.

构,但却由一种思路一以贯之——让情感生活贯彻于私人以及公众生活的空间。根据中国人一贯的想法,"大我"与"小我"应区分开来,而其实类似的看法——即"private sphere"与"public sphere"有着明显的分别——直至今日仍普遍存在不同的社会。然而,李海燕观察到,在20世纪初,中国作家持有一个信念,认为应该把私人的生活贯彻于公众生活的空间。事实上,不论这种将私人感情贯彻于公众生活的做法成功与否,由情感结构这一角度出发,都可洞悉到当时社会的改变,一些学者在评价此书时也持有同样的看法。

例如:Alexander Des Forges 在该书书评中所写:

> Haiyan Lee makes a powerful argument for the centrality of feeling—especially romantic love—to the imagination of the nation, reform, and revolution in twentieth—century China.

另外,C. D. Alison Bailey 评 *Revolution of The Heart: A Genealogy of Love in China*,1900—1950 时,提到私人的"love"与公众的"nation"之分别,称

> modern subject as an independent, morally autonomous individual whose identity is fraught by the rival claims of freedom to love and the nation.

而书评中说到,私人生活(private lives)和公众空间(civil society)如何交融。

最后,我们的引用 Wendy Larson 对该书的书评,当中有这样的描述:

> Haiyan Lee explores the relationship between modern emotions and political institutions, concepts of the nation, citizenship, family, revolution and (the idea so avidly deployed since Charles Taylor's 1989 study, *Sources of the Self: The Making of Modern Identity*) the unheroic everyday."[①]

[①] Wendy Larson, "Review of *Revolution of the Heart: A Genealogy of Love in China*,1900—1950 by Haiyan Lee" *The China Journal*, No. 59(Jan. 2008), pp. 147.

Wendy Larson 此处提到"unheroic"一词,令人联想到唐小兵在 The Chinese Modern：The Heroic and The Quotidian 一书中的观点,即有两种不同的力量同时存在,一种是英雄式的(Heroic),另一种是平凡的(Quotidian)。进而言之,英雄式的力量指涉一种外在的、可供人尊崇的姿态,而平凡的力量则指涉属于个人的、日常的生活状态。对于公众视野中的大人物,人们往往视其为值得崇拜的英雄,认知较多的也是其英雄式的一面,而对其平凡的、日常的一面则一向忽略,甚至忘记了这一面的存在。

上面引述过的饶佳荣在其文章中曾提到:"曾几何时,鲁迅成了一座牌坊",但其实,他"绝不只是横眉怒目的战士,更不是泥雕木塑的硬邦邦的偶像。"[①]所谓"牌坊",便可理解为一种英雄式的姿态。反观巴金,他地位之重不及鲁迅,因此还未成为"牌坊",作为研究者,我们也并不希望巴金成为"牌坊",相反,他英雄式的一面固然值得关注,而日常生活的一面亦值得深入探究。由此,若要了解巴金日常生活的一面,最好的途径莫过于研究他的情书,此点于当下的巴金研究而言,具有颇为重要的意义。

(郭枫整理)

[①] 饶佳荣:《再现鲁迅和许广平的爱情生活》,网易读书频道转自东方早报(上海)。http://book.163.com/09/1102/02/5N34BNP300923IND.html,2009年11月2日。

陈喜儒

巴金与井上靖的友情

> 友情是我生命中的一盏明灯,离了它,我的生存就没有光彩,我的生命就会枯萎。友情不是空洞的字眼,它像一根带子把我的心同朋友的心牢牢地拴在一起。
>
> ——巴金

一

井上靖先生是巴金的老朋友,也是中国读者熟悉的日本作家。他几乎年年来中国访问,他的小说,如《天平之甍》、《斗牛》、《猎枪》、《夜之声》等,很早就译成了中文,深受读者欢迎。他知识广博,文笔凝练,构思精巧,擅于在浓郁的诗一样的抒情气氛中,描写人物内心的热情、执着、孤独和痛苦。诗人的气质和小说家的匠心,形成了井上文学的深婉雄浑。

我虽然对先生仰慕已久,而且在各种外事场合也多次见过,但一直没有机会与他促膝而坐,聆听他评诗论文,心里总有一种"高山安可仰,徒此揖清芬"之憾。直到一九八二年六月,严文井率茹志鹃、海笑、任光椿和我到日本访问时,才有机会应邀到先生家里做客。

严文井先生也是井上先生的老朋友,远在一九六三年,就曾与巴金、冰心、马烽、许觉民等到井上家拜访,旧地重游,老友相见,格外高兴。他说:我一定向中国笔会会长巴金先生转达您的盛情邀

本文作者在第十一届巴金学术研讨会上发言

请,全力支持东京大会。当时风传井上靖可能获得诺贝尔文学奖,严文井先生说:"印度的泰戈尔、日本的川端康成都获得了诺贝尔文学奖,我们希望井上先生是亚洲第三名获奖作家。"井上先生笑着说:"如果诺奖真给亚洲作家,那么我应该排在中国作家巴金先生之后。"

看得出,他对巴老的文学业绩和人格由衷钦佩。记得在十年浩劫刚刚结束的一九七七年八月,中岛健藏、井上靖一行到新疆访问,回到北京后,按照原来计划,本应直接回东京,但他们临时提出绕道上海,去看望巴金等老朋友。在上海,井上将《桃李记》赠与巴金,其中有深切怀念老舍的文章《壶》。据巴老日记记载,九月一日,当晚发烧,"咳嗽渐剧。服四环素。十一点半前睡。睡不着,翻了翻井上的《桃李记》,看到《壶》,读了一遍,感想甚多。二日(多云)六点半起,略感舒适。仍服四环素。八点三刻接待组派车来接我去衡山饭店。陪中岛一行去机场。到机场后同井上谈了读《壶》的感想。"(《巴金全集》二十六卷一五七页)井上靖先生知道巴金可以直接阅读日本文学作品,非常惊讶,也非常高兴,特意把随行的佐藤纯子叫到身边,兴奋地说:"巴金先生看了我的《壶》啦!看了我的《壶》啦!"

一九六五年,老舍先生率刘白羽、张光年、杜宣、茹志鹃等到日本访问时,曾给井上靖先生讲过《壶》的故事。"文革"中,井上靖先生听说老舍含冤溺水身亡,心中悲愤,于一九七〇年十二月,写了怀念文章《壶》。他写这篇文章时,正是中国的"文革"如火如荼时期,身为友好人士,不能不有所顾忌。他写完后,曾对白土吾夫说,这篇文章发表,很可能引起"四人帮"的反感,厌恶,这样我就再也不能去中国了。如果不发表,无法寄托我的哀思,我还算个什么作家呢?即使我将来去不了中国,我也要发表这篇文章。井上先生不仅发表了这篇文章,还将其收入文集《桃李记》中,广泛流传。

巴老读到这篇文章时,对井上先生的侠肝义胆,仗义执言,重友情讲义气,怀着崇高的敬意,但同时也引起深深的自责:"老舍死去,使我们活着的人惭愧……我们不能保护一个老舍,怎样向后人交代呢?没有把老舍的死弄清楚,我们怎样向后人交代呢?一九七七年九月二日井上先生在机场上告诉同行的人我读过他的《壶》,他是在向我表示他的期望:对老舍的死不能无动于衷!……重读井上靖先生的文章、水上勉先生的回忆、开高健先生的短篇小说,我也不能不责备自己。老舍是我三十年代结识的老友。他在临死前一个多月对我讲过:'请告诉朋友们,我没有问题……'我做过什么事情,写过什么文章来洗刷涂在这个光辉的(是的,真正是光辉的)名字上的浊水污泥呢?"……

二

一九八二年秋,为庆祝中日邦交正常化十周年,日本中国文化交流协会会长、日本笔会会长井上靖和中国作家协会主席、中国笔会会长巴金互致书信,表达世世代代友好的美好愿望,同时在两国主流媒体上发表。井上靖的信《致巴金先生》写于一九八二年八月二十五日,巴老《答井上靖先生》写于九月二日,井上先生的信由我译出,与巴老的信同时发表于九月二十日《人民日报》第七版。

井上靖说:"大概是初夏的时候,日本传说巴金先生入院动手术。我和您的日本朋友,都为您的健康担忧。后来读了香港《大公报》关于您近况的报导,才算一块石头落了地。当时的心情,就像阴霾的天空,一下子云消雾散,豁然开朗。我真想对那位写报道的新闻记者说,谢谢你送来了佳音。那篇报道说,患部不是恶性肿瘤,而且在五月下旬做了手术,现在身体非常健康。啊,总算放心了!这种欢悦的心情不仅仅是我一个人,而是您的日本朋友们的共同心情。看到您穿着汗衫,精神矍铄的照片,大家都很高兴。

"同时,我也深为您的雄心壮志而感动。写几本《随想录》,还要写长篇小说,这对于年龄相仿的我是极大的鞭策。我期望您故乡的四川出版社早日出版《巴金文集》(十卷)。此刻,我正在翻阅日记,想查一查我到底见过您几次。昭和三十二年(一九五七年),我作为日本作家第一次到中国访问。有幸在上海见到了您……"

井上先生根据日记的记载,统计出他与巴金先后共见面七次。他说:"我曾在杂志上发表的一篇文章中记述了昭和五十二年(一九七七年)见面时的情景:'这次到中国访问,途经上海机场回国的时候,在欢送的人群中,我发现了中国作家巴金先生,这是一别十四年后的第一次见面。昭和三十六年(一九六一年)我访问中国时,曾在上海到巴金先生的家里做客。当时巴金先生的夫人热情接待了我们。在我对已故的巴金夫人表示哀悼时,巴金先生对当年一同去拜访他的龟井胜一郎先生也表示了深切的怀念。那次见面时间很短,没能详谈。巴金先生告诉我说他昨天夜里读了我那篇写老舍先生的小说——《壶》。这是我第一次知道他能读日本文学作品,感到十分惊讶。'"

在谈到读巴老的《随想录》(日文版)的感想时,他说:"作为一个文学家,有如此雄心,不禁使我肃然起敬。书中的几篇随感,使我深受感动。我想,这样的随感辑成几卷,用诚恳真挚的文学家发自心底的呼喊,会使人们清楚地知道中国的'文化大革命'和'四人帮'究竟是什么,会使人了解其全貌和内涵。它不仅使人们知道了那黑暗的时代,而且会叫人思索更广泛的政治和文化问题。"

井上靖最后说:"现在,日本笔会正在筹备一九八四年在东京召开的国际笔会大会,有许多工作,需要中国笔会协助。切望有机会拜会先生,就笔会的使命以及当今世界文学等问题,聆听先生的高见。"

巴老在回信中不仅回忆了与井上靖的深厚友谊,而且对当时一些别有用心的人修改教科书的逆流予以迎头痛击。巴老说:"您谈到我们几次见面的情况,我得承认,一九五七年的第一次会见,我已没有什么印象。但一九六一年春三月我到府上拜谒的情景,还如在眼前。在那个寒冷的夜晚,您的庭院里积雪未化,我们在楼上您的书房里,畅谈中日两国人民间的文化交流。我捧着您的几本大作告辞出门,友情使我忘记了春寒,我多么高兴结识了这样一位朋友。这是我同您二十一年交谊的开始。……我们都看得明白,只有让两国人民世世代代友好下去,才能保障子孙后代的幸福;反过来中日友谊遭到破坏,两国人民就会遭受大的灾难。"

巴老说:"中日两国有两千多年的人民友谊,流传着许多动人的故事。我读过先生的名著《天平之甍》,我也瞻仰过奈良唐招提寺鉴真大师的雕像,大师六次航海、十二年东渡成功的情景经常在眼前出现。我也曾在刻着诗人芭蕉俳句的石碑前停留,仿佛接触到充满友情的善良的心的跳动。人民友谊既深且广,有如汪洋大海,多一次的访问,多一次心和心的接触,朋友间的友谊也会不断加深。井上先生,您是不是还记得一九六三年秋天我们在上海和平饭店一起喝酒,您的一句话打动了我的心。您说:比起西方人来,日本人同中国人更容易亲近。您说得好!我们两国人民间的确有不少共同的地方:我们谦虚,不轻易吐露自己真实的感情,但倘使什么人或什么事触动了我们的心灵深处,我们可以毫不迟疑地交出个人的一切,为了正义的事业,为了崇高的理想,为了真挚的友情,我们甚至可以献出生命。您我之间的友谊就是建筑在这个基础上面的。"

写到这里,巴老笔锋一转说:"在两国人民兴高采烈迎接邦交正常化十周年的时候,发生了修改教科书的事件。把'侵略'改为'进入',可能还有人想再次'进入'中国。日本军人'进入'中国不止一次,三十年代那次'进入'就造成了一千万以上中国人的死亡,同时也给日本人民带来莫大的灾难。……人民的力量是无敌的,也是无穷的,问题在于让他们看见真相。先生,作为文学家,我们有责任把真相告诉他们,免得他们再受骗上当。"

巴老最后说:"我相信以先生为会长的日本笔会筹备召开的一九八四年东京国际笔会,一定会取得圆满成功。关于国际笔会,我认为可做的事情很多。国际笔会应该成为世界作家的讲坛,应当成为保卫世界和平,发展国际文化的一种强大的精神力量。"

三

为邀请中国笔会参加国际笔会第四十七届大会,日本笔会会长井上靖先生于一九八二年十一月二十三日,一九八三年一月十五日,一九八三年十二月二十一日,连续三次到医院看望巴老,恳切希望巴老届时率团莅临。当时巴老已经八十岁,病了两年多,光在医院就住了一年多,亲友们为他的健康担忧,大都不赞成他出国开会,害怕他旅途劳顿,身体吃不消。巴老也犹豫了好久,一是他对自己的身体没有信心,害怕病倒在异国他乡给朋友们添麻烦;二是如果不去,又会使日本朋友们失望,辜负他们的一片热忱。两难中,医生的支持给了他信心和勇气,于是决定东渡访友,出席会议。他在医院里写完了讲演稿《核时代的文学——我们为什么写作?》后,回家为出访作准备,并于一九八四年五月九日到达日本。

五月十日上午,巴老访问了日中文化交流协会事务局,为老友中岛健藏扫墓之后,去拜访井上靖。当巴老拄着手杖走进井上家清静幽雅的宅院时,在门廊里迎候的井上靖夫妇走过来,把巴老让进客厅。

客厅很大,三面是顶天立地的书柜,摆满装帧精美的厚重的大书。南面玻璃拉门处摆着一组沙发和茶几,两侧的柜子上陈列着文物古玩。茶几的中间,有一个精美的大花瓶,插着一束盛开的蝴蝶兰。

这是巴老第四次到井上家做客。据巴老日记记载,第一次是"一九六一年三月二十六日 晚饭后七点出发冒雪访井上靖,八点到达,谈至九点半告辞,返旅馆已十时半。"(《人生最美好的事情》

巴金研究集刊卷五第四页《巴金访日日记》[一])

第二次是"一九六三年十一月二十七日 （下午）三点半后全团乘车去井上靖家访问,见到他夫人和儿女。六点前,井上夫妇请我们到银座'蓝亭'酒家吃晚饭。"[《巴金全集》二十五卷三二三页]

第三次是"一九八〇年四月六日 （下午）两点出发去访井上靖(谢[谢冰心——作者注]、林[林林——作者注]同去),四点后回旅馆。六点出席日中文化交流协会的招待会。"(《生命的开花》巴金研究集刊卷一第二十二页《巴金访日日记》)

此刻,巴老望着草木葱翠的庭院,回忆一九六一年见面时的情景说,那是早春三月,积雪未化,白花花一片,天气很冷,但我们谈得很愉快,心里暖融融的。

井上先生也回忆说,那年七月,我与龟井胜一郎先生到巴金先生家里做客,受到夫人萧珊的盛情款待。我们敞开胸怀,谈文学,谈交流,谈友谊,海阔天空,尽兴而归。记得那天是在巴金先生家吃的午饭,还喝了不少酒。尤其是你家的冰淇淋,好吃极了,简直是无与伦比,终生难忘。

巴老笑着说,那是因为天太热,所以你觉得特别好吃。

井上先生敬重巴老的人品和文品,认为巴老的《随想录》充满对人类深厚的爱。他说对巴金先生的尊敬,是日本、也是世界各国读者共同的感情。

巴老对井上先生重友情、讲义气、为中日友好仗义执言忘我奔波的侠肝义胆怀着深深的敬意。

井上先生说:"您能来开会,我作为东道主,感到很光彩。为了欢迎您光临寒舍,我特意挂上了梅原龙三郎的画《北京的天空》。"

巴老说:"您三次到医院盛情邀请,我不能不来。为了适应这次访问,我出院准备了半个月,天天活动一下,现在已经习惯了。国际笔会在日本召开,我们也感到高兴,应该尽我们的力量,把这个会开好。今天我到中岛先生的墓地去看了看,现在安心了,不然总觉得心里有事。"

井上先生说:"五月的日本最好,风清气爽,阳光柔和。看到您面色很好,我很高兴。先生是全世界的宝贵财富,我们共同努力,保护您的健康。"

巴老说:"谢谢您的关心,但我不是什么宝贵财富,只是一个普通的又病又老的中国作家。"

井上先生说:"今天下午,我要去祝贺老作家野上弥生子百岁大寿和文学生涯80年。野上先生耳聪目明,笔耕不辍。七十岁到中国访问时,还坐汽车由西安到延安去参观。几年前,我妻子见到她时,她问我妻子多大?我妻子说七十二岁。她说你真年轻啊!我妻子高兴了好几天,因为她这个老太婆,已经好几十年没有听到这样的话了。"井上先生说到这里,爽朗地哈哈大笑说:"我祝愿巴金先生长寿,进入二十一世纪。"

巴老说:"这对我是个很大的鼓励,使我也有了信心,我也要活到二十一世纪。"

四

一九八四年五月十二日,应日本广播协会邀请,巴老与井上靖对谈,井上靖先生说:"我第一次见到先生是一九五七年,那是我第一次访问中国。四年后,我到巴金先生家里做客。"

巴老再次委婉地否认说:"一九五七年那次见面,我已经没有什么印象。一九六一年那次见面,印象很深,如在眼前。"

两年前,即一九八二年八月,为庆祝中日邦交正常化十周年,井上靖在致巴金的信中说,第一次见面是一九五七年,但巴老在回信中委婉否认说"我已没有什么印象"。井上先生两次说第一次见面是一九五七,而巴老两次否认,那么,他们第一次见面,到底是哪一年呢?

据我所知,巴老记忆力惊人。我曾多次问巴老一些陈年旧事,他的回答都是一清二楚,从无模棱两可,似是而非的时候。记得一九八〇年随巴老访日时,中国作家代表团到京都岚山参谒周总理诗碑,冰心老人当场写了一首七绝,巴老只看了一遍,就背了下来。我大吃一惊,说:"巴老,你看一遍就能背下来,真了不起。"巴老说:

"我年纪大了,记忆力不行了,年轻时,记得牢。现在虽然当时能记下来,但过不了几天就忘了。"当时我就想,一位七十六岁的老人,居然有过目不忘的卓绝的记忆力,真是不得了!还有一次,在杭州柳莺宾馆,一位记者喝醉了,早晨没吃饭,睡了一上午。我问巴老,您喝醉过没有?巴老说:"喝醉过。一次是到朋友家办事,他爱喝酒,非叫我喝不可。结果我也喝了不少,因为着急去看电影,就跑回生活书店去拿电影票。到厕所解手时,醉倒在地,不省人事,醒来后,手里还捏着电影票,不知人在什么地方。一次是在朝鲜,志愿军战士很能喝酒,我和他们一起喝,结果喝多了,看节目时,还没有开演,我就睡着了。一次是阿根廷作家来访,他们说干杯就得真干,结果喝多了,照相时,怎么也站不稳,总摇晃。还有一次到老根据地去参观访问,当地人很热情,劝酒,我也喝多了。我醉酒大概有这么几次,很难受,也伤身体,好几天不舒服。"

那次巴老讲的很详细,有时间有地点,有场景有感受,可惜我当时没记,过后回忆,只剩下筋骨,所以我认为巴老忘记的可能性不大,那么问题到底出在那里,巴老一九五七年到底见没见过井上靖呢?

我先查日本的有关资料。井上第一次访问中国,是一九五七年十月二十六日至十一月二十二日,团长是山本健吉,团员有井上靖、中野重治、十返肇、多田裕计、堀田善卫、本多秋五。从大连外国语大学研究井上靖的学者何志勇君整理的日本作家团访华的日程表中查到,日本作家一行经香港从深圳入境,访问了广州、武汉,十月三十日到北京。十一月十一日到上海,十四日上午拜访作协上海分会并座谈,在沪期间去杭州、苏州游览,十九日离开上海去广州。当时巴老任中国作协副主席、上海作协主席,按理说,巴老无论在北京,还是在上海,都应该出面接待,但日方日程中没有会见巴金的记录。

于是,我开始查阅巴老著作,看其中是否有有关记录。

《巴金全集》十八卷《集外编》(上),一九五七年未有欢迎日本作家团或与日本作家接触交流的文章。

《巴金全集》二十五、二十六卷《日记编》(上、下),没有一九五七年日记。

但在《巴金全集》二十六卷所附的巴金著译年表(李存光编)五八三页发现:十一月四日至二十八日作为中国劳动人民代表团成员,在苏联参加庆祝十月革命四十周年活动。另外,巴老在《难忘的日子》一文中说:"这次我参加了中国劳动人民代表团到莫斯科观礼,在苏联住了二十四天"(《巴金全集》十五卷二十一页),可以证明著译年表中的这一记录是准确的。

由此看来,井上靖说在上海见到巴金,没有可能,因为他们十一月十一日到达上海时,巴老已在苏联。如果见面,只有一种可能,即日本作家团十月三十日到达北京,而巴老十一月四日去苏联前,可能先到北京报到集合,从时间上看,有交集的机会。

巴老先后两次委婉否认,可能引起了井上靖先生的注意,三天后,即五月十五日下午在下榻的京王广场饭店,应杂志《昂》之约与巴老对谈时,他说:"见到先生以后,我回家又查了查日记和资料,和先生第一次见面是昭和三十六年,即一九六一年,离现在已经快二十三年了。那时候先生很年轻,我也很年轻。"(《巴金全集》十九卷六三一页)

由此看来,巴金与井上靖第一次见面,应该是一九六一年。

关于文学

井上:我觉得现在的文学,渐渐失去了各国的特点,变成了世界性的文学,您怎么看这个问题?

巴老:我说过,自己不是文学家、艺术家。我走上文学道路,是为寻求救国救民也救自己的道路。我认为文学的目的就是高尔基所说的,"要使人变得更好"。我在论创作中反复说过这些话。

井上:我完全同意您的看法。特别是读了先生的《随想录》之后,更能理解您的观点。我刚才说,每个国家的文学,都应该有自己的国籍,自己的民族特色。

巴老:我同意。我认为,西方的现代派,只是一个流派,说这是文学发展的方向,我不赞同。我常说,作家是生活培养的,是读者养活的。我开始写作时,虽然受到西方文学的影响,但我笔下的人物,始终是中国人,中国心。所以我认为没有国籍的文学,不会流传很广,影响很大。

井上:我也认为,我们的作品应该使读者获得活下去的勇气,使读者明白生活的方向。这一看法,是这几年才逐渐明确的。以前我一直认为,只要作品使读者看着高兴就行了,但我现在已经有所改变,要给人们希望、鼓励。我从先生的作品中深深感到,您就是这样做的。

巴老:我是这样想的,也是努力这样做的。我本人就是从好的文学作品中汲取力量的。有时,好的文学作品,能影响人一辈子,所以作家的责任重大。

井上:我也愿意当这样的作家。

巴老:先生是很了不起的作家,有这样的胸怀,令人钦佩。我以前虽然知道鉴真大师的名字,但并不了解,看了先生的《天平之甍》,才知道了大师的事迹。直到今天,大师的面容还在我的眼前。

关于写作计划

井上:在"文革"中,大约十几年,没见到您。直到一九七七年,才在上海见面。一九七八年,又在北京见面。当时您说,在学日语,要读日文小说。还说要锻炼身体,做更多的事。

巴老:这两件事都失败了,无法交卷。我从鲁迅先生的译著中看了不少日本文学作品,很喜欢,就想学习日语,但一直没学好。一九七七年,先生赠我一本《桃李记》,我看了其中的《壶》,基本能看懂。"文革"后期,我听广播,学习日语。但后来事多,身体又不好,就丢了。事情一忙,身体也不锻炼了,越来越差,后来又跌了一跤,住进了医院。井上先生上次来医院看我,我很狼狈。我现在的遗憾是没有把日语学好。

井上:我听说您学习日语,很钦佩,很感动。我从小就觉得汉字的读音很难很复杂。先生跟着广播学日语,我不仅觉得很难,甚至觉得"可怕"。我想问问先生,还想写什么?

巴老:我一九七七年宣布,要写五本随想录,翻译五本赫尔岑的回忆录,共十三本,已经出了五本,还有一本马上要出,还差七本。"文革"期间，十年没动笔。以前工作忙，开会多，也没怎么写。现在虽然身体不好，写字困难，还是写了六本。我希望再活十年，能把任务完成。特别是两本小说，到处宣传，结果只写了一小部分。写的是知识分子在"文革"中的经历。身体好些，就能写下去。现在手抖，写字困难。

井上：这两部小说，一定要写出来。

巴老：我也是这样想。井上先生写得多。我说过，日本作家有两大特点，一是写作勤奋，二是考虑问题认真。

井上：先生一定要完成您的计划。今后十年，我也有个计划。

巴老：听说您要写孔子？

井上：我把孔子安排在我的第一步计划中。现在正在收集资料，考察采访。我期望先生早日把"文革"中的经历写出来，把当时的社会反映出来。我也想尽快把孔子完成。

巴老：我小时候，孔子的诞生日，要给孔子磕头。背书背不出来，要打手心。"五四"运动时，我十五岁，我们要打倒孔子。井上先生的书出来，我要好好读一读。

井上：非常感谢。

（以上摘自一九八四年五月十二日应NHK邀请，巴金与井上靖的对谈）

关于孔子

井上：我把还没写的小说告诉有世界声誉的巴金先生，实在感到不好意思。但在这样美好的日子里，还是对先生讲吧。纪元前五百六十一年，召开了葵丘会议，黄河沿岸各国盟约不用黄河之水作为武器。孔子就是那一年诞生的。春秋战国时代，天下大乱，孔子希望天下安定，创建一个幸福的社会，使周围的庶民百姓感受到生在人世的幸福，基于这个思想他提出了"仁道"。

简单地概括"仁道"，就是恢复人与人之间的秩序，确立父父子子的关系，从生活家庭方面确定人们的道德观念，这是很了不起的。当时还没有佛教、天主教，在那样的时代，孔子就认为，只要相信人类，总有一天会建立起和平理想的社会。这就是我现在思考的,要写的。

巴金：我回到上海以后,想读一读关于孔子的书,或者孔子写的东西。我小时候在私塾读书,每逢七月二十七日孔子的生日,就要给他的牌位磕头。

小时候每天背孔子的书,背四书五经,背不下来,老师就用竹板打手心,虽然要求背诵,但老师一点也不讲,只是硬背而已,根本不懂是什么意思。

渐渐长大了,家里人常常用孔子的话教训我们。后来中国爆发了"五四"运动,开始提倡新文化。新文化运动的领导人号召打倒"孔家店",我很高兴,很兴奋。当时我很年轻,对反对封建礼教,很赞成,对于君君臣臣、父父子子很反感。

在我的小说《家》中,年轻的主人公就有反孔的思想。小说中的主人公反对父亲的压迫,反对父与子之间仅仅是上对下的关系。我写《家》的时候二十七岁。当时的社会与现在完全不同。先生刚才讲的我以前没有考虑过。现在应该冷静地、客观地重新研究孔子,期望从井上先生的小说中再认识孔子。

井上：我是想从普通人的角度来写孔子,这也是我的小说的一个主题。长期以来,人们把孔子当作圣人,我想把他当作普通人来写。二千多年来,孔子一会儿被肯定,一会儿被否定。我个人思想上也经历了一个对孔子肯定、否定的过程,但我现在肯定孔子,想把他当作一个普通人来写。

(以上摘自《巴金全集》十九卷六三九页《有朋自远方来了——与井上靖的谈话》)

关于友情

井上：我经常到中国去访问,受到热情接待,结识了许多朋友。但现在许多人已经不在了。老舍先生,田汉先生,是我最初到中国时认识的。郭沫若先生,茅盾先生,诗人李季先生也逝世了。还有学者吴晗先生、邓拓先生也不在了。想起来,这些朋友好像就在眼前。

巴金：井上先生朋友很多,有些人去世了。但又交了许多新朋友。

井上："文革"以后,结识了许多新朋友,简直是数不胜数。

巴金：我觉得友情经过时间的考验,越来越深。我曾多次讲过,"文革"时我在牛棚受审时,一想起和日本朋友坐在一起谈笑的情景,心里就感到温暖,感到欣慰。我们的友情是世界上最美好的感情。

井上：三年前,我在上海的医院里邀请先生到日本来参加笔会大会,那时先生说,只要我的身体能动,一定去。这次刚出院不久就到日本来了,我真高兴。先生在前几天讲话中说,以前已经约好,所以我来了,是来助威的。听了这句话,我激动得说不出话来。

巴金：我是来向日本朋友们学习的。先生在过去的一次酒会上说过,国与国之间的友好,民族与民族间的友好,都要建立在人与人之间友好的基础之上。我们两国历史典籍上记载着许多友好的故事。

井上：无论是读先生的《随想录》,还是听先生的讲话,我都感到,只有巴金先生才会这样讲,这样写。先生的作品中浸透着先生的品格。如果用一句话概括巴金文学的特点,我以为就是真诚的感情和对人类深厚的爱。先生今天在大会的发言之所以激动人心,就是因为充满了真诚的感情和对人类深厚的爱。

巴金：谢谢井上先生对我的夸奖。我常说我不是文学家,我是靠友情生活,靠感情写作的。我在写作的时候,心里充满了无穷无尽的感情。(《巴金全集》十九卷六三五页《探索友情——与井上靖的谈话》)

五

一九九一年一月二十九日晚十时十五分,井上靖因患急性肺炎,于东京逝世,享年83岁。

巴老在病床上听到井上靖逝世的消息,非常悲痛,尽管他手抖得厉害,写字困难,但在井上先生逝世不到一个月的二月二十六日,写了《怀念井上靖先生》一文,发表在三月六日的日本《产经新闻》上。

巴老说:"一九九一年一月三十日清晨,我在病床上听'早新闻'节目,意外地听到了井上靖先生逝世的消息。四周非常安静,屋子里闪着灰白色亮光。我疑心是在做梦。难道三十年的友情就这样结束？我想着,往事一件件浮现在眼前。"

巴老回忆了与井上靖先生长达三十年的交往和友情及最后一次见面时的情景:"一九八四年东京对谈,我还保留了一盒录音磁带。当时他在写关于孔子的小说,我们便谈起了孔子。我是'五四'运动的产儿,我的老师是打'孔家店'的英雄。我在封建大家庭中生活了十九年,从小在私塾中常常因为背不出孔子的书给打手心,长大成人又受不了要大家'君君臣臣、父父子子'恪守本分的那一套规矩,我总觉得人们抬着孔子的神像在压制我。在老友面前我讲了些过去的真实印象。先生不加反驳始终带笑地谈下去。最后我答应他的书出版后要认真地读一读。

"在去年十月等待他最后一次访问的时候,他的书出版了,我得到一册中文译本,想起对谈中的诺言,争取时间读完了它,我不由得发出赞叹。他写的孔子也就是我小时候把'他'的著作和讲话读得烂熟的孔夫子,可是我到现在才明白这个孔子爱人民,行仁政,认为人民是国家之本！两千几百年以前就有这样一个人,真了不起！在我们这个时代,花这么多时间和精力,把孔子放在原来地位上描写出来,这就是井上文学。"

巴老最后说:"往事像长了翅膀似地飞来飞去,已经到了尽头。屋子里渐渐亮起来。播音员的声音还是十分清楚,仿佛有人用针刺痛我的心。这不是梦,这是永别。……他走了,留下很多美好的东西。三十年并不曾白白地过去,两个作家的友情也不会徒然地消亡,我们为之奋斗了半生的中日人民友好的事业将永放光芒。尊敬的井上先生,您永远活在我的心里。"

为了祭奠老友,巴老特意拿出十万日元稿酬,委托白土吾夫先生买束鲜花,放在井上先生墓前,寄托哀思。

2014 年 11 月 17 日星期一

朱 恩

巴金与世界语

一 执教世界语班、编辑世界语杂志、翻译世界语文学作品

巴金先生在法国创作的第一部长篇小说《灭亡》,首次在上海著名杂志《小说月报》上发表,1929年开明书店出版了单行本。巴金先生从此走上文学之路。

1929年5月12日,巴金(后排左起第一人)、索非(后排左起第三人)与上海世界语协会的负责人以及奥地利世界语者EBNER(前排左起第三人)合影

本文作者在第十一届巴金学术研讨会上发言

  事实上,巴金先生回国后也积极参加上海世界语运动。1929年,巴金先生当选为上海世界语学会理事,担任世界语函授学校教员并为学会编辑刊物《绿光》,在《绿光》杂志上发表了《世界语创作文坛概观》《世界语文学论》等论述以及世界语原创作品《在黑暗中》《我的弟弟》等。

  李奈西(1908—2003)是中国世界语界的著名老世界语者,1958年后,任中华全国世界语协会办公室主任,并主持《人民中国报道》(后改为《中国报道》)编审和行政领导工作,后任中华全国世界语协会副秘书长、《世界》杂志副主编。

  据他回忆,1929年5月他因参加革命活动而被捕,1930年春,在被关押的监狱里得知上海世界语学会胡愈之、巴金、陈兆瑛、孙义植四位世界语先驱创办了一个世界语函授学校,即请外面的同学帮他寄了五元学费报名参加学习。他回忆说,巴金先生同胡愈老为他亲自批改作业。这使他倍感世界语的亲切与温暖,于是下决心要把这门语言学好。

李奈西

与上海外国语大学世界语教师进修班部分学员合影

二 关爱后生

尽管巴金先生很忙,而且身体不好,但仍抽出时间,接待了一批又一批的各地世界语者(其中大部分是普通的世界语者),给他们复信、签名,同他们合影(右为在寓所接待上海外国语大学世界语教师进修班部分学员的合影),向他们了解地方世界语运动的情况,给他们一些自己的建议。下面是这方面的若干片断。

一

苏阿芒(Armand Su,1936—1991),著名世界语者、诗人。他写道:"巴金先生是我最喜爱的作家。1949年,在我还是一个12岁男孩的时候,就开始阅读他的作品。……在我孤寂的生活中,他的作品常给我以慰藉。""1951年春,我给他写了第一封信,表达了我对他的景仰。他不仅立即函复,还送我一本新作《华沙城的节日——波兰杂记》。从那时起,我就渴望见上他一面。"

1979年的秋天,他做了一次南下的世界语之旅。他在《与巴金会见》一文中写道,"在上海我最大的收获是,10月2日终于找到了他的家。他竟在大门口迎接我。"

巴金先生很久没有听到有关苏阿芒的消息,也没有看到苏的作品。令苏阿芒感到惊讶的是,巴金先生最先询问的竟是苏的健康状况并安慰他说:"你所受的苦比我多得多。"

苏阿芒与巴金先生聊起写作计划时,巴金先生说:"我还想为写作和翻译再做五年。"

巴金先生还与苏阿芒谈起世界语学习、写作、用汉语翻译世界语作品等方面的事情。

时间过得飞快。应苏阿芒的请求,巴金先生还在院子里与苏合影留念。苏阿芒说:"我永远也忘不了这次与中国最景仰的作家的会面,他的作品陪伴了我三十年的人生之路。"

二

2005年11月25日,是巴金先生诞辰101周年的纪念日。湖北省图书馆与湖北武汉部分世界语者联合举行了"巴金与世界语"座谈会。会上,国际世界语者教师协会中国分会原会长、华中师范大学教授张丹忱做了《丹柯的心:纪念巴金》的专题发言。在发言中,张教授说尽管没有与巴金先生面对面的接触机会,但有两件事情,使他与巴金先生有过关系。这两件事都是因为世界语。

第一次在1980年。"文化大革命"浩劫之后不久,全国经济濒临破产,文化一片荒凉,人们遭受迫害之后,心有余悸。湖北省部分世界语者多年冒着很大的危险,克服很大困难,1979年终于成立了湖北省世界语协会。1980年张教授编印了一本叫《新希望》的小册子,寄给了巴金先生,并附了一封短信,请他写稿。不久,张教授收到"上海文联李缄"的信。这是巴金先生的来信!巴金先生在信中说:

"丹忱同志:寄来的《新希望》收到,十分感谢。最近几个月我的身体很不好,写字越来越吃力,无法写稿,请原谅。今后倘使健

巴金致张丹忱信

康恢复,能写出什么来,会跟您联系。请谅。祝好!巴金　一月卅日"

如此亲切的信,令人激动。谁也不会想到,在身体很不好、写字困难的情况下,巴金先生竟然还给张教授这样一位普通世界语者回信。即使是这样一件小事,这样一位普普通通的世界语者的请求,巴金先生都如此亲切而认真地亲自回复,说明巴金先生对于世界语的深切感情和最大的支持。

第二次是在1986年。中国世界语之友会发起人之一的朱九思同志准备出版一本供世界语者阅读的书刊。这时正好湖北沙市的同志有编印《世界语文学》的计划。一天,朱九思同志邀张教授与华中工学院领导和出版社领导一起商量,当即决定出版《世界语文学》一书,请巴金先生担任顾问、叶君健担任主编,由张教授和胡国柱同志等担任执行编辑。请巴金先生担任顾问,还是通过一位普通的世界语者亲自找到巴金先生(详见后面第5部分肖火力访问巴金先生的文字)。巴金先生非常支持《世界语文学》,亲自题写了书名并为创刊号题词"展翅高飞"。这件事再次说明巴金先生是全心全意支持世界语的。

巴金先生担任《世界语文学》顾问并为之题写刊名以及为创刊号题词"展翅高飞"

《世界语文学》第1期介绍巴金先生的文字

《世界语文学》第2期

巴金先生致侯志平同志的亲笔信

巴金先生为侯志平同志签名、盖章的世界语纪念明信片，送给侯志平同志的《随想录》等著作

1981年巴金先生（中）与侯志平（左一）等同志在北京

巴金先生（中）为侯志平同志（左一）签名

三

侯志平同志，中华全国世界语协会常务理事，曾担任对外宣传杂志《中国报道》副社长，1980年编发了巴金先生率中国世界语代表团出席当年在斯德哥尔摩举行的国际世界语大会回国后写的一篇题为《参加国际世界语大会有感》的文章，并开始与巴金先生书信往来。后来，巴金先生多次与侯志平同志合影、通信，还送给侯志平同志《随想录》、台湾出版的《巴金译文集》等著作。

四

1981年9月25日，为纪念鲁迅诞辰一百周年，邮电部发行纪念邮票一套两枚。湖北省武汉市的一位世界语学习者、文学青年彭健君，想请巴金先生为鲁迅邮票上签名。他当即写了一封请求信，连同两枚邮票寄给巴金先生担任主编的《收获》杂志社。半个月后的一天，小彭收到了一封寄自《收获》杂志社的挂号信，信封上有大家熟悉的巴体签名"巴金"！

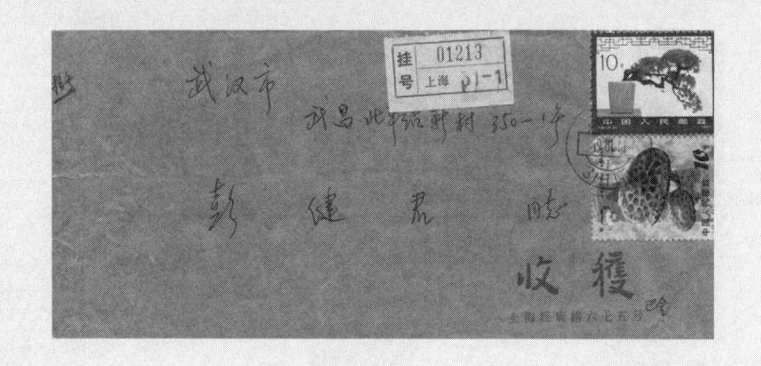

巴金为彭健君在鲁迅诞辰一百周年纪念邮票上题字

五

　　肖火力,现任北京市世界语协会副秘书长,在高校执教。1985年,20多岁的他在上海外国语大学世界语教师进修班学习。对他来说,1985年6月23日是一个终身难忘的日子。通过巴金先生好友卢剑波教授的写信引见,那天,在巴金先生的寓所他拜谒了自己最崇敬的世界语前辈巴金先生。

　　那天下午,肖乘了几路汽车,很快就找到了巴金先生的寓所,按了按大门上的门铃。不一会儿,巴金先生的妹妹来开了门。肖跟着她来到了客厅,看见巴金先生正坐在一把靠椅上。一看见肖,巴金先生即从靠椅上站起来热情地与肖握手,说已接到卢剑波教授为他今天来访所写的信,他很高兴在上海见到四川老乡。

　　坐下后,肖对巴金先生说:"李士俊老师托我转达他对您的良好祝愿。他祝您永远健康。李老师用世界语翻译过您的长篇小说《春天里的秋天》,他说您写得很好。"

　　说到这里,巴金先生谦虚地说:"没什么,我写得好,不过,他也译得好。"

肖火力与巴金先生的合影

接着,肖对巴金先生说:"巴老,这次我受即将创刊的《世界语文学》杂志编辑部委托,特邀您担任该刊顾问并请您为该刊题词。"

听了该刊的详细介绍后,巴金先生欣然接受了请求:"好,很好。世界语需要文学,文学也需要世界语。我愿《世界语文学》杂志:展翅高飞!"

巴金先生还送肖火力一本新出版的《随想录》第四集——《病中集》,与他合影留念,并留他共进晚餐。临别之时,为鼓励这位青年世界语者,巴金先生还为他写下了"为世界语的发展而奋斗!"的题词。

六

1994年11月,时逢巴金先生九十华诞,《中国报道》杂志社摄影记者刘思功与翻译部世界语者徐森荣受社里的委托,专程前往上海看望巴老。一到上海,他们便与上海世界语协会的汪敏豪同志取得联系,托他联系与巴老见面事宜。怎么也没想到,刚到宾馆住下,汪敏豪同志就打来电话说巴老第二天上午九点见他们。

在寓所，巴金先生与世界语者徐森荣、刘思功在一起

  上午9点，他们准时来到巴金先生的寓所，巴金先生早已在客厅迎候他们。进了客厅，巴金先生热情地和他们握手，并感谢他们专程从北京到上海看望他。

  当徐森荣同志把几期《中国报道》杂志和世界语书籍送给巴金先生时，巴金先生高兴地拿起最新一期《中国报道》翻阅起来，边看边说："《中国报道》创刊很早，历史很长了。"这时，刘思功同志不失时机地按动相机快门，拍下了巴金先生翻阅《中国报道》的珍贵镜头。巴金先生一边看杂志一边和徐森荣同志聊天，兴致很好，根本看不出这是一位疾病缠身的90岁老人。

  不知不觉一个多小时过去了，刘思功同志整整拍完了三个胶卷。考虑到巴金先生的身体状况，他们只好辞行。可巴金先生执意起来送他们，尽管他们再三婉谢，在服务员搀扶下，巴金先生硬是坚持将他们送到了门口。服务员说："所有来访的客人，走时巴老都要送到门口。"这就是巴金先生的为人！到了院里，刘思功同志几乎是含着眼泪回头拍了一张巴老站在门口的照片。临别时，巴金先生还送他一套亲笔签名的《随想录》。

1980年，巴金参加第65届世界语大会

三　参加第 65 届国际世界语大会

　　1979 年,中华全国世界语协会向国际世界语协会正式提出申请,要求加入该会。国际世界语协会主席团很愉快地接受了我国的申请,决定 1980 年在斯德哥尔摩举行的第 65 届国际世界语大会期间,召开国际世界语协会执委会讨论我国的申请。

　　1980 年 1 月,中华全国世界语协会选举新的常务理事会,胡愈之、巴金、叶籁士、陈原、张企程、叶君健等 14 人当选为常务理事。2 月理事会会议,确定分工,胡愈之继续担任理事长,巴金、叶籁士、陈原任副理事长,张企程任秘书长。

　　为第 65 届国际世界语大会派出一个阵容强大又很有分量的中国代表团,胡愈之提请巴金任代表团团长,叶君健任顾问,并让陈原同志写信给巴金先生征求意见。巴金先生愉快地接受提议并在复信中说:"去瑞典参加国际大会,只是报答愈之的好意,我六十年前在成都就同他通信谈 Esperanto,受到他的鼓励……"

　　来自 51 个国家或地区的 1800 多名世界语者参加了这届大会。

在8月2日的大会开幕式上,巴金先生代表中国世界语代表团向大会致辞。会场上多次响起了经久不息、雷鸣般的掌声。

大会期间,国际世界语协会执委会开会,一致通过决议接纳中华全国世界语协会为团体会员。这极大地表明了我国与国际世界语协会的友好合作,促进了国际世界语运动的发展。

在大会招待会上,斯德哥尔摩市市长特地与巴金先生碰杯,祝愿瑞中人民友谊万古长青!他们用世界语亲切地交谈着。斯德哥尔摩的日报、晚报、电视台等记者纷纷采访巴金先生,在当地媒体报道。同时,他们还特地制作了采访的电视专题片。

在斯德哥尔摩,巴金先生见到了他的老朋友布鲁诺·伏格尔曼先生。巴金先生对瑞典的朋友们说:"世界语一定会大发展,但是它并不代替任何民族、任何人民的语言,它只能是在这之外的一种共同使用的辅助语。……要是人人都学世界语,那么会出现一种什么样的新形势,新局面!"

四 创建中国世界语之友会

1981年12月,楚图南、胡愈之、巴金、夏衍、赵朴初、叶圣陶、谢冰心、白寿彝、叶籁士、朱九思等十位知名人士倡议发起的中国世界语之友会在北京成立。其宗旨是:促进社会各界对世界语的了解,扩大世界语在中国的影响,进一步推广世界语;在国际上为国际世界语运动增添一份道义上的力量,推动世界语运动更广泛的发展,使它的理想早日实现。之友会的成员由全国人大代表、全国政协委员、作家、艺术家、科学家、教育家、社会活动家以及其他各界知名人士等130多位组成。

巴金先生专程赴京参加了中国世界语之友会成立大会并发表讲话,他说世界语之友会成立是"中国世界语运动的一件大事,也可以说是国际世界语运动的一件大事。"在回顾自己青年时代学习世界语时,巴金先生说:"我觉得过去我喜欢世界语,有几种原因,一个是世界语容易学,一个是当时传播、使用世界语的人一般都是有进步思想的,还有一个是从世界语可以读到被压迫民族的作品,

1981年，巴金参加中国世界语之友会成立大会

还有就是世界语能够表达复杂深厚的感情。"在讲到世界语的前途时，巴金先生说："世界语虽然是人造的，但是它自己也有生命，我认为，世界语只能作为一种辅助语，不一定要求世界各国把民族语都取消，人人都来学这一种语言，我想，每一个民族自己的语言是不会消灭的，它一定会保存下来的，但是，另外，在交通、交流思想方面也需要另一种彼此都懂的语言，这种语言最适当的就是世界语。就是说，将来有一天各民族都懂世界语，那么对于互相了解就很方便了。所以世界语的前途是无限的。"

五　其他方面

1965年10月，巴金先生在河内访问越南保卫和平世界语者协会和河内世界语俱乐部，受到越南世界语者的热烈欢迎。他向越南同志介绍了中国世界语运动的情况。并说：他完全相信世界语在社会主义国家和全世界的前途，相信它在文化和社会方面日益增长的作用，并为越南同志题词："中越世界语者之间的友谊万岁！"

巴金先生还与日本及其他国家的世界语者见面和通信。1973

1989年12月，巴金在寓所接见日本友人德田六郎（右二）

年3月，日本著名世界语者德田六郎先生随日本文化代表团访华，在上海期间要求会见巴金，由于当时巴金先生受到非法审查，被中方拒绝。1974年4月，德田六郎先生随日本世界语代表团访华到上海，再次要求会见巴金，再次被拒绝。

1978年8月25日，巴金先生在上海锦江饭店会见以德田六郎先生为团长的日本《中国报道之友》访华团。德田六郎先生回国后，给巴金先生寄来了热情洋溢的信和《绿光》复印件。同年12月22日，巴金先生在用世界语写的致德田六郎的信中说："……我因病久未和大家联系，请见谅！谢谢您热情的来信和寄来的《绿光》复印件，那是我四十七、八年以前编辑的刊物。它使我又回忆起那以往的时光。多谢您了！"巴金先生接着写道："我很高兴能与您和您率领的代表团欢聚，我忘不了和您一起度过的那愉快的整整一个下午，我希望您明年再来上海。……"

后来，巴金先生多次在上海会见老朋友德田六郎先生。1980年9月21日，德田六郎先生率日中世界语友好访华团抵达上海，巴金先生到宾馆看望德田六郎先生。1989年12月，巴金先生在寓所又一次接待来访的老朋友德田六郎先生。

Al la 71-a Universala Kongreso de Esperanto

Estimataj kaj karaj gekongresanoj,

Pro mia malbona sanstato mi kun granda bedaŭro ne povas ĉeesti la longe sopiritan Universalan Kongreson en Pekino. Mi povas nur skribe saluti vin kaj esprimi mian varman gratulon al la kongreso. Kiel amanto de Esperanto mi elkore deziras, ke nia kongreso multe antaŭenpuŝu nian Movadon mondskale per siaj brilaj sukcesoj.

Sincere via
Bakin

（汉语译文见右栏）

致第七十一届国际世界语大会
（1986年7月20日）

尊敬的、亲爱的代表同志们：

由于我的健康状况不好，非常遗憾我不能出席久盼的北京国际世界语大会，我只能写信向你们表示问候，并表达我对大会的热烈祝贺。作为一名世界语爱好者，我衷心希望这次大会能够以其辉煌成就把世界范围内的世界语运动大大地向前推进。

你们诚挚的
巴　金
七月二十日

巴金先生担任第71届国际世界语大会监护委员会委员，致大会的贺信。

1992年8月第五届太平洋地区世界语大会在山东青岛召开，巴金先生担任大会名誉主席。

1996年8月第一届亚洲世界语大会在上海召开，巴金先生担任大会名誉主席并为大会题词。

巴金先生为祝贺《中国报道》创刊45周年题词

《中国报道》杂志（1995年第3期）封面，该期刊发了介绍巴金先生的文章及图片。

巴金先生担任《老世界语者》刊物顾问

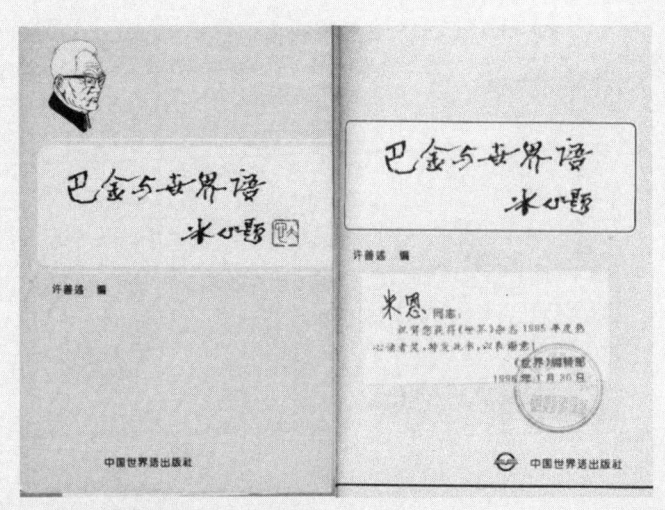

许善述编著《巴金与世界语》（中国世界语出版社，1995）

"尽管我没有精力去做以前那些事,但我还关心世界语,愿意为世界语的传播尽点力。"巴金先生还关心着世界语运动。因健康关系,巴金先生尽管很少亲临各种世界语会议,但他都为会议送上热情洋溢的贺信、题词。如1996年8月,第一届亚洲世界语大会在上海召开,巴金先生特地为大会题词:"中国和亚洲各国的世界语者们,手拉手共创美好的21世纪!"

巴金先生为中国乃至国际世界语运动作出了卓越的贡献,在世界语界享有崇高的威望。他虽然离开了我们,但永远活在中国世界语者心中。在群星璀璨的银河,"巴金星"与天宇并存,永远闪烁着圣洁而明亮的光辉!

仰望"巴金星",我们将更奋然而前行!

陈漱渝

展露巴金心灵的一扇窗

——读《巴金书简——致王仰晨》

人们常说,书信是心灵的一扇窗口。巴老是最能把心掏给读者的作家,他致友人的书信更是直抒胸臆,能够帮助读者接触到作家的心灵。这本书1997年12月由上海文汇出版社出版,内收巴老1963年至1995年致受信人的书信392通,除作为"代跋"的书信29通之外,其他均未收入《巴金全集》,是研究巴金的珍贵史料。

一　王仰晨其人

王仰晨(1921—2005),原名王树基,是一位建国前就在出版界工作的老党员,抗战时期跟巴老相识于桂林、重庆,20世纪四十年代中期开始通信。建国后王仰晨任人民文学出版社现代文学编辑室副主任;"文化大革命"后期重印鲁迅著作,调任鲁迅著作编辑室主任。在参加1981年《鲁迅全集》编注工作期间,我有幸跟王仰晨结识。他给我留下了四点深刻印象:一、整天穿一身蓝布中山装,没见他换过其他颜色和其他款式的衣服。二、面庞瘦削如山羊;讷于言敏于行,温和低调,同人径称他为"王仰"。三、身体孱弱,经常在膝上盖一条毛毯,似乎患有关节病。四、嗜烟,一直吸到贴近嘴唇,很少留有烟头。王仰晨后来死于癌症,应该跟抽烟有一定关系。

王仰晨1961曾接管《巴金文集》十四卷本的编辑工作。1984年建议巴老把一生心血熔铸的作品编成一套《全集》,既作为巴老

本文作者在第十一届巴金学术研讨会上发言

创作生涯中的最后工作，也作为他编辑生涯的终结。巴老经过一年踌躇终于接受了这一建议，并委托王仰晨全权负责此事。巴老认为王仰晨是懂他的人，工作一丝不苟，又有参与编辑《郭沫若全集》《茅盾全集》的经验，因而相信他能把《巴金全集》编成一部对读者有用的书。

在编辑《巴金全集》过程中，王仰晨不仅付出了艰辛的劳动，而且承受了1990妻子死于肺癌的重大打击，终于没有辜负读者的期望和巴老的重托。可以断言，如果没有王仰晨的鼓励和奉献，年迈体弱、琐事猬集的巴老不会下此决心并甘愿充当他的助手。巴老1985年1月28日致王仰晨信中写道："《全集》的事就交给你，你想干就出，不想干就扔下，总之我相信你。"1988年10月28日致王仰晨信中又写道："老实说，因为你要搞我才答应搞的。"在中国现代出版史上，作家跟编辑之间友谊如此深厚实属罕见。

二 从寒夜到黎明

这部"书简"中1972年至1976年的书信共65封，是了解巴老

"文革"后期生活的第一手资料。巴老1972年8月21日致王仰晨信写于他夫人萧珊(陈蕴珍)去世一周之后,应是巴老对王仰晨唁函的回复。这是巴老晚年生活最痛苦的一页。萧珊是跟巴老一起经磨历劫的人生伴侣,去世的导因虽然是肠癌,但跟"文革"期间深受的迫害密不可分,去世时刚55岁。她给巴老留下的最后一句话是:"看来我们要分手了"。显然她在撒手人寰之前对巴老的那份爱仍旧无法割舍。巴老将萧珊的骨灰长期安放在自己的那间小屋,直到33年之后才跟自己的骨灰搅拌在一起撒入茫茫大海。夫人去世之后巴老感到万分无助。他在1972年9月6日致王仰晨信中说:"我的私生活真不知道应当如何安排。"当时,巴老还下放在奉贤海边的干校,儿子患病住院,女儿无工作。"四人帮"对他恨得咬牙切齿,张春桥甚至扬言不杀巴金就是落实政策。直到1973年7月,巴金的问题才定性为"敌我矛盾作人民内部矛盾处理"。但是巴老仍在读书,仍在念外文,仍准备校改过去翻译的《处女地》。他告诉王仰晨,"为了孩子,为了朋友(我现在也没有几个朋友了),为了我们这个伟大的祖国,我也得好好地活下去"。(1972年10月27日致王仰晨)他仍在牵挂着曹禺、黄源;劝垂危之际的冯雪峰保持乐观的情绪,免得病情恶化;劝王仰晨要心情舒畅,思想要开朗,要放得开,高高兴兴……

在"文革"后期,逆境中的巴老还曾为新版《鲁迅全集》出力。1973年秋,王仰晨到上海主持1938年版《鲁迅全集》的重排工作,1975年底又开始组织1981年版《鲁迅全集》的编注工作。由于巴老知识渊博,又是鲁迅的同时代人,王仰晨曾将鲁迅作品注释中遇到的一些问题——特别是中外人物注释问题请教巴老,涉及的人物有李小峰、黎烈文、曹聚仁、罗清桢、刘半农、爱罗先珂等等,也请教一些有关书籍和历史掌故的问题。巴老总是尽力协助,认真解答。

据我所知,巴金的意见有的被1981年版《鲁迅全集》的注释采纳或部分采纳,有的则未采纳。比如鲁迅小说《孤独者》中有一句话:"他们的第一大问题是在怎样对付这'承重孙'。"征求意见本的原注是:"儿子已先亡故,由孙子主持祖父母丧礼的,称为'承重孙'。"巴老根据自己的亲身经历及传统礼仪知识,指出这个说法不十分明确。"承重孙"不是任何孙辈都能充当,大多指长房长孙;因承受丧祭重任,须服丧三年。后来定稿时采纳了巴老的意见,并援引《仪礼·丧服》的有关疏注印证巴老的说法。又如,鲁迅在《故事新编·序言》中提到有人轻视这部小说,说"无非《不周山》之流"。巴老在信中说,"这句话是郑振铎讲的"。可能碍于人事关系,这条注释并未采用。

粉碎"四人帮"之后,上海作协对巴老逐步落实了政策,巴老因之从寒夜走向黎明。巴老清醒认识到自己来日无多,决心以老骥伏枥的精神状态活在工作中。他在临终前主要做了三件大事:一、创办中国现代文学馆。他不仅率先倡议,而且鼎力支持。二、穷八年之力,撰写了150篇随想,结集为《随想录》,讲出了梦醒之后的真话,构建了一座精神上的"文革博物馆"。三、完成了《巴金全集》26卷本和《巴金译文集》10卷本的编选工作。

三 巴老对"全集"的构想和自评

对于编辑《全集》,巴老提出了自己的看法;其中有些看法跟史料研究者有轩轾之处,表现出作家和学者立场和视角的某些差异。一、巴老希望《全集》封面格式简单,装帧典雅朴素。这跟作者为人的风格完全一致。二、巴老不赞成"初版本原则",即不赞成依据初版本校勘,因为初版本的文字往往错讹较多,不如再版重印本精确。不过,校勘总得有个底本,编辑不能以意为之。巴老出于对读者负责,对作品总是精益求精,同时认为作者有权力否定自己的作品,因此有不断修饰润色作品的习惯。比如《家》的文字他就先后修改过八次。他的作品收入《全集》之前,对文字也有小的改动,如将作为助词的"底"改为"的"。译文也有加工,如将"国约议会"改为"国民大会",统一了一些外国作家的译名(卢梭,卢骚)。巴老跟钱锺书一样,强烈反对史料整理者搞汇校本,认为这是侵权行为。不过有研究者却认为,从汇校本可以看出作家不断完善自己作品的过程,留下作家思想和艺术演进的痕迹,并反映出时代的某些侧影。

对于注释,巴老主张从简,因为有些问题无人能注,有些人物不愿别人加注——如黄源前妻许粤华,有些事情注明了会揭人伤疤,这是巴老极不愿意的事情。

巴老虽然认为"全集"不必求全,但他对于佚文收集工作仍然高度重视。他建议书信收入越多越好,因为书信最能真实袒露作家的心迹;但对于未曾结集的很多文章巴老却视为"垃圾",其中有些是历次政治运动中的违心之论,有些则是他人捉刀代笔或篡改过的文章(如他写的《谈〈洼地上的战役〉》)被改写成了大批判稿。巴金并不想掩盖自己的真实历史,他建议把这类文字列入《全集》的"附录"部分,供少数研究者参考。王仰晨忠实地贯彻了巴老的上述意图。事实上,现在印行的《巴金全集》也有漏收的文章。

《巴金书简——致王仰晨》收录了巴老为"全集"写的18篇跋语和为"译文集"写的十篇跋语。作家用致编辑的书信作为自己著译的跋语,这在中国现代出版史上恐怕也绝无仅有。这些作为代跋的书简,回顾了巴金的创作道路和翻译过程,是打开巴金作品宝库的一把钥匙。

"跋语"给我最深的印象,是作家对自己作品的苛责。巴老说,他并不是一贯正确的人,六十年来的创作失败多于成功,可读的短篇小说只有寥寥几篇。不过,《爱情的三部曲》、《火》三部曲虽然都不算成功,都有肤浅和编造之处,但感情是真诚的。《死去的太阳》虽然幼稚,但没有无病呻吟。《砂丁》《雪》写了他不熟悉的生活和人物,难免有编造之处,但也并非不堪问世。建国后他还写了一些歌功颂德、充满豪言壮语的文章,写了一些自己并不理解的事情,但感情同样是真诚的,是希望对国家和人民好。那些豪言壮语,不仅为鼓舞别人,同时也为激励自己。

巴老在"书简"中还谈到了一般读者和研究者不了解的事情。1921年4月至6月,18岁的巴金在成都《半月》刊上发表过三篇文章,宣传安那其主义和世界语。巴老坦言,这其实是东拼西凑之作。此外,《利娜》是根据法文版《一个虚无主义者的书信》改写的,《哑了的三角琴》是根据美国记者乔治·凯南的短篇《歌唱的猛禽》

改写的,都谈不上是自己的创作。

四 跟我有关的一件事情

《巴金书简——致王仰晨》中有两封信后来跟我发生了关联。一封信写于1974年5月3日,信中谈到了王冶秋选编的《鲁迅先生序跋集》。估计是王仰晨函询这本书为什么没有出版,原稿是否丢失。巴老回答说:"《序跋集》据我所知,原稿并未丢失,是由文生社(按:文化生活出版社)的人还给许广平先生的,原稿中并无鲁迅先生的序(许先生信中讲得明白),只有许广平先生一九四一年写的序言。我听说事情的经过是这样:四一年八月许广平先生把全稿交给陆圣泉(陆蠡),陆不久就将全稿付排,这年十一月、十二月中初校样都送齐了。但日寇十二月上旬侵占租界后,文生社也差不多停了,第二年陆蠡被日本宪兵逮捕(后来就牺牲在那里),文生社给抄去的一部分书,就完全停顿了,当时《序跋集》校样还未看完,印局就把版拆了,后来文生社的人把原稿还给了许先生。我四六年回到上海,以后在积存的校样中找到《序跋集》的校样(大部分未校过),我就把它拿回家放着。最近我比较有空才把它整理一下,我觉得许先生的序言是重要的,冶秋同志的两篇'后记'也很好。不过目录上排有'后记之三'的字样,许先生序言中也提到编者的'第三篇后记',但我找到的校样里没有,不知是什么缘故。此外就不缺少什么了。你来信问起这部书,并说'找找',我过两天就把校样(共六百几十面)给你。这是唯一的一份校样(许先生的序言好像没有在别处发表过),我觉得应当好好地保存它。我想把它送给鲁迅先生纪念馆。你觉得怎样? 如果你看后认为可以这样处理,将来就请转送过去(送给别处也行)。"另一封写于1974年5月13日,也跟《序跋集》有关,不赘引。

巴老两封信中提到的这部《鲁迅先生序跋集》系王冶秋1936年在生活困顿、两重官司压身的情况下编辑的,得到了鲁迅本人的支持和指导,内收鲁迅1903年至1936年为他人著作所作序跋共121篇。巴老信中所说的许广平序为1998年江苏文艺出版社的

《许广平文集》所未收,弥足珍贵。信中提到的"后记之三"现已收入1985年4月安徽文艺出版社出版的《王冶秋选集》,题为《〈鲁迅序跋文集〉跋》。1999年1月12日,王仰晨将该书校样转交我,并附一信——

漱渝同志:
　　你好！好久未通音讯了。
　　奉上《鲁迅先生序跋集》校样一份(三册),请收。这是巴金同志给我的,在我处已积压了二十多年,实在不像话。
　　其中许先生的序言,由于我的罪过,未能编入她的文集；冶秋先生文章中个别误校的字,也无法由他校正了,这也是我不可恕的错误。
　　这份校样中的错漏字还较多,所收序跋亦有遗漏,你那里可留作展览用,许、王先生文似亦可刊于《鲁迅研究月刊》,请酌。
　　另附巴金同志给我信的抄件一份,请参阅。
　　谢谢,祝
　　好。
　　　　　　　　　　　　　　　　仰晨　一月十二日
校样上的书名是巴金同志写的。

四天后,即同年1月16日,我即将《鲁迅先生序跋集》校样转交鲁迅博物馆资料部,并写说明一份,并兹郑重。奇怪的是,六、七年后,鲁博资料部竟有人说从未见过这份校样。直至2006年这一文物才又奇迹般地重见天日。

五　从"书简"看巴金的"理想主义"

2014年11月22日至23日,第十一届巴金学术研讨会在上海召开,总主题叫"超越时代的理想主义。"

什么是巴金的"理想主义"？《巴金书简——致王仰晨》一书可以回答这个问题。我的体会是,巴金心目中的"理想"跟我们惯常所说的"革命"不是一个概念。他在 1987 年 12 月 18 日致王仰晨信中说："我所写的只是有理想的人，不是革命者"。这种"理想主义者"是一种真诚、纯朴、不自私的人。他们并不空谈理想，不用理想打扮自己，也不把理想强加给别人。但他们身上有一个闪光点，那就是为国家、为人民、为社会，而从不为自己。这种牺牲精神，就是理想主义者的道德特征。

巴金说他一生充满矛盾。可以说，巴金的政治理想是比较朦胧的。直到 1988 年 3 月 26 日他在致王仰晨信中仍说："我对那不太远的未来似乎还抱着希望，但要我具体地讲出来却又感到为难。"至于他早年的政治理想则更充满矛盾。正如读者所熟知，巴金早年曾受到爱国主义、人道主义、无政府主义——特别是克鲁泡特金学说的影响：他既反对恐怖主义，又承认暗杀价值；既认为北伐战争不合无政府主义原理，又肯定当时的工农运动是好现象；既反对苏俄的无产阶级专政，又强调"不能说革命后的俄罗斯一定不及沙皇"……

不过，对于一位作家来说，重要的并非他曾经接触过什么主义或什么思潮，而是他从这种主义或思潮中具体摄取了什么，并将其付诸创作实践。正是在爱国运动爆发的那一年，十六岁的巴金在兄弟姐妹们的影响下，接触了形形色色的报刊。他在《我的幼年》一文中概而言之："只要是新的，进步的东西我都爱，旧的、落后的东西我都恨。"(《巴金文集》第 10 卷)无政府主义就是他心目中的一种新思潮，直接影响他的就是中国早期无政府主义活动家刘师复的妹夫——郑佩刚。十七岁那年，巴金阅读了俄国无政府主义者克鲁泡特金《告少年》一书的节译本。从此后巴金发表的一系列文章来看，他既接受了克鲁泡特金主张消灭私有制的思想，反对"那些资本家垄断世界公有的财产"，希望建立一个"人人各尽其所能，各取其所需的新世界"(《怎样建设真正自由平等的社会》，载 1921 年 4 月《半月》第 17 号)；但同时他又受到了克鲁泡特金反对暴力和专政的影响，"确信世界是爱组成的，不是'杀'组成的"，即世界是互助的，不是竞争的(《均社宣言》，1927 年 6 月《半月》第 21 期)。

影响巴金最大的应该是克鲁泡特金晚年未完成的著作《伦理学的起源和发展》。谈到这部书时，巴金强调"道德不是一门学问，它是做人的道理，是整个社会的支柱"。巴金认同该书作者的观点：构成道德的三个要素，也是三个阶段，第一是休戚相关，互相帮助，这是社会本能；第二是正义和公道，这是人与人相处的准则；第三是自我牺牲，自我奉献，这就是道德。巴金喜欢引用法国哲学家居友的话，大意是：我们应该把更多的同情，更多的爱给予别人。这是生命的花朵，比仅仅维持自己的生命更有意义。在巴金看来，生命的意义在于奉献——奉献给社会，奉献给人民。有了道德，人生才会开花。没有这种崇高的道德作为基石，任何制度的变革都将如沙上建塔，顷刻即倒。

正是这种以牺牲为美德的伦理观，深刻影响了巴金的文化择取和处世之道。巴金喜爱王尔德，不是因为他是美文家，作品中充满美丽的辞藻，而是从中学习做人。王尔德有一篇童话《快乐王子》。那位王子的塑像"站得高，看得远"，人世间的苦难尽收眼底。王子看到南方有人需要帮助，他就请求栖息在塑像上的小燕子，把他身上的宝贝一件一件都取下来，衔到南方去救济那些苦难的人们，直到自己一无所有，就连那只帮助他的小燕子也冻死在自己的脚下。此外，巴金在作品中还歌颂过"为众人的幸福"惨死于波士顿监狱的意大利工人凡宰特和萨珂，歌颂过为人民走上断头台的俄罗斯女志士苏菲亚，歌颂过燃烧自己的心作为火炬将民众引出死亡地带的英雄丹柯，歌颂过为劳工利益牺牲的湖南工运领袖黄爱和庞人铨，歌颂过铁肩担道义的伟大的殉道者李大钊……他们身上的共同特质就是为社会、为人民牺牲自我的献身精神。巴金跟这些人一样，使自己的一生成为了自我命运跟人类命运相联系的人生。直到临终之前安排后事，他想到的仍是"我总要做到不会对不起谁"。

1993年7月25日，巴老在致王仰晨信中总结了自己的创作生涯："当初发表文章，我不曾想过自己身上有什么可以出卖的东西，要用它们来换取青云之路。回顾几十年的创作生活，可以说我并没有拿作品做过生意，也不曾靠写作发财。现在走到了生命的尽头,我可以挺起胸膛把心掏给读者。我的心从来不是可以讨价还价的商品。我奉献的是感情。对我的国家和人民我有无限的爱,我的笔表达了这种感情,我的感情是有生命的,它要长期存在。我引以为骄傲的正是我未写出一件商品,因此也未出卖过自己。"这就是巴金理想主义的闪光点。在有人把文艺变成金钱奴仆的当下,巴金的这种"理想主义"更加凸显出针砭时弊的重大意义。

李秀芳

略谈巴金与平明书店

平明书店大概存在于1937年底或1938年初至1949年的上半年，主要是出版有关无政府主义方面的书籍，巴金先生曾积极参与其中，所以梳理此书店的一些情况可有助于我们理解巴金先生与无政府主义信仰之间的关系；另外因为书店的创办正处于国家民族亘古未遇的大灾难、大转折时期，对现实世界投入积极关注的巴金先生身处于当时局势的转折起伏中，如何通过平明书店的出版来表达其家国情怀，本文就试图以平明书店为经线，并结合巴金先生当时的活动情况，来反映巴金先生对家国命运和个人信仰所作的种种努力。

概　述

首先容我对平明书店的基本情况作一些简单的介绍，因为对于一些细节也还没有找到相应的资料，只能就所知略作陈述而已。

平明书店是否是一个实体意义上的书店，现在还没有确切资料可以证实，更多可能是巴金先生利用当时其义务供职的文化生活出版社借用此一店名，便利出版无政府主义的书籍。因为，以平明书店名义所印行的绝大部分书籍都是由文化生活出版社代售的，但也不尽然，其中也有极少数书的印行和销售都是平明书店。根据1938年9月和11月所出版的《告青年》一书版权页所示平明书店地址为重庆市天堂街，1947年5月所出《进化与革命》、1948

本文作者在第十一届巴金学术研讨会上发言

年3月《上帝与国家》和1948年6月《一个反抗者的话》版权页上都显示平明书店地址为上海市林森中路1836号,即现在的淮海中路武康大楼,这两处地址与当时巴金先生的行止都不一致,由此也可推断平明书店是巴金先生与几个有共同信仰的朋友一起合力主持,而巴金先生起主要作用。

  对于平明书店的创办初衷自然有宣传无政府主义的目的,但对于背景渊源也不妨略做追溯。无政府主义在中国的发展到1920年代已经式微,巴金自1933年北上北京与靳以等编辑《文学季刊》始,更多的精力投入到了写作和书籍刊物的编辑工作中,尤其是1935年自日本回国做了文化生活出版社的义务总编后,"把自己关在坟墓一般的房间里,在稿纸和书本上消磨生命"[1],这是巴金对自己当时情况的描述,也暗含因为不能践行与自己的信仰有关的工作所做的抱怨。在1933年及之前的几次福建、广东之行中,巴金看到了那些与自己有着共同信仰的朋友都在用行动实践着自己的信仰,虽然并不完全赞同他们的方式,但对他们的行为却充满感

---

[1]《答徐懋庸并谈西班牙联合阵线》,《巴金全集》第18卷第377页。

佩;而自己当前的工作,正在与心中的信仰渐行渐远,"离开了实际的运动阵营",但却依然"信仰着那主义"[1],不免考虑如何在不放下写作编辑的同时,也兼顾到无政府主义,这种结合应该是成立平明书店的初衷之一。

国内对爆发于1936年的西班牙革命的不实报道,尤其是对于参加西班牙联合阵线的无政府主义者的歪曲报道,使对西班牙战争充满同情的巴金决定编辑有关西班牙战争的小册子,"透过一层层虚伪报道的暗雾",让同胞了解西班牙战争的真实,同时消除国内对无政府主义运动的误解;与西班牙战争有诸多相似的国内的抗日战争,也促使巴金希望通过对西班牙战争的介绍让同胞受到鼓舞,应该也是原因之一。

第 一 阶 段

为了方便分析论述,现将平明书店的出版书目及有关信息列表[2]如下:

书 名	出版时间	著者	译者/编者	丛书名称	页数
叛逆者之歌	出版时间不详	普世庚	巴金译	平社文艺小丛书第一种	20
西班牙的斗争[3]	1937.10 初版 1938.4 三版 1939.4 四版	若克尔	巴金译	西班牙问题研究小丛书第一种	26
告青年	1938.1 初版 1938.9 六版	克鲁泡特金	巴金译	社会问题研究小丛书第一种	34

[1] 《答徐懋庸并谈西班牙联合阵线》,《巴金全集》第18卷第377页。
[2] 此表系根据上海图书馆、复旦大学图书馆、国家图书馆、北京大学图书馆、北京师范大学图书馆馆藏编成。
[3] 《巴金译文全集》第八卷中对该书的出版说明是:1937年10月旧金山平社出版部初版,1939年4月上海平明书店改订五版;表中所列信息则是根据上海图书馆所藏该书的各版版权页所示信息而列。

(续表)

书　　名	出版时间	著者	译者/编者	丛书名称	页数
万人的安乐	1938.5 初版	克鲁泡特金	巴金译	社会问题小丛书第二种	23
西班牙的血	1938.7 改订再版本	加斯特拉绘	巴金编	新艺术丛刊第一种	10
愉快的劳动	1938.8 初版	克鲁泡特金	巴金译	社会问题小丛书第三种	
战士杜鲁底	1938.8 初版	高德曼等	巴金译	西班牙问题小丛书第二种	44
西班牙在前进中	1938.8 初版 1939.4 改订再版		巴金编	西班牙战事书刊第一种	40
告青年	1938.11 初版	克鲁泡特金	巴金译	克鲁泡特金小丛书第七种	34
一个无产者生活的故事	1939 版	B·Vanzetti	巴金译		35
西班牙的黎明	出版时间不详	幸门绘	巴金编	新艺术丛刊第二种	40
西班牙的曙光	1939.3 初版 1948.9 版	幸门绘	巴金编	新艺术丛刊第三种	70
西班牙	1939.4 版	A·苏席	巴金译	西班牙问题小丛书第三种	18
一个国际志愿兵的日记	1939.4 初版	阿柏尔·米宁	巴金	西班牙问题小丛书第一集第四种	44
西班牙的日记	1939.4 改订五版	加尔洛·罗塞利	巴金译	西班牙问题小丛书第五种	20
巴塞罗那的五月事变	1939.4 改订再版	A·苏席	巴金译	西班牙问题小丛书第一集第六种	24
西班牙的苦难	1940 版	加斯特拉	巴金编	新艺术丛刊第四种	

(续表)

书　　名	出版时间	著者	译者/编者	丛书名称	页数
面包与自由	1940.8 初版 1948.8 版	克鲁泡特金	巴金译 克翁学社编	克鲁泡特金全集第四卷	315
伦理学的起源和发展	1941.6 初版 1947 版	克鲁泡特金	巴金译	克鲁泡特金全集第十卷	569
互助论	1946 版 1948 版	克鲁泡特金	朱洗译	克鲁泡特金全集第六卷	
进化与革命	1947.5 初版	邵可侣	毕修勺译	世界社会思想名著丛刊第一种	110
西班牙的血①	1948.10 初版 1949 版	加斯特拉绘	巴金编		
一个反抗者的话	1948.6 初版	克鲁泡特金	毕修勺译	克鲁泡特金全集第三卷	372
上帝与国家	1948.3 初版	巴枯宁	朴英译	世界社会思想名著丛刊第二种	108
西班牙的曙光	1949.3 初版	幸门绘	巴金编	新艺术丛刊第三种	33

根据表中所列书目及其出版时间,平明书店在存在的十二年间,虽然所出书籍并不太多,但还是可以看出有两个出版高峰,第一个是在1938年和1939年,第二个是在1946年和1949年,在第二阶段中则主要集中在1948年。这些书籍的出版和这两个出版高峰与当时巴金先生的其他活动有些什么关联,下面就做些粗疏的分析。

依据表中所示,平明书店出版的第一本书是《西班牙的斗争》时间是1937年10月,当时淞沪抗战正在激烈进行中。淞沪抗战前

---

① 此版本为1938年7月版《西班牙的血》和1940年版《西班牙的苦难》的合订本,版权页为中华民国三十七年十月改订本初版。

巴金正在忙于补写《春》的第一部,"小说还没有写完,一九三七年八月淞沪抗日战争爆发,我又把小说放在一边,和朋友们一起办《呐喊》、《烽火》,印小册子。"淞沪抗战爆发后,《文学》、《文丛》、《中流》、《译文》四刊停刊,为了不使文艺阵地出现空白,于是以四社同人的名义创办《呐喊》。《呐喊》于1937年8月22日创刊,茅盾任"编辑人",巴金任"发行人"。在创刊号的启事中写道:"四社同人当此非常时期,思竭绵薄为我前方忠勇之将士,后方义愤之民众奋起秃笔,呐喊助威"。《呐喊》出版两期后,1937年9月5日改名为《烽火》继续出版。"高燃一支'烽火'",希望通过它来表达"正义的呼号和血的实录"。《烽火》出到第五期后,茅盾离沪,编辑事宜全部由巴金负责。正是在这样一种背景下,《西班牙的斗争》被作为西班牙问题小丛书第一种出版。这时候的巴金要写作,编辑文化生活出版社的丛书、主持《烽火》的编辑出版、筹划平明书店的书籍出版。随着形势的发展,《烽火》在上海出版到第十二期即1937年11月20日停刊,巴金利用此段时间续写《春》的第一部,平明书店自出版了《西班牙的斗争》一书外不再有其他书籍的出版。

1937年12月南京陷落,屠杀开始,上海局势也随之紧张,巴金说:"1938年初我在孤岛上写《春》的后半部,当时日寇势力开始侵入租界,汉奸横行,爱国人士的头颅常常悬在电灯杆上,我想给上海青年一点鼓舞和温暖,我想点燃他们的反抗的热情,激发他们的革命精神……把'向前进的声音传达给我的读者'。"正是怀揣着这样的信念,巴金在《春》中给青年们送去了那句充满希望的话:"春天是我们的。"

1938年1月平明书店出版了《告青年》,此书被列为社会问题研究小丛书第一种。《告青年》是克鲁泡特金的《一个反抗者的话》的第六章。这一章是该书最精彩的部分,克鲁泡特金在此章中充分阐述了对青年思想的指导理念。"已成为社会主义宣传品中的古典作品,差不多有了全世界各种文字的译本,单是在中国就已有过三种译文,流传二三十年,数目在十万册以上。"[1]《告青年》在

---

[1] 《〈一个反抗者的话〉前记》,《巴金全集》第17卷第350页。

1937年出版时,巴金在《献给读者》一文中,也表达了自己的社会理想:"我们有房屋住了,但是我们不满意;我们有面包吃了,但是我们不满意;我们有衣服穿了,但是我们不满意;我们有书读了,但是我们依旧不满意!因为我们周围还有着许许多多没有房屋,没有衣服,没有饱饭,没有书读的人。而且这些人正是我们赖以生活的。"《告青年》作为社会问题小丛书第一种由平明书店于1938年1月出版后,至该年9月共出版了六次,可见此书在当时的受欢迎程度。1938年11月,《告青年》又被列为克鲁泡特金小丛书第七种出版,在克鲁泡特金小丛书缘起中明确说明,"当此全集行将出版之前,为多数迫不及待的读者所要求,故先集若干篇有关克氏思想的精悍论文,编成一集,提前印出,作为克氏全集的小引。"[①]由此可以看出平明书店对出版计划有过调整,并有一个比较大的出版规划,希望能出版像克鲁泡特金全集这种大部头的书籍,而且在广告中对克鲁泡特金全集内容和翻译者都进行了详细安排,但是这个出版计划直到1940年8月出版《面包与自由》,1941年6月出版《伦理学的起源和发展》,1946年《互助论》,1948年6月毕修勺译的《一个反抗者的话》四卷外,其余各卷均未出版。而为全集作小引的克鲁泡特金小丛书只出版了《告青年》后,也不再有该丛书其他书籍的出版。

淞沪抗战结束后,中国军队撤退,租界成了孤岛,朋友纷纷离开,环境越来越恶劣,"我好几次丢开笔,想走;好几次望着面前摊开的稿纸写不出一个字;好几次我几乎失去控制自己的力量。"[②]局势的发展,现实条件的变化已不能按照原计划进行出版。而巴金忙于《春》的第二部的写作也无暇顾及其他事情。1938年2月《春》写完后不久,巴金和朋友就离开上海取道香港到达广州。5月《烽火》在广州复刊,在复刊献词中重申了《呐喊》创刊启事中的愿望,"贡献个人的微薄的力量为前方忠勇的将士和后方义愤的民

---

① 克鲁泡特金著、巴金译:《告青年》第1页,1938年11月平明书店出版。

② 《谈〈春〉》,《巴金全集》第20卷第425页。

众尽一点'呐喊助威'的职责。"

1938年4月《西班牙的斗争》第三版出版,5月《万人的安乐》出版,书的广告中说"万人的安乐并不是梦想,而是实实在在做得到的事实。"同时还出版了《西班牙在前进中》,在后记中巴金写道:"西班牙在前进中,这是一个不可否认的事实,歪曲的笔并不能够抹煞真理,虚伪的记载也不能染污殉道者的血。英勇的斗争会克服一切障碍而完成其目的。"随后,《西班牙的血》作为新艺术丛刊第一种出版,在序言中巴金说:"西班牙的兄弟如今还在和回教摩尔人的骑兵,以及法西斯的德意两国的机械化部队苦战,以争回他们的自由,重建他们的残破的家园,正如我们目前的抵抗侵略以争取我们的独立和生存一样……所以我把这十幅图画献给我的酷爱自由的同胞,让他们在西班牙的血里看见他们自己的血。"[1]在同时期出版的《战士杜鲁底》中巴金又忍不住将自己的情感释放出来,"我编译这本小书不仅纪念一个未见的友人,对他的忠实的工作和慷慨的牺牲表示一点感激和敬意,同时我也愿意让我的同胞在这一个艰苦奋斗的抗战时期中略略知道另一个国度所经历的苦难和伟大的西班牙革命的前途怎样在这些苦难中逐渐长大。"

日本的侵略已向东南推进,飞机开始轰炸广州,"就在炸弹和机关枪的不断的威胁中我还看见未来的黎明的曙光。我相信黎明的新时代是一定会到来的。我们在这抗战中的巨大牺牲便是建造新的巨厦的基石。"在国难中尽其所能为同胞送去鼓舞呐喊助威,但现实的困境又是如此严酷,"我最近带了编好的三期《烽火》的稿子走过许多地方,甚至在汉口也找不到一个适当的承印处。我们既没有雄厚的资本来付高昂的印价,又没有充裕的时间精力和印局负责人不断地交涉,在这陌生的环境里两三个人的有限的努力常常是没有什么效果的。"救亡图存的信念仍然会坚定明确地表示"要尽力克服种种困难把这刊物维持下去"。飞机大炮的轰炸与心中的信念相比已算不得什么,"每天去印局几次催送校样,回'家'连夜批改。"冒着炮火克服种种无法想象的困难,《万人的安乐》、

---

[1] 《〈西班牙的血〉序》,《巴金全集》第17卷第387—388页。

《愉快的劳动》、《西班牙的血》、《战士杜鲁底》、《西班牙在前进中》等陆续出版。局势的发展已经与计划不能一致,1938年10月《烽火》最终停刊。刚刚开始写作的《火》被迫停止。在日本占领广州前的十几小时巴金带着编好的书稿逃离了这座危城。

离开广州沿西江到达桂林,在桂林粗粗地住下来,巴金就开始了自己的工作,写作、编辑刊物、出版丛书,继续出版平明书店他称之为"小册子"的书籍。战火不久也蔓延至桂林,在跑警报的间隙中,将在广州编好的《文丛》续印。"在桂林的大火中"续写在广州未完成的《火》第一部的两章。《告青年》作为克鲁泡特金小丛书第七种出版,出版小丛书是出版克鲁泡特金全集的前奏,但是这个出版计划却未能真正实施。

1939年2月下旬,巴金自金华转温州回到上海。回到自己熟悉的环境,但是局势却越来越紧张,为了躲避特务和日本人的监视,只能过着类似隐居的生活。晚年回忆这段生活时说:"当时我在上海的隐居生活很规律,白天读书或者从事翻译工作,晚上九点后开始写《秋》,写到深夜两点,有时甚至到三、四点,然后上床睡觉。"[1]《秋》的写作从1939年下半年到1940年上半年。在上海这段时间,平明书店的小册子继续出版和再版。西班牙战争以德意侵略一方的胜利结束了,而国内的抗战正节节败退中,除西南西北,大部国土已经沦丧,从西班牙战争的失败不能不深深忧虑国内的抗战,"南欧的西班牙在地理上固然与我们相隔甚远,但是它的命运和抗战中的我们的命运却是联系在一起的。愿我们牢记着西班牙的教训。"[2]随处都可以看到为了宣传抗战,鼓舞士气所做的努力,"论述西班牙革命的前途的两篇是我在广州时翻译的;纪念柏尔奈利的死的短文则是从梧州开石龙的民富拖渡中译成……在经历了若干的艰辛之后现在还能在这里而且在敌机的不断轰炸之下将这小册印出,这是一件使我高兴的事。""感时忧国"的家国情怀希望藉书籍刊物的出版传达给每一个人。在上海期间,西班牙问

---

[1] 巴金:《关于〈激流〉》,《巴金全集》第20卷第682页。
[2] 巴金:《〈西班牙〉后记》,《巴金全集》第17卷第189—190页。

题小丛书六种在巴金的一位朋友的帮助下,由文化生活出版社出版。5月《秋》的写作完成,本来计划继续《火》的第一部的写作,但是日本不断向租界施加压力,在此情势下,上海已不宜住下去,"七月中就带着《秋》的精装本坐海船去海防转赴昆明了。"

离开上海后,平明书店的第一个出版高峰也结束了,这个出版阶段主要集中在出版与西班牙战争有关的小册子,这些小册子多则六七十页,少则二三十页,便于邮寄和携带,宣传的意义大于书的知识传播意义。在这个阶段战争的压迫可以说使巴金颠沛流离,但是即使在这种艰辛的辗转中,仍然编辑了《呐喊》、《烽火》、《文丛》等刊物,写作了《春》、《秋》、《火》的第一部的大部分,还有一些散文和翻译。在这些刊物和创作中,《呐喊》、《烽火》、《火》宣传抗战,鼓舞士气的目的尤其明显;而以平明书店所出的小册子包含了宣传无政府主义,同情西班牙革命、借鉴西班牙革命的精神和教训,希望同胞从西班牙革命中看到自己抗战牺牲的意义,虽然有些书籍如《告青年》、《愉快的劳动》、《叛逆者之歌》等主要是宣传无政府主义,但从另一个方面考虑又不得不认为是从改造青年的角度支持抗战,中心也是围绕抗战,也就不难理解巴金说的:"我虽然信仰从外国输入的'安那其',但我仍然是一个中国人,我的血管里有的也是中国人的血。"[1]

第 二 阶 段

从第一个出版高峰的结束到第二个出版高峰的到来,中间隔了有七年之久,在七年中平明书店在1940年出版了《西班牙的苦难》,这年的八月份出版了《面包与自由》,作为克鲁泡特金全集第四卷,该书曾于1927年11月由上海自由书店出版,当时书名为《面包略取》,因为觉得这个名称对于中国读者来说不容易理解,重新出版时便采用了俄文译本的题名:《面包与自由》。新版本虽然仍依据旧译文,但根据英、法、德文本进行了修改,并且补译了德文

---

[1] 巴金:《火》第二部《后记》,《巴金全集》第7卷第373页。

本的序言和法文本的序言。作为"克鲁泡特金的最被人广读的著作",而且也是"克鲁泡特金的社会思想之综合表现"的一部著作,印行这部著作也是实施1938年出版克鲁泡特金全集的计划。1941年6月出版了《伦理学的起源和发展》,这是计划中的克鲁泡特金全集第十卷,该书曾于1928年和1929年分上下两册由上海自由书店出版,此次出版则是"根据英、法、日、德、世界语、西班牙六种译本重译的。"书的前记中明白地说出了出版此书的目的,"是一部美丽的、不朽的杰作,""在各时代,特别是现在,都是必要的……对于那般想用他们的力量来做一点有利于他们的同胞的事业而又找不到道路的人,我愿意把这部《伦理学》介绍给他们。"

从抗战初期有关西班牙革命的小册子转变为经典的无政府主义著作,有联系也有分离。联系的方面是西班牙革命的小册子也是与无政府主义有关的,宣传西班牙革命最初就是为了让同胞认识在西班牙联合阵线中的安那其主义者的英勇牺牲,而且对克鲁泡特金全集的出版是早有的计划;另外就是此时国内民众对战争的认识已从最初的反应强烈变为适应后的常态,虽然抗战仍是不停的溃败,但持久抗战已获得普遍认同;而且西班牙革命已经结束,从相似境况出发来达到宣传的作用不存在了。更加重要的原因可能目光已不在局限于眼前的抗战,而是考虑抗战后的情况。"人们说,一切为了抗战。我想得更多,抗战以后怎样?"[①]虽然这是巴金在创作中所思考的问题,但不影响在出版中也贯彻这一理念。退守西南一隅的大中学生抗战结束后将从各个方面投入到社会重建中,正需要各种理论和思想去充实,出版克鲁泡特金的经典著作也就应运而生。

中间阶段与第二个出版高峰中间有五年的时间。第二个阶段首先出版的是朱洗译的克鲁泡特金的《互助论》,这是一部"学术的著作"。是从生物进化的角度讨论互助的意义。在巴金所写的前记中详细阐述了出版该书的用意:"它并不单是一本抗议的书,它还教给我们一个斗争的武器,这便是互助(同种间的团结)。互助

---

① 巴金:《关于〈激流〉》,《巴金全集》20卷第682页。

是最好的武器,无论是用来抵御外敌的侵略或与残酷的自然斗争。能够使用这武器的物种或人类绝不会灭亡,这是我们可以相信的。"该书在1939年出版过,这次作为克鲁泡特金全集的第六卷由平明书店出版,自然是继续此前的出版计划。从抗战胜利初的混乱到现在的诸事甫定,回到上海可以从容地出版书籍了。国共纷争,由最初在各地抢夺接收物资到此时的兵刃相见,又一场在当时看来不知何时结束的战争开始了。巴金是否有感于当时局势而出版此书,草蛇灰线已不可查考,但是战后社会国家的重建却是需要从各方面开始,书的出版应该有这种实际意义。

1947年5月平明书店出版了毕修勺译的邵可侣的《进化与革命》,该书是世界社会思想名著丛刊的第一种,1948年3月出版了此丛书的第二种巴枯宁《上帝与国家》,译者为朴英,这个系列只出版了这两种,应该与原来的出版计划有些出入。随后出版毕修勺翻译的克鲁泡特金的《一个反抗者的话》,介绍该书时巴金说作者在书中始终保持着两个特色"唤起行动的热情与合于伦理的分析",并引用毕修勺的话:"本书是批评性的,凡盛行于今日的各种制度,都用科学的眼光,加以批评……是陈述病原的著作。"社会改造与建设的目的如日昭昭。平明书店在这一阶段还再版了《面包与自由》、《互助论》、《伦理学的起源和发展》等书。

平明书店的第二个出版阶段是抗战结束后,在这个时期,所出书目与第一个时期有着明显的区别,主要出版了几部克鲁泡特金和其他无政府主义者的经典著作,由先前的抗战宣传转移到社会和思想的重建上来。虽然此时不再是抗战中流徙于各地为出版找寻机会,但是物价的飞涨与前几阶段相比也不可道里计。巴金在1946年8月致沙汀的信中写道:"现在排印一本书就得花百万元光景,最近所谓淡月,书店经济周转困难……"[1]1947年3月巴金写给文生社武汉负责人田一文的信中提到为出版克鲁泡特金全集捐款的事,[2]可以想象平明书店在排印出版这些书时可能面临的困难,

---

[1] 《巴金与朋友往来手札·沙汀卷》第4页,上海社会科学院出版社2009年版。

[2] 《巴金致田一文信》,《巴金全集》第22卷第266页。

导致克鲁泡特金全集最终未能按计划全部出齐,经费困难应该是一个比较重要的原因。在这个阶段巴金完成了他的另一部经典著作《寒夜》。1949年3月出版了小册子《西班牙的曙光》后,平明书店再没有书籍出版,5月上海解放。改天换地后,革命书籍、政治理论书籍走俏,如果曾经有过任何的宏大出版计划和构想也只能戛然止住。

余 论

通过平明书店的出版可以看到巴金对无政府主义在兹念兹,初衷不改,但是他对自己宣传无政府主义所作的努力又是如何看待的呢?这里不妨摘录一段他自己的话:"很遗憾,我不能给你有关中国无政府运动的信息。因为,说实话,在中国并不存在这样的运动。我在这里单枪匹马地工作,将像作家似的独自在做宣传。我在编辑《插图本中文版克鲁泡特金全集》,其中头四卷已经出版。我是这部著作的发行人。"[①]没有任何修饰性的语言,只是平淡的叙述。

平明书店的存在横贯了抗日战争和解放战争,虽然所出书籍并不太多,但其每一阶段的书籍都与当时的现实密切相关。从第一个阶段辗转各地编印出版小册子来宣传抗战;到抗战后面对百废待兴的现实,努力从改造社会思想入手来达到重建的目的,都部分表达了巴金先生的社会理想和信仰追求。今天我们整理平明书店的书目仍然可以感受到他对家国和信仰的热情和坚持。

[①] 巴金1949年3月18日至克里亚(GRJA)信(法文),转引自《巴金手册》第86页,周立民编著,广西师范大学出版社2004年版。

王伟歌

浅论巴金、马宗融和毕修勺与《萌芽》的关系

2011年12月,巴金故居在开馆之际,收到了著名翻译家毕修勺亲属捐赠的毕修勺一生翻译的23部左拉小说手稿和700多册珍贵图书。笔者有幸参与了这批资料的整理,其间发现,左拉《萌芽》的译稿就有多部。同时发现马宗融先生也曾翻译过《萌芽》,巴金也读过左拉这部小说,并写过一部名为《萌芽》的中篇小说(后改名《雪》出版)。而三人又同有留法经历,且彼此相识,1930年代还曾为邻居,不得不说"有缘"了。

《萌芽》是法国作家爱弥儿·左拉于1884—1885年创作的一部长篇小说,它是《卢贡-马加尔家族》的第十三部作品,也是左拉的主要代表作。这部小说描写了煤矿工人为了反抗资本家剥削而进行罢工斗争的故事,反映了法国第二帝国时代的经济危机和蓬勃发展的工人运动。在世界文学史上,《萌芽》是第一部全面、真实反映煤矿工人生活和罢工事件始末的小说,展现了资本主义社会两大阶级阵营的矛盾与对抗,提出了严峻的社会问题。左拉的作品从20世纪20—30年代起陆续翻译成中文出版,拥有广泛的读者,并影响了不少人。中国有些作家的创作就曾受其影响,巴金就是其中的一位。本文将对巴金受左拉的影响及创作《萌芽》的过程,马宗融和毕修勺翻译《萌芽》的前前后后进行梳理和探讨。

本文作者王伟歌

一　巴金与《萌芽》

　　1933年1月至5月,巴金完成了中篇小说《萌芽》的创作,同年8月该书由现代书局出版,不久即遭到国民党当局查禁。后来更名《雪》以美国旧金山平社出版部之名于1935年9月重版,秘密发行。《雪》是一部描写20世纪三十年代煤矿工人的生活劳动、抗争的中篇小说,是煤矿题材的现实主义作品。

　　从1929年《灭亡》的发表开始步入文坛到1933年,短短四年时间里,巴金出版了多部中短篇及长篇小说,这些早期小说原以青年知识分子为主,但他在1932—1933年却连续创作了两部反映现代工人的劳动和生活的中篇小说《砂丁》和《雪》,扩展了作品题材和人物形象塑造的范围,这在巴金的创作道路上是有重大意义的。

　　巴金最初接触到左拉的《萌芽》当是在法国,他说:"我二十四岁的时候(按:1927年巴金24岁,1927年1月15日—1928年12月在法国留学),有两三个月一口气读完了左拉描写卢贡-马加尔家族兴衰的二十部小说。我崇拜过这位自然主义的大师,我尊敬他的光辉的人格，我喜欢他的另外几本非自然主义的作品，例如《巴黎》和《劳动》，但是我并不喜爱那二十部小说，尽管像《酒馆》、《大地》等等都成了世人推崇的'古典名著'。我只有在《萌芽》里面看到一点点希望。"①由此可见左拉的众多小说中，巴金是比较喜欢《萌芽》的。左拉为捍卫世界真理与正义的那一声"我控诉"，对不合理现象的揭露、批判，对劳苦大众的深切同情，以及小说中对人物深刻有力的描写都吸引着巴金，"他的小说抓住了我的心，小说中那么多的人物活在我的眼前"，尽管他"不相信左拉的遗传规律，也不喜欢他那种自然主义的写法"。②巴金受左拉的影响，或者说受法国文学、作家的影响是显而易见的。他所创作的这部《雪》，就其与外国文学的关系而言，无论是从题材、书名，还是写作目的，我们无不可以看出左拉《萌芽》的影子，而且这些大都可以从巴金自己的话中得到验证。

巴金在《砂丁·序》和《雪·序》中两次提及"想写一部像左拉的《萌芽》那样的作品"。1931年初冬巴金曾去浙江长兴煤矿客居一周，两年后把这里看到的矿工生活写成了小说。尽管几天的体验并不能对矿工有非常真实的了解，但煤矿工人的悲惨生活和艰难处境都给巴金留下了深刻的印象。就这样一定的生活体验加上艺术想象，巴金以深厚的感情在小说中描写了煤矿工人受到的压榨和有组织的罢工、反抗。巴金像左拉一样充满同情，"这是他自己很重视的一部写煤矿的小说。他希望能像左拉的《萌芽》一样唤醒人们要求改善人间不平等的待遇，要工人们联合起来反抗一切不合理的制度，他甚至号召暴力革命"。③

萌芽喻指"新生的事物"，显然左拉将书名定为《萌芽》意指工人阶级的觉悟和斗争就像萌芽的种子一样，将在土地上成长和结果。它象征着生机、前途和希望。巴金亦是如此，他曾这样解释：

---

① 巴金：《谈〈秋〉》，载《巴金全集》第20卷第441页，人民文学出版社1993年版。
② 巴金：《谈〈新生〉及其他》，载《巴金全集》第20卷第399—400页。
③ 杨苡：《坚强的人——访问巴金》，载《青青者忆》第33页，复旦大学出版社2013年11月版。

"第十章中赵科员说过这样的话:'胜利好比一棵草,它慢慢地发芽,雨露滴到它身上,它就会吸收进去。'"[①]书更名为《雪》,是因"书中那位年轻太太离开大煤山时叹息地说:'现在落雪了。'暴动失败了。雪盖住了火山,但是火种并未消灭。"[②]其实,无论《萌芽》还是《雪》,都带着希望。除书名外,这部书的出版亦比较曲折,也像种子一样,克服苦难、阻碍而最终得以面世。1931年日军侵华,国民党的"不抵抗"政策和随后不断强化的文化统治,使许多进步作家、作品等遭到反动势力的限制和禁止。巴金对劳苦大众的深切同情,对旧制度、旧传统的揭露和批判,自然也成了查禁的对象。《萌芽》中描写的黑暗现实,肯定工人的抗争,由现代书局印出后尚未售完就遭到查禁。后来甚至换笔名(比金)、改书名(《煤》、《雪》)、自费印刷,一直到1936年11月才由文化生活出版社公开出版。

鉴于当时国内的社会环境,无政府主义在实践中的困难,加上巴金自身短期煤矿生活的感受和体验等,可以说,《雪》是学习和借鉴左拉的现实主义小说《萌芽》而产生的一项积极成果。至于巴金《萌芽》的创作多大程度上受到左拉的影响还不好给出确切的答案,不过可以肯定的是他对左拉文学作品的吸收也是有选择的,如"不相信左拉的遗传规律,也不喜欢他那种自然主义的写法"。巴金的小说与左拉的小说究竟还是很不相同的,正如他说"我只有在《萌芽》里面看到一点点希望。坏人得志,好人受苦,这且不说;那些正直、善良、勤劳的主人公,不管怎样奋斗,最后终于失败,悲惨地死去,不是由于酒精中毒,就是遗传作祟。……我读别人的小说有那样的感受,那么我自己写起小说来,总不会每次都写出自己所不能忍受的结局。"[③]也许这段话正好解释了为何同是矿工题材,同样描写工人罢工斗争的《萌芽》却大相径庭的原因。

[①] 巴金:《雪·附录(三)·日译本序》作者注,载《巴金全集》第5卷第423页,人民文学出版社1988年版。

[②] 巴金:《雪·附录(三)·日译本序》作者注,载《巴金全集》第5卷第423页。

[③] 巴金:《谈〈秋〉》,载《巴金全集》第20卷第441页。

二　马宗融与《萌芽》

马宗融是一位回族翻译家、文学家，四川成都人，与巴金是好友。

目前学界研究马宗融的专著不多，主要有李存光的《马宗融专集》（回族文学论丛第5辑，宁夏人民出版社1992年版）一书。对于马宗融翻译的成果，《春潮》较为人熟知，但较少有人知道他也曾译过左拉的《萌芽》，更不用说他译该书的缘由和过程了。

根据《马宗融专集》及其他相关资料，可知马宗融也比较喜欢左拉的作品，巴金曾在一篇文章中明确说"马宗融喜欢左拉"。[①]经过整理，笔者认为笔者马宗融翻译《萌芽》的时间大致为1935—1945年。

1935年是左拉《萌芽》出版五十周年，马宗融一连发表了多篇相关文章：

1. 法国亨利·布拉伊作，马宗融译《乔治·桑、巴尔扎克与左拉》（论文），并另写有译者前记，载1935年3月16日《文学季刊》第2卷第1期。

2. 马宗融《纪念左拉的〈萌芽〉出版的五十周年》（评介），载1935年6月1日《文学》第4卷第6号。

3. 法国G·波目作，马宗融译《左拉的〈萌芽〉新评》（评介），并在另外版面写有简短的译后记，载1935年6月16日《译文》第2卷第4期。

《乔治·桑、巴尔扎克与左拉》一文中分别对三位作家进行了分析、评价，其中左拉部分以驳论的方式展开，对那些质疑或否定的评价一一予以驳斥。《左拉的〈萌芽〉新评》则从该部小说的创作、出版发售情形等多角度进行评价。两文对左拉和《萌芽》都持积极、肯定的评价。而从马宗融自己的文字中也能窥见他对左拉

[①] 李存光：《与巴金老人谈马宗融》，载《马宗融专集》第24页，宁夏人民出版社1992年版。

作品的喜欢,如波目一文的译后记中写道"波目即以此文发表在四月一日的 L'Opion 半月刊上,于左拉的《萌芽》发表时的环境及这部著作的真价,颇多中肯的话,故特译与《译文》"。

马宗融的女儿马小弥也说"看起来他很喜欢自然主义作家左拉的作品,打算翻译左拉的《萌芽》,1936 年《文学》月刊 7 卷 1 号曾发出预告"。由此可见,马宗融翻译《萌芽》当始于 1935 年。

1936 年秋,马宗融一家到桂林郊区良丰,马宗融在广西大学文学系教书。马小弥说:"1936—1937 年,父亲 44—45 岁。广西是桂系的地盘,从省主席黄旭初到李宗仁、白崇禧,对知识分子都比较尊重。……只是书店里的书少的可怜,看不到杂志,也看不到新书,难耐的寂寞折磨着父亲和母亲。父亲每周五小时的课,还要编讲义,左拉的《萌芽》也顾不得译了。"①

1937 年,因抗战爆发,马宗融一家人到了成都,马宗融开始续译《萌芽》。马宗融好友毛一波在《罗淑和她的小说》中提到:"这是对日抗战第一年仲冬的事。……不久,他们移居东门外府河之畔的小楼一角,明月清风,正宜写读。世弥曾笑说要把宗融关在楼上,逼他续译左拉的《萌芽》,可惜他始终未把左书全部萌芽出来。"②1938 年 2 月,罗淑去世。后来马宗融受聘复旦大学文学院,1939 年夏到重庆郊区黄桷树去教书。1939—1945 年这段期间,马小弥回忆说:"他除了教课,继续从事翻译。他在艰难的生活条件下译完了左拉的《萌芽》,可是当他把稿子送到作家书屋的朋友处准备印行时,却失落了,再也找不回来。多日的心血毁于一旦,他很灰心,加之母亲去世后他心绪不宁,很长时间不愿执笔。"③

在艰难的抗战岁月里,生活动荡不安,家庭又发生重大变故,加之译稿的丢失等等,这些都使马宗融翻译的《萌芽》历经曲折却

---

① 马小弥:《走出皇城坝——父亲马宗融生平》,载《马宗融专集》第 29—30 页。

② 毛一波:《罗淑和她的小说》,载巴金故居、巴金研究会编《点滴》2013 年第 4 期,第 8 页。

③ 马小弥:《走出皇城坝——父亲马宗融生平》,载《马宗融专集》第 31 页。

终未能出版面世。巴金说:"他的翻译工作做得比较慢。……他译的东西许多有没有出版。他爱说,写的少。"①也许这也是马宗融《萌芽》在战争的环境中历时十年才译完的原因之一。

三 毕修勺与《萌芽》

毕修勺是中国最早翻译左拉作品的翻译家,一生共翻译了左拉小说23部。1920年5月,毕修勺赴法国勤工俭学,课余阅读和收集左拉小说,立下了终生翻译左拉作品的宏愿。1925年回国后他开始翻译左拉小说,从事翻译工作六十余年,翻译左拉和其他作品达一千一百万字。

1950—1953年,毕修勺翻译了左拉的《萌芽》,1953年12月由文化生活出版社初版(37.6万字)。从那批手稿中看到,《萌芽》手稿三部,校对稿一部(含初校稿、二校稿;校对稿不全)。前三部手稿保存相对比较完整,在16开的绿方格稿纸上书写,校对稿不全,只有部分页码。第一部手稿到处可见修改的痕迹,或字或句或标点,有的达几十处;第二部手稿也有修改,但修改地方有所减少;第三部手稿也有修改,却更为工整、整齐,而且字迹明显与前两部不同,当是由他人誊写;第四部初校,从上面印章上的日期看出为"1953年1月18日初校,同康印刷制版厂","1953年9月21日贰校,同康印刷制版厂"。该书于同年12月出版。从这几部稿子中可看出从翻译到一遍遍修改、誊抄再到校对的过程,一定程度上反映了毕修勺对翻译的认真和执著。近四十万字、几百页的译稿,即使单纯誊抄尚且需要不少时间,何况边译边改呢。

翻译左拉《萌芽》的人众多,在毕修勺翻译该书之前,除马宗融外,20世纪40年代倪明(倪受禧)翻译了该书(新光书店出版)。笔者在此略微提及一下,或许从倪受禧的自述中可以了解到那个年代人们喜欢左拉,喜欢《萌芽》的原因。"一九三九年秋天,……如果我有志于翻译,可以把另一部世界巨著——左拉的代表作《萌

---

① 李存光:《与巴金老人谈马宗融》,载《马宗融专集》第24—25页。

芽》翻译出来。……我立即从学校图书馆借了一本哈夫洛克·艾利斯的英译本《萌芽》,读了一遍,深为感动。……而且同作者一样,我也相信,压在地下即将喷出的烈火,一定会把世界上全部肮脏东西烧成灰烬。……除艾蒂安酒精中毒的少数章节外,我认为,全书都写得真实而动人。我好像从这位自然主义大师的笔下,触摸到现实主义创作方法的雄伟力量。……还是硬着头皮苦战起来,而且只用了三四个月的日日夜夜就全部译完了初稿。……这部拙译才得以在桂林一家书店(可能是读书出版社抗战时期的分支机构之一)于一九四三年分上下两册印出,用的笔名是倪明。"①

左拉的《萌芽》影响了不少人,翻译的也当不在少数,而像毕修勺先生这样如此钟情于"左拉",在翻译工作上用力之深,用功至勤的却并不多见。

此外,比较有意思的是,笔者发现马宗融、毕修勺与巴金都在拉都路敦和里(现为襄阳南路306弄)居住过,曾是邻居。其中马宗融在此居住时间最早,也最长。1934年马宗融全家从南翔乡下搬迁到拉都路敦和里21号(按:现改为22号)租房居住。后因生活所迫,1936年夏马宗融携家人离沪去广西大学文学系教书。于是巴金被请到拉都路敦和里去帮助照看居所,巴金迁入马家,直到1937年7月,因马氏夫妇返沪,巴金迁往霞飞路霞飞坊(按:现为淮海中路淮海坊)五十九号。

毕修勺于1935年年初至1936年8月在襄阳南路敦和里22号居住,后毕修勺一家迁居长乐路830弄(合大里)。也就是说马宗融与毕修勺在1935年做了一年半多时间邻居,而巴金与毕修勺做邻居的时间当在一两个月左右。毕修勺与马宗融为邻期间,1936年3月,马宗融、罗世弥夫妇特意置办酒席,调解了毕修勺与巴金因《革命周报》引起的不和,两人恢复了旧交。

三人虽是邻居,且有留法经历,但创、译《萌芽》的时间相隔较远,这可能与三人在留法期间的经历、志趣等不同有较大关系。马

---

① 《后记》,载倪受禧、刘煜译《萌芽》第577—578页,湖南人民出版社1983年版。

宗融在法国待的时间最长（1919—1925、1929—1931），从 1925 年回上海后才开始翻译法国文学作品，在法国文学方面他翻译过博马舍、司汤达、雨果、左拉、布洛克、杜哈曼等不同时期、不同流派的名家名作，视野比较开阔。而毕修勺在留法期间就立下了翻译左拉作品的目标，三四十年代重点翻译了左拉中短篇小说和早期长篇，而《萌芽》作为长篇巨著《卢贡-马加尔家族》系列中的一部，翻译时间就到五十年代了。巴金 1933 年创作《萌芽》也是在体验煤矿生活两年后应《大中国周报》编辑之约而创作的。

李存光

孜孜不倦求实求真求精

——陈丹晨《巴金全传》修订版漫议

得到丹晨的《巴金全传》修订版(以下简称"全传修订版"),沉甸甸两厚册,近70万字,当是迄今为止篇幅最长的一部巴金传记。粗粗翻阅,考究却不奢华的装帧,精美却不炫耀的彩印,以及大方素朴的封面,疏密得当的版式,丰富贴切的图片,不仅令我赏心悦目,在已出版的巴金传记书籍中,亦堪称首屈一指。读过全书,更觉内容与形式交融,文质相得益彰。全传修订版既是一本忠实描述巴金生平历程、心灵轨迹和思想人格的文学传记,又是一本体现作者多年学术研究成果的精彩读物。巴金传记和巴金研究园地里,又绽开一树烂漫之花,令我感慨良多。如果用材料翔实,视野开阔,叙议精当,文笔清新之类的严谨论说文字评价这本书,虽是事实,但思路和话语太老套了。我还是写一些不成系统的零碎感受和看法吧。

我与丹晨相识于20世纪80年代初,当时,在老一辈学者贾植芳先生等引领下,包括丹晨在内的中年学者谭兴国、唐金海、汪应果、张民权、吴定宇、宋曰家、牟书芳等锐意进取,青年学者陈思和、李辉、艾晓明、辜也平等头角峥嵘,巴金研究生机勃勃,成绩斐然。丹晨除不辍笔耕外,更在联系和团结研究者,推动研究工作的进展方面,默默无声地做了许多事情。相识三十多年来,我们之间往来不多,正所谓"君子之交淡如水"。除在几届巴金研讨会上晤面和日本学者来京时邀约的聚餐外,单独接触我记得仅有两次:一次是1989年秋一道去北大王瑶先生寓所面请先生出席首届巴金研讨

本文作者在第十一届巴金学术研讨会上发言

会,蒙先生爽快应允;一次是为筹备1994年在北京召开第三届巴金研讨会与中国作协有关负责人面谈,得以妥善解决。

如果将20世纪三四十年代出生的人算作一代,年长我一轮的丹晨是这代巴金研究者中的兄长。1963年在大学读书的我准备研究巴金先生的作品,因此致信巴老求教,而这时,丹晨已经在《人民中国》杂志日文版和英文版上发表了《巴金访问记》一文。1980年我着手撰写有关巴金的硕士学位论文,而丹晨在1979年底就完成了《巴金评传》的写作。因此,我当称他为前辈或前驱者。

三十多年来,丹晨出版过多种文学评论著作和散文随笔集,在巴金研究方面,除致力于传记写作外,还有颇丰的成果:编选《巴金读本》、《巴金评说七十年》,主编《巴金名作欣赏》,撰著《走进巴金四十年》,为中央广播电视大学主讲《巴金与中外思想文化》。这些著述除自身的价值和意义外,也可视为撰写传记的材料积累和学术准备吧。

说到巴金传记的写作,我以为无人能和丹晨的执著比肩。他有关巴金传记的出版时间持续三十余年,看看书单就一目了然:《巴金评传》(1981)、《巴金的梦:巴金的前半生》(1994)、《天堂·

炼狱·人间:〈巴金的梦〉续篇》(2000)和二者合一的《巴金全传》(2003)以及《巴金全传》修订本(2014)。1985年我曾经撰文评价过丹晨的《巴金评传》:"以生活和写作的历程为经,作品或作品群为纬,交织出巴金思想、创作发展道路的画幅。""材料丰富,结构谨严,叙述生平详赡,阐释作品充分;不仅对巴金的文学道路和思想发展作了比较科学的探讨,对《灭亡》、《爱情的三部曲》、《火》第三部等争议颇大的作品提出了值得重视的新见解,还用专章综合评介了巴金的短篇小说、散文等过去鲜为人系统论及的方面。尽管书中还有一些重要史实的遗漏,某些观点也有待商榷,但作为国内第一本全面描述和评论巴金及其创作的著作,得到普遍赞扬是理所应当的。"(《新时期巴金研究概观》,载《中国社科院研究生院学报》1986年第1期)丹晨不以《巴金评传》的开拓和所获好评为然,"自知有许多遗憾和缺点有待匡正"。20世纪90年代初,面对新的思想文化环境,以及巴金的全集、译文集陆续出版,巴金文献的更多发掘和巴金研究的长足进展,丹晨重新构思和写作,着意写一部"比较完备而有深度的巴金传记"。他做到了,成功毋庸置疑。2003年版全传不仅有北京的简体字本、香港的繁体字本印行,还由北京人民广播电台播出,香港《文汇报》连载,其传播的空间和人群,在已有的巴金传记中应是空前的。但丹晨仍不满足,仍不止步,继续加以充实和修改。且不说1994年出版的《巴金的梦:巴金的前半生》,即便从2003年中国青年出版社版《巴金全传》算起,到2013年完成修订本,也足足有十年时间。俗话说"十年磨一剑",丹晨花费二十年时间写作和充实完善新的巴金传记,这种为求实求真求精而孜孜不倦、不懈努力的坚毅执着精神,不能不令人赞叹,不能不令人钦佩。

我在1994年也曾出版过一本巴金传记。但我没有勇气进一步修订它。因为我深知,自己并不是一个合格的和合适的传记作者。除著有《巴金传》(1991,续卷1994,合订本1996,修订本2003)的已故徐开垒先生外,兼有学者独到研究和作家出色文笔的丹晨、思和、李辉、谭兴国,以及后起之秀周立民,当是比我合适的人选,读读他们的传记就知端倪:思和的《人格的发展:巴金传》(1991,可惜只完成半部)、李辉的《百年巴金———一个知识分子的历史肖像》(2003,2011 改题《巴金传》)、兴国的《走进巴金的世界》(2003)和立民的《巴金评传———之子的世纪之旅》(2011),作者各具慧眼洞见,作品各有风采芬芳。单就丹晨来说,我以为,他写巴金传记的优势在于以下方面:他对巴金思想著作有深入的研究和独到的思考,他的一系列著述和论文即是明证;他不仅与巴金有较多直接接触,更有广泛深入而非问答式的自由交谈,《走进巴金四十年》一书就是这方面的荟萃;他同巴金的旧友新雨和亲属多有联系交往,仅从全传《后记》中提到的感谢名单就可知一二;他不仅亲历了 20 世纪 30 年代以来中国社会的变迁,还对当代文坛幕前幕后的种种知根知底,这得益于他的年长和先后任职于《中国文学》杂志、《光明日报》文艺部、《文艺报》。此外,就我与他的接触和读他的著述,感知他有开阔的视野,开放而不失严谨的头脑,淡泊名利不趋势媚世的心态,兼有评论家的科学、理性思维和散文家的热烈感情、清新文笔。以上种种,加之执着坚持的意念和甘于寂寞蛰居斗室的辛勤耕耘,他的传记取得成功自然是瓜熟蒂落,水到渠成。

据丹晨自述,全传修订本比 2003 年版约增加十分之一的篇幅。修订版的内容做了哪些主要的增补修订呢?

首先应提到修订本新增的或较多补充的七个节次:

第三章第 31 节原题《玛伦河畔》,改题《玛伦河畔与〈平等〉》,增补了在美国旧金山用中文出版的无政府主义重要刊物《平等》和主持人刘钟时的介绍,使此时巴金参与无政府主义活动的记述得以强化,更加充分。

第七章原题第 69 节《当了总编辑》,改题为《创办文化生活出版社》,增加了文生社筹办经过和吴朗西所起作用的介绍,更切近该社的历史实际。

第七章原《"我求幸福,那是为了众人"》、《"幸福的巴金先生"》两节合并,将后者部分内容充实扩展,新增第 76 节《我是一个充满矛盾的人……》,更细腻地展示巴金的一大特点:与青年读者广泛联系沟通,对他们心存深情、多有爱护和帮助。

第九章增加第 89 节《又是一次喊喊嚓嚓》,简述 1940 年底桂林报刊"研究巴金",探究某些思想极端的左派不容巴金的历史渊源。

20世纪40年代中后期巴金的思想动态,是巴金研究中的薄弱环节之一。第十一章增加第110节《像是一部交响乐》,立足巴金著译和新发掘的书信,联系当时的政治情势,用四千字的篇幅,展现这一时期特别是上海解放前后巴金的心态、思想重大而又微妙的变化及特点,如实揭示出巴金"没有应邀北上去解放区",和"对共产党领导的革命还存在一定的保留"的心态,上海解放初对新政权的观察,以及随着对新政权的更多了解和与新政权互动而出现的思想变化。这一节是增补段落中最精彩的部分之一。

第二十一章将原《呼唤"讲真话"》内容调整为两节,增加第183节《无为而治》,内容上做了较多的补充。《无为而治》叙述巴金为作家争取基本权利的言行,和受到的责难恐吓。这一节连同原有的《用自己的脑子思考》、《"文革"博物馆》、《呼唤"讲真话"》、《自我拷问》、《创建现代文学馆》等节,更全面地勾勒出《随想录》的主要内容和丰富蕴意。

《随想录》是解读"新时期"即1978—1986年中国社会生活、思想文化领域大小事件的百科全书。不了解这一时期的社会生活背景,即社会生活和思想文化的诸般巨细现象,就不能真正读懂《随想录》里巴金看似平淡的文字所针对的目标,所切中的时弊,所蕴含的深意。全传对《随想录》内容的安排和诠释别具匠心,不单独用一章或一节集中叙说,而将之分解融于包括原有的和新增补的相关各节中,以此作为记叙晚年巴金生活、写作、思想的骨骼和血肉。这样的叙事方式,更能了解巴金晚年也是一生最重要作品之一《随想录》的深厚内容和深远意义,也使对晚年巴金状况的记叙更具力度和可读性。

第二十二章第195节《亲情和回归》即全书最后一节,从人生目标,呼唤自由、反对专制强权,反对私有财产,反对封建迷信、更反对现代迷信等多方面增写了对"巴金思想体系"的总结归纳(第754—760页),这近四千字的改写和补充,也是增补段落中最精彩的部分。丹晨立足于史实的叙说,提出:晚年巴金"似乎回归本源思想，但已升华变得更加纯正精粹，在精神层面上更加完善净化，已不是用一两个'主义'的概念可以简单概括说明得了的。"这是一个值得重视和研讨的观点。

其次是修订本分散各章节的若干补充。根据我阅读时的记录并同丹晨沟通，抛开一般性的文字改动润色，梳理出的情况大致如下。

史实方面：比如，第34节《写了一本〈灭亡〉》补充1928年10月巴金离开巴黎前访问柏克曼，柏克曼信纸上所印"没有神，没有主人"对他的深远影响（第75页）；第62节《新朋友们》增写曹禺的《雷雨》在《文学季刊》发表经过的事实真相，澄清了某些似是而非的传言（第139页）；第68节《东京噩梦》补充巴金对芥川龙之介和赛珍珠有关中国的文章和作品有失偏颇的"反应过度"（第154—155页）；第76节《我是一个矛盾的人……》补充与山西少女赵黛莉的通信（第176页）；第79节《友人罗淑》增加女作家罗淑的介绍，并把她和马宗融在上海的家喻为"又一个'太太的客厅'"（第186—189页）；第82节《在死神阴影下》谈到《火》第一部时，增加了对在华朝鲜革命者抗日事迹的介绍（第195页）；第106节《平凡的忙碌》不仅增加文生社"为那个时期的文学以至民族文化的积累做出了实实在在的不可磨灭的贡献"的确切评语，更增写了具有创新精神的"九叶集"诗人在遭受无理批判时，巴金、萧珊所给予的有力支持（第256页）；第109节《自由的文化人》补充了上海解放前翻译家毕修勺的状况（第271页）。又如，第135节《在陷阱中挣扎（二）》叙及"反右"期间的活动时，细化了巴金发言日期，补充了郭小川日记中对茅盾、巴金、老舍三人发言的评点（第395—396页）；第141节《……也是一个"歌德派"》首次披露靳以的死因："他实在太忙了，是累死的。"（第425—426页）；第172节《故旧重叙》叙写"文革"后期诸多友朋陆续有了往来时，增加了介绍翻译家汝龙的文字（第582页）。此外，还将一些隐去的人名明示出来，如第95节《花溪小憩》在叙及萧珊的同学王树藏与巴金"一位老朋友"的婚变时，点明这位"老朋友"就是萧乾（第227页）；第124节《痛苦的选择》述及批评路翎作品的"权威批评家"，点明是陈企霞、侯金镜

(第334页)。第138节《遭遇围攻》叙述1958—1959年全国性批判巴金作品运动,在述及姚文元等批判者时的几处文字改动,用语更有分寸,更符合事实(第411—413页)。

观点和解读方面:比如,第53节《〈海的梦〉》在叙及"一·二八"事变后巴金面对日军造成的瓦砾废墟的愤怒时,插入对巴金曾宣传过的"工人无祖国"、"'爱国主义'是人类进化的障碍"的解析:"他内心一直蕴积着爱国热情,每逢到具体的事件就会爆发出来,总是毫不犹豫地鲜明地站在中国人的立场","但并不意味着他爱现在的国家机器和统治者。"(第117页);第62节《新朋友们》明确提出巴金"文学圈"的形成和存在:从《文学季刊》开始到50年代初的平明出版社,以出版社和巴金编辑的书刊为平台"在巴金的周围不知不觉地慢慢地聚拢了一个没有旗子也无宣言、不是社团也非流派、有影无形似无却有的文学圈,巴金则是其中隐身的精神领袖。"(第140—141页)丹晨提出的"巴金'文学圈'"是很重要的一个观点,此前虽有研究者涉及,但这样明确的认定和表述尚属首次,有待研究者继续深化和细化;第71节《中国文艺工作者宣言》连注释在内增加千余字,通过简介"左联"领导人"唯我独革"的思想和组织上的宗派主义,揭示出"左联"与鲁迅的隔膜和排斥巴金等的原由(第160—162页);第94节《翻译的收获》记叙抗战期间巴金各地迁徙,但住桂林时间最长,丹晨指出,个中重要原因是"他想远离政治权力中心"(重庆以及延安),在这个相对安定安静的地方坚持写作,丹晨敏锐地从细微处捕捉到的这一特点是为研究者忽视了的(第221页);第181节《"文革"博物馆》在如实介绍香港学生批评《随想录》事件和巴金"反应比较激烈"的史实基础上,补充提出一个观点:香港学生的批评也"推动了巴金进一步的思考",即对"文革"发生原因等深层问题的思考(第639—640页)。

以上所举的两方面增补散见各处。史实方面,有的是叙说巴金生平的重要关节,有的是不可或缺的人物或细节的充实;观点和解析方面,有的通过史实的补充提出作者的新见,有的则是作者既有认识和理解的延伸或深化。这些增补大多是作者的发现或独到思考,也包含对学界研究新成果的吸取。史实和观点两个方面的增补,犹如添补筋肉,疏通经络,使全传修订版的内容更为丰厚,气脉愈益顺畅。同时,也进一步增强了学术含量。

丹晨在《后记》中说:"这是一本文学性的传记,也是一本普及性的学术读物。"这是他写作之初的追求,也符合成书后的实际。我以为"学术性"是传记作品的根基,在人物传记方兴未艾的今天,更应该强调这一点。"学术性"主要体现在史实的准确扎实可靠,见解的科学客观新颖,作者有直面问题的姿态和正视史实的勇气,有科学的理性思维。好的传记作品要为读者和学界传播准确、可信、实在的信息,廓清或匡正那些似是而非、以讹传讹的不确流传和无据臧否、随意褒贬的不当之论。既具学术的科学性、权威性,又具文学的可读性、生动性,学术性与文学性水乳交融,当是人物传记追求的高境界。丹晨在这方面的探索和努力是十分可贵的。

在巴金研究和巴金传记写作中,20世纪80年代的"难点",主要在于如何看待和介绍20世纪上半期巴金思想的实质,即与无政府主义思想理论的关系。随着历史的演进和话语的开放,在中外学者的共同努力下,这个问题的历史事实已经得到清晰的梳理,思想实质方面尽管认识还不尽一致,但已突破禁忌取得了更多的共识。丹晨在这方面的记述、描绘和评议,我以为是准确的,全面的,充分的。90年代以后,主要"难点"转而成为如何看待和介绍巴金在批判胡风集团、"反右"等政治运动中的表现,如何评价十七年中的"歌德"文章(含朝鲜战地作品和访问苏联、越南后的作品),如何认识巴金晚年思想与无政府主义思想的关系。这既涉及作品价值和思想轨迹的判断,更涉及人品人格的评价。学界谈论这些问题时,由于论者的思想立场、价值理念和思维方式迥异或有差别,有的顺应时势予以肯定,从历史大环境出发为之辩解,有的为避免责难或麻烦而回避、淡化,还有的以袖手旁观者的"清醒"讥消诟病否定。那么,丹晨是如何看待和叙述的呢?他既详细叙说了巴金在"十七年"初期出自内心的喜悦、激动和后来主动的或被动的遵命的"歌德"、表态,并探析了这一切的因由;更如实描写了这期间巴金丧失独立思考的迷失、过错和心灵污垢,以及他的彷徨和矛盾,他的无奈和局限;还记述了在特定的舆论环境中巴金发出的呼吁独立思考、把文艺交给人民、作家的勇气和责任心等"异音";同时,又充分展现了晚年巴金的沉重煎熬,不断反省,自我解剖,严格拷问,自我否定,真挚忏悔,凸显他的坦荡无私,他的灵魂净化和升华。总之,丹晨在经过广泛收集和严肃考辨的史实基础上,用逼真的笔触从多侧面所呈现给读者的巴金,是一个在既定历史条件下真真实实的生活、思考和写作的巴金,一个立体的、丰富的、鲜活的巴金,一个平凡实在亲切而又高尚可敬伟大的巴金。

丹晨的这本传记吸引我的,还有叙事方式的别开生面,研究指向的独辟蹊径。以"梦"为主标题的关键词贯通各编各章,统摄全书,令人瞩目。在开篇的《自序》中,丹晨对何为"梦",何为巴金的"梦",为何以"梦"为轴心,做了周详的诠释,不用我再饶舌重复。我想说的是,这绝非为吸引读者眼球别出心裁,"梦"是作者在多年巴金研究中所形成的认识、理解和领悟的提炼和结晶,也是与翔实史料和新颖见识相匹配的叙事方式。"梦"既是写作者丹晨切入视角和总体构思的最大亮点,更显现出研究者丹晨对巴金生平、创作、思想、人格的独到思考。对巴金来说,"梦"既是心灵深处永不熄灭的理想,又是现实境况百味陈杂的写照,这就使"梦"具有了多重含义。从青少年时代到耄耋之年,巴金始终是一个"理想主义者",描画这位"理想主义者"的一生,用"梦"概括和表述,提挈和展开,我以为伸入了巴金生活和思想的底里,既贴切准确精炼,又形象生动传神。全书七编二十二章,题目都冠以"梦",达二十九个之多,仅就大小题目的拟定,作者斟酌的费心便可想而知。这二十九个"梦"多有可圈可点的点睛之处,无需一一评说,我只对提纲挈领的七编大标题之"梦"略陈管见。

我把七个大标题归纳为三类。

第一类确切而精当:第一编用"革命的梦"表述青年时代(1904—1928),第四、五编用"'天堂'的梦"表述"十七年"(1949—1965),第六编用"炼狱的梦"表述"文革"时期(1966—1976),第七编用"人间的梦"表述"文革"结束到逝世(1977—2005)。"革命"、"'天堂'"、"炼狱"、"人间",准确贴切地揭示出巴金这几个时期生活思想的实况和轨迹。值得称道的是,修订本为其中的"天堂"二字加了引号,使其寓意更显深沉。因为会心这些标题,多余的话就不赘言了。

第二类似可推敲:第二编用"文学的梦"表述巴金从跨入文坛到抗战爆发前这一时期(1929—1936年)。这期间,巴金勤奋写作,蜚声文坛,成为一时之秀,但投身"写作"既非他的初衷亦非他的愿望和理想,实为无奈之举,因此,他一度陷入深深的思想矛盾之中:不想凭借文字介入社会却偏偏把时光消耗在写作中,渴望参与实际斗争却只能在稿纸上发泄激情。事实就是如此矛盾。因此,我觉得如加一个引号改为"'文学'的梦",使"文学"既实又虚,既是又非,暗含以上所述,是否更为贴切一些?

第三类值得斟酌:第三编用"生活的梦"表述从抗战爆发到新中国建立前这一时期(1937—1948年)。"生活的梦"似在突出他的爱情和成家以及他对今后生活的思虑。对巴金来说,爱情和成家无疑是生活中一个大转折,一个新起点,当然是很重要的大事。但是,这一时期,巴金的生活状态和思想状况还有一些重要方面:抗战时期辗转迁徙的艰苦,对日军暴行的无情揭露和坚持抗战的大声疾呼,抗战胜利后对国民党政府的极度失望和对国家前途的深深忧虑。面对这些,用"生活"二字表述似嫌平淡,未能切中要义。我一时想不出更合适的概括提供作者参考。或许,可勉强题为"家国之梦"?

我冒昧串联一下:胸怀"革命",走进"'文学'",心系"家国";身处"'天堂'",跌入"炼狱",回归"人间"——巴金人生道路上的进与退、顺与逆、浮与沉、得与失、福与祸、喜与悲……,巴金思想旅程中的焦虑与平静、懦弱与坚守、迷失与醒悟、局限与突破……,巴金理想和人格的树立,追寻,困顿,沉沦,复归,坚守,升华……尽在其中,以此表述"理想主义者"巴金九曲八弯、波澜起伏的百年历程及其所体现的中国正直善良知识分子群体的人生路径,庶几可矣。——当然,这只是我的一管之见而已。

修订本的记叙在史料上也有些许忽略或遗漏。就我目前想到的列举于下供丹晨参考:

作品方面,巴金早年的一批新诗是他文学创作的起始,表现出深厚的人道情怀和理想追求,叙述文字似太简;参与世界语运动和诸多世界语著译,是巴金的人类意识和开放精神表现之一,应有更多一些介绍;对朝鲜战地散文评介公允,但小说介绍显得过略,特别对巴金称作"失败之作"的中篇小说《三同志》着笔有点吝啬。生平活动方面,比如1933年底巴金与杨振声、沈从文一道参加北京大学学生茶话会,这是巴金与大学生之间罕见的交流,值得一叙。文坛争论中涉及巴金作品方面,1943年"新文艺腔"讨论中有关巴金作品语言有贬有褒的争议,有的贬斥类似八九十年代的个别论调,应当提到。细节方面,述及50年代杨风、王瑶的两篇重要研究论文时,应注意到杨风文发表后王瑶始撰文,王文的正面论述含有纠杨文之"偏"的深意;《家》得以在《时报》连载,世界语者火雪明作为中间人,起到重要作用,应予指明。

杜甫诗云:"庾信文章老始成,凌云健笔意纵横。"丹晨的全传修订版,内容更为扎实丰厚,见解愈加纵横有力,真不敢相信他已经年逾八旬。丹晨的内心仍充满青春的生气和活力。"青春是美丽的!"我羡慕他。祝他年轻,健康!

2014年9月15日作,28日改定

曾绍义　陈　羲

巴金的"理想主义"与巴金研究的理想
——读李存光编《巴金研究文献题录》(1992—2009)

毫无疑问,巴金先生的一生是理想主义的一生,从他17岁发表的第一篇文章《怎样建设真正自由平等社会》(《半月》杂志1921年第17号),到他晚年抱病写出《随想录》,不断追求人类社会的自由平等,并高呼"今天还应当大反封建,今天还应当高举社会主义民主和科学的大旗前进"(《"五四"运动六十周年》)。尤为宝贵的是,他不只是在呼喊,更是用他全部的创作活动"大反封建",用他的全部真诚和善良为实现平等自由而不遗余力,被誉为中国"二十世纪的良心"[①]。同时,他又将这种追求理想和奋力实现理想的一致性看作人必备的品质。他说:"我看一个作家更重视他的人品,我更加明确做人比为文更重要"[②],又说"作品的最高境界是写作同生活的一致,是作家同人的一致",因此"我今天仍然要说:我不是一个文学家,我也不想做一个艺术家,我只想做一个'善良些、纯洁些、对别人有用些'的人。为了这个,我决不放下我的笔"[③]。他还多次告诫青年作家"要做一个好作家,首先要做一个真诚的人。文品和人品是分不开的[④]",又专门写了《寻找理想》坚信"拜金主义的'洪流'不论如何泛滥,如何冲击,始终毁灭不了我的理想。问题

[①] 曹禺:1994年2月25日给"巴金与二十世纪学术研讨会"的题词,见《实际的良心》,上海文艺出版社1995年版。
[②] 巴金:《怀念振铎》,《再思录》(增补本),广西师范大学出版社2004年版。
[③] 巴金:《探索之三》,《随想录》(1—5集),人民文学出版社2001年版。
[④] 巴金:《致青年作家》,《再思录》,上海远东出版社1995年版。

本文作者在第十一届巴金学术研讨会上发言

在于我们一定要顶得住。我们要为自己的理想献身",勉励孩子们:"理想不抛弃苦心追求的人,只要不停止追求,你们会沐浴在理想的光辉之中"①!总之,他认为"人生要有理想,我写作七十年,就是靠理想,就是反对拜金主义"②!

我们今天谈论巴金,谈论巴金的理想主义,就是要学习他言与行的一致,文品与人品的一致,敢于为实现理想献身的精神,讲真话,干实事,用具体行动做一个真正的"人"。对于巴金研究来说,也就是站在这样"理想"的高度继续开拓前进,不只是从文字创作,也要从哲学、伦理学、现代人学等多个方面,全方位地立体地展现出巴金全部"人"的形象,揭示出巴金这位既是"五四"的产儿,又是鲁迅所称颂的"屈指可数的好作家"与整个中国现代历史、现代文化的关系,以及他对当下文化建设、思想建设以至道德伦理建设等

---

① 巴金:《"寻找理想"》,《随想录》(1—5集),人民文学出版社2001年版。

② 陆正伟:《巴金这十年》,《巴金研究集刊卷一》,文汇出版社2005年版。

本文作者陈羲

方面的"人学"意义,让巴金精神代代相传、光辉不灭!近读李存光先生编撰的《巴金研究文献题录》(1992—2009)(复旦大学出版社2011年出版,以下简称《题录》),即觉实现这一研究理想有了可能,因为无论从学术价值还是治学精神,以至人生态度,都值得我们引起足够重视。

第一,是其全其细为巴金研究领域前所未有。它不仅填补了巴金研究的一大空白,也让我们从始于1922年的88年间巴金研究实绩的全面检阅中,更完整、更细致地了解巴金的贡献对于中国和世界的影响,从而为我们更深入地理解巴金、阐释巴金、学习巴金提供了极大的方便。

先说全。这部180万字的大书,不仅收入1922年至2009年间所有公开发表(出版)的评论巴金著作及其人生的专书、专著、研究论文、评价文章和传记,资料篇目,也收入了没有正式发表(出版)的硕士、博士研究生学位论文篇目,并录有"摘要"和论文"目录",作为"附录"的"文化大革命"中"造反派"团体编印的部分"批斗材料"的举要(1966—1970)。从地域看,所收资料除中国大陆,还包括中国台湾、香港、澳门地区,国外则包括朝鲜、韩国、日本、泰国、新加坡、俄罗斯、法国、英国、美国等二十多个国家。从体例看,除正文十辑,作为附辑的《根据巴金小说改编的戏剧、影视作品及连环画要目》,和《中国大陆、香港及台湾地区各种版本的〈巴金选集〉一览》也对研究巴金创作有巨大影响、十分重要。

再说细。看得出,编撰者是完全站在严谨治学的立场上,为读者、也为治学者想得特别周到。如对所有包括论著、论文集、资料集、传记、评传、年谱以及相关图片集、书画集等纸质出版物和电子出版物在内的专书、专著,除列出书名、作(编)者、出版机构、出版时间外,又列出全书总页数和所收篇目或所含章节,同一书籍再版的(包括修订变更书名的),也将书目一一列入各辑,细目则互见。对于外文书刊、报纸、出版机构以及条目名和作者姓名,也都悉数翻译成中文。特别令人感动的是,这些资料除根据相关中文文献转录者外,其余皆由编者自行译成。就连最后作为"附录"的《本书所收有关巴金的专书、专著、专集书名索引》,也足见一位年逾七旬的老专家对于一切巴金研究者(读者),特别是初入研究领域的青年学者的殷殷之心,因为所列书名并非可以轻易找全的。

第二,是其艰巨其坚持令人肃然起敬、叹为观止。从前面的介绍,我们已经可以看到编撰这样一部"全书"是何等艰巨的工程,何况是由编者一人独自完成。但是,存光先生认为"全面系统地展示80余年来巴金评价研究的实际状貌,为学术界提供一份翔实的研究参考,便是一件必须做的基础工作",而且"完成这(项)工作,一直是我的愿望"[①],所以尽管在巴金研究领域,他是最先编成三卷本《巴金研究资料》并由海峡文艺出版社于1985年出版,又是出版过《巴金民主革命时期的文学道路》(1982)、《巴金传》(1994)、《巴金》(1997)、《世纪良知——巴金》(2000)、《我心中的巴金》(2001)、《百年巴金——生平及文学活动事略》(2003)、《巴金评传》(2006)、《〈家春秋〉版本图录》(2008)等十余种著作的资深巴金研究专家,而且还是迄今健在的研究巴金最早(1963年就读于四

---

① 李存光:《编后赘语》,《巴金研究文献题录》(1922—2009),复旦大学出版社2011年版。

川大学中文系时即在林如稷教授指导下撰写研究巴金的学年论文及毕业论文)、年岁最长的学者,他却继续知难而上,放弃了节假日休息时间,奔走于北京各大图书馆,向四方八面的学界朋友求助,终于完成了这一巨大工程,实现了自己的愿望。这里还要特别提及的是,在完成这项艰巨工程的过程中,存光先生在相当长一段时间内身患腰椎间盘突出症,疼痛难忍,但他穿着治疗用的钢背心依然坚持工作。这不禁使我们想起巴金老人用颤抖的手,抱病写作《随想录》的情形……总之,他是将毕生精力投入到了巴金研究之中!因此完全可以说,存光先生是用巴金精神克服种种困难,在长达三十余年的执著坚持中,终于完成了《题录》这部既是对前人研究成果的集中展示,又是后人继续研究巴金必备的大书!

第三,是其当下意义值得充分重视。众所周知,当下的学术环境也受到了种种利益的污染和金钱的侵蚀,加上尚无有效的监督机制,学术上的造假、抄袭以及"一窝蜂"式的批量"生产",使一些学者不再从最基础的研究资料入手而是贪图"捷径",一味追求论文数量以及发表刊物的级别,这不仅严重影响了学术研究的进步,更是对年轻一代的毒害,任何有良知的学人都不能不予以警惕。李存光先生毕其一生、潜心劳作,不畏困难,从"基础工作"入手,为我们献上了《题录》这部全面系统、实用性很强的工具书,用具体行动言传身教地告诫我们:"研究任何一个问题,只有充分地占有材料,从事实的全部总和去掌握事实,这样得出的结论,才可能是科学的,证据确凿的。"[1]他强调指出:"这是研究巴金的基础工作。如果不把研究的犁头伸向这些领域,整个研究工作就缺少坚实的根基,研究成果的收获就肯定会受到影响。"[2]我想,在阅读、利用这部《题录》大书时,我们应该记住编者这番语重心长的提醒。

---

[1] 李存光:《巴金研究的回顾》,《我心中的巴金》,文化艺术出版社2001年版。

[2] 同上。

青年论坛征文选刊

吴明宗

在体制与理想之间:论《团圆》与《英雄儿女》之创作思维

一 前 言

1950年6月25日朝鲜战争爆发,美国国务卿艾奇逊(Dean Gooderham Acheson)在得知消息后,于华府时间6月25日下午做出美国海、空军投入朝鲜战争之决定。①在美国投入兵力支持南韩后,同年7月2日,周恩来在与苏联大使的会面中表示,若美国军队越过北纬38度线,则中国军队将以志愿军的方式与朝鲜人民军共同作战。②最终,中国人民志愿军(后简称志愿军)于10月19日渡过鸭绿江进入朝鲜半岛,并在10月25日遭遇第一场战役,展开"抗美援朝"的战事。③1952年丁玲去信巴金,希望巴金能到朝鲜战场搜集材料并创作相关作品。该年3月7日,由巴金担任团长的"中国文联朝鲜战地访问团"正式前往战场,肩负起采访与创作的任务。1953年8月,巴金再次进入朝鲜采访,于同年12月才又返国。④之后巴金陆续发表《生活在英雄们的中间》、《明珠和玉姬》以

---

① Bruce, Cumings: The Korean War: A History. New York: Modern Library, 2010, p.12.
② 沈志华:《朝鲜战争再探——中苏朝的合作与分歧》第240—241页,香港三联书店有限公司。
③ 同上书,第302页。
④ 于继增:《巴金与电影〈英雄儿女〉》,《党史博采》2009年第3期,第48—49页。

本文作者在第十一届巴金学术研讨会上发言

及《李大海》等朝鲜战争系列作品,其中又以发表于1961年《上海文学》第8期之小说《团圆》为代表作。《团圆》发表后受到好评,夏衍阅读后立刻指示长春电影制片厂将其改编为电影。[1]制片厂接获指示,找来武兆堤进行剧本的编写工作。之后,武兆堤又请曾赴朝鲜战场,具备战地经验的毛烽共同创作。在两人的努力下,改编之电影剧本《英雄儿女》于1963年发表在《电影文学》第2期。1964年,该剧本在武兆堤执导下跃上大屏幕。

1966年"文化大革命"(后简称"文革")爆发,一时间许多重要的文艺界人士皆沦为被批斗的对象,时任上海作家协会主席的巴金也无从幸免。上海作家协会在机关里头立起题为《彻底打倒上海文艺界的黑老K——巴金》的大字报,将巴金在第二次文代会发表的《作家的勇气与责任心》与其无政府主义思想联结,进而封其为反共的老手。[2]此外,其报导文学作品《我们会见了彭德怀司令

[1] 袁成亮:《电影〈英雄儿女〉诞生记》,《世纪桥》2006年第7期。
[2] 有些人抓住无政府主义主张"互助"之概念,便断言无政府主义者(包含巴金)反对阶级斗争。(陈思和、李辉:《巴金研究论稿》第49页,复旦大学出版社2009年版。)

员》,亦随着彭德怀个人的政治落难,被控为支持右倾机会主义者。①此后,针对巴金本人或其作品进行的批斗不计其数,小说《团圆》也成为被攻讦的目标。1967年《文学风雷》第3期载有《一株反对革命战争的大毒草——从巴金的小说〈团圆〉到电影〈英雄儿女〉》,可见批判的声音也波及改编电影。②巴金在《随想录》也写到当时自己与作品遭受批判的情形,指出那些他以朝鲜战争为题材的作品,被冠上了"宣传和平主义"与"反动战争文学"的帽子。其中,批判的重点是小说《团圆》和根据它改编摄制的影片《英雄儿女》,人们甚至拿它同《一个人的遭遇》相比。③在此情势下,原先放映反应热烈的《英雄儿女》遭到禁播,直到1973年,周恩来才以纪念"抗美援朝"胜利20周年为由,指示让《英雄儿女》、《打击侵略者》以及《奇袭》等影片重新放映,但放映时"根据巴金原著《团圆》改编"的字幕已被删除。④

"文革"结束后,许多作家及其作品获得翻案,巴金亦重拾在文坛的地位,《团圆》则在"文革"后成为宣传"抗美援朝"之时代精神的文艺作品范例之一。近年来,以《团圆》与《英雄儿女》为主题的讨论和研究也有所开展。综观现有文献,前人讨论面向大致可分为三类:一、考察并记录小说与电影之创作背景与过程;二、寻找文本人物在现实世界中的原型;三、针对小说与改编电影进行比较研究。在这些研究中,与本文讨论方向相关的是第三类,其中较具代表的文章有:宋强《巴金与〈英雄儿女〉》以及郑文平《从〈团圆〉到〈英雄儿女〉看文本转换艺术》。宋强的文章着重讨论人物形象在小说与电影之间的差异,同时也提出许多情节安排上的变异。不过,宋强在文中并未对这些差异之生成原因进一步地探究。关于这点,郑文平就巴金与编剧毛烽之生活背景进行比较,提出生活经验对两人创作思绪的影响,以此说明文本间为何会存在差异。郑文平的另一贡献是,他也对小说与电影之文体转换进行分析。不

---

① 燕平:《巴金在"文革"中的屈辱遭遇》,《扬子江评论》2012年第2期。
② 李辉:《"文革"小报上的巴金》,《读书文摘》2012年第3期。
③ 巴金:《随想录·第二集》第79—80页,香港三联书店1982年版。
④ 于继增:《巴金与电影〈英雄儿女〉》,《党史博采》2009年第3期。

过，由于郑文平仅将视角放置在作家与编剧之个人经验上，因而在比较两者之创作思绪时，往往显露一种身份决定论，例如因为巴金是"资产阶级知识分子"，因而郑文平觉得他在创作上面临"追逐政治意识"之困境。相形之下，毛烽由于出身军旅，因此在创作时拥有思考上的自由。[①]但是，这样的立论基础不免让人联想到过去社会对于资产阶级"原罪"式的批评，如此不仅无法客观地比较文本之艺术价值，同时也会形成分析上的局限。

有鉴于前行研究对《团圆》及其改编电影《英雄儿女》之讨论尚有可深化的空间，笔者于此文乃从此次大会主题"理想主义"出发，探讨巴金在写作《团圆》时的理想，进而比较改编电影《英雄儿女》与原著的差别。下文笔者将先就巴金原著小说进行讨论，再分析毛烽与武兆堤改编之电影，最后针对两者进行综合评述。

二　体制与理想的协商：《团圆》中的人道主义

论及巴金之思想，陈思和与李辉认为人道主义是巴金接受其他思想的基础，也是他社会政治思想的核心。因此，唯有深入了解巴金的人道主义思想，才能够比较准确地把握住他整体的思想发展。[②]有鉴于此，笔者以为写作作为作家思想展现形式之一，陈思和与李辉之洞见是我们今日分析《团圆》时，不该也不容忽视的部分。关于巴金之人道主义思想，其严格说来并非直接袭自西欧文艺复兴后产生的 Humanism，它更多的是以"五四"前后封建家庭制度将行崩溃的社会背景为基础。对此，陈思和与李辉指出："巴金这样的人道主义思想，与民国以后整个中国思想界追求民主与救国救民的进步思想潮流是一致的，与'五四'精神也是相一致的。"[③]不过，陈思和与李辉在《巴金研究论稿》中，针对巴金之人道主义思

[①]　郑文平：《从〈团圆〉到〈英雄儿女〉看文本转换艺术》，《福建教育学院学报》2009年第3期，第98页。
[②]　陈思和、李辉：《巴金研究论稿》第10页，复旦大学出版社2009年版。
[③]　同上书，第15—16页。

想,主要仍围绕在他1949年以前的表现展开论述,那么在进入1950年代后呢?陈思和在《中国当代文学史教程》中曾对巴金《奥斯威辛集中营的故事》进行评析,这篇写于1950年代的散文为报导文学作品,是当时巴金在官方安排下出国进行各种访问的成果之一。尽管这篇文章是受公务安排而写的作品,然而巴金在参观集中营时,他发自内心所流露的人道主义精神是构成文章内容的主要内涵。[1]由此可见,在进入1950年代后,人道主义思想仍在巴金的写作思绪中占重要位置,并且也反映在《团圆》的写作上。

在题材上,《团圆》描写朝鲜战争时期志愿军在战场之生活,鼓吹爱国主义精神,这点与"十七年文学"阶段之官方文艺主张有高度的密合。但是巴金在描写战场生活之际,还写了许多人与人之间的情谊与互动,对于"个人"情感的关注,使得这篇小说在写作上游走在时代文艺规范的边缘。对此,丁帆有如下的评语:"巴金的短篇小说《团圆》就是应景之作,过度的戏剧性效果背后透露出来的是作者配合政治宣传时的无奈与艺术上的底气。"[2]亦即,乍看之下,这篇小说是部满足时代命题的作品,其呈现的是政治意识下的以革命为号召的精神。不过再细看下去,则可发现巴金的兴趣显然并不在此,他更想强调的是作品之人道主义精神,这点便是其"无奈"之处。不过,在《团圆》中我们也确实感受到巴金将其人道主义精神置入的努力,就作家如何在时代命题下实践自我文艺理念而言,巴金于此展现出他在艺术上的"底气",同时也反映他在写作方面的理想性。

对照中国"十七年文学"之发展情况,当时国家意识形态不断地对文学进行"体制化"的规范与整合,文学批评则配合整肃并确立与国家意识相符之文学发展方向,使得当时的文学及文学思潮进入"一统化"阶段。[3]有鉴于此,中国作家在"十七年"实在难以明

---

[1] 陈思和:《中国当代文学史教程(第二版)》第27页,复旦大学出版社2013年版。

[2] 丁帆:《论"十七年文学"中配合政治的几种模式——〈中国现当代文学史与思想史的关联性〉论纲(之一)》,《东海大学中文学报》2009年第21期,第329页。

[3] 席扬:《"政治审美化"的"纯粹"与"艰难"——关于"十七年"文学思潮内在机制和理念走向》,《三明学院学报》2005年第22卷第3期,第241—242页。

目张胆地违反主流意识进行创作。换言之,若作家想将非主流之创作意识置于文中,则在写作策略上就不得不多下功夫。有鉴于此,以下笔者将先分析巴金在《团圆》中如何满足"十七年文学"之写作要求,而人道主义精神又如何掺杂其中?

1950 年代在官方意识主导下,所强调的是人的政治精神理念,因而人与日常生活皆被神圣化与符号化。作家笔下的人物性格由于背负极端化与政治化之特征,使得人物成为空洞的阶级符号。[1]进而我们发现人物性格在走向极端后,所反映出来的便是一种"非理性"的思考。这种非理性源自于人物在政治规范制约下,失去对自我独立理想思考之能力。[2]在此情况下,作家描写人物时,其感情与精神皆须赋予政治意义,所有非政治意义之情感都因显得脆弱而不被允许。当然,文本人物仍有可能出现政治不正确之情感表现,不过这也多是作家刻意安排所致,目的在于透过人物对自我"缺陷"的批判(无论是自我批判或是藉由他人点出问题),以此达到教化读者之功能。由此看来,除了政治性格外,人性的其他面向几乎难有发挥空间,因而巴金所持之人道主义精神在"十七年文学"时期可谓寸步难行。

事实上,在"十七年文学"时期人道主义曾一度于 1956 年露出一丝之曙光。王瑛指出:"1956'双百'方针提出后,激发了广大文艺工作者和理论批评工作者的探索热情。人情、人性和人道主义这一敏感而重要的问题,被一些理论家提了出来。"[3]1957 年 2 月,钱谷融在《论〈文学是人学〉》表达自己对于文学与人道主义的看法,其认为作家写人的目的若只是为了展现所谓"整体现实","那么这个人又怎能成为活生生的、有血有肉的、有着自己的真正个性

---

[1] 郑寒梅:《"十七年文学"中人文精神缺失及其原因探析》,《船山学刊》2008 年第 2 期,第 205 页。

[2] 李宗刚:《从新的审美范式到新的美学目标——论"十七年"文学英雄叙事建构的内在逻辑》,《福建师范大学学报(哲学社会科学版)》2006 年第 3 期,第 135 页。

[3] 王瑛:《"十七年文学"中的人道主义情怀》,《文学教育》2011 年第 10 期,第 101 页。

的人呢?"①因此,钱谷融主张:

> 在文学领域内,既然一切都决定于怎样描写人、怎样对待人,那么,作家的对人的看法,作家的美学理想和人道主义精神,就是作家世界观中起决定作用的部分了。②

1957年10月,钱谷融发表《我怎样写〈论《文学是人学》〉——当时的想法》,文中再就人道主义与文学之关系发表意见。他认为"一个作家只要写出了人物的真正的个性,写出了他与社会现实的具体联系,也就写出了典型。"③当时除了钱谷融外,包括巴人、王淑明等也针对文学与人道主义提出看法。由此,我们可看到当时部分理论家对于建国以来文学写作形式僵化、人物形象皆为政治与革命服务感到不满。遗憾的是,尽管文艺界曾一度就人道主义展开讨论,随着"反右运动"的展开,一切的讨论有如昙花一现,未能有太多落实的空间。1960年社会更就"人道主义"、"修正主义文艺思想"、"和平主义"、"中间作品"等集中批判,强调"更大地发挥社会主义文艺的革命作用"。④在此氛围下,巴金又要如何在《团圆》中展现其对人性的书写呢?

《团圆》以朝鲜战争作为主题,描写志愿军在朝鲜战场上的生活。这类以战争为主题的小说是中国"十七年文学"的重要成就,若由人物形象观看此期战争文学之时代精神,则其要求为:

> 作品主人公的坚定的共产主义信仰及由此而表现出来的对革命事业无限忠诚的质量,对胜利的坚定信心、对革命同志的无微不至的关怀、对敌无比仇恨以及革命斗争的高超艺术。⑤

---

① 钱谷融:《钱谷融文论选》第23页,上海文艺出版社2009年版。
② 同上书,第29页。
③ 同上书,第67页。
④ 席扬:《"政治审美化"的"纯粹"与"艰难"——关于"十七年"文学思潮内在机制和理念走向》,《三明学院学报》2005年第22卷第3期,第246页。
⑤ 唐旭:《十七年军事文学发展中的得与失》,《丝路学刊》1996年第3期,第26页。

由是我们可以看到,《团圆》中的人物亦少不了上述的特质。首先,王芳是文本的核心人物。文本伊始,战地记者老李摸黑走在雪地上,却一时走神差点摔倒。王芳见到这一幕,便自告奋勇要护送老李回到住处。尽管老李再三拒绝,王芳却坚持要送,她的理由是:"你是我们军的客人啊。"①于此,我们看到巴金巧妙地将王芳对长辈的照顾,以"军"的名义转换成一种神圣的使命感,既展现了人与人相处的温情,同时也发挥军人爱民之形象。后来,当小刘在战役中受伤急需输血之际,王芳更义无反顾地输了两次血。因而在王芳身上,读者看到的虽是她对革命同志无微不至的关心,但这样包裹着政治意义的人情展现,与人道主义精神并不相违背,说明在政治精神与人道主义之间尚存有一些共通性,而非全然地二元对立;另一方面,巴金"极力提倡以'友谊'作为人与人之间的新型关系,把朋友放在'亲人'关系之上。"②因而我们可以发现王芳在文本中无论是对老李、王主任等长辈,或是与小刘等同辈,其相处模式皆似朋友,彼此之间在对话时轻松自在,没有过多的规矩束缚。藉由这种模式,巴金将军中的袍泽之情与自我人道主义思想结合,以此营造军中上下相处融洽之气氛。不过,这样的方式却也有被攻讦之危机。因为"纪律"亦是这类战争文学所要强调之重点,朋友式的相处似乎弱化了军队对"纪律"的要求,由此我们也发现巴金在《团圆》中几乎未曾出现上对下的命令关系,或是下对上的服从表现,"纪律"并不是他写作时所强调的部分。

笔者在前文曾提到"十七年文学"往往赋予文本人物一种"非理性"思考,以下便就王芳的"非理性"思考进行讨论。王芳在文本中为文工团团员,其主要工作便是到各连队表演、为战士们激励打气。有一回王芳就直接站在射口跟前为战士唱歌,不仅展现其巾帼不让须眉的精神,同时也说明她对胜利充满无比信心,因而即便站在危险的射口,她也毫不担心。政治赋予的勇敢力量,已经淹没了王芳对于危险应存的恐惧,所展现的即是一种"非理性"的思考。

---

① 巴金:《团圆》,《上海文学》1961 年第 8 期,第 16 页。
② 陈思和、李辉:《巴金研究论稿》第 17 页,复旦大学出版社 2009 年版。

然而更甚者应是王芳在严重摔伤后,竟不顾伤痛高唱《歌唱祖国》,以此激励身旁的伙伴。为伤痛而苦原是人类天生之情绪,然而王芳非但不苦,反而一心挂念任务,执意以歌曲鼓舞身边的人,这样的形象使她超越了人类肉体的限制,却也注定无法成为钱谷融笔下"有血有肉",具备天生情感的人。伤愈后王芳不但没有畏惧战场,甚至迫不及待地在回国治疗三个月后再度回到战地。当老李问王芳何不趁回国时回家看看,她只回答:"在部队里住久了,心都留下来了。谁不想早一天回到朝鲜!"[1]同时她还认为"我不是到朝鲜来旅行的,工作不结束,就是回到家里也待不住。"[2]可见王芳战斗意志坚强,无时无刻挂念战事,同时也强调战士应先祖国、后家亲的无私精神。

在上述分析中,我们看到王芳不惧伤痛的苦、不畏战地的险,同时也自我消解对家乡亲人的思念。政治的信念为其打造之英雄形象,使读者只能看到王芳在政治面向的坚定性格,因而几乎找不到她人性脆弱的一面。对此,巴金在文中安排了一段关于王芳因哥哥过世而感到悲伤的情节。王芳在得知哥哥死讯后,虽然感到悲伤,但她却又自觉地批判起自己。她以朝鲜妇女为例,指出她们死了多少亲人都不哭一声,反而头抬得更高、脚步走得更踏实。同时王芳也以柳老大娘的外孙女为例,认为她的母亲虽被敌人的炮弹打死,她却坚强地亲手埋葬母亲,并且依原订计划与外祖母一同生活。这些朝鲜妇女照常歌唱、跳舞,每天依旧种菜、纺织,她们的表现让王芳深感惭愧,并认为自己应该多向她们学习。由此可见,即便面对亲人之死,在"十七年文学"之写作规范下,人物绝不能表现出悲伤的一面。文本中的王芳由于出现悲伤的情绪,所以巴金必须安排她对自我提出批判的情节,因而诚如前文所述,这样的安排乃是为了进行人物对自我的批判。值得一提的是,这段情节也构成文本唯一展现中朝互动的部分,目的在于凸显当时中国与北朝鲜军事合作之精神。

---

[1] 巴金:《团圆》,《上海文学》1961年第8期,第22页。
[2] 同上。

文本中另一位重要人物为王主任,当他知道老李差点摔伤的消息,他也立即表达关心,其说辞是:"你刚从祖国来,要是摔伤了抬回去,我怎么对得起祖国人民呢?"①可以看到,王主任对老李的关心固然出于人情,然而与王芳相似的是,这份情谊以"祖国人民"为名,强调在文本中一切情感皆有其政治使命存在。在日本侵华时期,王主任原任职于上海某家印刷工厂,其妻子因被外国水兵殴打而死,后来他自己也被国民党逮捕,而王芳就是当时王主任托付给工人王复标家庭的女儿。抗日战争爆发后,王主任被放出监狱并加入部队打游击战,却也就此与女儿失联。从王主任之背景设定,我们亦可看到"十七年文学"之特色。首先,在以工、农、兵作为作品核心人物的前提下,我们发现无论是王主任或是王复标一家皆出身于工人阶级。不仅如此,王复标一家更为国家培养出为国牺牲的英雄王成,以及积极迎向战场的王芳,这样的设定呼应了时代下工、农、兵为社会中坚分子的概念。同时,我们亦可思考上海在文本中的意义。刘成才曾以上海为对象讨论"十七年文学",他注意到上海在"十七年文学"中常以"恶之花"、"红色转身"以及"狐步舞"等三种形式出现,其言:

> 上海作为腐蚀革命意志的渊薮,成了一朵"恶之花",成了革命者对城市恐惧症的替罪羊。上海,以及和上海有关的一切,则成了腐蚀和落后的代名词。在这十分尴尬的境地中,上海成为嘲笑与讽刺的对象。②

对照到王主任的回忆,上海是"有钱人的世界,帝国主义者、巡捕和流氓到处横行。"③此外,上海街道到处都是喝得烂醉的水兵,这些水兵更是造成王主任家破人亡的关键原因。单从这些陈述来看,上海在文本中无疑是充满邪恶的都市。然而,王复标一家却为上

---

① 巴金:《团圆》,《上海文学》1961年第8期,第19页。
② 刘成才:《革命现代性语境中失语的"大他者"——论"十七年"文学的上海书写》,《南都学坛(人文社会科学学报)》,2010年第30卷第1期,第67页。
③ 巴金:《团圆》,《上海文学》1961年第8期,第20页。

海展现新的意义。刘成才指出:

> 这个时期文学中的上海也遵循当时主流意识形态的规训与召唤,开始了自己"红色转身"的艰困旅程。这种"红色转身"的标志性符码就是,在上海书写中出现了许多上海的"平民"英雄。①

以此观看,在上海的王复标一家出身劳工阶级,当王主任一家落难时,王复标不仅予以援助,甚至培养王芳成为杰出的文工团团员。王复标的儿子王成念过小学后就到工厂当学徒,之后更在朝鲜战争中为国牺牲。因此,以王复标一家为代表,我们看到所谓上海"红色转身"之形象亦同时存在于文本,这些也皆是"十七年文学"之写作特色。

除王芳与王主任外,小刘在文本中也有一定分量与功能。文中小刘向老李抱怨,自己的父亲不仅拖累担任村干部的哥哥,还处处以军属身份要求照顾。对此他认为自己到朝鲜并不是为了个人利益,而"军属应当起带头作用才对!"②于此,我们再次看到巴金将自我人道主义思想与战争文学相结合。

> 在批判封建伦理纲常的同时,他(巴金)提出了新型的道德观念,他不仅反对君主专制,也反对家长专制,希望人与人之间无论哪一种伦理关系都须平等相待,谁也不属于另一个人的占有物。③

因此,若依既有伦理,即便小刘认为父亲在思想上犯错,他也不能向人批判自己的父亲。然而在巴金的想法中,其人道主义受精神影响,强调父子亦须平等,因而当父亲有过错时,哪怕提出指正的是儿子,他也应该接受批评。况且在此处,小刘的批判尚有政治意识支持,所以连老李都鼓励他写信与父亲沟通此问题。

---

① 刘成才:《革命现代性语境中失语的"大他者"——论"十七年"文学的上海书写》,《南都学坛(人文社会科学学报)》,2010年第30卷第1期,第68页。
② 巴金:《团圆》,《上海文学》1961年第8期,第17页。
③ 陈思和、李辉:《巴金研究论稿》第23页,复旦大学出版社2009年版。

另一方面,小刘一心学习杨根思抱炸药与敌人同归于尽的精神,最后他果真在一场战役中拿着一包炸药炸掉敌方母堡,却也赔掉了自己的双腿。与王芳相同地,小刘在回国治疗的车上也哼着《歌唱祖国》,同时表示自己装好义肢后还要回到战场。当王芳将小刘的笔记本交给老李时,上面写道:"忠于国,就要忠于自己的工作;爱祖国,就要爱自己的同志。"[1]在小刘身上,读者可看到志愿军热爱祖国、大公无私以及积极学习的态度。不过,小刘与敌人同归于尽、装假腿也要回战场之精神,则再次呈现了政治意识下无畏的牺牲精神。

在文本中我们看到王芳、小刘皆在战场受伤,王成更为国捐躯,对于这样的写作,郑文平批评:"在这个作品中,巴金的英雄主义都是通过刻意地设置人物受伤后如何勇敢和乐观的情节来表现的。出现了在文学创作中不该出现的同样情节的简单重复。"[2]同时,郑文平更认为:

> 从上面的情节处理,我们可以看到巴金在这个作品中塑造的确实是近乎自虐式的勇敢的人物。这与巴金《家》等以前作品中以人为本的精神是相违的。由此可以看出,此时的巴金已非彼时的巴金。新的巴金是以主流意识为意识的巴金。[3]

然而,郑文平之评价显然出现将巴金之写作思绪以时代进行切割之错误。从上述的讨论,我们可以看到巴金的人道主义思想并未在1950年代后就中断,而是一路延续到后来的写作上。至于文本中为何强调伤亡,除了以此强调英雄的壮烈外,还有另一部分原因应也与巴金的人道主义思想有关。对于"死亡",巴金有其特殊的看法,过去他在批判剥削阶级时,同时也抨击向剥削阶级投降者。他认为:

---

[1] 巴金:《团圆》,《上海文学》1961年第8期,第25页。
[2] 郑文平:《从〈团圆〉到〈英雄儿女〉看文本转换艺术》,《福建教育学院学报》2009年第3期,第99页。
[3] 同上。

>在投降中的死是不足惜的死,是可悲的死,而为战斗而死则是光荣的死,有价值的死。只有当一个人为理想,为信仰,为人类慷慨而死,他的人性才达到了最高度的发挥。①

所以,与其说巴金在《团圆》中的写作是与主流意识"妥协",倒不如说是"协商"。在这过程中,巴金不仅展现了政治意识之高度,同时也发挥其人道主义精神,而这个精神即源自他在1950年代前对"死亡"的看法。文本中的"抗美援朝"战争,在当时的社会语境中确实是一个为人类奋战的理想与信仰,因而人物价值的最高度发挥即为死亡。所以人们要效法的,是分别在现实与文本中为国捐躯的杨根思与王成。由此端看,巴金在文本中安排这些伤亡的情节,其实不乏个人创作思考之能动性。

除了上述人物形象与情节设定外,巴金于文本尚安排以下内容:文工团的妇女到了每个连队一定自动帮战士缝补衣物、拆洗铺盖;祖国的亲人为战士送来自己缝制的棉军装;王芳受伤后,战士们纷纷表示为她报仇的决心;英勇的赵连长奋勇杀敌之事迹。这些内容不仅刻画战场生活,同时也宣传并强调全民之战斗与革命之精神。因此,若单看上述内容,《团圆》无疑是以朝鲜战争为主题宣传革命精神的一部作品。尤其,巴金将包含亲情、友情与爱情(尽管在文中相当隐晦)等各项人类情感皆收编在革命精神底下,满足了时代命题对文学写作之要求。不过在这过程中,巴金并未能(或是不乐意)将所有对人性的关注全以政治进行包装,当中所流露出的人文思考使得此篇小说不再只是纯粹为政治服务的作品,也绝非如郑文平所说是被时代主流意识主导的写作。

文本中小刘与王芳互动密切,小刘欣赏王芳的歌声,逢人便宣传王芳的事迹;王芳则称小刘为"小鬼",且在小刘急需输血时二度捐血。若从"十七年文学"精神观看,两人的互动应解读为袍泽之情,不过正如宋强所观察到的:"当然,这些都是在同志之爱的名义下进行的,也并不是小说表现的重心,但它却在秘密中给两个年轻

---

① 陈思和、李辉:《巴金研究论稿》第22—23页,复旦大学出版社2009年版。

人留下了一些感情的空间。"①于此我们应当注意的是,在《在延安文艺座谈会上的讲话》发表后,革命与爱情两者在写作上的命运大不相同。为了突出革命之信念,爱情成为作家必须淡化之主题,这点也影响到"十七年文学"之创作。"十七年"文学沿袭解放区文艺传统,因而大量文学作品开始有意回避私人情感话语,爱情以只能以隐蔽、陪衬的形式出现。"②因而我们可以看到巴金在文本中亦以隐晦的方式表现两人之间的爱情,如:当小刘说他没有想到王芳那么快就能返回战地时,老李看着小刘的笑脸,心想"他一定在想象一些使他最高兴的场面。"③老李也发现小刘常哼的歌曲,正是王芳最爱唱的《歌唱祖国》。有一回王芳将赵连长的事迹以京韵大鼓的形式做演出,小刘看了笑得跟孩子一般,回去后竟说起梦话:"我连心也可以挖出来。"④究竟小刘在想象些什么?他挖心是要效法赵连长之杀敌精神,抑或想展现对王芳的爱慕之意?这些都成为文本中巴金不好直说的部分,却也因此在战斗与爱情间留下模糊空间。⑤

---

① 宋强:《巴金与〈英雄儿女〉》,《河南工业大学学报》(社会科学版) 2005年第1卷第1期,第40页。

② 刘宁:《论"十七年"文学中的雄强女性形象》,《海南师范大学学报 (社会科学版)》2010年第23卷第2期。

③ 巴金:《团圆》,《上海文学》1961年第8期,第18页。

④ 同上书,第23页。

⑤ "革命"与"爱情"的双重命题自晚清以来即纠缠不清,中国以自由恋爱为主题的文学在1920年代达到全盛期,却也在1920年代后期至1930年代引起挞伐,理由多以受到"资产阶级思想限制"与"有损社会道德风气"为主,有越来越多的言论从社会风俗与国家建构进行责难。例如,1925年杨贤江在《学生杂志》上对爱情与革命提出意见,其认为恋爱将会减低人们对革命事业的专注度,因而他主张婚姻应该从属在革命的利益之下,并提出四点具体意见:一、结婚的对象需是自己在革命事业上的同志或支持者;二、结婚典礼是不必要的;三、结婚须由经双方同意;四、若这段婚姻与革命事业之集体利益起冲突,则必须解除婚姻关系。可以见得,革命与爱情两者无论是在具体的行动或是文艺写作上,在中共官方的想法中,前者始终扮演较重的地位,这也是后来蒋光慈等作家与中共分裂的原因之一。随着中共建国后,在"十七年文学"的体制压力下,爱情更是成为革命的附属品,在写作时最多只能点到为止。以上参考 Haiyan, Lee:Revolution of the Heart. Stanford:Stanford University,2007,p.5,p.257.

巴金既将题名定为《团圆》，王芳与王主任父女团圆自然是这篇小说的一大重点。不过若暂且不谈最终团圆的情节，巴金对于亲情亦采取低调的笔锋。在王主任向老李透露与王芳之父女关系前，老李隐约从王主任在与王芳的互动中看见父爱的感觉。直至王主任向老李说明后，巴金才让王主任大方地向老李诉说思女之情。但是，老李仍有个直到文本结束都未获真正解答的问题：为何王芳伤愈后没回文工团，而是留在报社工作？老李从王芳口里听到的答案是，王主任认为她摔伤后腿不好，因此留在报社工作要方便得多。不过，倘若考虑到"十七年文学"之写作要求，战士理应越挫越勇，因而这样的理由实不符发挥战士精神的原则。进而我们可意会到，巴金于此不愿直说的是王主任对王芳的父爱。表面上王主任以王芳腿伤不便为由，事实上应是他不愿自己的女儿再进入必须到前线演出的文工团，因而将其安排在较为安全的后线报社工作。但是这种出于一己之私的想法在文本中断不能直接展现，因此巴金只好安排老李不得其解，或是故作糊涂，以此蒙混过关。

至于全文对人情最直接刻画之处，莫过于巴金在小说最后以占全文四分之一左右的篇幅描写王主任与王芳团圆的过程。最原先王主任为了感念王复标辛苦地将王芳养大，所以不打算与王芳相认。再后来，祖国的亲属慰问团来到朝鲜，王复标也是其中一员，王主任虽对此感到开心，却仍无意与王复标或王芳相认。倒是王芳听到王复标要到朝鲜的消息，难掩与亲人团聚之情绪，兴奋地向老李表达思亲的情绪，出现了与她先前英雄形象不太相符的个人情感展露。当王复标、王芳以及王主任三人碰面时，王复标时不时地看着王主任，此时巴金已为后续两人相认留下伏笔。最后，王复标靠着王主任耳下的痣认出他就是当年的王东，王主任这才不再隐瞒地承认。随后，王复标展现了人性美好不自私的一面，立即当众促成王主任父女相认。王芳知道详情后不禁喜极而泣，并允诺永不离开自己的两位父亲。文工团陈团长则在知道此事后向全军团宣布此讯，于是全军皆沉浸在祝福王主任父女团圆的气氛里。文本最终则带有后设叙事之意味，由叙事者老李讲述自己打算将这一切写成故事,但事实上读者已读了老李要写的故事。

可以看到,在全文的最后四分之一篇幅中,巴金并未书写任何与战争相关的情节,而是专心地描写《团圆》的过程。尽管巴金在描写全军团之欢乐气氛时,仍以老李的视角写道:"我同祖国在一起,我的心紧紧地挨着祖国。我感到莫大的幸福。我甚至忘记了自己,我甚至觉得我跟大家合在一起分不开了。"①然而这段文字却已失去原先的战斗力度,成为一种融化在亲情之中的表述。这样的书写固然呼应了巴金的题旨,却大大削减战争与革命的力度。虽然《团圆》在发表时未遭受负评,但它的写作形式已为日趋严重之政治话语文学批评留下可供抨击之处。或许,巴金在当时就应将1954年文艺界对路翎之批评作为前车之鉴。②

综观巴金在《团圆》中的写作,关于爱情与战争的部分,他已在写作上采取模糊的叙述。然而在亲情方面,尽管巴金形塑出王芳将祖国置于家人之前的形象,对于王主任对王芳的照顾也写得隐蔽。但是到了小说结尾,由于必须完成《团圆》的题旨,终形成他对战争文学之战斗意义略而不谈的现象,不仅使得文本最后四分之

① 巴金:《团圆》,《上海文学》1961年第8期,第29页。
② 1952年12月,路翎亦赴朝鲜搜集材料进行写作。回国后,路翎陆续发表《战士的心》、《初雪》、《你的永远忠实的同志》以及《洼地上的战役》等四篇朝鲜战争系列短篇小说。路翎描写这四篇小说中的人物时,常让他们在战斗的缝隙中联想到家乡、亲人以及往昔的生活,心理描写所占的比重很大。关键在于《洼地上的战役》发表后,由于题材涉及爱情与纪律之矛盾,因而即使拥有独特之艺术追求价值,仍因不符合当时的战争文化规范而遭到否定。《洼地上的战役》于1954年3月发表在《人民文学》,一个月后晓力与侯金镜便于《文艺月报》和《文艺报》提出批评。两人皆指出路翎的写作在强化了爱情的同时,对于纪律的问题却未能善加处理,且认为爱情应强化战士的战斗精神,而非让战士陷于矛盾之中。同年8月,宋之的在《解放军文艺》发表《错在哪里?——评路翎的小说〈洼地上的战役〉》,该文更进一步地批评路翎小说中的战士,指出其精神世界有庸俗化的危机。宋之认为,在战场上起作用的应该是伟大的政治感情,而非对于亲人、爱人或是家乡事物之情感。因此"他的担忧是把个人幸福和残酷的战斗直接联系起来。新文学产生'打仗就是为了回家娶媳妇'之类的思想,当然更不容许把两者对立起来。"以上参见吕东亮:《为什么会有这样的批评——论1954年批评界对路翎的批评》,《汕头大学学报(人文社会科学版)》,2009年第25卷2期,第12—13页;陈思和:《中国当代文学史教程(第二版)》第60页。

一的篇幅几与战争无关,更使先前建构的战场氛围消解在亲情之中。此外,这场《团圆》在小说中并未构成战斗意识之强化,反而使亲情主题掩盖战斗意识,这点也与"十七年"战争文学之精神相背。进而平心而论,巴金在小说中对战场与战士形象的刻画也不够深刻。王芳虽受了伤且展现坚毅勇敢之精神,但是她并非在第一线作战之士兵,其伤后亦退居后线;小刘虽炸断了腿,但是他在文本中大半的时间都在照顾老李的起居,其更在受伤后了无下文。因而尽管如郑文平所说,巴金对战斗意义之展现,乃透过固定模式(受伤、自虐精神)建立在位人物身上。然而,这样的描写,或者其所设定之人物是否足以展现战场全貌?这点便有可议之处。而那些伤亡的情节,也成为巴金在日后被批为"渲染战争恐怖、有意让英雄死亡,鼓吹和平主义"的原因。因而这样一篇在时代氛围下应以战争精神为主的小说,最后却有被人道主义反客为主之嫌。随着社会极左路线的逼近,《团圆》被有心人作为批判对象,在写作时实已可见端倪。

三 理想与体制的结合:《英雄儿女》中的英雄主义

1963年,武兆堤与毛烽将巴金小说《团圆》改写为电影剧本。1964年底,电影《英雄儿女》在中国放映后引起强烈回响。[①]郑文平认为:

> 《英雄儿女》之所以能在中国电影史上留下一笔,不只是在人物的设置上改变了《团圆》的方法,而且能在人物形象的塑造上充分利用了电影的声像表现方法。[②]

但同时郑文平也指出:"它(《英雄儿女》)不免带着那个时代特有的印迹——用政治理念来审视人的情感世界。"[③]对此,宋强在更早

---

① 于继增:《巴金与电影〈英雄儿女〉》,《党史博采》2009年第3期,第50页。
② 郑文平:《从〈团圆〉到〈英雄儿女〉看文本转换艺术》,《福建教育学院学报》2009年第3期,第101页。
③ 同上。

亦有相同的看法："这是一部制作得有些概念化的电影,甚至人物的安排都考虑到政治的功用。"①可以见得,《英雄儿女》为政治服务的形象已是一种普遍的看法。于此,笔者认为我们应先就当时之电影创作环境有大致的认识,如此才能了解所谓以"政治"领导的"时代印迹"为何？

1960年代,随着"阶级斗争"理论趋于白热化,美学的政治属性于此时取得其合法性。在这种情境下,国家意志更强而有力地对文艺进行干涉,这也使得中国电影在创作上不可能绕开当时所制定的一系列路线、方针和政策。②在这当中,电影批评同文学批评一般,成为左右电影制作的关键力量,李道新指出：

> 新中国"十七年"(1949—1966)的电影批评,继承并强化了中国电影批评的意识形态色彩和社会学批评传统,对当时及其后的中国电影创作与批评实践,造成了极其深刻的影响。③

进而,若我们从整个文艺场域观之,则无论是文学或电影,批评理论对文本的生成皆有重大的影响,而"政治"更是最高的批评原则。这样的趋势,到了1959年后,直到"文革"结束前达到了高峰。电影批评"将过去的政治标准'第一',逐渐演变成了政治标准'唯一'。"④对此,李道新写道：

> 总的来说,这一时期中国电影的政治批评模式,以批评影片的政治功过是非为主要目的,以政治标准为主要或唯一的影片批评标准,以政治索引、主题和典型形象分析等为批评方式。⑤

---

① 宋强：《巴金与〈英雄儿女〉》,《河南工业大学学报》(社会科学版)2005年第1卷第1期,第39页。
② 金丹元、徐文明：《"十七年"中国电影中的基本美学形态与国家意志》,《上海大学学报(社会科学版)》2008年第15卷第5期,第82页。
③ 李道新：《中国电影批评史》第164页,北京大学出版社2007年版。
④ 金丹元、徐文明：《"十七年"中国电影中的基本美学形态与国家意志》,《上海大学学报(社会科学版)》2008年第15卷第5期,第82页。
⑤ 李道新：《中国电影批评史》第164页,北京大学出版社2007年版。

因此,既然批评话语对电影创作有重要影响,当我们观看《英雄儿女》之改编时,自然不应忽略其与政治批评之间的关系。

其实,单从题名就可知道毛烽与武兆堤两人改编时的想法已与巴金大相径庭。巴金将小说命名为《团圆》,因而其写作的中心思想始终无法与亲情脱钩。然而毛烽与武兆堤两人将电影命名为《英雄儿女》,其所强调的重点便由亲情转移至英雄的形象与精神,这点与政治批评对人民之教化目标有密切关联。1951 年 5 月 12 日,周扬发表题为《坚决贯彻毛泽东文艺路线》的演讲,他明确地指出:

> 我们的文艺作品必须表现出新的人民的这种新的质量,表现共产党员的英雄形象,以他们的英勇事迹和模范行为,来教育广大群众和青年。这是目前文艺创作上头等重要的任务。①

藉由宣传英雄形象与事迹,包含电影在内的文艺作品被视为有助于传达"党意"的工具,因而英雄叙事成为当时最为普遍的创作形式。然而,这些英雄又应该具备哪些特质呢?在身份方面,"新中国电影中所塑造的英雄大都不是好莱坞天才式的个人主义英雄,他们大多来自深受压迫、对阶级敌人有着深仇大恨的普通人民大众。"②由于新中国政权之建立与工、农、兵等象征大众之人民密不可分,所以透过文艺使这些民众相信自己也能透过学习成为英雄,这样的工作是有关当局教化人民时强而有力的工具。又因为文本中的英雄必须能为工、农、兵所学习,其出身自然要与工、农、兵相贴合,如此才容易产生共鸣与影响。所以"十七年"电影之英雄往往带有民间印记,他们"都来自于普罗大众,他们土生土长,大多数是普通战士或中下级军官,他们以归属于革命和党的方式自觉地归属于人民"。③由此可见,这样的条件设定亦与文艺之教化目的息

---

① 周扬:《周扬文集》第二卷第 59 页,人民出版社 1985 年版。
② 卜晓梅:《"十七年"革命电影中英雄人物的塑造》,《青年作家(中外文艺)》2010 年第 11 期,第 65 页。
③ 陆绍阳:《"十七年"革命历史题材电影中的人物塑造》,《解放军艺术学院学报》2013 年第 2 期,第 6 页。

息相关。

　　进而当我们检视《英雄儿女》自原著保留之处，便可发现编剧的考虑几乎全以有助于发挥英雄主义为出发点。首先，电影与原著最大的差别便是形塑的爱国英雄王成之形象。王成在《团圆》中分量极轻，巴金只写道："这个团完成了上级交给他的任务，友军也终于赶到了。只是王成没有能回来，他勇敢地在山头牺牲了。"[①]巴金虽藉由王成的死展现战士之犯难、牺牲的精神，但对于王成在小说中的整体描述不多，王成更大的意义乃在于让王主任知道王芳是他的女儿。但在《英雄儿女》中，王成这个角色不仅被保留下来，还成为贯穿整部电影的核心英雄。电影中的王成负伤治疗后回到战地，原先部队干部不同意他马上投入战役，却在王成的坚持下还是让他参加战斗。该场战斗志愿军损失惨烈，最后只剩王成固守高地，眼见美军排山倒海地向高地冲刺，王成引燃炸药奔向美军，以同归于尽的形式换取高地的控制权。王成负伤后不顾劝阻投入战斗，且在最后以身殉国的精神，遂成为整部电影最大的亮点与核心宣传概念。"王成表现的主要是一种壮美，在美学风格上具有独立性，这使它既具有了政治观点上的正确性又具有了普遍的观赏性。"[②]透过电影的声光效果，观众除了见识到战场的惊险，更看到在危机包围下，士兵如何以无比的决心化身为人民的英雄，达到充分的仪式宣传效果。

　　另一方面，王成在电影中的英雄事迹除了涉及编剧对人物形象的改编外，还包含编剧对原著在情节上的挪用，而这个挪用应与当时政局的变化有所关联。在《团圆》中，巴金以杨根思怀抱炸药与敌人同归于尽的事迹为素材，以此作为小刘一心要学习的对象。到了《英雄儿女》，杨根思的故事直接被移植到王成身上，于是王成变为杨根思的化身，成为守护高地与敌人同归于尽的英雄。这样的改编固然有助于塑造人物之英雄形象，却也回避政治上与彭德

---

① 巴金：《团圆》，《上海文学》1961年第8期，第21页。
② 宋强：《巴金与〈英雄儿女〉》，《河南工业大学学报》（社会科学版）2005年第1卷第1期，第39页。

怀相关之敏感问题。可以见得，毛烽与武兆堤两人在改编时，或许顾虑到当时之政治氛围，却又不愿放弃此一彰显英雄主义之情节，因而将与彭德怀相关的杨根思之事迹改写到王成的身上。在王成死后，"影片的后半部分变成了围绕王成而展开，大大压抑了王主任和王芳团圆的故事分量。"①为了成就王成之英雄形象，编剧删去许多其他人物在原著中的表现或事迹，其中赵连长的角色被取消便是一个明显的例子。在小说中，王芳特别为赵连长写了大鼓词，但是在电影里赵连长的角色消失了，王芳则改为替死去的王成写歌。因此，可以说王成形象的转变，大大影响其他人物与情节在电影中的表现。

在王芳方面，虽然她在电影中的分量受到王成影响而减弱，但编剧仍未忽略强化其英雄形象。在小说中，王芳受伤是为了捡鼓，但到了电影里却变成是为了要掩护炊事兵而被炸伤。"这样改编虽说有助于突出她积极学习王成的成绩，但却不再有小说中的青春活泼了。"②此外，面对王成的死，电影亦不容王芳有过多的悲伤，因而她被赋予为王成事件写歌的任务。但是王芳第一次写出来的词仅流于个人悲情之宣泄，所以被认定无法以王成之精神鼓励更多士兵。王芳在接受批评后重新写词，终于完成电影中至今仍广为流传的歌曲《英雄赞歌》，该曲最具渲染力的歌词如下：

> 为什么战旗美如画，英雄的鲜血染红了她。
> 为什么大地春常在，英雄的生命开鲜花！

《英雄赞歌》共分为三段，各段皆先由独唱描述不同之英雄精神，接着再以大合唱的方式唱出上述歌词。这两行歌词作为副歌，全曲反复三次，充分展现英雄主义下之战争美学。歌词强调战争精神美之所在，即在于英雄们抛头颅、洒热血，以生命赢取胜利的精神。王芳能写出这样的歌曲，自然代表她已克服个人悲伤情绪，以宣扬并效法英雄精神为目标。因而，比较小说与电影中的王芳，笔者认

---

① 宋强：《巴金与〈英雄儿女〉》，《河南工业大学学报》（社会科学版）2005年第1卷第1期，第39页。
② 同上书，第40页。

为尽管她在小说中多数的表现仍被赋予崇高意义,却仍可在一些细微之处看到其个人情感。但在电影中,王芳几乎全以战事之进行为唯一思考,断绝任何非工作上的想法,更加地臣服在国家意识形态的指导底下,所反映的是编剧在创作思绪上与时代政治环境的契合。

至于在王主任的角色方面,他在小说中原本没有姓名,电影给了他一个名字叫"王文清",不过多数人还是以"首长"称呼他。在小说中王主任有一段不堪回首的过往,但是当时巴金并没有交代他为何会被国民党逮捕。关于这点,电影则直接表明王文清与其妻子当时在上海做的是地下工作,如此一来,王文清所受的苦便与"党"的历史发展有了更深的联结;另一方面,关于王文清获悉王芳消息之情节,在电影中亦有较合理的改变。小说中王主任单就王成的口音与相貌就认出他来,但这样的说法实有些勉强。在《英雄儿女》,编剧安排王文清看到王复标给王成的信,所以才认出王成并得知王芳就在军中。王成死后,王文清为了通知王芳死讯,两人才有机会相见,进而王文清才发现先前觉得面善的女孩就是王芳。不过,若就此展开亲情情节,将有违"十七年"电影批评标准。因此王文清非但未与王芳相认,还以"指引者"的角色鼓励王芳写作歌曲。卜晓梅指出,在"十七年"电影中,除了英雄外,其身旁的"指引者"亦相当重要:

> "指引者"在影片中不仅指派任务,往往还在紧要关头为成长中的英雄指明道路,他们是英雄人物的引导者,是共产党的典型代表,他们的设置充分表明了一个英雄人物的成长离不开党的正确领导。[1]

由此观之,王芳之所以能写出动人的《英雄赞歌》,其关键即在于王文清将个人亲情置于战争之后,终促成王芳在迈向英雄道路上的突破。

---

[1] 卜晓梅:《"十七年"革命电影中英雄人物的塑造》,《青年作家(中外文艺版)》2010年第11期,第66页。

在被保留的人物中，小刘可说是表现最被弱化者。小说中的小刘为了报效国家，最后炸断了双腿。电影中的小刘虽想上战场却遭到长官拒绝，他自己也不像王成那般缠着长官表示决心，所以最终只有王成上战场，而小刘却始终没有承担战斗任务，其最大的贡献乃是在王芳受伤后背着她渡过冰河，冲破敌方封锁线就医。不过，小刘在电影中也受到王成之英雄精神影响，他在日记里写下效法王成精神的决心，表示要为世界革命贡献出自己的一切。

以上所述是《英雄儿女》对原著保留之处，不过在保留之余，我们也看到人物的形象与相关情节亦产生不同程度的改写。以下，笔者将继续讨论编剧还删减了哪些人物与情节？这些人物或情节被以哪些新的人物替代？此外，编剧自身又新增了哪些内容？

小说中最主要的叙事者就是记者老李，但是到了电影，"小说中的叙事者'老李'被去掉了，这显然考虑到注重故事的紧凑性，影片中的团长张振华代替了'老李'的部分叙述功能。"[1]相较于文字，电影必须在有限的时间（胶卷长度）里使读者看懂故事。同时，观众在戏院中观看电影时，也不可能像小说读者那般，有足够的时间停顿下来思考叙事者的陈述。因此，当文本由文字转换为声影，创作者就不得不思考彼此之间的差异。对此，黄仪冠指出：

> 文字与影像之间的改编互文，所指的是一种表意符号到另一种表意符号之间的框架转换，由于媒介构成方式的差异性，故文本的建构过程涉及到不同的艺术框架转换，不同的符码置换与诠释，所造成的不同符码表征与修辞策略，媒介的差异性带给阅听人不同的审美体验以及视听感受。[2]

或许我们应进一步地说，媒介的差异性虽带给阅听人不同的审美体验与阅听感受，但同时阅听人对不同媒介在审美与阅听上的期待，也成为创作者的重要考虑之一。相对于小说的间接性，电影观

---

[1] 宋强：《巴金与〈英雄儿女〉》，《河南工业大学学报》（社会科学版）2005年第1卷第1期，第39页。

[2] 黄仪冠：《从文字到影像传播——台湾〈文学电影〉》第1页，台北台湾学生书局有限公司2012年版。

众不再需要透过老李之眼来"看见"其他人物,他们可直接在屏幕上看到所有人物的各式举动与表情,因而也就不再需要老李这位叙事者。至于编剧新增团长张振华之角色,主要是要代替小说中老李与其他人物对话的部分。老李之角色被删去后,许多小说中与其相关的情节亦遭到删除。同时,新增的角色是"团长"而不再是记者,这些改变都使电影本身在战争的节奏上有所增强。由此可知,老李一角的删除,一方面满足了观众对故事节奏紧凑之期待,另一方面也满足战争片以画面再现时代历史之教化意义。

王芳在小说中曾以京韵大鼓的形式为赵连长之英勇事迹谱曲演唱,这段情节在电影中则随着赵连长角色的删除连带消失。不过,编剧巧妙地将类似的情节与王芳负伤的事件相连。电影中王芳为了掩护炊事兵而受伤,但是她之所以与炊事兵有所关联,乃因为她与文工团团员之任务便是前往前线为炊事员表演打气。王芳一边击鼓,一边唱着她为炊事员编写的词,内容讲述两名炊事员勇退美军的故事,既讽刺美军愚昧无知,同时也彰显小兵立大功之精神。此外,小说中王芳向朝鲜妇女之坚毅精神学习的情节也遭到删除,但是她在电影中反而更直接地学习朝鲜的舞蹈,并且还在军中的庆祝大会上进行展演,更进一步地强化了中朝文化交流的景象。电影在中朝关系上,还形塑了金大爷这位人物。在影片刚开始时,王文清的军车要赶到战地,途中却遇到炸弹坑无法前进,尽管当时许多朝鲜人民立刻协助填补坑洞,仍是缓不济急。于是,金大爷便率领朝鲜人民把王主任的军车抬过炮弹坑。后来王芳受伤,必须渡过被敌军封锁的冰河,亦是在金大爷一声令下,由他与小刘等冒着河水的冰寒与美军的轰炸,顽强地把王芳抬过河。这些情节"很显然是为了突出朝鲜人民对志愿军的热爱和关心,这在小说中都是没有的。"[1]

笔者于前文曾提到巴金在小说中为王芳与小刘之间的情感留下爱情之模糊地带,不过这点在电影中则被抹去,对此,宋强从媒介的差异提出其看法:

---

[1] 宋强:《巴金与〈英雄儿女〉》,《河南工业大学学报》(社会科学版) 2005 年第 1 卷第 1 期,第 39 页。

> 在文字之间是多少可以容纳一些比较隐秘的感情的,但影像却比文字具有更大的公共性,它面对的是比文字要多得多的观众,所以它更要受到意识形态的规范作用。①

不过,论及作品的模糊空间,笔者认为电影未必不能以弦外之音寄托私人话语,而文字与影像的公共性也无法从观众的数量上判断,因而问题的关键仍在于作者的创作考虑。从上述的讨论看来,显然毛烽与武兆堤两人在改编时依据的是时代政治批评下的电影制作原则,再加上这部电影是由官方出资,这些因素都使得这部电影的整体走向贴近官方意识形态。而提到意识形态影响下的"十七年"电影与爱情之关系时,胡牧指出:

> "十七年"电影英雄叙事总的特征就是尽量抑制英雄的个性、个人欲望、情爱空间。在触及男女关系时,属于个体情感的爱情受到排斥,人物的心理特征并不诉诸利己的经验和情感,而更多地倾注于革命意识、集体意识。②

由此可知,爱情的因子断不可能由小说延续至电影,甚至在电影中人物对于死亡的悲伤情绪也相当短暂,而必须立即转化为奋发向前的力量。这也形成《团圆》与《英雄儿女》最根本上的不同,即对"亲情"的处理。

在《团圆》中,王主任自文本开始就知道王芳是他的女儿,因而她对王芳那种出自父爱的照顾贯穿全文,小说的最后四分之一篇幅也围绕在他们父女团圆的情节上。在《英雄儿女》中,王文清则到了王成要上战场前才知道王芳的消息,但他也不急着找女儿,而是专注于即将要展开的战斗。直到王成战死,王文清才因为要传达死讯召来王芳,这才知道王芳的模样与在部队的身份。不过两人见面后,王文清非但没急着与王芳相认,甚至还要求王芳立即着手编写表彰王成英雄精神之歌曲,之后更鼓励王芳前往前线为战

---

① 宋强:《巴金与〈英雄儿女〉》,《河南工业大学学报》(社会科学版)2005 年第 1 卷第 1 期,第 40 页。
② 胡牧:《权力话语的镜像表现——论中国"十七年"电影英雄叙事的性别话语》,《河池学院学报》2008 年第 28 卷第 6 期,第 39 页。

士表演。王文清的举动与小说中王主任安排王芳退居后线报社的行为大不相同,其对战争的重视程度似乎更胜亲情。在此基调下,《英雄儿女》虽片长近2小时,但是关于王芳父女团圆之片段却只有约莫3分钟的时间。在这3分钟里,编剧很快地安排王复标与王文清相认,进而让才刚伤愈的王芳,在回到朝鲜见到王复标的那刻,就被告知王文清是自己父亲的事实。值得注意的是,在这仅有的团圆片段中,编剧还安排王复标向王芳强调此后她有两位"老工人"与"老革命"的爸爸。王文清则勉励王芳,要做一个"工人阶级"的好女儿,做一个"革命"的接班人,政治意义于此再度消解亲情的氛围。在短暂的团圆后,炮声再起,王芳向两位父亲示意后,再度投入前方的战争,电影也就此结束在战士迈向战场的画面。

两相对比之下,《英雄儿女》在毛烽与武兆堤的改编下,修正许多巴金原著可能与时代意识形态抵触的地方,战斗意识与英雄主义皆被有意地强化。若从文艺自主性来看,《英雄儿女》在当前难免遭遇制作形式僵化、迎合体制等批评,然而若考虑到毛烽出身军旅的身份,那么这部电影在制作上就不单单只是屈服于体制的作品,而是毛烽出自对体制的信仰与对战争的理解,进而以发挥英雄主义为理想的成果。当然,这样的理想与体制是相结合的,而不似巴金试与体制"协商"的想法。

另一方面,若我们说巴金在形塑人物形象时已带有政治意识下的"非理性"色彩,则《英雄儿女》更是在"革命的现实主义和革命的浪漫主义相结合"(后简称"两结合")的精神下,抹去一切与政治无关的元素。自1959年至1966年,"两结合"在宣传上逐渐取代了"社会主义现实主义",成为当时具主导性的美学与创作原则。其主要精神为:"仅仅强调现实主义还是不够的,艺术还应该以革命的浪漫主义为广大社会主义建设者描绘更美好、更浪漫的共产主义蓝图和远大的革命理想。"[①]因此,即便在电影中发生多么惨烈的事件,各人物一定要保持乐观、积极与开朗,仿佛没有任何

---

① 金丹元、徐文明:《"十七年"时期的"两结合"思想及其对中国电影的影响》,《艺术百家》2010年第2期,第13页。

事情可以击退他们。同时,由于革命的理想如此崇高而美丽,因而包含亲情在内的人类情感,皆不足与之相比。于是,从下述胡牧对"十七年"电影人物形象的分析,我们看到了所谓"两结合"精神在《英雄儿女》留下的时代印迹:

> "十七年"电影银幕上的"党的儿女"式的神圣英雄身上消隐了人物个体的命运因素和身份焦虑,凸显出的是他/她们在集体/党的神圣感召去"捐躯赴国难"、救民于"水火之中"的神话般的理想激情和崇高精神。可以说,他们是革命现实主义与革命浪漫主义的结晶。[①]

战场作为一个场域,其召唤的便是"捐躯赴国难"与救民于"水火之中"的精神。电影中的志愿军抱持着这种意识聚集于朝鲜,秉持着"党"的意志、背负了"祖国人民"之期待,他们告别过去的生活,在战斗中找到自己存活的价值。因而有别于原著小说,在电影中我们除了看到有名字的英雄,在其周围还有许许多多为了国家理想勇赴战场的战士,他们脸上永挂笑容、神情坚定,展现对共产主义理想的浪漫情怀。于此,我们可再以插曲《英雄赞歌》为例进行说明。

笔者在前文曾就《英雄赞歌》之歌词进行讨论,指出其对英雄主义与战争美学的强调与推崇。事实上,将染满鲜血的战旗比拟如画,又说土地上开出的花乃是由英雄的生命绽放而成,这样将伤亡之恐怖抹去,进而将战争转化为艺术,便是"两结合"中革命与浪漫结合的表现。《英雄赞歌》全长近5分钟(比电影中同样的情节还长),除了展现英雄儿女(王芳领唱与王成牺牲的画面)还展示了他们身边庞大的军容(王芳身后的合唱团、四周环绕的士兵、空军与战机),镜头中每个人物在专心聆听演唱的同时,脸上莫不带着无比的信心。此外,在歌曲行进间,编剧还安排一位男士兵赞颂王成,他说:"王成是毛泽东的战士,是顶天立地的英雄,是特殊材料

[①] 胡牧:《权力话语的镜像表现——论中国"十七年"电影英雄叙事的性别话语》,《河池学院学报》2008年第28卷第6期,第40页。

制成的人。"这三句话,分别展现编剧在王成形象上分从:党的、英雄的以及革命浪漫的三方面着眼的别有用心,尤其是最后一句称王成是"特殊材料"制成的人,将王成形容成非肉体构成之人类,而是一具由对祖国人民与朝鲜人民的爱、对美军的恨、对革命事业的坚毅精神等材料构成的躯体,使得他忘却死亡之可怖,终于守护志愿军之战果。这样子的形象摆脱了战争对常人造成的恐惧,使常人转化为英雄,这样的变身公式超越现实,完成于浪漫的想象之中。因此,《英雄赞歌》作为电影中唯一的插曲,在其磅礴的中国风格管弦乐下,不仅将整部电影之精神浓缩于此,更完整的体现"两结合"之创作精神。

就上述的讨论,我们可看到在"十七年"文艺批评标准中,《英雄儿女》确实要比《团圆》更符合时代命题。但是诚如后人对"十七年电影"所做之反省中提到,由于电影鼓吹英雄主义,所以人物形象僵化,影片便成为教条主义与形式主义的产物。[1]事实上,在"双百"方针提出后,如同文学上对人性之讨论,电影创作者也有意就人物之性格提出新的概念。不过在"反右运动"开始后,诸如《早春二月》、《北国江南》等影片表露的人情人性,《逆风千里》、《林家铺子》、《不夜城》对历史、人物略显新意的阐释,遭到了全国性的无情批判。[2]在此情势下,电影创作者对人物之塑造毫无自由可言,自然也失去创新的意愿,因为形塑任何不在既有范示中的人物,都是一次冒险。因此,当我们观看《英雄儿女》时,除了战斗意志与英雄精神外,我们几乎难再看到其他类型之人性展现。即便如此,进入"文革"后,《英雄儿女》亦遭到批判。主要原因与其改编自巴金自然脱不了关系,但是批判的说法却与小说大不相同,主要针对电影中王成死亡的情节提出:"渲染英雄死亡"、"宣传战争之恐怖"等罪名。这样的批评除了受巴金牵连外,在话语使用上恐怕也与冷战时期中苏在1960年代后的分裂相关。

---

[1] 金丹元、徐文明:《"十七年"中国电影中的基本美学形态与国家意志》,《上海大学学报(社会科学版)》2008年第15卷第5期,第84页。

[2] 启之:《揭秘中国电影,解读"文革"影片》第19页,台北新锐文创2013年版。

自 1950 年代起,政府对电影题材开始进行规划,主要依据为党意宣传与国家方针。但是题材之规划亦必须随着国内政治运动与国家对外关系之变化,配合运动立场与态度,其中中苏关系就是明显且具深远影响的例子。新中国尚未建国前,其电影工作者已大量从苏联电影学习经验。新中国建立后,持续大量接受苏联文化,在电影艺术上亦然。截至 1955 年前,苏联电影大量在中国放映,主要以苏联卫国战争以及反法西斯战斗题材为主,这有助于对解放战争历史起鼓舞作用。①1960 年代后,随着中苏交恶,中国电影批评也开始产生立场上的转变。

  当时给《第四十一》的罪名是"阶级调和"、"丧失无产阶级立场",《雁南飞》是"战争恐怖论"等等,《一个人的遭遇》则批判其"战争苦难论"、"抹杀正义与非正义战争的界限"。②

可以看到,"文革"中用以批判《英雄儿女》之名目,在"文革"前已出现在对苏联电影的批评中,这样的批评话语到了"文革"时期,则因巴金受到批评,而被用在其改编电影《英雄儿女》上。这点也说明在"文革"时期,批评行为往往是群众性的,其主要是针对作家展开攻击,进而与该作家相关的作品全受牵连,与此同时批评的话语却大同小异,多数并非真的针对作品提出独到的批评与看法,而只是套用一些既有的批评模式,其中反苏的言论就是惯用的形式之一。于是像《英雄儿女》这样一部鼓吹战争英雄主义的作品,就在巴金与原著受到批判后遭到攻击与禁播。不过在 1973 年,"文革"尚未结束,周恩来便以纪念抗美援朝胜利 20 周年为由让《英雄儿女》重新放映,但放映时"根据巴金原著《团圆》改编"的字幕已被删除,这点再次说明"文革"时期人们的攻击目标是巴金,《英雄儿女》所遭受的批评只是受到牵连。

---

 ① 梁沈修:《苏联电影在中国的跌宕命运》,《上海党史与党建》2007 年第 10 期,第 30 页。
 ② 同上书,第 31 页。

四　结　语

从上述讨论,我们可看到《团圆》与《英雄儿女》在创作媒介差异以外,尚存有的许多不同之处。对于《团圆》,宋强有较高的评价:

> 它其实是一个伦理故事、道德故事,在某种程度上冲淡了当时政治口号式写作的限制和枯燥,使《团圆》与同时期的其他小说相比显得与众不同,可以说它是巴金建国后写得最好的一篇小说。①

但是这番评语同时也说明了《团圆》在政治意义上并未达到当时主流意识的期待,因而它在"文革"时期成为了众人易于攻击的目标。郑文平则有相反的看法,他认为:"比起《英雄儿女》,《团圆》的人物是铺散开去的,虽然是以'团圆'为主线,但团圆只是结构线,更重要的是从中表现志愿军的英雄事迹。"②但是郑文平的看法却有两项基本的错误:其一,郑文平预设巴金一心一意追赶所谓政治正确之意识,因而郑氏对作品的评价不离"巴金在写作《团圆》时,思想中只想着如何把革命英雄主义表现出来","可以说,作者在创作《团圆》时,其革命思想是大于形象的"③等看法,如此便看不到巴金在文本中的人道主义表现;其二,延续第一点,郑文平认为巴金受政治意识影响,在创作时"不自如"④,而毛烽则没有这样的问题。但是,造成巴金不自如的,并非他对政治

---

① 宋强:《巴金与〈英雄儿女〉》,《河南工业大学学报》(社会科学版) 2005年第1卷第1期,第38页。

② 郑文平:《从〈团圆〉到〈英雄儿女〉看文本转换艺术》,《福建教育学院学报》2009年第3期,第99页。

③ 同上书,第100页。

④ 笔者于此沿用郑文平文中"不自如"一词而非"不自知",原因在于巴金对自己在文本中关于政治意识的书写并非毫无意识,且正是意识到这点,巴金才会试图在政治意识之外融入人道主义思维。只是在结合时代政治意识与人道主义精神的过程中,巴金似乎无法针对两者有着随心所欲的书写,反而显得处处受限,因而所呈现的是一种写作上的"不自如"而非"不自知"。

意识的追求，反而是来自于文学的政治批评对其人道主义思想造成的限制。

因此笔者认为，我们应将《团圆》视为巴金在政治意识与人道主义精神之间的"协商"。在这协商过程中，巴金既想满足时代之文学批评标准，却也想注入自我的人道主义关怀，进而我们发现人们实无法以单一面向评价这篇小说。当然，从结果看来，这场"协商"并不算太成功，两面并进的结果是皆有力未能逮之处。不过，巴金却为我们展现作家写作的能动性，亦即在官方文艺体制掌有高度权力的时代，他仍然想出一套写作策略，将官方意识与个人意识融合，让我们在看似拥有相同面孔的"十七年文学"中，找到不同的妆容。

电影《英雄儿女》在创作上则与当时电影政治批评显得密合，不仅在原著既有结构上挑选择足以进一步彰显英雄精神的部分予以保留，还添加许多有助于鼓舞战争革命情绪之内容。此外，关于巴金在小说中所强调的人性与亲情部分，毛烽与武兆堤皆加以删除，即便是团圆的情节也是一笔带过。若以现今眼光进行评价，这部电影自然脱不出形式僵化的评语，但却表现了时代意识的痕迹；另一方面，若说《团圆》在"文革"受巴金影响被批评是不可回避的，则《英雄儿女》所受之攻击更是被巴金牵连的结果，在电影禁播后毛烽也因此被关押一年多。

黄仪冠认为："影像对原著文本的阐释是在原作者与观众、个人创作意念与社会政治权力、及文学语汇与音像符码之间进行协商性的再诠释、再呈现。"[1]在《团圆》与《英雄儿女》之间，这样的关系更为明显。毛烽与武兆堤进行改编时，除了必须思索原著在思想上与时代政治抵触之处，还必须思考如何将时代意识透过改编加以强化。同时，面对观众，编剧还必须考虑到观众之需求，留意他们对小说与电影的不同期待，进而才有《英雄儿女》的诞生。不过，在政治环境瞬息万变的"十七年"与"文革"时期，文艺创作者似

---

[1] 黄仪冠：《从文字到影像传播——台湾〈文学电影〉》第7页，台北台湾学生书局有限公司2012年版。

乎难有一套足以安身的创作规则，在巴金与毛烽身上，我们看到那代中国文艺创作者之无奈。

(作者系台湾师范大学台湾语文学系博士研究生)

黄茗茗

巴金小说笔下的泉州风物

30年代的巴金创作中,泉州的无政府主义运动是其描写革命运动的重镇之一,其中最主要描写革命运动的小说是《雷》、《电》和《星》。从创作的时间上来看,《雷》、《电》创作于1933年[①],1935年由良友图书印刷公司初版[②],而《星》创作于1936年,1936年7月初刊于开明书店版《十年》[③]。但是从实际事件的发生时间上看,《星》所描写的故事要早于《雷》、《电》中故事的时间。按照陈思和的说法,《星》所写的是"泉州工人纠察队阻止土匪高为国进攻泉州的故事"[④];蒋刚也认为《星》是"叙述泉州的一群革命青年为反抗土匪出身的军阀高为国而进行艰苦斗争的故事,反映进步青年和群众抗暴斗争的献身精神"[⑤]。据《泉州历代大事年表》上的记载,民国十八年(1929年)"六月上旬,海军陆战队林寿国旅奉命进驻泉州,收编高为国部众为海军晋南游击大队,委高为国为大队长。高巧立名目,敲剥百姓,设赌贩毒。"[⑥]至第二年元旦前后,"泉州新

---

① 巴金:《〈爱情的三部曲〉新记》第1页,人民文学出版社1988年版。
② 巴金:《〈电〉序》,《爱情的三部曲》第243页,人民文学出版社2006年6月版。
③ 《巴金全集》第11卷第52页,人民文学出版社1989年版。
④ 陈思和:《南国的梦》,方航仙、蒋刚主编《巴金与泉州》,厦门大学出版社1994年3月版。
⑤ 蒋刚:《红土的眷恋》,方航仙、蒋刚编《巴金与泉州》,厦门大学出版社1994年3月版。
⑥ 参见 http://www.nanchens.com/xqxx/xqxx27/xqxx27034.htm。

本文作者在第十一届巴金学术研讨会上发言

门、西门、北门、涂门、东门各乡民众,因不堪高为国压迫起而反抗。高率大队人马残杀五天,焚抢二十多乡,民众被捕一百五十多人,被杀六十多人。"① 面对如此悍匪,"七月十日,泉州树兜等乡民团集结六百余人,以蒋铁光为总指挥,从新门、西门、南门三路进攻高为国部驻军,民团得胜仍撤回新门外驻守。翌日早,高为国率部进城,洗劫、残杀无辜群众,泉城一片恐怖。"② 在小说《星》的开头,家桢亲自到厦门邀请志良到一座古城去看看他们的革命,这座离海滨城市一个车程的古城就是泉州,此时悍匪"汪国刚"三个月前被民团赶出城,正筹划着反攻回城。值得注意的是,家桢带志良到古城的时间是可以吃到龙眼的季节,龙眼是亚热带植物,一般7、8月结果,小说的故事时间与实际原型事件的发生时间相近。到了小说结尾,悍匪率兵攻进古城,匆忙中家桢带着志良出城,在车站他们得知悍匪破城的消息,家桢前去营救秋星,留下志良在车站中内心澎湃不愿在危难时刻离开革命友人。小说就此戛然而止,但是

① 参见 http://www.nanchens.com/xqxx/xqxx27/xqxx27034.htm。
② 同上。

根据历史的记载不难设想家桢、秋星等一批反匪革命者最后的悲剧性命运,这使得巴金笔下那个看似充满希望的结局在了解了史实的人眼中充满了悲壮色彩。

而小说《雷》、《电》的原型人物与事件则较为复杂,巴金在《〈爱情的三部曲〉总序》中说,小说创作的过程中把一些朋友当做"模特儿"来写,例如方亚丹和高志元就是以身边的朋友为原型创作出来的,而慧和影是"把几个人融合在一起,分成两类"[1]而塑造成的。在一些故事情节上也与当时发生在泉州的革命运动有一定的联系,如小说《电》中的明为了码头工人跟军人打架而被抓到公安局,后来经团体营救得以释放,这与发生在1933年泉州民船工会工友林世乌与警察发生冲突以及石狮反契税罢市风潮团体营救被捕者事件相似;慧在集会撤离现场中高喊:"取消苛捐杂税!打倒陈××!"与当时统治泉州的陈国辉创立捐税、敲诈勒索平民和华侨引来民众抗税风潮有关[2]。小说中交织复杂的诸多革命事件为读者铺展出当时泉州革命运动的风貌,让曾经积极昂扬的革命斗争精神在一个又一个年轻人的形象中永久地保存下来。

1930年,与巴金同为留法学生的吴克刚邀请巴金到泉州来过暑假,年轻的巴金带着对友人的思念前来探望[3]。对于出生于巴蜀大地的巴金而言,闽南是一个满载美好回忆的地方,在后来的回忆散文《黑土》中巴金这样写道:"我们的南方的土地给我的印象太深了。我一生中最快乐的日子(可惜非常短促)就是在那样的土地上度过的。"[4]除了在泉州认识了无政府主义的伙伴,给巴金留下深刻印象的还有在这座古城中的独特风物,因而他在高度紧凑的故事情节中加入具有南国古城特色的景致、风俗、人情的描写,使人更

---

[1] 巴金:《〈爱情的三部曲〉总序》,《巴金选集》第四卷第264页,四川人民出版社2009年3月版。

[2] 辜也平:《巴金与泉州民众运动》第373页,复旦大学出版社2013年版。

[3] 谷苇:《访巴金忆闽南》,方航仙、蒋刚编《巴金与泉州》,厦门大学出版社1994年3月版。

[4] 巴金:《黑土》,《巴金全集》第13卷第279页,人民文学出版社1990年版。

能信服这是发生在一个南国古城中的故事。

一 街 巷

在这三篇小说中,革命者们时常在黑夜中穿梭于古城各个小巷子,或举着火把,或持着手电筒,或索性由星光照路。黑夜是革命者秘密活动时的保护色,错综复杂的小巷则是他们的舞台,在看似迷宫一般的巷子中革命者游刃有余地和特务、士兵周旋,总能游侠般地化险为夷。巴金对这些巷子情有独钟,多次描写这些穿插在大路周围的小巷,其中有几个对象经常出现在为数不多的景致描写中。

(一) 石板路铺就的小巷

直至民国,泉州鲤城区的繁华是由石板路铺就而成的。盛产花岗岩的古城自宋朝开始就运用花岗岩垒起了一座座佛塔石桥,对于居住在这里的人们而言,花岗岩经得住风雨侵蚀,是铺筑街路的良好原料,于是一块块石板不仅铺就了车水马龙的大道,还通达到弯弯曲曲的小巷中。巴金在泉期间拜访诸多朋友,小巷中弯弯曲曲的石板勾起作家灵敏的观察嗅觉:

"他们走过了第二条街,就转进了一条僻静的巷子。是石板铺的路,但已经破碎不平了。"(《星》)

"一条静寂的街上有几家荒凉的院子,有几棵树。路是用窄小的石板铺的,从石板缝隙里长出了青草。"(《电》)

"她们穿过一条巷子,又走过一条长街,走的总是些不平坦的石板路,路旁偶尔有几家旧的小院。有几处,路旁长了深的青草。刚下过雨,石板有些滑。"(《电》)

"街上清净,没有别的行人。全是石板铺的窄路。青草在路边石板缝里生长。"(《电》)

"街上清净。花在荒凉的旧院子里开放,阳光给石板道镀上了金色,石板缝里的青草昂着头呼吸柔和的空气。"(《电》)

古城泉州在民国时还保留着一些古城门,从北门朝天门入城

图1 （1922年）　　　　　　　　图2

可以看到直通南门德济门的两条大道——北门街和中山路,当时城外的居民往往组队入城赶集,于是在热闹的集会上可以看到牛车队在圆滑锃亮的石板大道上不紧不慢、摇摇晃晃地走着。犹如图1①的老照片所显示,夯实的石板之间的确有一定的空隙,不难想象在车队难以进入的小巷中石板路杂草丛生的样子。特别是雨霁之时,在阳光下泛着金光的石板之间挺立着细嫩的青草,着实是一幅令人感到清爽的画面,也难怪巴金笔下那些年轻的生命在紧张的革命运动中运筹帷幄时,能在这样简单平凡的景象中感受到生命的喜悦。流光运转,这些附着灵性的石板路在建国后历经多年的道路整改,如今所剩的只有鲤城区中山北路中段威远楼至福建医科大学附属第二医院门口的一小段道路(参见图2)以及一些难以整改的小巷子,简洁平整的柏油马路替代了当年凹凸不平的石板,机车急煞的笛鸣代替了牛车悠哉的吱扭声,古城的石板路成了历史上的一道印记。

如果说花岗岩铺就了车水马龙的街道,那么红砖垒就了鳞次

---

① 图1来源:http://blog.sina.com.cn/s/blog_4d3a2bed010093jn.html。

图3

栉比的古厝。在红砖青石垒砌起来的古厝之间形成了错综复杂的小巷，这对于一名外地的拜访者而言更像是一座迷宫，巴金若是没有当地友人的引导，恐怕是要迷失在这片红色的世界里了。巴金看准了小巷的复杂地形，巧妙地让它成为革命者的保护伞，《电》中革命者亚丹和贤在回家的路上受到特务的跟踪，亚丹支开贤与敌人周旋，最后他"埋下头溜到骑楼下面，穿过一个两面开门的店铺，连忙走进了旁边一条巷子"①，看到敌人并没有追上，"就大步走着，再转一个弯，看见没人，就拼命快走"②，终究是摆脱了敌人。而小说最后，佩珠一行人逃离妇女协会，"三个人急急地走着，进了僻静的巷子，转了好几个弯，就穿过了大街"③，可是大街上有士兵检查行人，于是"她们连忙走进对面一个小巷子，在那里没有人注意她们。她们捡着僻静的巷子走，故意多绕了几个弯"④，就这样她们安

---

① 巴金：《爱情的三部曲：雾雨电》第355页，人民文学出版社2005年6月版。
② 同上书，第365页。
③ 同上书，第83页。
④ 同上。

全回到了家。

鲤城区四条主干道(新华路、中山路、东街、西街、新门街、涂门街)周围连接着大大小小诸多巷子(参见图3[①]),大街与小巷之间呈网络状,任何一条巷子都可以通过另一条巷子到达大街,往往看似没路的死胡同尽头又可以走出另一条"活路",颇有"柳暗花明"之意,这些交织在一起的交通网络大大方便了当时革命活动的隐蔽开展。而今的鲤城区依旧车水马龙,商户如云的大道上已然看不出当初革命的紧张惨烈,炮弹的轰鸣湮没在商铺的流行音乐之中。所幸小巷的宁静不为大道的热闹所干扰,在纵横交织的小巷中恍如隔世,似乎还能在那些影影绰绰的树荫下、古旧斑驳的木扉里望见那群安那其主义者年轻热情的魂。

(二) 小巷中的植物

泉州城地处温暖湿热的亚热带,大海带来的湿气为植物多样性提供了必要的条件,也孕育了当地特有的植物品种。因此除却脚下石板缝中的小草,街巷两边出墙而来的枝蔓投下影影绰绰的绿意为静谧的巷子增添了一份活力:

"公园就在眼前,地方很大,却现着荒芜的样子。有几条曲折的小径,交叉地伸到里面去。路旁零乱地长了不少的龙眼树,一串一串的淡黄色果子垂在绿叶丛生的枝上。草长得很高,成了绿油油的一片。"(《星》)

"路旁有几株龙眼树,好些树枝载着刚熟的龙眼低垂下来。"(《星》)

"繁茂的龙眼从院子里伸出来,垂着累累的淡黄色果实的树枝在明媚的阳光里微微地摇动。"(《星》)

"刚下过雨,石板有些滑。空气却很新鲜,而且有草香,有树香。从院子里伸出来的荔枝树在开花。"(《雷》)

"几株龙眼树从旧院子里伸出头来。"(《电》)

"他见了那个院子,一株龙眼树从里面伸出头来,恰恰遮了门

---

① 图3来源:http://2012.jufang.cc/news/news/cj/3653.html。

前的阳光,对面是一堵破墙,墙头长着龙舌兰和仙人鞭。"(《电》)

"里面是一条僻静的巷子,路上堆着好些砖块,石板缝里生着茂盛的青草,破旧的墙头上长着仙人鞭一类的植物。"(《电》)

烈日下金灿灿的龙眼给刚入古城的巴金留下深刻的印象,除了黎明高中操场上的那两株参天大榕树,巴金笔下着墨最多的植物恐怕就是这盛产于夏季的龙眼了。龙眼是亚热带植物,喜温多湿,在红壤丘陵中易于栽培,其果甘甜多汁,可入药,故泉州等闽南地区盛产龙眼。在鲤城区,古厝的天井结构让家家户户都乐于在自家天井或庭院中种几棵树,而榕树和龙眼树是最常见的选择,一旦树龄增加,不满足于一隅之地的树枝就会出墙而来,在巷子里形成独特的景观。除了民居院落,公园广场上也几乎都有种植龙眼树,一到夏季龙眼成熟的时候,满街的龙眼树就挂满了一串串金黄的果子,随手一摘就可供路人享用。《星》中"我"和秋星在公园旁的树上摘了几串龙眼,在凉亭里边吃边谈心,多的是几分惬意、几分潇洒。而今的泉州城,街巷公园的龙眼依旧在,只是鲜少有人秉着那份闲情洒脱去品赏,也无人能体会乱世中这份得之不易的"闲情"。

(三) 象峰巷

多年之后,巴金回忆起南下赴泉的过往,记起当初那真挚的友人邀请他第二次赴泉:"袁志伊来上海买蜂箱,邀请我去泉州,我便与他同行。"[1]袁志伊在泉州西街象峰巷办了个养蜂场,巴金曾经去参观过[2],于是在《电》的第五章中巴金对亚丹饲蜂和分蜂房的过程有着精细的描写,这得益于他在袁志伊的养蜂场里细致的观察:

"他们走进里面,穿过一个天井,穿过一个厅堂,由一道小门出去,就进了蜂场。那是一个园子。地方宽敞,种了好些树木。许多个蜂箱堆在地上,三四个迭在一起,从每个蜂箱旁边的缝隙里,那

---

[1] 巴金:《巴金书简》,方航仙、蒋刚编《巴金与泉州》,厦门大学出版社1994年3月版。

[2] 柯文溥:《巴金来闽南前后》,方航仙、蒋刚编《巴金与泉州》,厦门大学出版社1994年3月版。

图4

图5

些黄色的小虫不住地飞进飞出。园子里充满这蜜蜂的吵闹的声音。

亚丹把手里的巢础架放进一个新的蜂箱内,那个空箱子摆在一块石头上。

'这几天我们正忙着,蜂拼命在分封,要添出许多箱来,'亚丹一面说,一面工作。

……

亚丹也同样地忙着,他却时时掉过头来嘱咐英:

'英,不要忘记加糖水。'

'英,你记住,看见蜂王在做王台,就毁掉它,免得分封太快了。'"

如图4[①]所示,黑线指示的就是象峰巷的位置,而武庙遗址则是当时黎明高中所在地,两处相隔几条大街,巴金若要徒步拜访友人十分方便。(图5[②])象峰巷"东起开元寺紫云屏,贯穿新华路、西接

① 图4来源:百度地图。
② 图5来源:http://blog.sina.com.cn/s/blog_4a755caf0101k618.html。

甲第巷。宋称船舫巷，又因旧时地形如巨象，故名'象峰'。历史上巷里曾建有宏搏宫、曾从龙状元祠、世进士宅第、亚元宅第等，均不复存。巷中有'象峰王'、'象峰陈'、'象峰张'等世家，另有铁炉庙及林氏小洋楼。"史上象峰巷曾经出过四个进士，可以算是文人、世族大家聚居的地方，是否那历史传流下来的文化氛围在冥冥之中吸引着这些后世文人的到访终究是不得而知。但不论历史如何沧桑巨变，在这条巷子里却依旧平静祥和，偶尔有阿公阿婆在天井纳凉的时候会给孙辈讲讲那些从祖辈听来的世族大家的故事，谁也不知道哪个破败的门扉后面曾经是一座蜂场，曾经有一群鲜活年轻的生命在此跳动，古城的宁静在老辈人的谈古中蔓延。

二 建 筑

幅员辽阔的国土使得不同地方有着自己独特的建筑风格，巴金在泉州这座古城中体味到的不仅仅是龙眼的甘甜、榕树的阴凉，还有古城中特有的建筑。

（一）红土与红砖

红土是巴金对泉州最初的印象，他在《黑土》中这样写道："我好几次和朋友们坐在车子里，看着一座一座的小山往我们的后面退去。车子在新的、柔软的红土上滚动。在那一片明亮的红色上点缀着五月的新绿。……红色的土壤驱散了我从上海带来的悒郁。我的心跟着车子的滚动变得愈年轻了。"[①]闽南地区的土壤主要以红壤为代表，红壤质地粘重，富含的氧化铁可以保证红壤在受到雨水冲刷后不被破坏，这样的特性让红壤成为人们制作砖瓦的首选原料。于是在鲤城区，砖石相砌的墙面和着红瓦铺就的屋顶成为古厝的标志，从高处看去像是一片红彤彤的海洋，景象颇为壮观。巴金着实喜爱这象征着生命力的红色，他笔下的红砖往往在

---

① 巴金：《黑土》，《巴金全集》第13卷第279页，人民文学出版社1990年版。

图6

阳光下熠熠生辉、金光灿烂：

"钟楼的朱红色墙壁抹上了一大片金黄的阳光。"(《星》)

"阳光染黄了半段墙头。"(《电》)

小说《电》中敏曾经把暗杀武器放在墙壁里面，需要时"站在方凳上，取开东边墙上的砖块，露出一个洞，从洞里取出一个黑色的东西来。"巴金还把亚丹担心敏的情景细致地刻画出来：

"黯淡的灯光把他的上半身的黑影照在那里，在他的头上有几块松动的砖微微地突出来。他看到这些砖块就放下了笔。……

他忽然站起来，端了凳子到墙边，站到凳子上面，伸手移动砖块。砖去了，现出一个洞，他伸了手进去，过一会又把手拿出来。手依旧是空的，只粘了一点尘埃。"

敏和亚丹之所以这么容易就取下墙壁上的砖头，很大原因在于古厝独特的建造风格——出砖入石。"出砖入石"的墙面"石竖立，砖横置，上下间隔相砌，石块略退后"[1]，传说是明万历年间泉州

---

[1] 曹春平、庄景辉、吴奕德主编：《闽南建筑》第97页，福建人民出版社2008年8月版。

大地震后人民利用倒塌的残砖剩石混合砌筑而成,"砖石混砌,石块大而砖片小,石块间的空档正好用砖填满,可以材尽其用,且使墙面更为稳定牢固。"①参见图6②泉州文庙侧边的墙壁即可以清楚地看到"出砖入石"的形态,而泉州文庙是当时平民中学的所在地,巴金两次在平民中学居住过,如此独特的砌筑方式想必也给他留下了一定的印象。

(二) 骑楼

除了回环往复的僻静小巷,大路上的街景也是巴金描写的对象,其中骑楼可以说是最具特色的建筑:

"人丛中马上起了骚动,大家争着让路,卖菜的挑起了担子往骑楼下跑。"(《电》)

"报馆前面停着一辆大汽车。骑楼下站着十几个持枪的兵。"(《电》)

"他走到骑楼下,正要走进酒馆,忽然听见前面响起了汽车的声音。"(《电》)

骑楼是中西文化合并的产物,最先起于18世纪的南洋,"在英国殖民地的新加坡发展了一种平面狭长、沿街采用柱廊式样的街屋,这种街屋密接联排,形成商业街,称为'骑楼'。骑楼是限制、组织街道与人行道及沿街店铺的一种城市制度与建筑形式,具有适应热带、亚热带气候特征与便利的商业用途等特点,因而得以推广。"③后来这种建筑随着华侨文化传入闽南地区,由于小商业模式在泉州经济中占主导位置,所以骑楼商住结合的临街小店面模式十分适合泉州商业街的需求。对于行人而言,骑楼既可以遮挡烈日,又可以抵御风雨,两旁窗间墙、壁柱嵌以浅浮雕的中、西式花纹和文字,处处透露出工艺的智慧和对整体构图比例的适度把握,给

---

① 曹春平、庄景辉、吴奕德主编:《闽南建筑》第97页,福建人民出版社2008年8月版。

② 图6来源:http://blog.sina.com.cn/s/blog_657ba18501016qdi.html。

③ 曹春平、庄景辉、吴奕德主编:《闽南建筑》第176页,福建人民出版社2008年8月版。

图7 （1948年）

人留下深刻的审美印象(参见图7①,摄于1948年的中山街)。现今的鲤城区大量保留着骑楼这种特色建筑,最著名的应属中山街两边的骑楼。漫步其中,不经意间还能看见雕着细致花纹的旧式招牌,或是开办几十年依旧不倒的老式理发店、药店、糖铺,古典与现代在这条街上融合一体,显尽了鲤城区所倾向的恋古情节。

（三）天井

小说《电》中,巴金多次提到泉州民居中的天井：

"窗外,天井里的学生们欢乐地有说有笑,那些清脆的声音在春天的空气里飞跑,进了这个小房间,增加了德和影的苦恼。"

"她们走完了天井,进了一个小廊,一道楼梯把她们引导楼上去。"

"这时吹起了一阵微风,天井里那棵树上许多只麻雀吵闹地叫起来。"

---

① 图7来源:http://blog.sina.com.cn/s/blog_4d3a2bed01009grc.html。

图8

在泉州，院落式民居是主要建筑类型，"在民居之中，合院变得较为小巧，称为'深井'、'天井'，以适应闽南当地的气候条件。前后进的厅堂均面向天井开敞。大型住宅的两侧设置东西向的横屋，称为'护厝'，以狭长的天井与大厝组合，通风、防潮效果良好"①。故在夏季，只要没有下雨，石板铺就的天井是傍晚纳凉的好处所，这也是为什么《电》中吴仁民到达古城，朋友们邀请他吃晚饭，愣是执意要把就餐地点安置在凉快的天井中。（参见图8②，中间石板铺就成的空地就是天井）

（四）妇女协会——威远楼

《星》和《电》都提到一个革命的重要会所——妇女协会：

"钟楼的朱红色墙壁抹上了一大片金黄色的阳光。她在廊上倚着栏杆同两个女学生讲话，看见他来对他笑了笑。"（《星》）

---

① 曹春平、庄景辉、吴奕德主编：《闽南建筑》第11页，福建人民出版社2008年8月版。

② 图8来源：http://qz.fjsen.com/2013-04/11/content_11102930.htm。

图9

"妇女协会的会所也是这个大建筑的一部分,就在对面,一个池子隔在中间,但是有一道石桥通过去。"(《电》)

妇女协会的原型为当时晋江县妇女会,其会所所在的"大建筑"就是威远楼。按照威远楼文物所官方网站的说法,威远楼约是五代开闽三王建立闽国时在城郊建立的双阙,到至元九年秋八月(1349年),泉州长官偰玉立就重新择址在州衙前建造这座古泉州标志城楼,命名为:"威远楼"。威远楼在不同时期都经历过修葺,受损严重时甚至必须在原址上重建,到了"文革"时期,威远楼"被"彻底夷为平地。现今伫立在中山北路的威远楼是1989年在原址北推100米左右原唐宋年间泉州州署遗址的位置上重建而成的,楼体呈上下二层楼阁式造型,是座典型仿唐宋年间闽南古建筑七开间单檐歇山式木结构厅屋,翘脊瓦筒,雕梁画栋,整幢城楼景观古朴宏伟。(参见图9[①])

---

① 图9来源:http://baike.baidu.com/subview/113724/10903257.htm?fr=aladdin。

图10

(五) 中山公园

虽然巴金当年所见到的威远楼不复存在,但是有些当时的文物还是保留了下来,我们依旧可以从巴金小说中的描写找到一些蛛丝马迹。威远楼北面是中山公园,巴金在《星》和《电》中都写过妇女协会北面的那片广场和公园:

"公园就在眼前,地方很大,却现着荒芜的样子。有几条曲折的小径,交叉地伸到里面去。……在小丘上面立着一个新修的亭子,红色油漆的圆柱和栏杆,鲜明地在绿树丛中映出来。没有门,没有篱笆。公园前面有一座纪念碑。过了这座碑,他们就进了公园。"(《星》)

"外面是天井,其实应该说是一个大广场,地方很宽敞,还有两株大榕树排列在左右两边。"(《电》)

历经沧桑变化,广场上200多年树龄的老榕树依旧伫立在那儿看世间百态(参见图10[1]),同样在历史中幸存下来的还有一座

---

[1] 图10来源:http://blog.sina.com.cn/s/blog_55379435010190bm.html。

图11 （民国时期）

石狮子。《星》中写了中山公园前面有一座纪念碑,在民国时期,"七十二烈士纪念碑几乎是全国各地中山公园共有的纪念性主体建筑,泉州中山公园不例外也有七十二烈士纪念碑"[1],在纪念碑后有石雕雄狮一只,人称"风狮"。如今纪念碑已经荡然无存,但是"风狮"被安置在威远楼前(参见图9),依旧气宇非凡、风姿飒爽。而小丘上的那座"新修的亭子"就没有这么幸运,这座亭子是中山公园内的八角亭(参见图11[2]),另一部红色革命小说《风雨桐江》对八角亭有描述,称20世纪30年代时,泉州地下党人经常聚集于此,互通情报,是地下党人的联络处"[3]。可见这里是当初革命活动的聚集地,60年代为了建设灯光球场,八角亭被拆除,新生的平静安宁已然将各式各样的冲突斗争抚平,昔日革命者们激情斗争的身影只能被埋没在平坦的球场下。

[1] 参见 http://szb.qzwb.com/dnzb/html/2010-05/12/content_156815.htm。
[2] 图11来源:同上。
[3] 同上。

501

图12（1）　　　　　　　　　　　图12（2）

（六）黎明高中、平民中学

巴金三次拜访泉州，第一次是旅居在黎明高中，第二次和第三次都旅居在平民中学，对这两所学校，巴金给予了很深的感情。

黎明中学的校址设在泉州武庙内，巴金对这所学校最深刻的印象是校门口广场上的那两棵老榕树：

"在学校门口广场上大榕树的脚下，敏和慧站在那里讲话。"（《雷》）

"这个学校也是由一座旧庙宇改造的。外面是广场。两株大榕树立在阴暗的背景里，两大堆茂盛的绿叶在晚风里微微摇动，好像两个巨大的黑影在空中飞舞。"（《电》）

黎明高中早在革命风波中停课关闭，如今在黎明大学旧校址，昔日的古榕还在，只是校舍已经重建，不禁让人感叹时光的造化弄人。（图12(1)、(2)）

平民中学的校址设立在泉州文庙内，巴金在《星》中有这样的描写：

"这个学校是由一座庙宇改建的。两边的房屋是课堂和宿舍，

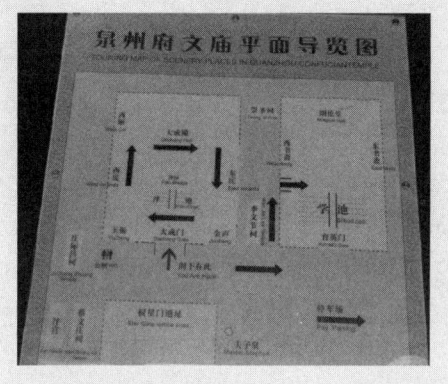

图13（1） 图13（2）

正面是大礼堂。礼堂上燃着明亮的煤油灯，维德用他的粗壮的声音在那里对学生们讲话。"

如今泉州府文庙成为文物保护单位，更是设有泉州孔子协会。文庙内"正中是宏伟堂皇的大成殿，供奉孔子神像，昔日原是平民中学的礼堂，另一边用箅篱隔成学生寝室兼饭厅，大殿两旁庑廊各有一列厢房，左边原属于平民中学课堂，右边则归原平民小学，中间是白石铺成的宽大院子。"① 根据图13（1）②可以很直观地看出"西庑"原为平民高中，"东庑"原为平民小学，"大成殿"原为大礼堂（参见图13（2）③），而巴金所住的校舍则在大成殿周围的厢房里。就是在这，巴金加入了革命温暖亲和的大集体中，用他热烈的思想感化了一批革命新青年。

---

① 柯文溥：《巴金来闽南前后》，方航仙、蒋刚编《巴金与泉州》，厦门大学出版社1994年3月版。

② 图13（1）来源：http://blog.sina.com.cn/s/blog_657ba18501016qdi.html。

③ 图13（2）来源：同上。

三　风俗民情

相较于本地居民，异乡客往往更能把握住所行之地的风俗民情。虽然巴金三次拜访泉州的时间总共算起来只有两个月左右，但是依靠着作家所具有的敏锐观察力，巴金还是在小说叙事中添加了他所观察到的泉州古城特有的风俗民情。

（一）蟳埔女

巴金在《星》和《电》中曾经写过一类妇女：

"这里相当静，偶尔有一两个赤脚戴斗笠的女人挑了担子从后面来，走过那条贯穿公园的土路往钟楼那边去了。"（《星》）

"一辆黄包车过去了，接着又是一辆。后来就有六七个女人挑了担子在的他身边走过。她们的发髻上插满了红花，下面露出一对赤足，汗珠沿着鬓角流下来。"（《电》）

这些头戴红花的妇女就是被称为福建三大渔女的蟳埔女。蟳埔是位于泉州丰泽区东南部的一个小渔村，这里的妇女任劳任怨，每日清晨从海里捕获牡蛎等海产装进担子里，接着成群结对挑货进城。蟳埔女最大的特点就是她们那插满花朵的发髻，蟳埔女从小就要开始留长发，"到了十一二岁，她们就将秀发盘于脑后，系上红绳，梳成圆髻，然后再穿上一支'骨髻'。'簪花围'是用鲜花的花苞或花蕾串成的花环，少则一二环，多则四五环，以发髻为圆心，圈戴在脑后，接着在髻心周围左右对称地插上几枝大红、桃红的艳丽簪花、绢花或鲜花，并插上金或银制成的双脚发钗或梳子，打扮得犹如一座春意盎然的小花坛。这样的头饰，被形象地称为流动的'头上花园'。"①（参见图14②）除了艳丽繁杂的发髻，蟳埔女还有一个特点是不裹小脚光着脚板走路，对于民国时期从封建大家族中走

---

① 沈好：《蟳埔女的"头上花园"》，《科学之友》2005年第5期。
② 图14来源：http://bbs.qzwb.com/viewthread.php? tid=749763&page=1&extra=page%3D1。

图14

出来的巴金或许会敏锐地抓住这个细节。直至今日,这些淳朴洒脱的妇女们依旧延续着这样的习惯,一名前去蟳埔采访的记者受到蟳埔阿姨的热情迎接:"我坐上黄阿姨的摩托车,竟然发现她也光着大脚。'我们从来不缠脚的,过去男人们都出海捕鱼,家里各种粗活、细活都要我们干,裹了脚怎么走得了烂泥滩啊?'黄阿姨爽朗地说。据了解,蟳埔女还有一个名字叫'粗脚氏',说蟳埔女人的脚上功夫很是厉害。"[1]就是这样勤劳而淳朴的蟳埔女成了渔村与海搏斗的艰苦生活中最靓丽的风景。在现今的鲤城区,依旧可以看到这些头顶花坛的"蟳埔阿姨"挑着海货进市场早集兜售,她们满头靓丽的鲜花象征着一种生命的张力,是闽南海洋文化中积极昂扬的精神表现。

(二)"普度"、"七月半"

《电》中有这么一段描写:

"大街上很明亮。商店里射出来汽灯的白光。酒馆内很热闹,

---

[1] 宋慧明:《蟳埔女头顶花园的粗脚氏》,《福建农业》2014年第3期。

从不很高的楼窗里送出来女人的娇笑和男人猜拳闹酒的声音。一个军官搂着一个艳妆的孩子面孔的妓女坐在黄包车上走过去了。十字路口围聚着一群人,在一家商店门口前正在唱木偶戏。木偶在台上荒唐地打起来,人们在下面开心地哄然笑了。在另一条街,就在报馆的斜对面,一家商店门前忽然呼呼地响起了鞭炮。人们笑着,玩着,开心着。这一天原来是一个节日。"

　　那么这么热闹的节日到底是什么节日呢？要想知道巴金所描写的是什么节日,就必须要知道巴金在古城泉州经历过哪些节日。根据辜也平教授的说法,巴金第一次在泉州的拜访时间大约是一九三〇年八月下旬或九月初至九月下旬,第二次的时间是一九三二年四月十七日至四月二十九日左右,第三次的时间是一九三三年五月二十日左右至五月二十五日[①]。由于闽南地区过传统节日都是按照农历来安排,所以巴金第一次来泉几乎可以度过整个农历七月,第二次来泉时间是农历三月十二至三月廿四,而第三次是农历四月廿六至五月初二。巴金后两次来访泉州并没有遇上任何传统节日,但是第一次在泉州旅居的整个农历七月中有一个特别重大的节日——"普度"。

　　中原以农历七月十五为中元节,闽南地区也有同样性质的节日,但是在形式上还是有所差别。闽南地区把整个农历七月称作"鬼月",从七月初一"开鬼门"到七月三十"闭鬼门",整个七月各个地区都要进行"普度",祭拜无主的孤魂野鬼普度它们往生。即便各个地区举行"普度"的时间不尽相同,但在七月十五这一天的规模是最大的,因为民间相信祖先的幽魂会在这天回来,必须大摆宴席孝敬祖先。在进行"普度"的时候,一般还会请戏班演戏以酬鬼魂,于是高甲戏、梨园戏、提线木偶、布袋戏等等戏种都会在这个时期登台表演。在闽南,最热闹的节日可能不是大年(春节),而更可能是小年(七月半)。

　　但是在热闹的背后也有着深刻的隐患,自清末民初开始,有志之士纷纷谴责"普度",因为人们攀比的欲望膨胀,"普度"的举办规

---

① 辜也平:《巴金创作综论新编》第375页,复旦大学出版社2013年版。

模成了各地区之间比拼的对象,于是原先寄托美好愿望的"普度"真的成了铺张浪费、劳民伤财的"鬼节"。"中原普度竞尚奢侈,大操大办,酒池肉林,铺张浪费。各里社轮流普度,日期不一,彼此邀宴,大吃大喝。甚者酒后聚众赌博,滋事斗殴。"①

泉州的提线木偶戏"在民间习称'嘉礼',意即隆重的宾婚嘉会中的大礼,过去闽南民间的婚嫁、寿辰、婴儿周岁、新建大厦奠基上梁或落成;迎神赛会、谢天酬愿,都必须演'嘉礼戏'以示大礼……闽南风俗,凡婚丧喜庆,建屋谢神等等,无不请提线戏演出"②。因此民国时期在大节日中往往少不了提线木偶戏,何况是"普度"这样的大节日,因此"那日晚上"人们能够在街边看得到精彩的木偶戏表演。

而今的普度日不似当年那般奢侈成风,除了到庙宇里为亡故的先人烧香祈福、约请亲朋邻里相聚餐宴之外,人们最期待的还是城里或乡里请来的高甲戏、梨园戏等戏班子。对于古城里的人而言,戏剧是人神共赏的最佳娱乐,孩子们或许会厌烦拖沓缠绵的南音,但绝不会拒绝陈三五娘的爱情戏。戏台上的五娘缠绵地哼唱着,一颦一笑牵着看客一悲一喜,古城的韵味随着五娘的吟唱缠住他乡游子,醺醉一颗颗漂泊的心,令人不禁睡入古城的怀里。

四 小 结

经历了"文革"浩劫之后,巴金站在历史的这端,血泪纵横地回望着那曾经丧失了信仰的国度,不顾遍体鳞伤的躯体,执意"拿起笔来",他要剖析、他要控诉。可幸的是纵使心剖得鲜血淋漓,巴金依旧意志坚定,那看似固执的行为实质上是他年轻时所培养起来的真性情所致。

蒋刚在千禧年出版的回忆录《风雨八十秋》中记述了巴金与挚

---

① 方宝璋:《闽台民间习俗》第260页,福建人民出版社2003年7月版。
② 黄明珍:《浅谈泉州提线木偶》,《论闽南文化:第三届闽南文化学术研讨会论文集(下)》第653页,2005年11月27日第三届闽南文化学术研讨会。

友们珍贵的友情,谈到巴金的交友之道时提到他对朋友"既要友爱互助,又应爱憎分明"①。巴金在巴黎留学期间结识了同为无政府主义者的吴克刚,两人虽在无政府主义革命斗争问题上存有异议,但丝毫不影响两人真挚的革命友情。巴金第一次赴泉就是收到吴克刚的邀请,在这座古城里他亲身体验到革命斗争的现状,真切感受到无政府主义革命中的一些问题:革命的主体是老师和学生这一知识分子群体,他们具有很强的号召力,可以召集群众参与无政府主义革命运动,但由于无政府主义不主张暴力打倒统治阶级,使得这一群体往往缺乏有效抵抗统治阶级镇压的自卫武器,一旦冲突升级,革命者们必将无力反击只能落荒而逃。巴金冷静地剖析革命形式,或许已经预见问题所在,在小说《电》的最后革命失败,妇女协会被取缔,革命者们四散逃离。相较后来现实中的史实,这预言竟然成为了真实,无政府主义革命运动受到当局镇压,革命者们或远赴南洋、或暂避港澳,轰轰烈烈的革命就此衰微。

  一九三〇年,无政府主义革命运动在上海受到执政政府的重创,内心纷纷扰扰的巴金带着阴郁的情绪来到泉州,在这里迎接他的是一片红色的大地,以及生活在这片大地上昂扬似火的青年革命者们。初入泉城印象最深的恐怕就是红砖红瓦垒就而成的古厝,泉州文化里对红色深切的执着影响着生活在这篇土地上的人们,他们喜欢在冬季寒风中舒展而开的红刺桐,喜欢元宵节挑着火鼎的火鼎公火鼎婆,喜欢细腻黏牙的甜粿。在这个平静祥和的古城里留攒了太多祖辈的记忆,土生土长的泉州人骨子里就是有着一股恋古恋乡的情怀,这种情怀让他们乐于在紧张的日间劳作后,进天井里呼朋唤友沏茶谈古,悠哉闲适的节奏从来不会被打断。巴金真切地受到那份闲适的感染,与友人随性地摘食龙眼、在榕树下饮茶闲话,古城用她的温和抚平了客子来时的阴郁。

  古城不仅仅用她的祥和感化了巴金,海洋文化中蕴含的勇猛率真在火红的土壤中迸发,这种生命的张力让巴金为之倾倒。尽

---

① 蒋刚:《珍贵的友谊——谈谈巴金和他的挚友》,《风雨八十秋》第263页,2000年10月版。

管宁静祥和的慢节奏是古城的主旋律,但离了古城的庇佑要面对的是广阔无际的大海,傍海而生的泉州人并不满足于在古厝里倾听祖辈的故事,他们想亲身经历祖辈所体验的风雨沧桑,胸怀大海的人们秉持的是率真耿直的性情,巴金真诚的性格让他很快就喜欢上这里的人。当时在这里兴办教育事业的教育者们坚持着自己的信仰,不论学校的环境如何简陋,师生总是保持着积极乐观的态度进行着革命活动,巴金在这里看到许多可爱的年轻人,他们无私奉献、英勇无畏,巴金在创作中热情地为这群年轻人谱写颂歌,于是读者们看到了像敏那样不畏暴权、毅然为朋友而赴死的革命青年。尽管巴金不惜将革命的残酷用革命者的牺牲来表现,尽管无政府主义运动最终还是未取得革命的果实,但巴金心里总有一片红土地是为了这群率直的猛士,这种深刻的革命情意让他难以忘怀南国的友人,乃至八十岁高龄的他不顾身体的羸弱坚持亲自为黎明大学挑选藏书,为南国的教育事业倾注自己不衰的热情。

南国冬季冷涩的海风抹红了全城的刺桐,动荡不安的历史在小巷深处破败的门扉里封存、湮埋,海风呜呜着过往暴权者的丧歌远去。泉城亮起万家灯火,古厝里笑语盈盈,庙宇前载歌载舞,古城温和地抚着那群革命青年疲惫的魂,再一次哼起了祖辈的歌谣。远在异地的友人,将他激情的笔调化作火红的刺桐,追思那一去不返的青葱年岁,祭奠那曾经鲜活的魂魄,歌颂那红土上永不衰竭的生命力。

(作者系福建师范大学文学院学生)

赵 静

"公馆"之家
——论小说《家》的文学表达

巴金的《家》自出版伊始，即在文坛上引发激烈讨论，书中的某些情节，诸如鸣凤投湖、觉慧出走等都在读者和研究者的心中留下深刻印象，之后更是被改编为电影和话剧不断被搬上荧屏和舞台。《家》作为巴金青年时代的代表作之一，是《激流三部曲》的其中一部，充斥了青年巴金的激情和梦想，全书旨在叙述变革时代下家庭的变迁。历年来关于《家》的研究经久不衰，大多集中于小说中的人物分析、情节研究等，而对于家庭的承载形式——高公馆，学界普遍一致认为其为传统需要反抗的压抑空间，有些学者根据巴金序言的控诉，进一步得出结论认为高公馆实为"古老中国的封建主义文明积淀而成的封建礼教地主阶级大家庭的生活景观"。[①]

将高公馆定义为"封建地主阶级大家庭"确实有失偏颇。其一"封建性"的概念有待进一步解释清楚，而将一个未定的概念直接套用高公馆确实欠缺考虑；其二地主阶级主要依靠"自己不劳动或只有附带劳动而靠剥削农民为生"[②]，可高公馆为高老太爷多年为官积蓄所得，且地处西南成都市区北门，家庭所需的经济来源也逐渐摆脱地租，明显意义不同。所以，将高公馆"仓促"命名为"封建

---

① 袁振声:《旨趣相异的艺术世界——析茅盾、巴金笔下的"吴公馆"和"高公馆"》，《南开学报》1995年第2期。
② 金炳华主编:《马克思主义哲学大辞典》第330页，上海辞书出版社2003年版。具体内容为:地主阶级指占有土地，自己不劳动或只有附带劳动，而靠剥削农民为生的阶级。

本文作者在第十一届巴金学术研讨会上发言

地主阶级大家庭"确实缺乏证据。

事实上，公馆一词古已有之，主要有两个义项，一代指公家建筑用以宾客居住的别馆，有书云"正义曰礼有公馆私馆，公馆者公家筑为别馆以舍客也上"①；二主要代指诸侯王公（国家统治者）所建造的公家招待所。到了清朝中后期，公馆的词义有所扩大，开始代称外国公使馆和富人宅居，而进入民国之后，公馆更是遍布于各大中小城市，一时间无论是"达官贵人、委员主席、军政要人、实业家、银行家"亦或者"机关职员、律师、教师、医生"都要称其住宅为公馆来。②公馆如雨后春笋般成为城市的住宅中心地标，象征着居住者的财富和地位，公馆者"大众可息之地也"。③不仅如此，城市中作为"住宅"、"私人办公"的公馆更是作为"景观"走入文本，在一部部经典作品中公馆逐渐取代古代府宅，作为大家庭居住的主要

---

① 毛亨：《毛诗注疏》，附释音毛诗注疏卷第四，清嘉庆二十年南昌府学重刊宋本十三经注疏本。
② 复生：《谈公馆》，《十日谈》，1934年第43期，第4页。
③ 柳浪：《"家"与"公馆"》，《大声》，1947年第7期。

承载形式,谱写了一幅幅家庭生活的众生群像。随着时代的发展,尤其是1949年之后,公馆逐渐淡出历史舞台,而在文学作品中公馆也渐渐被商品房或者别墅等房屋形式所取代。故而,公馆其实是特定历史时期的产物,是古代中国到当代中国的居住过渡形态,是由封建地主庄园、府邸向当代单位住宅、商品房的过渡建筑形式。

在此,笔者简单梳理公馆历史,无意引公馆之实物而浇文学之块垒,而是试图引入公馆视角重新审视和解读文本。公馆作为大家庭的活动空间,其背后承担的不仅仅是居住功能,更是一种意象表达。公馆作为特定历史时期的产物,其沟通的不仅是社会、时代与家庭,更是人与生存空间互动的"语言表达"。其容纳的不仅仅是个人生活,更传递的是居住在特定历史时空下的个人心理。公馆作为家居形式,其具有特殊的价值意义,而在公馆的空间意义的背后又预示着巴金怎样的创作动机?巴金借用高公馆显性言说了什么?欲说还休些什么?公馆又象征着什么亦或者说代表着巴金的哪些文学构想?这些问题都有待我们进一步解决。

一　过渡的空间环境

高公馆位于成都市内一条清静的公馆街上,与大大小小的公馆一起构成了成都市区北门一带的"高级住宅区"。在外观上,高公馆与街道上其他的大小公馆并无二致,黑洞式的大门,门口挺立着两座庄严肃穆的石狮子,屋檐下挂着一对红纸灯笼,红漆底子上现出八个隶书黑字:"国恩家庆,人寿年丰"。进入内部房舍林立,秩序井然,花园环绕,典型西南天井四合院。在日常生活方面,高公馆内的众成员依托城市的有利地位,极大限度的享受现代都市生活的便捷。高老太爷爱逛实业百货公司,高克明开办律师事务所,觉新在实业百货和小型发电厂工作,觉民、觉慧在现代学校读书求知。"都市"与"高公馆"并驾齐驱,其构成了高家"白昼"的生活场景,而高公馆则是"夜间"生活的主要发生地。故而在小说的每章几乎都是从公馆的"漫漫长夜"开始。现代都市生活已经成为高公馆众成员的日常习惯,以至于在成都被枪炮袭击,进而交通阻塞之后,高公馆的日常饮食都成了问题,无法在市区内买到新鲜的供应蔬菜,以至于全家吃起饭来更觉索然无味。现代都市大环境的渗入使得高公馆内部空间"异质化",具有了不同于《红楼梦》中贾府的生活面貌。在高公馆的日常家居中,虽然仪式化地继承了"祭奠祖先"、"孝义礼让"等生活传统,但到底使用了西洋物件,且在家庭收入、教育等不同方面潜移默化地接受了都市先进文明的洗礼。一方面,家庭的固有礼法具有坚韧的顽固性,其会随着时代自动调节,几千年来积累的文化传统以及孝义观念不会轻而易举地被抛弃,而传承四代的高公馆当然也会浸染"无法摆脱的旧";另一方面,都市生活的大背景已经逐渐渗透高公馆的生活日常,并改变了人们的消费结构和生活理念,高公馆也必然会凸显着无法逃避的"都市性"。所以说,新旧交织上演在高公馆内,共同推动着家庭生活的前进。

其实这样的生活姿态是巴金有意为之的效果。《家》创作于1931年,1933年5月由开明书局出版单行本。值得玩味的是,写于20世纪30年代的《家》的故事发生背景却定于1920年前后,也就是说巴金并没有着眼眼前之事,而是在挖掘回忆,将时间线向后推了10年之久。而在巴金成书的同时,另一位现代文学经典作家同样也把焦点聚集在大家庭的公馆之上,出版发行于1933年1月的《子夜》描写了位于上海市区内的吴公馆的家庭以及吴荪甫发展民族工业的故事。不同于巴金的书写回忆,茅盾主要着眼于当时之上海,一开始就铺就出20世纪30年代上海发展的声光电影,并由一辆汽车的开进,带领我们领略了一座几近奢华的吴公馆。在《子夜》一书中有着很明显的时间线,在面对新与旧的问题上,茅盾的态度显而易见。新与旧二元对立,新事物必将取代旧事物。因此,在开篇没多久,吴老太爷无法适应上海的"邪魔"力量一命呜呼,完全旧派的人物并没有对小说的主线产生多大的影响,随着吴老太爷由乡下进入上海的"金童玉女"也逐渐被上海的都市生活所淹没,产生了奇异的心理变化。虽然四小姐有时仍然会依靠《太上感应篇》找寻慰藉,但最后那本书还是被都市文明所带来的"暴风骤雨"打湿损坏,最终她丢掉书本,离家出走,追求新生。在小说中旧的势力虽然有所反扑,但时间线终究成螺旋式不断前进、上升。相较于《子夜》直线式单一向的推演方式,《家》中的时间线索较为复杂。巴金不仅在时间定位上故意靠后,并且有意无意地借用文中人物的话语不断地将高公馆的存立时间继续向后延长。黄妈口中念念不忘的"清水与浑水",梅表姐来到高公馆之后的不断回忆,觉新的青春旧梦,甚至觉慧与觉民也时不时地记起小时候的事情。高公馆的众成员似乎都不约而同地集体陷入回忆之中,而记忆之中的高公馆也并非面目可憎,从某种意义上来说其快乐与幸福的程度是现今的高公馆无法比拟的。梅说:"你们都有明天,我哪儿还有明天呢? 我只有昨天。昨天的事固然很使人伤痛,但是只有它可以安慰我。"[1]对于他们来说,旧的生活并非全然暗淡,甚至比"新"的生活更让他们适应。"生活的惯性"让他们对待新生事物无所适从,而时光的残酷就在于此,在时代的车轮碾压下,在不得不向前推进的时间里,一些人逐渐被时间"淘汰"。他们的知识层次跟不上时代的脚步,而他们的思维方式也渐渐失去了鲜活的源泉。旧生活固然美好,新的也许是好的,而现在呢? 处于转型临界点的高公馆成员面临着巨大的挑战,他们一面被回忆的枷锁铐牢,渴望回到过去而不得,一面对新生有着"生的恐惧",拒绝进一步向前。

　　被"历史化"的高公馆,赋予了空间"时间化"的表征,作为一个"时空体"出现在文本中。巴金拉长时间线,并不是执意在为"过去招魂",其主要目的在于把握一个准确的爆发点。1920 年是个特殊的年份,民国草创不久,新文化运动、运动方兴未艾,一切百废俱兴,等待着旧貌换新颜,而地处西南的成都的文化发展程度也如脱缰的野马一发不可收拾。[2]相对于疾风骤雨般的社会变革,人们的心理意识则具有相对独立性和滞后性。旧有的知识文化体系亟待打破,他们已经完全限制了人们接受新生事物的脚步,甚至无法适用于新的文化生产方式。被切断判断依据的人们根据固有知识已

---

[1] 巴金:《家》第 112 页,人民文学出版社 2008 年 11 月第 1 版。
[2] 王无为:《成都的文化运动》,《新人》1920 年第 1 卷第 5 期。

经无法做出明确的价值估量,只能诱导他们对新生事物产生怀疑,甚至抗拒。而另外一部分人则走在时代的前列,轻而易举地接受了新文化、新文明,但是却始终无法切断与传统的血肉联系,亲生血缘的羁绊,以及脑海中存留的传统意识都时不时地阻碍他们实施果断的行动,往往成为"思想上的巨人,行动上的矮子",意识与行为脱节,处处掣肘。生活在变革初期的人无疑是尴尬的,前不见古人,后不见来者,念天地之悠悠,唯有独怆然而涕下。而高公馆作为这一历史时刻的见证者,在漫长的时间链条中,真实还原了"过渡时期"、"过渡家庭"、"过渡人物"的方方面面。人成为时间的奴隶,面对兵荒马乱,面对时间显得焦躁、慌乱与无奈。巴金巧设了时间的发生点,由点及线,"蒙太奇"般的将过去与未来来回穿梭,巧妙地捕捉到了这一特定历史时期下挣扎、彷徨的众生相。

高公馆的存在打破了"过去"、"现在"和"将来"的边界,使得时间呈现一条自然、顺滑的脉络。在时间的变化发展中,古代城市向现代城市演进,东方文明与西方文明交汇,心理意识的变化,拉长的时间线索,加强了公馆的历史纵深感,由静态空间变为动态的演绎,呈现出过渡的文化意义。所以巴金的叙事信仰也许并不在于政治意义的盖棺定论,认定高公馆是封建家庭的代表,其更像是一种平静的叙述,旨在于真实地呈现家庭与社会、城市的多元互动,以及公馆成员面对时代变革时的独特的生命感受与行动体验。

二 冷冻的话语场域

从时间维度看,高公馆确实是特定历史时期下新兴的居住形式,甚至有学者考证认为高公馆中旧式的家庭图景更像是一道"嵌入舞台的背景"[①]。但这样的论证绝不是为了遮蔽高公馆的黑暗与压抑。不可否认,高公馆依然是悲剧的频发地,他历经了一个又一个青年的丧生,埋葬了无数年轻人的梦想。传统意义上我们认为

---

① 李哲:《从政治宣泄到文学叙事——论〈家〉之于巴金创作转型的特殊意义》,《中国现代文学研究丛刊》2012年第8期。

这是"封建家长制"所引起的。高老太爷作为高公馆的一家之长,只手遮天,他与"刽子手"冯乐山勾结,左右公馆众人命运,专断跋扈,酿成了一幕幕惨剧,完全是冥顽不化的老顽固。这样的论断初看起来合理且有力,但细细品味,不难发现其中颇多疑点。一高老太爷是否真"腐朽"?二高老太爷为何只在觉新工作、限制觉慧参加学生运动、与冯乐山联姻等几件事上发布命令?三高老太爷为何要与冯乐山联姻?

实际上,高老太爷并不是十足的老腐朽,虽身体孱弱,但眼光独到精准。他既能颐养天年地享受都市生活,又可维持着高家几十年屹立不倒,发展成为北门首富,其手腕和能力不容小觑。"维持家业"这是高老太爷的行动指南,也是他穷极毕生追求的目标。而当下属的儿孙的行为与此项目标发生冲突之时,其立刻会将他们扼杀在摇篮里。觉新作为长房长孙,按照继承权和传统习俗,他生来就担负着家庭的重担,牺牲他个人的幸福也旨在能够继续延续这个家;觉慧参加学生运动,触及当局的命门,一旦被抓捕入狱,很有可能危及家族荣耀,为着觉慧的安危与家族声誉,高老太爷当然不会允许此种情况发生;至于与冯乐山两次联姻,其目的更是昭然若揭。作为孔教会会长的冯乐山在成都政坛和军界都久负盛名,威望极高。而城市名流之间的相互勾结也着实为了寻找更大的庇护,以求在动荡的时局安稳生活。不过可笑的是,高老太爷这样的努力并没有产生实质效果,反而激起了觉民和觉慧的痛恶和反叛。在高老太爷临终之时,他孤独的躺在床上,身边没有一个理解自己的人,作为坚持着"四世同堂"美梦的梦想者,他无疑是孤独的。"他看不见一张亲切的笑脸……从没有感觉像现在这样的孤独和失望……他又想、自己怎样地创造了一个大的家庭和一份大的家业,又怎样地用独断的手腕来处置和指挥一切,满心以为可以使这个家底一天一天地兴盛发达下去。可是他的努力却只造成了今天他自己的孤独,今天他要用他的最后的挣扎来维持这个局面,也不可能了。"[1]最后带着众人的不解,他凄凉地走完了一生。"哀

---

[1] 巴金:《家》第280页,人民文学出版社2008年11月第1版。

莫大于心死",最信任的克定给了他当头棒喝,一生最大的理想直到生命的尽头都无法实现,他仿佛可以看到高公馆最终的结局。"你们要好好读书……要……扬名显亲啊",临死前的最后遗言仍然将家族利益牵挂于心,可以说,高老太爷本身也是个悲情角色。

这也许与时代的发展不无关系。在民国时期,政治制度的改良以及文明思潮的涌入开始不断作用于人们的日常生活,以前坚信的家族统一理想逐渐被瓦解,商业文明的发展,以及家庭管制的相对松散都让高公馆中成员的个人意志开始滋长。其一,商业经济发展如火如荼,尤其是在现代城市中,开辟了多元化的生产方式。而根据当时社会奉行的《大清民律草案》家长可允许子女自谋职业,给予了公馆各房自由谋业的渠道和保证。其二,公馆与以往的古代府宅相比,其居住结构相对单一,主要是血缘聚居,远房旁支较少,每房每户几乎有自己的财政自理权,经济相对独立,继而有一定的自主裁断权。这些因素几乎都对家族的统一理想产生动摇,故而在民国时期的公馆中"父系大家庭"已并非他们遵循的唯一"社会理想"。[①]不仅是高老太爷,全书的所有人的命运设置大抵如此。巴金曾经在青年时期被樊塞蒂的一句话深深地震撼过:"我希望每个家庭都有住宅,每个口都有面包,每个心灵都受到教育,每个人的智慧都有机会发展。"而他的《家》几乎也按照这样的顺序展开。小说的前六章,几乎没有实质的情节进展,更像是每个人的传记说明,诉说着每个人的精彩幻梦。高老太爷的住宅长久之梦,觉新和琴的求学之梦,觉民与觉慧的志趣发展之梦,鸣凤的面包物质之梦等等。到了第七章开始,小说的主要情节才开始上演,而这一个个幻梦也接连被现实拍碎、打破。每个人均成了孤独的梦想者,悲剧的承担者。"寂寞,无尽的寂寞"。公馆中成员们均被空虚吞噬,在自我前行的路上踽踽独行,无人理解与认同,这恰恰是他们最大的悲哀,同时也反映着高公馆中话语沟通的阻滞。

公馆的住宅区是人际交往的试炼场,在此环境中人具有极强

---

① 郑全红:《中国家庭史·第五卷民国时期》第68页,广东人民出版社2007年4月第1版。

的"参与性"。《华沙宣言》中表示:"人类居住建筑的设计应提供这样一个生活环境,既能保持个人、家庭、社会的特点,有足够的手段保持互相不受干扰,又能进行面对面的交往。"[1]换句话说,住宅区既是个人私密的生命空间,又是家庭舆论的"公共空间"。维纳也曾说过:"任何组织之所以能够保持自己的内部稳定性,是由于它具有获得、使用、保持和传播信息的方法。"[2]可是,很显然在高公馆中,住宅区功能并没有得到实际运用,在这片环境中处处表现着"话语信息的荒漠化",而这也恰恰是造成公馆悲剧的真实原因,并动摇着这座古旧公馆的根基。

首先,高公馆中信息的获取源头不统一。由于处于社会变革转型时期,大量的信息扑面而来,种类繁多,新旧纠缠,争论不休。而作为社会最基本单位的人,受到其所处经济、政治地位、工作环境、教育环境等不同因素的影响,其接受信息的内容和程度也会出现差异,沟通的话语也会发生断裂,无法产生"共鸣"。这并不是家族亲缘"代际递减"造成的,更多受信息获取渠道的影响。在高公馆中,家庭成员大体可分三层:一顺应而变派,代表人物高老太爷、克安、克定等,他们大多根据时代顺其自然发生改变,但仍然寄生在过去的生活方式中,思想方式相对守旧,大多以享乐者的姿态出现。对于他们而言,信息来源主要是旧有的理论教育;二卫道讲法派,主要为克明、觉新。克明留学日本,而后回归省城,并在成都市内经营自己的律师事务所,结交的是陈克家一类的贪图酒色之徒。至于觉新虽早年读现代学校,也读先进文章,但被公馆生活所累,处处被爷爷教训,叔叔教育。这些人信息来源有新有旧,获取渠道较为复杂;三以觉民、觉慧、琴为代表的青年们。这些年轻人就读于现代学校,平时书读《新青年》《新潮》,接受先进文明与理论,本质上已与上述两类人群区别。信息源头的不一致,根本上已将三类人划清了界限,造成了话语交流的断层,没有共同语言作为基础

---

[1] 国际建筑师联合会第十四届世界建筑师会议:《华沙宣言》,1981年。
[2] [美]诺伯特·维纳著,郝季仁译:《控制论》第160页,科学出版社1962年版。

的沟通极为生涩和敷衍。觉慧参加学生运动的事情暴露后,高老太爷将觉慧叫到屋内,严厉批评教育,言语间几次提到觉慧"胡闹",到头来把小命闹掉,最为关心的还是觉慧的安全。而觉慧显然无法理解爷爷的"良苦用心",他执着在意的是我们无缘无故挨打,当然不能随便了结,他要捍卫自己的正当利益。两种语言激烈地冲击着,都有自己的合理出发点,最后高老太爷只能气愤地猛烈咳嗽着,去将觉新与克明喊来。觉慧知道他们祖孙两代人是"永远不能够互相了解的",他不明白"这个瘦长的身体里面究竟藏着什么东西"①,使得他们的谈话不像祖父和孙子,而像两个敌人。话语信息交流的冰冻,僵死了原本血浓于水的亲情。这样的问题同样也存在于觉慧和鸣凤之间。觉慧秉持着人的思想永远得不到鸣凤的响应和回答,"奴性在心"的鸣凤只是寄希望于作为丫头服侍觉慧。觉慧与鸣凤秉持着两套话语体系,对话充其量只是简单的问答,话语内容中不包括任何信息置换与精神交流。觉慧爱着的是想象中的鸣凤,每每想到恋人都首先浮现出鸣凤那青春的面庞与带笑的容颜,更多地从视觉上贪恋着鸣凤。"琴真聪明!……真勇敢!……她真好!"而觉民对琴的评价则叩问女性的性格与精神内涵,这不是几次见面就可以看破的,琴和觉民的精神对话激活了他们各自的"心理空间"。

其次,沟通机制的不通畅造成人与人之间理解的丧失。高公馆中并没有固定的家庭交流形式,甚至连各房各户会面的机会都不常见。过年时分的几次相聚显得弥足珍贵,总体基调也偏向于欢乐。可是除此之外,家族碰面机会少之又少,沟通的渠道不通畅直接阻碍了信息的传递。觉民、觉慧获得的新知根本没有机会灌输于公馆中的其他人;高老太爷的专制决断几乎总是一句话命令,根本没有阐释空间;即使是叔叔们的耳提面命也少得可怜,仅有的几次也是左耳朵进右耳朵出。甚至在同类人群中,这种现象也较为多见。"觉民虽然和觉慧同住在一个房间里面",但是有段时间觉民一直忙着自己的事情。"在家的时候他也很少留在房里,整天

---

① 巴金:《家》第55页,人民文学出版社2008年11月第1版。

带着书到花园里面去读。"①这大大减少了二者见面详聊的时间,而觉慧对自己真实恋情的隐瞒,也最终促成了他爱情上的单枪匹马以及之后的种种悲剧。所以高公馆上上下下几乎不存在信息交换,更遑论处理和消化、吸收交换后的信息。故而,不同的信息所有者之间形成无数条不相交的平行线。

最后,信息传递过程中的变质化。在沟通的过程中,信息持有者所传播的话语被信息接受者以自我的理解加以反驳,形成不同层面的交流争吵,造成沟通障碍,往往对话无疾而终。在小说第十二章,觉民与觉慧来实业公司寻找觉新,觉慧高声朗诵《前夜》,并诅咒着觉新与觉民的"矛盾",觉民温和地辩驳,他有理有据,找出杂志上的一段话有力还击,告诉觉慧他同样也是矛盾的,在这个时代下这样的家庭有其生存的经济基础和社会背景。之后觉慧质问觉新为何不敢听他争取幸福的话语,觉新声泪俱下地梳理了自己的境况,并从亲情出发为自己辩护。其语言的重点落在"只要使弟妹们长大,好好地做人,替爹妈争口气,我一生的志愿也就实现了。"②实际上,觉新并没有正面应答觉慧的提问,他和觉慧讨论的其实是两个问题。一个触及人类的生存底线,而另一个旨在挖掘过去的坟墓,从来不敢直面现实的"真刀真枪"。这样的对话在文中数见不鲜,传递过程中的话语概念被偷偷置换和篡改,使得许多争论往往无法推动,成为无解之争。

文中梅想:"要是当初母亲知道她的心事,现在她也不会落在这种凄凉、孤寂的境地里面",如同梅一样,若是公馆中的话语交流能够正常进行,相互理解、包容,高公馆的许多惨剧是可避免的。由于沟通对话的凝滞,造成住宅区的"公共舆论"仅剩下家长里短、冷嘲热讽的"残渣"。人人均被寂寞压倒了,亲情也在无效的话语信息面前流散殆尽。我们都知道,"话语的外部情状是人的认知状态或社会心理记忆的外部表现形式",③话语表达受到心理空间、信

---

① 巴金:《家》第71页,人民文学出版社2008年11月第1版。
② 同上书,第84页。
③ 熊学亮:《信仰空间的话语功能》,《外语教学与研究》(外国语文双月刊),2003年3月,第35卷第2期。

仰空间的支配。事实上,巴金曾说"生活是一场搏斗"[①],"话语场域"的权力角逐更像是一场"信仰空间"的博弈与筛选。在小说的前几章作者极尽笔墨描写无数的理想,而后随着主要情节的展开,觉慧和鸣凤的爱情悲剧使得鸣凤的幻想破灭;觉新承担家业,婚姻自主权被剥夺,被各种有形和无形的箭所折磨,一步步将他逼向深渊;而最后觉民的逃婚、高克定的事情暴露又再一次索要了坚持"家本位"理念的高老太爷的生命。巴金用着怀疑的眼光审查着一切,用事实说话,摒弃了诸多"杂念"。一次次的惨剧铸就了觉民和觉慧这样两个不同于"贾宝玉"、"吴荪甫"的极富特色的血肉人物,挑选、沉淀下他们的"社会想象"。他们由相互隐瞒到推心置腹,互相理解,"在这个广大的世界里两颗孤寂的心"互相取暖。最终,觉民与琴一起滞留公馆,去花园中寻求心灵的安逸,而觉慧则愤然离家,奔赴他沉醉的"群"的生活。

三 宽和的社会想象

巴金曾说小说中的高公馆住宅区几乎是搬照其家的布局设计入文,唯有"花园是出于自己的编造和想象"。[②]在小说中的高公馆中,供人居住的屋舍充满了尔虞我诈的"家庭政治",而花园中"到处都是绿色的草和红白色的花。到处都显露着生机。满院子都披着黄昏的面纱,更加上一层神秘的颜色。"[③]那是青年们欢乐玩闹的地方,容纳了青年们真挚的爱情和亲情,宛若充满青春力量的"大观园"。觉民在这里找到了安慰,而觉慧则慢慢沉醉于公园、茶馆等同学集会所带来的快感,"逐渐地走进新的园地",与觉民"中间也有了显著的距离",[④]走向了象征着民主、自由无血缘关系和生产关系牵绊的另一"共同体"中。

---

① 巴金:《巴金选集》第10卷第765页,四川人民出版社1982年版。
② 巴金:《我的家》第24页,作家出版社2007年10月第1版。
③ 巴金:《家》第151页,人民文学出版社2008年11月第1版。
④ 同上书,第182页。

山口守教授曾经谈到"如同弃家出走的《家》的主人公觉慧一样，作为下一个课题，巴金有必要思考离家出走后的个人在共同体中如何生存"。①对待这个问题，巴金并没有给出合理的解释。他一直想要创作的觉慧"群"的生活几经夭折，终究未能写出。反而是继续在"公馆"题材下做文章，《春》、《秋》的相继出版给了《激流三部曲》一个明确的结局。而到了抗战时期，在一片"为抗战服务"的主流时代写作下，他又一次"逃避"主流写作转而写出《憩园》、《寒夜》等"无群体意识"的家庭小说。在《憩园》中巴金依然是选择"公馆"作为大家族的居住空间。而和《家》对照而看，我们不难发现巴金对公馆中的"花园"情有独钟。

　　无独有偶，不仅在《家》中"花园"与居住区形成两个世界，承载了美丽的幻梦，洋溢着青春气息，同样在《憩园》中"花园"也是灿若珍宝。小说家"黎先生"来憩园寄住，言谈举止间难忘的也是他家原来的大花园，偌大的公馆中仅有花园是他回忆美好的"标本"；"爹爱花，爹总是忘不掉我们的花园"②，杨老三在历经了几许沉浮之后念念不忘的也是杨公馆中的花园，以及花园中那两株茶花；在姚公馆中女主人万昭华漂亮大度，宽和包容，与男主人不同的是，她是现在公馆中唯一爱着花园的人。"花园"的出现不仅连接了文本中杨、姚两个家庭，串联了《憩园》的主要故事，同样也将《憩园》和《家》这两个创作于不同时期的小说文本有效对接。

　　雨果曾指出"在人与动物、花草及所有造物的关系中，存在着一种完整而伟大的伦理，这种伦理虽然尚未被发现，但它终究会被人们所认识，并成为人类伦理的延伸和补充。"③在《家》中觉民的逃避场所永远是生机盎然的花园。他习惯于在花园中唱着歌来调节情绪，与琴恋爱之后回到高公馆中总是一头扎进花园里面读书，甚至最后在逃婚时的回信中依然写到"我在想家里的花园，想从前

---

① 山口守：《巴金——一个理想主义者的世纪守望》，《中国现代文学研究丛刊》，2006年第2期。
② 巴金：《憩园》第206页，人民文学出版社2009年1月第1版。
③ 雷毅：《生态伦理学》第46页，陕西人民教育出版社2000年12月第1版。

的游伴,我在想儿时的光阴"①。人类既然栖身于文化共同体中,也栖身于自然共同体中,因此,伦理学的一个未完成的主要议题,就是我们对大自然的责任。②融合在自然里的觉民所体会到的并不是古代"天人合一"的理念,更像是一种原始的回归。回归到最初的文明时刻,作为一个"自然的爱子",完成对"自然的责任",畅想着美好的生活,感悟、体验、探索着人生,并营造着"人与人的关系文明"。

"父母的爱,骨肉的爱,人间的爱,家庭生活的温暖。我的确是一个被爱着的孩子。那时候一所公馆便是我的世界,我的天堂。我爱一切的生物,我讨好所有的人,我愿意揩干每张脸上的眼泪,我愿意看见幸福的微笑挂在每个人的嘴边。"③这是巴金多次谈到的一句话。而在高公馆内充当此角色的恰是觉民,并非觉慧。事实上,学术界针对于觉民的研究相对较少,他的光芒几乎被觉新、觉慧这两位性格鲜明的兄弟所淹没。许多研究者认为觉慧更像是巴金的化身,他勇于反抗,敢于离家,向不合理的制度做着严厉的控诉。在小说中,觉慧最为常见的表情为讥笑、嘲笑、讥讽,他的话语充满戾气,总能一针见血地直逼人的内心深处,让人的阴暗、痛苦、懦弱的面相无处躲藏。觉慧每次与大哥的对话,都能让觉新泪流纵横,旧伤未愈又添新伤;一次花园游湖,好好的欢乐场景,被觉慧的一句嘲讽破坏了气氛,"你既然决不嫁人,那么为什么又让五姊给你缠足?"④更让淑贞想起她的小脚,那痛苦的象征,趴在琴身上痛哭不止。反观觉民,他是温和的,每每说话都给人一副宽和的样子。亲人的伤心他来安慰,悲痛的场景他来调剂,甚至觉慧的伤痛也是他来填补。这样一个人并不是家中的"和事老",他同样也是一名青年,不是畸人,更不是愚人,只是他生性乐观,会宽恕地对

---

① 巴金:《家》第257页,人民文学出版社2008年11月第1版。
② [美]霍尔姆斯·罗尔斯顿著,杨通进译:《环境伦理学·前言》第2—4页,中国社会科学出版社2000年版。
③ 巴金:《巴金选集》第10卷第92—93页,四川人民出版社1982年版。
④ 巴金:《家》第139页,人民文学出版社2008年11月第1版。

待每个人。

　　诚然,觉慧更具反抗力量,更悲愤,但这种愤怒更像是稍纵即逝的即时情绪,处于"潜意识的范畴",当外界有刺激之时,不由自主地产生的"本能反应",从"刺激到爆发几乎间不容发,知觉的评估也在瞬间完成"①,缺乏思考的力度。相比之下,觉民则更为持久,"懂的生活"的觉民更能守住这个家,为这个家庭带来实质的革新气象。柏拉图在《理想国》和《费德罗篇》中做过精巧的比喻,他把灵魂比成两匹小马,一匹马活泼而温顺,即为精神,另一匹狂暴而难以制服,即为欲望。两匹马被马辙约束在一起,由驾驭(即理智)驱赶。显然,在理智的驱赶下,觉慧和觉民是巴金的两个灵魂。觉慧更像是狂暴难以控制的"野兽",渴望"爬起来满足自己的欲望",他叫嚣,反抗,言辞犀利,极尽嘲讽,力求反抗的速度和力度而牺牲了准确度,故而在《憩园》中成为了"复仇审判者"的形象;而觉民则作为"精神灵魂"的象征,更符合巴金的生活状态和人生理念:在海纳百川的宽恕和包容下"自由而矛盾、闲适而痛苦"②地生活着。

　　花园和觉民的形象是对等的。花园充满了包容性,它容纳了公馆日常政治的勾心斗角,也为这座屋舍丛林带来了几缕自然的清新之气,甚至它挽救了一个个"濒临灭亡"的人的生命,告知了他们"自由的意义"。《家》中觉民在花园中对觉慧的肺腑之言触动了觉慧,并激发了他冲出樊笼的决心,他第一次产生"我对这种生活根本就厌倦了"③的想法;《春》中淑英与觉民、琴等在花园的几次详谈更是救赎了她的灵魂,给了她重获新生的自由。直到《憩园》中花园更是告慰了杨老三的念想,抚慰了万昭华孤寂的灵魂,甚至影响了小说家"黎先生"的写作。公馆中的花园是巴金"精神灵魂"的预示,是爱和理想的化身。

---

　　① 孙科炎:《情绪心理学》第44—45页,中国电力出版社2012年10月第1版。
　　② 巴金:《巴金七十年文选》第588页,上海文艺出版社1996年4月第1版。
　　③ 巴金:《家》第216页,人民文学出版社2008年11月第1版。

事实上,花园不仅象征着巴金的精神欲求,更勾勒出巴金文学想象的图景。不止一次陷入群体生活"写作困顿"的巴金,虽然让觉慧在共同体生活中构想出社会美好的面目,可是终究没有带来实质性的写作进展。反而是一次次地回归家庭,通过公馆描绘出一幅幅社会风俗画。"我是从探索人生出发走上文学道路",巴金在《文学生活五十年》中如是说。借鉴蓝棣之教授症候式分析解读文本的方法,我们不难发现在巴金的身上,显性地张扬着一颗燃烧的心和永不停止的创作热情,他叫嚷着,要"更有勇气来宣告一个不合理的制度的死刑,要向一个垂死的制度"[1]发出他强有力的控诉,反抗一切束缚个人意志的道德专制。而在这样奔腾不息的激流下面,也若隐若现隐藏着巴金的专注构思。也许年轻的巴金并未察觉到自己的真实意图,而这样的信息却无意识地流淌在巴金的文学血液之中,直到后期的创作才逐渐有意识地回归并延续。那是一种自觉的个人理想诉求的表达,是对人体生存际遇的反思和体验,是对人际关系,人类相处模式的重新考量和盼望,是对潜伏在时代意识、社会意识里的无意识心理的把握。

巴金借公馆模拟出人类社会复杂的关系网,试图解决着家庭的潜在问题,并透过文学虚构的"花园"传递出他对于自由、包容、博爱的社会想象,寄予他理想化的社会关系。"眼见他楼塌了,眼看他大厦倾",公馆总有覆灭的一天,家庭总有破败的时候。"谁见过保持到百年、几百年的私人财产!保得住的倒是在某些人看来极其渺茫、极空虚的东西——理想同信仰"[2]。在这流逝的时光中,心灵的花园却总是万紫千红,毅然矗立。那是自然人对爱的向往,是平和、宽恕的人际关系,是人类万古不变的精神遗产。

(作者系北京师范大学文学院研究生)

---

[1] 巴金:《巴金选集》第10卷第773页,四川人民出版社1982年版。
[2] 巴金:《憩园》第259页,人民文学出版社2009年1月第1版。

徐钰豪

《随想录》与巴金的内心世界

巴金的精神状态

在"文化大革命"后,巴金恢复文学创作,香港《大公报》的潘际坰于1978年11月写信向巴金约稿,巴金随后把《谈〈望乡〉》寄给潘际坰发表,巴金的《随想录》便由1978年12月起,于《大公报》的副刊"大公园"刊登出来。①在《随想录》的150篇文章中,有反思历史、批判传统思想的杂文,有怀念亲友、做出自我忏悔的抒情散文,也有针对现实、抨击社会不良现象的随想。

香港三联书店于1979年8月,把首30篇随想集结出版,充满理想的巴金于其《后记》提出《随想录》的创作计划:他希望于其后四年,每年写一本《随想录》,直到1984年为止。②以《随想录(第一集)》平均每篇2800字来计算,30篇随想共有84000字,而巴金于1939至1940年曾以八个月时间写成超过三十万字的《秋》,每年撰写十万字对于他来说,似乎是轻而易举。③但是当时巴金已经七十

---

① 胡德培:《赤子真情——巴金及其〈随想录〉》,《海燕》,2006年第1期第24—26页。

② 巴金:《〈随想录〉(第一集)后记》第169页,香港三联书店香港分店1979年版。为分辨《随想录》的单行本与合订本,本文把1979年出版的第一本单行本名为《随想录(第一集)》,而《随想录》则为整套集子的总称。

③ 李存光:《百年巴金 生平及文学活动事略》第57—60页,人民文学出版社2003年版。

本文作者在第十一届巴金学术研讨会上发言

多岁,还要不时在国内外出席各种会议,更在1983年确诊患上帕金森症,双手终日不由自主地颤抖,其写作速度已大不如前。在巴金每天只能勉强地书写一、二百字的时候,他为何不听取朋友的劝告而提早搁笔,反而以强大的意志力坚持写作,终于在1986年8月完成150篇随想?[①]能使巴金克服生理障碍的因素,不仅是因为他要兑现自己的"豪言壮语",还跟他的精神状态有莫大的关系。[②]

可是,巴金在"文化大革命"后的精神状态并不理想,他除了会在无意中忆起与萧珊一同受苦、哭别妻子的情景,又会在梦里重温在"文化大革命"中被抄家、追打、批斗的可怕经历,更为了促使自己在巨大的心理压力下入睡,惯性地服用安眠药。

巴金在《再忆萧珊》一文中,描述了他在病房里"遇见"亡妻的一次经历:

---

① 有关巴金于病中写作的情况,见巴金《病中集》第122—124页,香港三联书店香港分店1984年版。而巴金于1986年8月20日完成最后一篇随想《怀念胡风》,见巴金《无题集》第197页。

② 巴金于其第三十一篇随想《豪言壮语》中,也提及《随想录》的创作计划,见巴金《探索集》第1页,香港三联书店香港分店1981年版。

我醒着,我在追寻萧珊的哭声……我终于轻轻地唤出了萧珊的名字:"蕴珍"。我闭上眼睛,房间马上变换了。

在我们家中,楼下寝室里,她睡在我旁边另一张床上,小声嘱咐我:"你有什么委屈,不要瞒住我,千万不能吞在肚里啊!"……

在中山医院的病房里,我站在床前,她含泪望着我说:"我不愿离开你。没有我,谁来照顾你啊?"……

在中山医院的太平间,担架上一个带人形的白布包,我弯下身子接连拍着,无声地哭唤:"蕴珍,我在这里,我在这里……"

我用铺盖蒙住脸。我真想大叫两声。我快要给憋死了。"我到哪里去找她?"我连声追问自己。于是我又回到了华东医院的病房。耳边仍是早已习惯的耳鸣。[①]

这个现象称为幻觉重现(flashback)。幻觉重现是一些过往经历的片段,突然进入一个人当前的意识。经历幻觉重现的人并不是在回忆往事,而是在想象中再经历该件事情。那些过往的经历,可以以影像、气味、味道,甚至痛楚的方式呈现,带来深刻而且难受的情感。[②]

巴金说自己"一生做过太多的梦",但是噩梦做得最多的时期是在"文化大革命"结束以后。他在梦中受到鬼怪围攻,并与它们战斗;他梦见红卫兵翻墙进屋、打破东西、拿铜头皮带打人;他还梦见批斗自己的专案人员做出猛兽的表情,而且凶相更愈来愈可怕,仿佛他们将要扑在他的身上啃食他一般。[③]而巴金在那些经常做噩梦的期间,每晚需要服用两片安眠药(安定,Antenex),才可以酣睡三四个小时。[④]

[①] 巴金:《再忆萧珊》,《病中集》第137—138页。
[②] Sandra L. Bloom, "An Elephant in the Room: The Impact of Traumatic Stress on Individuals and Groups," in Kristen Brown Golden and Bettina G. Bergo eds., The Trauma Controversy: Philosophical and Interdisciplinary Dialogues (Albany: State University of New York Press, 2009), p. 152.
[③] 巴金:《我的噩梦》,《病中集》第111—113页。
[④] 巴金:《病中(二)》,《病中集》第37—38页。

若果巴金生活在现今社会,他的亲朋戚友会带他向心理医生求诊。他在"文化大革命"中经历的抄家、虐打、批斗,除了造成肉体上的创伤,当中给他带来的冤屈、恐惧、羞愧、侮辱,在他的精神上造成极大的心理创伤,使他在"文化大革命"以后,发展出各种的后遗症。

心理创伤的成因可以分为生理因素及心理因素两类:在生理上,当一个人遭到虐待、性侵犯,或突如其来的暴力伤害,除了构成肉体上的直接创伤,同时也会在人的心灵上造成伤害;而在心理上,当一个人:

1. 在生活上遇上严峻的问题;
2. 价值观被严重歪曲;
3. 经历了不应该发生在自己身上的事;
4. 不经意地做了不正当的事;
5. 遭受到死亡的威胁;
6. 成为了灾难的受害者;

这些事会使人的情感发生特殊的变化,在其心灵上造成难以磨灭的精神印记,继而形成心理创伤。[1]

巴金在1966年9月初被第一次抄家,"革命群众"认为他的态度不老实,并未完全交代自己的"反动"资料,故此他们决定抄巴金的家,以搜集他的"犯罪证据"。该次抄家由上午到下午,历时六、七个小时,"革命群众"把巴金书橱里的重要物资全数抄走,又利用封条把所有书橱封锁起来,更把一张揭发巴金"罪行"的大字报贴在他的家门上,威吓他往后要"老实交代"一切。这使他意识到"革命群众"早晚会在自己的书刊、信件、文件中,搜查出"犯罪证据",而随着自己被"定罪",更频繁、破坏性更大的抄家会陆续而来,他实在地感到在劫难逃。[2]语言学家季羡林在"文化大革命"中也被抄

---

[1] Charles E. Scott, "Trauma's Presentation," in Kristen Brown Golden and Bettina G. Bergo eds., *The Trauma Controversy: Philosophical and Interdisciplinary Dialogues*, p. 117.

[2] 巴金:《二十年前》,《无题集》第145—146,香港三联书店香港分店1986年版。

过家,他想到中国古代"瓜蔓抄"的做法,担心那些无辜的亲朋戚友与自己的关系被挖掘出来,跟随着自己倒霉。①巴金的朋友大多也是作家、编辑,他们比巴金更早被关进"牛棚",似乎没有因为他而受到牵连;②巴金心痛的是他的家人因为他而无辜受苦,例如在1966年12月的一次抄家当中,几个中学生翻墙进屋,不但抄走了一些东西,而且狠狠地以铜头皮带打伤了萧珊的眼睛,更不问情由地把巴金和他的家人全关在厕所里面,使他们身心受创。③

巴金在1975年5月,在北京作家协会的小型宴会上说过:

> 在"文化大革命"期间有些人无缘无故把人打死,只是为了"打坏人"。现在知道打死了不少好人,可是已经晚了。④

在"文化大革命"中的学生和"革命群众",并不会对"坏人"流血产生怜悯,他们变得像嗜血的虎狼,任意地残害"坏人";他们并不讲人道主义,甚至把"坏人"折磨致死,造成大量冤案、错案。巴金在"文化大革命"中也被打过,他在"人道主义"中叙述了一次被人追打的事:

> 一九六六年我作为审查对象在作家协会上海分会的厨房里劳动,一个从外面来的初中学生拿一根鞭子抽打我,要我把他带到我家里去。我知道要是我听他的话,全家就会大祸临头。他鞭打,我不能反抗(不准反抗!),只有拼命奔逃。他并不知道我是干什么的,只听人说我是"坏人",就不把我当人看待。他追我逃,进进出出,的确是一场绝望的挣扎……我还记得他恶狠狠地对"造反派"说:"对这些坏人就是不能讲人道!"⑤

---

① 季羡林:《牛棚杂忆》第62页,中共中央党校出版社1998年版。
② 巴金于"文化大革命"开展初期,以中国作家代表团副团长的身份,在北京、汉口、上海等地出席亚非作家紧急会议,他1966年8月把宾客送走后,返回中国作家协会上海分会报到,才被关进"牛棚",见巴金《"紧箍咒"》,《无题集》第30页。
③ 巴金:《纪念》,《无题集》第103页。
④ 巴金:《人道主义》,《无题集》第22页。
⑤ 同上书,第23—24。

巴金说自己是一个"身经百斗"的"牛鬼",在"文化大革命"中,任何人都可以揪住他批斗,但是他对第一次全市性的批斗大会和电视批斗大会的印象特别深刻,因为它们对他来说都是从未经历过的事。该两次批斗大会都在上海杂技场举行,他在往返会场的途中,看见不少批判自己的大字标语,预料到自己在批斗大会中凶多吉少;杂技场的舞台是圆形的,巴金在舞台上接受批斗,就像被四面八方的拳头围攻着,承受着巨大的心理压力;他每次都是被几名大汉拖进会场,又要全盘接受强加在自己身上的各种"罪名",更不可以进行辩驳,他低头弯腰记下批斗的内容,加上台下一片"打倒巴金"的喊声,使他头昏眼花、思想混乱,在批斗大会上讲话吞吞吐吐,表现得极为狼狈。①无休止的批斗,使巴金面对无止境的侮辱和人身攻击,他彻底否定了自己,带给自己极为严重的精神折磨,而当他听闻朋友们在批斗会上挨打、受辱,甚至在批斗会后失踪、自杀,使他陷入精神崩溃的边缘,在穷途末路之际,终止当前压迫的办法就只有自杀。但是巴金知道自杀在当时是被视为"自绝于人民"的"反革命"行为,其妻儿会因此而承受更大的压力,背上更严重的"罪名"。②巴金不愿妻子和儿女吃下自己种的苦果,最终不能不打消自杀的念头,硬着头皮继续忍受各种人身攻击。③

人类拥有非常复杂的头脑和强大的记忆力,使我们成为最有智慧的生物,同时也使我们极难排除心理创伤带来的后遗症。心理创伤不但使人产生创伤记忆,长久地依附着人的心灵;而且,心理创伤使人的记忆模式产生变化,造成不断回忆创伤事件、无法忘掉创伤记忆的极端状况。因此,曾经经历心理创伤的人,会出现幻觉重现、噩梦、行为重演(reenactment)等后遗症。而有些患者为了排除上述的后遗症,尝试以滥用药物、酗酒、滥用暴力、疯狂

---

① 巴金:《解剖自己》,《真话集》第131—133页,香港三联书店香港分店1982年版。

② 在"文化大革命"中,自杀被视为"自绝于人民"的"反革命"罪行,如北京大学历史系教授汪篯于自杀后,立即被定为反革命分子,被进一步批斗,见季羡林《牛棚杂忆》第74—75页。

③ 巴金:《再论说真话》,《探索集》第104—105页。

进食、滥交、自残等行为麻醉自己,但往往会发展出其他的生理伤害。①

心理创伤的康复

翻译家杨绛在《干校六记》中屡次指出"最经磨的还是人的血肉之躯",她在"文化大革命"中看见人们被"革命群众"折磨,在他们的身上留下永不磨灭的伤痕,使她十分惊叹,并且感到怜悯。②而人的心灵并不会比肉体耐磨,既然在"文化大革命"中有不少人被残害折磨致死,那么,应该也有不少人承受不住巨大的心理压力而自寻短见,或患上各种精神病。肉体上的折磨会在劫后余生的人的身上,留下伤痕和烙印,人们可以为它们对症下药;但是精神上的折磨在人的心灵上留下的创伤,却不容易被人发现,而且往往被忽略。因此,遭受心理创伤的人几乎是无法痊愈的。

然而,有极少数的患者拥有巨大的勇气和忍耐力,排除可怕的记忆和情感,从心理创伤中康复过来。首先,患者需要处于一个相对安全的境地,避免自己再次受到伤害,及减低心中的恐惧;其次,患者需要发展自己的认知能力,提升自己的决策能力和解难能力,以发展出一套自我舒缓的技能,面对各种压力;而最重要的是,患者要对生活存有希望,以克服一切心理障碍,承受心理创伤带来的痛苦,重新过着正常人的生活。③

巴金在"文化大革命"中的"问题",于1973年7月,由王洪文、马天水、徐景贤、王秀珍、冯国柱、金祖敏落实,"作人民内部矛盾处

---

① Sandra L. Bloom, "An Elephant in the Room: The Impact of Traumatic Stress on Individuals and Groups," pp. 152—154. 而巴金服用的安眠药安定有相当的成瘾性和耐药性,使人对该药产生依赖,见 Helena Vorma, Hannu H. Naukkarinen, Seppo J. Sarna and Kimmo I. Kuoppasalmi, "Predictors of Benzodiazepine Discontinuation in Subjects Manifesting Complicated Dependence," Substance Use & Misuse, 40:4(Jan, 2005), pp. 499—510.
② 杨绛:《干校六记》第7、10页,香港广角镜出版社1981年版。
③ Sandra L. Bloom, "An Elephant in the Room: The Impact of Traumatic Stress on Individuals and Groups," pp. 158—160.

理,不戴反革命帽子,发给生活费"。①因为该个决定只是以口头宣布,并没有书面文件为凭,巴金不能确定那是对他"落实政策",还是另有阴谋,而且他虽然"不戴帽子",但他知道他依然会遭受白眼,不能像一般人那样过正常的生活。他做出试探,表示希望进行翻译工作,"市委书记"想到那个时候没有人会读"黑老K"巴金的作品,更加不会读翻译作品,他的翻译作品并不影响运动的进行,因此批准他进行翻译工作。②巴金在被投闲置散的情况下,先后重译了屠格涅夫(Ivan Sergeyevich Turgenev,1818—1883)的《处女地》(*Virgin Soil*),及翻译了赫尔岑(Aleksandr Ivanovich Herzen,1812—1870)的《往事与随想》(*My Past and Thoughts*),而在"文化大革命"后,巴金于1977年4月被撤销一切指控,从此他不再被任意批斗或抄家,他的人身安全得到初步的保障。③

其次,巴金于"文化大革命"中,逐渐发现"造反派"和"革命群众"做事前后矛盾,露出破绽:

1. 巴金于1961年以韩战为题材,完成短篇小说《团圆》,而小说于1963年被改编为电影《英雄儿女》。④于"文化大革命"中,萧珊在电影院看《英雄儿女》后,兴奋地告诉巴金,他的名字仍然保留于电影中,她认为他的问题应该不太大。巴金相信妻子的话,决心认真地作自我检查,以求尽快解决问题。但过了不久,《团圆》被"造反派"指为渲染战争恐怖、鼓吹和平主义的"反动战争文学",而《英雄儿女》也被禁止公映,巴金也因此而受到批判,他感到恐惧和失望。但是在批判"反动战争文学"的运动后,周恩来总理挑选《英雄儿女》作为反映抗美援

---

① 巴金:《纪念雪峰》,《随想录(第一集)》第161—162页。
② 在"文化大革命"中,巴金被指为"文艺黑线"的"黑老K"。当中"文艺黑线"是指三十年代由瞿秋白等人领导的中国左翼作家联盟,见姜弘:《巴金给了我们什么?》,http://www.aisixiang.com/data/20643.html(2008/9/9)。而"黑老K"是扑克牌中仅次于A的牌,指巴金在"文艺黑线"的影响力仅次于鲁迅,见徐开垒:《巴金传》第579—580页,上海文艺出版社2003年第二版。
③ 徐开垒:《巴金传》第609—622页。
④ 李存光:《百年巴金 生平及文学活动事略》第119页。

朝的好电影,在全国公映;而"造反派"却警告巴金不要因此而"翘尾巴",认为电影还是有问题。巴金感到十分无奈,他表面上听从"造反派"的话,心里却想着"政策"的朝令夕改,令"好人"和"坏人"也无所适从。①

2. "造反派"于1970年初,以"腹地"为"心腹之患的地方",指出巴金曾于1932年写下文章,鼓动青年到国民党心腹之患的"苏区"进行破坏,命令他作出交代。②巴金感到"造反派"的指控非常无稽,以"腹地"为"内地"作出抗辩,但是"造反派"接连的质问,使巴金感到十分厌倦,他不再坚持自己的解释,承认"腹地"为"心腹之患的地方",他因此被严厉地批判,并作出自我检讨。但过了不久,《人民日报》以"内地"为解释,刊出关于"以色列腹地"的消息,巴金抄下报导的内容,留待日后作为抗辩的证据,但是"造反派"从此再没有利用"腹地"来批判巴金。③巴金意识到"造反派"缺乏知识,他们只会断章取义,诬蔑"坏人"。

巴金看出"造反派"和"革命群众"只是一些空壳,他们知识贫乏,并且没有自己的思想,也没有明确的人生目标;他们只知道见风使舵、恃强凌弱。巴金意识到他们只是透过欺压知识分子,来抬高自己的地位,掩饰自己的无知。巴金逐渐回复知识分子应有的理性,寻回失去的独立思考,他不再盲目地相信别人,并以自己的认知、判断,去了解眼前的状况。但是由于他仍然身处"牛棚",被"造反派"和"革命群众"看管着,因此他需要假装顺从,避免他们看出自己的改变,静待能够逃出的机会。

而随着巴金恢复独立思考的能力,他看得出"四人帮"由始至

---

① 巴金:《灌输和宣传(探索之五)》,《探索集》第79—81页。
② 巴金在报刊发表的原文为:"我想我们应该去牺牲的地方也并不是东北的战场,如某一些人所说的,而是中国腹地,是民间,在那里有千千万万的人需要我们底帮助,只有他们才是最痛苦的。"见巴金《"贡献给今日的青年"》,《巴金全集》第18卷第276页,人民文学出版社1993年版。
③ 巴金:《"腹地"》,《巴金全集》第16卷第244页,人民文学出版社1991年版。

终都在说谎,而他们的谎话也"快要破产",因此他即使是在混日子,也要坚持生活下去,他要看到"四人帮"的结局,他要得到解放。①随着"四人帮"被打垮下来,巴金重获自由,他对未来充满理想,他希望运用自己的思考,说自己心里的话,写自己的文章,为祖国工作到生命的最后一息。②

如以上叙述,巴金虽然在人身安全得到初步的保障、在苦难中回复理性的思想、开始对生活抱有希望,但是这些只是他治疗心理创伤最基本的条件。面对未来的挑战、政治的变数、内在的心理压力,巴金的康复之路是荆棘满途的,因此,他需要寻求更高层次的安全感、继续发展自己的独立思考、提升自己对生活的希望,以逐渐减轻心理创伤对他构成的影响。

巴金对安全感的寻求

巴金由开始写作到"文化大革命"爆发,当了四十多年作家,他从来没有丢下自己的笔,写作就是他的职业。在"文化大革命"期间,他被"'四人帮'及其爪牙"赶出了文坛,被"打翻在地,踏上一脚",甚至叫他"永世不得翻身"。③的确,禁止一个当了大半世作家的人写作,与拿掉他的性命无异,除此之外,巴金还要接受无止境的批斗和抄家,他的人身实在毫无安全感。

而在"文化大革命"以后,巴金回复了人身自由。为了提升自己的安全感,他需要认清过往令他受到伤害的事件的本质,从而预防自己再次受到伤害。巴金借用邓朴方的讲话,指出林彪和"四人帮"奉行的是"披上'革命'外衣的封建主义",而在"文化大革命"中"产生大量非人道的残酷行为",是源于"披着'左'的外衣的宗教狂热"。④巴金

---

① 巴金:《十年一梦》,《真话集》第54—55页。
② 巴金:《怀念萧珊》,《随想录(第一集)》第32页。
③ 巴金:《春蚕》,《探索集》第55页。
④ 邓朴方于中国残疾人福利基金会全体工作人员会议上指出:"'文化大革命'搞的就是以'民主'为先导的封建主义,是宗教狂热。大量的非人道的残酷行为就是在那时产生的。"见巴金《人道主义》第22—25页。

知道"文化大革命"一旦再次爆发,并不只意味着自己再次被赶出文坛,或是自己的生命安全遇上更大的威胁,他严正地指出:

> 绝不让我们国家再发生一次"文革",因为第二次的灾难,就会使我们民族彻底毁灭。①

十年的"文化大革命"已几乎将传统中国文化完全革掉,在国家休养生息之际再承受一次灾难,本已破烂不堪的传统文化必将灰飞烟灭,而所有中国人民则会沦为没有灵魂的躯壳。因此,巴金在《随想录》中揭露产生"文化大革命"的原因,揭发需要为"文化大革命"负责的人物,一再让人们认清灾难的真相,竭力防止灾难再次发生。

其次,当一个成名的作家不能预见其文学的未来,整个文艺创作事业便会显得一片模糊。然而在"文化大革命"后,文艺创作的氛围仍然是阴晴不定,巴金的创作也屡受影响。②巴金视写作如生命般珍贵,他希望自己以至全国作家的写作生活得到保障。巴金指出创作自由是创作繁荣的必要条件,使作家充分运用自己的思想,写出艺术性更高的作品。他以中国作家协会主席的身份,带领全国作家积极争取创作自由,他引用演员赵丹的遗言——《管得太具体,文艺没希望》——说出自己对文艺事业的看法,并要求主管文艺创作的机构尊重作家的创作自由。③终于,他的努力没有白费,在一九八五年一月举行的中国作家协会第四届理事会第一次会议中,胡启立代表中共中央提出给予中国作家创作自由的保证,从此,作家们便可以安心地进行创作。④

---

① 巴金:《"文革"博物馆》,《无题集》第 134 页。
② 例如巴金于一九八一年七月完成《怀念鲁迅先生》,寄往《大公报》发表,但是《大公报》的编者趁着潘际坰在北京度假,把文章中与"文化大革命"有关的字句大幅删除,巴金知悉后十分愤怒,于随后的《鹰的歌》开天窗以示抗议,见巴金《鹰的歌(存目)》,《真话集》第 74 页。而删节事件的始末及《鹰的歌》全文,见巴金《鹰的歌》,《随想录》第 294—297 页,作家出版社 2009 年版。
③ 巴金:《没什么可怕的了》,《探索集》第 121 页。
④ 巴金:《创作自由》,《无题集》第 36—39 页。

巴金独立思考的发展

巴金在青年时代信奉无政府主义,强调发展个人的理性,以独立思考解决问题。①但是在"文化大革命"初期,巴金在"造反派"和"革命群众"的威吓下,完全放弃独立思考,无条件地接受别人灌输给自己的思想,彻底地否定了自己。而巴金透过上述的"《英雄儿女》"和"腹地"等事件,发现了"造反派"和"革命群众"的破绽,慢慢地恢复部分的独立思考,摆脱"造反派"和"革命群众"的思考模式。

季羡林在"文化大革命"中的处境与巴金相似,他在"牛棚"生活了一段长时间,脑筋变得愈来愈糊涂,心情也愈来愈麻木,对于好坏、善恶、美丑,失去判断力,而对于别人的恶意批评也不以为然。②巴金在"文化大革命"中显然是一个受害者,他却不像其他人一样,把责任完全归咎于林彪和"四人帮"集团,他反而运用独立思考,指出不能单单责怪林彪和"四人帮"集团,他认为自己对于"文化大革命"也有责任:若果自己当时不是丧失了独立思考,盲目地相信别人,林彪和"四人帮"的集团便未必能够肆意地滥用权力,残害知识分子。③

巴金把独立思考延伸到朋友方面,他虽然在"文化大革命"中没有批判别人的资格,但他也没有想办法帮助朋友,他知道自己"负了一大笔友情的债",对于亡友的含冤受屈有着不能推卸的责任。他要思考出亲友们死亡的真实和具体的情况,替他们洗雪沉冤,"让更多的人记住他们",学习他们:④

---

① 巴金于1920年阅读克鲁泡特金(Pyotr Alexeyevich Kropotkin,1842—1921)的《告少年》(*An Appeal to the Young*),对无政府主义有了初步的认识,见巴金《我的幼年》,《巴金文集》第10卷第7—8页,香港南国出版社1970年版;而无政府主义主张废除政治管理机构,组织提倡绝对自由的个体,为了他们的共同利益,建立地方团体,以充分发展个人的理性,见Ian Adams and R. W. Dyson, Fifty Major Political Thinkers (London: Routledge, 2003), pp. 151—154.
② 季羡林:《牛棚杂忆》第176—177页。
③ 巴金:《一颗核桃的喜剧》,《随想录(第一集)》第62页。
④ 巴金:《〈怀念集〉序》,《真话集》第74—75页。

1. 巴金于1935年与黎烈文成为朋友,他们都尊重鲁迅。抗日战争后黎烈文到了台湾大学教课,但是在"文化大革命"中,他在鲁迅的文选中被评为"反动文人"。而即使在"文化大革命"完结以后,替一个长期在台湾生活的人恢复名誉的手续,是没有人会办的。故此巴金运用独立思考,以个人的经验作为判断是非的标准,于《怀念烈文》中记述黎烈文"埋头写作,不求闻达"的一生,指出黎烈文在台湾没有放弃写作,更令当地的文化界人士获益良多。[①]结果,虽然黎烈文没有被官方正式平反,但是于1981年由北京人民文学出版社出版的《鲁迅全集》中,关于其注释上的"反动文人"的字句被全部删除,可见巴金的独立思考并没有出错,而他的文章也发挥了影响力。[②]

2. 胡风作为"胡风反革命集团"的主脑,于1955年5月被关押在秦城监狱。在"文化大革命"后,胡风于1979年1月4日被释放。而中共中央先后于1980年9月及1985年6月,为胡风作出平反,但是那些平反并不彻底。[③]巴金相信胡风并不会因此而"心安理得",他要作一番努力补偿过去对亡友的损害。故此,巴金再次运用独立思考,他在《怀念胡风》中指出,他看不出胡风的文艺思想和主张有什么大不对,也看不出胡风与其他同志的结合有什么问题。[④]最终,中共中央政治局常委会于1988年6月,通过《中央办公厅关于为胡风同志进一步平反的补充通知》,对胡风作出彻底的平反。[⑤]

巴金把独立思考推展到社会层面,倡议人们把责任放在个人欲望之上,为自己的所作所为负责。他针对社会上的黄金热潮,批

---

① 巴金:《怀念烈文》,《探索集》第59—69页。
② 鲁迅:《鲁迅全集》第5卷第6页,第12卷第153页,第15卷第573页,人民文学出版社1981年版。
③ 经过两次平反后,中共仍然保留对胡风的《文艺思想和主张错误》和《小集团》的指控,见梅志《胡风传》第640—647、734—736、752—755、779—783页,北京十月文艺出版社1998年版。
④ 巴金:《怀念胡风》,《无题集》第191—197页。
⑤ 梅志:《胡风传》第785—786页。

评贩卖假货、坏货的商人,指他们损公肥私、祸国殃民。他指出每个人都是社会的一分子,有责任建设社会和国家。他希望人们"把个人的生命连系在群体的生命上面","把人民和国家的位置放在个人之上",抵挡住黄金热潮的诱惑,不要被热潮冲倒,要有为理想献身的精神,追求集体的幸福和繁荣。①

巴金更把独立思考推展到国家的层面,鼓励国家领导人把道德放在政治之上,使人民重新成为所有社会活动的着眼点。他同意邓朴方的"我们的事业是人道主义的事业"的说法,希望国家领导人重视人的价值,关注人民的利益。巴金指出不要因为资产阶级曾经使用人道主义反对宗教统治和帝制统治,就盲目地为了批判资本主义而反对人道主义。他提醒人们吸取教训,不要重蹈"文革"那些非人道行为的覆辙,使本来可以继续为国家创造精神财富的作家无辜死去,使国家和人民蒙受难以计量的损失。②

巴金在"文化大革命"后重新拥有独立思考,他的独立思考并以抑制反弹效应的方式,达到前所未有的高度。③他不会盲目相信别人,反而会不断寻求真理,建立一套自己的价值系统,以作出更理性、更准确的判断,解决眼前的问题。

巴金对生活的盼望

经历十年的"文化大革命"后,目睹"四人帮"垮台的巴金,对中国的未来充满信心。巴金在1979年5月访问法国,他遇见了大量的法国朋友,他感到他们关心中国的近况,并且勤奋地学习中国语文和研究中国文学,希望了解近代中国人民的遭遇。④如哈维尔

---

① 巴金:《"寻找理想"》,《无题集》第57—60页。
② 巴金:《人道主义》,第22—25页。
③ 后抑制反弹效应是指当人的思维被压抑时,它们会在其后以一种更强势的方式回归,见Daniel M. Wegner, David J. Schneider, Samuel R. Carter and Teri L. White, "Paradoxical Effects of Thought Suppression," Journal of Personality and Social Psychology, 53:1 (July, 1987), pp. 11—12.
④ 巴金:《在尼斯》,《随想录(第一集)》第96页。

（Václav Havel，1936—2011）所说，来自西方拥有自由思想的知识分子，对捷克的持不同政见者的关心和支持，减轻了那些持不同政见者心中的恐惧，使他们脱离困惑的状况，对未来抱有更大的希望。[1]朋友们对中国的深厚情谊，使巴金意识到自己作为中国人，更应该义无反顾地顾念自己的祖国和人民，努力建设新的中国，使人们看到中国更好的一面。

但是随着年月过去，巴金日渐衰老，工作能力逐渐减退，显得力不从心。然而，青年是国家和人民的希望，巴金能够把自己的理想，寄托在拥有无限精力的青年身上。他相信青年人有充沛的觉悟力、勇气和决心，建设国家的未来，因此，他非常重视青年人的培养：巴金观察到外孙女小端端的功课量很大，但她的学习进度并不理想，更要面对来自功课和考试的巨大压力，巴金指出"灌输和责骂"只会令孩子变得唯唯诺诺，而且对建设国家的未来并没有帮助。他促请国家推动教育改革，办好每所学校、培训好每位老师，以"'启发'和'诱导'"培养孩子，使孩子们成长后运用灵活的思考，对国家的未来作出贡献，未来的社会才会有希望。[2]

而巴金把文学事业发展的希望，放在中、青年作家的身上。作为中国作家协会主席，巴金对于在1985年1月举行的中国作家协会第四届理事会第一次会议中，刘宾雁、王蒙等"革新派"作家当选中国作家协会副主席，感到十分鼓舞。巴金指出年轻作家以高票当选作家协会副主席，是"艺术民主"的表现，可以使文学容纳不同意见、不同风格的作品，吸引不同年龄、不同阶层的读者，使作家和读者产生互动，相辅相成，创造出更多样化的作品。巴金希望中、青年作家创造出更多、更优秀、更多元化的文学作品，迎接真正的"中国文学的黄金时代"。[3]

即使"文化大革命"使巴金失掉至亲、心灵受创，巴金仍然热爱

---

[1] Václav Havel, trans. E. Kohák and R. Scruton, "Politics and Conscience," in Jan Vladislav eds., Living in Truth (London: Faber and Faber Limited, 1987), p. 148.

[2] 巴金：《小端端》，《真话集》第77—79页。

[3] 巴金：《"创作自由"》，《无题集》第36—39页。

祖国,对中国的前途充满信心,对自己的工作和生活抱有希望和理想。而正因为巴金有这样远大的目光,对生活有崇高的理想,所以他能够忍受痛苦,舒缓自己的心理创伤。他更积极鼓励年轻人,勉励他们抱着信心、怀着目标,一同去建设更美好的未来。

小　结

巴金从其创作生涯领悟出,生活是"艺术创作的源泉,而且是唯一的源泉",作家会把自己在生活中的所见所闻写在作品中,而"离开了生活总不会有好作品"。[①]换句话说,读者可以从文学作品中,体现作家的物质生活,也可以进一步地窥探作家写作时的精神状态。的确,读者可以从巴金于建国前所写的小说,透视巴金青年时代于大家庭的生活,也可以体现他于抗战及内战时期,颠沛流离的境况;从巴金建国后撰写的小说、散文、报告文学,我们可以观察他采访不同国家时的所见所闻;而从《随想录》中,我们则可以窥探巴金晚年的生活,从而走进他的内心世界。

在"文化大革命"中,作家不再是一份崇高的职业,作家们全都变成"牛鬼蛇神",他们固然不能写作,更要面对无止境的屈辱、嘲弄、折磨、毒打,身心都受到极为严重的创伤。巴金作为"资产阶级反动权威"和"黑老K",在"文化大革命"中承受极不人道的遭遇,继而造成严重的心理创伤。虽然心理创伤不易被察觉得到,但是读者从《随想录》中,可以发现巴金在"文化大革命"后,患有幻觉重现和做噩梦的心理创伤后遗症,也需要服用安眠药帮助入睡,可见他从"文化大革命"革的经历中,所造成的心理创伤并不轻微。而幸运地,在"文化大革命"后期,巴金的人身安全得到初步的保障,他逐渐回复理性的思想,并开始对生活抱有希望,成为他治疗心理创伤的三项基本条件。

巴金并不是心理学家,也不懂得心理治疗的理论,他最初撰写《随想录》的时候,也许只是尝试压抑内心的恐惧,抒发自己真实的

---

① 巴金:《文学的作用》,《随想录(第一集)》第48页。

思想。巴金透过《随想录》揭露"文化大革命"的本质,遏制灾难再次发生,以获取更高层次的安全感;巴金并不屈服于政治上的压力和心灵上的伤痛,他运用独立思考解决自己、亡友,以及社会的问题,舒缓来自各方面的压力;他倡议落实教育改革,把国家的希望放在青年人身上,又鼓励中、青年作家推动文学事业发展,提升自己对未来生活的希望。当巴金写下一篇篇随想,心理创伤对他的影响逐渐消减,他的感觉愈益良好,他决定"要继续写下去","写出不是一本,而是几本《随想录》",与心中的恐惧做长期战斗,直到它完全消失为止。[①]

但是,当巴金患上帕金森症,写作速度极其缓慢的时候,他大概不是单纯为了兑现自己的承诺,坚持每天书写一、二百字,勉力完成一百五十篇随想。他曾经指出写作是为了"找寻一条救人、救世、也救自己的道路",他写作不只是为了自己,他始终承担着知识分子救国救民的责任。[②]巴金知道有千千万万的人在"文化大革命"中遭受灾劫,受到心理创伤的后遗症折磨,承受着巨大的心理压力,忍受着剧烈的伤痛而无处宣泄。他真切地感受到那些后遗症的可怕,因此,他从撰写《随想录》的过程中,无意中获得治疗心理创伤的良方的时候,他希望继续撰写《随想录》,除了做出自我治疗外,更希望读者们能在阅读《随想录》的时候,建立自己的独立思考及对未来生活的希望,借以舒缓心中的郁结,逐渐脱离心理创伤的苦海。

(作者系香港理工大学研究生)

---

① 巴金:《把心交给读者》,《随想录(第一集)》第51页。
② 巴金:《再谈探索》,《探索集》第38页。

刘灵昕

《寒夜》篇名符号的修辞解读

——从语篇命名到语篇修辞建构

《寒夜》是巴金创作于20世纪40年代抗战时期的一部中篇小说,这部小说集中体现了巴金的创作开始由对过去的痛苦回忆和将来的热烈憧憬转向对现实的真切关注。作品更多地呈现出沉郁哀痛的创作格调,描写了小职员汪文宣一家的不幸命运。"寒夜"既是小说的篇名,同时也是贯穿文本的主题词,作者通过构建"寒夜"之下一个小人物的遭遇,传达了自己鲜明的政治倾向和自觉的创作意图。《寒夜》是巴金创作风格从热情激昂转向沉着冷静之后的成熟之作,本文将在广义修辞学的视角下,以"寒夜"为修辞元素,探析其作为小说语篇命名的文本语义、在文本修辞建构上所承担的重要功能及其作为篇名符号的文化内涵。

一 "寒夜":作为语篇命名

《论语·子路》曰:名不正,则言不顺。如果一个篇名不能很好地统摄全文,甚至脱离语篇内容,那就不能算是一个好的篇名。小说篇名应该是文本的概括化和符号化,最大程度地揭示文本的主要内容,是把握文本深层内容的第一个也是极其重要的一个台阶,作为小说的名字,"它往往包含着对整部小说来讲最为重要的信息,并以最凝练的形式把这些信息传达给读者,引领读者准确地理解作品,正确地评价人物。题目的这种特殊地位和关键作用,使它

本文作者在第十一届巴金学术研讨会上发言

常常被小说家用来强化作品的象征性。"①巴金的创作一直以来有一个特点,就是善以篇名影射文本内容、吸引读者眼球,如《灭亡》、《春天里的秋天》、《憩园》等,贴切的篇名往往是作者对小说的基本定位,暗示着小说的创作主旨,把最具价值的信息传递给读者,让读者能够通过篇名窥探作者创作的修辞意图。《寒夜》也不例外。"寒夜"作为小说的篇名,不仅指称了小说,而且也概括了小说的主要内容。要把握篇名符号的修辞内涵,就必须先了解"寒夜"这一篇名符号具体的概念义和理性义。

所谓概念认知,是人类认识世界的普遍的、基本的方式,为认知主体提供对象世界的符号性表征,是形成主体认知经验的前提。②从语言符号的意义表达上看,词是承载意义最基本的单位,用它可以对现实现象进行基本的分类、定名,在此基础上,才有句义、段落、篇章义的表达。具体考察"寒夜"的词汇语义,由于在词典中

① 李建军:《小说修辞研究》第243页,中国人民大学出版社2003年版。
② 谭学纯:《语言教育:概念认知和修辞认知》,《语言教学与研究》2005年第5期,第49—54页。

无法找到关于"寒夜"一词的具体词义,那么文本采用词的拆分和组合的方法去分析词义。在《现代汉语词典》中有如下定义:

寒:1.冷(跟"暑"相对);

2.害怕、畏惧;

3.穷困;

4.(名)姓。①

夜:1.从天黑到天亮的一段时间(跟"日、昼"相对);

2.(量)用于计算夜;

3.(名)姓。②

从这两个单纯词的词典释义,可以对"寒夜"一词下定义:1.寒冷的夜晚,此处标记为"寒夜"$_1$。"寒夜"首先对应的气候状况和时间状态是寒冷、夜晚,作为一个偏正性名词词组,用"寒"对"夜"进行限制,揭示"夜"的气候和氛围:这不是一个夏季的夜晚或是一个欢乐的夜晚,而是一个寒冷、困顿的夜晚。

根据以上词典释义,依照大多数人的先在经验,从"寒夜"一词的心理反应可以归纳出的特点有:

1.理性意义上与白昼相反的时间概念;

2.环境上的幽暗、凄清;

3.感官上的寒冷、灰黑;

4.情绪上的寂寥、落寞。

这些特点既是篇名传达给读者最直接的话语信息,也是作者根据大多数人的先在经验埋下的阅读预设:

首先,预设了小说的阅读氛围。文本叙述的并不是一个明亮欢快、积极向上的故事,而是一个寒冷凄清的悲剧故事,小说一开始就是一个空袭的夜晚,人们的心情惊慌失措、阴郁恐惧,汪文宣在躲过了空袭之"寒夜"后,还要回家面对家庭之"寒夜",他的心情一直在从失望到希望再到失望的矛盾挣扎中循环往复,这个循环贯穿文本始终,而笼罩在人们头顶的惊慌失措、阴郁恐惧的情绪,

---

① 《现代汉语词典(第6版)》第510页,商务印书馆2014年版。
② 同上书,第1520页。

也若隐若现地弥漫着整个文本直到结束。

　　其次，预设了小说人物的生存环境。小说主要人物身处艰难的环境之中，物质和精神双重贫乏，生活举步维艰：于汪文宣，肺病的折磨、事业的挫败、重压于母亲和妻子之间的夹缝中，三重"寒夜"，重重压迫，共同构成了其人生之极寒；于曾树生，正值大好时光，事业欣欣向上，社交生活丰富多彩，却被家庭束缚着身心，家庭外是一片光明，家庭内是无尽"寒夜"，应该冲出家庭还是留守家庭？于汪母，生活的拮据，孱弱的儿子，"不守妇道"的儿媳妇，不甘于此的生活期望让她迁怒于曾树生，时时点燃家庭战火，让三人陷入家庭之"寒夜"。

　　最后，预设了小说的修辞意蕴。"寒夜"除了指理性意义上的时空环境以外，还是小说主人公精神状态的真实写照，更指向了故事所处的大背景——抗战胜利前后国民党统治的大后方，蕴含着暗示整部小说的悲剧主旨的深刻内涵。"寒夜"作为篇名符号，是整部小说悲剧意蕴的起点，它向读者传达出的修辞信息使读者在阅读之前对文本有了一定的心理预设，并在阅读过程中追寻更深层次的修辞意蕴。

二　"寒夜"：从家庭到社会的修辞建构

　　巴金在《寒夜》的创作伊始，就实现了小说的基本定位，通过"寒夜"这一篇名符号影射全文，建构了以"寒夜"为基本语境的小说文本，凸显了作品的创作主题。小说从主人公汪文宣躲避空袭的一个夜晚展开：

　　　　"紧急警报发出后快半点钟了，天空里隐隐约约地响着飞机的声音，街上很静，没有一点亮光。……天色灰黑，像一块褪色的黑布，……夜的寒气却渐渐地透过他那件单薄的夹袍，他的身子忽然微微抖了一下。这时他才埋下他的头。他痛苦地吐了一口气。他低声对自己说：'我不能再这样做！'

　　　　……在他周围仍然是那并不十分浓的黑暗。寒气不住地刺他的背脊。他打了一个冷噤。……"

开篇的场景就是发生在"寒夜"₁中,作者反复渲染夜的灰黑和空气的寒冷,而汪文宣此刻的心情也与其所处的"寒夜"₁氛围一致:情绪郁闷低落,犹疑徘徊。寒冷的夜晚,是篇名传达给读者最直接的语篇信息,故事的发生、发展与"寒夜"₁这一时间、环境关系密切,也可以说,小说故事始于"寒夜"₁,也终于"寒夜"₁:

  她又打了一个冷噤。<u>她好像突然落进了冰窖里似的,浑身发冷。</u>……今天她却立在寒夜的地摊前,听这些陌生人的诉苦。……
  ……只是走在这条<u>阴暗的街上</u>,她忽然起了一种奇怪的感觉,她不时掉头朝街的两旁看,她耽心那摇颤的电石灯光会<u>被寒风吹灭</u>。<u>夜的确太冷了</u>。她需要温暖。

"寒夜"作为文本主题词,在小说中不仅仅局限于"寒夜"₁这个理性义,更进入了修辞认知层面,具有了一定的修辞义。它在文本中不仅表明故事发生的时空背景,更推动了故事的发展。小说采用男女主人公变换交叉的叙述视角,并以大量的心理独白来呈现人物的内心世界。在表现人物心理的过程中,"寒夜"的语义从我们所熟知的日常话语系统偏离,常人对昼夜、冷暖的感官体验,转化为小说人物对生存状态的精神体验。故事主要围绕汪家展开,汪文宣、曾树生、汪母作为小说的主要人物,三人之间的关系交错发展,成为推动文本叙事的主线。生活在同一个屋檐下的三个人,各自经历着自己的人生"寒夜"。"寒夜"成了一个鲜明的意象符号,是小说主要人物的生存隐喻,具有鲜明的悲剧指向。

生存隐喻下的"寒夜"所指意义分析:

	物质状态之"寒夜"	精神状态之"寒夜"
汪文宣	身体孱弱,事业受挫,经济穷困	受压于母亲和妻子的夹缝中
曾树生	家庭经济负担	家庭束缚,婆媳关系紧张
汪 母	经济穷困	对儿媳充满敌意,婆媳关系紧张

  此处将物质状态之"寒夜"标记为"寒夜"₂,精神状态之"寒

夜"标记为"寒夜"$_3$,这两种状态作为主人公的生存境况,紧扣着小说篇名,贯穿文本始终。如果说"寒夜"$_2$意指贫穷、困顿的生存状况,与"寒"的词典义还有一定关联;那么,"寒夜"$_3$在文学文本中就超出了词典理性义,具有深层的比喻义:精神上的困顿、折磨、无望之境。文本始终紧扣"寒夜"这一篇名符号,在"寒夜"$_1$这一时空背景下推动汪家故事前进的同时,更实现了由家庭之"寒夜"到社会之"寒夜"的深层修辞建构。

1. 与三个人生之"寒夜"同构的家庭之"寒夜"

小说围绕着汪文宣一家,在一次家庭争吵中展开,汪文宣与妻子曾树生的争吵导致曾树生离家出走,母亲暗中对儿媳妇的出走感到高兴,儿子小宣对家人、家事毫不关心,汪文宣在内心希望母亲、儿子帮自己出主意请妻子回家,但却又很快否定了自己的这种希望,泄了气的汪文宣进而对整个家庭感到心寒:

"<u>我这是一个怎样的家呵</u>!没有人真正关心到我!个人只顾自己。谁都不肯让步!"

在中国传统文化经验中,"家"是一个极具象征意义的文化符号,家庭情义体现了最深入人心的世俗关怀,常言道:"家是温暖的港湾。"这句话已经耳熟能详并得到了广泛的认同。但是小说中的"家"透出的情感却可以说是温暖的反义词。从表层看"家"的模样:

"……屋子里这晚上显得比往日空阔,零乱。电灯光也比往常更带昏黄色。<u>一股寒气扑上他的脸来,寒气中还夹杂着煤臭和别的窒息人的臭气。</u>……"

家庭所处环境是如此的阴晦,相对于自然语义的"寒夜"$_1$,这是一个室内的"寒夜"、人为营造的"寒夜",标记为"寒夜"$_{1A}$。"空阔"的原因是往常的四口之家,如今只剩下汪文宣和汪母两个人默默相对无言,沉默给人的窒息感在寒冷的空气中弥漫开,显得整个家庭环境更加寂寥、凄清。当汪文宣在"寒夜"$_1$的街上走着的时候,他的内心在如何解决这场家庭纷争的思考中犹疑、徘徊,但他心中还抱着或许到家就能看到妻子和母亲一起回家的希望在"寒夜"₁中前进;然而当他推开家门,深知希望已经破灭了,门里狭小、阴暗的空间这时候就变成了"寒夜"₁ₐ,更将汪文宣带入了"寒夜"₃,他要在"寒夜"₁ₐ中度过漫漫难捱的时间,即使窗外天明取代了"寒夜"₁,他还是身处在"寒夜"₁ₐ和"寒夜"₃之中。小说的许多章节都是在家庭环境的描写中展开:

他回到家。<u>大门里像是一个黑洞</u>,今天又轮着这一区停电,……

他们走到大门口,<u>他看见那个大黑洞</u>,就皱起眉头,踌躇着补进去。……

不仅汪文宣,曾树生对于处在这样的家庭环境中,也同样有如身处"寒夜"₁ₐ和"寒夜"₃之感:

蜡烛点燃后只发出摇曳的微光。满屋子都是黑影。……她自语般地说:"我就怕黑暗,怕冷静,怕寂寞。"

……<u>她觉得夜的寒气透过木板从四面八方袭来</u>,她打了一个冷噤。她无目的地望着电灯泡。灯泡的颜色惨淡的红丝暖不了她的心。

在人们认知经验世界中是温暖的港湾的"家",在小说中变成一个"黑洞",吞噬着家中人们的心灵,腐蚀着他们的灵魂,让他们痛苦不堪,更加疏离。小说主要人物都身处在家中,故事情节以家为主要场景展开,随着小说叙事的发展,家所代表的温暖、依靠的情感认知经验逐渐被消解,取而代之的是阴晦、寒寂的冷色调叙事,表现了一个吞噬心灵、疏远距离、无所依靠的"寒夜"₁ₐ,这里的"寒夜"₁ₐ喻指困住人的地狱,汪文宣身处其中不仅仅忍受着物质贫寒带来的男性尊严的倒塌,更经历了精神上犹如困斗之兽的生死挣扎,他在物质和精神的双重严寒的侵袭过后,最终走向了死亡,彻底失去了迎接光明的希望。

汪文宣、曾树生、汪母作为小说的主要人物,三人之间的关系交错发展,是推动文本叙事的主线。三人同时经历着各自的人生之"寒夜",三个人生之"寒夜"又共同交织成一个家庭之"寒夜"。

"寒夜"在语篇中层层嵌套,这一修辞言说最终指向的是故事结局的悲剧性生成,而构成这个悲剧性结局的主要动因就是三人之间的交错矛盾关系。

《寒夜》的文本叙事是在两组对立关系的矛盾冲突交错中完成的。小说的叙述视角并不是固定不变的,而是让汪文宣、曾树生夫妻二人轮流进行叙述。这样的叙述视角的选择一定程度上弱化了文本的故事性,当汪文宣担当叙述者时,情节进展缓慢,不断地重复叙写他内心的痛苦挣扎、情感天平的矛盾斗争、明知无望的希望等等复杂状态,以此强调他所处"寒夜"$_3$的状态。而曾树生这个相对较为次要的叙述者的设置,则有力地推动了矛盾的激化,加速了情节的发展。在汪文宣和曾树生的不同叙述视角下,必然产生不同的心理状态和情感矛盾,这就共同构成了二人与汪母之间交错的三角关系。

《寒夜》所表现的故事可以概括为三个主要情节:
1. 汪母守住儿子和孙子,抛弃儿媳妇;
2. 汪文宣想同时守住妻子和母亲;
3. 曾树生抛弃家庭出走,守住自己的幸福。

三个人之间的相互关系可以说是呈现出一个互动循环的三角关系:

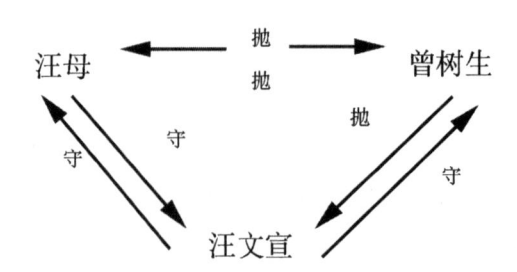

```
        抛
汪母 ←——————→ 曾树生
    ↖  抛    ↗
     ↖ 抛   ↗
    守 ↖   ↗ 守
        ↘↙
       汪文宣
```

汪文宣力图守住母亲和妻子,缓和两人的关系,维持家庭稳定,是一种维护平衡的行为;而汪母想要抛弃儿媳妇,维护属于自己与儿孙三人的家庭,破坏了汪文宣竭力维护的平衡;曾树生与汪母的矛盾,又一次破坏了平衡。三人的关系就在"维护平衡——破坏平衡——企图恢复平衡——再次破坏平衡"的循环中,这个循环作为一种行为符号,在文本修辞中构成故事发展的主线,并预示着故事最终走向"寒夜"的结局:直到汪文宣筋疲力竭,曾树生毅然抛弃家庭出走,这个循环也就随之终止。

在这个循环关系中,汪文宣处于最弱势的下端,同时经历"寒夜"$_1$、"寒夜"$_2$、"寒夜"$_3$,三重寒夜,重重致命。曾树生和汪母表面上看都为了摆脱"寒夜"$_2$、"寒夜"$_3$进行了一系列言语行为。但从故事的结局看,汪文宣病死,"寒夜"依旧没有尽头,黎明不知何时会到来。三人的努力挣扎并没有起作用,甚至曾树生和汪母二人都是加剧汪文宣"寒夜"境况的推手,正是她们的言语行为加剧了矛盾,共同推动汪文宣走向死亡。

2. 家庭之"寒夜"影射出的社会之"寒夜"

巴金的创作并不是要仅仅止于汪文宣一家的悲剧结局,更是要留下言有尽而意无穷的广阔的审美意图和思考空间——是什么导致了汪文宣一家的悲剧?汪文宣一家的悲剧并不是一个个案,而是抗战胜利后国民党统治下的大后方的千百万普通人的悲剧,是整个社会的悲剧,"寒夜"不仅是昼夜更替、四季变换的自然之"寒夜",还是以汪文宣为代表的小人物的家庭之"寒夜",更是广大普通民众所处的水深火热的社会之"寒夜"。

综上所述,我们对"寒夜"的符号学分析如下:

	"寒夜"	所指/意义	客体/对象	结果
概念认知	"寒夜"$_1$	寒冷的夜晚	汪文宣一家	家破人亡
修辞认知	"寒夜"$_{1A}$	家庭的牢笼	汪文宣一家	家破人亡
	"寒夜"$_2$	物质的贫穷	广大普通民众	水深火热
	"寒夜"$_3$	精神的困顿、无望		

小说的典型意义在于从平常的人物事件中揭示出不平常的生活内涵。巴金善于运用"家即社会"的情节典型化原则。在克鲁泡特金等人看来,家庭就是社会的缩影。小说故事所发生的地方正是巴金四十年代所处的大后方政治、文化中心——1944年冬至1945年底的重庆。人们提心吊胆地熬过了敌机的轰炸,等到了来

之不易的抗战胜利,但胜利带来的喜悦却是如此短暂,喜悦过后依旧留下了一片无尽的荒芜和黑暗。巴金亲眼目睹了大批衣不蔽体、食不果腹的难民流离失所,他感到深深的痛苦和煎熬。巴金是善于写家的,《寒夜》描写了一个家庭的故事,一个家庭不幸破碎的故事,它通过一个渺小的读书人的生与死,对社会现实生活做了真实的冷静的描写,细致的病例的解剖。①实现了从家庭之"寒夜"到社会之"寒夜"的深刻修辞建构。

将汪家作为整个社会的代表或缩影来写,从中反映出40年代旧中国的整个社会动态,反映出时代的本质规律。小说所描写的看起来似乎只是普通人物的一些生活琐事,但通过汪家这个最普通的社会细胞的悲剧,深刻揭示出:汪文宣一家所遭受的不幸"寒夜",正是大后方千百万普通人民所遭受的不幸"寒夜";他们的悲剧是战争时代的悲剧、黑暗社会的悲剧,同时也是不健全人格的悲剧。②小说故事发生在国民党统治下黑暗腐败的社会之中,从汪家的"寒夜"能窥见整个社会的"寒夜",汪家的悲剧是整个黑暗社会悲剧的缩影。如果说概念义上的"寒夜"终会随着时间流逝被白昼取代,文本修辞意义上的"寒夜"则漫长无边、不知何时是尽头:

'<u>胜利是他们的胜利,不是我们的胜利</u>。我们没有发过国难财,却倒了胜利楣。早知道,那天真不该参加胜利游行。……'

……她为着什么回来?现在又怀着怎样的心情走出那间屋子?……以后又该怎么样?……她等待着明天。

死的死了,走的走了。<u>就是到了明天,……她能够改变眼前的一切吗?</u>……

曾树生冲出"寒夜"般家的牢笼,待她归来后,家已经破碎了,亲人也已不知所踪,她又流落在了"寒夜"中。抗战的胜利并没有让人们走出"寒夜"、迎来光明,反而让人们重新陷入寒境之中。作

---

① 陈丹晨:《巴金正传》第91页,江苏文艺出版社2010年版。
② 辜也平:《巴金创作综论》第267页,福建教育出版社1997版。

为文本修辞意象的"寒夜"是黑暗、阴冷、沉闷、空寂、凄惨,甚至恐怖的;它是自然之夜,更是社会之夜、人生之夜,生活在"寒夜"中的人物的心境是冷寂、空虚、压抑、忧郁、悲凉,甚至绝望的。它们表里相依,内外相融,铸成了一个超越现实景象和特定时间的"寒夜"。[1]"寒夜"不仅偏离了日常语言的指称功能,使对象由现实的变为审美的;同时,其作为修辞意象背后隐藏的是对抗战胜利的欢庆意味的一种颠覆,作者的创作意图和批判指向由此显露无遗。

三 "寒夜"的文化阐释

具体探究作者选择"寒夜"作为语篇命名的原因,是由于"寒夜"不仅在文本中有多层修辞意蕴,更有其独特的文化内涵。黑夜与白昼的交替,可以说是最早引起人们注意的自然现象。科学发展至今,夜早已褪去了神秘的色彩,昼夜交替是地球在太阳光的照射下因自转运动而形成的一种自然现象,几乎可以说是一种常识。可在远古,夜是一种神秘的象征,对人们来说深不可测。古希腊神话中,黑夜女神尼克斯的形象即为身穿黑衣的妇女,她所位于冥府的居所也是黑云弥漫、阴森寒冷。每当晚星赫斯珀洛斯开道,她便离开冥府,驾驶着战车飞上天空,用夜幕笼罩大地,让世界沉入冷寂。尼克斯古老而强大,连天神宙斯也敬她三分。在人们古老的记忆中,"夜"总是离不开"寒","寒夜"作为一个从古老神话开始的文学传统,在人类的集体记忆中有着十分深刻的内涵,引发了人们诸多的文学想象。德国后期浪漫派诗人艾兴多尔夫的诗歌《夜》中写道:"我在寂静的夜间漫游……阴暗的树林不寒而栗——扰乱了我的一片思绪,我那困惑的歌声在这里,只是犹如睡梦中的一声惊呼。"巴西当代作家梅雷莱斯在其诗中直白地形容"夜"为"寒冷而赤裸,一无所有"。

而"寒夜"作为中国文学史上的一个重要的时间意象符号,有

---

[1] 郭玉森:《选象恰切 寓意深远——品读〈寒夜〉的意境》,《名作欣赏》2008第12期,第71—73页。

着独特的审美价值。中国历史上的文人墨客自古以来就有"伤寒"和"哀夜"的情怀,认为"寒夜"给人以黑暗、萧瑟、寂寥、凄清之感。中国传统文人在凄凄黑夜中哀伤,在零零寒风中悲叹,他们抑或是哀叹人生无常,抑或是哀叹世事反复,抑或是忧诉一己衷情:"天寒悲生风,夜久众星没"、"烟笼寒水月笼沙,夜泊秦淮近酒家"、"夜深经战场,寒月照白骨"、"人散后,月明中。夜寒浓。谢娘愁卧,潘令闲眠,心事无穷"、"寒日萧萧上锁窗,梧桐应恨夜来霜"等等,这类修辞表达的诗词数不胜数。"寒夜"萧瑟寂寥、悲怆情怀的喻义,作为一种审美化的集体无意识已经深深植根于中国人的审美经验系统之中,通过其具有的约定性的语义联想,在潜移默化之中建构着修辞化的世界。①从中国传统文化经验考察"寒夜"的这一层含义,对其作为文本修辞意象的解读、进而发掘文本向我们传达的深层含义有着十分重要的作用。

　　进一步考察作者何以选择"寒夜"作为小说的篇名符号,与中国传统道教文化的影响同样密不可分。道教自古以来就有"寒冰夜庭"的说法,萧齐严东说:"元始天尊说经之时,命召十方无极世界地狱之中、一刻之时、幽夜之中寒冰夜庭、三官九府,一时各部领鬼神、侍卫将从,得出长夜之府,并皆开度,得见光明也。"②这里喻指北方之池极寒冷极黑暗之地,终难见天日。道经中也可以找到"寒夜"这个词,如《无上秘要》卷五四《斋品·谢水官》:"同法某甲九祖父母生存所行元恶丑逆,触犯三河、四海、九江、水帝、十二河源、河伯、河侯、河掾、水府诸灵官,罪结九幽,谪役水官,毕塞长源,幽执寒夜,魂魄苦痛,涂炭备婴,长沦万劫,终天无解。"③这里的"幽执寒夜"即囚禁于地府牢狱之义。因此,"寒夜"就有地牢或地狱曹府这层含义。在《寒夜》文本中,"寒夜"已经偏离了我们所熟知的词典释义,转变为文本修辞义,从公众认知经验中的"寒夜"发展成为临时文本语境中的新"寒夜",指向的是小说主要人物所处的人

---

① 谭学纯、朱玲:《广义修辞学》第188页,安徽教育出版社2001年版。
② 《正统道藏(卷2)》第212页,文物出版社1988年版。
③ 《正统道藏(卷25)》第202页,文物出版社1988年版。

生"寒夜"、家庭之"寒夜"、社会"寒夜",更指向这一系列"寒夜"有如阴曹地府,有如束缚人之牢狱。

巴金创作《寒夜》这篇小说,始于一个寒冷的冬夜,虽然只写了一个渺小的小人物的生与亡,但其中映射出的是传统家庭专制伦理和政治强权给普通人们带来的灾难,"胜利给我们带来希望,又把希望逐渐给我们拿走"。[1]作者没有在结尾加上"黎明",其自述原因为:"那些被不合理的制度摧毁、被生活拖死的人断气时已经没有力气呼叫'黎明'了。"[2]但从广义修辞学的视角看,这样没有"黎明"的"寒夜",更能凸显其作为文本篇名符号在小说文本建构中的修辞价值,使小说隐藏的修辞意蕴更加深刻,并使作者能更好地向读者传达其进行小说文本建构时所指向的深层价值思考。

---

[1] 巴金:《寒夜·后记》,《巴金选集》第6卷第258页,四川人民出版社2009年版。

[2] 同上。

崔亚琴

伦理叙事在巴金1940年代小说中的体现

巴金每一个时代的小说都带有鲜明的历史感,近年来随着人们关注自身意识的加强,1940年代作品如《憩园》、《寒夜》等逐渐受到读者与学界重视。这些作品并非以受社会历史变动造成的曲折情节取胜,文本往往由生活内容构成,通篇充斥着对话、争吵、心理挣扎,较少富于戏剧性的情节描写,人物的语言、神态、心理仅为解释性格服务。可以看出,在继续反封建的职责范围内,巴金在这几部作品中将写人放在第一位,并且把人放在家庭伦理关系中,举重若轻地诉说着人物命运的大起大落。

伦理关系是在人未经选择的前提下被给予的,"从日常存在中的家庭纽带,到制度化存在中的主体间交往,伦理关系展开在生活世界、公共领域、制度结构等不同的社会空间……无论是日常存在,还是制度化存在,作为实然或已然,都具有超越个体的选择一面"。[①]尽管是从封建大家庭中逃逸出来的"逆子",但十九年传统意义上的伦理生活自然会映射到巴金的小说创作中。家族题材是巴金选择的将诸种伦理关系综合呈现的意义空间,他通过个人经历的叙事,将个人的生命感觉加入到变化了的时代环境中,从而提出新的伦理诉求和与之相对的道德意识与文化立场,这无疑是一种启蒙姿态。那么,叙述了怎样的伦理关系以及作者秉承的文化

---

① 杨国荣:《伦理与存在——道德哲学研究》第13—14页,上海人民出版社2002年版。

本文作者在第十一届巴金学术研讨会上发言

精神在文本中如何与之动态地链接是本文将要讨论的重点内容。

一 被入侵的家庭空间

如果考虑到作品的创作时间，以及抗战时期后方普通百姓的生存状况，稍微承认一下秉承"五四"精神的作家向现实主义的回归，从日常生活场景沉入到个人生活空间，进一步上升到人类普遍的生存状况的摹写，那么从作家的时代感与担负社会责任的勇气来看，巴金此时的创作流露出了某种新的文学信息，即对小人物的生存空间的探讨。

早在《秋》中这种叙述已初露端倪，它一改《家》、《春》中为适合自己的理论建立的善恶力量对垒模式，所有感伤化场面都从仅强调两种意识形态冲突的观念层撤离，将争吵作为人物生活的背景，在这里，有三叔克明作为继任家长对顽劣子弟的管教与力不从心，四婶、五婶因个人利益得失与祖父遗孀陈姨太的斤斤计较以及她们由于在正常的夫妻关系中难以得到正常的温情而不断迁怒于佣人、子女的暴戾，最重要的是觉民、淑华兄妹面对行为不端、满怀敌意的长辈时毫不容情地训斥。巴金乐此不疲地写争吵场面,虽然一度加深的伦理道德意味影响了其批判制度的力度,但依夏志清所言,却"得以反映人生真相","巴金也终于走上了小说家的道路"。①这样的构思安排目的是为了突现中心人物觉新,即所有争吵中唯一最终意义上的受害者。他被各怀心思的长辈呼来唤去,上至股票投资、灵柩安葬,下至打牌、送客、劝架、说情等,一方面他疲于应付,另一方面又被弟妹的桀骜不驯所带累,成为所有人的出气筒且不为弟妹理解。巴金这样写决不仅为解释觉新在上两部作品中所奉行的"作揖原则"和"无抵抗主义"进行无谓的事件复制,它引出另一条叙事线索,即觉新逆来顺受性格背后的真实心理叙事。这两条线索共同指向一个方向,即对小人物生存空间问题的探讨。

在封建地主官僚大家族内部,觉新这一房人的平民生活方式早已引起其他人的不满,如觉民兄弟进新式学堂,参加社会活动;瑞珏不雇用奶妈,亲自哺育幼子;觉慧不坐轿,与车夫、门房交朋友,与婢女恋爱以及他的出走行为等发展到《秋》中早已不容于家族内部的尔虞我诈,这些不定期爆发的勾心斗角显然会对力行平民生活方式的觉新这一房人的生存空间形成入侵与挤压。《秋》中两次写到觉新爆发痰病(精神疾病),一次半夜起身独自坐轿,将轿帘上的玻璃灯打破,另一次突然跪倒在姑母面前哭喊着要姑母杀了自己,这都与他平日的温文尔雅不符。极端的情感爆发看似属于生理层,但也是这个庸常人物的生命冲动与抗争,当然这些抗争都是消极与被动的,但它反映的是人对入侵自己生存空间的异己力量的本能反感,同时又是寻求自身位置和生命依托的折射,较深层地揭示了在人物心理层发生的战争及其现实指涉意义。

之后的《憩园》、《寒夜》也秉承这一思路,《憩园》中的姚国栋对续娶的妻子万昭华一切都满意,并昵称其为自己的"第一个宝贝",夫妻二人沉浸在兼具新旧文化气息的浪漫爱情中。万昭华温柔美貌、端庄善良,管理家务也颇为得心应手,她唯一的难题是丈夫前妻遗子小虎的教育问题。这在"憩园"里并不是一个简单的顽

---

① 夏志清:《中国现代小说史》第180页,复旦大学出版社2005年版。

劣子弟自食恶果的故事,它背后有一个入侵势力在作祟,具体到文本中则是小虎的外婆赵家。赵外婆以怜惜过世女儿留下的独子、怕其受后母虐待为由时常派人接小虎到家中玩耍,小虎则在溺爱中整日赌钱、看戏、摆阔、逃学,养成了暴劣、刁横的脾气,并在外婆一家的教唆下处处与后母为敌。姚国栋碍于赵家的情面与财势并不以为然,认为小孩子会玩耍才更聪明,而且祖传的家产也供得起孩子玩耍,他自负地说"年纪小的人都是这样,大了就会改的"[①]对于妻子的难处他心知肚明却也爱莫能助,总以"赵家比我更爱小虎","有钱人的脾气真古怪"来掩盖内心的焦虑。赵家吸引小虎的不外乎对金钱的挥霍与个人享乐,尽管文本中赵家并未正面出场,但其强横无赖作风已让读者窥豹一斑。赵老太太对小虎的溺爱表面看来是一种畸变的亲子之爱由女儿向外孙的转嫁与补偿,但隐藏于其后的却是社会转型过程中残余的封建官僚门第观念和新兴的资产阶级拜金主义对刚刚建立的新式家庭的联合入侵,还有就是资本主义金钱至上制对人心灵的钝化与腐蚀。婚姻家庭的巩固不仅关涉爱情,忽视了孩子的教育问题,笼罩着旧式家族"传财不传德"腐朽观念的阴霾,现代教育制度与新式家庭的建立均起步维艰。

《寒夜》中的入侵势力有三种:第一,战争极大程度地破坏了中国社会的原有结构,由于百业俱废、民不聊生,文化生活在社会生活中的地位迅速下降,导致知识分子原有的精神优势变为需要改造以便谋生的体能与个性的劣势,不仅汪文宣这样敏感自尊的老好人在社会中难以找到自己的位置,其朋友唐柏青、钟又安这些"良心没有丧尽"的人同样处境堪忧。这种情况在与《寒夜》同时连载于《文艺复兴》的《围城》中也出现过,钱锺书借赵辛楣之口来评价方鸿渐,"你不讨厌,但全无用处"。由于战争破坏造成的"好人无用"论对在大后方作为小人物苟且生存着的知识分子的生活信念是一种毁灭性的打击。

---

① 《憩园》:《巴金全集》第 8 卷第 160—161 页,人民文学出版社 1989 年版。

第二是国统区通货膨胀、民生凋敝的社会状况给生活在底层的普通小人物带来的经济压力。在这种环境中汪曾夫妇兴办教育的理想无从实现,到半官半商的图书公司做校对,挣一份卖命钱,汪文宣感到莫大的委屈,不断责备自己为"这一点钱"居然"堕落"到这个地步。相比之下,树生身上则较少知识分子自命清高的迂腐习气,到银行当"花瓶",虽心怀不满,但较高的收入能助她养家,为丈夫治病、送儿子进贵族学校,并且丰富的交际生活也满足了她"爱动、爱热闹"的生命活力与虚荣心,书中也写到了她与陈主任搭伙做生意赚钱。正如方鸿渐鄙夷李梅亭的囤积与苏文纨的经商行为一样,汪文宣等人虽在知识分子人格尊严上保持了清白,但在日益维艰的经济生活中他们难堪重负,曾经坚固的爱情也难挡经济因素的入侵。

第三种力量以汪母为符号代表,她与树生分别代表了不同历史时期的知识女性的心理、文化特征,分属两个生活空间,而又偏偏生活在同一个屋檐下。巴金回忆创作时不断强调她们都是好人,要是换一个社会她们会过得很好,但是不同的社会历史文化立场造就了两个人不同的体认生命、思考问题的方式,汪家的为难之处具有广泛的社会代表性。在社会文化发展进程中,新旧思想之间的交锋往往因涉及伦理、道德、情感等人性因素而使问题复杂化,就连世界文豪托尔斯泰也曾因流露对贵族阶层过多的同情而使其作品思想价值遭质疑,巴金在1950年代的反思也包含这一思维模式。具体到文本中,尽管汪母作为婆婆蛮横无理,但在现实生活中真的能让她一个人回昆明独居吗?毕竟她是一位慈爱且操劳了一生的母亲。排除了入侵汪曾夫妇具有小资产阶级情调的私人空间的异己力量,文宣、树生二人的人性何在?保全了人性而拆散了家庭,这就是具有善良品质的小人物的生存悲剧。

在《小人小事》系列短篇中,挣扎在生死线的小人物们各有属己的生活空间,冯太太因饲养猪鸡没有了闲情优雅,黎小姐以猫为伴失落了青年的活力,夫妻、兄弟之间本该有的温情甚至生命皆因战争入侵而遭受破坏。战争使人的精神追求降格为物质依托,在重庆,黑(烟土)、白(大米)、黄(黄金)恶性交易泛滥,似乎只有在物质交易与享乐中人们才能证明自己是活着的,但生活在底层的小人物根本没有生命的寄托,正如冯太太的猪和鸡经不起房东的恶意刁难与顽童百般作弄的双重夹击一样,人也如此。文章结尾时这个世俗小气而又可怜的孀居妇人抱着仅存的一只鸡坐上黄包车另觅容身之所,这不仅意味着她原有生存空间的消失,并且是落入新一轮寻觅与失去的循环的开始。她对猪柔声安慰与抱鸡坐车的文字读来让人感伤,可称为巴金的神来之笔。

二 失重的父子伦理

在儒家文化构建的封建宗法传统中,家是一个具体而微的国,父子伦理关系往往就是家国、君臣关系在家族中的映射,由于承载了过多的隐喻性意义,父子伦理书写成为新文学创作中最具延展性与纵深性的一个话题。巴金作为"'五四'的产儿"顺理成章地接过新文学的传统,用打破孝悌观念的方式将父亲形象定位为落后制度与文化的化身,在文本中演绎着流行的弑父主题。

不同于《狂人日记》中将代际关系简约为线性历史的进化论而发出"救救孩子"的呼声,巴金并没有严格遵循新旧文化二元对立的对峙思维,在早期作品《家》中,他将父子关系扩展为祖——父——子三代,第一代的祖父占据了封建家族的一切荣耀,是这个小王国的最高统治者,在这里,高老太爷玩笑中的一句话就可以将正值妙龄的少女当作礼物送人,以至断送下层婢女鸣凤的生命和觉慧正在萌芽的具有初步现代平等观念的爱情。冯乐山以地方大儒的身份出场,却以六十多岁的高龄公然纳妾、狎妓,用令人不齿的行为从内部一点点蚕食着封建文化的支柱。当然,这些人在家中的权力是由他们作为这个靠剥削发迹的大家庭的创建者铸就的,另外"他(们)还有整个旧礼教作他(们)的统治的理论基础……他(们)认为钱可以解决一切问题,他(们)想不到年轻人还有灵魂",[①]这样的人在当时四川甚至全国无处不在,正如巴金所说

---

① "们"字为笔者所加。

"他是我的祖父,也是我们一些亲戚家庭中的祖父"。①

作为父辈的第二代分为两类,一类是克明、周伯涛等人,他们是权力的接替者,在道德品质上他们没有蹈袭上辈人的荒淫堕落,但他们的自私、冷酷与其上辈人毫无二致。这类人的悲剧是社会性的,旧家庭的秩序已轰然倒塌,在新生势力正在暗中构建甚至用暴力革命的手段重新排序的新型伦理关系中,他们作为毫无生机的旧式人物在这样一个权力混乱的时代毫无立足之地。觉慧、淑英等人的离家出走不仅是对既定父子血缘关系的彻底否定,同时也寓言式地表达了对权威的挑战、对父亲的弑杀,这是从理性主义衍生出的现代观念对传统观念的正面撞击。

第二类是克安、克定、杨梦痴之流,巴金除了给他们安排必然灭亡的命运之外,更多地把他们放在被子辈审视的位置,在给予最无情的揭露与打击的同时表现出一种复杂的文化态度。以杨梦痴为例,他在《憩园》中并不是以父亲的身份出现的,尽管他十分疼爱小儿子,但表现的只是父子伦理中的亲子之爱,他的所作所为缺少道德层面的教化作用,难以担任父亲的职责。杨梦痴本人是在溺爱与阿谀里成长起来的,身上汇集了封建官僚地主家庭中旧少爷的一切恶习,作品揭露了他用同妻子的嫁妆包私妓另立门户,花光了父亲的遗产后不惜一切手段在外行骗、偷盗的种种罪行,他的出场是一个被妻子和大儿子赶出家门沦落大仙祠的"哑巴"形象。在这里,"哑巴"称谓的给予并非作者随意为之,显然它暗示的是父亲的失语。杨梦痴是一个自食恶果的败家子,因此被赶出家门,作者在叙述杨家故事时是按照出走——寻找——救助的线索进行叙事安排的,颇具讽刺意味的是原本承担教化任务的父辈反被其子辈救助,这就彻底打破了人伦关系中的线性历史顺序,改变甚至消弭了时间发展的方向性,而从道德伦理和文化立场的角度显露出"审父"的叙事端倪。

文中,寒儿作为孝子对父亲进行的多次寻找与救助表现的仅

---

① 巴金:《谈〈家〉》,《巴金全集》第 20 卷第 416 页,人民文学出版社 1993 年版。

是一种亲情的依恋,并非对父亲胡作非为的认同,巴金也说过,安排寒儿这个角色仅为突现主角的看家本事,现实中也不会出现寒儿这样早熟的孩子。生活中的杨梦痴已完全丧失了正确的男性尊严意识,作为丈夫,他胁骗妻子全部家产包私妓,置妻子情感与生活于不顾,最终反因妓女裹财而逃被抛弃却无力展开任何有效的挽回行动;作为父亲,他不能给两个儿子提供任何生活指导,并嫌弃儿子为其安置的工作,最终负气被大儿子赶出家门,在沦落为小偷、囚犯后又因逃避劳动装病与霍乱病人同住真正染病后毫无价值地死去。他的负气,计较的并不是父亲的尊严,而是封建文化培养的阔少好逸恶劳的腐朽观念在作祟。然而,在作品中不难看出巴金从父子伦理的文化象征符号模式向日常经验建构的叙事转向,他让这个沦落街头的乞丐诵读"共看明月应垂泪,一夜乡心五处同"的诗句,是从人性角度出发,在丰富人物形象内涵的同时强化了生存环境对人心灵的扭曲,在对"传财不传德"的现实批判中将反封建叙事从道德观念层进行到文化批判的深度。

在探讨如何做父亲的问题上我们不能忽视《憩园》中另一个父亲形象——姚国栋,这是一个留过洋、做过官、当过教授、眼高手低、自命不凡、靠父亲留下的田产过安闲日子、"平日喜欢发几句无关痛痒的牢骚,批评别人,宽待自己"的外新内旧的人物,他"不曾认真地做过一件对人,对社会有益的事",[①]在与黎先生的辩论中他固然不敢公开承认金钱万能,但他为人处事始终采取一种因有所依靠而无所谓的态度,在教育孩子问题上一度坚持自己的高见,"对付小孩,就害怕他不爱玩,况且家里又不是没有钱。爱玩的小孩都很活泼。不爱玩的小孩都是面黄肌瘦,脑筋迟钝,就是多读了几本书,也不见得就弄得很清楚",[②]但经过与妻子和朋友多次直逼事实的辩论后他又显露出对自己的这种"教育"并非完全满意的无可奈何。巴金在否定了这个人的生活态度和教育方式后又写出了

---

① 巴金:《谈〈憩园〉》,《巴金全集》第20卷第481页,人民文学出版社1993年版。

② 巴金:《憩园》,《巴金全集》第8卷第67页,人民文学出版社1989年版。

他与妻子的挚爱,对仆人的宽厚,对朋友的关照,对杨梦痴的帮助以及独子溺水后的焦虑与反思,足以证明巴金彻底摆脱了早期作品中父子代际冲突的模式化书写,加强了对生存环境的体察和透视,从简单的历史进化观转入深深的现实忧虑。

《第四病室》中依然采用救父模式,但不再局限于观念意义上的"丑父"叙写,而加入了细节真实。在那个贫困的儿子眼中,父亲不仅是一个后颈生疮、烂得见骨、病入膏肓的病人,对于他这个工资微薄的小公务员来说更是一个吞噬钱财的无底洞,儿子对父亲充满了厌弃,进一次病房要洗几次手,并且不让自己的妻儿靠近病床,更直接向父亲抱怨,"你是在要我的命。你是不是自己不想活,也不要别人活",[①]而儿子在这个只关心自己丝毫不顾及别人死活的父亲心里只是一个能供他不断索取的但已榨空了的钱袋,他至死还向儿子要求一块事先看中而儿子无力购买的风水宝地来安葬自己。这样的父子关系已不再具有伦理指向意义,而是抗战时期国民党统治下重庆等地区的真实生活写照,以错位的父子关系演绎对现实制度的批判。

巴金在1940年代的小说文本实践中启用了"审父"与"丑父"两种父子伦理叙事模式,一方面体现着他对封建伦理进行彻底颠覆与消解的叙事立场,另一方面向开创"无父"型的假定性叙事模式过渡,这是在回应"五四"运动推翻支撑封建社会的纲常礼教后的权力真空状态的社会现实。在《寒夜》中,主人公汪文宣被安排为与寡母、妻儿在陪都重庆相依为命,据文中内容来看,与其说他是小宣的父亲,不如说他是汪母的儿子来得真切。在整个故事的进展中始终缺少一个精神导师般的强有力的父亲形象,经历"五四"洗礼的汪文宣等人在进入日常生活后不能面对生存的困境,由母亲代替行使的父权和夫权与儿媳进行无休止争吵的声音最终只能淹没在贫病的呻吟中。这种父亲缺席的假定性叙事的意义指向是从父子伦理隐喻性书写传统中生发出的一种无根性书写的自由

[①] 巴金:《第四病室》,《巴金全集》第8卷第273页,人民文学出版社1989年版。

表达状态,使父子伦理叙事话语获得了更广阔的叙事空间。

三 畸变的夫妻伦理

巴金曾创作过《爱情的三部曲》,以爱情事件凸显青年的性格,在其家族题材的创作中也不乏婚恋关系,20世纪90年代有人以《婚恋:独特的人生观察视角——谈巴金小说人物形象塑造》[1]为题畅谈巴金以婚恋为独特的人生观察视角的创作观,认为在《爱情的三部曲》、《激流三部曲》等作品中婚恋承担着主宰人物命运、展现人物内心、剖析人的心理畸变过程的任务,并从中能够挖掘出隐藏其后的社会历史原因。但我个人认为,巴金在所有人物关系的把握中始终不能正确处理的就是夫妻婚恋关系,其早期小说创作中处于婚恋关系中的女子正如李玲在《巴金前期小说中的男性中心意识》[2]中所说被设计为两种类型:一是天使受难型,以《家》中的梅、瑞珏、鸣凤,《雨》中的熊智君为代表,她们以封建妇德、奴性化的爱的哲学慰藉苦难中、奋斗中的男性爱人而失落了女性的主体地位;另一种是圣女型革命女性,以《新生》中的李静淑、张文珠、《电》中的李佩珠为代表,这些女性在故事中往往被呈现为自我新生,但她们的新生仅仅成为作品对抗黑暗的一点亮色,作为男性在社会革命活动中的拯救希望或精神导向,抽去了她们在思想渐变过程中作为女性应有的丰富的性别内涵与生活真实。

这种文本实践失却了性别叙事的感性特征,使得有关爱情的个人化和人伦化体验被一种有意识地指向悲剧或崇高的叙事模式遮蔽,并将所有爱情伦理叙事先入为主地纳入到或控诉或宣传的角度。在文本中,无论是天使还是圣女仅仅是两种意义符号,她们以端庄的容貌、纯真的情感、高贵的灵魂,群体性地站在矛盾中徘徊、在革命中牺牲的男性主人公的对面,协助他们对黑暗的现实做

---

[1] 宋光成:《婚恋:独特的人生观察视角——谈巴金小说人物形象塑造》,《康定民族师专学报》(哲学社会科学版)1994年7月。

[2] 李玲:《巴金前期小说中的男性中心意识》,《太原师范学院学报》2004年3月。

着有声或无声的抗争。

但我并不因此认同以"男性中心意识"作为破解巴金艺术构思密码的文本解读方式,正如我前面提到,巴金并没有正确把握处于婚恋中的男女关系,亦即他把爱情伦理叙事作为一种与政治伦理互证的叙事能指。在其早期作品《灭亡》、《雨》中表现为女性在爱情中的温柔或不幸是激发男性革命信仰的生长点和参加社会革命的出发点,而在《新生》与《电》中李静淑、张文珠、李佩珠近乎完美的人格则成为启示男性人生道路的转折点和进行自我救赎的借力点,她们一度填补了封建秩序被打乱后权力真空状态中的精神导师的位置,起到的作用对于迷茫中的男性来说无异于巴金所说的"爱尔克的灯光"。

值得注意的是,在以爱情伦理与政治伦理双线并行的方式设计社会革命小说文本构想时,巴金曾试图将两种伦理特质进行整合,用以作为"恋爱不妨害正义"的明证。这种短暂的尝试用打破二元对立范畴中先在的由男女性别造成的社会文化差异性的方式,仅以两种生理符号的方式主观性地将作者意图附加到男女角色身上。具体到小说《雷》中,这部与《爱情的三部曲》有亲缘关系的短篇小说塑造了一批从事社会活动的青年,其中的亮点无疑是女性慧,除了被作者赋予"健康色"、"钢刀般锋利的"亮眼睛之外,她身上真正化解了在其他同学、朋友观念中人为划定了性别属性的工作与爱情之间的矛盾。文本中的男性敏和德对待爱情起初排斥,但经过慧的"引诱",无论软弱的敏还是固执的德都被攻破了"最后防线",不得不承认"慧的确有些魔力",但我们并不能因此认定慧是一个纵欲主义者,比之她的敢说敢做,追求生命感的充实,男性们无一不略显单薄与做作。"在这样的夜里,在这春天的夜里,你为什么还拿草案来折磨你自己",[①]"大自然给我们一种本能,一种欲求,我们就有权利来使它满足。……恋爱并不违反我们的本能。相反的,恋爱是我们应有的权利。"[②]这样的呼声似乎体现了

---

① 巴金:《雷》,《巴金全集》第 6 卷第 283、300 页,人民文学出版社 1988 年版。

② 巴金:《雷》,《巴金全集》第 6 卷第 300 页。

男女平等的现代观念,然而其代价就是模糊了女性属己的性别特质,不但抽去了几千年来社会文化观念系统中固定下来的与身体、心理有关的诸如细腻、温柔等情感性的女性气质,使慧这个人物在进行社会活动之余仅作为一种具有生理性别属性的观念符号呈现,作者在文本构建中也没有以情节、对话、隐喻等方式艺术地将具体的女性生理特质置于这个角色身上,慧这个形象表达的仅仅是巴金创作的所有女性形象身上几乎没有的、但同时也是巴金所歌颂的,与男性交往中的主动与果敢的精神气质。

我们不能跳出具体的历史环境而苛求前人,并且巴金在谈自己的短篇小说时也讲到,自己写的是感情,不是生活,那么在《爱情的三部曲》,尤其是在这个短篇中,感情被放大为热情,甚至可以说是涌动在每个青年血管中的一种躁动不安的力量,它可以成就他们的一切社会活动,也可以毁灭掉个人微不足道的生命。"热情并不能完成一切……倘使没有什么东西来指导它,辅助它,那么它会像火花一般零碎地爆发出来而落在湿地上灭了。"[1]从事着这种极其严密、枯燥的社会工作的青年,无论男女都走上了一条没有尽头的灭亡之路,每个人似乎都在等待着死的"轮值",那么在他们的思维世界里与革命信仰并行的爱情在此并不能称之为爱情,它起到的作用只能是暗示这群盲动的青年所从事的活动对无政府主义内涵的误解,对以暴力暗杀一两个代表权力符号的戒严司令之类的人物的行为是否有价值产生自我质疑,从而以情感的放纵达到暂时逃避现实重任、化解情感与身体寂寞的目的。

把女性形象设计为相对于男性主人公的"他者"地位,但又将其思想世界作为一个自证自足体向男性主人公发出精神召唤,这种人物设置模式显然不能用单纯的"男性中心"或"女性崇拜"来简化,在此,男女关系的设置指向了中国传统文化中的儒道地位,男性所从事的社会活动与儒家大义合谋,在群体活动中获取人生存的意义,但也因此陷落在"恋爱妨害正义"的鱼和熊掌的矛盾中;女

---

[1] 巴金:《〈爱情的三部曲〉作者的自白——答刘西渭先生》,《巴金全集》第6卷第467页,人民文学出版社1988年版。

性更强调自身天性,与道家的自在思想合拍,以纤敏的感悟力从纷杂的现实中抽身追求生命的质量,从实用理性出发把握此在的价值。这种模式一直贯穿到巴金1940年代的创作中,在《第四病室》与《憩园》中,尽管作者没有安排线索人物与女性角色的恋爱关系,但仍然执行"爱尔克的灯光"这一思路。

《第四病室》是日记体小说,《憩园》是第一人称限知叙事,叙述始终聚焦于"我"的内心世界,那么叙事达到的客观效果也就因此完成了刻画叙述者性格的任务。前者中"我"是第五床病人陆怀民,在充满铜臭和死亡气息的三等病房中等待救助,"我"的视野中始终闪光着一个善良、热情,像长姊一样关怀"我"的女医生杨木华,"她随时在努力帮助别人减轻痛苦,鼓舞别人的生活勇气",[1]要我"变得善良些,纯洁些,对别人有用些"。[2]后者中的"我"作为回乡游子寄居于憩园,得到女主人的热心照料,在多次与之谈心中彻悟了"给人间多添一点温暖,揩干每只流泪的眼睛,让每个人欢笑"[3]的生命意义。这种叙事模式在《寒夜》中发展到极致,以畸形的母爱凸显恋母情结对男性主体意识与生命强力的消减及其对婚姻爱情的巨大破坏作用。年轻富有活力的树生对贫病、懦弱的丈夫背离其契机不是来自另一个男人的爱情诱惑,朦胧中召唤她的是生活中未知的生命活力,同时婆母因寡母心态对儿子过分占有导致对儿媳敌视也对家庭的破碎起到推波助澜的作用。

综观1940年代巴金所有小说文本,聚焦女性思维且较为完整的思考恋爱与人生的是《火》第三部,朱素贞从抗战大义与个人欲望的权衡中反复裁度与男友刘波"永远给她希望,却又永远不让她抓住它"的关系,发出"为什么别的许多人都可以满足的欲望……而她必须永久尝别离的痛苦呢"[4]的疑问,这虽落入《雷》的窠臼,

---

[1] 巴金:《〈第四病室〉后记》,《巴金全集》第8卷第414页,人民文学出版社1989年版。
[2] 巴金:《第四病室》,《巴金全集》第8卷第406页,人民文学出版社1989年版。
[3] 巴金:《憩园》,《巴金全集》第8卷第64页,人民文学出版社1989年版。
[4] 巴金:《火》,《巴金全集》第7卷第503—504、505—506页,人民文学出版社1988年版。

但文本更侧重于困惑中女性心态描写，在朱素贞身上既有让她暂时满足的道德优越感，又有时时像微火般燃烧的欲望，"为什么她不应该有这个对一般人原是很寻常的幸福"，"我们不是生来求快乐的……可是我这个时候……多么需要你"，这种自问心态势必将答案永远推向政治伦理与爱情伦理的矛盾中，较为真实细致地给予婚恋中女性心态一次完整的关照。

伦理与道德的关系似乎最为密切，但本文仅将处于特定的伦理关系中的人及其复杂的内心体验和人格发展脉络作为关注中心，不以道德批判为唯一旨归，重在考察与传统迥异的伦理关系背后的文化指向及处于这种变形了的伦理关系中的人物对生活的认知理念，并以文本指认生活，提醒当下读者在日常生活中对伦理关系正确把握，并试图在一个敞开的历史时空位置上等待读者跨越意识形态的障碍去品读以及发现个人在交织着各种伦理关系的生存空间中如何实现存在的价值。

(作者系保定市特殊教育中心教师)

詹雅洁

论巴金早期短篇小说中的艺术自觉

巴金一生共写过将近一百篇短篇小说,传统的巴金作品研究只是将视线聚焦于巴金的中长篇小说上,并且大多数研究都重在对作品的思想内容方面,论及巴金短篇小说创作的研究少之又少。巴金的短篇小说大部分是采用第一人称,也有许多作品是属于早期的激情创作范畴。这样的思维定式使得巴金早期短篇小说乃至短篇小说文本细读的研究分析上出现了一定的空白。因此,对于巴金短篇小说的文本批评是一个不可忽视的点。本文旨在用叙事学的视角来看巴金早期短篇小说中所体现出的多元的叙事艺术。

一

巴金在看完《现代》杂志上施蛰存评论《复仇》的文章后,曾经给施蛰存写过一封回信"有些地方你的确说出了我的弱点,譬如你说我避难就易地在手法上取巧,常用第一人称讲述故事的形式,这是我没法否认的。我的确'取了巧',但这并不是故意的"[1]。巴金所说的"不是故意的"很好理解,他是一个具有激情的作者,而这种情感不可避免的表达方式就是运用第一人称。巴金短篇小说在叙述上最大的特点就是大量使用第一人称。

---

[1] 李存光编《中国文学史资料全编(现代卷):巴金研究资料(中)》第473页,知识产权出版社2010年版。

本文作者在第十一届巴金学术研讨会上发言

在巴金所有用第一人称来叙事的短篇小说中,大多数都是采用了回忆性叙事的方法,通过"我"来观照发生在他人身上的故事。从巴金某些短篇小说第一人称内聚焦回忆性叙事中可以看到作者不仅仅是单纯地回忆叙述以前的故事,而是同时穿插着现在的故事,所以往往交叉着现在的与过去的视角,在这样的叙述中,"我"是一个叙事主体,过去的"我"成为了另一个叙事主体。申丹在《叙述学与小说主体学研究》中说"在第一人称回顾性叙述中(无论'我'是主人公还是旁观者),通常有两种眼光在交替作用:一为叙述者'我'追忆往事的眼光,另一为被追忆的'我'正在经历事件时的眼光。这两种眼光可体现出'我'在不同时期对事件的不同看法或对事件的不同认识程度,它们之间的对比常常是成熟与幼稚、了解事情的真相与被蒙在鼓里之间的对比"[①]。这样的作品有很多,如《发的故事》、《鬼》、《马赛的夜》等。

在《发的故事》中,"我"既是六年前刚搬到北平通过朴的介绍

---

① 申丹:《叙述学与小说文体学研究》第238页,北京大学出版社2004年版。

识与金刚刚结识的那个敬爱金的"我"和一年前与满头黑发的金分别的"我",也是坐在一头白发的金的面前听金的讲述的"我"。六年前的我,刚刚与金相识又经历了朴的死亡,成了敬爱朴的人,回忆主体正是现在与金一起聊天的我,两个"我"交叉展开自己的视野和叙述自己的感受,在表面似乎一条线索的叙述中交叉着过去的我和现在的我不同体验的两条线索。在文中过去的我和现在的我不断地相遇、碰撞:

"最先映入眼帘的就是他那一头白发。单说是白发,也许不恰当,那颜色是灰白的……这使我想到一年前我和他分别的时候,他还有那么丰富的浓黑的头发,脸上也充满着血气。想不到在这么短短的时间他会有了这么大的改变,倘使我们在街上遇见,我一定不会认识他了"。

"这种情形我从没有遇到过。他以前完全不是这样古怪的人。他愣着眼看着我,他那异样的眼光使我觉得浑身在发痒,很不舒服,我不禁糊里糊涂地指着他的头发说了半句"。

从两段叙述当中可以得知现在的我看到的金不同于过去我所了解的那个金,在外貌上,以前的金有浓黑的头发,是个意气风发的青年,而不是现在满头白发沧桑的样子。在性格上,以前的金并不是这样古怪的。"我"是以之前的目光在审视金,但是马上又从回忆回到了现在,两个"我"之间的体验发生了矛盾,于是开始惊慌。这样的矛盾就让读者强烈感受到金变化的不可思议,而这种变化来自于"发"的故事,在时空交织中,就为这个故事的引出拓宽了阅读空间。

除了过去的我和现在的我不同体验主体的交织之外,也有两个主体分别的叙事目光:

"我的心被回忆苦恼着。我记起了六年前的事情,那是在夏天,我到北平还不久,住在一个公寓里。那个地方很静,只住了三五个客人,院子里有一株大槐树。白天很热……我是由朴的介绍才认得金的,我们很快地成了朋友……"

"'是我杀了她的,你不知道,是我害了她的。'他的嘴动了几下,像要说什么,又怕说出来。'不要提那事情了。人死犹如灯灭,一切都过去了。你还想她做什么?'我看见他渐渐地激动起来,怕那过去的事情使他过于感伤……我也渐渐地激动起来,我觉得不安,我觉得一些不愉快的思想威压下来了。我极力想挣扎,想抵抗……"。

第一段是在回忆往事,而回忆主体虽然是现在的我,但回忆的目光聚焦在六年前的我的体验。而第二段直接引语的对话内容在文中更是常见,并且占了大半篇幅,这样的对话形成了现场感,将我现在的体验完整地展现在读者面前。这样两段不同的叙事方式先让读者沉浸在那段初识的记忆里,又在不经意间的对话中将读者拉回现实,我的两个主体的体验,其实也就是读者的体验,在这一忆一拉的过程当中,就形成了宽阔的阅读视野。金的形象塑造也在回忆和对话中完成了。

《鬼》讲述的是"我"认识的崛口君从一个安分守己的学生变成了疑神疑鬼的日莲宗佛教信徒的故事。文本中同样也是穿插着两个叙事主体,几年前的"我"和崛口君在早稻田大学刚刚相识,成为朋友,而回忆主体是现在的"我"。作者采用了倒叙和插叙的方式将崛口君所经历的事情用回忆的方式展示出来,又在叙述中穿插了大量的我和崛口君的直接对话,在表面似乎一条线索的叙述中,其实交叉着过去的"我"和现在的"我"不同体验的两条线索。"我"当初认识的那个温和、安分守己,对于宗教并没有太大信仰,对于恋爱付出自己真实情感、忠实于现实生活的崛口君已经不在,"我"现在面对的是一个相信神鬼,并用抛掷供物、念经的方法来同满子君及一些死去的魂灵进行"交流"的彻底的宗教信仰者。因此,在双叙事主体下,出现了不同的叙事时空场景,既有过去的回忆体验,又有由我和崛口君直接对话形成的现场感,读者和"我"都不断地穿插在回忆与现实的时间中。

两个叙述主体所叙述出来的场景来自两个时间空间的人,自然就会有一种时空交错感,读者在阅读的过程中会跟随着过去的我而感伤沉浸,也会跟随现在的我而惊讶痛心。这样的叙事对于实现作者意图显然有十分重要的作用。

《发的故事》是围绕"发"来展开的,对发的客观叙述与因为

"发"所引起的感情起伏的描写互为表里。金曾经是一个朝气勃发的青年,有满头乌黑的头发,对于和铭的婚姻,即使有所顾忌,金也坚持了下来。直到铭因为自己而死去和自己不断奔波斗争的遭遇,使得金完全变成了一个外貌上我不得认识的人。在叙述中,金不断地搔自己头上的白发,白发代表着回忆,金一直忍受着折磨。但是,即使经历了打击,金的内心依然是坚定的,"不,我明天就要走了",他摇着头用坚定的声音回答。很显然,"发"在故事中已经不仅仅是一个客体存在,"发"已经演变成了有情节有波澜的故事——金的故事,我的故事,甚至是和金一样的人的故事,也可以是生命的故事。读者可以强烈地感受到发的故事其实可以拓展,有着广阔的阅读空间,这正是来自不同时空的叙事主体所带来的阅读效果。《鬼》也是双叙事主体叙事,崛口君因为恋爱的打击由之前对生活充满热情的人变成了一个宗教信仰者,现在的他只懂得"一切都是命运的安排,人没有一点力量,所以违抗命运是愚蠢的",他失掉了自己的灵魂,开始相信"鬼"。这里的"鬼"已经变成了一个意象,不仅仅是神魂,而是崛口君心里挥之不去的阴影。值得注意的是在《鬼》的副标题为"一个人的自述",巴金也说过"《鬼》的最后暗示了主人公崛口君的觉醒"[1]。鬼与人是相对的,对于崛口君的变化,"我"作为一个不相信命运安排的人显然是不能接受的,同时,"我"的体验和读者的体验是一致的,于是在小说中我发出了现在的"我"作为读者代言人的呼喊:

"但是一切都错在命运上面。这命运也只有你一个人才知道!我不相信这些。即使真有,我也要使它变成没有"。

这是对以前的崛口君的回归的呼唤,也是对每个人命运的呼唤。

《发的故事》、《鬼》、《马赛的夜》等回忆性叙事作品在过去的我和现在的我不断地相遇、碰撞的视线中给读者造成了一种扩大的时空感,双叙事主体下的"我"也有了其独特的叙事意义。

---

[1] 李存光编《中国文学史资料全编(现代卷):巴金研究资料(中)》第503页,知识产权出版社2010年版。

二

瑞蒙·科南对叙述层次有过这样的解释"一个人物的行动是叙述的对象,可以是这个人物也可以反过来叙述另一个故事。在他讲的故事里,当然还可以有另一个人物叙述另外一个故事。如此类推,以致无限。这些故事中的故事就形成了层次。按照这些层次,每个内部的叙述故事都从属于使它得以存在的那个外围的叙述故事"[①]。巴金的第一人称叙事小说中就出现了许多层次叙述的作品,如《哑了的三角琴》、《狮子》、《长生塔》、《隐身珠》、《能言树》、《复仇》等。外叙述者构成第一个叙述层次,包容了整个故事,在故事中起支配地位。内叙述者也就是故事中的人物变成了叙述者。巴金的短篇小说中,像《复仇》这样的作品,叙述层次达到了三层,而其他作品多是两层。

《哑了的三角琴》中的叙述者是"我",以一个孩子的视角交代了父亲的书房里有一只奇怪的木制三角琴,弦已经断了两根,父亲从来没有弹过它,然而它却被高高挂在墙角,每次我问父亲为什么要把无用的三角琴挂在墙上时,他总是以"你不懂"来回答我。有一天"我"把三角琴摔碎了,父亲并没有怪我,由此开始给我讲述三角琴的故事。文本中有两个叙述者:"我"、"父亲",两个叙述者构成了两个叙述层次。《狮子》的外叙述者"我"是一个孩子,将一个像"狮子"一样对"我"十分严厉的学监形象塑造了出来:"他发怒的时候,两只眼睛圆圆地睁开,口大大地张着"。于是,我们总要找个机会报复"狮子","我"某一天看到女厨子白朗西和"狮子"亲切交谈,便开始在"狮子"面前怀疑他和白朗西的不正当关系。因为这一事件,"狮子"才开始向我讲起了故事,内叙述者就出现了。《长生塔》、《隐身珠》、《能言树》可以说是同属一个故事的三个分支,它们的外部叙述者是"我",内部叙述者是"我"的父亲,以父亲在给"我"讲故事的模式,形成两个叙述层次。

---

① 瑞蒙-科南:《叙事虚构作品》第91页,伦敦梅休因出版社1983年版。

通过以上的分析,可以发现以上文本的共性,即外部叙述者"我"的视角都是孩子的视角,而内部叙述者的视角则都是以一个比孩子的视角更成熟的视角在叙述,包括父亲、学监等。这样的叙述层之间的关系又是什么呢?以孩子的视角与思维观察问题,就出现了在《哑了的三角琴》当中,"我"看到的是"父亲的书房里有一件奇怪的东西",在"我"的视角中,一切事物都是简单透明的,甚至听到父亲要讲已故母亲的故事时"我高高兴兴地出去了,完全忘记了打碎三角琴的事情"。《狮子》中的"我"才会把严厉的学监比喻成"狮子",有报复"狮子"的幼稚想法。孩子的视角是单纯的,思考问题的深度与广度也是有限的,所以读者阅读的都是经过外叙述者视角过滤后的内容,往往会产生很多空白点。譬如三角琴背后到底有什么样的故事?"狮子"的性格又为什么会是这样狂躁的?这些问题从一个孩子的观察点发出来,后由一个较为成熟的叙述者进行叙述,这样的叙述便产生了一定的张力,由单纯的对于空白点的好奇继而获得文本的更深层意义。譬如当"狮子"说出"事实总是跟理想差得很远"的时候,文本便由单纯的叙述走向了有深度问题的探讨。在《长生塔》中,穿插在父亲的讲述中的"我"提出了一些看似幼稚的问题"皇帝究竟是什么东西?那么皇帝都很能干吗",当说到"贱民"悲苦生活的时候,"那么他们为什么不跪到宫殿前面去欢呼'皇上万岁'呢"、"那样伟大的宝塔怎么就会马上倒塌呢?这好像是不可能的事情"。这样的以孩子的视角插进去的问话不是可有可无的,一是以孩子的问话讽刺了皇帝的无能;二是以孩子的视角看宝塔倒塌是不可能的事情,因为它修得很牢固,但是宝塔却倒塌了,以此讽刺"沙上建筑的楼台从来是立不稳的"。在《隐身珠》、《能言树》中也有很多这样看似简单却意味深长的对话。

巴金在小说中运用到的多重叙述层次已经为丰厚文本的意蕴起到了很好的效果,同时运用外叙述者的不成熟视角与内叙述者较为成熟的视角形成的对比,形成了有张力的叙事,为读者更好地接受文本内蕴起到了很好的效果。当然,这样的作品还有很多,如《房东太太》、《好人》、《奴隶的心》等,虽然他们的外部叙述者不都是以孩子的视角看问题,但外部叙述者和内部叙述者的视角之间始终是存在很大反差的,或一个视角成熟或一个视角单纯,由此形成了有张力的叙事。

三

很多批评家主张,小说应该具有客观性,不应该有太多其他非客观的声音干扰小说的叙事,也就是不应该有太多非叙事性话语出现。我们现在对巴金早期作品的评价都是"激情"、"主观"的。的确,巴金作品中抒情感的语句比较常见,抒发往往都是激越昂扬的,使得读者的意识集中在叙述者的统一意识之下,而巴金的短篇小说中的非叙事性话语主要表现为公开性的抒发和隐蔽的修辞性评论。在现在的研究中,我们更加需要注意的是巴金短篇小说中的隐蔽的修辞性评论,因为修辞性评论集中体现了作家的艺术自觉,其评论方式有象征、对比等。

《电椅》主要的故事情节十分简单,讲的是一个鱼贩子和一个鞋匠同为意大利人,在美国麻秋谢省在"电椅"上被处死的悲惨故事。按理说作者应该是客观性地叙述这个故事,但《电椅》中却隐藏了很多修辞性评论。小说在最开始的环境描写中有这样一幕"秋天快来了。在这儿秋天是很美丽的。每朵花,每棵树,每片草都沐浴在温和的秋天的阳光里。人也不是例外。所以有时候在这一带地方就响起了小孩们的歌声和笑声"。叙述者的视角中是一幅美丽又和谐的景象。但是接下来笔锋一转"但事实上并不是这样。在这儿有许多人,他们整天关在一间窄小的囚房里,等待着'死'来把他们抓去"。这里的话语无疑是在向我们解释麻省的真实情况,美丽的外表下隐藏着不为人知的冷酷与血腥,看似客观的环境描写,却隐含着叙述者对事物的评价。这段解释性的非叙事话语是必要的,它在对比中让读者产生心理落差,对当时美国这个所谓的"希望之国"发出深深的感叹。

《电椅》中还有一段法官的描述:

"那个坐在金圆堆上的老法官,那个有着猴子脸的法官,那个在法庭里服务了多年的法官,那个常常穿大礼服戴高帽在大戏院的包厢里和高等俱乐部中出现的法官,在那个法官看来,靠着自己两只手劳动谋生的男男女女怎么能够说真话呢"。

从作者运用的"金圆堆"、"猴子脸"、"高等俱乐部"等词汇看来,这一段并不是客观的叙事性话语,而是通过人物眼光与事物的不一致来微妙而有力地刻画事物,对掌管社会大权而滥用权力的人进行反讽。隐含作者与叙述者的视角在这里融为一体,借用叙述者的话语权,表达了隐含作者的观点。

同样在《亡命》中我和发布里吃完晚餐走过巴黎的街头,我看到的是这样一幅景象:

"在夜晚,巴黎的天空是红的,圣母院的两个高耸的钟楼黑森林地突出在红天中,显得十分可怕,这条街上的古建筑物颤巍巍地立在半黑暗里,似乎要倒下去的样子"。

巴黎圣母院是法国的标志性建筑,高大雄伟,而现在在"我"的眼中却是"颤巍巍"、"要倒下去"的样子,这显示了隐含作者对法国政府统治根基的怀疑,通过叙述者的视角隐蔽地表达了对发布里这样的革命者的不幸生活的同情与对法国政府统治的讽刺。

从以上来看,巴金短篇小说中的非叙事性话语并不是简单停留在众所周知的公开性抒发这一种模式上,而是多种方式都有运用,特别是隐蔽性的评论使得作品的艺术性蕴含于人物眼光与事实的相左之处,叙述者视角反映出了人物的心情、价值观、认知事物的特定方式。人们常说巴金的作品"热情有余而含蓄不足",但这正是巴金最大的创作特点,如果像某些理论家一样片面强调叙事的客观性,那么就可能忽视了作家的主体地位,毕竟这些所谓的纯客观性文本也是由作家主体创造的,必然会带有作家的情感色彩。当然,非叙事性话语如果对作品过多干预也会影响作品的表达效果,作品容易陷入主观主义的极端。从巴金一生的创作来看,从早期的短篇小说到《家》再到后来的《寒夜》,叙述者的干预即非叙事性话语越来越少,巴金在不断的创作实践中也在不断地沉淀自己的感情,追求着小说的艺术。

四

什克洛夫斯基在《作为技巧的艺术》中谈到"那种被称为艺术的东西的存在,正是为了唤回人对生活的感受,使人感受到事物,使石头更成其为石头"①。在现代小说史上,鲁迅的作品中可以找到大量的陌生化手法的运用,如在《祝福》中叙述者"我"用了不少笔墨交代"祝福"、"福礼"的风俗,封建礼教的"捐门槛"等行为传说,这些就形成了鲁镇这一地域的固有文化符号,而读者不是这一符号系统中的人,甚至对于"我"这个离开家很久的脱离的符号来说,这样的礼教也是陌生的了。

巴金受到中国传统文学作品和鲁迅作品的影响颇深,在他们的影响以及巴金的自我探索之下,其短篇小说中也有不少自觉或不自觉的陌生化艺术的体现。这些陌生化叙事视角与语言艺术并不是拘于一格,而是不同风格的多元运用,带来焕然一新的阅读新鲜感。

巴金说过:"我的作品中那些自己的东西也都是不成熟的。《狗》也许是我自己比较满意的一篇,可以说是我的'创作'"②。《狗》在巴金的短篇小说中是一篇比较特别的作品,也是广受读者欢迎的作品。它的特别之处在于颠覆了常规叙事方式,以一种无情感色调的叙事视角展示了一幅无情的社会黑白图像。叙述主体是"我","我"本是一个人,应该有人的喜乐悲欢,但是作品中的语言无一点"我"的情感色彩,只是客观地描述着"我"的所见所闻所想,"我"似乎只是一个不懂得反抗的麻木的感受体:

"我又倦、又饿。然而我不得不回到破庙里去。在路旁,我拾起半块带尘土的馒头,虽然是又硬、又黑,但是我终于吞下去了。我很高兴,因为我的胃居然跟狗的胃差不多"。

---

① [俄]什克洛夫斯基等:《俄国形式主义文论选》,方珊等译,北京三联书店1989年版。
② 李存光编《中国文学史资料全编(现代卷):巴金研究资料(中)》第531页,知识产权出版社2010年版。

"有一个傍晚,我又饿又倦,走不动了,便坐在路旁墙边,抚着我的涂着血和泥的赤脚……一只异常锋利的脚向我的左臂踢来,好像这只手臂被刀砍断了一样,我痛得在地上乱滚"。

　　"我"的麻木感受让我变成了一只狗,我只能感受到生理上的饿和痛,面对残酷不公的世界,叙述中并没有对环境抱怨,叙事中只有"景"没有"情"。因此《狗》的视角是单纯的,仿佛一台刻录机器,单纯的视角下的语言也是单纯的。随着文学的现代主义、后现代主义思潮的出现,现代作品中出现了越来越多的具有丰富技巧的叙事文本,各种视角与手法的运用在作品中屡见不鲜。读者见识了太多丰富的文学语言、词汇、结构,而《狗》对于当代读者却是一个独特的存在,正是因为其视角与语言的简单,带来了阅读的别具一格的感受,读者就像在电影的3D时代突然看到了一部朴实的黑白电影。而这部黑白电影所呈现出来的忧郁、灰暗却是比任何的视觉冲击都要强烈。用狗的眼光看世界,世界的确是黑白的,用狗的语气写世界,世界是过滤了感情因素的,也就是《狗》的不带任何情感色彩的简单的语言,给读者带来的却是另一种新鲜感的冲击,正如巴金所说"小说写的不是感情,而是生活"[①]。

　　巴金短篇小说中较少出现具有四川地域色彩的作品,《猪与鸡》算是其中具有代表性的一篇。《猪与鸡》的叙述者同样是"我",由于"我"不是故事的参与者,只是一个旁观者,使得《猪与鸡》具有了别样的地方风味,这样的效果主要是因为叙事视角的独特运用。"我"住在院子里,但"我"不属于院子里的任何一类人,"我"与他人保持了一定的距离。其实《猪与鸡》是以一个异乡人的视角来看院子里的风波,"我"和读者实际上处于同等的地位,以冷峻的视角来审视发生在院子里的一切。在异乡人的视角下,寡妇冯太太、房东方太太都成了具有地域风味的人物。文中有大量的直接对话,比如冯太太因为养猪和鸡与院子里的人发生的事端,由此而骂出的一些略带鄙俗却独具特色的语言让读者有了阅读新

---

① 李存光编《中国文学史资料全编(现代卷):巴金研究资料(中)》第532页,知识产权出版社2010年版。

鲜感：

"'你敢咒人！不是龟儿子还有哪个！你不来搞我的鸡儿,我会怪你！老子又没有碰到你,你咒老子短命,你才是个短命的东西！你挨刀的,我×你妈……'"

这样的语言在文中随处可见,从叙述者的语言看,他以异乡人的视角来审视这个"异样"的环境,因此无法对环境、人物进行认同,读者也和文本产生了叙事距离,在陌生化叙事下体会巴蜀的地域风采为小说增添了不少艺术意蕴。巴金说这就是"让那种生活来暗示或者说明我的思想感情,让读者自己去作结论"[①]。

《苏堤》是巴金短篇小说中较为独特的一部作品,因为其语言呈现出了一种散文化的倾向,而这种散文化不仅靠的是陌生化的语言,更体现在意境的支撑。

"左边的水面是荷叶,是浮萍,是断梗,密层层的一片；可惜荷花刚刚开过了。右边是明亮的、缎子似的水,没有波浪,没有污泥,水底还有一个蓝天和几片白云"。

这段话中最动人的是最后一句,巴金没有说蓝天和白云倒映到水底,而是说还有一个蓝天和几层白云,突破了常规的语言叙述,仿佛现在的环境已经出现了多层的时空,犹如梦境一般。《苏堤》淡化了小说的情节,重点在赏游的心境与风景上,出现了许多描写环境的语言,达到了"含不尽之意于象外"的效果。与《苏堤》一样有意境美的小说还有《月夜》,也是用陌生化的语言,描绘了一个虽然带着血腥味却又让人沉醉的月夜。

从《狗》、《猪与鸡》、《苏堤》看到了巴金叙事视角与语言的陌生化艺术,这三篇短篇小说虽然都体现了陌生化的艺术效果,但它们的叙事风格是完全不同的,《狗》是客观冷峻中饱含控诉,《猪与鸡》则在泼辣尖锐的对话中展现了地域风味,《苏堤》是闲适自如中蕴含了诗意。这正是在巴金短篇小说艺术中和而不同的体现,巴金的创作也并不是拘于一格,而是有多元化的艺术探索。

① 李存光编《中国文学史资料全编(现代卷):巴金研究资料(中)》第532页,知识产权出版社2010年版。

以上分别从双叙事视角、多层次叙事、非叙事性话语、陌生化技巧下的叙事对巴金早期短篇小说中体现出的叙事艺术做了简单的分析。巴金曾经说过"我对自己写过的那些短篇全不满意",的确巴金短篇小说在艺术上还存在很多缺陷,但他却在不断地对自己的创作进行修改,以达到更好的艺术效果,并且从巴金一生的创作中,可以看到其作品叙事风格的明显转变。虽然巴金曾说过文学的最高境界是无技巧,但他的作品实际上并不是纯粹的无技巧,巴金作品的"无技巧"强调的是一种不矫揉造作的写作,其早期短篇小说也并不是不讲技巧的。李存光先生说过"巴金先生去世的时候,我曾经向媒体呼吁,纪念巴金最好的方法就是回到巴金的作品里去,要让巴金活在他的作品里,与一代代的读者交流"[1]。回到巴金的作品中,特别是被大多数人忽视的早期短篇小说文本中可以发现巴金并没有刻意运用什么技巧,但是在他的短篇小说创作中却自然而然流露出了艺术自觉,这种艺术自觉正体现了作家的匠心独运,对写作孜孜不倦的追求。同时,关于巴金早期短篇小说艺术的探索,也为当代巴金研究提供了新启示,即固有的关于巴金研究的某些定论是值得商榷值得再研究的。

(作者系四川大学硕士研究生)

---

[1] 李存光:《巴金研究的几个问题》,《社会科学》(上海)2006年第8期。

肖 汉

理想至上：巴金小说创作中的乌托邦想象
——以《家》为例

作为现代文学史上重要的研究对象之一，巴金创作生涯的方方面面都已经被学界探讨得十分详细了，要想在此基础上进行理论建树的添砖加瓦，实在是困难重重。就巴金小说创作研究而言，学界关注的重点主要放在创作心理、文本情节人物以及文本接受几个方面。从80年代至新世纪初，众多学人运用精神分析法、文本细读法和接受理论对以上几个问题做了深入探讨并取得了不俗的研究成果。而在新世纪之后，很多关于巴金小说创作研究的文章则是机械重复前人的成果，"将关心集中于巴金文学生涯的总结和文学史的定位"[1]，运用其他并不恰当的研究方法将很多显而易见的问题再说一遍，这样做的结果是造成了巴金研究的学术文章冗余，不利于巴金研究工作的进一步展开。就《家》这部小说而言，之前中国与日本的部分学者所作的研究奠定了当前研究的基调。在创作心理和创作手法方面，学界肯定巴金的政治动机文学化论，从他早年参与的政治活动推导出《家》这部小说的必然问世，并且在创作心理上巴金是怀有强烈的讽喻心理进行创作的，因此小说必然将打上深厚的"熏、浸、刺、提"烙印；在这样的创作心态分析基础上，学界对文本的分析就集中于几个关键人物的性格及行为，展开了大量的人格讨论，最后结合三十年代的外部环境得出《家》这部小说反封建的主题，并且认为巴金是在与当时社会的黑暗现象

---

[1] 坂井洋史：《巴金论集》第8页，复旦大学出版社2013年7月版。

本文作者在第十一届巴金学术研讨会上发言

做文字上的斗争；而在接受层面，学界认为众多青年受到小说《家》的鼓舞积极投身于革命，并且很多青年在看完《家》之后就改变了自己的世界观及爱情观，敢于追求自己的理想。学界之前的研究结果无疑是正确且重要的，这些结论抓住了巴金《家》这部小说从创作到接受的核心要素，分析了巴金为铸刻黑暗现实的动机及效果。但是笔者认为这个问题的探讨并未终结，就好似一个硬币需要双面铸刻，巴金铸刻的现实黑暗面已经被分析得十分透彻。但硬币的另一面则是巴金理想中的现实世界应该是什么样的，而关于这一面的论述并不多见。大部分文章都集中探讨巴金在《家》中讽刺了什么，批判了什么，但是却少有提及巴金在《家》中期待了什么，而这正是本文要讨论的。

笔者将巴金在《家》中的期待定义为"乌托邦想象"，之所以加上想象二字，考虑到的是这部小说并不是真正意义上的乌托邦小说，一切美好的事物都是巴金在批判现实时以隐藏期待的形式出现的憧憬。并且在小说之外的现实世界，巴金所期待的民主、自由、开放等并没有在三十年代出现，直到新中国成立后整个社会的形势才有了质的改观。所以说，巴金的《家》在抨击现实之面的背

第十一届巴金学术研讨会青年论坛部分获奖者合影

后还有寄寓乌托邦的想象面,但是这种想象在一定时间段内只能算作是难以实现的空想。因此,分析巴金的乌托邦想象及其难以完成的历史和现实原因,反过来对进一步了解巴金的现实批判是有一定促进作用的。

一 《家》之核心:理想与现实在政治社会的乌托邦式冲突

此处首先应该明确几个概念。首先,我们常说的理想与理想主义在本质上并不是一致的。理想强调个体或社会共同体在某一特定目标上的诉求,这是一个很好理解并约定俗成的概念。但是理想主义则不同,这一名词在中文里具有非常笼统的含义,即便是在英文 Idealism 中,它的意思也带有不确定性。"理想主义既出自人类的要求,可以广义地说,自有人类历史便有理想主义,地无分中外,代无分古今,都有理想主义出现。"[①]理想主义不是一个纯文

---

① 黑格尔、伯克莱、陆宰著,谢扶雅、章文新译《近代理想主义》第3页,宗教文化出版社2013年6月版。

学概念,它是哲学体系的延伸,其源头在古希腊时期的唯心论。后经由西方美学的浪潮不断磨洗,形成了近代理想主义,并且与基督教有着不可分割的联系。这一时期的理想主义甚至跟有神论进行捆绑,强调人类社会的正常秩序依托于一种至高无上的神秘力量的统治,如果不坚守这种统治,那么人类社会将会涣散混乱。而如今,理想主义更是在西方各个美学学派的主张下变得愈发不明确且复杂。因此,我们谈论巴金的《家》,并不是说巴金拥有一套可以自我阐述的理想主义理论,而是着重强调巴金对未来的理想期许,这一点是先要说明的。

其次,理想与乌托邦也有不同。理想未必是无法实现的,而乌托邦则肯定无法实现,乌托邦永远只能存在于人类的意识和文字中。乌托邦必须要有完美的性质,而理想却不必,即便是《家》中巴金所理想的社会政治制度,也是允许拥有瑕疵的。现代化是许多不发达国家和民族的理想,当时的中国正在现代化急速地推动中感受阵痛,但是现代化的结果不一定就是最完善的。因此追求这一理想的人也不一定将它视为问题的最终解决方式,理想不一定是对现实的批判与否定,但乌托邦却总是作为现实的对立面出现。理想与乌托邦有着共同的本原,这就是人类希望与梦想的本能,理想是它的一般表现,而乌托邦是它的最高形式。由此可见,平常学界所说《家》中的现实批判只是一个态度,并不代表最后的解决方案,而乌托邦般的想象则是巴金心中留下的可能性解法,即便这种解法在当时的社会环境中难以实现。

在小说《家》里,巴金想象中的政治社会应该是自由平等与博爱的,但现实情况却并不是这样。社会的动荡激起了青年学生的反抗,但是年轻学生如觉慧之辈却无法正常表达他们的革命诉求,就连请愿释放无故被捕的学生都是一种奢望。社会大环境如此,当视线转到高家内部,勾心斗角和不平等的现象随处可见,鸣凤等佣人被当作商品随意处理。巴金揭露这些现象,除了作为作家的必要社会责任感外,最主要还是跟他参与无政府主义政治运动的经验有关。从清朝末年开始,无政府主义开始系统地传播到中国,这对当时一心想摆脱封建桎梏的中国社会来说无疑是一把有力的思想武器。"清末封建统治末期,在'革命派'中最为彻底的'革命思想'无疑是无政府主义。"[①]但无政府主义在国际上实质是一种否定民族及疆域观念,提倡无条件大同的思想,其弊端显而易见,因此中国年轻的无政府主义者一共经历了三代的演化并吸取了大量的经验教训才最终显现有建树的雏形。最初的无政府主义者片面理解该概念,带着颠覆一切的眼光进行了众多革命活动,其进步性不可否认,但是其负面影响也是有目共睹的。加之后来无政府主义在工会运动和政党体系中的参与,整个运动曾一度走向了失控的方向。巴金接触无政府主义思想较早,但是当他参与中国的无政府主义运动时应该算是第二代到第三代的无政府主义者了,因此巴金的无政府主义思想表现得较为平和。很多无政府主义者认定实现目标的首要条件是刺杀各个管理组织的头目,从而将无政府主义扩展成为了恐怖主义。而巴金没有越界,他坚持认为无政府主义运动的效果不应该建立在无辜的生命牺牲上。这一观点在他的小说创作中也能明显地感觉到。以《家》为例,巴金完全可以着重墨描写轰轰烈烈的学生和工人运动,但是这二者最终也只成为了故事的背景与铺垫,主要的描写还在高家内部。那如果把高家看作是一个由高老太爷领导并设立规则的集团的话,那么按照无政府主义的"教条",高老太爷应该是首先被驱逐的对象,而文本呈现的面貌却并非如此,不论儿孙还是仆人都惧怕高老太爷,并且没有人感反抗他的权威,整个高家实际上还是处于高老太爷的统治之中。读者很容易看到巴金对于封建大家庭的不满,认为这是巴金想要批判的对象,但是更进一步思考后我们可以看出这是巴金对无政府主义的一种文学化用,巧妙并且令人印象深刻。

巴金所参与的政治运动在后来对他的研究方面产生过一些影响,但是文学与社会的关系总是千丝万缕,值得庆幸的是最终学界依然找回了巴金研究应有的方向。而《家》中所展示的带有无政府主义色彩的乌托邦想象,也成为了巴金提醒世人的警钟。

---

① 坂井洋史:《巴金论集》第35页,复旦大学出版社2013年7月版。

二 《家》之主线:乌托邦想象性质的爱情

在小说中,读者十分关注觉新、觉民、觉慧的爱情纠葛,首先对他们不能与心上人终成眷属而惋惜,而后又将矛头指向落后的封建家庭门第观念,认为是落后的封建残余摧毁了年轻一代的爱情。其实我们很容易走入这种认知的误区,只要有落后的思想,那么一切问题都是落后思想造成的。"巴金常以一种宣言式的夸大的口吻写作,对青年确有激动人心、坚决奋起的审美效果,但这样的口号在很大程度上又是大而无当,损害了作品的真实,而且在写作中的人格乌托邦的自我设定与现实中间,留下了巨大反差。"[①]《家》作为一部十分有内涵的长篇小说,巴金在爱情方面想表达的肯定不仅仅只有封建制度摧毁爱情这个主题,它还应该包括更多的内涵可以分析。

如果巴金单单写封建制度对爱情的摧残,那么他着墨描写一段爱情即可,但是巴金还是细致的将三段爱情嵌入叙事,这必然是精心设计所为。细致分析之下不难发现,《家》中年轻一代的三段爱情虽然都以失败告终,但在具体形式上其实并不是同一种。觉新代表的是一种最普遍,也最痛苦的爱情经历。他的爱情输给了"愚孝"和妥协,本来幸福的爱情到最后变成了让觉新承受一切苦难,当瑞珏和梅双双离开人世之后,觉新的痛苦到达顶点,同时也宣告他隐忍的失败。如果说这是封建余孽,那这种逼迫在现在依然能看到影子,巴金的伟大就在于他的文字描述了这种可能,并预言到这种可能的延续。封建余孽的逼迫毕竟是外部原因,高家使长孙觉新背负的"责任"实际上才是他的内在压力,反抗会成为笑柄,而妥协则能牺牲自己满足其他的人的要求,而觉新最终的选择却是妥协。觉新的爱情分为两层,与瑞珏结合并磨合是现实的层面,与梅的不舍则是精神层面的些许满足,而这两层则在梅与瑞珏

[①] 姚冰:《巴金:写作乌托邦与现实》,《四川大学学报》(哲学社会科学版)1999年,第130页。

的对话场景中融为一张薄纸,并且脆弱得不堪一击。觉民处在觉新和觉慧的两极之中,拥有一定进步的思想却又不敢摆脱高家的权威。觉民的恋爱对象是琴,琴本身就有着新青年的进步性,从这一层面来说,觉民与琴应该是"门当户对"的。觉民在被逼婚时选择了离家出走,如果说封建余孽造成了爱情的破灭,那么这里觉民的出走又该作何解释,所以我才认为把一切归于封建思想太过简单。觉民的失败在于自身信心的缺乏和摇摆不定,在时间的拉锯中最终失去了和琴在一起的机会。觉慧则应该说是一点没有封建思想残余的人物,他对鸣凤也进行了爱意的表达,但是小说中我们不难看出觉慧自己还是略有畏惧门第差异的,因此最后两人不能在一起而鸣凤投水而死。综上,除了无处不在的封建思想外,觉新的爱情败给了家族压力,觉民的爱情败给了自我摇摆不定,觉慧的爱情败给了门第之见。

　　因此巴金通过对年轻一代失败爱情的描写,实际上总结了当时及未来年轻爱情夭折的几个主因,而跨过这些原因,我们不难发现,民主宽松的家庭环境,坚定的恋爱决心和抛开门第之见的坦诚相对才是巴金笔下理想的爱情状态。但是这种爱情状态现实生活中实在少有,因此不难说这其实也是巴金通过三段失败爱情的反面所憧憬的理想乌托邦爱情。但这也并不是严格意义上的乌托邦式的爱情,它不强调纯粹理性的精神交流,并且肯定外在物质条件对爱情的影响,因此巴金笔下对爱情的乌托邦想象充斥着唯物辩证法的痕迹,这样的爱情设想显得比较客观,但是要完全实现却又较为困难。巴金提出了一种期许,而解决这种期许的人必然是读者。因此巴金笔下对影响爱情的因素的批判与想象是两股不同的力,"互相激荡的两股力量……正在相互渗透,渗透的结果,都促使他们向前进。没有激荡,没有渗透,进步就不可想象了。"[1]

---

[1] 顾准:《从理想主义到经验主义》第137页,光明日报出版社2013年版。

三 《家》之灵魂:觉慧所代表的自我乌托邦想象

巴金的《家》虽然不是严格意义上的自传小说,但是明显地能看出自我经验的影子,"一九二九年七月,巴金的大哥到上海,他由大哥想起了许多往事,从而再一次激起这种写作热情",[①]而觉慧则是巴金自我意识的具象化产物。巴金自己也在某些时候承认过觉慧在一定程度上代表了自我的童年经验。觉慧是充满全新活力的青年形象,但这个角色拥有复杂的性格元素,读者无法完全相信他脱离了封建落后的那一套思想,这在他与鸣凤的爱情的矛盾中可以看出来,甚至可以从他与觉民回家时给乞讨小孩钱的时候可以看出来。他主观上是在摆脱旧制度对自己的束缚,但是在他无法意识到的思维深处,沉积千年的落后思想依然占据着一席之地,这是一种命运般的无奈,但觉慧至少做出了反抗的第一步。觉慧所代表的形象其实是一种人格化的乌托邦形象,或者说,是一种精神上的异托邦聚合。在巴金的创作冲动下,觉慧的形象是一个完美的集合体,他综合了当时年轻一代的各种可能,而觉慧的叛逆出走,更是对整个制度的高声控诉。仔细分析我们不难发现觉慧的性格有着以下三个特点。

首先,觉慧有一定的叛逆性。叛逆本是一个贬义词,在于对任何事物都说不,但是觉慧的叛逆主要是对家庭内部不合理的制度说不。其实在三十年代的外部环境下,诸如高家的大家族都有着类似的环境,不过鲜有人站在家族的对立面思考问题,因为这会被扣上"不孝、不义"的帽子,而大部分年轻人则选择自我隐忍以求得家庭的和谐,觉新就是这类人物的代表。其实隐忍也并不一定会造成灾难性的后果,但是他对一个人的自我成长绝对是百害无一利的,所以觉慧的叛逆性恰巧造就了一种错位的新颖感,当庞大的家族内部出现一例可以反抗权威的对象时,证明社会上某种进步的思想已经在萌发并壮大了。诚如马克思和恩格斯所形容的那样

[①] 辜也平:《巴金创作综论新编》第109页,复旦大学出版社2013年版。

新事物虽然弱小,但是发展前景总是开阔的。觉慧的叛逆性最终也将与自由民主的思潮结合,从而形成个体的先进性与前瞻性。

其次,觉慧也有犹豫的短板。我们可以看到觉慧身上还是无法抹去公子哥的烙印,为人处世时难免有所犹豫。最典型的例子就是他在处理鸣凤的事情上,他矛盾且彷徨,一点也没有像学生运动一样的果敢。我们不能笼统地说觉慧还是带有退步因素的角色,但我们至少可以说觉慧是一个完整的人,如果一切都是崭新的且果断的,那么这个角色是上古英雄而不是现代小说中的一个栩栩如生的形象。觉慧的犹豫使得他容易犯错误,但是犯错误也会导致读者觉得他更贴近生活,更加亲切,因此也能进一步理解觉慧性格中其他方面的要素。

再次,觉慧的某些想法过于天真。当有学生被捕,觉慧联合其他学生去请愿,希望放人,这不得不说是他们思想的幼稚和斗争经验的不足,想当然地认为自己的某些言行强大到可以与反面势力对抗。还有就是觉慧和觉民回家时,看见乞讨的小孩,觉慧主动上去给小孩一些资助,但是觉慧认为给了小孩钱之后他就会生活得好一点,可是杯水车薪,一时的资助不可能在那样的社会环境下满足一个流浪孩子的所有需求。但是反过来,我们也可以从觉慧的天真看到他的善良,虽然读者看来他的某些举动只是一时兴起,但是至少他是有心为之,比起那些视苦难而不见的人要好得多。

综上,觉慧并不是一个完美的人物形象,读者可以从他的莽撞与欠考虑中看到一些新鲜的火花,因此觉慧总整体上还是给读者以希望的。巴金塑造觉慧,必然带上自己生活经验的影子,巴金也对当时的社会失望,也通过一些政治活动期望改变现实,但是他受到过诸多挫折,因此他借觉慧的手与口说出了他的想法。因此觉慧这个角色不是现实的集合体,而是一个精神集合体,他代表了某种高度理想的乌托邦情愫,企图在尘嚣之外需求心灵上的安慰和对未来的承诺。

综上所述,从《家》的主题、主线和主要人物看,他们都带上了巴金理想的乌托邦想象。对封建思想残余的批判是为了构建一个更加和谐的未来,但是当时的社会外部环境却不允许这种自由的未来及时出现,所以巴金在《家》中就寄托了这种乌托邦想象,以期获得读者的理解和自我的宽慰。

(作者系北京师范大学文学院研究生)

观点集萃

毕克鲁

革命家 E·邵可侣对巴金的影响

1931年,巴金先生在《过去》一书中曾引用生田春月的赞语,称赞 E·邵可侣(1830—1905)是"如珠之人,如火之信;圣徒之生活,真挚之思念;在个人中,实为美果;德性完成,世界成春。一八四八年脱离学校投身革命之少年时;巴黎公社革命时代执枪而战之壮年时!大作《人与地》出世后,呼革命而死之老年时,美哉,君之生涯!正哉,君之思想!"①

确实,E·邵可侣等理想主义先辈是巴金年轻时所崇敬的"指引者",他们为着自由而奋斗,为正义而牺牲,肩负着解放人类的使命,勇敢地去反抗……"他们代表着一种价值观,指引着巴金等一批热血青年,影响了他们的一生,并在生活上成为这批青年的楷模。"巴金曾称赞这批理想主义先辈:"像这样的人确是不会死的,他永存在我们的心里,我们要拿他做个别例子去生活,去工作,去爱人,照他那样地为人,那样地处世。"②

E·邵可侣是一个献身革命的理想主义者,在他的一生中曾入狱一次,两次流亡,可谓经历坎坷。

E·邵可侣是十九世纪数一数二的大地理学家,曾著有巨著《人与地》等上千万字,得过只有杰出探险家才能获得的世界地理学的最高荣誉——小金章、大金章。他是十九世纪世界顶级大学

① 转引自周立民《重见天日的〈过去〉》,《点滴》2013年第4期第27页。
② 同上书,第25页。

本文作者在第十一届巴金学术研讨会上发言

者,却不以自己的学问傲世骄人。为了捍卫公社,这位学问家毫不犹豫拿起武器,充当小兵,走上了巴黎街头。面对刽子手。①

在万人患着权力狂的社会,他拒绝任何统治同类的职务,在举世陷入唯利是图的时代,他却情愿留为穷人。

无论在狱中,还是在流亡中,他从不浪费时间,认为为了社会的进步而努力工作是人生最美好的事情。

他有殉道者的精神,却反对"宗教家"的欺人骗世。

他始终站在弱者与贫者一边,为解放被压迫者,为解除大众的苦痛,为所有人的政治自由和经济平等而奋斗。

他一生吃素,有人说,他是革命的清教徒。

E·邵可侣在讨论艺术与人生时曾这样说过:"人生就是艺术,不为私利改变自己的理想,只要社会上有特权与贫困存在,我们总是站在弱者一边,以革命的斗争,求得正义的实现,这就是美的人生"。②

---

① 伯鲁·邵可侣著,毕修勺译《E·邵可侣传》第62页。
② 同上书,第3页。

以E·邵可侣的处世为自己楷模的巴金和巴金的朋友们也总是站在弱者和贫者这一边。

　　也是这样说的和做的,去爱人,照E·邵可侣那样地为人,那样地处世,使人生富有价值,"让生命开花"。

　　在二十世纪三、四十年代的中国,在那物欲横流,拜金主义盛行的旧社会,巴金、吴朗西、朱洗、丽尼等志士仁人毅然以自身不多的积蓄和菲薄的写作收入,集资创办了文化生活出版社,闯出一条"出版救国"、文化救国的道路,文生社十几年出了上千本中外名著和科教读物,提供了当时社会上弱者和贫者之急需的精神食粮,对唤醒贫苦大众特别是青年一代起了不可磨灭的作用,而巴金等人义务为文生社看稿、编辑,只有投入,毫不索取,放弃了股息等所有权利,他们这样做很不为当时的人们和后人所理解,有些人甚至不敢相信和觉得不可思议。

　　今天,我们只要看看E·邵可侣等先辈一生的作为,再想想巴金是真正把这些先辈们的处世态度作为自己人生楷模的,这样我们就能理解巴金等人的所作所为,联系到20世纪七、八十年代,巴金多次作为一位老人"为希望工程大量捐资,在百忙中不顾疾病折磨而为小学生写信,并谆谆寄语,巴金等人这种为祖国、为人民、为理想而奋斗干事业,一心为穷人、弱者的高尚精神和美德,正是今天我们后辈应该大力发扬的人生核心价值。"

秋 石

巴金和萧军：鲁迅精神的传承者

巴金与萧军，一个低调，一个"野气"；一个信仰奉献，踏实做事；一个敢说敢为，仗义执言；虽然一个是私淑弟子一个是鲁迅的嫡系弟子，但是他们都真正从鲁迅身上学到了东西，尤其是在对待后学与晚辈的问题上，他们都是鲁迅精神的传承者。

先说巴金，且不说他经年累月抚养亡友马宗融的子女，直至他们成年走上工作岗位。在这方面，当事人的回忆、怀念早已家喻户晓，深入到每一个读者的心目中，大家无不为巴金先生的这种感人精神所感动。在这里，笔者撷取他在年近九旬时，写给故乡成都一所小学学生们的信中的话来加以说明。

在1991年5月15日《致成都东城街小学学生》的信上，巴金先生写道：

> 不要把我当做什么杰出人物，我只是一个普通人。我写作不是我有才华，而是我有感情，对我的祖国和同胞我有无限的爱，我用作品表达我的这种感情。……我思索，我追求，我终于明白生命的意义在于奉献，而不在于享受。……有人问我生命开花是什么意思，我说："……我们活着就要给我们生活在其中的社会添上一点光彩。……一心为自己、一生为自己的人什么也得不到。"

对孩子们如此，对好学上进的年轻人，巴金先生更是有求必应。不单是有求必应，而且巴金先生还会"察言观色"：从对方的衣

本文作者在第十一届巴金学术研讨会上发言

着上洞察他的家境，然后主动伸出援手，施之以帮助。今年4月18日的《文汇读书周报》刊登了署名躲斋写的题为《1950年代拜访巴金》的回忆文章，他回忆的是发生在1951年他亲历过的一件事情。躲斋这样回忆道：

> 那是1951年前后，赵华锦来找我，兴冲冲地给我看一张明信片，上面只有寥寥的二三行字，署名是"巴金"，内容是约他到霞飞坊晤面。我不知道赵华锦的用意，问他："什么意思？"他很兴奋，但又犹豫，胆怯地说："我给巴金先生写了信，想去请教关于安那其主义的问题，还有克鲁泡特金……没想到巴金先生同意了，来了回信，可我有点紧张，有点'怕'，一个人去，不知道该怎样讲，你能陪我去吗？"我明白了。
>
> ……
>
> 记不起是哪一天了，依稀是个春寒料峭而又风和日丽的日子，赵先到我家，然后一起往访先生。我们一到门口，按铃，巴金先生早在客厅里等候了。之后，是我先开口，向巴金先生介绍赵华锦，同时催促赵提出他要请教的问题。这样，就谈了

起来。先生先是倾听,不很讲话,后来略略回答了一些,都是关于哲学方面的问题和克鲁泡特金的主张之类。我只是旁听,不插话。最后,我直率地提了个不像问题的问题。我说:"李先生,我很喜欢你的《短简》,清丽、流畅,特别感到坦荡而亲切。读《家》的感觉是震撼,是悲愤。可是读《春》、读《秋》,感觉和《家》不一样,好像没有《家》那样的力量?"李先生听了以后,没有立即回答,滞疑了一会,然后缓缓地说:"你的感觉是正确的,不要怀疑自己。我写《家》的时候,生活积累较厚,饱满,来不及写。写《春》的时候,就不如以前饱满,有时有疑虑,但还是很从容。写《秋》,就更不如《春》了,但思考得多些,感情激动,但有时不免用想象来填补生活的不足。所以,还是'生活',生活一定要丰富,才能写好。"这就是我当年与巴老所谈的全部内容,至今记忆犹新,没有褪色。

而在告辞之前,赵上洗手间,先生忽然问我:"你的同学家庭情况怎样?"这使我感到意外,大概是赵的衣着让先生敏感到了他的贫困。既然如此,我就直率地告诉了先生,说赵父母双亡,非常困难,毕业以后不打算考大学。先生说了句:"大学还得去考,现在要人才啊……"话音未了,赵出来了,我们向先生道了谢,告辞。

隔不多久,赵华锦又来我家,告诉我,他决定考大学,考北大,说是巴金先生汇了一笔钱给他,鼓励他升学。他激动得不得了,我也激动万分。李先生在我心中的形象从此高大起来。

巴金先生是这样,萧军先生——这位常常令鲁迅头疼、哭笑不得却又器重的东北弟子,不仅对鲁迅的感情炽热如火,而且也秉承了鲁迅先生一以贯之的对青年的关爱与扶持的优良传统。在这些受益的人中,有在1940年代后半叶遭受国民党特务迫害,流落在吉、黑两省生活无着的秋萤先生。而当他复遭"自己人"白眼陷于困境时,不得已,他提笔给素不相识远在哈尔滨主持鲁迅文化出版社与文化报的萧军写信,请求帮助。当秋萤写出这封求助信的时候,萧军与《文化报》已经备受责难与围攻。在这样的情况下,萧军仍然满腔热忱地尽最大可能,给予他从经济上、工作上、生活上各

个方面的帮助。甚至,在自己被错误地打成"三反分子"后,被迫离去前夕,依然为秋萤未来的工作做着安排。有关在非常岁月发生的这个十分感人的故事,萧军逝世后,已经离休的秋萤写了一篇《故人故情悼萧军》的文章,将这件埋藏在自己心底深处整整40年的往事公诸于众,以志纪念。

秋萤先生如此,然而,要说对萧军这位"鲁门小弟子"传承鲁迅精神的动人事迹,体会最深、受益最大的后生,非我秋石莫属。

1979年8月17日下午二时,哈尔滨南岗文昌街省图书馆三楼小会议室,黑龙江省暨哈尔滨市文艺界为当年因背负"三反分子"罪名离别三十一载后萧军的首次重返,举行了一次别开生面的座谈会。时为文学青年的我,得益于一位知青女作家的帮助,有幸出席了这个小型座谈会。而且,还是以一种不打不相识的方式,直面发问并结成忘年交,直至九年后萧军因病去世,我赴八宝山为其送行。

萧军是鲁迅的学生,有幸与鲁迅的学生会面,自然而然的,我心底里的那个"鲁迅式"的作家梦顿时复活了起来。

我的这个开门见山,不打不相识的发问,恰恰是有关鲁迅的话题,不仅同我们青年人有关,而且,也正是萧军他们那一代人有着极其刻骨铭心的亲身经历。

座谈会上,见萧军举止言谈格外地平易近人,一点也没有我想象中的"大作家"的架子。于是,藏在我心底深处达三年之久的愿望(自1976年金秋十月在粉碎"四人帮"的欢笑声中,我读了由鲁迅先生作序的《八月的乡村》之后产生的)顿时脱颖而出。当提问一开始,我这个初生牛犊不怕虎的无名小卒也不甘落后,斗胆向先生递上了一个条子,内容是富有挑战性的。其大意是:你萧军刚才口口声声谈论当年鲁迅先生怎样关怀、扶植你们,可惜,现在的文艺界情况相差甚远,不知你萧军……

条子刚一递出,我又产生了些许后悔:一是环顾左右上百人,全是省、市文艺界的精华,其中几近一半是白发苍苍的老前辈;二是凭他声望这么大的作家,能回答我这个虽不可笑但颇为天真的问题么?我想,萧军如若见到此条,即令不予申斥,也将是嗤之以鼻,搁置一旁。于是乎,我忐忑不安地期待着……殊不知,刚解答完第二个问题,主持座谈会的省作协负责人关沫南微笑着,将一张三寸条子递到了先生的手上。先生呢,迅速地浏览了一下,便将我写的条子给当众念开了。念毕,先生双目炯炯,环顾全场,扬扬手中的条子说道:"请递条子的那位同志站起来同我见个面!"

我一听,猛地傻了! 才刚初生牛犊不怕虎的勇气也不知跑哪儿去了,心想,糟了,非挨申斥不可:我虽有写条请教的勇气,可我并没有站起来面答的胆量啊!

静场片刻,见没有人应声,先生不急不恼,微微一笑说:"如果那位青年同志不肯站起来,那么,我也只好这样站着等他了!"这时,全场鸦雀无声,没有人表示异议或什么。而且,我发现,不少人还饶有兴趣地在静静地等候着哩! 少顷,主持会议的关沫南同志也慢声细气地说开了:"依我看,还是请递条子的那位同志站起来吧! 不然的话,萧军会一直站到底的!"

为了不致影响大家,我只得涨红着脸,嗫嚅地承认了自己就是写条的"那位",敬请先生原谅我的冒昧……岂知,萧军一听,顿时和颜悦色地呵呵地笑开了:

"不,不,不是冒昧,提得好,提得好! 我萧军就是喜欢你这样的性格,不畏名人,要得! 不过……"他略略俯下身子,用一种商量的口气同我说道:

"我得同你商量一下,今天这个会,是我离别三十一年后同老朋友们的第一次会面。要回答你这个问题并不困难,但是需要时间。这样好不好,明天我请你参加另一个会,或者另约一个时间细谈,怎么样?"

我,默默地点了点头,在这样的老前辈面前,我还能说些什么呢?!

可是,事与愿违。由于我有紧急公务,次日一早,我便离开哈尔滨回佳木斯工作单位去了。我给他写了一个简条,向他致意,祝他健康长寿。

一年后,我骤地成了孤儿,心境十分恶劣又无处诉说。于是,冥冥中,我试探着给在北京的萧军写了一封长长的信,并附去了一个正在创作中的长篇小说中的第一部分,盼请指正。兴许是他繁忙的缘故(事实正是如此),我没能马上收到他的复信。以后,时间一长,便渐渐地淡忘了。

时隔两年,一九八二年十月,我突然收到了一封发自北京后海鸦儿胡同的来信。掂着信,我很是惊讶,因为在我所有的朋友中,并没有住在后海的呀!直到拆开一看,方知是敬爱的萧军先生委托他的夫人王德芬给写来的。原来,两年前,收到我的信,正值中央有关部门为他平反,接着又是赴美访问……尽管如此,他还是逐字逐句地看完了万余字的初作和那封长信,并在扉页上写道:

"此信由我亲复!"

这封迟复的信,在表示歉意的同时,对我失去母亲表示慰问,并询问我的现状、工作和创作情况。末了,嘱我经常与他们保持联系。统览全信,情切切,意真真,字里行间体现了一位老前辈对年轻人的高度关注。自那时起,我们信来信往,成了忘年交。

一年多后,我在一次南下途中到了北京,去后海鸦儿胡同那个煤尘飞扬的危楼上探望了他。他和夫人王德芬热情地接待了我。就在这次会面三个月后,中共黑龙江省委、黑龙江省人民政府召开了全省文艺工作座谈会,会上,讨论制定了一系列繁荣社会主义文艺的可行性措施。不久,萧军刚一闻讯,便亲自提笔,给黑龙江作协的关沫南、黑龙江大学中文系的陈隄教授等老友写信,嘱托他们进一步关怀和帮助我。信的大意是:我萧军年事已高,别无所求,只为贺金祥一事,求助于黑龙江的老朋友们……我对这个年轻人有过较长时期接触,了解他的为人,也曾看过他的稿。但是我现在老了,力不从心了,因此请求你们在可能的范围内,给予这个年轻人以文学上的指导和扶持……

不仅是我的文学创作事业,就是我的后来回南方工作的调动事宜,早在多年前宣布封笔不求人的萧军,也都有求必应地给予了帮助。在历经一场惊心动魄生与死搏击的人生之旅后,我萌发了返回江南水乡定居的愿望。在这次南返调动的过程中,许许多多德高望重的老前辈(多为有着四五十年党龄的左翼作家和延安文艺老战士)向我伸出了援助之手。1987年12月10日夜晚,萧军在

1948年时的哈尔滨老友、黑龙江省作协负责人关沫南致居住在苏州的中国作协副主席陆文夫同志的信上（有关我南返回苏州工作的事宜），欣然提笔写下了如下一段话：

文夫同志：

　　我也求一份"人情"，希望您在可能的范围内，给贺金祥同志以大力协助，果所至盼者。

　　祝

好！

萧军　1987.12.10

萧军这种对后学的关怀备至，让我想起鲁迅先生托付叶紫照顾他的佳话，这种"鲁迅精神"的流传，给了我莫大的激励，也正是我誓言献身于以鲁迅为代表的三十年代左翼文学研究事业的初衷，及其信心、决心、动力之所在。

—— 翁长松

巴金也是藏书家

今年是人民作家巴金先生诞辰110周年。1904年11月25日巴金出生于书香门第的封建官僚地主家庭，像这样的家庭与书籍似乎有着天然的关系，所以也就养成巴金从小爱阅读、爱购书和藏书的习惯，这也为造就他未来成为大作家奠定了文化和知识的基础。回顾巴金的一生，他不仅是中国现当代文学巨匠，还是一位与书结下不解之缘的藏书家。

一 "五四"读物点燃巴金购书情趣

巴金称自己是"'五四'运动的儿子"，1919年"五四"运动爆发时，巴金正处于十五岁的青少年思想最活跃时期，"五四"的新思潮和新读物像阳光和雨露滋润着巴金的少年心，也点燃起他阅读和购书的情趣。巴金曾回忆说："于是大哥找到了本城唯一售卖新书的那家店铺，他在那里买了一本《新青年》和两三份《每周评论》。我们争着读它们。那里面的每个字都像火星一般的点燃了我们的热情。"[①]巴金从"五四"新思潮和新读物中不仅找到了奋斗的信仰，还基本形成了他阅读和购书的方向和兴趣。

伴随巴金的成长和发展，他阅读和购书的视角在逐渐拓宽，并爱看和购买文学研究会主办的《小说月报》、《文学旬刊》和创造社

---

① 《巴金全集》第12卷第402页，人民文学出版社1989年版。

本文作者在第十一届巴金学术研讨会上发言

办的《创造》读物。他满脑子装填了新文学运动第一个十年的大量作品。他说:"我没有走上邪路,正是靠了鲁迅先生的《狂人日记》为首的新文学作品的教育。它们使我懂得爱祖国、爱人民、爱生活、爱文学。"巴金"有见书就读的习惯","喜欢翻看杂书",更"爱读传记和回忆录";他如饥似渴地寻找着想看的书,竟然几次在梦中读到!他说:"我有这样一个习惯,读了好的作品,我会感到心灵充实,我会充满对生活的热爱;我有一种愿望,想使自己变得善良些、纯洁些、对别人有用些。"阅读熏陶和净化了巴金的心灵和提高了他辨别真假和是非的识别能力,也点燃了他的创作热情,所以也就有了他青年时代创作的《激流三部曲》《爱情的三部曲》《寒夜》等著名小说,以及晚年闪耀敢于"讲真话"主旋律的《随想录》散文集。

二 巴金是大作家,也是个藏书家

至今大家爱称巴金是"人民作家"和著名小说家和编辑家,却很少有人称巴金为藏书家。可在我的心目中,巴金不仅是个有卓越贡献的中国现代大作家,还是一个名副其实的藏书家。

对巴金的藏书,陈丹晨也有过记载,那大约是1946—1954年期间巴金一家还住在上海霞飞路霞飞坊59号(即如今淮海中路927弄59号)内的情况,他说:"59号三楼房间并不大,临窗有一张书桌,后侧放着卧床,此外都是玻璃门的书柜,占着其余空间。这些书柜排列成行,中间留有可侧身走过的或查找书刊活动的空隙。据黄裳回忆说,他们的卧室兼书房,'就像苏州花园内假山中间的小径似的,书架里绝大部分是外文书,二楼的一间是朋友让出来的,是吃饭、会客的地方'。"[1]可见20世纪四、五十年代的巴金藏书已相当丰富和可观了。

1955年5月,巴金一家迁入徐汇区武康路113号三层西式独立花园住宅内,居住环境有了较大改善,也为巴金创造了更大的藏书空间。据纪申说:巴金"解放后搬了家,房子住得宽舒了,书架、书橱也随之增多增大。书房四壁皆书,客厅里也顺墙壁一溜立上四只大书橱,连廊上、过道也放有书橱。一句话无处不是书了。……巴金先是耽读国外哲学名家的各类著作和革命者的传记与回忆,文学作品后来居上的。外文版书早期买得多,解放初期除了俄文本外,全偏重于中文书了。他买进的书很杂,各种各类的书都有。特别喜欢有名家插图的精装本。"[2]"文革"后期,当他从"五七干校"回到上海后,他又旧习不改,尽可能买起书来。像别的商品一样,稍有点热门的书也很难买,他就托朋友帮忙设法买。诸如《艳阳天》、《红楼梦》、《水浒》、《红楼梦新证》、《鲁迅手稿选集》、《唐诗别裁》、《第三帝国兴亡》,以及工具书《英汉文成语辞典》等。

三　巴金藏书的特点

说到巴金的藏书,他虽然不像现当代著名藏书家阿英、郑振铎、唐弢那样:专注收藏,偏重版本,或晚清书刊、或线装古籍、或旧

---

[1]　陈丹晨:《巴金全传》第193页,中国青年出版社2003年10月版。
[2]　纪申:《记巴金及其他》第60页,宁夏人民出版社1994年版。

平装新文学。巴金却是完全凭自己的所好所喜,涉及杂而宽广,但也不乏珍稀版本和特色。外文版的旧书是巴金藏书的特色之一。巴金从青年时代就爱淘外文版书。1927年初去法国留学,当巴金刚到马赛便在火车站上买了一本左拉的短篇小说集。以后又在巴黎塞纳河畔的旧书摊,花了两个半法郎买了世界语本秋田雨雀的《骷髅的跳舞》。那时他爱逛塞纳河畔的旧书摊,一星期至少要去两次,常有收获。当然,巴金购藏大批外文版旧书,是在抗战前的上海。巴金确是藏有不少外文旧版珍稀本,如1900年俄文版果戈里《死魂灵》编号29的豪华本、法文版卢梭《忏悔录》、1888年意大利文版《神曲》、俄文版《托尔斯泰全集》10卷本等。

巴金的大量藏书中除有稀罕珍贵外文版书外,还有他自己创作的各种版本的书、有他办出版社编辑的书、有朋友赠送的书,等等。我们现在撇开巴金几十年中寻寻觅觅购藏的书,光以他自己历年创作出版的各种版本书的数量就颇为可贵。

又如,巴金为出版社编过的书也很多,仅以他为文化生活出版社主编的《文学丛刊》而言,从1935年11月至1949年4月,共出版10集,每集16部,共收入鲁迅、茅盾、王统照、郑振铎、沈从文、鲁彦、冯至及靳以、曹禺、李健吾、何其芳、卞之林、李广田等新老作家160部作品。这些作品他也都有收藏。

尤其值得一提的是巴金还收藏了一批朋友们赠送的签名本,其数量也不少,光是著名的作家就有鲁迅、郭沫若、茅盾、郑振铎、冰心、老舍、曹禺、叶圣陶、傅雷、汝龙、萧乾、楼适夷、师陀、徐开垒、赵丽宏等多人。

巴金从读书、著书、编书、译书到评书、淘书、藏书,数以万计的书从他手中经过,为书奔波忙碌一生。巴金创作的经典作品,是一笔不朽的精神财富;他淘书藏书的收获,也是一笔尚未估量的珍贵财富。巴金一生究竟收藏了多少册书,恐怕他生前也没统计过,所以至今也没有一个权威的说法。

后来,我查阅陆正伟《巴金:这二十年(1986—2005)》(上海人民出版社2006年10月第1版)一书,其中有一篇《散布知识,散布生命》记叙说:"从1981年起,他(巴金)就开始一车一车地往外捐,至今(2005年)已先后向中国现代文学馆、北京图书馆、上海图书馆及成都'慧园'和泉州的黎明大学、南京师大附中、上海档案馆、上海作协捐出了各类图书近3万册,期刊1万多册。"

据《文汇报》记者于2014年1月22日报道:"巴金故居常务副馆长周立民提起(巴金)收藏口若悬河:图书近四万册,书信塞满三四个柜子,其中不少来自茅盾、冰心、沈从文、曹禺等名家,此外还有不计其数的手稿、校样……"可见,巴金生前仅藏书就近10万册,其他,如民国旧杂志及名家书稿、信函和手迹,更是数量之多,不胜枚举,价值连城,所以巴金无愧为中国现当代作家中屈指可数的著名藏书家之一。

[日]近藤光雄

论巴金"自传"的创作意义

在巴金漫长的创作生涯中,"自传"、"回忆录"是巴金历来较为重视的文学类型。其中最有代表性的例子,则是晚年巴金在长达八年的岁月里一点一滴写下的《随想录》。而回望巴金文学创作最为丰富的20世纪三十年代,除了"自传体小说"《家》之外,当年巴金还发表了一些"自传",例如《巴金自传》以及收于《忆》、《短简》等几篇其他相关文章。巴金为何要在三十年代初期撰写"自传"?其文本有哪些特点?"自传"与"自传体小说"的《家》构成何种关系?撰写"自传"这一行为意味着什么?这些问题仍未得到客观的阐释,尚待考究。

为思考这些问题,我将通过概括当年巴金本人对《家》的评述以及读者对《家》的评价,指出两者间的某种差异使巴金产生了撰写"自传"的意向,阐释巴金撰写"自传"的意图何在;其次,我将对巴金的第一篇"自传"《杨嫂——自传之一》展开具体的分析文本,揭示其特点及问题所在。

巴金为何要撰写"自传"这一问题,在我看来其实与巴金怎样理解《家》这部长篇小说有着密切的关系。一九三一年四月,巴金受上海《时报》文艺编辑吴灵园的委托,于同月十八日起开始在《时报》连载长篇小说《激流》。一九三三年五月,小说标题改为《家》,由开明书店初版发行。

一九三一年四月十八日,《时报》初次连载《激流》时,巴金在《引言》中写道:"我底周围是无边的黑暗,但我并不孤独,并不绝

本文作者在第十一届巴金学术研讨会上发言

望。我无论在什么地方总看见那一般（股）生活的激流在动荡，在创造它自己底径路"；"在这里我所欲展示给读者的乃是描写过去十多年间的一幅图画"。

巴金这种创作出发点，其实早在20世纪三十年代就已经得到了一些读者的认同。到了四十年代，开始有人专门讨论这部作品。这一时期对《家》的评价更加具备具体性。

20世纪三四十年代有关《家》的积极评价，大致可以笼统地总结出以下两种倾向：首先是对巴金暴露封建家庭、礼教制度黑暗面的肯定；其次是对巴金基于"启蒙主义"的思想立场——通过暴露封建家庭、礼教制度的黑暗面来号召青年起来对它发出反抗的声音，摆脱其对青年们在思想、生活、恋爱上的束缚——的积极认同。在发表处女作《灭亡》走进文坛之前，巴金在"五四"新文化运动的熏陶下，从20世纪二十年代初期开始关注安那其主义，深受其思想影响。《灭亡》等巴金早期的文学创作充分体现了这一点。通过这一类小说及有关社会革命的言论，巴金坚持了他无法以实际运动来兑现的"理念"。如果说贯穿在《灭亡》等巴金早期的文学创作及有关社会革命的言论之中的巴金这种"先锋意识"只能是一种停留在理念层面而不具实体性、脱离历史事实、未能"达到改变社会生活的目的"的抽象概念,那么在《家》中,通过作者采取取材于广大读者所熟悉的家庭,试图接近读者的实际生活,从而使作品具有真实性、普遍性的种种手法,"先锋意识"进一步得到了普及与大众化,有待于"达到改变社会生活的目的"。

然而,对于如此主题鲜明的《家》这部作品,有些读者确实不太重视作品的主题。大概在一九三六年中旬,赵景深发表了一篇题为《关于巴金的十封信》[①]的散文,其第一信的标题则是《家与巴金自传》。他把巴金以家庭为题材的《家》的文本,与巴金以幼年时期到青年时期的家庭生活为题材的《巴金自传》[②]相互加以对照,具体分析了在主题、构思、内容、结构、乃至文学类型方面大相径庭的这两种文本的某种"互文性"。简而言之,通过参照《巴金自传》,赵景深以为他在《家》这部虚构成分居多的小说中,找到了巴金的真实经历。

这一姿态在其他九封书信中亦不例外,赵景深对巴金三十年代文学创作的评论也往往只停留在人物形象描写或艺术表现层面,对于贯穿于此的社会批判精神,则是置之不理。

早在《家》未出版单行本之前,即《时报》还在连载《激流》期间,有些读者就已经开始像赵景深这样把巴金的《家》理解为巴金的"自传"。对于一些读者将《激流》即《家》理解为"自传",巴金深感不满,于是决心撰写"自传",便写下《杨嫂——自传之一》。该篇发表后,巴金又多次声明《家》不是他的"自传"。这就说明,巴金把"自传体小说"《家》与"自传"完全看成两种不同类型的文学创作。

---

① 收于赵景深:《海上集》第174—212页,北新书局1946年10月版。《关于巴金的十封信》由十篇书信构成,写作时间为6月1日至7月14日,关于创作年份,书中没有提到。但赵景深在《巴金》(《文人剪影》所收,第11—12页,北新书局1946年10月版)一文中写道:"今年夏天,我为了一个小朋友对于巴金的小说的喜爱,也引起了读巴金的兴趣,差不多除去每日办公四小时外,其余的时间有一个整月完全用在读巴金上面,我把读后所得,写了一篇《巴金论》"。由此推测,赵景深所谓"《巴金论》"正是《关于巴金的十封信》,其创作年份则是1936年夏季。

② 第一出版社1934年11月版。

既然如此,我们应该怎样评价《杨嫂——自传之一》这篇"自传"?

《杨嫂——自传之一》一文围绕年幼的巴金及三哥的生活,片段地描述了女仆杨嫂在公馆里的境遇。在该篇结尾,巴金简短地介绍了杨嫂的生平,死时她还不到三十岁。

读者也只能对他们所读到的杨嫂的不幸遭遇、悲惨结局给予深度同情。正因为仆人的这种难以得到公馆主人关怀的悲惨遭遇对读者来讲往往是他们所能够预想得到的事情,所以,该篇完全可以与读者之间建立圆满的关系,巴金为何又要如上所述那样,去破坏与读者之间的圆满、和谐、信任的关系?我认为,探讨这个问题,必须要从巴金如何面对、怎样接受病中的杨嫂,他的心理状态发生怎样变化谈起。

我们从年幼的巴金得知杨嫂生病后的描写来分析文本。杨嫂病后变得肮脏、衰弱,与以前爱干净、能干的形象相比,完全是两个样子。面目全非的杨嫂使年幼的巴金感到他们所熟悉的杨嫂已经离开人世;而他们眼前的这个生病的杨嫂,又使年幼的巴金开始感到害怕、产生恐惧感,在他眼里,她就像一个妖怪、鬼魂,甚至是"死"的一个象征。对于年幼的巴金来讲,杨嫂几乎象征着"死"的面目全非的样子是他难以接受、无法面对的现实。

从不可思议到害怕、恐惧的心理状态,后来又使年幼的巴金感到杨嫂如今已是无法靠近、不容回忆的存在。每当巴金想到杨嫂时,如今已面目全非的杨嫂几乎都会给他幼小的心灵带来痛苦,而这种痛苦又无法轻易从他的记忆中抹去,会不断地折磨着他。年幼的巴金并不以为把疾病、死亡与自己疏远开来去保留"理想化"了的杨嫂以往的形象就可以达到他的心愿;相反,他愈要保留这种"理想化"了的回忆,这种回忆给幼小心灵带来的痛苦愈将随之更增一筹。"理想化"与心灵的痛苦这两种因素的某种难免共处的关系,乃是巴金这篇"自传"之所谓"自传"的基本特征。

巴金为面目全非的杨嫂所感到的痛苦、折磨,其实还可以理解为心理创伤(psychological trauma)。巴金解除"自传契约",破坏与读者之间的圆满、和谐、信任的关系,其实也正是要强调这种心理创伤的个人性、独特性。至于巴金反复修改、再三发表与杨嫂相关的文章的创作行为,在我看来,则是巴金试图亲自治疗这一心理创伤的过程。巴金正是要通过撰写《杨嫂——自传之一》这篇充分体现出心理创伤、个人因素十足的"自传",来把《家》的主题——暴露"资产阶级家庭"的黑暗面、"启蒙"读者、批判社会为主题——作为一种更具普遍性的思想,映射式地、清楚地转达给读者。这即是巴金寄托于这篇"自传"的基本任务。

与"自传"性质相似的"回忆录"《随想录》历来备受重视相比,而巴金"自传"则往往遭到忽略。希望今后有更多的人来关注巴金"自传",从各自不同的角度提出新颖的问题。当然,这其实也是我本人今后的研究课题。

(作者系日本一桥大学博士生)

陈丹蕾

《故园春梦》对《憩园》的二度阐释

巴金的原著《憩园》写于1944年,故事以抗日战争后期的四川成都为背景。但这时的作者已经从家族制度的批判转向了对家族观念的批判[1],同时也流露了对破落家庭的惋惜和同情,反映了进入不惑之年的巴金对于家庭问题的新思考,即"财富并不'长宜子孙',倘使不给他们一样生活技能,不向他们指示一条道路,'家'这个小圈子只能摧毁年轻人心灵的发育成长。倘使不同时让他们睁起眼睛去看广大世界;财富只能毁灭崇高的理想和善良的气质"。[2]

而电影剧本经过导演的演绎,原著的这一精神内涵通过影像的转化又更加被具体化。朱石麟因自身的人生经历,对原作中的人物和环境都十分熟悉。新旧文化的矛盾冲突是朱石麟再创作的灵感所在,在写分镜头时,他在通俗化方面作了较大的改变,并把剧名改成《故园春梦》。他主要以两家人的遭遇进行平行蒙太奇的对比,在《憩园》生活悲剧的基础上,更深一步地挖掘出了继母与继子之间的嫌隙与鸿沟,并把重点放在子女教育的问题上。

从小说到电影,大致经过小说文本、电影剧本、电影导演台本、电影几个阶段。电影剧本是对小说的最重要的改编处理,电影导

---

[1] 辜也平:《巴金创作综论新编》,复旦大学出版社2013版。
[2] 巴金:《爱尔克的灯光》,原载1941年4月19日重庆《新蜀报·蜀道》,后收入散文集《龙·虎·狗》。作者编定文集时收入《巴金文集》第十卷。

演台本是导演依据改编剧本在拍摄前准备的详细拍摄计划,而在实际拍摄中,导演对于电影剧本又可能有另外的发挥。在《憩园》的改编中,电影剧本对小说的情节有了较大的调整,而朱石麟在电影中又对剧本的情节做了删减和补充。

小说《憩园》的叙述视角是第一人称,整个故事都是在叙述人"我"的转述中展开的,随着"我"所思所想,情节上带有较多的主观情感色彩。而电影需要情节和故事上的连贯性,在这方面必然要进行较大的删改,夏衍要求改编的剧本从思想内涵方面须保持与原著一致,主要方面不能有明显背离,而且在艺术整体上也必须能再现文学原著的风格。

小说中,杨梦痴有两个儿子。大儿子"自小就不听爹的话",对他的吃喝嫖赌失望透顶,经常骂父亲"我决不容你再欺负妈",将他赶出家门。二儿子寒儿始终不离不弃地关怀他,每次父亲同母亲、哥哥吵嘴之后,总是上前安慰,并想办法留住父亲。夏衍的剧本中创造性地将小说里杨梦痴的儿子改为女儿,一方面是因为小说中寒儿对周围环境敏感,性格聪慧细腻,而且对落魄了的父亲的关心照顾无微不至,这些都更吻合女孩早慧的特性。[1]但女孩寒儿个性倔强要强,也表现出了男性化的一面;另一方面,一男一女两个孩子的角色设置、小虎与寒儿的对峙,也使电影的矛盾冲突更为出彩,使电影更加"好看"。另外,也正是同为女性的身份,寒儿在心灵上感受上也比较容易与昭华贴近。

值得一提的是,关于杨老三被打致死和小虎落井身亡之间的时间处理,原作中是以"我"得知杨老三偷懒装病在医院染上了霍乱死去在先,小虎溺水身亡在后,中间穿插着"我"与寒儿的对话。夏衍改编时除了将"我"改成昭华之外无太大变动。但在电影的叙事中,朱石麟注重开发过渡事件,通过事件的过渡组合来营造影片的节奏感。出于对影片流畅性的强调和对节奏感的掌握,朱石麟在此基础上新增了一个细节:昭华发现学校来信辞退小虎,随即去

---

[1] 杨剑龙:《论夏衍电影对现代小说名著的改编》,《临沂师范学院报》2005年第5期。

赵家找小虎回学校求情,哪知赵老太太把一切错怪在学校上,姚国栋为了讨好赵老太太,仍对小虎的问题视若无睹。之后,小虎溺水的事件发生。在这里,矛盾就全面集中在了对小虎的教育问题上。对于电影所要求的激烈的情节冲突来说,这样的处理是合适的。电影中也尽可能地把电影剧本中同样的场景中的不同事件集合在一起,使事件组合段落在强烈的叙事节奏配合下,形成了独立而封闭的叙事场景。对于小虎之死,朱石麟将小说中一个流浪汉落井而死的情节嫁接到了小虎身上,剧作中的场景一般不出三房两厅,沿河打捞的剧情跨越空间太大,而井中救人还能更好地将人物、场景集中。

文学作品的叙述视角是读者进入作者设定的语言叙事世界的先导,是了解作者写作原旨,打开作者心灵之窗的钥匙。不同的视角犹如不同的路标,将读者带入不同的期待视野,欣赏迥异的风光。①

在巴金的小说文本中,作者运用"我"——一个作家的内聚焦型视角构建全文的框架,通过"我"叙述憩园新旧主人的悲剧故事,"我"的视角是一个限制性视角,只可能以"我"的身份和阅历观察这个世界。而在改编过程中,叙事视角的选取成为电影编剧艺术构思中的首要问题,夏衍根据影视叙述方式应遵循叙事视角统一的原则,选择删去了内聚焦型视角的承担者黎先生,将第一人称的叙事改编为全知叙事。在叙事结构上,《憩园》小说文本中采用了回叙式的结构,杨老三的故事即是由姚国栋、李老汉、寒儿对过去的回忆构成。电影文本中,夏衍完全打破了小说回叙式的结构,而以顺序的方式结构作品,开篇就写杨卖姚买,其中的时间线索是很明显的:"秋日—深秋—冬天(新年)—春酣—残夏"。在电影中,导演通过平行蒙太奇处理剧情,将杨姚两家故事这两条情节线,几个事件,在同时同地、同时异地里进行,对近一年的时间进行快速的切换和组接,从而成功地完成时间上的变化而使故事产生强烈的

---

① 吕萍、周海波:《〈祝福〉小说及电影文本的叙事比较》,《广西社会科学》2006年第4期,第138—141页。

艺术感染效果。

夏衍作为老一辈电影工作者中的佼佼者,在时代的洪流中仍坚持自己的创作个性,忠于艺术的规律,创造出不俗的成绩。朱石麟作为香港左翼电影的代表人物,在《故园春梦》中从容不迫地表现出对封建家族制度的沉痛反思以及对艺术的匠心追求。影片在完成之时虽然未能在两地大张旗鼓地公映,但其中所再现的40年代特定的历史生活,所塑造的几个富有中国特色的人物形象,以及经两地电影艺术家的合作孕育所焕发出来的艺术之光,其特殊意义是显然的。

(作者系福建师范大学学生)

刘 杨

理想主义的艰难持守

——试论巴金十七年时期的文学活动

对于巴金这一代中国知识分子来说,1937年和1949年这两个时间节点的意义不仅体现在时代"共名"的更迭,更体现在他们在面对民族危亡或南下北上的选择时,不可避免地会发生文化身份的变化与文化心态的震荡。与抗战前后巴金小说美学嬗变一样,在20世纪40到50年代,巴金的小说在诗学层面也同样因生命经验的改变发生了明显的变化。如果参照相关史料与晚年巴金写下的《随想录》来看,他在一段时期内确实饱经苦难并在心灵深处留下了诸多阴影(如他关于"样板戏"的感受),但在十七年时期他尚有条件不断调整和转变。在笔者看来,巴金的种种变化背后有他一以贯之的、常态化的理想主义情怀在支持,同时,巴金将自己的理想主义诉求与他所处的时代环境、自身的生命阶段、面对的人生问题相结合,辅之以较为合适的艺术处理方式,是故他生命经验的纵贯线与历史时期的横断面相交时,理想主义所呈现出的诗学形态又有所不同。在这个背景下看待进入新中国的巴金,对其文学活动的理解才能有纵横交织的视域。

对于民国作家而言,参加第一次文代会仅仅是拿到了进入新中国文学场的"邀请函",要得到"入场券",在这个场中获得合法的位置,则需要以自我检讨作为前提,巴金也不例外,不过,"检讨"只是制度化的"思想改造"的开始,等待作家的还有从身份指认到创作内容的一系列制度安排。笔者以为,在权力意识形态的若干制度安排中,真正对巴金的创作产生了正面影响的就是他的朝鲜

本文作者在第十一届巴金学术研讨会上发言

之行。

  到了朝鲜战场上，他从"寒夜"的"病室"中走出，在改造以往路径的基础上，巴金一方面通过写异域战争开拓创作的题材领域；另一方面，他被周围的人与事感动，试图以新的叙事方式表现新的生命经验。在朝鲜，他感受到是严酷战争环境中志愿军战士与朝鲜民众的乐观与理想，而当他提笔叙事之时，人物形象也投射着叙事者自身的情感和心态。在十七年时期的小说中，对英雄形象的召唤本身是一种时代"共名"，英雄身上的卡里斯马气质也是众多小说共同追求的叙事目标。然而，巴金笔下的英雄或许也存在着这样的叙事可能，但巴金自小说创作对人、人性的关注本就不在于塑造这样的人物，他那份立足于现实人生的理想使他能关注到并更为看重的是英雄主义之外的点滴。

  上述问题从小说《团圆》和在此基础上被改编成的电影《英雄儿女》之间的差异中可以明显看出。电影《英雄儿女》虽然标注"根据巴金小说《团圆》改编"，但影片强化的一条最为重要的情节线索就是王芳的"哥哥"——高喊着"向我开炮"的战斗英雄王成，小说非但没有经典的"向我开炮"的场景，巴金笔下王主任关于王成的追叙也只是"只是王成没有能回来,他勇敢地在山头牺牲了。战事稳定之后,我常常想起我的女儿。"①可见在巴金笔下"英雄气"是让位于"父女情"的。其实如果我们系统地读巴金十七年时期的相关小说,这样的情节并不奇怪,因为他基本上写的都是英雄的生活化的一面,而非孤胆英雄坚守阵地的豪情。从某种意义上讲,这也与巴金的朝鲜战争经验基本上是走访、记录、谈话有关,这在巴金的日记中有详细记载。与此同时,巴金本人的创作对自身生命体验的依赖较为明显,因此他也没有试图通过纯粹的想象写出王成牺牲时的壮烈场景。

在建构性的理想主义之外,巴金原有创作路径所包含的理想主义的批判性维度在十七年时期也蕴含于其诸多文学活动之中。从文学创作上来讲,巴金小心翼翼地为自己人道主义的话语与时代"共名"寻找契合点,而《奥斯维辛集中营》一类的创作就是典型②。巴金并不以自己的理想对抗文坛的理想,他尽力在适应与调整中不断寻找自己的理想激情与时代共名的"最大公约数"。对于文学创作这类精神性的活动来说就显得缺乏必要的弹性和自由度,其结果就是尽管巴金在文学创作中延续了自己的叙事路径和文学思想,但他受到的限制同样是显而易见的。

我们以往常将巴金作为一个小说家看待,在小说之外,晚年的巴金及其《随想录》所达到的精神高度也受到推崇,这也是他一生思考的沉淀与总结;从另一方面来看,巴金早年对无政府主义的接受则是他理想追求形成的重要因素,在《给西方作家的公开信》中,巴金的话语虽然也带有一些当时流行的冷战思维,但在理想主义的旗帜下他试图超越政治层面的二元对立,而尽可能深入到对具体的人。如果细读这篇文本,这篇文章其实包含的是巴金对自己

---

① 巴金:《团圆》,《巴金全集》第11卷第551页,人民文学出版社1989年版。

② 陈思和教授在谈到这篇作品时提出"他的人道主义的痛苦也只有在这种场合才能与50年代初期中国政府反对帝国主义的立场有机地吻合起来。"(陈思和主编:《中国当代文学史教程》第26页,复旦大学出版社1999年版。)

过往理想与信仰的回眸与守望，因此在笔者看来，他对这位曾经写下《萨柯和樊塞蒂》的作家所展开的批评除了意识形态因素，更重要的其实是他痛心于这样的人背弃了曾经的理想。巴金的文章并不是简单的应景文章，巴金对法斯特的批判之所以不乏遗憾和惋惜，是因为此时的他依然不忘初心与来路，并在批判文字中确认的是自己的理想。

回到巴金的小说本身，巴金这一时期在诗学层面的探索也值得我们进一步总结。一方面，巴金以自己的创作实践回应十七年文学时期作家们普遍面对的文学创作难题：如何处理文学与现实的关系；另一方面，他在不断探索个人理想与时代共名的结合的可能性。在这个意义上来看，巴金试图处理的问题是十七年时期"跨代作家"的普遍问题。在十七年时期，"跨代作家"的难题就在于"总体性"的文学制度需要并试图建构一种"诗学共名"，他们自身的艺术个性中不符合"诗学共名"的叙事方式就会受到批判，比如个人化的抒情、感伤的笔调等等。

仔细来看，巴金的探索有两个层面：在思想层面，将个人的生命理想中与时代共名相合之处作为小说的主题；在艺术层面，在自身的艺术资源和既往小说的诗学传统中，择取能够符合"诗学共名"的部分。从巴金一生的文学活动纵贯线上来讲，这一时期小说中的理想情怀，在艺术层面上也许不如早期和晚期的创作那么精致，但从文学史的横断面来说，在当时同题材的小说中，巴金的小说则是有自身特色的。

在结构故事的时候，他倾向于采用第一人称限知叙事，与这一时代流行的第三人称外聚焦叙事在人物塑造时形成鲜明的反差。巴金通过限知叙事降低了作为知识分子的"我"在叙事时的优越感，尽可能提升故事的"真实"感，也弥补自身经验不足所造成的诗学困境。如此一来，他写出的"我"是有巴金自己的情感体验和生命在其中的，他虽然对人物和战争场景并不完全熟悉，但讲述者其实不是"我"，而是当事人，"我"的生命经验和另一对话主体的生命经验共同参与了文本的构成，巴金也正是以这种方式既保持了小说中有巴金自身的理想意识，同时亦完成符合时代共名的写作主题。

　　应该指出的是,巴金在诗学探索上不一定具有普遍性。但对于巴金个人而言,这种诗学探索为他带来了一定的创作动力,但由于他自身新的生命经验积累和感受都是有限的,因此他的创作也只能是从长篇小说转为短篇小说。不过他将自己诗学上的探索留在文本中,毕竟使我们看到十七年小说曾经出现过的一种诗学可能与诗学形态。

　　总而言之,理想主义在巴金的一生中有它的"常"与"变",正如我们所见,包括巴金在内的跨代作家要面临的不仅仅是创作方式的调整,更是文化观念的革新。在十七年时期,巴金坚守理想主义诉求并不等于他能完全带入民国时期的诗学经验与思想观念,因为时代语境和生存境遇毕竟会对作家文化心理结构产生影响。通过这些文本的阅读进入巴金的生命世界,感知他的诗学经验,进而看到巴金试图和业已做出的诗学努力以及在这种努力中对于理想主义的艰难持守,也许对于理解巴金这一时期的人生与创作更为重要。

(作者系复旦大学博士研究生)

张洋荣

论巴金儿童叙事的复调结构

作为一个密切关注人生与社会,并致力于用艺术之笔表现人生的作家,巴金始终饱含着真挚热烈而又不乏理智的情感,儿童视角以其独特的叙事效果和崭新的审美功能成为众多作家偏爱的创作技巧选择。在巴金的短篇小说中,就有很大一部分是从儿童视角进行叙事。其儿童叙事小说大部分是第一人称儿童视角叙事,其中一些篇目采用了第一人称回顾型叙事,另外巴金还采用了第三人称儿童叙事,成人叙述下的儿童视角等方式构建文本。

在巴金的一些短篇小说中,正是运用了儿童视角来揭示成人世界的黑暗与痛苦。为了使小说真正表达出这些内容,巴金充分利用儿童视角的特征,把内聚焦视角运用到小说创作中。巴金的短篇小说集中多篇采用了第一人称的儿童视角叙事,形成内聚焦叙述。在这些短篇作品中,聚焦者与叙述者都是儿童,用儿童的眼睛观察世界,以儿童的思维方式和行为方式进入叙事系统,叙述者"我"都是天真活泼的儿童,具有儿童善良、纯真而又好奇、顽皮的特点。如《哑了的三角琴》、《洛伯尔先生》、《老年》,这些故事的叙述者都是天真稚嫩的孩子,巴金正是利用儿童的眼光去呈现出现实世界的本来面目。

巴金以儿童作为故事的叙述者,展现的是儿童眼中的世界,表达的是儿童心灵所感,这使得文本呈现出浓厚的儿童色彩,叙述口吻也体现出单纯稚嫩的特点。《长生塔》系列作品中的"我"对父亲讲述的故事充满了好奇,总忍不住打断父亲问一些问题。巴金采用儿童叙事的方式,从而形成了文本独特的审美效果。

在巴金的儿童视角小说中,儿童特有的好奇心往往成为引导故事发展的关键。《洛伯尔先生》《哑了的三角琴》中场景、语言的设计,都流露出属于孩子的童真与稚嫩。即使小说的叙述目的是揭露成人世界的痛苦与黑暗,也在儿童视角的观照下呈现出叙述口吻的单纯清新与儿童世界的简单美好。

另外,在巴金的第一人称儿童视角小说中,有一部分采用的是第一人称回顾型叙事,如《母亲》《杨嫂》《狮子》《父亲买新皮鞋回来的时候》。小说中的"我"从成人身份回到童年,以儿童的感受形式和叙述方式去讲述故事。在儿童身份叙述者的叙述过程中,又不可避免地介入了成人的声音,儿童的声音和成人的声音构成了复调审美。还有少数几篇作品,巴金采用了成年人叙述下的儿童视角方式,如《明珠和玉姬》《活命草》《还魂草》,在这些作品中,第一人称叙述人"我"是成人,但聚焦点却在儿童身上,因而也出现了成人与儿童的双重聚焦。另外,巴金儿童视角小说中还出现了第三人称非聚焦叙事,叙述者不再是故事中的儿童或成人,而是站在一个更高的位置俯瞰整个故事,呈现出客观冷静的叙事态度,如《父子》。

在巴金创作的儿童视角小说中,虽然对儿童的纯真天性以及单纯的目光有所描绘,但实际上,这些儿童叙述者更多是被当作叙述的工具,叙述的重点在于由儿童的种种行为或是好奇心引出的成人世界的故事。甚至在一些小说作品中,儿童被赋予了成人色彩,儿童的话语往往是引出故事的关键,儿童所观察到的情景也是作者的刻意为之,从而为主题的表现埋下引线和铺垫。

巴金的儿童视角叙事的短篇小说中,有少数几篇可以分成内外两个叙述层次。儿童是第一层次故事的讲述者,在他讲述的故事里,由成人讲述的成人世界的故事形成了第二层次。如《哑了的三角琴》。

短篇小说《狮子》中,也具有一个内外叙述者的结构,但相比《哑了的三角琴》,作为儿童的"我"的参与性要更强一些。巴金创作这篇小说想要表现的是穷人的痛苦和世间的不公道,但他借一个懵懂的富家孩子"我"引出穷人"狮子"的悲惨故事,用儿童视角去呈现成人的痛苦,叙述的重点虽然是在狮子,但结构全文的框架却在于儿童"我"。

巴金巧妙运用成人讲述经历这一情节设置,形成小说的内外叙述结构,实现了儿童视角与成人视角的双重聚焦。当小说中的成人开始讲述故事的时候,文本的聚焦者就从儿童转移到了成人。表面上,是孩子在聆听成人的故事,用孩子的心灵、思维感知成人世界,但在文本的深层面上,是成人在吐露心声,在抨击黑暗的成人世界。

同样,在《长生塔》系列作品中,巴金设置了由父亲给"我"讲故事的情节,一方面,儿童身份的"我"有着孩子单纯天真的特质;另一方面,作为成人的父亲,是以成人视角出发叙述故事,叙述的过程夹杂了成人的情绪与评判性话语。由此形成文本中成人视角与儿童视角的相互碰撞,"我"对故事的困惑与误解,与"父亲"讲述故事时流露的属于成人的痛苦与无奈形成鲜明的对比,因此能够更为强烈地反衬出现实世界的本来面目。

在巴金的儿童视角小说中,对成人世界的指向是直接而明确的,儿童视角只是作者反映和揭露现实的一种有效的实现方式。因而在巴金的小说中,儿童与成人的对话多为直接的显性对话,即故事中的成年人物与儿童叙述者之间的直接性对话,读者可以清晰地听到来自儿童和成人双方的不同声音。如《老年》中,"我"与历史教员赖威格先生的对话。读者一方面感受到来自儿童声音的稚嫩,儿童视角特有的清新单纯超越了成人读者的期待视野,给予读者完全不同的审美感受;另一方面,成人的声音所发出的评判性话语契合了成人读者的思维与想象,又在某种程度上满足了读者的期待视野。儿童视角能够激发读者进一步解读文本,文本中儿童与成人的对话又能深化作者的批判主题。巴金正是充分运用了儿童视角的陌生化效果,引导读者深入思考文本的意义,从而达到抨击成人世界的创作目的。

巴金的儿童视角小说中还存在另一种隐性的对话关系,文本中没有出现成年人物与儿童叙述者的直接对话,但在儿童视角的叙述过程中,隐含作者的声音不时通过某种干预的手法悄然参与到和儿童聚焦者的对话之中。如小说《母亲》全篇以第一人称的儿童视角讲述故事,但实际上是第一人称回顾型叙述,在叙述过程中穿插了长大后的成人"我"的评论性声音,从而形成复调审美。

在巴金儿童视角叙事的短篇小说中,不管是小说中直接出现的成人叙述还是通过儿童视角呈现的叙述性声音,实际上都指向现实的成人世界,所抨击的也都是成人世界中的不公与黑暗。儿童视角的叙述方式不仅给作者提供了更为开拓的表现空间,也使读者获得全新的审美感觉,读者可以在儿童视角的牵引下获得审美愉悦,但同时直接或间接出现的成年叙述者的评论声音又使读者深刻体会到作品的主题和内涵。巴金充分利用儿童叙事小说的复调结构,借儿童的叙述声音展现世间百态,同时成人的声音又能使读者对儿童叙述者所展示的世界做进一步的思考。

(作者系福建师范大学学生)

王超然

性别操演·无政府主义家庭·受难的女性
——对《第二的母亲》三个版本的考察

作为现代文学史上最负盛名的作家之一，巴金一直以来都受到学界的相当重视，关于其人其作的研究成果可谓汗牛充栋，几乎事无巨细地囊括了方方面面。而有一篇作品却不常被提及，那就是巴金在1932年所作的短篇小说《第二的母亲》。这篇小说自1933年初次出版，直至50年代收录于《巴金全集》及其后的各种巴金作品选集，中间经历了多次修改。从这篇小说不同版本的衍变过程中，颇能窥见时代思潮的变化与作家的心态幽微。

1933年4月，北平星云堂出版了巴金的短篇小说集《抹布》，其中收录有《第二的母亲》。1935年，上海生活书店出版的短篇小说集《沉默》中再次收入了这篇小说，但题目改为了"母亲"，内容也有了很大改变。次年，上海开明书店出版了三卷本的《巴金短篇小说集》，其中第二集收录了巴金此前出版的《抹布》、《沉默》等短篇小说集，在这本集子里，这篇小说恢复了"第二的母亲"这个最初的题目，仍置于《抹布》集下，内容与1935年版完全相同。此书于1949年再版，《第二的母亲》维持了原样，未做改动。在1959年人民文学出版社出版的《巴金文集》第8册里，小说被再次做了重要改动，这一版本作为最终的权威版被收录在人民文学社的《巴金全集》(1989)及各类作品选集中。至此，《第二的母亲》经历了两次重大改动，小说最终的版本与1933年的初版相比，已然面目全非。为论述方便，以下将分别称为33年版、35年版和59年版。

巴金在33年版的《第二的母亲》中为读者呈现了一个令人惊

异的故事,小说将视角聚焦于孩童的"我"来叙事,"我"幼年失怙,从小由伯父抚养,一直渴望着母爱而不得,直到有一天被伯父带去看戏,在戏院里结识了一个伯父熟识的男子,他待"我"亲切体贴,"我"也对他心怀好感,甚至脱口叫了他"妈妈"。他领"我"去家中玩,并向"我"讲述了自己的身世故事:因家中贫穷,为养活母亲、给弟弟治病,他不得已卖身给戏班子,拜师学做旦角,备受榷楚后声名渐起,受到达官显贵的追捧,在色艺渐衰之时被做官的伯父赎身,做了他的外嬖。从此,"我"得到了一个"第二的母亲",享受了一段有母爱的温暖时光,直到伯父去世,"我"失去了他的消息。小说结尾写道,如今"我"已是一个强壮的青年,从家庭的羁绊中解放,获得了相当的自由,而"我"希望寻回他,和"我"一起过"像从前那样幸福的日子"。可"我"内心明白,一个有着这样"脆弱的性格的人",在这个社会里不应该也"没有机会活到现在"。"我"对此感到悲痛与愤怒,并"诅咒不合理的制度"。

小说的惊异效果一方面自然来自于孩童视角本身——"我"无法理解世上存在着如此像女人的男人,也难以理解一个男人竟然是长辈的外室;而另一方面,"惊异"效果更是来自于小说选用的题材与当时社会主潮之间的错位。发表于1933年的《第二的母亲》显然有悖于当时中国的社会道德规范与新文学主流。在新文化运动之后的三十年代,蓄养外室、狎优蓄童无疑会被视作落后、野蛮之代表的封建遗毒,大背于彼时蔚为风潮的新道德与新伦理。

正因为如此,巴金在这篇小说里彰显出的与众不同、甚至与自己也绝然不同的态度就更显得意味深长、值得深究。巴金不仅对此投入了满怀的同情与理解,甚至于,他更愿意去激发出暧昧的性别与不合常规的家庭本身所暗含的解放意义,大费心神地为这群被未来抛弃的人们设想一条可能的救赎之路。

巴金的这种姿态与他彼时的个人信仰不无关系,二三十年代的青年巴金是一个相当虔诚、积极的无政府主义者。并且,在无政府主义的众多流派中,巴金受克鲁泡特金的"人性善"理论之影响尤深。因此,即使是对"第二的母亲"这样一个令人倍感为难的暧昧人物,巴金也希冀着能够许诺给他一个幸福的未来。

在小说中，作者郑重地祭出了母爱与家庭的大旗，以此来救赎这个男扮女装的优伶。《第二的母亲》在初版之后所做的几番修改，我们会看到小说早期激进的无政府主义色彩与先锋的性别意识是如何被逐渐削弱，巴金最初似乎想以一种温和的文本策略来缓和33年版中过于激烈的部分，那就是在35年版中最大限度地抹去性别表演中现实与舞台之间的界限。在这个版本里，以"我"的视角观之，戏子从一开始就是以女性的面貌出现，而"我"闯入内室窥见戏子梳妆的情形也就不再具有惊异效果，高潮被后移至了戏子讲述身世故事之后。这里的高潮时刻并非是性别表演大戏开场的标志，而更像是戏在上演过程中，舞台幕布被不小心掀起了一角，不愿承认的丑陋现实闪露了一瞬间，随即就被迅速遮盖起来。

与33年版相比，35年版不啻为"戏如人生、人生如戏"的最佳示例，性别表演的戏码覆盖住了整个文本，除了这一瞬间不和谐的走神，小说世界的现实与性别表演的舞台之间的界限几乎被完全消除了。就这样，通过延伸"表演"并使之覆盖整个文本，戏子的性别操演与扮演"母亲"，都相较33年版变得"自然"了许多，而更易被当时的社会规范所接受。

然而这样还不够。虽然35年版中关于性别的真相只显现了瞬间就被抛诸脑后，但它的现身仍然提示着性别的"表演性"（performativity），于是在59年版中，作者给"第二的母亲"做了彻底的变性手术，"第二的母亲"变成了一个真正的女人，而她的身世故事也随之不同：她是穷苦人家的女儿，为生活所迫堕入风尘，后来被叔父赎身，做了他的外室。至此，巴金终于完全弥合了文本现实与性别表演之间的缝隙，整个故事变得"完美无瑕"。

当巴金最终决定为"第二的母亲"变性时，他遵循的是彼时社会主义伦理与政治规范。1949年以后，中国的社会文化语境绝不允许非男非女的性倒错"鬼魅"在文学中现身，哪怕是噩梦般的一瞬间。此时的中国强调绝对的秩序与严明的纪律，这不仅仅是指政治意识形态方面的掌控，更无所不包地囊括了日常生活的每处细节，包括家庭伦理与个人身份。它要求每个人都要有一个确定的、符合社会主义框架的位置，不容许有任何偏差与模糊地带。于是原本有着巨大性别麻烦的主人公,变成了现在这个无论性别还是政治身份都十分清晰的女主人公——一个被侮辱与被损害的、等待拯救而不得的受难女性,可以被轻易地安放在"苦难的阶级姐妹"的人物序列中,等待接受人们的同情以及同仇敌忾。

这样一来,仿佛之前的困境都得到了完美的解决。在作者向社会规范完全妥协之后,文本顿时变得如镜面般光滑顺畅。也就是说,在对规范妥协的同时,救赎小说人物的可能性也被压制了,因为如果真的要严格遵循社会对性别与家庭的诸种规范,那么"她"永远不可能做我的母亲,而"我"对于母爱和家庭的渴望也永远得不到满足。无论是"她"还是"我",还是得不到自己原本期许的幸福未来。文本最终被社会主义话语收编的结果就是,在解决了性别麻烦的困境的同时,新的难题又随之产生,故事的主人公虽然终于得以安放其位,可最初的愿望却被荒谬地遗忘了。

(作者系北京师范大学文学院学生)

资　　讯

时任中国作家协会党组书记的李冰在开幕式上致辞

让更多人走进"巴金的世界"

作为纪念巴金先生110周年诞辰系列活动重要内容，由中国作家协会、上海市作家协会、上海文学发展基金会和巴金故居主办的"巴金的世界——巴金先生110周年诞辰纪念展"昨天在上海图书馆开幕。当天，第11届巴金学术研讨会同步举行，中国作协党组书记、副主席李冰，市委常委、宣传部部长徐麟，市政协副主席姜暉等出席开幕式。

此次展览展出大量手稿、文献图片和上千件珍贵展品，多数为首次展出，如巴金先生穿过的衣服、用过的文具、购书单、租房票据等，件件往事由实物佐证，让人回归历史现场，感受巴金的内心世界。巴金故居馆长、巴金先生的女儿李小林表示，希望通过这次全方位的展览让更多人走进"巴金的世界"。

展览分为三大部分，在上图第一展厅，观众将首先走进巴金的"信

出席开幕式的嘉宾们（左起：孙甘露、马文运、陈东、徐麟、李冰、李小林、金炳华、姜樑、汪澜）

仰世界"，通过巴金先生的原话向观众讲述其思想转变，创作中的热情和痛苦，爱人类、爱生活、爱真理、爱正义、爱祖国、爱人民的情怀。第二展厅展示巴金先生的"文学世界"和"生活世界"。"文学世界"中，除了公众最为熟悉的作家身份，巴金作为翻译家和出版家的贡献亦被有力呈现。展览还展出鲁迅、曹禺、傅雷、穆旦等多位重要作家与巴金编辑生涯的交集，显示巴金对中国二十世纪文学多方面的贡献。

在"生活世界"部分，巴金先生的卧室被原汁原味"搬到"展厅中——架上衣物伴随他出席国际会议、经历十年动荡，其中一件褪色棉服，伴随巴金两次赴朝鲜战场采访，经过萧珊染色，又留下了他自己的针脚。各色唱片助他自学外语，收听广播也是他日记中的常事。"卧室"中可看到巴金使用过的电唱机和大量外语自修唱片、五六台不同品牌收音机。巴金与妻子萧珊的家书往来：买家电、装空调、租房、请客……各种票据与此互相映照。除了建设小家，巴老更心系"大家"，展览上也展出了巴金与普通读者的书信交往。

展期至本月 30 日，免费开放。

（来源：2014 年 11 月 23 日《解放日报》 施晨露）

巴金研究会会长陈思和在研讨会上发言

第十一届巴金学术研讨会在沪举行

王安忆：向巴老检讨的一个机会

作为巴金诞辰110周年系列纪念活动之一，由中国作家协会、上海市作家协会、巴金研究会、巴金故居共同主办的第十一届巴金学术研讨会于11月22日—23日在上海举行。此次研讨会的主题为"超越时代的理想主义"，来自日本、韩国、中国香港、中国台湾和内地的近百名巴金研究领域专家、学者参与本次学术盛会。

巴金是理想主义者，从青年时期的社会活动与创作，到中年时期主持文化生活出版社乃至晚年《随想录》的写作，理想主义贯穿了巴金的一生。然而，"理想主义"这个词似乎离如今的我们越来越远。本次研讨会希望能通过对巴金的研究，呼吁一种超越时代的"理想主义"的重现。陈丹晨、陈漱渝、吴泰昌、孙郁、陈思和、李

辉、李存光、山口守、坂井洋史等资深巴金研究专家悉数到场,围绕巴金生平、理想以及创作进行深入探讨。

中国作协副主席,上海市作协主席王安忆在开幕式的致词中尖锐地指出:这些年,我们是距离巴金先生的期望更接近还是更落后了呢?我们应当将这个日子当成一个检讨的机会,这一年里我不认为我们更让巴金先生满意,虽然写下和出版的文字更多,可其中的价值却不敢说。这个世界的物质是更多了,每天有许多物质在消费出去,从可贵的资源转换成排泄。我希望"光棍节"创下了无数亿的营业额中不要有,或者少一些文字的制品。我个人对下一年的期许或者对自己的要求就是节约纸张、笔墨、文字和思考,在节制消耗中安静下来,也许能听见巴金先生在对我们说什么,以他的心告诫我们,如何与时代保持文学的关系,这关系不是从现实而是从理想出发。

作为第十一届巴金研讨会的重要内容,本届研讨会继续举办青年论坛,应征论文数量、质量均超往届,前三等奖获奖者应邀与会发表论文。

23日晚,主办单位在贺绿汀音乐厅举办了"'乐读'巴金——

宋思衡多媒体钢琴音乐会",整台音乐会以巴金代表作品《家》、《春》、《秋》作为整场构思和编排。演奏家宋思衡选择肖邦的乐曲作为这台音乐会的主要曲目。著名演员奚美娟与王诗槐再现话剧版《家》中的精彩片断。梁波罗、丁建华分别朗诵散文《海上生明月》、《做一个战士》。刘家祯把巴老《随想录》中的《最后的话》对着观众们深情倾吐。

(来源:2014年11月24日《深圳商报》 楼乘震)

世界读书日:"书之爱"巴金与书图片文献展开展

4月23日世界读书日,上海图书馆和巴金故居在上海图书馆第二展厅举办"书之爱"巴金与书图片文献展。

巴金是我国现代、当代著名作家,一位蜚声世界的文化巨匠,其作品一直深受大家喜爱。"书之爱——巴金与书图片文献展"共分为"读书之乐"和"藏书之趣"两大板块,通过60块展板,以珍贵的图片和文字展现了文学大师巴金与书的不解之缘。"读书之乐"回顾了巴金先生受书籍的启蒙和影响,向心目中各位导师学习,在书中找到了奋斗的信仰,并不断激励自己走过黑暗岁月的历程。"藏书之趣"展出巴金先生的藏书清单、购书单和买书经历,并在他汗牛充栋的藏书中选出一系列代表性的书籍,如《说部丛书》等供观众赏鉴。展览引用了大量巴金所著文章中的片段,在他的讲述中真切地感受到巴金与书的关系、对书的感情,有如一位爱书的老人在向观众娓娓道来,让观众在不知不觉中感受到书的力量。

本次展览将持续到4月29日。

(来源:2015年04月23日"新华网")

编后记

这一卷集刊拖了很久，总算可以交稿了。"拖"的理由，似乎总是很多，至少是不太想选择时下的"匆忙"。记得裘锡圭先生在谈到做"项目"之辛苦与匆忙时候，曾不无遗憾地说过这样的话：

> 但是由于种种条件限制，我们还是没能按照预计的想法做好工作。一方面跟我国的领导方法有关系，一个单位如果没有大的项目支撑就根本生存不下去，所以我们又要上课又要搞科研完成项目，没有办法全副精力投入到整理工作上面去；另一方面就是环境限制，你看我们这个书的扉页上印有"国家出版基金项目"，这样的项目都有时间限制，如果晚了就没有钱了，所以出版社非常着急，我们压力也非常大。这样的项目完全是硬性操作，只抓时间，不管质量，根本不考虑我们工作的实际情况，这对我们充分利用资料就有很大的限制；还有一方面就是湖南省博物馆压力也很大，他们要在马王堆出土四十年的时候把所有文献整理出版，也很着急。我们原来的想法是希望有更多的时间，能够把碎片多拼合一点，尽可能与原貌接近，注释更详尽一些，但以上诸多因素导致时间非常紧迫。我们在前言里也提到了，在资料非常复杂、时间又很紧的情况下，我们屡次推迟交稿时间，已经给中华书局和湖南省博物馆造成了很多压力，感到很抱歉。但事实上还是没有能够在我们的设想下把工作做到尽善尽美，只能说在环境限制下尽了力，是目前情况下的最好结果了。（盛韵:《裘锡圭和他

的团队谈马王堆简帛文献整理》，《东方早报·上海书评》2014年11月2日）

这真是大实话。学界的显贵和要人们，似乎都在以"忙"为荣，"项目"越做越多，为伊消得人憔悴。我不知道总是憔悴，还怎么心定气闲地做学问。在整体性的急躁氛围里，本来可以从容思考、认真解决的问题，只好放过了。更可怕的是，做学问不再是十年板凳冷的事情，而像娱乐圈似的，时不时要发布一点什么新闻、进展，甚至还得自己厚颜评价自己的研究有什么"突破"……我实在无法想象，这样的土壤里能够结出什么样的果子来。

由此，我也想到了本卷中刊发的两篇文章的作者山口守先生，他是日本大学的教授，几十年如一日地专注于巴金与欧美无政府主义者之间来往文献的发掘和研究。那些沉睡在西方大学和研究所多年的文献都被他发掘出来，也不断地形成新的研究成果。他也越来越忙，然而，忙没有改变这种专注，这样的工作做起来也很从容，他并不急于宣布什么"重大发现"，只是埋首于自己感兴趣的事情之中。我还记得，日本东海岸发生大地震那一年，他来到上海，有一周的时间，就在我的办公室里整理巴金遗存下来的无政府主义文献，后来我出差，没有时间照顾他，他却仔仔细细地把整理过的资料分好类别，做好标记。这里有很多工作，已经不是我们大学教授们愿意做的了，仿佛他们只有在演讲席上高谈阔论了。我在敬佩之余，也在想，作为一个学者不就应该像山口守先生这样吗？

很多巴金研究者，追求的并非是这样那样的"轰动"效应，"轰动"属于明星们的事情，而学者还是寂寞一点好，那么，还是让我们沉静下来，管他东南西北风呢。

周立民

2017年2月12日下午于竹笑居

图书在版编目(CIP)数据

超越时代的理想主义/陈思和,李存光主编.—上海:上海三联书店,2017.
(巴金研究集刊;卷十)
ISBN 978－7－5426－5958－3

Ⅰ.①超⋯ Ⅱ.①陈⋯ ②李⋯ Ⅲ.①巴金(1904—2005)—人物研究—文集
②巴金(1904—2005)—文学研究—文集 Ⅳ.①K825.6-53 ②I206.7-53

中国版本图书馆CIP数据核字(2017)第164157号

超越时代的理想主义(巴金研究集刊卷十)

主　　编　陈思和　李存光

责任编辑　钱震华
装帧设计　陈益平

出版发行　上海三联书店
　　　　　(201199)中国上海市都市路4855号
印　　刷　上海昌鑫龙印务有限公司

版　　次　2017年8月第1版
印　　次　2017年8月第1次印刷
开　　本　787×1092　1/16
字　　数　570千字
印　　张　41
书　　号　ISBN 978－7－5426－5958－3/I·1247
定　　价　78.00元